गुड़िया भीतर गुड़िया

'गुड़िया भीतर गुड़िया' में मैत्रेयी पुष्पा ने झाँसी, अलीगढ़ से दिल्ली, और फिर एक गृहिणी से साहित्य क्षेत्र में स्थापित होने की संघर्ष-यात्रा को स्पष्टता से चित्रित किया है।

–विभा कुमारी, दिल्ली

मैत्रेयी जी ने 'गुड़िया भीतर गुड़िया' में अपने जीवन में आए चाहे अनचाहे मोड़ों को सत्यता, स्पष्टता, निडरता और अद्‌भुत साहसिकता के साथ प्रस्तुत किया है।

–हीरा मीणा, केरल

'गुड़िया भीतर गुड़िया' ने कितनी रातों को मुझे जगाया है। आप चाहती हैं कि वह 'घर' जिसके लिए स्त्री अपना सर्वस्व लगा देती है, उस घर में उसका भी अपना कुछ हो, अपना कोई कोना हो।

–वैशाली श्रीवास्तव

मैत्रेयी जी से पहली बार बात करने के बाद जो धीरज का पौधा मेरे मन में उग गया था, 'गुड़िया भीतर गुड़िया' पढ़ने के बाद वह एक महान वृक्ष बन गया।

–आतिरा, केरल

'गुड़िया भीतर गुड़िया' स्वाभिमान और जागरूकता की कहानी है।

–बीना सिंह, कानपुर

मैत्रेयी जी ने अपनी आत्मकथा में जो भी आपबीती बताई वह बुन्देलखंड की स्त्री की छवि को तो दिखाता ही है, साथ ही बहुत से ऐसे रूपों को भी दिखाया जो पूरे देश के स्त्री समुदाय को चित्रित करता है।

–सन्ध्या मिश्रा, कानपुर

जीवन जीने का एक अमोघ अस्त्र मैत्रेयी ने हर स्त्री के हाथ में पकड़ा दिया। झाँसी की रानी लक्ष्मीबाई और झाँसी से आई हमारी फाइटर मैत्रेयी।

–ऋचा शर्मा, अहमदनगर

'गुड़िया भीतर गुड़िया' में सुख-दुख से उपजने वाली ग्रन्थियाँ, मान-अपमान का दंश, जय-पराजय का हर्ष-विषाद सब छिपा है, जो कभी कुरेदता है तो कभी गुदगुदाता है।

–आरती त्रिपाठी, कानपुर

मैत्रेयी जी ने पूरे साहस से अपने जीवन का खुला चिट्‌ठा इस कृति में रख दिया है।

–डॉ. सन्ध्या द्विवेदी, कानपुर

'गुड़िया भीतर गुड़िया' सुरक्षात्मक संस्कृति में कैद स्त्रियों की चेतना को झकझोरती है।

–कंचन भारद्वाज

हिंदी साहित्य जगत में भी सच्चाई की मशाल लेकर चलने वालों (इस्मत चुगताई वगैरह) की कतार में मैत्रेयी पुष्पा को शामिल पाकर गर्व और खुशी हुई।

–अर्जुन कृप्लानी, राजस्थान

एक लेखिका अपने परिवार और स्वयं के अस्तित्व को विषम परिस्थितियों में कैसे बचाती है अगर इसका उत्तर किसी को जानना हो तो उसे 'गुड़िया भीतर गुड़िया' पढ़नी चाहिए।

–नीलम

आपको पढ़ कर इस्मत चुगताई, मंटो और कृश्न चन्दर याद आते हैं। इसी तरह का तेवर पाकिस्तान में फहमीदा रियाज़ और किश्वर नाहीद के यहाँ ही पाया है।

–अनिल शर्मा, गाजियाबाद

हम स्त्रियाँ मैत्रेयी से सहजता से जुड़ती हुई उनकी नायिकाओं में अपने आप को तलाशती हैं और पुरुष उनमें वेश्या, कुलटा और कुलच्छनी।

–डॉ. प्रीति यादव, ललितपुर

'गुड़िया भीतर गुड़िया' आत्मकथा नहीं बल्कि आत्मसंवाद है। एक स्त्री द्वारा अपने भीतर की स्वतंत्र स्त्री को तलाशने की कोशिश है।

–अनुज, नई दिल्ली

गुड़िया भीतर गुड़िया

[आत्मकथा]

मैत्रेयी पुष्पा

राजकमल प्रकाशन

ISBN : 978-81-267-1535-0

मूल्य : ₹ 895

पहला संस्करण : 2008
चौथा संस्करण : 2018

प्रकाशक : राजकमल प्रकाशन प्रा. लि.
1-बी, नेताजी सुभाष मार्ग, दरियागंज
नई दिल्ली-110 002

शाखाएँ : अशोक राजपथ, साइंस कॉलेज के सामने, पटना-800 006
पहली मंजिल, दरबारी बिल्डिंग, महात्मा गांधी मार्ग, इलाहाबाद-211 001
36 ए, शेक्सपियर सरणी, कोलकाता-700 017

वेबसाइट : www.rajkamalprakashan.com
ई-मेल : info@rajkamalprakashan.com

मुद्रक : बी.के. ऑफसेट
नवीन शाहदरा, दिल्ली-110 032

GUDIA BHITAR GUDIA
Autobiography by Maitreyi Pushpa

क्रम

निवेदन

कस्तूरी कुंडल बसै के बाद :

पुस्तक के पाठकों के आग्रह पर मुझे यह बताना है कि कस्तूरी (मेरी माँ) की जिन्दगी में संघर्ष का दौर काल के पहिये की तरह घूमता रहा। 'महिला मंगल' के लिए उठाए गए आन्दोलन को सरकार ने विफल कर दिया। राजनीतिक और प्रशासनिक कार्यालयों से ग्राम सेदिका और सहायक विकास अधिकारी (महिला), जैसे पद खारिज कर दिए गए। हुक्मनामे के बाद सान्तवना और शान्ति के लिए 'महिला मंगल' की महिला कर्मचारियों को स्वास्थ्य विभाग में नियुक्त करके भेज दिया गया। अब प्रशिक्षण केन्द्रों में जाने की बारी थी। ट्रेनिंग पाकर माताजी जिस-जिस पी.एच.सी. केन्द्र पर रहीं, वहाँ के डॉक्टरों एवं कम्पाउंडरों के लिए आँख के काँटे के रूप में रहीं। क्योंकि सरकारी दवाएँ, इंजेक्शन और परिवार नियोजन के उपकरण तथा केसों के मामले में गड़बड़ी माताजी को चैन नहीं लगने देती थी।

इन दिनों मैं थी माँ और पति के बीच का ऐसा बिन्दु जिसका वजूद हिन्डोले पर चढ़ा रहता था। शारीरिक और मानसिक तौर पर इस छोर से उस छोर तक आना और लौटना...। ऐसा क्यों? मैं तो पहले ही माँ के सपनों को रौंदती हुई वैवाहिक जीवन चुनकर खुद उनसे अलग हुई थी। मक़सद भी साफ़ था, एक पुरुष साथी मिलने से मेरे रात दिन सुरक्षित हो जाएँगे। मैं अपने आचरण से पत्नी लेकिन मानसिक स्तर पर जो दख़ल देने लगती, वह कौन थी? कौन थी वह जो धीरे-धीरे मुझे विवाह-संस्था से विरक्त करती हुई...मैं आसपास देखती किस-किस ने तो मेरी दृष्टि बदली और दृष्टिकोण पलटकर रख दिया? शायद वह माँ थी जो परोक्ष रूप से मेरा रास्ता परिवर्तनकामी लोगों की ओर ले गई।

मैंने क़लम थाम ली। क़लम के सहारे मेरी चेतना, जिसे मैंने आत्मा की आवाज के रूप में पाया, तभी तो साहित्य के द्वार तक चली आई। सुना था साहित्य व्यक्ति के लिए स्वतन्त्रता देता है। हाँ, लिखकर हो तो मैंने जाना कि न मैं धर्म के ख़िलाफ़ थी, न नैतिकता के विरुद्ध। मैं तो सदियों से चली आ रही तथाकथित सामाजिक व्यवस्था से .ख़ुद को मुक्त कर रही थी।

—मैत्रेयी पुष्पा

काहे री नलिनी तू कुम्हलानी

" 'मिसेज शर्मा' एक छलाँग में मॉडर्न बन गईं।" मार्च, सन् 1972 का यह वाक्य मेरे उस रजिस्टर में वर्षों दर्ज रहा, जिसमें मैं जब न तब कविता के नाम पर तुकबन्दियाँ कर लेती थी। यह भी तभी नोट किया—पुरुषस्य भाग्यं, त्रियाचरित्रं... किमऽपि न जानाति...अर्थात पुरुष के भाग्य और स्त्री के चरित्र को कोई नहीं जान सकता।

"तुम अब मॉडर्न से ज्यादा मॉडर्न।" डॉ. साहब कह रहे थे।

मैं देख रही थी कि वे ऐसे मिजाज में घर लौटे हैं—जैसे जुए में बुरी तरह हारे हों। यों तो मुझे उनके डिपार्टमेंट से लौटते हुए घर में आने पर गम्भीरतम चेहरे का सामना करने की आदत है। मैं ही क्या, घर में उनके पिता, बड़े भाई, छोटे भाई तक उनके शान्त मिजाज से आक्रान्त रहते हैं। मैं अक्सर एकान्त और मधुर क्षणों की खोज में रहती हूँ ताकि अपनी बात प्यार से कह सकूँ—ऐसी विकट मुद्रा स्वास्थ्य के लिए अच्छी नहीं, तुम खूब जानते हो। मैं तो तुम्हारा बन्द-बन्द व्यक्तित्व इसलिए झेलती रहती हूँ क्योंकि तुम्हारी पत्नी हूँ। कहते हैं कि पत्नी से बड़ा 'शॉक एब्जॉर्बर' कोई नहीं होता। नौकर भी नहीं, नौकर नौकरी छोड़कर भाग सकता है। भाई और पिता...मुझे अजीब लगता है।

"ए...क्या हो गया ऐसा कि मैं मॉडर्न मान ली गई? मेरे ख्याल में आज तुम्हारे लिए बड़ी खुशी का दिन है। तुम भी तो यही चाहते थे।"

"मुझे सीख दे रही हो!" वे मुस्कराए, मुस्कराहट कटखनी-सी। और छोटी-छोटी आँखों में उग आए बड़े-बड़े नुकीले नेजे।

मैं घबरा गई। कुछ गलत कह दिया मैंने? बकबक भी ज्यादा करती हूँ। क्या जरूरत थी कि कह डाला—जो खुलकर हँसता है, उसे खुदा की जरूरत नहीं। वह अपना मजहब जानता है। किताब में लिखे की यादें मेरा नाश करती हैं। पति क्या गलत करते हैं, मामा भी तो इसी मनोदशा में घर आते थे। नानी, मौसी और मामी भय के मारे सावधान की मुद्रा में खड़ी हो जातीं। बकोशिश किसी काम में लग जातीं। फसल उगाकर खिलाने वाले मामा पर आश्रित लोग...उनके ताबेदार ऐसी और इस

तरह वफादारी न निभाएँ तो क्या करें? मामा फिर भी दो-चार फटकार किसी न किसी को लगा ही देते और सनसनाते चेहरे से दरोदीवार को देखते। तब नानी पास आने का खतरा उठातीं, क्योंकि माँ पर हाथ उठाना मुश्किल था। माँ चिरौरी करे, पत्नी थाली परोसकर लाए, बहन पानी का लोटा भरे खड़ी हो जाए, तब मामा सामने आएँ। रोटी-सब्जी, दही-अचार में मीनमेख निकालते हुए भोजन करें।

मैं जानती हूँ, परिवारों में पुरुषों का यह रवैया सामान्य है। यदि खाने में नमक-मिर्च की कमी दिखे या ज्यादा लगे तो थाली उठाकर मोरी की ओर फेंकी जा सकती है। घर की स्त्रियाँ इस बात को अपने सामान्य डर के रूप में लेतीं, क्योंकि लगभग घर-घर में ऐसे डरों को बनाए रहने का चलन है। मगर स्त्रियों की छाती में थालियाँ झनझनाती हैं।

अब तक मैं भी इसी सामान्य व्यवहार रूपी डर से जुड़ी रही हूँ। और इस दौरान न मेरी सद्भावना में कमी आई, न समर्पण में। हाँ, मेरा मन विचलित हो जाता था। मैं अपनी बच्चियों में रमने की कोशिश करती थी। इसके सिवा और क्या करूँ? जिन्दगी के लिए मैं जिस उल्लास और उत्साह को जरूरी मानती रही हूँ और जिन्हें मुझे बचाकर रखना था, उनके लिए मैं पति का मुँह देखती थी।

माताजी अजीब-सी निगाहों से मुझे देखा करतीं। एकाध बार इशारे से कहा भी—मैंने कब सोचा था तू ऐसी लियाकत वाली हो जाएगी? मोंठ (झाँसी) में तो तूने मुझे और गौरा को डरा ही दिया था, प्रिंसीपल से भिड़ गई। गौरा ने कहा था—ठीक सोचती हो तुम, तुम्हारी बेटी ब्याह नहीं निभा पाएगी। पर लाली, तूने गौरा की बात झूठी कर दी।

अब डॉक्टर साहब कुर्ता-पाजामा (सिने स्टार राजेश खन्ना स्टाइल) पहन चुके थे और मैं टेबिल पर खाना लगा चुकी।

"आ जाओ।"

"... ..."

"अरे!" कहकर मैं कमरे में आ गई। देखा पतिदेव बच्ची के बराबर में पलंग पर लेटे हैं। आँखों पर उल्टी हथेली धरे हुए। सिर्फ नाक दिख रही है।

"खाना नहीं खाना?"

"सिर में दर्द है।"

"तो गोली खा लो। पानी लाती हूँ। क्या पता दर्द भूख के मारे ही हो रहा हो। तुम नाश्ता भी तो भागते-भागते ही करते हो। तुम्हारी भी क्या गलती, सबेरे से डॉ. सिद्धार्थ जो आकर सिर पर सवार हो जाते हैं। बस, यहीं खुल जाता है तुम्हारा डिपार्टमेंट। वहाँ की सारी पॉलिटिक्स। ऊपर से यह कि अपने हिस्से का उन्हीं को खिला देते हो। तुम्हारी यही आदत नहीं जाती। अलीगढ़ में डॉ. ग़ानिम

और डॉ. वाय.एन. शर्मा चले आते थे। उनकी खातिरदारी करते हुए कभी सोचा कि बीबी पर कितनी मेहनत कस दी? मेरा ख्याल तो न सही, अपना ख्याल तो करे आदमी।...

"अब चुप भी रहोगी कि बकवास?" आवाज के वेग में धक्का-सा आया।

मैंने यकायक पलटकर देखा जैसे सोते से जागी हूँ। वे मुझे घूरकर देख रहे थे। नजरें बेरहमी से मेरे वजूद को कोंचती हुई और मैं धरा के धैर्य सी सर्द स्त्री। दर्द और अपमान से काँपने लगी धीरे-धीरे।

खड़ी रही कि अड़ी रही आमने-सामने मगर...

आगे बढ़ी, अपनी सामर्थ्य बढ़ाई...उनके सिर पर हाथ रख दिया। हाथ भी काँपने लगा। लटपटाती जुबान से पूछा, "दर्द-वर्द है या कोई शिकायत? नाराजगी? मूड खराब किसने किया?" मैंने अपने होंठ झुका दिए उनके बालों पर।

मेरी ओर सिर उठाकर गौर से देखने लगे, जैसे पहचान रहे हों।

"मुश्किल है मेरी, बड़ी मुश्किल। सारे दिन तुम्हारी खुशी के बारे में सोचूँ। स्वाद के लिए खाना बनाओ। सेहत का ख्याल रखो। पर्सनैलिटी सजे, ऐसे कपड़े सजाओ। यह सब कुछ आसान है, लेकिन मुँह लटकाकर आओ तो खुश कैसे करूँ आलीजाह को?"

वे देखते रहे। मैं भीतर ही भीतर डरती रही, जितना बता रही हूँ, क्या उतना करती हूँ?

मैं मुस्करा पड़ी। वे कुछ नरम हुए।

"मेरी जान, इसी अदा पर शायद मरने लगे हैं लोग।"

"लोग!"

"कौन लोग?"

"रहने दो। क्या करोगी पूछकर? वैसे तुम इतनी भोली नहीं, जितना मैं समझता था। जानती हो कुछ-कुछ। बहुत कुछ। सब कुछ।

"जानती होती तो पूछती? और भोला कौन होता है, सिवा बच्चे के?"

"चलो, न सही मासूम। तुम्हारे पाँव तो खुल गए दिल्ली आकर। यह फायदा क्या कम है?" उन्होंने कराहते से स्वर में कहा और नजरें फेर लीं।

"फायदा है तो घर को कोपभवन क्यों बना रहे हो?" कहती हुई मैं उनकी बाँहें झटके से छोड़ती हुई कमरे के बाहर निकल गई। रसोई में दाल-सब्जी धीमी गैस पर गर्म हो रही थी, मैंने बन्द कर दी। कौन खाएगा अब खाना। इन्हें गेरू घोलने (कलह खींचने) की बुरी आदत है।

दूसरे कमरे में जा लेटी। मगर लगे कि यहाँ से वहाँ तक तनाव का सूत्र ऐसे तना है, जैसे बिजली का नंगा तार हो। छूते ही झटका लगेगा। पर छूना ही किसलिए?

झटका खाना हमारी ड्यूटी में शामिल हो तो भी हम नहीं छूएँगे। आदमी हैं हम, पशु तो नहीं।

वे तैयार होकर इसी कमरे में आ गए। मेरे नजदीक।

"किबाड़ें बन्द कर लेना। मैं जा रहा हूँ।"

"जाओ।"

वे निकल गए। मैं दस मिनट बाद उठी और द्वार बन्द करने पहुँची। देखकर चौंक गई, वे बाहर वाले बरामदे में खड़े थे।

"अरे गए नहीं?"

"किस मुँह से जाऊँ? तुमने छोड़ा है जाने लायक?"

"बात क्या है?" मैंने गम्भीर होकर पूछा, रिरियाकर नहीं।

"क्यों मेरे मुँह से कहलवा रही हो?"

"अरे! यह भी कोई बात हुई? मैं अन्तर्यामी हूँ क्या?"

"तो चलो सुन लो।" वे सख्ती से मेरी बाँह पकड़कर भीतर आ गए।

"सुनो कि लोग कह रहे हैं, मिसेज शर्मा को डॉ. शर्मा नहीं भा रहे। लोग, लोग कह रहे हैं, मिसेज शर्मा को डॉ. सिद्धार्थ डुगडुगी की तरह नचा..."

"डुगडुगी?"

"हाँ, डुगडुगी। वह तुम्हारी कमर में हाथ डालकर मनमाने तौर पर नचा नहीं रहा था?"

अच्छा तो यह बात है...लोग नहीं कह रहे, मेरे पति कह रहे हैं। उस रात की बात...तूल पकड़कर यहाँ तक आ गई। इन्होंने भी तभी मुझे क्यों नहीं रोक दिया था? और नहीं तो पकड़कर बिठा ही लेते। मैं तो यही सोच रही थी कि गैरमर्द के उठाए उठना यहाँ गलत है या सही?

"तुमने तो सब कुछ देखा था, मैंने छिपकर तो कुछ नहीं किया। और वहाँ नाचनेवाली अकेली मैं ही तो नहीं थी, दूसरी भी थीं। वे नहीं हुईं डुगडुगी? मेरे पीछे तुम्हारे विभाग के लोग क्यों पड़ गए? इसलिए कि मैं झाँसी अलीगढ़ की..."

"नहीं, इसलिए कि तुमने कुछ ऐसा..."

"अच्छा!"

"सुनो, मैं अब डिपार्टमेंट नहीं जा रहा। हौजखास जाऊँगा सेन के घर।"

"ठीक है।" कहने वाली थी मैं...आसपास खामोशी भरा समय ठहर गया।

पति के जाने के बाद बेचैनी बेतहाशा बढ़ी। मेरा दिल तेजी से धड़क रहा था। खुद को निर्दोष साबित भी कैसे करूँ? जो कह रहे हैं, वही हुआ था। मगर गजब नहीं हुआ था। बस ये लोग नहीं समझना चाहते कि बन्धन मुझे रास नहीं आते। बन्धनों में मैं छटपटाने लगती हूँ, इस मर्म को न समझकर डॉक्टर साहब

मान रहे हैं कि 'पार्टी' मेरे लिए अय्याशी का मौका थी। मैंने उस अवसर का दुरुपयोग किया है और उन्हें बेइज्जत...सोचकर मैं तड़प उठी क्योंकि मैं उनकी निकटता की आदी...

छोटी-सी पार्टी...डॉ. सिद्धार्थ मेरे प्रेमी नहीं, पति के दोस्त रहे हैं। रोज शाम को घर आनेवाले। साथ-साथ खाना खाने वाले, छह महीनों तक सिलसिला चलता रहा। मामूली बातें आनन्द का खजाना हो जातीं, वे क्या डॉक्टर साहब के लिए ही? मेरे लिए वहाँ कुछ नहीं था? मैं सोचती ऐसा ही थी कि मेरे लिए यहाँ कुछ नहीं। पति को इसी में सन्तोष मिलता है, मैं खाना बनानेवाली ही बनी रहूँगी। मगर जब देखा कि खाना खानेवाले की आँखों में हल्की-सी आकर्षण रेखा कौंधी है तो लगा तृप्ति की अपनी भी तो कोई भाषा होती है। या शायद मैं ही कुछ ऐसा चाह रही थी कि पति की दोस्ती में मेरी भी भागीदारी बने। हमारा रिश्ता बदलकर कुछ और हो जाए।

रिश्ता, जिसका सम्बन्ध लगाव भरी ईमानदारी से...मैं अपनी सीमाएँ भी जान रही थी। लेकिन अनजाने क्षणों में घिर आती एक गहन आश्वस्ति कि आत्मीयता के बीच गहरे उतरती चली जाती भावनाएँ, जो कहतीं—तुम सिर्फ रोटी बनाने और परसनेवाली रसोईदारिन नहीं हो और न भोजन करनेवाले ने ही तुम्हें निखालिस इस रूप में देखा, यहाँ यही बात तो असाधारण है। यही बात मेरे मन को...डॉ. सिद्धार्थ को कोई अपराधबोध नहीं, क्योंकि दुराव-छिपाव नहीं। अकेले-दुकेले पाकर कभी मेरी उपस्थिति का गलत फायदा नहीं उठाया, क्या यही व्यवहार मुझे प्रभावित करता चला गया? और प्यार की सतत अतृप्त, अपूर्ण मगर छोटी सी अनुभूति अबाध रूप से प्रवाहित होती चली गई। लगा कि जीवन कितना सहज सरल और सुन्दर है। एक-दूसरे की भावनाओं की विमुग्धता को जान लेना सबसे बड़ा ज्ञान है। अबोध मन का विश्वास और सम्बन्धों की पहली सतह...इसी को खोजती हुई झाँसी से यहाँ तक चली आई।

'मुझे ऐसा ही कुछ चाहिए और उसने स्वयं मुझे खोज लिया है' सोचने वाली मैं अपने छोटे से दिल में खुशियों का बड़ा-सा झरना धड़कनों के रूप में महसूस करती। मगर पत्नी की भूमिका। एक पतिव्रता! पति को क्या चाहिए, यह भी जानती थी। मन से ज्यादा तन का समर्पण और उसकी मौन आवृत्ति, कम नहीं, ज्यादा से ज्यादा करनी होती है। इसमें छल और छद्म के लिए जगह नहीं। जैसे विवाहित जीवन की यही कसौटी हो। मैं संयत सन्तुलित सी स्त्री, जिसके लिए यह समय सन्तोष और आनन्द भरा था, क्योंकि देह-उत्तेजना अभी आदत में शुमार नहीं हुई थी। डॉक्टर साहब के लिए प्रेम का, आकर्षण का, दाम्पत्य का और स्त्री-पुरुष के मानसिक और शारीरिक सम्बन्ध का अर्थ एक ही है। नहीं तो उनके गुस्से का उबाल ऐसा क्यों होता कि देह का द्रव विष हो जाए।

क्या सचमुच यह एक असम्भव स्थिति थी? कि स्थितियाँ इतनी सुखद होती चली गईं और उस अगोपन में अदृश्य सुइयाँ छेद करने उठ पड़ीं, अब सामने खड़े आतंक का खुला जबड़ा!

मैं किसी से सामान्य तौर पर बातें क्यों नहीं कर सकती? मुझे घरेलू प्यार और दूसरों से लगाव रखने में अन्तर करना क्यों नहीं आता? जबकि अन्तर करने का ज्ञान ही समाज की नीति है। यही बातें मेरे सामने चुनौती खड़ी कर देती हैं।

जो लोग आज मेरे चरित्र पर उँगली उठा रहे हैं, वे डॉ. सिद्धार्थ के गुणों को जानते हैं क्या? नहीं समझ रहे कि शालीनता हमें चाहिए तो रूखे लोगों से बचना चाहिए, क्योंकि वे जीवन का रस सुखा डालते हैं और कुंठाएँ पालने लगते हैं। डॉ. सिद्धार्थ मौसमों की रंगतों, हवा की सुगन्धों में रचे-बसे गीतों-लोकगीतों का मर्म जानते हैं, यही था मेरे जुड़ाव का कारण। मगर लोगों की बलिहारी कि हमारा यौन-सम्बन्ध जोड़ने की बेशर्मी करके दिखा रहे हैं कि क्या तीर मारा। इस सारी प्रक्रिया में कितनी नैतिकता बाकी है?

क्या अब मेरे मन में इसलिए ही वह विद्रोही कामना जाग उठी है कि चाहती हूँ, कह दूँ—मेरा कोई कदम गलत नहीं था। नाचना मेरी इच्छा का नतीजा था, मेरी अपनी निजी इच्छा।

चलिए, मैं नहीं जाहिर करती अपनी भावना को। मगर मिटा भी नहीं सकती इस भावना की मौजूदगी को। और मिटानी भी नहीं चाहिए। नाचकर मैं उस 'गँवार' शब्द के शहरी हथियार का साहस के साथ सामना कर रही थी, जिसने अभी तक मुझे नीचा दिखाने के लिए अपना इस्तेमाल कराया है। क्या मुझे उस मुकाम पर मान लिया गया है, जिसे जब चाहे पटक दिया जाए? शादी के बाद 'सौन्दर्य' नाम की तलवार मेरे साहस को काटती चली गई, काटती ही...कि मैं सुरक्षा कवच ढूँढ़ने के लिए मजबूर हो जाऊँ।

डॉक्टर सिद्धार्थ!

मेरा हाथ पकड़कर उठाते हुए। पता नहीं कितना अपनत्व था, कितनी चुनौती? या परीक्षाकाल था दोनों का?

हाथ बढ़ाकर खींचनेवाला मीत...मैंने अनुमति के लिए पति की ओर देखा नहीं। अपना निर्णय अपने हाथ में ले लिया, खतरों के बारे में सोचा नहीं।

मैं नाच रही थी किसी के साथ-साथ, अनगढ़ और आदिम सा नाच...जैसे मेरे जीवन मूल्यों का हिस्सा यह भी हो। जब-जब मेरा पाँव डॉ. सिद्धार्थ के पाँव पर पड़ जाता, वे मुस्कराकर मुझे सँभाल लेते। यह परिचय का अगला चरण, इस जानकारी का मुझे कोई इल्म न था।

आज जब डिपार्टमेंट में तूफान उठने की खबर लगी है, उनसे कोई कह दे—होश नहीं था मुझे। तिरस्कार का इतना जहर पिया कि दुस्साहस कर गई। घूँट-घूँट आवेश जुड़ा कि आत्मविश्वास के गुच्छे बनते गए। कोई सोचे डॉ. सिद्धार्थ के साथ इसकी मित्रता कैसे हो गई? खतरों भरे चित्रों ने ही मुझे आकर्षित किया। मैं अब अपनी नजरों में गिरना नहीं चाहती। यदि कोई पति अपनी पत्नी की कोमल भावनाओं को कुचलकर खत्म करता है तो पत्नी को पतिव्रत के नियमों का उल्लंघन हर हालत में करना होगा।

"होपलैस केस।" मेरे लिए यही शब्द उपयुक्त था। कारण कि मेरा दिल प्रेम से लवरेज था और मुझे अपने हृदय को कसने की हिदायत थी। हृदय-घट कसावट के कारण तड़क गया, प्रेम रिसने लगा।

जो लोग इलजाम लगा रहे हैं, उन्हें जाकर बता दो कि शादी के बाद मुझे मेरे हिसाब से कारावास मिला है, जिसके लौह-कपाट मैं तभी से तोड़ने में लगी हूँ और देखना चाहती हूँ कि इस दुनिया के अलावा भी कोई दुनिया है? पति के अलावा कितने लोग हैं बाहर? वैसे पति से बैर भाव नहीं पाला, मगर उनके किसी खूँटे से बँधना?...मैं भी अपने अन्दर गहरी भावनाएँ रखती हूँ, जैसे कोई गुप्त प्यार को बचा ले। नाचने की स्मृति मेरे साथ रहेगी।

प्रियतम, मेरी उसी भावना ने तुम्हारे दीक्षान्त समारोह में तुम्हारे साथ जाने की ठानी थी, तुम नहीं ले गए। मैं आहत और अपमानित हुई क्योंकि अयोग्य ठहराई गई। मैंने घर आए यू.पी.एस.सी. चेयरमैन से बाहर आकर अभिवादन करना चाहा था, तुमने मुझे रसोई में सिकुड़े रहने की हिदायत दी, मेरे मन को ठेस लगी। ऐसी घटनाओं पर तुम से किसी ने कुछ नहीं कहा। मैंने भी नहीं, क्योंकि मैं विनम्र रहना सीख रही थी।

तुम्हारे प्यार की कसम खाकर कहती हूँ, ऐसे दर्दनाक लम्हों को याद करके डॉ. सिद्धार्थ के कन्धे पर मेरा सिर टिक गया था या लग रहा था, मैं आज अपनी हिम्मत के बूते खड़ी हो गई हूँ। तुम कहते हो, मैं उनके सीने से भी लग गई थी तो लोग सकते में आ गए थे, गाना-वाना भूल गए थे। बस, यहीं से मुझे ताकत मिलती है कि लोगों के साथ जो हुआ, वह मेरे अप्रत्याशित चलन के कारण हुआ। किसी ने मुझसे ऐसी उम्मीद ही कहाँ की थी? न जाने क्यों लोग हम जैसों को निष्क्रिय निचाइयों में डालकर भूल जाते हैं। फिर हममें चींटी भर भी हरकत आए तो ऐसे चौंकते हैं कि डर गए हों।

मैं डरे हुए लोगों के बीच थी, नृत्य पार्टी ने मेरे भाव बढ़ा दिए। मैं अब विशेष रूप से जानी जा रही हूँ। पति के कारण नहीं, अपने कारण। माना कि किर्च-किर्च था दाम्पत्य का दर्पण और उसकी गहरी दरारों से झाँकता मेरा चेहरा...चेहरा इस कदर

खूबसूरत लग रहा था कि उस पर मैं ही आसक्त हो उठी। क्यों न होती, झाँसी के स्कूल/कालिज में धमाल मचाती, राजनीति में हिस्सा बटाती लड़की का जो 'निजी' यहाँ खो गया था, उसके नक्श दिखने लगे, विषम स्थितियाँ...

प्रियतम, आत्मसम्मान पाने के लिए अपमान कितना जरूरी होता है, यह मैंने कई बार अनुभव किया है। क्या तुम अपने साथी डॉक्टरों से यह बात कह सकोगे? यदि समझा सकोगे तो तुम्हारी हिम्मत ही हमारी शान्त गृहस्थी में उठते कोलाहल को शान्त कर देगी।

तुम अल्पभाषी अन्तर्मुखी हो। मैं तुम्हारी भावनाओं को ग्रहण करने की कोशिश में इतनी थक गई कि गला सूखने लगा, आँखें जमने लगीं। प्रेम और दर्द, धर्म और मन से उठती विरोधी भावनाएँ जलते-बुझते जीवन में कभी छुटीं, कभी मिटीं। मेरा जीवन साथी इस महानगर में सीखी हुई सभ्यता को मेरे लिए क्यों भुला देता है? सूट और टाई का अत्याधुनिक लिवास, अंग्रेजी बोली और लियाकत का जो असर मुझ पर पड़ रहा था, भीतर ही भीतर काफूर क्यों होता जा रहा है?

तुम नहीं सुन पाओगे कि डॉ. सिद्धार्थ ने मेरे भावात्मक खालीपन में प्रवेश किया। मेरे अधसोए वजूद को संकेत मिला कि यह प्यारी-सी पहल और दिलकश पहचान सभी पुरुषों के पास नहीं होती। अब यहाँ प्रेम का व्यवहार ही मादक अनुभव का सन्दर्भ बनेगा कि कोई क्यों किसी की चाहत को अस्वीकार करने के बजाय संजो लेता है।

मैं जो कुछ सोच रही थी, डॉक्टर साहब नहीं समझ रहे थे। नहीं तो बिना लड़े ही हम में सुलह कैसे होती? बस एक सम्बन्ध, एक बन्धन...पति-पत्नी के रूप में दोस्त।

"तुम उदार भी कम नहीं हो।" मैंने सुलहनामे पर धन्यवाद दिया।

"फिर डांस पार्टी का निमन्त्रण है क्या? यही सब आता है मन में?" वे बोले।

"यदि हो भी तो उदार मन का व्यक्ति लोगों के उकसाने पर भड़क नहीं सकता। पर तुम पता नहीं किन बातों से लांछनों पर आ जाते हो?"

"सच्ची बात को झूठी करने के लिए लांछन ही कहा जाता है। ध्यान रखना, मैं इतना अंग्रेज भी नहीं कि अपनी बीबी को पराये मर्दों के साथ...आखिर हमारे भी तो संस्कार हैं।" कहने वाले डॉ. साहब को मैं खूब समझ गई हूँ।

"अच्छा। जहाँ संस्कारों को ठेस लगने की आशंका हो, वहाँ मत जाओ।"

"ठेस लगने की बात वहाँ भी नहीं थी। तुम समझ रही थीं, सारे लोग बेवकूफ हैं। तुम्हारी आशनाई को डांस का हिस्सा समझेंगे।

मैं खामोश हो गई। मैं डुगडुगी हूँ, डॉ. सिद्धार्थ नचाएँ या मेरे पति। मदारी छीना-झपटी में लगे हुए हैं। मेरी इच्छा की परवाह किसी को नहीं।

ये टूटने-जुड़ने की सच्चाइयाँ...हम चुप थे और घर अशान्त-सा...अपने-अपने फैसलों के नंगे रूप युद्ध में टूटी तलवारों से पड़े थे।

इस सबके बावजूद डॉ. सिद्धार्थ आते। हमारी बेटी को गोद में उठा ले जाते। डॉ. साहब कुछ न कहते। जो गाज गिराते, मेरा सिर सामने होता। मेरी दो दुनिया...दोनों एक-दूसरे के विरुद्ध।

मैं घर को जोड़े बनाए रखने में पूरी ताकत लगा रही थी, मगर डॉ. सिद्धार्थ से प्रभावित हुए बिना भी नहीं रहती। वे भी मेरी बच्ची को शुरू से ही इतना लाड़ करते कि वह उनसे अंकल नहीं, पापा कहती। चॉकलेट, टॉफी, आइसक्रीम वात्सल्य के प्रतीक नहीं थे, वत्सलता थी आँखों में। पालना झूलना था बाँहों में!

बच्ची के बहाने मैंने अपने ग्रामीण चेहरे के साथ बाहर निकलना शुरू कर दिया। वह भी परपुरुष के आसपास। लॉन में खड़े हो जाना। उनके घर चले जाना। यह सब कुछ सम्भव तो हो जाता, लेकिन हम लोग ऐसी जगहों पर थे जहाँ स्त्री-पुरुष के मिलने-जुलने या बातचीत करने पर ऐतराज हटे भी थे तो बहुत कम। अति आधुनिकों के लिए जो मान्य है, वह कस्बाई लोगों के लिए नहीं। वैसे भी बात का बतंगड़ बनने लगा था। कश्मीर वाली कॉन्फ्रेंस में मेरे पति का एक सहकर्मी बुरी तरह मेरे पीछे पड़ गया था, डॉ. सिद्धार्थ की होड़ में।

लेकिन मैं डॉ. सिद्धार्थ की दोस्त बनी रही।

हर हाल में जद्दोजहद को तैयार। और प्रतिक्रिया में कुछ नहीं। पीछे बगीचे में सोचा करती—मेरा मूल्य बढ़ा है, जबकि मेरे साथ न कोई प्रार्थना न ईश्वर की कृपा। केवल एक मनुष्य ने ही मेरा महत्त्व समझा है। मेरी समझ में पहले ही यह क्यों नहीं आया कि मुझे खोल के बाहर आना ही होगा। पीछे किसी बहाने ही तो धकेली जाऊँगी। वह बहाना मेरा शरीर ही बनेगा।

मैं किसी के मन को समझने लगी। मेरी बच्ची छोटे-छोटे हाथ-पाँव हिलाकर सितारे जैसी आँखों से बुलाने लगी। हम दोनों किसी अन्य की ओर चले गए...क्या ऐसा सघन प्यार हम माँ-बेटी को अपने घर नसीब नहीं था?

लोग मानें उसे लम्पट, समझते रहें आशिक। मुझे हीन भावनाओं के गर्त से बाहर खींचने वाला चरित्रहीन कैसे हुआ? मुझे उस संघर्ष में शामिल कर दिया, जो मुझे अपने लिए लाजिमी करना था। फिर वह परपुरुष कैसे हुआ?

मैं नाच के लिए नहीं उठी थी, अपने हकों के लिए खड़ी हुई थी जिनसे मेरी जिन्दगी के सम्मान का वास्ता था। मुझे प्रेरित करने के अपराध में वह घृणा के पात्र हो, मैं कल्पना नहीं कर सकती। मैंने तो जो संकेत पाया वह सूर्य की ओर था कि मेरे

ही भीतर घिरे अँधेरे तिरोहित होने लगे। निश्चित ही डॉ. सिद्धार्थ ने मेरे वजूद में तिरस्कारों की सुई उतरते देखी होगी, तभी तो प्रेम और समानता का यह नजारा बना।

जरूरत से ज्यादा शान्ति!

अब सिद्धार्थ यहाँ नहीं थे, असहायता और अकेलेपन ने मुझे घेर लिया। बनते हुए रास्ते काँटों से ढकते जा रहे थे।

'आप पी-एच.डी. कर डालिए' कोई सिद्धार्थ की आवाज में कहता, और मैं अपने सनद, सर्टीफिकेट वाले बक्से का ताला लगा देती। शायद इसी स्थिति के प्रतिकार में ऐसा साहस करती कि सिद्धार्थ को पत्र लिखने बैठ जाती। पत्रों में व्याकुल चित्त से निरन्तर झरते शब्द, जिनसे अपने-आपको एक अर्थ मिलता। विदेश जाता पत्र बड़े सुहाने आत्मविश्वास का संदेश छोड़ जाता। 'जवाब आएगा' की आशा सीले-सीले जीवन पर धूप-सी बिखर जाती। कोई कितनी ही दूर क्यों न हो, छोड़कर तो नहीं चला जाता।

वह मेरी प्यार से सिंचित, भरोसे से बढ़ती-फूलती लता वल्लरी सी भावना आज भी हरी-भरी है। मैं जब यह सब लिख रही हूँ, सोच रही हूँ, क्या वे पत्र अभी भी उनके पास होंगे, फूलों के गुच्छों की तरह खिले हुए...वे अपनी महक छोड़ रहे होंगे? उनसे मुझ तक आती सुगन्ध जो न श्लील थी न अश्लील थी, न सभ्य न असभ्य, बस एक विश्वास है, जिसे हम किसी से छीनते नहीं, देते हैं।

दोस्ती का विश्वास, सहयोग का भरोसा और आत्मीयता की ऊष्मा, जो कुछ है, मेरे लिए यही है। सतीत्व के दम पर मुझे स्वर्ग मिल जाए (अगर मिलता हो तो) वह स्वतन्त्रता नहीं मिलेगी, जिससे मैं भविष्य की दिशाएँ और रास्ते तय कर सकूँ। मैं अपनी जिन्दगी के निर्णायक मंडल की अध्यक्ष या जूरी की जज, खुद को फैसला दे रही थी।

मगर मालिक की अपील पर व्यावहारिक कार्यकुशलता में 'गृहिणी के सद्गुणों' की अभ्यस्तता बनाए रखती। आप चाहें तो मेरे इस व्यवहार को स्त्री के दाँवपेंच या त्रिया-चरित्र से जोड़ सकते हैं। मैं तो कुलीन स्त्री-धर्म से छिटककर मान ही बैठी थी कि समाज में स्वस्थ सम्बन्धों के लिए रुग्ण मानसिकता को काटने का यही उपचार है। मैं इन्हीं हरबे हथियारों को सिरहाने रखकर सोती थी कि मालिक लोग समझ लें, औरत लानत की चीज नहीं क्योंकि वह चाहे तो प्यार भरे सहयोग सहज ही पैदा कर सकती है। बशर्ते कि वह इस सच को समझ ले कि किलेबंदी करनेवाला, घर की दीवारें और छत उसे बाहर निकलने के लिए नहीं दिया करता।

'मुझे बन्धन परेशान करते हैं' कहकर मैं विवाहित जीवन की सुरक्षा को दाँव पर लगाने से न चूकती, और तब मेरे कौमार्यहीन होने के संशय बदचलनी में

बदलने लगते। पति शायद पछताते—बीबी को स्मार्ट बनाना चाहा था, हाथ से निकलने लगी।

मैं पी-एच.डी. करने की जिद पर अड़ गई। मगर जिद, जिद की तरह नहीं, मनुहार की तरह पेश की।

मेरा मनोरथ पूरा होगा, मैं मान रही थी क्योंकि पति के अहंकार को ठेस पहुँचाने से यथासम्भव बचती रही हूँ।

अब मैं डॉ. रेखा अग्रवाल के सामने पेश हुई। न जाने क्यों, जितना आत्मविश्वास डॉ. सिद्धार्थ के सान्निध्य में अर्जित किया था, रेखाजी के सामने वही भयग्रस्त और अस्थिर होने लगा।

डॉ. रेखा अग्रवाल मेरा चेहरा देखकर बोलीं, "आपके लिए मैं पूछूँगी, कोई गाइड होने को तैयार हो जाए। बस आप रुपयों का इन्तजाम रखिए। यूनिवर्सिटी के नियमों के अनुसार जो लगें, खर्च करने होंगे।"

"आप जो कहें।" मैं अभ्यागत सी...

अब मैं अक्सर ही रेखा अग्रवाल के पास आने-जाने लगी अपनी धुन में—स्वागत और अनचाहे अतिथि की झुंझला देनेवाली स्थिति का विचार किए बिना उनकी रीडिंग टेबिल पर रखी किताबें छूती, रोमांच हो आता। कभी विधिवत पढ़ा करती थी किताबें। पढ़ने के बाद भावनाओं का उद्वेलन महसूस करती। मन की पोर-पोर से तरंगें उठतीं। प्रभाव बना रहता और लगता मेरे वजूद में कुछ नया जुड़ा है।

'किताबों का गृहणियों के घर क्या काम' के सिद्धान्त को लेकर चलते हैं हमारे परिवार। हर सदस्य के लिए गृहणी हर समय उपलब्ध रहनी चाहिए। किसी भी मदद, जरूरत, सुविधा और शिकायत की बात सुनने के लिए, भले वह उसके अपने ही खिलाफ क्यों न पड़े।

उफ्! मैं क्या सोचने लगी। किताबें छूते उलटते-पुलटते ऐसा असर, तो पढ़ते हुए मेरा क्या होगा? बैस्ट ऑफ लक बबली की माँ...मिसेज शर्मा, बैस्ट ऑफ लक।

दो-तीन महीने निकल गए, पी-एच.डी. की बात आगे नहीं बढ़ी। मैं बात चलाती, रेखाजी बात टाल जातीं। मैं नहीं मानी। उनके पास जाने की आदत से बाज नहीं आई तो उन्होंने अपनी वक्रोक्ति में सुना ही डाला, "आपकी बच्ची, आपके पति, आपका घरेलू कामधाम...क्या होगा आपकी रिसर्च का? आप तो अचार बड़ी गुझिया भी बनाती हैं। ऐसे नहीं होती पी-एच.डी.। मैंने किस तरह अपना काम पूरा किया था, याद है आपको?"

ओह! मेरी दक्षता और तन्मयता को मेरी योग्यता का बट्टा मान लिया और बच्ची मेरी राह का रोड़ा...बेटी तो डॉ. रेखा अग्रवाल की भी है, क्या मेरी बेटी उनकी बेटी के मुकाबले ज्यादा बाधा देगी?

वह दिन बड़ी कठिनाई से कटा था। सब लोग तो डॉ. सिद्धार्थ जैसे नहीं होते। रेखा की जगह यहाँ उनकी पत्नी होती, वह भी पति से अलग व्यवहार करती तो ताज्जुब क्या? हर व्यक्ति की अपनी अलग मानसिकता होती है। अकेले घर में बैठी रही। डबडबाई आँखें अपने आँचल से पोंछती हुई। ब्याह करने के लिए अड़ गई थी, माँ की बात नहीं मानी। अब पति की बात है...शास्त्रों में लिखा है, स्वामी की बात पर विचार नहीं किया जाता, उसका पालन किया जाता है। उनकी इच्छानुसार मैं अनपढ़ की तरह घर में रह रही हूँ, अब क्या दिक्कत आ गई? और रेखा अग्रवाल पर मेरा क्या हक, क्या जोर? समय और मौका हाथ से खो देने वाले अपने जाती दोजख में जलें मरें, उन्हें कौन देखनेवाला है? मरने का निर्णय बहुत कुछ आसान कर देगा...यह सोचते ही मुझे बच्ची का ख्याल आया। मेरी कुंठा कहाँ ले जा रही है मुझे...

''पढ़ाई के लिए अब इतना मोह, समझ में नहीं आता तुम्हारा रवैया।'' पति ने कहा और फिर भूल सुधार की, ''अरे हाँ, अचम्भा किस बात का, तुम्हारे यहाँ तो औरतें चाहे जब झोला उठाकर स्कूल चल देती हैं।''

''हम लोगों का मकसद दब जाता है तो मर नहीं जाता। जिन्दगी का आधार मानते हैं हम लक्ष्य को।'' मैंने आवाज जरा ऊँची कर दी थी।

लेकिन अब मैं बाहर लॉन में तो क्या आऊँ, बरामदे तक में खड़ी नहीं होती थी। सारी निराशाओं और कष्टों को झोली में भरे हुए...मेरी कठिनाई कौन समझेगा? मैं लाखों-करोड़ों अशिक्षित स्त्रियों जैसी एक घरेलू औरत...'घरेलू औरत' कहकर रेखा अग्रवाल जैसे मेरे दुख को और दुखा रही थीं। घुटन कई-कई गुना बढ़ जाती।

मैं समझ गई, यहाँ सुशिक्षित लोग तरह-तरह से मेरा कलेजा निचोड़ सकते हैं। इनको याद नहीं कि मैं इनकी बेटी को अपने पास रख लेती हूँ, जब ये कॉलिज जाती हैं। न जाने ऐसी खफा क्यों हुईं कि पीठ ही फेर ली। क्या इसलिए कि मैंने यह कहने की गुस्ताखी कर दी–डॉ. रेखा, यह आपकी थीसिस है। मैंने पढ़ ली। इसे लिखने में आपने चार साल लगा दिए! सच, यह तो मैं पन्द्रह दिन में ही लिख देती।

यह गर्वोक्ति! मुझमें आत्मनियन्त्रण की कमी है। इसी व्यवहार को असभ्यता कहा जाता है। अलीगढ़ के सेठों के घर जाती थी, मेरी बातें सुनकर एक सेठानी बोली–बड़ी मुँहफट है मंटी (पति) की बहू। –मैंने क्या कहा था, बस इतना ही कि आँखों पर पट्टी बाँधकर मुँह सिलकर और कान बन्द करने की उम्मीद हमसे न करना। इतना नहीं सुना गया किसी से। मेरे लिए निष्ठुरता लागू कर दी। पति कहते थे, तुम्हें यहीं रागात्मक सूत्र मिलेंगे। मैं कहती थी, यहाँ का कानून ही हम बहुओं को तनिक-सी छूट नहीं देता। मेरे भीतर के भाव इन दिनों पढ़ी 'लेडी विचलेंसी' की कविता जैसे थे–

आज अगर हम पतित अधम हैं
इसका कारण गलत नियम हैं
आत्मवृद्धि के सब दरवाजे,
मेरी खातिर बन्द पड़े हैं
अगर एक बाकी से हटकर ऊँचा-ऊँचा उड़ना चाहे
पक्ष विरोधी अब भी उसके
इतना विकट खड़ा है आगे
ऐसा होना नहीं कि आशा
उस भय से बढ़कर हो जाए

धन्यवाद। शुक्रिया उन सबका, जो हमें नीची निगाह से देखते हुए हमारी योग्यता को धूल चटाते रहते हैं। हो सकता है यही आहत भाव मुझे अपने बूते खड़े होने की ताकत दे।

मैं नए सिरे से धृष्टता करने लगी।

बक्से में साड़ी की तहों के नीचे अपने प्रमाणपत्र/सनदें दबा दिए थे, निकालने की ठान ली। एम.ए. में मिला प्रौफेशियेंसी मैडल खोटे सिक्के सा बक्से के कोने में पड़ा था, बाहर आया।

क्या फिर घर से भागने की लगन जागी है? गृहस्थ में शान्ति बनाए रखने के लिए ये चीजें खतरनाक किस्म का काम करेंगी। मैं यथा सम्भव इन दोनों चीजों से बचती रही हूँ। कहीं जाने के लिए पति की प्रतिष्ठा के अनुसार तैयार होती। साड़ियाँ चुनती। सर्टीफिकेट हाथ छू लेते। बक्से में मैडल खनक जाता, मेरे सीने में झनझनाहट होती और हाथ की उँगलियाँ सुन्न...सिर झुकाए बक्से के सामने बैठी की बैठी...यह कैसी मनोवेदना थी कि मुझे रानी से बीतरागिनी में तब्दील करती जाती है? क्या मेरे भावना-क्षेत्र में ऐसा अजीब और अनपेक्षित छिपा है कि गृहस्थी का मानचित्र बेकार और नकली लगने लगता है? मैं इस मानचित्र के चक्रव्यूह में फँसी, बाहर निकलने के संघर्ष से गुजर रही हूँ? जब से पी-एच.डी. की बात खटाई में पड़ी है, मुझे और भी गहन रूप से लगने लगा है कि मैं इस दृश्य का हिस्सा नहीं हूँ, जिसका हिस्सा मान ली गई हूँ। पता नहीं वह कौन थी जो दुल्हन के रूप में गहने-कपड़े पाकर डॉक्टर साहब की संगिनी होने का ख्वाब देख रही थी और उनके घर की स्त्री होने में सौभाग्य तलाश रही थी। पति और घर को लेकर मैंने तमाम सपने बुने, आज रेशमी फन्दे टूटते क्यों हैं?

मैं दीवार पर लगी तस्वीर को घूर रही थी, जो दो चिड़ियों की चोंच मिली पेंटिंग है। यह हमारी शादी की सालगिरह पर डॉ. निगम ने दी थी।

डॉक्टर साहब के आने का समय हो गया, यकायक मेरी ध्यानावस्था घड़ी के अलार्म से टूटी। मैं उनके आने-जाने के समय को अलार्म में देखती-सुनती थी। समय के हिसाब से चौकन्ना रहना भी तो मेरी कार्यकुशलता में आता है।

पति निकट आ गए। गम्भीर मुद्रा में आते हैं, मगर जब मुझे खुद से ज्यादा गम्भीर देखा, मुखर हो उठे। बिस्तर के किनारे बैठ गए। कन्धे पर हाथ रखा और दबाब बढ़ा दिया—"क्या बात है? उदास क्यों हो?"

यों तो मैं मुस्करा दी, मगर चेहरे पर तनाव-सा बोल रहा था। वे आग्रह कर रहे थे, मैं अपनी गिरह खोलूँ। मगर गिरह में कुछ भी तो नहीं था, बस वे प्रमाणपत्र, जिनका रंग पीला पड़ चुका था।

थककर मैं अपने कन्धे पर उनका हाथ पकड़ बैठी। उदासी की पारदर्शी छाया में उन्होंने देखा और बोले—"फिर किसी ने दिल दुखा दिया क्या?"

खुद को ज्यादा साध पाना मेरे बस का न था। बहुत देर से आत्मदया में खुद को परिभाषित कर रही थी। मेरा हाउस वाइफ वाला कैरियर मुझ पर ऐसा हावी कि साँस न ले पाऊँ। कर्तव्य पालन सजा होता जा रहा है।

"क्या हुआ, मुझे बताओगी नहीं?" उनके स्वर में मनुहार थी।

"ये मेरे सर्टीफिकेट्स...याद आती है, हम भी पढ़कर आए थे। लड़कियों की तरह प्राइवेट नहीं, विद्यार्थी की तरह स्कूल-कालिज में रोजाना जाकर हाजिरी देते थे। बहुत-बहुत मेहनत करते थे, तब क्लास में, कालिज में फर्स्ट..." कहते कहते गला भर आया।

"इस में अफसोस की क्या बात? तुम अब भी फर्स्ट क्लास फर्स्ट हो। तुम इतनी योग्य न होतीं तो मैं शादी करता तुमसे? उषा में क्या कमी थी? यही कि हायर सैकेंडरी करके रह गई। सूरत के साथ योग्यता न हो तो सुन्दरता अधूरी रहती है। मैरिज के लिए जरूरी है, पार्टनर मानसिक स्तर पर बराबर हो। नहीं तो एक-दूसरे को समझेंगे कैसे?"

डॉ. साहब की बातें, बातों में यह बात कि उन्होंने उषा से जातिभेद के कारण नहीं, शिक्षा और योग्यता के कारण शादी नहीं की। मैं फिर चमत्कृत हुई, किसी व्यक्ति की इच्छाएँ ऐसी हो सकती हैं, वह डॉक्टर साहब के अलावा और कौन हो सकता है?"

"तुम अपने सर्टीफिकेट्स मुझे दो। अपनी अलमारी में रख लूँगा। जरूरत हो, तब माँग लेना। बक्से में तो वैसे ही फट जाएँगे।"

"अपना मूड ठीक करो।"

आज सोचती हूँ, प्रतिद्वन्द्वी को रास्ते से हटाने का हुनर कोई डॉ. शर्मा से सीखे। हमारी दृष्टि मिली थी। मेरी चेतना का ऐसा करुण नतीजा निकलेगा, सोचा न था। यह तो चरणों में खुद का समर्पण नहीं, अपनी योग्यता की पराजय थी।

तब तो हम तीन से छह वाले शो में 'अनपढ़' पिक्चर देखने चले गए थे, जो मैंने तब नहीं देखी थी, जब नई-नई रिलीज हुई थी। उसका अन्त देखने के बाद डॉ. साहब ने कहा था—स्त्री के पास शिक्षा और योग्यता होनी चाहिए, जिससे कि मुसीबत के वक्त काम आए। और हमारे जीवन की गाड़ी आसानी से चलने लगी।

''एक रास्ता और है मिसेज शर्मा,'' घर के सामने लॉन में मिलने पर डॉ. रेखा अग्रवाल ने कहा।

''कैसा रास्ता?'' मैंने बच्ची की उँगली पकड़े हुए आगे जाते हुए रुक कर पूछा। तो रेखा ने थोड़े शब्दों में स्थिति बता दी—''मैं पी-एच.डी. में अपका रजिस्ट्रेशन नहीं करा पाई, यह भी एक स्थिति थी। मगर आप इसके सिवा भी बहुत कुछ कर सकती हैं। जिन्दगी जिस रूप में सामने आए, उसको केवल निभाते ही नहीं जाना है, कहीं जब मौका मिले तो रुख मोड़ देना है। मेरी बात पर गौर करना, 'लिंग्विस्टक' का कोर्स शुरू होनेवाला है, फार्म भर दीजिए। कहीं न कहीं आपके काम आएगा।'' कहने के बाद उन्होंने मेरे कन्धे पर हाथ रखा और मुस्कराईं।

मेरा अभियान उठान पा गया। मैं इस कोर्स में भी दिखा दूँगी कि मेरे जीवन में मेहनत का महत्त्व क्या है? गिरा हुआ मनोबल अब किसी भी चुनौती भरी भूमिका के लिए ललक उठा। यही कारण था कि पी-एच.डी. न मिलने के दंश पर सीमित-अपेक्षा वाले इस कोर्स के लिए खुद को तैयार कर लिया।

हतभाग्य! इंटरव्यू कॉल नहीं आया।

रेखा अग्रवाल भी क्या कहेंगी...मूर्ख लोग आत्मविश्वास की टोकरी सिर पर लिए शेखी हाँकते फिरते हैं...मैडम शर्मा मेरी जैसी थीसिस पन्द्रह दिन में लिख देने का दम भरती थीं, योग्यता का चेहरा देखें कि लिंग्विस्टक तक जीभ चिढ़ा गया।

रेखा अग्रवाल का मेरे जेहन में उठा काल्पनिक स्वर मुझे डस रहा था, और मैं तिलमिलाती हुई घर के कोने दीवारों से टिकती फिरती। अपने आपको हर तरह से जब्त किए हुए...सोचती आगे बढ़ने की लालसा योग्यता के प्रमाणपत्रधारियों को किस तरह क्षत-विक्षत कर देती है। पति आएँगे, कुछ नहीं बताऊँगी, अपना आहतभाव अपने तक ही रखूँ तो घाव का मुँह खुलेगा नहीं, न मवाद फैलेगा। अपनी महत्त्वाकांक्षा का खात्मा इसी तरह होगा।

''इंटरव्यू में क्यों नहीं आईं?'' यह डॉ. रेखा अग्रवाल थीं।

''कैसा इंटरव्यू?''

''लिंग्विस्टिक वाला।'' कहकर ऐसे देखा जैसे मैं अयोग्य भी हूँ और लापरवाह बेवकूफ भी।

''कैसे आती। कॉल ही नहीं आया।''

''आया कैसे नहीं? आपका नाम लिस्ट में था।''

''अच्छा!'' मैंने अफसोस भरे स्वर में कहा और उसी क्षण सोचा, रेखा स्वाभिमानी है, क्रूर नहीं।

''आया था तो गया कहाँ?'' मैंने रेखा से ही पूछा।

''आप ही जानें। नहीं जानतीं तो मालूम कीजिए।'' कहती हुई वह अपने घर की ओर चली गईं।

इंटरव्यू कॉल नहीं आया, मैं दुखी हुई थी। जब पता चला कि आया था, लॉन में खड़े-खड़े लगा, भूचाल आ गया।

आया था तो मुझे मिला क्यों नहीं वह लैटर? नहीं मिला था तो मैंने पड़ताल क्यों नहीं की? सीधी बात है, मैंने अपनी योग्यता को घास के ढेर के अलावा कुछ नहीं माना। रेखा मुझे कितनी बार जगाए, कितनी बार उठाए, मैं अब कैसे मानूँ कि हिन्दी साहित्य में मैंने विशेष योग्यता अर्जित की थी? अर्जित की हुई कमाई को किसी गड्ढे में गाड़कर छोड़ देना, अपने लिए मेरी ही नकरात्मक भूमिका है कि मैं चमगादड़ की तरह रहूँ। केंचुए की तरह रेंग-रेंगकर जीवन काटूँ।

मैं ट्रैजिडी क्वीन...आँसू बहाकर सन्तुष्ट और हल्की होनेवाली। अपने दुखात्मक प्रदर्शन पर वाह-वाही जीतनेवाली। खुद को मीना कुमारी की फिल्मी भूमिका से जोड़ती रहती ('मैं चुप रहूँगी' फिल्म का प्रभाव मन में बाकी था)।

''सुनो मेरा इंटरव्यू कॉल आया था, मिला नहीं। पता नहीं कहाँ गया?'' मैंने ऐसे कहा, जैसे पति मेरे साथ हुए हादसे पर मेरे आँसू पोंछेंगे।

''हाँ, आया था। मैंने तुम्हें दिया नहीं।'' उन्होंने सपाट स्वर में कह दिया।

'आया था! आया था! आया था!' की ध्वनि मेरे कानों में भर गई।

वे मेरी ओर ऐसे देख रहे थे, जैसे कह रहे हों, 'देखो मेरी वाइफ का पागलपन।' कोर्स में कोर्स नहीं, अफसोस ऐसा जैसे किसी की मृत्यु...

''मुझे क्यों नहीं दिया?''

''क्या करतीं तुम उसका? बस सबेरे से भागी फिरती शाम तक।''

मैं अवसन्न, क्या बताऊँ, क्या करती?

"मेरा नाम था वहाँ।"

"जरूर होगा।"

होगा नहीं, था...। मैं वहाँ चुनी जाती। मैं कुछ सीखती। मैं सीखकर उसका उपयोग करती। तुमने मुझसे कब का बदला लिया? —कहना चाहती थी, लेकिन कहा—"अगर मैं भी ऐसा ही करूँ तो?"

"करो न। अपना ही नुकसान करोगी। इस घर के लिए कौन कमाएगा?"

"यह मत कहो। आजकल औरतें भी कमाकर गृहस्थी चला रही हैं। इस सच को मैंने भी नजरंदाज किया है, तभी तो आज यह हालत..."

मैं दूसरे कमरे में चली गई और फूट-फूटकर रोई। याद करती रही कि इनके इंटरव्यू के दिनों में उस कमरे को सुरक्षित कर दिया, जिसमें ये तैयारी करते। ये नहाने जाते, उससे पहले मैं बाथरूम में पोंछा लगाकर फर्श सुखा देती कि कहीं फिसल न जाएँ और इंटरव्यू रह जाए। मैं खाने में सफाई से लेकर चिकनाई और मसालों का ध्यान रखती, पेट खराब न हो कि इंटरव्यू के दिन तबियत बिगड़ जाए। मैं बच्ची को कोई ऐसा काम न करने देती कि डैडी का मूड बिगड़ जाए।

मुझे माताजी याद आईं, जिन्होंने कहा था—लाली तेरे हाथ में ज्ञान का दीपक है, तू अपना रास्ता खुद बनाती जाएगी।

माँ, तुमने यह क्यों नहीं बताया कि ज्ञान बड़ा खतरनाक होता है। जिन्दगी मुहाल कर देता है क्योंकि शान्ति भंग होती है। क्योंकि ज्ञान बदलाव के लिए प्रेरित करता है। काश, माँ तुम मुझे इस ज्ञान से न गुजारतीं!

रोते-रोते थक चुकी थी। बस उदासी रह गई।

याद आया, बच्ची को नहलाना है। घर में सफाई कर ली, डस्टिंग रह गई है। कपड़े धोने के लिए पड़े हैं। अन्त में उठी, बिना यह सोचे कि मेरी जिन्दगी मेरे हाथ में नहीं।

जो लोग भाग्य को ही जीवन के लिए निर्णायक मान लेते हैं, उन्नति-प्रगति के रास्ते बनाएँ या नहीं बनाएँ, शान्ति की खोज कर लेते हैं। मेरे जीवन में सब कुछ उजाड़ तो नहीं हो गया। कुछ इसी तरह मैंने अपने मन पर नियन्त्रण के यकीन की कमजोर होती बुनियाद को फिर से भरकर मजबूत किया।

डॉ. साहब ने आकर मेरा हाथ अपने दोनों हाथों में थाम लिया और बोले—"बहुत रोई हो। जानता हूँ, मुझसे नाराज हो, पर इतना जरूर कहूँगा, मैं जो करता हूँ, तुम्हारे भले के लिए करता हूँ। तुम परेशान होती फिरोगी, मुझे चैन नहीं आएगा।"

और मेरा यह निजी संग्राम...डॉ. साहब के कन्धे से लगकर सिसकने लगा। मैंने बोलना चाहा, मगर बोलूँ क्या? क्या आश्वासन दे सकती थी कि जीवन के ऐसे युद्धक्षेत्र में हम फिर आमने-सामने न होंगे?

तेरा झूठा मीठा लागा

पिछले सालों में लौटती हूँ--पैसेंजर गाड़ी के दो पहियों पर मैं अपनी गृहस्थी के मामूली सामान (बक्सा, बिस्तर और थोड़े से बर्तन) के साथ अलीगढ़ से दिल्ली की ओर चली जा रही हूँ। अपने पति और बच्ची को सीट पर दाएँ-बाएँ बैठे देखकर उत्फुल्ल हो रही हूँ। गाड़ी की रफ्तार तेज होती है तो लगता है, मैं उड़ रही हूँ। खिड़की के पार की दुनिया पीछे की ओर भाग रही है। बचपन में पढ़ी कविता बचपन की तरह ही याद आती है–ये पेड़ भगे ये पात भगे/जंगल के बड़े जंगात भगे!–कविता लयबद्ध होकर मेरे भीतर आकार लेने लगी और मैं लड़की के रूप में खिली-खिली नजर से देखती हूँ--बाहरी दृश्य, गेहूँ और मटर के खेत, सरसों के कतारबद्ध पौधों का गाड़ी की गति से मिलान! लेकिन तभी इंजन की ओर से आता हुआ धुआँ पुतलियों से टकराया और एक आँख में कोयले का टुकड़ा छोड़ गया। कोयले की करकराहट ने मुझे बेचैन कर दिया। दर्द ही आँख की जगह महसूस होने लगा। डॉ. साहब (पति) कोयले के टुकड़े को आँख से निकालने में सहायक हुए। पीड़ा से छुटकारा मिला, लेकिन आँख लाल हो गई।

डॉक्टर की हिदायत कि पति की सलाह, जिस पर मुझे अमल करना था--कोई बात नहीं, लालामी भी ठीक हो जाएगी। अब तुम आँखें बाहर की ओर नहीं भीतर रखो।

सन् 1967 दिसम्बर की मोहक दोपहर और मैं धानी रंग की साड़ी के साथ सुआपंखी रंग का ब्लाउज पहने हुए। चेहरे पर स्नो और होठों पर लिपिस्टिक। बालों की दो लम्बी और मोटी चोटियाँ अपनी पतली कमर पर छोड़ी हुईं। पति ने ऐसे देखा, जैसे कह रहे हों--अपना कस्बाईपन कब छोड़ोगी? अब तो अलीगढ़ का माहौल तुम्हें नहीं जकड़ रहा। –उनकी आँखों की भाषा के साथ ही मेरे भीतर अपराधबोध उगने लगा। मैं मुजरिम सी...सिर झुका लिया।

रंगबिरंगी फिरकी वाला! दो साल की नम्रता किलक उठी। छोटी-छोटी तालियाँ बजाईं। उसके हाथों के चाँदी वाले कंगन छनकने लगे। उसकी आँखों में फिरकी की रंगत! मैं अपने बारे में सोचना भूल गई।

पिता ने अपनी बेटी के लिए फिरकी खरीद दी। नन्ही राजकुमारी का छोटा-सा राजपाट। इसी रूप में पति ने पत्नी को थमा दिया रंगलोक। माँ-बेटी साथ-साथ खेलने लगीं। दोनों की नादानी देखकर वे मुस्कराते रहे। रेल थी या खुशियों भरा रथ! या उल्लास और उत्साह भरा विमान! पटरियों पर उड़ती हुई रेलगाड़ी हमें देश की राजधानी ले जा रही है!

पीछे छुटती धरती, हरे-भरे खेत गायब होने लगे। सिकन्दराबाद की औद्योगिक बस्ती में उठती चिमनियाँ दिखाई दे रही थीं, धुआँ उगलते उनके सिर...पति बोले–देखो, ये कुबेर के खजाने!

श्रीमती मैत्रेयी उर्फ मंटी की बहू हिन्दी साहित्य में एम.ए. पति की ओर नासमझ की तरह देखती है।

"तुम ऐसे शहर जा रही हो, जो देश के लिए सभ्यता का दरवाजा है।"

श्रीमती मैत्रेयी प्रेमविह्वल वाणी में पूछती हैं–"वहाँ घर मिल जाएगा? मिल तो जाएगा न? सुन रहे हो न?"

'निपट अनाड़ी लड़की!' की सूरत में मुझे देखा, बोले–"बिल्डिंग्स का शहर है।"

गाड़ी गाजियाबाद के भीतर घुस गई। स्टेशन पर रुकते ही लोगों का रेला भीतर आया। सफरी बैग, खाने के डिब्बे लिये लोग ही लोग! इतने आदमी दिल्ली जा रहे हैं! ये सब कहाँ रहते होंगे? कितनी बड़ी है दिल्ली?

पति समझाने लगे–"डेली पैसेंजर हैं। नौकरी करने जाते हैं। रोज रात को लौटते हैं, इसी तरह। राजधानी रोजगार देती है।"

"गाँवों में काम नहीं मिलता?"

"काम तो है, इतना पैसा नहीं मिलता।"

"अच्छा! तभी गाँवों में इतने लोग आते नहीं दिखते।"

और फिर...स्टेशन पर दीमक की तरह रेंगते लोग...भीड़ के स्वभाव की है दिल्ली, इस दिल्ली के लोग बड़े और ऊँचे क्यों माने जाते हैं? मेरे पति भी अब अपनी सुदामापुरी के नौजवान डॉक्टर इंजीनियरों में हीरा जैसे, हीरे को सभी प्यार करते हैं। वह किसी का भला करे या न करे अपनी चमक-दमक से ही रुतबा जमा लेता है। चमकीली चीजों की अपनी महिमा...

चमकदार राजमार्ग!

मैंने कौतूहल से देखा, अलीगढ़ और झाँसी जैसे शहरों की आठ सड़कें मिलाकर यहाँ की एक सड़क बनी है। सजावट में घने ऊँचे पेड़ों की कतारों के बीच बोगनबेलिया के गुलाबी, सफेद और पीले फूलों वाले गमलों में मेरी नजर उलझकर रह गई। क्या इस सजावट के कारण दिल्ली को लोग प्यार करते हैं? शानदार इमारतों वाली दिल्ली में आकर क्या लोगों का अपना जीवन शानदार हो जाता है? हम ऑटो

रिक्शा में बैठे थे, इंडिया गेट से होते हुए शाहजहाँ रोड पर मुड़ रहे थे कि ताज होटल अपनी पृष्ठभूमि में ठाठ से खड़ा हुआ, मानो हमारा स्वागत कर रहा हो। अरे वाह!

"सारी दिल्ली ऐसी ही है तो देखने की कितनी-कितनी जगहें होंगी कि आदमी की जिन्दगी बीत जाए देखते ही देखते।"

"मैं तुम्हें राजमार्ग से लाया हूँ कि तुम्हारी दिल्ली यही है।"

मैं देखती हूँ, कारों में, टैक्सियों में चिकने चेहरेवाली स्त्रियाँ, जिनकी साज-सज्जा अनूठी। पुरुष चर्बीवाले बदन और अभिजात-सा वैभव लिए हुए...क्या यहाँ सारे आदमी...?

पति हँसते हैं, "खुरदरे शहर से आई हो, सब कुछ चिकना लग रहा है। अलीगढ़ की मैली धुँधलाती संकरी गलियाँ तुम्हारे जेहन पर मुकम्मल गन्दगी छोड़ गई हैं। इसलिए सारा कुछ साफ-सुथरा, धुला-पुछा लगता है। ये सब सुविधाओं का कमाल है और सभ्यों का रहन-सहन।"

"अब हम असुविधाओं में कभी नहीं रहेंगे?" मैं पूछती हूँ।

वे मुस्कराते हैं, जैसे कि मेरी नादानी पर मुस्कराया करते हैं।

सामने अखिल भारतीय आयुर्विज्ञान संस्थान की इमारत आ गई। बचपन में कभी कुतुबमीनार देखी थी, कुतुबमीनार इससे छोटी पड़ेगी। मैं छोटी चीजें देखने की इतनी अभ्यस्त हो गई हूँ कि हर नई और ऊँची चीज बड़ी से बड़ी लगती है, पति ऐसा ही कुछ कहेंगे। मगर मैं देख रही हूँ कि एम्स की बिल्डिंग देखने के लिए मुझे अपना चेहरा उठाना पड़ता है कि माथा सूरज से सामना करे।

हाँ, क्यों नहीं, पति को इसी संस्थान में लैक्चरर की पोस्ट मिली है। शानदार ओहदे के मालिक से मैं फर्नीचर बेच देने पर लड़ती चली आई।

"पुराना फर्नीचर था।" उन्होंने दलील दी।

"दो साल पहले ही तो लिया था।"

"अलीगढ़ की नई चीज दिल्ली की पुरानी फैशन में चली जाती है।"

"तो मेरा क्या होगा यहाँ? मैं पुरानी...भले तीन साल पहले ब्याह हुआ है।"

"ओफ्फो, हर बात अपने ऊपर न ढाला करो। वैसे तुम्हें यहाँ खुद को सँवारना होगा, क्योंकि अब हमारा घर दूसरे तरह का बनेगा।"

मैं सोच में पड़ गई।

हॉस्टल और मैं

यह है दिल्ली? रिहाइश के नाम पर एक छोटा-सा कमरा। अस्पताल में काम आनेवाला पलंग। एक छोटी मेज, एक कुर्सी। पिछली पतली बालकनी में कपड़ा सुखाने की

जगह। सड़कें जितनी चौड़ी, रहवास उतने ही संकरे। कार, ऑटो रिक्शा और बसें आदमियों से ज्यादा जगह घेर रही हैं।

बक्सा और बिस्तरबन्द बालकनी में रखने के बाद बच्ची को लेकर टॉयलेट की ओर गई, उल्टी लौट आई। दो-तीन डॉक्टर खड़े यूरिन पास कर रहे हैं, लाइन से। दो-तीन पुरुष तौलिया लपेटे नंगे बदन ब्रश कर रहे हैं।

"यहाँ औरतें नहीं?"

"बॉयज हॉस्टल है।"

"फिर मैं?"

"जब सब ड्यूटी पर चले जाएँ, अपना नम्बर लगा लेना।"

मैंने सोचा, यहाँ तो अलीगढ़ के घर के टॉयलेट्स से बुरा सिस्टम है, जहाँ किराएदार मकानदार सबेरे नम्बर लगा लेते हैं, कुछ देर बाद नम्बर तो आता है।

खामोश रहने के सिवा क्या करती? मेरी और बच्ची की जरूरतें भी खामोश होने के लिए मजबूर...और मुझे हर कीमत पर यहीं रहना है। दुनिया की नजर में यही स्वर्ग है।

स्वर्गिक बाथरूम सफेद टाइल्स से बना था। स्वच्छता भरी सफेदी ने सबेरे के शिकवे भुला दिए। मैंने बच्ची को स्नान कराया, खुद नहाई और माँ-बेटी ने वह टैल्कम पाउडर लगाया, जिसे अब तक सिर्फ डॉक्टर साहब लगाते थे। मुझे पाउडर की जरूरत नहीं है, वे ही बताते थे कि स्त्री के शरीर की गन्ध अपने आपमें एक खास इत्र है। वैसे भी मेरा रंग गोरा है।

आज मैंने जापानी जॉरजट की सी-ग्रीन साड़ी निकाली, दिल्ली में यही फबेगी दो चोटियों के बदले एक चोटी गूँथी। पति को ऐसे मिली जैसे मैं पहले दिन से ही फैशन के रास्ते पर हूँ। मैं झाँसी की लड़की का चोला उतारकर, जीवन के प्रबल प्रवाह को बाँधकर अपने व्यक्तित्व को सजावट के साधनों से आकर्षक बनाने पर तुल गई, क्योंकि मान बैठी कि असली प्रेम विवाह के बाद होता है। प्रेमी, पति के सिवा कोई नहीं हो सकता। पत्नी यदि इसके अलावा किसी संवेग के दबाव में आती है तो पति को खोने में देर नहीं लगती। डॉ. शर्मा तो वैसे भी शर्महया वाली स्त्री को पसन्द करते हैं। वे सामाजिक प्रतिष्ठा, शिष्टाचार और सभ्यता के स्तम्भ हैं। मैं आधुनिक होने के नशे में धुत, चाँदनी रात में उतर गई। हॉस्टल पर शुक्ल पक्ष उतर रहा था और सफेदा के वृक्षों के लम्बे-लम्बे परदों के बीच जाड़े की रात पति की युवा बाँहों में मोहाविष्ट सी...'सचमुच सपनों का संसार मेरी राह देख रहा है' मैं सोच रही थी। पति को तन से मन से पाना है, कितना ही छोटा समय मिले। खुद को नादान दिखाते हुए या मूर्खता करते हुए या कि उन्हें सँभालते हुए, दुलराते और अपने भीतर उतारते हुए, किसी साहस दुस्साहस से गुजरकर भी। आज का दिन, दिल्ली का दिन। हमारे

प्रेम की आधुनिक शुरुआत का दिन न इससे पहले था न इसके बाद...मैं लहरों में उतरने के लिए तैयार, सम्मिलन की उत्ताल तरंगों की कल्पना कर रही हूँ। रात के दस बजे हैं। मैं पति की ओर पलंग पर बढ़ रही हूँ। मेरी खुशी का पारावार नहीं कि यहाँ छतों-छतों, छज्जे-छज्जों आने और खिड़कियों से झाँकनेवाला कोई नहीं। झाँककर बात उड़ानेवाला कोई नहीं, 'प्रायवेसी' इसी का नाम है।

तभी, दस्तक!

हाँ, दस्तक हुई। पहले दिन पहली बार पहनी नाइटी, यह नाइटी पति ने मेरे आने से पहले ही दिल्ली आने पर खरीद ली थी। नाइटी को पहनकर पहले तो मैं खुद से ही शरमाई, क्योंकि धोती साड़ीवाली मैत्रेयी का रूप सिरे से बदल गया। स्त्री थी, लड़की लगने लगी। लड़की, पति निछावर होने लगे। ऐसे में यह दस्तक...मैं नाइटी में कहाँ जाऊँ?

डॉक्टर साहब उठे। कुंडी खोली, 'प्लीज कम' कहा।

मैं पिछली बालकनी में नाइटी उतारकर जल्दी-जल्दी साड़ी बाँध रही थी। क्यों बाँध रही हूँ, यह भी सोच रही थी। आनेवाला मेरा ससुर या जेठ तो नहीं। सब कुछ सोचा, मगर किया वही, जो गाँव-कस्बों में स्त्रियाँ करती हैं। वे किसी जेठ-ससुर से नहीं, ससुराल पक्ष के हर पुरुष से आड़ करती हैं, जैसे पति के सिवा हर मर्द परपुरुष हो और उसके बदन का नजारा करता हो।

आकर देखा, एक लम्बे कद का युवक अभिवादन कर रहा है। उसका चेहरा आकर्षक है, बाल कुछ लम्बे और आँखें खिंची हुई नोंकदार। मुस्कराया तो सामने का छीजा हुआ दाँत झलका। गेहुँआ रंगत खिली हुई।

''डॉ. सिद्धार्थ'', पति ने परिचय कराया।

वह कुर्सी पर बैठ गया। बिजली की चमकदार रोशनी में उसकी लजीली मुस्कराहट क्लीनशेव्ड चेहरे को और भी मोहक बना देती है।

क्या यह सचमुच इतना आकर्षक था, जितना मुझे लग रहा था? या उसका व्यक्तित्व मुझ पर इस कदर छा गया कि मैं आकर्षण में बँधती जाऊँ? अभी तक देखा नहीं, बातचीत की नहीं, फिर कैसा खिंचाव? इन दिनों मेरे वजूद के हर तन्तु के संचालक डॉक्टर साहब ही थे, एकदम वही। उन्हीं के होठों पर डॉ. सिद्धार्थ का नाम रंगीन तितली सा नाचता। उनकी बात करते हुए वे गद्‌गद विभोर जैसे भँवरा फूलों के मेले में हो जाता है। भँवरा फूलों से अनुग्रहीत और डॉ. शर्मा के ऊपर डॉ. सिद्धार्थ का अहसान। यहाँ आने में वे ही सहायक साथी बने। ऐसे साथी, जैसे कि लोग अक्सर नहीं बनते। तभी तो कस्बों और छोटे शहरों में तमाम लोग बड़ी योग्यता लिए पड़े-पड़े पुराने होते रहते हैं। उन लोगों की क्षमता को कुंठा की दीमक चाटती है और जिन्दगी में नकारात्मक रवैया अख्तियार करते चले जाते हैं।

देश छोड़ने पर आमादा आज के नवयुवक अपने चलन में प्रतिभा-पलायन को लक्ष्य बना चुके हैं।

पति कहते हैं, "सुनो, यह कमरा डॉ. सिद्धार्थ की कोशिश से ही मिला है, वरन् इतनी जल्दी रहने का अरेंजमेंट..."

सिद्धार्थ अपने किए को उजागर होने पर सकुचाते हैं, "अजी कुछ नहीं। मैंने क्या किया है?"

ऐसी आकर्षक भरोसेमंदी, मेरे पास मुस्कराहट के सिवा कुछ नहीं।

"चाय...या मैं बनाऊँ, तुम बैठो।"

मैं पति के विनम्र आदेश को समझती हूँ, वे इसी अदा से किसी काम को कराने के लिए पेश आते हैं। कभी नहीं कहते, चाय बनाओ, खाना लाओ। कहते हैं, चाय पिओगी, मैं बनाता हूँ। खाना खाते हैं, प्लेट रखूँ?

मैंने चाय बनाई। दिसम्बर की ठंड में गरम चाय ही मेरी कृतज्ञता का टोकन। मगर उस टोकन को आगे किया पति ने। मैं भी पीछे हट गई, मेरा अपनी भावना को व्यक्त करना नाजायज लगेगा परपुरुष के सामने।

मैं अपने पति की प्रेमिका इसी तरह मीठे दृश्यों की शृंखला बनाती जाऊँगी कि लोग देखेंगे।

इसके बाद उस कमरे में स्टोव, पतीले, कढ़ाई और करछुली की सहायता से छोटे से छोटे साधनों में बड़ी सी दावत के रूप में अपने गृहणी होने और पाककला की निपुणता के नमूने पेश करने लगी।

मैं गम्भीर दिखती थी, क्योंकि कम बोलती थी। पति के आगे न आती थी, भोली और सीधी स्त्री...मैं दुबली-पतली और थोड़े से लम्बे शरीर की मालकिन; गर्लिश लुकवाली मानी जाती। जो प्रमाणित हुआ, वह डॉ. राजन ने कहा, भाभी आदर्श स्त्री हैं—

परामर्श में मन्त्री सी, सेवा में नित दासी है
भोजन में माता सम है, शयन समय रम्भा सी हैं (होंगी)

पति के दोस्त, मेरे वारे-कुँआरे देवर।

सब मेरे असर में, सब प्रभावित। अद्भुत है यह दुनिया चाय-नाश्ते की एवज ऐसी आत्मीयता, इतना प्यार। सत्कार का अनमोल प्रतिदान। उन्हें पता है कि मैं अपनत्व के कतरे कतरे को तरसी हुई...

उन्हें पता हो या न पता हो, मुझे पता है कि डॉक्टरों की नीरस जिन्दगी में जायकेदार खाना अमृत का झरना है। दर्द, तकलीफ और मौत के भीषण दहशतनाक नजारों से गुजरकर जब वे मेरे कमरे की ओर आते हैं, कहते हैं—भाभी हमें पता था आप यहीं हो।

"कैसे पता चला?"

"पायलें बाजीं।"

मैं सोचकर रह गई, पति कहते हैं—"पायलें उतारो।"

मैं क्यों उतारूँ पायलें? इसकी रुनक-झुनक से किसी को अपने घर की नववधुएँ याद आ जाती हों तो? सारे डॉक्टर एम्स में ही पैदा तो नहीं हुए। ये भी हमारी तरह अपने मौहल्ले, कस्बे और गाँव, शहर छोड़कर आए हैं। कैसे समझाऊँ कि 'जो छूट गया' उसी से दिल भरा रहता है।

मैं यथासम्भव मेजवानी में लगी हुई, अपनी रौ में बही जाती थी कि 'इन दिनों यहाँ कोई है तो वह मैं हूँ' या 'मेरे जीवन का पर्याय यही है, इसी से सारे सपने पनपेंगे।' मैं हॉस्टल में रम गई। और मेरे आसपास डॉक्टर लोग मधुमक्खी से घिरे हुए। रोज त्योहार मन रहे थे। रोज मैं उनके कपड़े प्रेस और टूटे बटन टाँक रही थी।

हम अपनेपन और प्रेम के नशे में डूबे हुए क्या जानते थे कि ये मंजर जल्दी खत्म हो जाएँगे? बिछुड़ने के पहले आपसी रिश्ता जोड़ने के लिए उतावले। सचमुच यह एक स्वप्न की तरह था, मुस्कराते डॉक्टरों के बीच मेरा जिद कर करके खिलाना...उनका आग्रह कर करके बनवाना...मेरा उनकी पसन्द के कपड़े-गहने पहनना...उनका मेरे लिए तोहफे लाना...और फिर किसी बात पर उत्साहित होकर बाँहों में भर लेना और मेरे सारे वजूद का सार्वजनिक रूप से मुस्कराहटों में उतर जाना।

"हॉस्टिल खाली करना होगा," पति का ऐलान हुआ।

"क्यों?" मुझे झटका लगा था, इसलिए सवाल में तल्खी थी।

"हमेशा यहाँ क्यों रहें?"

"फिर कहाँ रहें?"

"मैं किसी पॉश कॉलोनी में घर लेना चाहता हूँ। देखें तो सही इस महानगर में सम्भ्रान्त लोग कैसे रहते हैं? फिर तो स्टाफ क्वार्टर मिल जाएगा, मौका मिलने से रहा। जानम, दिल्ली में रहो तो दिल्ली वालों की तरह रहो। हम उनके मुकाबले भाग्यशाली हैं, जिन्हें अलीगढ़ में छोड़ आए हैं।"

कितने व्यावहारिक सांसारिक हैं मेरे पति और कितनी भावुक हूँ मैं, वे विकास को बदलाव में देखते हैं और मैं प्यार की मारी एक जगह ही जम जाती हूँ।

"तुमको कोई उत्साह नहीं नई कॉलोनी में रहने का? मैं तो सोच रहा था, उछल पड़ोगी। तुम तो बुझी-बुझी सी..."

"नहीं, ऐसा नहीं। जैसा तुम ठीक समझो।" कहनेवाली मैं सोच रही थी, इस तरह मेरा तन-मन पति के जीवन में रिल-मिल जाएगा। वे पूरी लगन, पूरे शौक और

पूरे उत्साह से मुझे आगे बढ़ाने और आधुनिकता में जीने के उपाय खोज रहे हैं। पत्नी के लिए इससे बड़ा सपना क्या होगा?

लेकिन यह क्या, निजी एकान्त क्षणों में अपने भीतर कुछ आँधी सा उठता है। मैं आँखें बन्द करके झटके सह जाऊँ या चीख पड़ूँ कि यह मेरी आत्मा का कौन-सा बेचैन हिस्सा है, जो चिढ़े हुए कीड़े की तरह सिर पटकता है। मैं इसे खत्म कर दूँ या जिन्दा रहने दूँ, क्योंकि यह कीड़ा माताजी के अभियान की जड़ में जन्मा जीव है।

मेरे पति, मेरे गुरु पुरुष मेहनत और क्षमाशीलता अपनाते हुए मुझे प्रशिक्षण दे रहे हैं और मुझे मूल्यवान बना रहे हैं, क्या यह मेरी उपलब्धि नहीं है?

नहीं। सुरक्षा में पनपनेवाली भावना भविष्य पर परदा डाल रही है, रेशमी झालरें बना रही है। मैं देख रही हूँ, लेकिन इस शानदार सब्जबाग में किसी विनाशकारी संकट की कल्पना नहीं कर पा रही।

उफ् यह दुविधा...काश, मैं यहाँ न आती। न जाने क्या देख लिया, क्या समझ लिया, कभी अपनी चेतना के साथ होती हूँ, कभी उस चेतनावस्था से लड़ती हूँ कि क्यों बॉयज हॉस्टल में रम गई? यहाँ भी जो कुछ हूँ, पति के दम से हूँ। इससे ज्यादा मैं कुछ हो ही नहीं सकती।

साउथ एक्स्टेंशन पार्ट-I की रिहाइश

एम्स के बॉयज हॉस्टल का खुला-खुला दायरा जब साउथ एक्स्टेंशन की बरसाती में आ सिमटा तो देहली आने का भावात्मक ज्वार ठंडा पड़ने लगा। पॉश कॉलोनी में रहने की इच्छा, दिल्ली में किराए के मकानों की खोज में पहले ही पस्त हो गई थी। पति भी आजिज आ गए थे। मगर इच्छाओं का पस्त हो जाना सपनों का मर जाना नहीं होता।

फिर भी, कठिनाइयाँ कठिन से कठिनतर हो गईं, क्योंकि किराए का मकान हम पति-पत्नी दोनों के लिए नया तजुरबा था। अलीगढ़ की तंग गली में घर था, मगर वहाँ आँगन तो था। खुली छत हमारी ही हमारी थी। अब बार-बार याद आते हैं और मुझे तड़पाते हैं अपने घर के कोने।

"हॉस्टल क्यों छोड़ा, सच्ची बताओ।"

"गृहस्थी वाले डॉक्टर वहाँ नहीं रह सकते।"

"कैसे नियम कायदे हैं। डॉक्टर कुँआरे रहें तब कमरा मिले, ब्याह कर लें तो रिहाइश छोड़नी पड़े। क्या डॉक्टर को कुँआरे ही रहना अच्छा है? या इनको बिना पगहा का मर्द चाहिए कि मरीजों के पास चाहे जब भागता आए।"

"तुम्हें इतना दुख क्यों हो रहा है डार्लिंग, सच्ची बताओ।" भोले चेहरे वाले पति ने पूछा।

"मुझे दुख...इस अनजान शहर में अकेली रहूँगी, सारे दिन।"

"तो साथ ले चलो इन वारे कुँआरे देवरों को।" कहते हुए उनका निचला होंठ नामालुम तरीके से ऐंठ गया।

"साथ? साथ क्यों?"

"इसलिए कि चार-पाँच मुसाफिर एक हसीना। तुम्हें तो कुँआरेपन की यही आदत है।" क्रूर व्यंग!

ओ! मैं गहरी साँस ले कर रह गई। कहूँ भी क्या?

मेरा जीवनसाथी, साथी के नाम पर जलकुक्कड़ आदमी है। दिशाओं में जब रंग बिखरने शुरू होते हैं, कालिख पोतने आ जाता है। मैं दाँत पीसती रही। फिर उन पर तरस आ गया। बेचारे, उस बच्चे की तरह हैं, जो खुद को खेल में हारते देखता है, खेल बिगाड़ देता है। प्रियतम, इन मादक-मनोरम और चंचल मनोरंजक शामों के सूत्रधार तो तुम ही थे, रंगवर्षा हुई तो घबरा गए। संकरे रास्तों वाली जगह तलाश रहे हो कि पत्नी को बचा ले जाओ। कोई तुमसे पूछे, तुम्हारे दोस्तों की खातिरदारी में मैं किसके कारण लगी? ये मेरे तो दोस्त नहीं थे। हाँ, दोस्त बन न जाएँ, यही डर तुम्हारी उदारता और सद्भावना को चबाने लगा, विश्वास को खाने लगा कि बीबी कभी पतिव्रत की लक्ष्मण रेखा न लाँघ जाए।

तुम्हारी जिन्दगी ही पॉश है प्राणाधार। यह सपना भी जरूर उस गली में पैदा हुआ होगा, जिसमें पिता का बनाया मकान खड़ा है और वही तुम्हारी मजबूरी का किला है। वहाँ न रहते तो कहाँ रहते आप? जन्म लेते ही तो कोई जिलेदार नहीं हो जाता...ये बातें कही-अनकही, बहरहाल ऑटोरिक्शा में घूमते-घूमते हर रोज रुपये खर्च करते हैं। मकान मिला नहीं और आप हैं कि एम्स में नौकरी पाकर खुद को खुदा मान बैठे, जिसके लिए यह विराट नगरी महल सजाकर देगी।

"भद्र समाज का भूत!" मैंने उन्हें चिढ़ाया।

"भद्र समाज का भूत नहीं, अपना भद्र रहन-सहन। तुम मेरा स्वभाव जानती हो, अलीगढ़ में रहकर भी मैं दिल्ली से ही लिबर्टी की कमीज मँगाता था। स्वेटर, पेंट और जूते तक यहीं से।"

"अच्छे रेडीमेड आदमी हो तुम भी।" मैं हँस पड़ी और वे चिढ़ गए।

मैंने अपना तेवर बनाए रखा—"बताना जरा, मैंने शादी के बाद जो स्वेटर बुनकर भेजे थे, वे कहाँ हैं?"

"तुम्हें पता है, फिर क्यों पूछ रही हो?"

"पता होना एक बात है और सामनेवाला स्वीकार करे, यह दूसरी बात।"

"जिनको जरूरत थी, उनको दे दिए।"

"अच्छा! मैं जान गई कि तुम्हें न उन स्वेटरों की जरूरत थी न उस लगाव की, जिससे मैंने उनका एक-एक फंदा बुना था। सच्ची, हम जैसी लड़कियाँ भी कितनी बेवकूफ होती हैं, सम्बन्ध में प्यार की गन्ध खोजने लगती हैं। किसी के नाम का महावर मेहंदी लगाकर सोचती हैं, हमारे भावात्मक लगाव के ये चिह्न पति के लिए आस्था, विश्वास और दिल निछावर करने के माध्यम बनेंगे।"

"यू आर इमोशनल। भावुकता में बहती हो।"

"कैसी भावुकता? जब पड़ोसी राजपाल सिंह और किराएदार मनीराम वार्ष्णेय को मैंने अपने बुने स्वेटर पहने देखा, समझ लिया कि वह बात एकदम सच है, जो मैंने पढ़ी है, पुरुष की शिराओं में उच्चाटन का वह द्रव बहता है, जो स्त्रियों को छोड़कर चल देने का भाव पैदा करता है। और इसलिए ही मैं अपनी उपेक्षा और स्वेटरों के अपमान पर रोई नहीं।"

"उच्चाटन का असर तो यह है कि आज तुम सुदामापुरी वाले घर, गली-मौहल्ले और जरूरतमन्द लोगों से नफरत दिखा रहे हो, कल के दिन यह भी हो कि आधुनिकता के चक्कर में किसी ग्लैमरस लड़की पर फिदा हो जाओ, मुझे त्याग दो।"

"चुप रहो अब। बहुत सुन ली, तुम्हारी बकवास।" कहनेवाले मेरे मालिक न तर्क देते न बहस करते, चीखकर मामला खत्म कर देते हैं।

मैं चुप नहीं हुई।

"तुम्हारा दोष भी क्या? सेठ-पुत्रों के साथ रहे, हीनभावना जोड़ते गए। वही बात-बात में तुम्हें शो ऑफ, दिखावट के लिए उकसाती है। मैं तुम्हारी इस ग्रन्थि से बहुत डरती हूँ क्योंकि उन्हीं दोस्तों ने कहा था, इस लड़की को कहाँ से ब्याह लाए, इसमें मैनर्स नहीं, ऐटीकेट्स नहीं, ब्यूटी तो खैर आसपास तक नहीं। यह शूल तुम्हें तब गड़ा था, आज तक कसकता है और उसकी टीस तुम्हें मेरे हर आचरण पर सवालिया निशान लगाने के लिए मजबूर करती है।"

इसके बाद दोनों में अनबोला था।

मैं अब दो विरोधी स्थितियों में जकड़ी हुई, दिल्ली जैसे शहर में अपना 'कुछ' पाना चाहती हूँ और पति के आगे बढ़ते जाने पर उनका विरोध करती हूँ। नहीं तो अभी माताजी का पत्र आया है, वे गाँव जा रही हैं, घर की मरम्मत करानी है, चली क्यों नहीं जाती माँ के पास?

इसके विपरीत मैंने अपना बटुआ उठा लिया, जिसमें समय-समय पर माताजी द्वारा दिए रुपये जमा थे और पति उसे 'कोरचा' (चुराया हुआ स्त्री-धन) कहते हैं। नाजुक स्थिति में हथियार डालने का चलन अपनाते हुए मैं साड़ी पहनकर तैयार हो गई और बोली, "चलो, चलिए।" उफ् ऐसी भी समझौते की क्या उत्तेजना कि बुन्देली

के शब्द लहजा मुँह से निकल पड़ें। वे मुझे अंग्रेजी सीखने की हिदायत देते हैं, मैं गाँव की बोली बोलकर उनको नाराज होने का मौका दे रही हूँ।

"किसलिए जाना है अब?"

"घर ही देखेंगे।"

उस दिन, घर मिला, निर्देश मिले।

हम शरणार्थी

किराएदारों के लिए सामनेवाला, प्रवेशद्वार नहीं। पिछली पतली लेन से आना-जाना होगा। जमादारनी भी वहीं से आएगी, ऐतराज नहीं करना है।

"हाँ, हमें जमादारनी के आने से क्या तकलीफ? वह तो सफाई के लिए ही आएगी।" डॉ. साहब ने कहा बड़ी विनम्रता से।

आप लोग अपने बर्तन गुसलखाने में साफ करेंगे।

मैं चुपचाप रसोई देखने लगी। खुरदरी दीवारें उठाकर पटियों से पाटी हुई। चूना डालकर फर्श बनाया हुआ कि नंगे पाँव चलो तो तलवे छिल जाएँ। कच्ची लकड़ी के फट्टों के तीन सीधे-सीधे टांड, दाल-चावल मसालों के डिब्बों के लिए।

रसोई के आगे लम्बाई में बँधी नायलॉन की रस्सी पर लैंडलॉर्ड के कपड़े सूखेंगे, यह आपके लिए नहीं।

कब आना, कब जाना, समय बता दो अभी। और सुनो कि लैंडलॉर्ड को क्या सूट करता है?

हम मुसलमान और ईसाइयों को मकान नहीं देते मीट-मछली का चक्कर, वैसे भी वे लोग गन्दे...

लैंडलॉर्ड बाहर जाएँगे, तब आप लोगों को हर हालत में यहीं रहना होगा। प्राइवेट कॉलौनिज में सिक्योरिटी की ज्यादा जरूरत रहती है।

बिजली के बल्ब दो, पंखा एक। सब-मीटर लगा लें तो अच्छा रहे।

मैं वहाँ से बाहर निकल आई। पति पीछे-पीछे आए।

"भुगतो पॉश रहन-सहन।"

"अरे, एक ही मकान थोड़ेई है।"

"दूसरी जगह कौन तुम्हारी बलैयां लेगा? पॉश कॉलोनी के पॉश मकान, कैदखाने, कारागार। हम किराएदार हैं या शरणार्थी?"

अब मैं बच्ची को गोद में लिए आगे-आगे, डॉक्टर साहब पीछे-पीछे। वे पीछे से ऑटो लेने की कहते रहे, मैं जितना तेज चल सकती थी, चलती रही।

"बच्ची लिए-लिए तुम थक गई होगी।" वे पीछे से कह रहे थे।

मैंने पैदल चलकर ही एम्स तक का रास्ता तय किया और आकर हॉस्टल के कमरे में दम लिया। आज जब यह पुस्तक लिख रही हूँ, सोच रही हूँ, काश तब फ्लैट बने होते, तब प्रॉपर्टी डीलर होते तो कितना सुभीता होता। भले ही आज हम मकानों की खरीद-फरोख्त के, किराएदारी के दलालों को कोसते हैं, मगर इन्हें बनाया किसने है? हमारी जरूरतों और दिल्ली शहर में बढ़नेवाली जनसंख्या ने अपनी सहूलियतों के लिए।

समय और पैसा, दोनों ही कम पड़ रहे थे।

मैंने अलीगढ़ में अपने पासवाले घर में रहनेवाली कंचन को पत्र लिखा। अठारह वर्ष की लड़की कंचन मेरी भावनाओं को समझेगी या मैं ही अपनी मानसिक, आर्थिक और शारीरिक परेशानी लिखकर हल्की हो जाऊँगी। मैं जो महसूस कर रही हूँ यहाँ, अलीगढ़ के लिए, अलीगढ़ में कहाँ करती थी। वहाँ दंगे भले हो जाएँ, दुमुँहापना नहीं है ऐसा, जैसा यहाँ—बड़े घरों के टुच्चे लोग। सावधानियों की कतारें खड़ी करते हैं, भरोसों का नामोनिशान नहीं। मुझे इन मकानों में कैसे चैन आएगा, अकेलेपन से बड़ी घबराहट होती है।

रात में आँखों में नींद नहीं, बेचैनी करकरा रही थी। मैं अपनी व्यथा किससे कहूँ? लौट ही जाऊँ यहाँ से?

''रो रही हो?'' आधी रात के समय पति ने हाथ थाम लिया।

''पागल हो गई हो क्या? इस कमरे से जाने का ऐसा सदमा...समझा करो, हॉस्टल स्टूडेंट्स के लिए होता है, फैकल्टी मैम्बर के लिए नहीं। तुम नासमझों जैसी हरकत करोगी, मुझे उम्मीद नहीं थी। इतना इमोशनल नहीं होते, बार-बार समझाता हूँ। अलीगढ़ आई थीं तो अपने गाँव के लिए रोती थीं। यहाँ आईं तो अलीगढ़ के लिए विलाप शुरू हो गया। अब इस हॉस्टल से ऐसी मोहब्बत पैदा कर ली कि रो रही हो।''

''नहीं रो रही,'' मैंने नकसुरी आवाज में कहा।

''तुम्हारी गलती नहीं, बहुत से लोग नॉस्टेलेजिया के मारे होते हैं। पुरानी जगह, पुरानी चीजों की यादें उन्हें बहुत तड़पाती हैं। इस भावना में कैद आदमी आगे क्या खाक बढ़ेगा?''

''मैं आगे नहीं बढ़ूँगी। तुमने लैंडलॉर्ड खोज तो लिए हैं। इनके यहाँ हम गुलाम, हम शरणार्थी...''

रात की बात फिर नींद में चली गई।

डॉक्टर साहब ने दिन में समझाया था—''तुम शरणार्थियों की बात कर रही थीं न, चलो हम शरणार्थी ही हैं। उनके शरणार्थी, जो देश की आजादी के समय बँटवारे में लुट गए, तबाह हो गए। उस समय हम तो मजे से अपने-अपने घरों में थे या हमारे माता-पिता थे एकदम सुरक्षित। लेकिन ये लोग कितने-कितने जुल्म झेलते हुए यहाँ

तक आए, तुम कल्पना नहीं कर पाओगी उस दरिन्दगी भरे समय की। 'छलिया' फिल्म देखी हो तो याद करो।''

''जिसमें राजकपूर और नूतन थे?''

''हाँ।''

''मुझे याद है, कैम्प था।''

''कैम्प नहीं, कैम्पों की एक दुनिया, जहाँ भूखों-नंगों और बीमारों की जमातें खड़ी थीं।''

''असल में उस समय मेरी उम्र ऐसी नहीं थी कि चीजों को, बातों को, हादसों को गहराई से समझूँ। तभी तो बस वह गाना याद रह गया—छलिया मेरा नाम, छलना मेरा काम/हिन्दू, मुस्लिम, सिख, ईसाई सबको मेरा सलाम। यह गाना अपनी धुन में, शब्दों में और भावों में अच्छा लगा था। इससे भी ज्यादा अच्छा लगा था, तेरी राहों में खड़े हैं दिल थाम के, हाय हम हैं दिवाने तेरे नाम के...''

''असल बात तो यह थी पंजाब से भगाए गए, खदेड़े गए लोग घायल अवस्था में यहाँ तक जितने पहुँचे, उससे ज्यादा रास्ते में मर गए। आदमी मारे-काटे गए तो औरतों की इज्जत लूटी। औरतें कुँओं में गिरीं, अपने हाथों अपना गला घोंटा, कुछ मुसलमानों के यहाँ पकड़ ली गईं, कुछ मुसलमान औरतों को हिन्दुओं ने बेइज्जत किया और घरों में बन्द कर लिया। वे प्रेगनेंट हुईं तो मार दी गईं। ऐसे ही तमाम हादसे...

बसावट हुई यहाँ, आसपास के शहरों में और जो हिन्दुस्तान का इलाका कहलाया, वहाँ-वहाँ।

क्या-क्या छूट गया, क्या मिला? दिल्ली से दूर जंगल के इलाके में जमीन के छोटे-छोटे टुकड़े। उन टुकड़ों पर टेंट लगाकर रहनेवाले रोटी और पानी कहाँ से लाएँ? शरीर के लिए कपड़े कहाँ से जुटाएँ। मौसमों की मार से कैसे लड़ें? परिवारों में आधे सदस्य जो बचे थे, अधिकतर दवा-दारू के अभाव में चल बसे। महामारी का ग्रास बन गए।

''इस दिल्ली का इतिहास ही अलग है, परत-दर-परत खोलो, खूनी लड़ाइयों, बँटवारों और दंगों में डूबते जाओ। बहरहाल जिन्हें हम आज लैंडलॉर्ड कह रहे हैं, बस उनकी दुखती रगें सहला रहे हैं। हम जिनके बताए नियम सुन रहे हैं, उनके खालीपन को सिर झुका रहे हैं। उनके उजड़ जाने का शायद यही प्रायश्चित हो।''

''उन दुखियों ने, शोक में डूबे हुओं ने बहादुरों की तरह रहना अख्तियार किया। घर बनाए, अपनी मेहनत से बनाए। वे कहीं से डाका मारकर मोहर-अशर्फियाँ लूटकर या मन्दिर तोड़कर धन नहीं लाए। उन पस्तहालों ने गृहयुद्ध के चलते अपनों से बिछोह और अकाल मौतों/हत्याओं के बरक्स खुद को खड़ा किया। दर्द को संघर्ष में ढाल दिया। वे चुस्त लोग, मेहनत के आशिक अपने जमाने के जमींदार थे, जो अब अपनी लगनशीलता से लैमनजूस, बिस्किट और साबुन बनाकर रेहड़ियाँ लगा रहे थे। साथ

ही पूर्व और मध्य भारत के किसानों को नए तरीकों से खेती करना सिखा रहे थे। ये पंजाबी सिख पौष्टिक आहार का मर्म बता रहे थे। साफ-सुथरा रहकर मिसाल पेश कर रहे थे कि किसान भी किस शफ्फाक तरीके से रह सकते हैं। ये छोटे-छोटे कामों को बड़ी लगन से करनेवाले देखते ही देखते देश की माली हालत पर छा गए। तुम अपनी हिन्दी मुझे उधार दो तो जरा।'' पति ने कहा।

मैं सोचकर बोली—''उन्होंने आर्थिक समृद्धि का विस्तार किया।''

मेरे पति इतने ज्ञानवान, ऐसे संवेदनशील...वे हर हालत में यहाँ की सभ्यता से प्रभावित हैं, क्योंकि नई देहली के बाशिन्दों का संघर्षपूर्ण और उज्ज्वल इतिहास उन्हें प्रेरित करता है। साथ ही यह जिद भी कि मैं उनकी बात समझूँ, उनके अनुसार चलूँ, ऐसा ही सोचूँ।

मगर मैं थी कि दो विपरीत छोरों से बँधी हुई...आश्वस्त होती, लेकिन स्वाभिमान को आहत कर लेती। पति की आवाज का वितान घना होता जाता तो मेरा स्वर मन्द पड़ जाता। तब की बात और अब के व्यवहार का तालमेल बिठाना ठीक है क्या? मैं पति की बातों को अन्यथा ले रही हूँ, वे झूठ नहीं बोल रहे, बस यही समझा रहे हैं कि देश के बँटवारे के कारण जो खूनी संग्राम मचा, उसका ठीकरा बेकसूर लोगों के सिर क्यों? विभाजन का फैसला उन्होंने तो नहीं लिया था।

अपनी इच्छा के विरुद्ध मैं अब बरसाती में थी, जिसे मकान की तीसरी मंजिल कह सकती हूँ। एक बड़ा कमरा, एक रसोई, टॉयलेट-बाथरूम और एक छोटा-सा स्टडी रूम। किराया दो सौ रुपये। यह धनराशि उस समय वेतन के हिसाब से कम नहीं थी।

मैं गर्भावस्था के पाँचवें महीने में। छत का एकान्त जाड़े के छोटे दिनों को लम्बा कर देता। पॉश कॉलोनी की संस्कृति 'प्रायवेसी दो, प्रायवेसी लो' की ऊब इस कदर चढ़ती कि किसी की दखलंदाजी के लिए जी तड़प उठता।

तीसरी मंजिल पर चढ़ते हुए मुझे चक्कर आते, साँस फूलती, पति अपनी ड्यूटी पर होते, बच्ची दूध के लिए रोती। साथ में मैं भी रोती। छत पर आए चिड़िया-कौआ हम रोती हुई माँ-बेटी को देखते। देखते कि जाड़े की धूप में जमी स्त्री, आधुनिक गौरव में गर्क होती डॉक्टर की पत्नी के दिल पर बर्फ का पहाड़ है। यह पहाड़ अलीगढ़ की गली ने शाप में भेजा है।

पति आते। आते ही 'चलो तैयार हो जाओ' की सौगात नवाजते।

''मैं थक गई हूँ।''

''अरे घूमने चलो, फ्रेश हो जाओगी।''

''नहीं, मैं नहीं जाती। क्या रखा है वहाँ?''

"तुम्हें ज़िद पड़ गई है। हॉस्टल में थीं तो सारे स्टेट्स के एम्पोरियम देख डाले थे—गंगोतरी, मंजूषा, राजस्थली, लीपाक्षी, मृगनयनी..."

हाँ ज़िद पड़ गई है, हम दोनों यहाँ दिल्ली और अलीगढ़ बनकर एक-दूसरे के सामने खड़े हैं। महानगर से कस्बाई मुठभेड़...मेरा पराभव तो होना ही है।

"चलोगी?"

"कोई कितना देखे, कितना खरीदे?"

"खरीदने की कौन कह रहा है?"

"फिर किसलिए हैं बाजार? कितने अच्छे होते हैं वे शहर जहाँ तुम्हारा कनॉट प्लेस नहीं होता, जहाँ करोलबाग और चाँदनी चौक नहीं। आजिज आ गई मैं। बाजारों का नाम ही दिल्ली है क्या? यहाँ लेन-देन के अलावा कोई व्यवहार नहीं, बात नहीं, मेल-जोल नहीं।"

"ठीक है, जो अच्छा लगे करो।"

हमारे बीच सदा आपसी फाँक इसी बात पर रही है कि मैं क्या देखना चाहती हूँ और वे क्या दिखाना चाहते हैं? वे अपने मन से जहाँ कहीं भी रख दें और इसी में अपनी सफलता मानें, यह भी कोई बात हुई?

"तुम घूमना-फिरना नहीं चाहतीं। गर्भावस्था के लिए भी यह अच्छा नहीं। कुछ खरीदना भी नहीं चाहतीं, जबकि छोटी-छोटी चीजें खरीदने से औरतों का मानसिक तनाव कम हो जाता है।"

"मैं इस बरसाती में घुटकर मर जाना चाहती हूँ। दिल्ली शहर में मुझे रहना नहीं आता।" कहकर मैंने हाथ में पकड़ा कंघा जोर से पलंग पर फेंक दिया।

कंचन का पत्र

पत्र एम्स के पते पर आया, लिख भेजा था—भाभी, वह घर ही नहीं, गली सूनी हो गई। छज्जों-छज्जों आनेवाली पायल की आवाज गुम हो गई। भाभी (माँ) के तो कान बजते हैं, जब न तब कहती हैं—मंटी (डॉ. साहब) की बहू आ रही है। भाभी रात के समय बेध्यानी में काजल की डिबिया लेकर छत के रास्ते तुम्हारे घर पहुँच जाती हैं, बबली की आँखों में काजल लगाने। मैं उधर नहीं जाती भाभी, रुलाई छूटती है। बीना भी याद करती है, आँखें भर आती हैं। दाई की संतो 'कायथ के लाल' वाला ढोला तुम्हारे लिए गाती थी। दाई की संतो को गली के लोगों ने इलजाम लगाया कि यह किसी अपने यार-दोस्त को 'कायथ के लाल' कहकर बुलाती है। दाई की संतो रातोंरात कहीं गायब हो गई। दाई रोती है, तुम्हें याद करती है। दिल्ली का पता माँगती है कि मंटी की बहू चिट्ठी लिखे तो संतो लौट आएगी। तुम कब आओगी भाभी?

वैसे मैं दाई से संतो का पता लेकर लिख रही हूँ, पर क्या मालूम इस पते पर वह हो कि न हो? उसका आदमी उसकी जान के पीछे पड़ा है, वह उसी के मारे यहाँ-वहाँ छिपती फिरती है। उसे आदमी के संग नहीं रहना। पर गली के आदमी उसे बदमाश बदफैल कहते हैं। तुम जल्दी आना भाभी। हमें बहुत याद आती है। बबली कैसी है? रोती तो नहीं? वहाँ उसे कौन खिलाता है? बबली को प्यार कहना। मंटी भाई साब को नमस्ते—आपकी कंचन।

कितनी बार पढ़ी चिट्ठी। कितनी बार समझे अर्थ। कितनी बार थामा प्यार। कितनी बार छू ली तबाही। कंचन, तुम्हारे भाई साब की तरह न जाने कितने डॉक्टर-इंजीनियर अपने गाँव-कस्बे और शहर छोड़कर यहाँ चले आते हैं। चले आए, बुराई नहीं, लेकिन यहाँ आकर पीछे छूटी जमीन को मुड़कर देखना नहीं चाहते। बस गलियों के कितने सूरज अस्त हुए, कितने चाँद बुझ गए होंगे। सोचती हूँ, तुम्हारे भाई साब को नौकरी ने बाँधा है, पर मुझे किसने बाँधा है? मैं यहाँ क्यों रहती हूँ? रहना नहीं चाहती, फिर भी रहती हूँ। मैं अपने पति से इतना प्यार करती हूँ कि किसी भी कीमत पर यहाँ रहूँ? या उनकी दी हुई सुख-सुविधाएँ रहन-सहन का स्तर, रौब-रुतबा मुझे अपनी गिरिफ्त में ले रहा है? मैं बड़ी दुविधा में फँसी हूँ कंचन, आना भी चाहती हूँ और तुम्हारे भाईसाब को छोड़ना भी नहीं चाहती। मैं अपनी मकान-मालकिन से बेजार हूँ, वह मुझसे कभी दूध मँगाती है, कभी अपने घर में रहनेवाली रिश्तेदार की लड़की की रखवाली पर छोड़ जाती है। मेरी खीझ का ठिकाना नहीं, पर फिर भी उसकी बरसाती में रहकर हम कृतज्ञ...जैसे उसने यह कमरा रसोई हमारे लिए ही बनाए हों। सब दिल्ली शहर का जादू है और इसी जादुई असलियत में मैं घिरी हुई...दाई की संतो को मैं यहाँ कहाँ खोजूँ, यहाँ तो मैं ही खोई जा रही हूँ। असहाय लड़की अपनी इच्छा जताते ही बदनामी के चक्कर में घेर ली। हाँ, दिल्ली के मौहल्ले इतनी कब्जेदारी नहीं दिखाते। मकान-मालकिन के घर में जो रिश्तेदार लड़की रहती है, वह अपने ट्यूशन मास्टर से...मैंने अपनी आँखों देखा और आँखें बन्द कर लीं। मकान-मालकिन को बताया, वह चुप्पी मार गई। फिर बोली, 'यह भाग न जाए, यही चिन्ता है। इश्क-विश्क तो चलता चलाता रहता है।' बताओ, कोई अपनी गली में ऐसे कहेगा? वहाँ तो बिना कुछ करे ही लड़की को सजा दे दें।

मैं क्या-क्या लिख रही हूँ? यह कोई चिट्ठी है? कंचन ने दाई की संतो का जो पता दिया है, मैं उस पते पर चिट्ठी क्यों नहीं लिख सकती? वह तो मेरे लिए न जाने कहाँ-कहाँ से गीत और गीत-कथाएँ ढूँढ़-ढूँढ़कर लाती थी। मैं किसके डर से नहीं लिखती चिट्ठी? अपने सुख के डर से...?

आज इस मुकाम पर आत्मकथा लिखते हुए संतो बहुत याद आती है, ढोला गाती हुई, मेरी जैसी नारंगी और लाल रंग की मिश्रित साड़ी पहने हुए—

मेरे घर अइयो रे, अरे कायथ के लाल,
मेरे घर अइयो रे, मेरी कमर उठी है पीर, मेरे घर...
मैं कैसे आऊँ री, अरी मेरी राजदुलारि
मैं कैसे आऊँ री, तेरे द्वार खड़े ड्योढ़ी मान, मैं कैसे...

(कायथ के लाल तू मेरे घर आना। मेरी कमर में पीर उठी है बूटी लाना। मैं कैसे आऊँगा मेरी राजदुलारी, तेरे द्वार पर तो द्वारपाल खड़े हैं। मैं द्वारपालों को हटा दूँगी। कह दूँगी मेरे वैद्य आ रहे हैं।)

'परे सरकिजा रे अरे मेरे ड्योढ़ीमान,
परे सरकिजा रे
मेरे आवत बैद हकीम, परे सरकिजा रे...'

यह ढोला मैंने अपनी 'रास' कहानी में लिखा है, इसी गीत-कथा को आधार बनाया है। गीतात्मकता के कारण इस कहानी का श्रीराम सेंटर दिल्ली में मंचन हुआ, लगातार पाँच शो हुए। कितने ही साहित्यकारों और दर्शकों ने देखा 'रास'। 'रास' में कृष्ण और राधा तथा गोपियों की प्रेम कहानी नहीं थी। वह नाई की बेटी जैमंती और कृष्ण के सखा मनसुखा महाराज की प्रेमकथा थी।

और संतो की प्रेमकथा...तबाह जिन्दगी का दस्तावेज...कंचन ने लिखा था, गली के पंडितों ने दाई को भी पकड़वा दिया था, बहाना संतो का था। असल में वे सब इस बात से खफा थे कि दाई जरूर मेहतर की जात है, इसने ब्राह्मण-बनियों की गली में घर खरीदा तो खरीदा कैसे? इतने रुपये आए कहाँ से? लड़की से धन्धा कराती है।

इतना सब हो गया और मैं दिल्ली की सुख-सुविधाओं की गुलाम, गली के सारे कांड से बरी रही।

प्रायश्चित के तौर पर 'छुटकारा' कहानी लिखी, जैसे मुझे अपने अपराधबोध से छुटकारा मिल जाएगा।

मुझे छुटकारा नहीं मिला, न संतो को मुक्ति मिली। गली की खूँखार पवित्रता, बर्बर नैतिक मर्यादा, संतो के जीवन को चबा गई तो मेरे ईमान को खा गई। सोचती हूँ, दिल्ली ही है बेदिल या अलीगढ़ में भी दरिन्दे बसते हैं? बहरहाल लगता है कि मैं स्त्री नस्ल की स्त्री, संतो की हमदर्द, कंचन से जुड़ाव रखनेवाली भावनाओं के साथ यहाँ आई थी, अनचाहे और अनजाने ही ऐसे 'सुख' में दबती चली गई कि भव्य इमारत की तरह आकर्षक और पथरीली होते जाना ही जैसे आगे की नियति हो।

जो पै पिय के मन नहिं भायी

याद करती हूँ तो वह अप्रैल का महीना था, 1968 का वर्ष। उन दिनों मुझे अपने प्रसव के बारे में सोचना चाहिए था। अक्सर ही मैं कमरे की बन्द खिड़कियों पर परदा खींच देती। नीला या हरा नाइट बल्ब जलाकर अँधेरे का रंग बदल देती। दीवार पर बच्चे का कलेंडर लगा था, दूसरी कोई तसवीर नहीं। अब तक पति के साथ बैठकर कोई फोटो नहीं खिंचवाई, मगर हसरत थी कि बैडरूम में उनके साथ मेरी तसवीर हो। आगरा से लाया छोटा-सा सफेद ताजमहल तिपाई पर रखा था, जिसकी मुमताज मैं ही हूँ, डॉक्टर साहब ऐसा ही जताते। और मैं सोचती—यहाँ आम्रपाली हो, भले बुत के रूप में ही सही। शायद मेरे ऊपर पालि-भाषा का प्रभाव था, जहाँ बौद्ध दर्शन पर आधारित जातक कथाएँ एम.ए. के कोर्स में लगी थीं। हमारे शिक्षक भगवानदास माहौर ने आम्रपाली की कथा हमारे मन में बिठा दी। आम्रपाली, वेश्या? नहीं एक स्वतन्त्र औरत।

मैं विवाह के समय भी अपनी किताबें ही मायके की निशानी के तौर पर साथ लाई थी, जो अब भी मेरे पास थीं। न जाने किस झोंक में पति को आम्रपाली की कथा सुना डाली और उनको मेरे वेश्या के प्रति लगाव का पता चल गया। तभी स्पष्ट किया—ऐसी औरतों की मूर्ति नहीं मिल सकती तुम्हें। बनाता ही नहीं कोई।

"मगध पाटलीपुत्र में मिलेंगी।" मैंने कहा और संतो याद आई।

"इन नामों के शहर कहाँ हैं अब?"

मैंने उनका तेवर देखकर आगे बात नहीं बढ़ाई। कलह का डर था। क्या इसलिए ही मुझे आम्रपाली चाहिए क्योंकि वह निडर स्त्री थी? अगर मैंने दूसरी भी लड़की जन्मी तो नाम आम्रपाली ही रखूँगी।

दरवाजे की कॉलबेल बजती है। मैं चौंककर उठ जाती हूँ, जैसे सपना देखकर उठी हूँ। खड़ी हो जाती हूँ। आम्रपाली मुझे पति के भरोसे छोड़कर कहीं विलीन हो जाती है। लम्बे अरसे तक गायब रहती है। उसी तरह, जैसे संतो हो गई।

"चलो, आज चाँदनी चौक चलते हैं।" पति मुझे यह बात खुशखबरी की तरह सुनाते हैं। और मैं अभी तक आम्रपाली की गन्ध-सुगन्ध से मुक्त नहीं हुई। चाय

बनाते हुए मानो उसी गन्ध को चायपत्ती के साथ मिला दिया। मिठास भी आम्रपाली की मुस्कराहट की, जो मेरे होठों पर तितली सी नाच रही है। क्या मेरे जीवन में इतने पुरुष आए हैं, जितने आम्रपाली के?

धत्! मैं क्या सोच रही हूँ? किसलिए सोच रही हूँ? ज्यादा ही पापहीन हो गई हूँ, होती जा रही हूँ। कितनी निष्कलंक हूँ, इन दिनों। एकदम पतिव्रता की तरह। पाप को साथ रखकर पाप से घृणा करनी चाहिए मुझे।

डॉक्टर साहब के सामने चाय रखती हूँ, चुपचाप। देखती रहती हूँ, जैसे वे महात्मा बुद्ध हों, होठों पर मुस्कराहट चिपकाए हुए। हाँ, ये भगवान बुद्ध ही हैं, स्त्री को देखने का निरासक्त भाव यही दर्शाता है। क्या बुद्ध में स्त्रियों के प्रति निरासक्ति थी? नहीं। होती तो वे अपने मत और मठ में उन स्त्रियों को शामिल क्यों करते, जिन पर पुरुषों के अंकुश न थे। उनकी निरासक्ति निर्द्वन्द्व मानी जा सकती है, जो कभी भी आसक्त होने का परमिट दे दे। महात्मा बुद्ध स्त्रियों के (नीच जाति, परित्यक्ता, स्वच्छन्द स्वतन्त्र) के लिए ही कल्याण और निर्वाण की बात सोचते रहे। स्त्री पर सबसे ज्यादा आसक्त महात्मा...

"क्या सोचने लगीं माय स्वीट हार्ट?" पति ने चाय की मीठी चुस्की के बाद पूछा, मैं होश में आई।

"कुछ नहीं। मैं पालि की किताबें फेंक दूँगी।"

"बिस्किट ले आओ।"

मैं बिस्किट के डिब्बे को भीतर तक टटोलने लगी। बिस्किट तली तक चले गए। याद रखना चाहिए था, क्या-क्या खत्म हो रहा है? याद रख रही हूँ कि मेरा क्या-क्या चला गया? पढ़ना-लिखना, अपनी तरह सोचना, जिन्दगी जीना...क्यों रख रही हूँ याद? इस सबको कोई बाजार से बिस्किटों की तरह ला देगा? मैं खरीद लाऊँगी?

मेरे जीवन में कुँआरापन था मेरी आजादी का युग, आम्रपाली का समय। उस समय को मैंने बरकरार ही कहाँ रहने दिया? समाज के चलाए कारोबार में घुला-मिला डाला। कहाँ सहपाठियों और प्रेमियों से कहती थी—मैं इन लड़कियों जैसी लड़की नहीं। मैं अपने तेवर बचा लूँगी। मगर अब मैं न वैसी लड़की हूँ, न वे तेवर। मैंने संतो की दोस्ती को पति के डर से खो दिया।

मैं ऐसा ही ऊलजलूल सोचती रहती हूँ, गर्भ के बच्चे पर क्या असर पड़ेगा? लड़की हुई तो कैसे मिजाज की होगी? तौबा!

बहरहाल, मैं तैयार होकर चाँदनी चौक जाने के लिए खड़ी थी। पति ऑटो रिक्शा ले आए। गर्भवती की ऐसी चिन्ता...गर्भ के शिशु की चिन्ता होती है।

हम ऑटो की स्पीड पर तेज गति से भाग रहे थे कि बीच रास्ते मैं चिल्लाई—"रुको, रुको रुको न।"

पति मेरी ओर पहले आश्चर्य से फिर चिन्ता से देखने लगे। गर्भावस्था की अन्तिम अवस्था, अगले महीने ही प्रसव होना है।

स्कूटरवाला सुन नहीं रहा था। डॉक्टर साहब ने उसका कन्धा थपथपाया, "रुको भाई।"

"ठीक तो हो या..." उन्होंने मुझसे पूछा।

"उतरूँगी।"

"क्यों? बाथरूम जाना है?" पूछकर वे इधर-उधर जगह तलाश रहे थे।

"नहीं, उधर ले चलो।" मैंने हाथ उठाकर संकेत दिया।

निसन्देह मेरा उत्साह तेजी से जीवन्त होने लगा। निश्चित ही विमुग्ध भावतन्त्र को मेरे चेहरे से पति ने पढ़ लिया।

अब हम पीछे लौट रहे थे।

"कितने पीछे जाना है?" डॉक्टर साहब को यह व्यवधान गतिरोधक के धक्के जैसा लगा। मैंने मुस्कराकर देखा, जताया कि जिस इमारत ने मुझे सम्मोहन के जाल में डालकर आकर्षित किया है, उसके बारे में बीच सड़क पर चन्द शब्दों में बताने की बात नहीं।

"यहीं।" मैंने फिर हाथ उठाकर ऑटोरिक्शा को रोक लिया।

मैंने विमुग्ध मुस्कराहट से डॉक्टर साहब को देखा। उँगली से इमारत की ओर संकेत किया, मेरी आँखों के दरीचों में इमारत पर लिखा एक-एक अक्षर उतर रहा है, देखो तो। मैं आँखें बन्द करना नहीं चाहती, मगर उगते सूर्य से चकाचौंध...

थ्रीव्हीलर रुका हुआ था। मैं उतरकर नीचे खड़ी थी। बच्ची मेरी उँगली थामे हुए और डॉक्टर साहब थ्रीव्हीलर में बैठे मुझे आश्चर्य से तो फिर झुँझलाहट से देखते हुए...

"आओ न, जल्दी आओ। क्यों खड़ी हो? यहाँ कोई मन्दिर भी तो नहीं। क्या है यहाँ? चाँदनी चौक में लक्ष्मी नारायण का मन्दिर है, चलो आगे।"

'वह है, जिसकी मुझे तलाश थी', यह एक वाक्य मेरे हृदय से निकला, नजरों में चमका और मेरे वजूद में फैल गया है, क्या डॉ. साहब जानते हैं?

'टाइम्स ऑफ इंडिया' मेरे अस्तित्व को झकझोर रहा है, और देखो कि मुझ पर जड़भाव तारी हो गया या मेरे प्राण जाग उठे हैं?

पति को हाथ के इशारे से पास बुला लिया, दिखाया, 'वो देखो, टाइम्स ऑफ इंडिया, वीर अर्जुन, तेज, प्रताप!'

"ये अखबारों के दफ्तर हैं, यहाँ कौन-सी खास बात है?"

"खास बात! यही तो दिल्ली की खासियत है। यहाँ कविताएँ, कहानियाँ छपती हैं, लेख निकलते हैं, कितनी-कितनी शानदार रचनाएँ!"

डॉक्टर साहब मेरी सूरत देखते हुए चुप रहे। फालतू बातें करनेवाली पत्नी!

"यहाँ तुम्हारा कोई रिश्तेदार या 'नोनटू' हो तो बताओ, आते हुए मिल लेंगे उससे। थ्रीव्हीलर का मीटर चल रहा है।" उन्होंने मुझे चेतावनी दी और ऑटोरिक्शा को चलने का इशारा किया।

"नहीं नहीं", मैं फिर दृढ़ता से बोली, "यहीं कहीं 'हिन्दुस्तान टाइम्स' की बिल्डिंग भी होगी। साप्ताहिक हिन्दुस्तान, कादम्बिनी और बच्चों की पत्रिका नन्दन वहीं से निकलते हैं।" यह सब कहते हुए यदि मेरी तस्वीर खींच ली जाती तो लिखने के बदले मैं उसे यहाँ लगा देती और अपनी अदम्य इच्छा का चमकदार आकार नितरोज देख लिया करती कि वे क्षण ऐसे थे, जैसे कई दिन के भूखे बच्चे के सामने उसकी मनपसन्द मिठाइयाँ रख दी हों।

डॉक्टर साहब ने पति के रूप में भी मेरी सनक जैसी बीमारियों का बड़ी सावधानी से उपचार किया है और अपनी इच्छा से खतरनाक चीजों से खेलनेवाले बच्चे की तरह मुझे कभी प्यार से तो कभी निष्ठुरता से रोका है। यदि यह चलन निभाया न होता तो क्या होता? मैं पगलाई बौराई वहीं खड़ी होती। वहीं खड़ी रहती।

थ्रीव्हीलर आगे बढ़ चला, मैं पीछे मुड़-मुड़कर देखती रही। पेट्रोल और इंजन से चलनेवाले वाहन बैलगाड़ी की तरह नहीं होते कि सवारी को बहुत देर तक अपने प्यारे-दुलारे दिखते रहें। इमारत ओझल हो गई या मैं ही भागने की गति पर सवार थी? मन्दिर के दर्शन करके ही कोई भगवान का भक्त लौट आए, ऐसा ही अधूरा अधूरा लगा। बस, उस इमारत को बार-बार मन-ही-मन प्रणाम किया...मेरे तीर्थस्थल की पुण्यभूमि! मेरा भविष्य उज्ज्वल!

डॉक्टर साहब क्या सोच रहे हैं, मैं अक्सर देखा करती हूँ। आज वे मुझे देख रहे थे और चेहरे से जता रहे थे—बाजार में मनपसन्द खरीदारी करके आज 'तुम' बहुत खुश होनेवाली हो। बोलो क्या लोगी?

लौटते में कहने लगे—"तुम्हें ऐसा क्या हुआ कि चाँदनी चौक की ओर बढ़ नहीं रही थीं, कुढ़ रही थीं। ऐसा ही है तो आइन्दा..." और आज का दिन खत्म। पति-पत्नी के सीने आपस में मिलकर नहीं धड़के। रात के समय, पति मेरी ओर पीठ करके लेटे। और मैं उनके साथ निपट अकेली, मगर मनचाही गलियों में घूमती हुई...

मेरे मालिक ने चाँदनी चौक जाना छोड़ दिया। और मेरी इच्छा, मेरी आकांक्षा बहादुरशाह जफर मार्ग पर टाइम्स ऑफ इंडिया के आसपास चक्कर काटती रही। हिन्दुस्तान टाइम्स बिल्डिंग की कल्पना करती रही।

"चाँदनी चौक नहीं चलना है?" मैंने इसरार किया।

"बहुत हो गया भीड़भाड़ में घूमना," कहकर जैसे उन्होंने जान छुड़ाई और आँखों में फैली दृढ़ आश्वस्ति से मुझे अवगत करा दिया—तुम अकेली नहीं जा पाओगी। जाओगी तो निश्चित ही इस महानगर में खो जाओगी, मंटी की बहू।

फिर भी, ऐसा नहीं कि वे मुझे चाँदनी चौक नहीं ले गए। ले गए, मगर रास्ता वह नहीं था, जिस पर मुझे वे मन्दिर (अखबारों के दफ्तर) मिलें, जिन्हें देखकर मैं सुधि-बुधि भूल जाऊँ। पति-पत्नी के शामिल मकसद में खलल डालूँ।

सच में, फिर वह जगह मुझसे खो ही गई!

मैत्रेयी ने माँ से कहा, माताजी, दिल्ली जैसे अथाह शहर का ज्ञान मेरे लिए सरल नहीं, तुम कहती हो कि तू दिल्ली की सभ्यता में जाकर भी घर में बन्द है। मेरा शरीर यहाँ बन्द है, मानती हूँ, पर मेरा मन...मन छटपटाता है, उन साथियों के लिए जिनके साथ झाँसी में लिखती-पढ़ती रही। इस बात को डॉक्टर साहब से कहूँ तो जिन्दगी गड़बड़ा जाएगी। मैं पति की आधुनिकता को पहचानने लगी हूँ।

माताजी का जवाब था—'किताबें और अखबार पढ़ने का, धर्मयुग, त्रिपथगा, साप्ताहिक हिन्दुस्तान जैसी चीजें पढ़ने का तुझे शौक था, मुझे क्या मालूम नहीं? पर तू मुझे ब्याह तय करने से पहले यह बता देती कि कवि बनने का तुझे शौक ही नहीं, जुनून है, तो सच्ची लाली, मैं तेरा ब्याह किसी कवि से ही कर देती। अब तो मुश्किल यह है कि डॉक्टर की दुनिया में मरीज और दवा, वहाँ कविता का क्या काम? रमेश (डॉ. साहब) तेरे लिए क्या करें? अखबारों के दफ्तरों में लिए फिरें तो ड्यूटी कब करें? तू पढ़-लिखकर ऐसी पराधीन हो जाएगी, मैंने सोचा न था। अरे दिल्ली बड़ा शहर है तो रहा करे। रास्ते मिलते नहीं तो ढूँढ़े जाते हैं, लाली।

'रास्ते कहाँ खोजूँ, कौन से रास्ते...मेरी दुनिया पढ़ने-लिखने के माहौल से कट चुकी है, माताजी। यहाँ तुम्हारा दामाद ही मेरा पथप्रदर्शक है। दोस्तों में व्यवहार करना, पार्टियाँ करना और पार्टियों में जाकर सलीके से पेश आना मुझे सिखा रहा है। लंच-डिनर में तुम्हारी बेटी के एम.ए. वाले सनद सर्टीफिकेट नहीं दिखते, उसका चेहरा और बाहरी व्यक्तित्व आकर्षक लगना लाजिमी है। मुझे अपना अनपढ़ गँवार चेहरा सँवारने के निर्देश मिले हैं। डॉक्टर साहब को हमारे सिकुर्रा गाँव में बरात ले जाकर कितना शर्मिन्दा होना पड़ा। उन्होंने कितना पश्चाताप किया, उस सब का प्रायश्चित मुझे करना होगा, माताजी।' मैंने कुछ इस तरह ही माँ से अपना दुख बाँटा था।

माँ ने कहा था—'चली आ वहाँ से। तू सजावट के जाल में फँसी जा रही है और चकला-बेलन की गुलाम होना अपना फर्ज मान बैठी है। लाली, मैंने तू इसलिए नहीं पढ़ाई थी। न इस डॉक्टर से तेरा ब्याह इसलिए किया था कि वह काबिल, शिक्षित

और कुछ कर गुजरने की इच्छावाली मेरी लड़की को अपने इशारों पर चलाए, बस अपने लिए।'

"मैं चली आऊँ? तुम्हारे पास चली आऊँ? माताजी, क्या तुम मुझे जानती नहीं कि भागना मेरे स्वभाव में नहीं। ऐसा ही होता तो तुम्हारे पास से दस बार भाग ली होती। लेकिन ऐसा हो ही नहीं सका।"

"लाली, जगह न बदलने का स्वभाव तो जानवर रखता है। वह जब तक भूखा-प्यासा नहीं मरता, कहीं जाने की सोचता नहीं। पर तू तो मनुष्य है, खाली खाने-रहने के लिए नहीं जन्मी।"

माताजी की बातें साहस नहीं, दुस्साहस से लवरेज और मैत्रेयी बेटी मानसिक क्लान्ति से दिन पर दिन निरीह होती जाती स्त्री।

डायरी में नोट किया—

यह आज का दिन ही नहीं, मेरे लिए रोज-रोज की बात है। स्टॉफ-क्वार्टर के बरामदे में खड़ी हो जाऊँ, क्योंकि बाहर की हवा और धूप देखना चाहती हूँ। देखूँ कि सामने वाले क्वार्टरों से, बगलवाले घर से मेरी उम्र (23-24 वर्ष) की औरतें अपनी रंगबिरंगी पोशाकों के ऊपर सफेद कोट पहनकर जा रही हैं। सवेरे का समय उनके लिए अपने गंतव्य की ओर जाने का है और मुझे लौटना होगा भीतर। पति के जाने के बाद इखरे-बिखरे सामान को अपनी जगह रखने, जूठे बर्तनों को समेटने, घर को फिर देखने दिखाने लायक बनाने और दोपहर के खाने की तैयारी करने, दाल और सब्जियों को पकाते हुए नया रूप नया स्वाद देने के उपक्रम में क्या यह सब मेरी रचनात्मकता का हिस्सा नहीं है? पति कहते हैं—जानम, तुम्हारे हाथ में जादू है—मुझे यह जादू बरकरार ही नहीं रखना, इसे नई-नई, प्रविधियों में विकसित करना है, यह लगन जिन्दगी के हर पहलू में दिखनी चाहिए। माताजी, इस पहलू से अछूती हैं, विवाह के चन्द सालों बाद विधवा हुई औरत...उनके तन-मन का सूनापन घरवार की बसावट पर बीहड़ बनकर ठहर गया था। पढ़ाई-लिखाई का राग जिन्दगी में रंगीनियाँ नहीं भरता, भले ऊँचाइयाँ चढ़ाता जाए। माताजी नहीं जानना चाहतीं कि बेटी और उनमें गृहस्थ स्त्री तथा विधवा का अन्तर है?

ओह! यह अनुपस्थित माँ, मेरे आमने-सामने...

'लाली, यहाँ पर जो डॉक्टर हैं, नर्स हैं, डायटीशियन हैं, टीचर हैं, क्या उनके घर-गृहस्थ नहीं?'

घर गृहस्थ हैं, मगर मेरे जितनी मशक्कत की उन्हें जरूरत नहीं। अभी तो मैं अपने आपसे परेशान...अपने ऊपर यहाँ का रंग चढ़ाना है और गाँव की मिट्टी मुझे

छोड़ती नहीं। बस, इसी बिनह पर आगे बढ़ने की योग्यता में खारिज होती जाती हूँ। रात्रिभोज का निमन्त्रण पाते ही काँप उठती हूँ। मुझे छुरी-काँटे डराते हैं और प्लेट भरे खाने को हथेली पर साधकर थरथराने लगती हूँ। बैज-नॉन-बैज का झमेला ऐसा कि हर डिश को देखकर जी मिचला जाए। माँ, मैं कितने-कितने अभिनय करूँ, हर दिन तो परीक्षाकाल है। इस परीक्षा में कमजोर साबित होते ही पति फैसला सुना देते हैं–'यहाँ स्मार्ट औरतों को जॉब मिलता है। अभी तो तुम यहाँ के रहन-सहन का पहला पाठ...।''

ऐसे में कौन न अपराधबोध से घिर जाए? इसी बोध ने पढ़ना-लिखना क्या होता है, भुला दिया।

आसपास पहचान हुई है, स्मार्ट औरतें मुझसे बतियाती नहीं, 'कमेंट' करती हैं–आप दो चोटी लटकाकर झल्ली-सी क्यों बनी रहती हैं?

नहीं, यह कमेंट पास करना नहीं, नेक सलाह के पहले का जुमला है।

''जूड़ा बनाइए मिसेज शर्मा।''

''मैं मिसेज शर्मा! अलीगढ़ की 'मंटी की बहू' मिसेज शर्मा! यह मेरा अंग्रेजी संस्करण...मुझे रेखा अग्रवाल ने यह नाम दिया और कैम्पस में यही नाम चलने लगा।

मैं अपने-आपको देख रही हूँ, दो चोटी खोलते हुए। घने और लम्बे बाल दिखाते हुए कहती हूँ, ''रेखा, जूड़ा बनाना आता नहीं (ये जिद्दी से बाल बँधते नहीं)।

''जूड़ा बनाना नहीं आता?'' साँवले चेहरेवाली रेखा हँस पड़ी, आश्चर्य में मखौल-सा मिला हुआ था मगर मुस्कान बेहद सौम्य और आकर्षक।

''मैं सिखा दूँगी।'' रेखा का आश्वस्ति भरा उत्तर।

''ये बाल बँधेंगे नहीं, देख लेना।'' मेरी चुनौती।

रेखा को शायद मेरे कथन में शान बघारने की बू आई। गँवई लड़कियाँ ज्यों इतरा जाती हैं, ऐसा ही कुछ मेरा भाव रहा होगा। और फिर मैं शर्मिन्दा सी...अहंकारिणी होने से तो गँवार रहने में सहजता थी।

फैशन का चरम था, पफ वाला जूड़ा।

पफ क्लिप बाजार से मँगाने होंगे। अगले ही दिन देखती क्या हूँ कि एक पैकेट ड्रैसिंग टेबिल पर रखा है। खोला–पफ और क्लिप निकले।–यह हमारे साजन का कमाल! बिन कहे ही स्मार्टनैस के साधन हाजिर। अच्छे प्रेमियों और पतियों की सूरत इन्हीं कार्यकलापों से पहचानी जाती है। मेरे पति अपनी पत्नी को चाहनेवाले पुरुषों में शुरुआत से ही शामिल हैं।

"कौन-सा जूड़ा? कैसा जूड़ा? आशा पारेख स्टाइल य। साधना और बबीता जैसा? मुमताज का जूड़ा आजकल बाजी मार रहा है, जिसमें छोटे खरबूजे के बराबर का पफ लगता है। फिल्में फैशन का माध्यम हैं, मैं जानती थी। युवक-युवतियों में नायक-नायिकाएँ प्रेरक व्यक्तित्व के रूप में प्रचलित हैं और हम आज के युवा हैं, रेखा ने भी अपना मत दिया।

यहाँ से ही शायद मेरे सर्वांगीण विकास का सिलसिला शुरू हो। मैं आकर्षक दिखूँ और सभ्य दुनिया के लोग मुझे अपने करीब समझें, बस इसी आशा में मैंने खुद को रेखा अग्रवाल के हवाले कर दिया। यों भी रेखा देहली यूनिवर्सिटी की युवा लैक्चरार, अपने विद्यार्थी वर्ग को देखकर फैशन का अत्याधुनिक रवैया समझ लेती हैं, मैं तो बस घर की रानी, पर्दानशीन बेगम के जैसी।

पफ सिर पर सजाकर उस पर बाल ओढ़ाए गए। उन्मुक्त केश पिनों से कसे गए, ऊपर से काले रंग की रेशमी झिल्ली भी चढ़ाई गई। जूड़े के नीचे मुँह-माथा क्रीम पाउडर की परतों से ढका गया। दहकते रंगवाली लिपस्टिक होठों की रंगोली हो गई। साड़ी पहनकर आइने के सामने मैं!

आदमकद शीशे में जो स्त्री दिखी, मैं चौंक गई।

'यह मैं नहीं। हरगिज नहीं।' शीशे में खड़ी औरत को छूकर देखूँ? ऊँची एड़ी की चप्पलों पर चली, लगा कि धरती समतल नहीं। उफ़, मुझमें अपने स्वभाव और चाल-ढाल से फर्क होकर चलने का साहस नहीं।

रेखा अग्रवाल, मेरे रूप को नया लुक देनेवाली, मुझे पति के सामने पेश करना चाहती हैं, मैं कैसे आगे बढ़ूँ?

जैसे ही पति सामने आए मैंने दोनों हाथों से अपना चेहरा ढक लिया। वे भी शरमाए, बगल से निकल गए।

आदतों से ज्यादा पक्का तो सीमेंट भी नहीं होता, मेरी समझ में आ गया।

बहरहाल!

वह पार्टी की रात थी। मैं अपने पति के पहलू में चलती हुई, मॉडर्न लेडी! पति ही मेरे लिए पूरी दुनिया की निगाहों के प्रतीक।

आज पिछले संस्कारों की चादर उतर गई, उन्नत जूड़ा इस बात की मुनादी कर रहा था। जो देखे नई नजरों से देखे। मैं अपनी दुनिया को छोड़ने की धुन में नई स्त्री। संकोच में रहूँगी, निष्क्रिय दिखूँगी। कुछ नहीं तो पार्टी में सर्व करने की सीखी हुई विद्या ही दिखा दी जाए। जूड़ा बनाने के बाद महसूस हुआ फैशनेबिल औरतें क्यों चुस्त होती हैं।

मैं आत्मविश्वास अर्जित करती हुई सींख कबाब, पकौड़े, भुजिया और सलाद की प्लेटें लाने में व्यस्त थी। आवाजाही में ऊँची एड़ी की अभ्यस्त सी भी हो गई। झिझक कहाँ? कहीं नहीं।

तभी मेरा सिर अचानक हल्का-सा हो गया। बालों में भी ढीलापन...मेरे हाथ में ट्रे थी, गिरने न पाए, मैंने यही कोशिश करते हुए खुद को नजरंदाज किया।

और अब—एक पफ फर्श पर लुढ़कता हुआ...औरतें हँस रही हैं।

ओह! मेरा सिर...अकेला रह गया! जूड़ा साथ छोड़ गया, सो क्यों? कैसे हुआ ऐसा? जरूर मेरे बालों ने बगावत कर डाली। द्रौपदी के जमाने से बालों की अपनी अलग सत्ता है, तब नहीं, यह आज सोचती हूँ। तभी न घुसपैठिया पफ को बालों ने पछाड़ दिया। मेरी भूल का मुझसे बदला लिया। मैंने उस नाजुक समय में घबराकर आँखें मूँद ली थीं।

आँखें खोलीं कि आँखें मूँदे कोई कब तक रह सकता है? जूड़े का वजूदरूपी पफ फर्श पर नाचनेवाले जोड़ों के पाँवों तले आ गया।

एक औरत ने चीख मारी नृत्य की मदहोशी मुद्रा में—ओऽऽ...ह्वाट इज दिस?—मेरा दिल हिल गया।

धड़कते दिल से पफ को देखा, चोरी-चोरी उठाना चाहा, मगर हिम्मत पस्त थी। तभी एक मसखरे ने पफ को उठा लिया और निशाना बाँधकर मेरे पति की ओर उछाल दिया। डॉ. साहब ने मुँह फेर लिया तो आसपास के लोग उस पफ से बॉलीबॉल खेलने लगे।

मेरी पीड़ा का ठिकाना कहाँ...आँखों में भर आई, मेरी पलकें बोझिल?

अब यहाँ कैसे रुकूँ? रुकूँ तो क्या करूँ? किसी की ओर देखने का साहस नहीं...मैंने बचपन से अब तक जिस साहस को लड़की की तरह जूझते-लड़ते समय संघर्ष के अस्त्र-शस्त्र के रूप में सक्रिय रखा था, उसका पराभव ऐसे होगा, महज एक दारू पार्टी में...मैंने सपने में भी सोचा नहीं था। अब मैं बीमार घायल लस्त-पस्त सी...

घर लौटी। पलंग पर औंधी लेट गई। खुद से खफा, जी भरकर रोई। सच यही है कि मैं शहरी और आधुनिक औरत नहीं बन सकती...क्योंकि मेकअप मेरे बस का नहीं।

"कोई बात नहीं जानेमन...तुम मुझे किसी भी रूप में अच्छी लगती हो।" पति थे, नाजुक वक्त के सांत्वनाकर्मी।

मैं झटके से उठी, जैसे उपयुक्त क्षण हाथ आ गया हो।

"भाड़ में गई जानेमन और चूल्हे में गए तुम आशिक। आइंदा..." बस इतने के बाद ही गला रुँध आया।

मैं सिर झुकाकर बैठ गई। बेशऊरी का प्रदर्शन हुआ और ये कह रहे हैं, कोई बात नहीं। इतनी जल्दी माफ कर दिया अपनी गँवार पत्नी को? या आज कड़ाई न बरतना आगे की सजाओं के आसार हैं?

मेरे भीतर अजगर की सी फूत्कारें उठने लगीं। मेरी इस कथा का परिताप कौन समझेगा कि इज्जत बढ़ाने की दौड़ में इज्जत उतर जाना...यहाँ मेरी जैसी कोई मुझे

मिलेगी? मिलेगी, जिसे पफ की शैतानी पर अपने लिए शर्मसार होना पड़े...यह कैसी सजा है हम ग्रामीणों के लिए? क्या हम भी शहरियों से कहते हैं कि अपनी फैशन छोड़कर हमारे चलन अपनाओ? क्या मैं डॉक्टर साहब से सिकुर्रा या खिल्ली जैसे गाँवों में रहते हुए धोती-कुर्ता पहनने के लिए जोर डालूँगी? कहूँगी कि बाल घुटा दो, टोपी लगा लो, तब ब्याह-शादियों में चलो मेरे संग।

कुछ भी सोचा, मगर रात में घटी पफ-घटना के लिए डॉ. साहब के दोस्तों के सामने खूब ही खूब शर्म आए। शर्म आए कि जैसे इस शहर में आकर मेरा गाँव हया में डूबा जा रहा हो। दुख का दर्द रह-रहकर दिल में टीसें मारे कि गाँवों के डूबते जाने का आनन्द यहाँ मनोरंजन का साधन है। अक्सर ही हम फँस जाते हैं।

मैं आँसुओं में भीगती रही और याद करती रही अपने बुन्देलखंड कॉलिज की सहपाठिनों को, जो फिल्में देखने का मौका हाथ से नहीं जाने देती थीं। आशा पारेख, साधना, नन्दा आदि की अदाएँ पढ़ाई के मुकाबले ज्यादा घोटती थीं, साथ ही उन अदाओं का अपने ऊपर प्रयोग, कोताही नहीं होने देती थीं। उनके चलते मैं बूढ़े घोष बाबू की लाइब्रेरी में बैठी बेवकूफ लड़की, गँवार खुरदरी। चुनाव अभियान में लगनेवाली और लड़कों के साथ रहनेवाली आकर्षणविहीन...लड़की। उफ् बूढ़े घोष बाबू की किताबी संगत और चुनाव अभियान ने मेरी कोमलता का सत्यानाश किया। जो समय फैशन के ज्ञान और प्रयोग का था, हरण कर लिया घोष बाबू और मदन मानव ने।

सो, आज मैं एक हास्यास्पद पात्र से ज्यादा कुछ नहीं...

एक सुहागिन जगत पियारी

मेरे जीवन में इल्माना को आना था, मैं कहाँ जानती थी? मेरे सतीत्व को एक स्त्री ठेस देगी, सपने में भी नहीं सोचा था। मैं तो उन दिनों डॉ. सिद्धार्थ से ही नहीं, अपने छूटे-बिछुड़े संगी-साथियों की यादों से भी खुद को छुड़ा रही थी। संकल्प यही था कि मैं सती शाण्डिली की तरह व्यवहार करने का अभ्यास करूँ, जिसने पति के आनन्द के लिए अपाहिज कोढ़ी पति को कन्धे पर बिठाकर उसकी मनचाही वेश्या के घर की ओर प्रस्थान किया था और राह में सूर्य भी आया तो अपने तेज से उसे चुनौती दी। लेकिन मैं पतिव्रत धर्म का छोटा-सा भी कीर्तिमान नहीं बना पाई क्योंकि...

सन् 1971 के बेहद ठंडे मौसम में इल्माना से मेरी गर्माहट भरी मुलाकात हुई। अखिल भारतीय आयुर्विज्ञान संस्थान के पश्चिमी परिसर वाले क्वार्टर अब बसने लगे थे। इस कैम्पस से बिदकना पॉश कॉलौनियों के ऊँचे किरायों के कारण बन्द हो गया था। धर्मशाला और पास ही श्मशान, मरीज और मुर्दों से नजदीकी, दुख और शोक का माहौल किराए पर खर्च होनेवाले पैसे के कारण नजरंदाज करना पड़ता था। सोच लिया, डॉक्टरों को दिन में अस्पताल और रात में यमराज की बस्ती में रहना बदा है। बीवियों के वजूद थर्राएँ तो थर्राते रहे।

इल्माना इसी कैम्पस में मेरे आने के एक साल बाद आईं। उनके पति डॉ. अहमद को हमारे घर से तीन घर छोड़कर घर मिला।

इल्माना ने घर और नन्हा-सा लॉन ऐसे सजाया कि क्वार्टर बंगला लगने लगा। और यहीं से हमारे सौन्दर्यबोध को झटके मिलने लगे। सौन्दर्यबोध ही नहीं, अपना रूप-रंग भी हीन भावना के चंगुल में आने लगा। इल्माना दूर से देखीं, तराशा हुआ बेहद जहीन बुत, जिस पर सफेद चिकिन का कुर्ता और रेशमी साटन का गरारा! शहजादी जहानआरा! लम्बे बालों की मालकिन चौबीस वर्षीया इल्माना। मेरे सुन्दर लम्बे बालों को पछाड़नेवाली...जो मेरे पास एकमात्र खूबसूरती थी।

मिसेज रिजवी से बातें करती हुई लॉन में खड़ी थी, मैं उधर से निकल रही थी, जितना कनखियों से देखा—सलौने चेहरे पर दो चंचल-सी आँखें। गीली-गीली मुस्कराहट। मुस्कराहट ने मेरी ओर देखकर मनोभाव प्रकट किए।

इसमें जरा भी सन्देह नहीं कि उनका रूपरंग अब हमें आतंकित कर रहा था। इल्माना का चलना-फिरना, व्यक्तित्व की नफासत और लिबास की जादूगरी कभी विस्मित करती कभी ललचाती। कारण कि पश्चिमी परिसर का डॉक्टर समुदाय अपनी नजरों में ऐसा आकर्षण पैदा कर लेता था कि हम इल्माना से मिलने की हिम्मत न जुटा पाते। हाय इस कैम्पस के इतिहस में सौन्दर्यबोध का यह अध्याय जुड़ेगा, हमने कल्पना तक न की थी।

एक-एक दिन नई से नई बात लेकर आता। कभी, इल्माना नामी एडवोकेट की बेटी हैं, वह अलीगढ़ यूनीवर्सिटी में पढ़ी है, उसके चाहनेवाले...और दिन बीतते न बीतते इल्माना के लॉन ने जाहिर किया कि मोहतरमा वनस्पति-शास्त्र की पूरी ज्ञाता हैं। पेंजी, फ्लॉक्स, नैश्टेशियम, डेहलिया और केलेन्डुला के सही-सही नाम हम में से कितनी औरतें जानती हैं? जबकि उनके लॉन में इन पौधों के फूल अपनी पूरी शोखमिजाजी के साथ खिलकर रंगारंग माहौल बनाए हुए हैं।

शिफॉन चिनॉन सिल्क और सिंथैटिक साड़ियों का बारीक-बारीक फर्क समझने वाली मिसेज प्रकाश, मिसेज बांठिया, मिसेज सेठी इल्माना के रंग-ढंग के कारण सिकुड़ सिमट गई। और मैंने खुद को एक अगड़म-बगड़म कविता लिखकर सँभाला :

आज मेरी आँखें फूलों की तरह महकी हैं, गमकी है नजर
तुम्हारे आने की सम्भावना उगा ली है अपनी क्यारी में
जानती हूँ अँकुआयेगी यह इच्छामयी आशा
मैंने हीनता और भय को अपनी तरह बोने का यत्न किया है।
क्योंकि...
मैं तुमसे कम नहीं, स्त्री के सामने एक स्त्री हूँ।

मैं सँभल रही थी कि देखा कैम्पस के पुरुषों की भावनाएँ इल्माना के कदमों में बिखरी पड़ी हैं।

मतवाली नार ठुमक-ठुमक चली जाए।
इन कदमों पै किसका जिया न झुक जाए।
'अभी कमसिन हो, 'नादां हो जाने जाना...'

ये गाने क्रमशः डॉ. सक्सेना, डॉ. बांठिया और डॉक्टर राजन के मोहक स्वर में, रिमिक्स के लहजे में और उच्छ्वासों के रूप में लहराते तो हर हालत में लगता, अब इनकी पत्नियों के लिए संकटकालीन दौर शुरू होता है।

खूबसूरत औरत की खूबसूरती, शरीर के अंगों की सन्तुलित मांसल कोमल मुखरता केवल इल्माना में ही नहीं थी, लेकिन सौन्दर्य के सुनहरे बसन्त का तालमेल

उन्हीं से था। डॉक्टरों के होठों पर उल्लास, उत्साह और आकर्षण के अनेक गीत तितलियों की तरह नाचते रहते।

नैनसी ने अपने पति से कसैले स्वर में कहा था—"हिम्मत हो तो उसके सामने गाओ, नाचो, कहो कि हुस्नआरा हमारा यह सुरीला तोहफा तुम्हारे स्वागत में है, कबूल करो। अपने हस्बेंड से कहो पर्दे में हो जाएँ।"

जवाब डॉ. राजन ने दिया—'भाभी हमें अपनी हिम्मत पर रत्तीभर नाज नहीं। हम अपने उस्ताद के लिहाज में भी हैं। मोहतरमा अलीगढ़ मुस्लिम यूनिवर्सिटी के प्रोफेसर जुबैर साहब के छोटे भाई की बेगम हैं।

और फिर कल जैसी महफिल जमी। बियर और पकौड़े खाते-खाते खासी रात उतर आई। फिल्मी गाने, शेरो-शायरी के बाद डॉक्टर साहित्य पर आ गए। ग्यारहवीं-बारहवीं में पढ़ी हिन्दी का रीतिकालीन समय कितना उपयुक्त रहा कि शेरो-शायरी की कसर पूरी होने लगी।

हाथ में जाम और दूसरे हाथ के सौन्दर्यबोधी संकेत—

—नाक का मोती अधर की कान्ति से

बीज दाड़िम का समझकर भ्रान्ति से

—आगे क्या?

—आगे कुछ नहीं। इतना ही काफी नहीं है क्या? बेगम नाक में जो गहना पहनती हैं, उसी के लिए अर्ज किया है। (मेरी ओर गर्दन मोड़कर) भाभी, डॉक्टर के लिए इतना ही साहित्य काफी नहीं? इतना याद रह गया, समझ लो, साहित्य जिन्दा है।

"तुम्हारा शुक्रिया, डॉ. राजन।" मैंने कहा और माथे से हाथ लगाकर उन्हें तस्लीम किया।

"नहीं यार, यह क्या साहित्य है? उल्लू बनानेवाली बात। बिहारीजी शृंगार शिरोमणि रहे हैं। हमारी अवस्था में हर डॉक्टर की बाँह पर उनके नाम का गंडा बँधा होना चाहिए, खासकर पीडियटिक्स डिपार्टमेंट (बाल चिकित्सा विभाग) के डॉक्टरों के लिए यह सबसे ज्यादा कारगर रहेगा। गौर फरमाइए डॉ. बांठिया—

लरिका लैबे के मिसन, लंगर मो ढिंग आय
गयौ अचानक आंगुरी, छाती छैल छुआय

वाह!

वाहवाही और सामूहिक तालियाँ। रात गनगना उठी। डॉ. राजन ने अब व्हिसकी की बोतल खोली। डॉ. बांठिया बिगड़ गए—"साले, तुम्हें पता था कि मेरी नाइट ड्यूटी है। जूनियर रेजीडेंट कब तक सँभालेगा? जाना ही पड़ेगा। व्हिस्की मुझसे बचाकर..."

वे आगे बढ़कर अपने जूते पहनने लगे। और डॉ. राजन ठहाका लगाकर हँसे, हाथ उठाकर बोले—"अबे क्या करेगा व्हिसकी का? बिहारी के दोहे से जो नशा हुआ है, वार्ड में जाकर इसका प्रैक्टीकल कर।"

"मैं तुम जैसा लुच्चा नहीं, नशे और ड्यूटी का अन्तर जानता हूँ।" डॉ. बांठिया का निखालिस डॉक्टर का रूप।

यदि डॉ. सिद्धार्थ आँखों में आकर्षण की मन्द-मन्द जलती लौ के साथ मौन रहते हैं तो मेरे पति नैतिकता के बोझ तले दबे रहते हैं। वे कहने लगे—"यार वह किसी की वाइफ है। तुम लोग कुँआरी का खेल समझ रहे हो।"

इस आर्यसमाजी वाक्य का वहाँ क्या वजूद, जहाँ डॉ. विश्राम (कैम्पस गायक) का स्वर लहरा रहा हो—मेरे महबूब तुझे मेरी मोहब्बत की कसम...

"यार, वह दो बच्चों की माँ है।"

"तो क्या हमारी भी माँ है? मजा मत खराब किया करो।"

"ठीक है, मजा लो, बच्चों की सूसू पॉटी का।"

डॉ. राजन गम्भीर हो गए, उन्होंने साहित्य को अपने अधिकार क्षेत्र में लेने का प्रमाण बिहारी के दोहे को प्रस्तुत करके पेश कर दिया था, अब उनके जेहन से निकलता हुआ, प्रांजल संवाद साथियों पर रौब गालिब कर गया, आप भी सुनिए (पढ़िए)—

"चाहत में बड़ी से बड़ी बाधा छत्रक दंड की तरह टूट जाएँगी। भयंकर से भयंकर व्यूह कच्चे कलश की तरह छितरा जाएँगे।"

"अबे क्या बोल रहा है?" डॉ. विश्राम नशे में उतर चुके थे।

"यह संवाद हमें डॉक्टरी जिन्दगी की सीमाओं से बाहर ले जाएगा, यू नो?"

"फिर हम जाएँगे कहाँ? क्या करेंगे?"

"जन्नत की सैर पर निकल जाएँगे। पता तो है कि हम को किस तरह डिफाइन (परिभाषित) किया जाता है? यही कि—Are you emotionaly humbed, romantically starved, creativelly challanged, artistically void, socialy out cast...लोग कहते हैं—Congratulations you are Doctor. (तुम भावात्मक स्तर पर सुन्न, प्यार के मामले में क्षुधित, रचनात्मकता के लिए चुनौती पर, कलात्मकता में खाली, सामाजिकता से बहिष्कृत, बधाई हो, तुम डॉक्टर हो)।

डॉ. राजन अपनी इस स्थिति की गूढ़ अवस्था में छटपटाने वाले व्यक्ति हैं, मुझे महसूस हुआ।

तभी उन्होंने अपनी जेब से एक कार्ड निकाला। दिखाने लगे—"यह 'हैपी डॉक्टर्स डे' के मौके पर आया है भाभी, पढ़ो। आप ही मेरी वेदना को समझ सकती हो, क्योंकि आपने ही मुझे वह बुक दी थी और कहा था, पढ़ो और प्रेम का ज्ञान प्राप्त करो।"

''कौन-सी थी बाय द वे?'' डॉ. विश्राम उनींदी आँखों पूछते हैं।

''वाणभट्ट की आत्मकथा।'' मैं बताती हूँ।

''अच्छा! तभी साले तुम संस्कृत बोल रहे थे।'' डॉक्टर सिद्धार्थ ने राजन के कन्धे पर धौल मारी।

''भाभी पढ़ो इस कार्ड को, सुना दो इन सबको इनकी नियति।'' राजन ने मेरा आँचल थाम लिया।

मेरे पति बोले, ''यार मेरी बीबी पर ही प्रेम के ज्ञान का प्रैक्टीकल करना चालू कर दिया। दूर से बात करो।''

मैं कार्ड पढ़ती हूँ, जैसे कक्षा में पाठ पढ़ा करती थी, अटक-अटककर।

—गुड डॉक्टर्स स्माइल इन ट्रवल, गैदर स्ट्रेंग्थ फ्रॉम स्ट्रैस एंड ग्रो ब्रेब बाय प्रेयर्स।

सेंडिड टू अ वर्दी डॉक्टर। आय एम जस्ट डिड। —संदीप

''ऐसी-तैसी इस डॉक्टरी की।'' राजन ने मेरे हाथ से कार्ड लेकर गुस्से के साथ कुर्सी के नीचे फेंक दिया। बुदबुदाने लगे—हम साले मुसीबतों में ही रहते हैं, उन्हीं को देखकर मुस्कराएँ नहीं तो मुँह में दही जम जाए। तनाव रोगी की जिन्दगी से लेकर अपनी जिन्दगी का...बस यही ताकत (ऊर्जा) पाने का जरिया है। और अन्त में प्रार्थना...बस इसी तरह बहादुरी हासिल होती है। हम हैं योग्य और मुकम्मल डॉक्टर...

''राजन, तुम भी नशे में आ गए। अपने नोबल प्रोफेशन पर रोनेवाला मदहोश नहीं है तो और क्या है?''

''काश, मैं नशे में आ जाता, डॉ. सक्सेना। हम उल्लू हैं, अँधेरे में उजाले की किरणें देखते हैं। रात में सूरज पैदा करना चाहते हैं और यही करते-करते हरा-भरा जीवन सूखकर कब ठूँठ हो जाता है, जान भी नहीं पाते।''

''ओफ्फो, क्या बातें हो रही थीं, क्या होने लगीं। राजन हँसी-दिल्लगी कर रहा था, दार्शनिक की तरह बोल रहा है। रिलैक्स राजन, रिलैक्स।'' डॉ. सिद्धार्थ ने अपनी मीठी सलाह से राजन के आहत मन को सहलाया।

''मेरे ख्याल में अब चला जाए। डॉ. बांठिया के जाने से महफिल का रंग उड़ गया। ऊपर से डॉ. विश्राम को व्हिस्की ने बोलने-हँसने से लाचार कर दिया।'' राजन ने दार्शनिक भाव को परे झटकना चाहा, आगे बोले—''हुस्नआरा (इल्माना) को भी आराम करने दो, खींचतान बहुत हो गई।''

अब हमारा ड्राइंगरूम खाली था, मगर प्लेट, गिलास, चिप्स, प्याज और नमकीन इस तरह बिखरे हुए कि तुरन्त झाड़ू-पोंछे की जरूरत थी।

''सफाई सबेरे हो जाएगी'', पति ने कहा, मैं मानती ही कब हूँ? लगता है सारा कचरा फर्श और कालीन पर नहीं, मेरे ऊपर पड़ा है।

सफाई के बाद मैं पति के पहलू में आ गई।

"क्या-क्या कहते हैं ये लोग!" मैंने बात शुरू की।

"इसलिए और ज्यादा कहते हैं, क्योंकि डॉ. अहमद अपनी वाइफ के जोड़ के नहीं। विश्राम कह रहा था न, यही प्लस पॉइंट है। डार्क-डार्क, शॉर्ट-शॉर्ट ओल्ड मैन। बांठिया तफरीह ले रहा था। मैं का करूँ राम मुझे बुड्ढा मिल गया। —यह अच्छी बात नहीं।

हँसी-मजाक का मौसम शिखर पर था। इल्माना के गजबनाक शबाब ने सौम्य शिष्ट और गम्भीर सज्जनों की असलियत खोल दी। वे हमें आसपास पाकर भी नहीं झिझक रहे थे, और हम सामूहिक फिकराकशी से ऐसे ही परेशान, जैसे सामूहिक रूप से स्त्री की शारीरिक खींचतान हो रही हो। पति भी चुप रहते। 'अच्छी बात नहीं, अच्छी बात नहीं' कहते हुए अप्रत्यक्ष रूप से अपने दोस्तों के पक्ष में जा खड़े होते। मैं कुछ कँटीला सा बोल देती तो डॉ. सिद्धार्थ के साथ नाचनेवाली बात बीच में ले आते, जैसे मेरी चारित्रिक कमजोरी का वह शुद्ध नमूना हो और किसी भी स्त्री से जुड़ सकता हो। पुरुष विश्वसनीय और स्त्री निर्लज्ज, जैसा सिद्धान्त बन गया।

मैं देख रही थी, हमारे घर क्रीम-पाउडर की खपत बढ़ गई। नहाने और कपड़े बदलने का समय एक बार से दो बार का हो गया। साबुन का ब्रांड महँगे से महँगा। ड्रैसिंग टेबिल लगभग मरदाने अधिकार में चली गई। वे इल्माना से नहीं, आइने से बातें करने लगे।

मैंने हँसकर कहा—"मिसेज अहमद के आशिकों की सूची उनके दरवाजे की किबाड़ पर चिपका दें तो कैसा रहे? साथ में हम औरतें अपना 'शुक्रिया' लगा दें कि उन्होंने हमारे मर्दों की दिनचर्या में सौन्दर्यबोध को लेकर हमारे लिए हृदयविदारक परिवर्तन किया है।"

डॉ. साहब पहले तो देखते रहे, एक क्षण बाद सकपका गए। चौड़े बक्कल की बेल्ट आहिस्ता-आहिस्ता उतारी और अलमारी में रख दी।

इसके बाद जैसे अपराधबोध उतारकर आए हों, समझाने लगे—"तुम बेकार ही टोंट मार रही हो। समझा करो, आदमी की अपनी मुद्रा कुछ नहीं होती, उसके हाव-भावों को औरत ही बाहर निकालती है। तुम सुदामापुरी वाले मकान की ऊपरी मंजिल में न रहने लगतीं तो बाजेवालों का हरी देवानन्द स्टाइल बालों का फुग्गा बनाकर छत पर भरी धूप में खड़ा रहता? वह बेचारा तो पैंट पहनना भी नहीं जानता था, हमेशा पाजामा पहना। कंचन हमारे घर न आती-जाती तो मेरे दोस्त वाइ.एन. शर्मा और ग़ानिम यूनिवर्सिटी से हमारी गली की ओर दौड़ते, अपने सबसे बढ़िया कपड़ों में महँगे से महँगा इत्र लगाकर? अगर तुम्हारी भाषा में कहूँ तो शकुन्तला न

होती तो दुष्यन्त न होता। द्रौपदी जवान न हुई होती तो न अर्जुन होता न दुर्योधन। सीता के होने से रावण हुआ।''

जादू की पिटारी, मेरी दहलीज पर हाजिर हुई।

दरवाजा खोला, मैंने देखा, आदाब किया, मगर वह नमस्ते के भाव से हाथ जोड़े हुए।

परिचय में कहा—''मैं इल्माना अहमद।''

''आइए। अन्दर आइए।'' कहते हुए अपनी किलक मैंने सुनी। और सुना अपनी ही आवाज में एक सवाल। मैंने आदाब और उन्होंने नमस्ते क्यों किया? क्या मेरे मन में जो भाव था, उनके चेहरे पर नहीं आ गया था? शर्मिन्दा होने जैसा भाव...एक-दूसरे के अभिवादन को ओढ़कर मिलने का मतलब? कोई दिखावट सी...शुरुआत ही सहजता को तोड़ती हुई...

मगर जो भी था, अच्छा नहीं, बहुत अच्छा लगा। प्यारी-सी सूरत प्यारी बातें करे, सोने में सुहागा। पति आए तो सौम्यता और शिष्टता की मूर्ति हो गए। जमकर बैठना उनकी नैतिकता के खिलाफ रहा है, अतः रसोई में चाय तैयार करने के पहले स्कूटर यूसुफ सराय की ओर दौड़ा दिया है, मैं समझ रही थी। लगभग बीस मिनट बाद वे ड्राइंगरूम में आए। पीछे-पीछे छोटी-सी नम्रता समोसों की प्लेट लिए हुए और खुद आगे चाय के प्याले ट्रे में रखकर लाते हुए।

इल्माना उठकर खड़ी हो गईं। आश्चर्यचकित सी, अभिभूत सी बोली—''अरे रे डॉक्टर साहब, आप यह क्या कर रहे हैं?''

''तशरीफ रखिए, लीजिए चाय'', इसके अलावा डॉ. शर्मा के पास इस स्त्री के लिए शब्द नहीं।

इल्माना का आना-जाना बढ़ता गया। उनका यह कहना कि—मैंने मिसेज रिजवी से पूछा था, यहाँ किससे दोस्ती की जा सकती है। उन्होंने आपका नाम लिया—मुझे लुभा गया, जैसे मैंने इस सम्भ्रान्त समाज को अपने होने का मतलब बता दिया हो। मुझे अपनी सोसाइटी में अनुपयुक्त समझने वालो, अब कैम्पस की सबसे हसीन और सलीकेमन्द औरत मुझे अपनी दोस्त चुन रही है। तुम भी देखो रेखा, देखो विमला, इल्माना तुम से कम नहीं, ज्यादा हैं क्योंकि वे बॉटनी विषय लेकर पोस्ट ग्रेजुएशन कर चुकी हैं, फर्स्ट क्लास फर्स्ट। उन्होंने भी रिसर्च की है, डिग्री नहीं ली तो क्या हुआ?

मेरा माथा ऊँचा हुआ।

हमारी दोस्ती और लगाव बढ़ते जा रहे थे।

...लेकिन जब न तब दिन का उत्साह रात के गहन क्षणों में बिखरने लगता, जब पति कहते—तुम मिसेज अहमद की तरह मुस्कराने लगी हो। —मैं सोचती, क्या तुम मुझे इल्माना मानकर उनसे नजदीकियाँ बनाते हो। मैं उनकी तरह मुस्कराती हूँ या ऐसा तुम्हें लगता है, क्योंकि रात-दिन उनकी छवि का स्मरण ही तुम करते हो। मैं क्या सोचने लगी? उनकी खूबसूरती मेरे आत्मविश्वास पर प्रहार कर रही है? जो मैंने अलीगढ़ में नहीं किया, यहाँ करनेवाली हूँ? हँसी-मजाक, चुहलबाजियाँ, कोई आकर्षण या घर आए मेहमान की खातिरदारियाँ पति-पत्नी के आपसी भरोसे को नहीं तोड़ सकतीं, आदमी या औरत अपना विश्वास खुद ही तोड़ता है। इस महानगर ने मेरे दिल को कितना कमजोर कर दिया है। यहाँ सारी सचाइयाँ पीठ पीछे घटित होती या खुलती हैं। सामने मुखौटे पहन लिये जाते हैं। नहीं तो मैं चन्द्रवती भाभी के रूप और डॉ. साहब के लगाव से क्यों विचलित नहीं हुई थी। शादी में पहली बार गई मैं, जब पति के साथ सिनेमा गई, भाभी साथ थी। जब बाजार में साड़ी पसन्द करने गई, भाभी साथ गई। जैसी साड़ी मेरे लिए ली गई, वैसी ही भाभी के लिए।

भाभी कौन थी?

भाभी एक ठकुरानी, मौहल्ले की औरतों ने मुझे ब्याह के देवता पुजने से पहले ही सावधान कर दिया था—"होशियार रहना बहू, मंटी का सब माल खा गई यह लुगाई।"

मैं खबरदार थी, मगर होशियार क्यों नहीं हुई? भाभी प्यारी से प्यारी लगती गई और मौहल्ले की औरतें पानी में आग लगानेवाली जमालो का रूप। यह सब इसलिए था कि मैंने एम.ए. प्रिवियस में मैथिलीशरण गुप्त रचित 'साकेत' पढ़ी थी। उसमें था—'मुझे भरत प्रिय और भरत को तुम अति प्यारे/मेरे दुगुने प्रिय रहो न मुझ से न्यारे।' कैकेयी की ओर से प्रेम की यह नई परिभाषा और इस परिभाषा से मैं प्रभावित, सच में उषा से भी मेरा बहनापा इसी आधार पर पुख्ता होता गया। मुझे पता था उषा डॉ. साहब से प्रेम करती थी। शादी करना चाहती थी। जब उनकी मुझसे शादी पक्की हुई तो बहुत रोई थी। जाति व्यवस्था के हाथों तबाह होती लड़की, जरूरी तो नहीं कि अपने प्रेम का या अपना खात्मा कर डाले। मुझे वह प्रतिद्वन्द्वी नहीं, बहादुर लगी। जब वह मेरे पति को प्रेमभरी नजरों से देखती, मेरा कद और भी ऊँचा हो जाता। यह भाव भी हो सकता था मेरा कि जो तेरा नहीं हो सका उषा, मेरा हुआ। मगर मैं इस बात की सचाई भी जानती थी कि डॉ. साहब मुझसे पहले उसके थे, भले भावात्मक रूप से सही। शारीरिक भी हो तो कौन जानता है? जो सम्बन्ध बन चुका मैं उस पर कुल्हाड़ी चलाऊँ, कट तो जाएगा, मिट भी जाएगा, इसकी गारंटी क्या है?

इल्माना हम दोनों की प्रिय हैं, मैंने मान ही नहीं लिया, ठान लिया।

इस कैम्पस में जो स्त्री-समूह था, उन औरतों से बना था, जो नौकरी पेशा नहीं थीं। घर का काम निपटाकर आपस में मिल बैठने का नाम 'कॉफी क्लब' था।

रेखा अग्रवाल जैसी कामकाजी महिलाओं ने हमारे समूह को नाम दिया—घरेलू औरतें।

'घरेलू औरतें' नाम से क्या ध्वनित होता है, यह भी हम जानते थे, अर्थात बिना कामकाज की निठल्ली डॉक्टरनियाँ। 'घरेलू औरतें' शब्द बनाया गया है, प्रयत्नपूर्वक कि उनका हेय स्टेटस ध्वनित हो। सौ बातों की एक्र बात कि इस शब्द युग्म को हमको चिढ़ाने के लिए प्रयोग में लाया जाता था।

क्या हमने कामकाजी महिलाओं (लेडी डॉक्टर्स या डायटीशियन्स) से रंजिश मानी? पढ़ाने वालियों को 'पढ़े जब बच्चा, पढ़ाए जब बच्चा' कहकर उनके बचकानेपन के लिए चिढ़ाया?

हम स्त्रियाँ थे, स्त्रियों के जितने स्तर हो सकते हैं, सबसे परिचित थे; अतः हम भी उनको बलकटी, पर कटी कहते। रंगे-पुते मुँहवाली बताकर उनकी बरबाद गृहस्थी और आयाओं के आसरे पड़े बच्चों की ऐसी तसवीर बनाते कि वे आह भरकर ही नहीं रह जाएँ, इस्तीफा लिखने बैठ जाएँ। आशीम तीन साल का लड़का, नौकर उसके हाथ-पाँव बाँध देता है। बदले का अंडा खा जाता है। टिंकी अपनी आया का सिर दबा रही थी। बर्तन उसी से धुलाती है आया। डरा इतनी रखी है कि माँ को देखकर रोती है, आया को देखकर काँपती है। डॉ. सेठी और नौकरानी के ऐश देखो, चक्कर आ जाएगा। मिसेज सेठी बनी फिरती है पीडिटिशियन, खाक नहीं आता। डिग्री लेकर तनख्वाह मार रही है। चलो नौकरानी मजा चखा रही है। मिसेज साहनी, बी.ए. पास नहीं है। कामकाजी महिलाओं के बच्चे सँभालने के लिए क्रैच खोले बैठी है। नर्सेज हॉस्टल के एक हिस्से पर कब्जा कर लिया। किराया लेकर मरीज के तीमारदारों को ठहरा देती है। क्रैच की आयाएँ उसके घर का काम सँभालती हैं। बच्चे एक कमरे में बन्द रोते बिलखते रहते हैं।

निश्चित ही हमारे समूह की जीवन्तता इन्हीं बयानबाजियों से थी। हम जितना अपने घरों में घुटते, उतना ही बाहरी दुनिया को संदिग्ध निगाहों से देखते। जी भरकर छींटाकशी न कर लेते, तब तक खीझे रहते।

असलियत यह थी कि जो घर के घेरे तोड़कर बाहर निकलती हैं, पुरुषों की बराबरी से काम करती हैं, वे हमें शानदार लगती हैं। यह हम भीतर ही भीतर मान रहे थे। ईर्ष्या तुच्छता से नहीं, बड़प्पन से हुआ करती है, जो हमें थी। ईर्ष्या-डाह या दोस्ती और लगाव में एकजुट हुई स्त्रियाँ...यही रूप हमारे अड्डे का था।

इल्माना अड्डेबाजी की तलबगार।

और हम उनके कमीज, गरारे और दुपट्टे की मुस्लिम संस्कृति से बहुत ही आकर्षित होकर गाते—अल्ला अल्ला अल्लाऽऽ...ले गया चाँदी छल्ला/मैं भी उसका दिल ले लूँगी...

इल्माना हमें झिड़क देतीं—"जाइए, आप फिल्में देखकर हमारे वजूद का अंदाजा लगाती हैं। मैं 'उई अल्ला' कहकर शरमाने वाली लड़की कभी नहीं रही। चिलमन के पीछे से देखना, तौबा। शादी की बात पर भी मैंने ऐतराज किया था कि मेरे कैरियर का क्या होगा?

"अम्मा ने समझाया था, दूल्हे मियाँ अलीगढ़ के हैं, पढ़ती रहना। अब्दुल्ला कॉलेज में नौकरी कर लेना, इसके लिए उमर पड़ी है। ब्याह की उमर निकल गई तो कौन पूछेगा फिर? अम्मा खानदान की दुहाई देने लगी थीं और मैं कुछ अलग ही सोच रही थी।"

"वह तो लगता है मुझे," मैंने समर्थन दिया। वह मेरे दिल की बात ही तो कह रही थीं। मेरे सामने खुद को आगे बढ़ाने की स्थिति को लेकर कितने ही ऐसे क्षण कौंध गए, जिनमें बाधाएँ, बहकाव और भटका देने की कोशिशें लबरेज थीं। मैं टूटी, लहूलुहान हुई अपमान और अवहेलना से। तन-मन की पूरी एकाग्रता के बावजूद अन्त में पराजित ही हुई और हारकर अपने आपको घर की कैद-कोठरी में झोंक दिया।

करवाचौथ का त्योहार था। हम सब (हिन्दू स्त्रियाँ) व्रत में थे। पंजाब की औरतों ने सबेरे सरगी खायी थी। हमारे यू.पी. में उसका चलन नहीं। निर्जल-निराहार रहने से पुण्य ज्यादा मिलता है, ऐसा कहा जाता है। मैं ज्यादा से ज्यादा पुण्य लूटने के चक्कर में मिसेज गर्ग के पास कहानी सुनने गई थी। औरतों ने पाँवों में महावर लगाया, माँग भरी और नई बिन्दी लगाई। डॉ. रेखा अग्रवाल भी पूरी निष्ठा के साथ उपवास पर थीं। सुहाग के शृंगार में उन्होंने नई चूड़ियाँ पहनीं।

मैं घर लौटकर आई। नम्रता ने बताया, इल्माना आई थीं। त्योहार का खाना बन चुका था। ज्यादातर सब्जियाँ मेरे पति ने बनाईं, पूरियाँ-कचौड़ियाँ मैंने तलीं। भूखे रहने के कारण मेरे सिर में दर्द हो रहा था। इल्माना का आना सुनकर मन बदल गया, मैं थोड़ा-सा खाना लेकर उनके घर चली गई।

"व्रत है आपका," मिलने पर उन्होंने मुस्कराकर कहा।

"है तो," मेरी कमजोर आवाज।

उस दिन की बात फिर छिड़ गई। शुरुआत करवाचौथ के व्रत से ही हुई।

"आपके यहाँ नहीं होता ऐसा कोई व्रत?"

"ऐसा तो नहीं होता, रोज़े होते हैं रमजान के महीने में।"

"हमें अपनी निष्ठा और प्रीति भरी वफादारी को भूखे रहकर निभाना होता है। करवाचौथ के साथ पति की उम्र का चक्कर तो बेकार लगा दिया है।" मैंने जो सोचा था, कह दिया।

इल्माना हल्की मुस्कान के साथ कुछ सोच रही थीं कि मैंने साथ लाया प्लास्टिक का थैला आगे कर दिया–"यह आपके लिए पूरियाँ हैं। हमारे यहाँ आठ पूरियाँ और मिठाई के साथ कुछ रुपये सास या ननद या जिठानी को देते हैं, मेरे लिए आपकी दोस्ती से बड़ा कोई रिश्ता नहीं।"

इल्माना बोली–"आय एम टच्ड। चलिए व्रत के बहाने हम एक-दूसरे के इतने करीब आए। हर चीज में अच्छाई छिपी होती है।" कहकर वे पूरियों और सब्जियों को खोलने लगीं, जैसे उनमें मेरे प्यार का स्वाद छिपा हो।

रात के समय अर्घ्य की वेला हुई। चन्द्रमा ने दर्शन दिए। हमने करबे उठाए। दीपक जलाए। थाली सजाई। सब एक जगह जुड़ीं, बीच लॉन में।

वहीं चर्चा चल पड़ी–"मिसेज अहमद के यहाँ ऐसा व्रत नहीं होता। पता नहीं सुहाग के लिए मुसलमानिनी क्या करती हैं?"

–कुछ नहीं करतीं। पति की सेवा करती हैं।

–इल्माना डॉ. अहमद को मोजे-जूते तक पहनाती है। कमीज-कोट तक कन्धों पर चढ़ाती हैं। पॉलिश इस्तिरी तो हम सभी करते हैं। वह टाई तक अपने हाथ से बाँधती है।

ऐसा प्यार और समर्पण! हमारी करवाचौथ का चेहरा छोटा हो गया।

मैं सोच रही थी, ऐसी समर्पिता इल्माना न होती तो क्यों कहती–शादी के बाद साल दर साल उम्र निकलती गई, मिसेज शर्मा। पहले बेटी हुई फिर बेटा हुआ। पढ़ाई के लिए भी एक उम्र हुआ करती है, यह हमने ही नहीं सोचा। बस गिरावट वाली जिन्दगी शुरू हो गई। हम पाक कसावटों में तैयार हुए बुत हैं। गरूर से गर्दन उठाए हुए एम्स की इमारत को देखते हैं और खाविंद से नजदीकी महसूस करते हैं क्योंकि इनके लिए ही हमारी सुगढ़ता और करीनेदारी है। पर हम दादी-नानी के जमाने के तो नहीं हैं कि उनके साँचे-खाँचों में फिट हो जाएँ। मगर हम हो रहे हैं और यह सोचकर बेसब्र हो जाते हैं कि हम तालीम की ऊँची सीढ़ियाँ चढ़े थे।

"क्यों हैं हम बेबस, इल्माना?" मैंने पूछा था।

"इसलिए कि पुराने कायदों को न मानें तो शक के घेरे में आ जाएँगे।"

मुझे याद आया, डॉ. सक्सेना की पत्नी ठीक ही कह रही थीं, इल्माना सेवा करती हैं और पति उसे प्यार मान लेता है। शब्बा खैर।

प्रेम कह रही थी–"लड़की बाप भाइयों की इज्जत रखने के लिए सब की सेवा करती है। इल्माना के भी पिता और भाई हैं। रसूख वाले हैं।

करवाचौथ के दूसरे दिन।

अड्डे पर औरतें जुड़ीं। एक बड़ी खबर ने भयानक असर किया।

"नैनसी क्यों नहीं आई?"

"उसके हस्बैंड ने रात इतना पीटा है कि प्लास्टर बँध गया।"

"डॉ. राम जलोटा की माताजी युसूफ सराय के मन्दिर में मन्नत मानने गई हैं, इक्कीस सोमवार प्रसाद चढ़ाएँगी कि नैनसी के दुख कटें। कसाई ने भूखी उपासी को पीटा है। भगवान, जिसका कोई नहीं, उसका तू।" कहकर प्रेमलता ने आकाश की ओर हाथ जोड़ दिए।

"ओ नो!" कहकर रह गईं मिसेज अरोरा। और उठकर चली गईं।

उनके जाते ही मिसेज वर्मा फुसफुसाई—"ओ नो कहकर कन्धे उचका रही है, अपने आपसे ही आजिज आ गई है बेचारी। हस्बेंड अननैचुरल सेक्स करता है। अप्राकृतिक सम्भोग। चौपाया बनते-बनते, कहीं दो टाँगों पर चलना न भूल जाए।"

"कैसे पता?" मिसेज बांठिया की जिज्ञासा थी।

"मिसेज भटनागर आधी रात को चीखी थी, जब उसका ससुर उसे जबरदस्ती अपने बिस्तर पर बुला रहा था—यू आर वर्स दैन एनीमल। यू एंड अरोरा, आर बास्टर्ड। वी शुड गो टू पुलिस स्टेशन, दैन कोर्ट।

परदे ऐसे फटते हैं। वैसे भी एक कैम्पस, एक घर का रूप ही होता है। यहाँ तो घर, कैम्पस और संस्थान, सब मिले-जुले...मनी और सेक्स का ऐसा बोलबाला कि आदमी दिखाई न दे। लड़कियाँ डिपार्टमेंट छोड़कर भाग रही हैं, लड़के आत्महत्या कर रहे हैं। आजिजी ऐसी कि दुनिया बेकार...

हमारे आसपास जो घट रहा था, वह तर्क के परे था। तारतम्य या एकसूत्रता जैसा कुछ नहीं। इल्माना "या अल्लाह, तालीम भी औरत को नहीं बचा पा रही" कहकर अफसोस कर रही थीं।

हम एब्सर्ड नाटक जी रहे हैं, नहीं तो करवाचौथ की नई चूड़ियाँ और चुनरी पहनने के तीसरे दिन ही मिसेज अरोरा कोर्ट में चली जातीं? तलाक माँगतीं। इस खबर ने हमारी अड्डेबाजी को थर्रा डाला। हम पढ़ी-लिखी सभ्य औरतें ससुर, देवर, जेठ और कहीं तक पति के खिलाफ बोलने लगती थीं, अस्पताल के विभागाध्यक्षों के कुकर्मों पर लानत बरसाती थीं, लेकिन आज 'तलाक' शब्द को अपने बध से जोड़कर देखने लगीं।

जब सुना कि तलाक हो गया, हम सबको सदमा लगा। चेहरे सफेद पड़ गए, आँखें फटी की फटी। इल्माना एकदम सहज सामान्य, कह रही थीं—देखा, ऐसा नहीं औरतों की बात सुनी न जाए, औरतें आवाज उठाती ही कहाँ हैं?

मेरा कलेजा बर्फ हो गया था। तलाक से घृणा नहीं, डर लग रहा था। मुझे याद आया, शादी के कुछ दिन बाद ही मैं अकेली गाँव चली गई थी। माँ से कहा था—तलाक लूँगी। वह आदमी हर मामले में मनमानी करता है। यहाँ तक कि मैं पड़ोस में कहाँ उठूँ-बैठूँ, रात के समय कहाँ सोऊँ, वही तय करेगा। जून महीने की गर्मी में उसने मुझे छोटे से कमरे में बन्द करके सुलाया। ऐतराज किया तो कलह और बदव्यवहार पर आ गया, मैं भी हाथ चला देती तो?

इल्माना सच कह रही थी—"जैसे-जैसे वक्त गुजरा हम डरने लगे, मिसेज शर्मा। होंठ सिलकर और हाथ-पाँव सिकोड़कर जीने लगे। डराया ही इतना गया। मैं अपने अब्बा की इज्जत करती थी, आज लगता है, उनसे डरती थी। मैं डॉक्टर बनना चाहती थी। एक बार कहा, उन्होंने मना कर दिया। चुप होकर रह गई मैं। भाई पी.एम.टी. में बैठा, डॉक्टरी के लिए चुना गया, मेरे मन में हूक उठी। अब्बा से क्या कहती, अम्मा का ही दुपट्टा पकड़ा। अम्मा ने जवाब दिया—"ऐ हे, तुम जावेद की बरबारी करोगी?"

"काहे नहीं करेंगे बराबरी अम्मा? वह हमसे ज्यादा तेज नहीं पढ़ाई में।"

"पहले दुपट्टा ठीक से ओढ़ो।" अम्मा ने डाँट लगा दी और खाला ने कहा—"अब बुर्का ओढ़ना है कायदे से, पाबन्दी से।"

इल्माना इतनी दुखी थीं कि आँखें भर आईं। मैं उनसे क्या कहती? बुर्का को सजा का नाम कैसे देती, यह उनकी संस्कृति का हिस्सा है। हाँ, लड़की के सीने पर दो उभार और महीने पर होनेवाले पीरियड्स लोगों को उसके खान-पान, वेशभूषा और रहन-सहन के लिए कैसे भी नियम बनाने का बहाना दे जाते हैं। भाई के साथ तो ऐसा कुछ नहीं।

"मिसेज शर्मा, बुर्के के भीतर मैं रोया करती। मुझे दुखी देखकर मेरी खालाजाद बहन शफिया ने शायरी की तीन किताबें मुझे दीं। पढ़कर लगा, तालीमयाफ्ता, सोचपसन्द और नफासत वाले लोग औरत से ज्यादा बुर्के को पसन्द करते हैं। ज्यादातर शेर नकाब और हुस्न के मेल से बनी खूबसूरती के कसीदों में थे। बयान ऐसा कि बुर्के से ही मोहब्बत हो जाए। खानदानी बीवियों की नजाकतों से भरी पड़ी है शायरी।

अम्मा जब न तब हिदायतें पेश करतीं—"हम्में दखेउ, तुम्हार अब्बा की इज्जत खातिर मनिहार से चूड़ी तक नाहिं पहनीं। गैरमर्द से हाथ छुआते, तौबा!" अम्मा अपने बेटों और दमादों के दोस्तों से परदा करती हैं।

मगर उसी परदे में से अम्मा के रूप में न जाने कौन-सी औरत निकली कि मुझे अलीगढ़ भेजने के लिए अनशन कर दिया। अम्मा रात-रात जागकर पानी पीती रहती थीं। अब्बा से मेरी ख्वाहिशें कहतीं। सबेरे मुझे पाकीजा बीवियों के किस्से सुनातीं। अम्मा अब्बा से रूठ जातीं, पर मुझे समझातीं—''औरत और मर्द होना चाँद सूरज होना है। रात और दिन का फर्क।''

—मैं चाँद की तरह ठंडक अख्तियार करती गई, मिसेज शर्मा।

''मगर अब तो बुर्का नहीं ओढ़तीं। हमारे साथ होली-दिवाली मनाती हो। कथा-कीर्तन भी नहीं छोड़तीं। रोजा नमाज भी। अब क्या गम है?''

वे हल्के से मुस्कराईं। मुस्कराहट में झनझनाहट काँप रही थी। निचला होंठ तिरछा हुआ—''अमेरिका रिटर्न शौहर की बीवी होने का खुमार उतरता जा रहा है। इल्माना का पुनर्जन्म सा...'' कहते हुए उनका जबड़ा सख्त हो गया।

मैं उन्हें देख रही थी, लगा कि मेरे भी दाँत कसते चले जा रहे हैं। न घबराहट, न भावुकता। सीली-सीली धुँधुआती निगाहें...एक-दूसरे की आँखों से जुड़ गईं, जिनमें शायद यही समान भावना थी—हमारा यह जीने का सलीका हमें रास नहीं आ रहा। सबके लिए प्रिय और अच्छे हम, अपने दुश्मन और बुरे हैं। हम अपनी संस्कृति के किन महान मूल्यों को जी रहे हैं, समझ में नहीं आता।

दोनों में से कोई कुछ नहीं बोला था। चलते समय इल्माना मेरे गले मिली, मेरे चेहरे पर अपना बोसा दिया। और मैं इस तरह लौट आई जैसे इल्माना को साथ ले आई हूँ। आज सोचती हूँ, पहली बार जब वह मेरे द्वार पर आई, इल्माना नहीं, वह चेतना आई थी, जो दस्तक दे रही थी और मैं उसको तस्लीम कर रही थी;

मुझे क्या-क्या समझा दिया!

''कामिनी अरोरा जानती थी कि सिंगार और सुविधा में जो सुख दिखता है, उसमें कितना हमारा है? बस इतना कि हम सजें, मर्द रीझें। उसके आराम और मौज-मस्ती की खातिर हमारा गुजारा चले। इस भरम को तोड़ गई कामिनी। अपने बलबूते क्या होता है, क्या होगा, दिखा दिया। पूरे एम्स में शोर हो रहा है, कामिनी भाग गई, भाग गई। हम पूछते हैं, डॉ. अरोरा घर से जाते तो 'भाग गया भाग गया' का शोर होता? नहीं न?''

''ठीक कह रही हो इल्माना, राजा शुद्धोधन का बेटा सिद्धार्थ अपने बीवी-बच्चे को छोड़कर भागा था। नल दमयन्ती को जंगल में सोती छोड़कर भागा था। लोक कथाओं के गोपीचन्द भागे थे। इतिहास का राजा रतनसेन नागमती को छोड़कर भागा था। गांधी कस्तूरबा से बेफिक्र कहीं भी चले गए। ये सब महान हो गए। इनकी वीर गाथाएँ बनीं। इनके चलाए धर्म स्थापित हुए। आम आदमी भी घर से भागता है,

कहते हैं साधु हो गया। लेकिन औरत...वह घर छोड़ जाए तो बस एक ही बात कि रंडी, वेश्या हो गई।''

क्या मेरे भीतर इल्माना की दुष्टात्मा हुंकारने लगी? इल्माना की आँखें, दो दहकती चिनगारियाँ...मेरा मन विकृत करके रख दिया।

गर्म भाप छोड़ती हुई भर्राई सी आवाज में इल्माना कहने लगीं—''आज मायक्रोबॉयलॉजी डिपार्टमेंट गई थी। पी-एच.डी. करना चाहती हूँ। हैड तैयार नहीं हुआ।''

आँखों में आँसू नहीं, दुख भरा था।

''हम पुराने पड़ गए हैं, मिसेज शर्मा। जमाना आगे निकल गया। सनदों की एवज शौहर जिन्दगी में क्या आया, जिन्दगी रेहन हो गई। ब्याज सूद में वक्त चुकता गया।'' कहकर गहरा साँस लिया उन्होंने।

मेरी सखी को पुरानेपन का अहसास साल रहा है कि सीने में समय ही बरमा चला रहा है? मैंने हाथ पकड़ लिया। सहलाकर राहत देती रही। मौन रहा, स्पर्श मुखर था। चुप्पी आगे की राह खोजती सी।

कैम्पस के डॉक्टरों की आत्मा बड़ी बेचैनी से इल्माना के घर के आसपास भटकती थी। और इल्माना का मन एम्स के विभागों में भटकता हुआ, मायक्रोबायलॉजी डिपार्टमेंट के भीतर घुस गया। डॉ. गंजू ने अपना मत दिया—''वह क्यों भटके, अब देखना मायक्रो में जगमगाएगी। पोस्ट मिल रही है, इस तरह कहूँ कि मिसेज अहमद की योग्यता के डॉ. श्रीप्रकाश कायल हो गए हैं। एक छाते में चले आ रहे थे दोनों।''

''पोस्ट मिल जाने के बाद और पोस्ट देने के बाद, इस तरह आने का दोनों को अधिकार है। रिश्ता गहरा हो जाता है।'' डॉ. सक्सेना बोले।

''यार इतने क्रुअल न बनो। अब तक बेचारी ने डॉ. अहमद के चरणों में अपना सोने सा तन-मन निछावर करते हुए शारीरिक और मानसिक संघर्ष में सालों बिताए हैं। कितनी लहूलुहान हुई है, इसका अंदाजा हमें नहीं हो सकता। बस यह देखो कि जब आई थी, कैसी ताजा दम थी और अब रंगत उड़ती चली जा रही है। बड़ा अफसोस है मुझे।''

यह सब आज हमारे ड्राइंगरूम में नहीं, डॉ. प्रकाश के यहाँ सम्पन्न हो रहा था, क्योंकि उनके विवाह की वर्षगाँठ में कुछ मित्र निमन्त्रित थे। इल्माना के परिवार को ये लोग निजी प्रोग्रामों में शामिल नहीं करते थे। हाँ, ईद बकरीद उनके यहाँ मुबारक करने जाते और कबाब, सिवइयाँ, बिरियानी, रोगनजोश खा आते। लेकिन मेरे त्योहार या घर के समारोह इल्माना के बिना अधूरे थे। कैम्पस में और भी ऐसे घर थे, जो

उन्हें बुलाते और उनके घर जाते। डॉ. सक्सेना तो अपनी बेटी से चुन्नू (इल्माना का बेटा) के हाथ में राखी बँधवाते और उनके बेटे की कलाई में डॉ. अहमद की बेटी तनवीर राखी बाँधती।

आज डॉ. प्रकाश के ड्राइंगरूम में अनुपस्थित इल्माना मानो पूरी उत्तेजना के साथ उपस्थित थीं। मेहमानों का समय और शक्ति नए अनुसंधान के नतीजे प्रस्तुत कर रही थी। नमकीन भुजिया और पकौड़ों के साथ ब्लैक लेविल के जाम, सरूर के साधन, मस्ती का समाँ था।

पूरे दस साल हो गए शादी को। पति-पत्नी की जवानी की पताकाएँ उड़ रही थीं। मिसेज प्रकाश फ्रॉक और स्लैक्स में तितली सी इधर से उधर भाग रही थीं। हल्का संगीत बज रहा था। मैं जानती थी, अब जोक्स का दौर चलेगा। इसके बाद धीरे-धीरे अश्लील चुटकुले। हो सकता है किशोर गाना सुनाए। लेकिन जो था, वह इस तरह प्रस्तुत था–

"देख लिया?"

"तुम्हीं देखो और शोक मनाओ।"

"शोक काहे का, यह तो होना ही था।"

"मगर ऐसे होना था?"

"कैसे हुआ है?"

"लौंडा चुना है।"

"हाय हुसैन हम न हुए!"

"बेचारे बूढ़े से बदला लिया है।"

"साला लौंडा तो हो गया बरबाद। कैरियर बनाता, पानी में डुबो दिया।"

"साली, वह चीज ही ऐसी है। कितने ही लौंडे बरबाद हो जाएँ।"

उफ्! बहुत हो चुका। मेरा वहाँ से उठने का मन किया। कब तक बिच्छुओं का डंसा आदमी अपनी टीसों को दबाकर बैठा रह सकता है? इल्माना यहाँ गाली के सिवा कुछ नहीं। इन सभ्य डॉक्टरों का उनसे ऐसा ही सम्पर्क है। और इनकी मजा लेने की आदत मेरी रगरग चीरे डाल रही है। मैं बिलबिलाती हुई उठ आई। तभी सुनाई पड़ा–"पाकीजा फिल्म में छत्तीस हजार का कार्पेट डाल देता है, नबाब, साहबजान के अदब में। हम भी चन्दा करके ले चलें एक कालीन और कहें, लौंडे को दफा करो यहाँ से।"

मैं जहरीले जानवरों वाले तालाब में किसने पटक दी? क्या ये सब मेरी और इल्माना की घनिष्ठता जानते नहीं? या जानते ही हैं और मुझे जानबूझकर सुना रहे हैं कि मैं कुछ न कुछ इल्माना को बता दूँ।

अब बाकायदा एक वातावरण बनाया गया। जो लोग इल्माना के घर के आसपास मँडराते थे, जान निछावर करने की घोषणाएँ करते थे, डॉ. अहमद झूठे को

बुलाएँ, सच्चे को जाते थे, आज इल्माना का चेहरा धूल में कीचड़ में रगड़ देने पर तुले हैं।

डॉक्टर्स के गरिमामय पद और उनकी पत्नियों के चरित्र की प्रतिष्ठा, ये दोनों बातें परिवार का सम्भ्रान्त और उज्ज्वल चेहरा बनाती हैं। जिस तरह पति एम्स की कुर्सी को बचाने के लिए जी-जान लगा देता था, उसी तरह पत्नी अपने पतिव्रत में पति की इज्जत के लिए तैयार रहती थी।

अब यहाँ स्त्रियों की नैतिक दृष्टि कैसी होगी? डॉ. अहमद की पत्नी इल्माना के आवारा सान्निध्य के बाद...इसके बाद सोचना अकल्पनीय और भयानक। मैं यहाँ के पुरुषों के डरे हुए से चेहरे देख रही थी। नैनसी का पति, डॉ. गंजू तो उसे इल्माना के पास खड़ी देखकर जिन्दा जला देगा। बड़ा जल्लाद आदमी है।

जो भी था, नतीजा हमारे सामने था, अड्डे पर औरतों की संख्या कम हो गई। कुलीन स्त्रियाँ ऐसे समूह-संगठन में आने की इच्छुक नहीं, जो उनके पतियों को पसन्द न हों। मैं इल्माना के बारे में सोच रही थी, लग रहा था एक स्त्री दूसरी स्त्री को कितनी अच्छी तरह समझ सकती है!

दिन बोझिल होने लगे।

इल्माना के गुनाहों की तालिका किसी 'हितैषी' ने उनके मायके पहुँचा दी। मेरा अनुमान विमला पर जा टिका, वही उनके मायके की थी। उम्मीद सबको थी, यह रिपोर्ट स्वीकार होगी और अमल भी होगा। परिवारीजन शेर-बाघ से ज्यादा खानदान की बदनामी से डरते हैं, जो घर की औरत के जरिए होती है। यहाँ कोढ़ में खाज, इल्माना की एक काफिर से नजदीकियाँ।

''नजदीकियों का मतलब?'' मैंने अपने पति से पूछा था।

''अश्लील, गलत हरकतें। पराए मर्द के साथ और क्या होगा?'' उनके रगरेशों से पुरुषों के पक्ष में आवाज आई।

''तुम्हें उन मर्दों से क्या कहना है, जो लॉन के बीच खड़े होकर औरत का शाब्दिक बलात्कार करते हैं। फूहड़ गालियों का शौक फरमाकर मजा लेते हैं?

''मैंने और तुमने दुनिया की औरतों का ठेका नहीं ले रखा।'' पति ने कहा, तो मैं चुप हो गई। मगर कहना चाह रही थी, यह दुनिया की बात नहीं, इल्माना की बात है, मेरी दोस्त की। कहा, ''इल्माना अपने लिए जॉब ढूँढ़ रही हैं, यही दोष है उनका?''

''जॉब के बहाने...मत कहलवाओ मुझसे।''

''इससे ज्यादा क्या कहोगे, सब कह दिया, थोड़े से शब्दों में।''

''क्या चाहती हो? मैं उसकी आरती उतारूँ? फ्रेंकली स्पीकिंग, आय डोंट लाइक दैट टाइप ऑफ लेडी।''

यह जुमला इल्माना के अपमान का पत्थर है, जो मेरे सिर में दे मारा। मैं पीड़ा की भयानकता से चक्कर खा गई। एकान्त ही मेरा साथी होगा।

मैं मानसिक क्लेश से छटपटाती हुई...। आज सोचती हूँ, मेरा दुख और अपमानित होना मेरे लिए ही था, नहीं तो इस कदर तड़प उठती? इल्माना तो जितनी मेरी दोस्त रही हैं, उतनी ही प्रतिस्पर्धा की पात्र भी। मैं सदा से व्यक्ति के गुणों को महत्त्व देनेवाली, इल्माना के रूप को देखकर थर्रा गई थी, बिलकुल उसी भाव से, जैसे कोई पुरुष आकर्षण से स्तब्ध हो जाता है। क्या मैं अपनी प्रकृति से उल्टा व्यवहार नहीं करती थी? उनके सौन्दर्य को चुनौती देती हुई मैं, नीबिया कोल्डक्रीम को इतना महत्त्व दे बैठी, जैसे उसके इस्तेमाल से मैं इल्माना की सूरत और त्वचा की कोमलता को मात दे दूँगी। मेरी भीतरी मजबूती खत्म होने लगी थी, तभी तो मैं नए सिरे से पति के सामने जिदें रखती और पूरी कराती। इल्माना जब मायके से ज़ालीदार कंगन बनवाकर लाईं, मैंने कितनी कलह मचाई थी अपने घर। पति ने करवाचौथ पर जालीदार झुमके दिए, जो माताजी ने अलीगढ़ से भेजे थे और कहा था—"तुझसे मुझे ऐसी उम्मीद नहीं थी, लाली।"

मुझे उस समय इस बात का इल्म नहीं था कि मैंने सौन्दर्य-प्रसाधन और प्रलोभनों को महत्त्व नहीं दिया, लेकिन इस समय उन्हीं चीजों के आगे क्यों समर्पण कर दिया? माँ, मैं पहले जैसी नहीं रही। इल्माना का रूप मेरे लिए चुनौती बन गया है और वह निरन्तर जीत रही है। मैं भूल गई हूँ कि बाहरी चीजें जुटा भी लूँ, अपनी भावनाएँ और विचारों को बदल डालूँ, मगर कुदरत के तराशे नक्श कहाँ से लाऊँगी? निश्चित ही मैं अपनी पहली सोच को बचा नहीं पा रही, जिससे बुन्देलखंड कालिज की लड़कियों के रूप और बनाव श्रृंगार को फतह किया था, वह सादगी खोती चली जा रही हूँ। उसकी कमी के कारण जिन भावनाओं पर नियन्त्रण रखना था, उन्हीं से प्रभावित हो गई। पुरुषों को आकर्षित करने की लालसा व्यापी है!

और बात यही निकलकर आई कि हमारे समूह की कोई औरत जब होंठ टेढ़े करके कह रही होती—"तुम्हारी दोस्त ने अफेयर चला लिया है, देखा? एक्स्ट्रा मैरेटल रिलेशन।" तो मुझे दिखावा कुछ भी करना पड़े, भीतर ही भीतर ईर्ष्या के धधकते अंगारों पर पानी पड़ता महसूस होता, एक ठंडक आती दिल में। इसी लायक है इल्माना। और लो अपने रूप का मजा। इल्माना के व्यक्तित्व को उनकी यह दुर्बलता चुनौती देती तो हमें अपने सतीत्व पर गौरव लगता। उनकी सुन्दरता 'गाली' हो गई। उनका सुगढ़पन बदनाम हो रहा है। यही चाहती थी मैं।

लगता यह भी, कोई हमारी जिन्दगी में क्यों नहीं आता? पतिव्रत ढोते-ढोते कन्धे झुके जा रहे हैं। अच्छी पत्नी होकर उकता रहे हैं। सतीत्व की व्यवस्था का नियम से पालन किया है, इसके परिणामों से सन्तुष्ट भी हुई हूँ, लेकिन जब न तब मन का

मौसम बदलने लगता है। मेरे कदम मेरी नजरों के साथ चलने लगते हैं। व्यवस्था गड़बड़ाने लगती है। समर्पण डगमगा जाता है। और तब गृहस्थ के अनिवार्य नियम की तरह पति का इशारा आता है कि अब तक के अभ्यास की सद्भावनाओं को निरन्तर अभ्यास में रखूँ। मैं ऐसा करती भी रही हूँ, लेकिन अपनी ही नैतिकता का मन पर बोझ बढ़ता जाता है, गर्दन टूटने लगती है। बोझ पटक देने का जी करता है। उफ् मेरी जिन्दगी, रत्तीभर आजादी की हकदार नहीं, यही बातें मेरा कलेजा काटती रहती हैं।

"और इल्माना निकल भागी...सारे बन्धन काटकर फेंक दिए।" मेरी प्रतिस्पर्धा दयनीय होते-होते क्रूर होने लगी थी।

पति ने कौन से लक्षण देख लिए? पहचान लिया कि मेरे 'इल्माना' होने के दिन आ गए कि किसी के प्रति मैं भी लगाव महसूस करने लगी हूँ। लगाव का अर्थ मेरे लिए यौन-उत्कंठा। इसके सिवा स्त्री-पुरुष का क्या सम्बन्ध? वे नहीं सोच सकते इससे अलग कि मेरे लिए यौन-सम्बन्धों में शारीरिक जरूरत के अलावा कोई और भी बात आ सकती है। या इल्माना का सम्बन्ध इल्म से भी हो सकता है।

क्या मैं ऐसा ही कुछ सोच रही हूँ? सोचती हूँ तो इल्माना पर हमला क्यों किया?

"तुम अपने पति को धोखा दे रही हो कि पी-एच.डी. के लिए काम?" मैंने इल्माना का ले धरा था। "सोचो, डॉ. अहमद भी इश्क चलाएँ तो?" यहाँ मेरी ईर्ष्या और स्पर्धा मिलकर काम करने लगी थीं, निश्चित।

इल्माना मेरे सामने अपने सोफे पर ऐसे बैठी थी, जैसे मेरे द्वारा की गई धर-पटक से कई गुना ज्यादा जोर के झटके खा चुकी हों। और इतनी जल्दी अभ्यस्त भी हो गई हों। ढीठ कहीं की।

उनके होठों पर बेलिहाज मुस्कराहट खेलने लगी, बिलकुल ऐसे, जैसे खंजर पर धार धरी जाती है, आहिस्ता-आहिस्ता। धीरे-से वह धार होठों पर फैलती चली गई।

"मिसेज शर्मा, क्यों नहीं मान लेतीं कि यहाँ मर्द हमारे खिलाफ हैं।"

"हमारे? क्यों होंगे हमारे खिलाफ?"

"रिवाज जो है, हमारे खिलाफ होने का। यहाँ डॉ. अहमद और आपके यहाँ डॉ. शर्मा मेरे जैसा कुछ करते, सब कहते काम की तलाश में हैं। डॉ. सेठी से किसी ने कुछ कहा, जब उन्होंने अपने साथ नगमा को रिसर्च के लिए चुना और फिर देर रात तक काम कराते हैं। श्रीनिवास सदाचारी ने औरतों को चाहे जब योग सिखाया। मिसेज धनखल को तो रात में भी रोक लेते थे, मगर वे ब्रह्मचारी थे, योगी थे और धनखल उनकी सदाचारिणी शिष्या। आप हमारे यहाँ की क्या बात करेंगी, डॉ. अहमद को चार औरतें रखने की मजहबी छूट है।"

"लेकिन इल्माना, वह डॉक्टर लड़का...क्या है आपका?"

''सब कुछ'', धीरे से बोलीं और मुझे गौर से देखने लगीं। मगर मैं क्या कहूँ अब?

घर लौट आई।

रात के समय आँखों में नींद नहीं, इल्माना ही करकराई। ये मोहतरमा, इश्क भी करेंगी और पाक साफ होने का दावा भी। कहा तो पूछेंगी, इश्क से ज्यादा पाक क्या है? मेरा तुम्हारा इश्क धर्मों की जंग के विरुद्ध है कि नहीं? बताइए, इश्क की पाकीजगी मजहब से ज्यादा भारी है या नहीं?

उफ्! मैं इल्माना के चंगुल में फँस गई हूँ। तभी तो उनकी बात नहीं काट पाती। नहीं बता सकी कि मैंने डॉ. सिद्धार्थ की ओर देखना छोड़ दिया, तभी मैं पति को पवित्र लगी। अब मुझे भी इल्माना से ऐसा नाजायाज साहस मिला तो मेरी खैर नहीं।

बिस्तर पर पति भी तो थे। मुझे करवट बदलते देखकर बोले—''परेशान मत हो। अहमद साहब की बीवी से कहो, गैरमर्द का शौक चर्राया है तो पति से तलाक ले लें। किस्सा खत्म हो। बबाल हो गया साला।''

''कहा था, कहा तो था। बता रही थीं, उनके धर्म में तलाक शौहर देता है। औरत की तरफ से आई तलाक को मान्यता नहीं मिलती। डॉ. अहमद तलाक देने के लिए तैयार नहीं।''

सुनकर डॉक्टर साहब तिलमिलाए—''मामला यहाँ तक पहुँच गया है! यह औरत...उस आदमी की मजबूरी का फायदा उठा रही है। बच्चे न होते तो वह भी तीन बार तलाक कहकर फन्दा काट देता।''

तुम कितने निर्दयी हो, इतने कि मैंने जितने सोचे न थे। क्या मैं या इल्माना, आज की जीती-जागती औरत, हजारों साल पहले की तोड़ी बिगाड़ी शास्त्र और शरियत की पद्धति से नहीं निकलीं? अगर मुझे किसी का सहारा न मिले, अगर इल्माना को कोई न मिले और उनकी योग्यता की पहचान न हो पाए, तब हम प्राचीन, गए बीते समय के अवशेषों के सिवा क्या होंगे? इल्माना को मैं क्या सलाह दूँ, वह तो खुद अपने बन्धनों से जूझ रही हैं।

असन्तुष्ट, अकेली, बदनाम औरत, कुछ नहीं कहती, बस इतना ही बोली—''किसी लड़के या आदमी से दोस्ती के साथ पेश आना शौहर को धोखा देना नहीं होता है, मिसेज शर्मा।''

''माना तो ऐसा ही जाता है, इल्माना।''

''हर मान्यता सही नहीं होती।''

अपने घर में उनके विचार खोले तो विस्फोट सा हुआ—''पागल हो रही है वह। उस लड़के के पीछे दीवानी। आइन्दा वह हमारे घर आए नहीं। उससे दोस्ती रखनी है तो तुम भी...मुझे डॉ. अहमद मत समझ लेना।'' आवाज इतनी ऊँची थी कि पड़ोस

तक गई, नहीं तो मिसेज गर्ग क्यों कहतीं—"मैं तुमसे बड़ी हूँ, तुम्हारी माँ की उम्र की। बस इतना कहूँगी कि सोहबत का असर बुरा होता है।"

मैं पत्थर चेहरा।

रातभर ठीक से सोई नहीं। दिन की बातों को जितना ही झटकना चाहती, वे जिद्दी बच्चे की तरह उतना ही गले से लिपटती जातीं। करवट बदलने की स्वतन्त्रता यहाँ है नहीं, पति की नींद में विघ्न पड़ेगा। आँखें बन्द करके पड़ी रहूँ एक करवट...किसी भी करवट रहूँ, इल्माना के साथ घटित स्थितियों का मंच सामने आ जाता है। ताज्जुब होता है, अब बच्चे बड़े होंगे और उनको इश्क ने घेर लिया। ऐसी कहानियाँ पढ़ी हैं मैंने, सोचा था, काल्पनिक हैं। मगर इल्माना में भावात्मक जोश की यह सम्भावना...अब क्या वह किसी शायर लेखक जैसे लोगों के सपनों को नारी पात्र का असली रूप देने निकली हैं? मीरा, लैला, सोहनी और रूपमती का आशा और स्वप्नों से भरा रूप मुझे भी तो आकर्षित करता है। आँसू और मुस्कानों के क्षण किन स्थितियों से निकले होंगे, भूलकर मैं उन्हें गद्‌गद भाव से स्वीकार करती हूँ और अपने संवेदनशील तन्तुओं से जोड़ लेती हूँ। प्यार से ज्यादा प्यार की भावना का खूबसूरत चन्द्रमा सम्मोहन का ऐसा सुनहरा जाल बुनता है कि मुझे होश नहीं रहता।

वही प्यार की भावना आज कटे-कटे चाँद-सी क्षत-विक्षत...खिड़की के बाहर अंधेरा फैला है। प्रेम की असफलता का रूप है यह। हम कहें कुछ भी, असफलताओं को जीतने की कोशिश में प्रेम की वंशबेल सूखती जाती है। मुझे कुँआरेपन से अब तक मिले वे लोग याद आते हैं, जिनसे रागात्मक सूत्र जुड़े थे, वे मजबूत होते गए। कितने सपने देखे! आँख खुली तो सबेरा नहीं, गहन अंधेरा था जीवन के आसपास। प्रेमी अन्धकार में कहीं विलीन...प्यार-प्रीति की वंशबेल बचाने के लिए अपनी आहुति दे गए या मिटाने के लिए? मैंने अपनी कामना दफ़न कर दी, क्या उसी के प्रेत-रूप में अवतरित हुई हैं, इल्माना? क्या मेरी ही स्मृतियों का ज्वार और बेबसी ही तो नहीं, जो इल्माना की आँखों में दहकती हैं। मैं दबा-ढका इल्माना के प्रेम का ही समाधि लेख...कभी विस्मित, कभी आतंकित और कभी तुम पर न्यौछावर इल्माना...

शायद इसलिए ही मेरे आसपास ड्राइंगरूमों में, बरामदों में और सामने वाले लॉन में मुश्किल हालातों की ऐसी बेकसी पैदा हुई है कि मुझे इस माहौल से नफरत होने लगी है। तुमसे भला-बुरा कहकर मैं इस नतीजे पर पहुँची हूँ कि इस कैम्पस का कोई न कोई घर बलात्कार का सुरक्षित कोना छिपाए हुए है। अस्पताल के एकेडमिक विभाग भी औरतों के लिए बिस्तर तैयार किए हुए हैं और हमारे पुरुषों को ऐसी बातें पचाने की आदत पड़ गई है।

मेरी बन्द आँखें आँसुओं से भर चुकी थीं और पोंछने के लिए यहाँ रूमाल या चादर नहीं थी, तकिया ही सोखता रहा या पोंछता रहा साथी की तरह।

अब हाल यह था कि मैं इल्माना से जितना ही मिलना चाहूँ, उतना ही घर से न निकलूँ। इल्माना ने अपने बन्धन क्या तोड़े, वे मुझे ही कसने लगे। उनकी अवैध मित्रता मेरी मासूम-सी दोस्ती को ले बैठी। और मुझे इस तनाव के बीच सहज बने रहने की कोशिश में अपनी गृहस्थी पर एकाग्र रहना था।

मैं बहरी सी होकर सुनती, इल्माना के वे दीवाने, जो छत्तीस हजार का कालीन उन्हें भेंट करना चाहते थे, आज उनके चेहरे पर कीचड़ पोतने की बातें कर रहे हैं। जो उनके माली, धोबी हो जाने के लिए पागल थे, घर के आगे काँटे और गोखुरू अपने मालियों से डलवा रहे हैं क्योंकि उनकी चाहत तो चाहत थी, और इल्माना की चाहत बदचलनी। बदचलन औरत को वे टुकड़े-टुकड़े करके कुत्तों के आगे डाल देंगे, तमाशा देखेंगे, तब दिल को तसल्ली होगी।

इल्माना...हम ऐसे पौधे के रूप में जन्म लेते हैं, जिन्हें हिलाने-डुलाने और विकसित करने के लिए हवा जरूरी है, लेकिन हमारे माली बने लोग कहते हैं, बौनसाई छाया में रहा करते हैं। नहीं तो वे बढ़कर अपनी खूबसूरती खो देते हैं। तुम छाया से क्यों निकलीं? व्यतीत जीवन में देखा तो था कि जैसे ही सपनों और आकांक्षाओं के खिलने के दिन आए और अनायास ही बन्द कलियों ने मुँह खोले, माता-पिता ने ही परदे से ढक दिया। फिर छाँव में रख दिया। पति की छाँव परिवारी जनों को बड़ी आश्वस्ति देती है। मैं जब भी तुम्हारे बनाए साहसी क्षेत्र में निकलने लगती हूँ, डॉ. शर्मा का मुँह खुला का खुला रह जाता है कि पत्नी गन्दगी से बजबजाती दुनिया की ओर जा रही है। उनकी अपनी प्रतिष्ठा का क्या होगा?

मगर घृणास्पद सखी की ऊँचाई मेरे मन में प्रतिष्ठित होती जाती। और चुराए हुए पलों में उसी के मशविरों के बीच अपनी प्रकृति में 'मिसेज शर्मा' से भिन्न होती चली जाती हूँ। अपनी सुविधा-सुरक्षा का भाव कहीं तल में रह गया। ऊपर तक लबरेज थी, बच्चियों के भविष्य की चिन्ता। चिन्ता का सूत्रपात इल्माना ने किया कि मैं ससुर, देवर और पति के पेट, स्वाद और स्वास्थ्य के प्रति लापरवाह सी हो गई।

''मिसेज शर्मा, चाय, खाना, नाश्ता, फिर खाना...उफ! मर्दों का पेट नहीं भरता। पेट भर जाए तो जी नहीं भरता। उनकी जुबान पर चिपका जायका तुम्हारी सारी उम्र चूस जाएगा। मैंने अम्मा से कोरमा पुलाव, कबाब, शीरमाल और फिरनी बनाना सीखा, नतीजा हुआ कि शौहर को मैं अपनी अम्मा नजर आने लगी। माँ के रूप में औरत बड़ी कमजोर होती है। तुम भी तो इस परिवार की माँ बन गई हो और भूल गईं कि अपनी बच्चियों की शिक्षक भी होना है।'' उन्होंने यह बात नम्रता और मोहिता की रिपोर्टशीट देखकर कही थी। सांत्वना नहीं दी, मुझे फटकार लगाई— ''लानत है आपके पढ़े-लिखे होने पर। बच्चियों को इस तरह निगलैक्ट करके अपनी तरह की औरत बनाना चाहती हो।''

मैं जी भर कर रोई थी, इसके पहले। बच्चियों को मनमाने ढंग से पीटा था। क्या करती, बच्चों के सिवा मेरा जोर ही किस पर चलता? ससुर, देवर और पति से क्या कह पाती? बच्चों को सजा देना, अपना गुस्सा शान्त करने का तरीका था। जैसाकि घरों में स्त्रियों के लिए होता है।

इल्माना ने दोनों बच्चियों को अपने दोनों कन्धों से चिपका लिया। उनकी पीठ थपथपाती रहीं। क्या वह जान गई थीं कि लड़कियाँ पिटी हैं? या देख रही थीं कि वे बेहद डरी हुई हैं?

इल्माना का बताया टाइम टेबिल जब मैंने अपनी दिनचर्या पर लागू किया तो घर के लोगों की उदारता में मेरे प्रति सिकुड़न आ गई। पति ने तो साफ कह दिया—"मैं जान गया कि यह लापरवाही का रोग तुम्हें कहाँ से लगा है? मिसेज अहमद का आना रोक सकता हूँ, कागज के पुर्जे पर ही अपने संक्रामक कीटाणु चिपकाकर भेज दें तो मैं क्या कर सकता हूँ?"

"कुछ नहीं कर सकते, अपने दिये रोटी-कपड़ों का अहसान जता सकते हो मुझ पर। याद दिला सकते हो कि बच्चियों को पढ़ाने, होमवर्क कराने और क्लास टैस्ट के लिए तैयार करने में रमकर मैं तुम्हारे परिवार के प्रति वफादारी निभाने में कोताही कर रही हूँ।" मैं भी तैश में थी।

"मैं नहीं चाहता क्या कि बच्चियाँ पढ़ें?"

"हर माँ-बाप चाहता है, बच्चियाँ पढ़ें, पर इसके लिए कोशिश कितने करते हैं? अपना समय और शक्ति कितने लगाते हैं? संकल्प कौन लेता है? तुम्हारे पिताजी तो चाहते हैं कि तुम्हारे भाई महेश को दूध पीने का हक है, घी खाने से उसका दिमाग बढ़ेगा, पर बबली और बूटू (नम्रता और मोहिता) को दूध देना बेकार है। लड़कियाँ दूध पीकर कहाँ जाएँगी? यह सब सुनकर भी मैं उनके लिए स्वादिष्ट खाना बनाती हूँ। उनकी फरमाइशों पर गौर करती हूँ और तुम मुझसे ज्यादा से ज्यादा खुश रहते हो।"

"ठीक है, चलो तुम उसी के कहने पर। एक दिन भाग जाना किसी बदमाश के साथ।" कहते हुए वे कमरे के बाहर निकल गए।

इल्माना के दुश्चरित्र के लिए गाली नहीं थी यह, पिता के लिए लापरवाही करने की मेरी जुर्रत का जवाब अभद्र भाषा में दिया था डॉक्टर साहब ने। मैं दुखी आज ही नहीं थी, इन दिनों एक स्थाई दुख मेरा साथी था, जो मेरी जिन्दगी से लिपटा हुआ, बार-बार प्रकट होता कि मैं जो थी, वह लड़की स्त्री के रूप में धीरे-धीरे अपना वजूद खत्म करती जा रही है। आज से पचास साल बाद जिन्दा बची तो देखूँगी, उसी हश्र में मेरी बबली...हमारे जीवन का यही मूल्य और मूल्यांकन...जिन्दगी बर्दाश्त करने लायक नहीं।

"मेरा मशविरा कैसा लगा?" इल्माना घेरने लगती हैं। और मुझे याद आता है...अभी हमारे पास एक और मौका है। अपनी ख्वाहिशें अपनी बेटियों में रोप देंगे। उन ख्वाहिशों को, जिन्हें लोग हमारे दिल से उखाड़ते रहे हैं। हम ऐसे रोपेंगे अब की बार कि कोई हिला तक नहीं सके। अपनी अम्मा की तरह नहीं कि मिट्टी·डाली, पानी डाला, खाद बचा लिया। अम्मा ऐसा न करतीं तो क्या हम कमजोर पड़ते?"

मैं आभारी हूँ अपनी सखी की, भले कोई मेरा 'राम नाम सत्य' कर दे। यह एक चेतनाशील की दूसरी चेतना सम्पन्न स्त्री को श्रद्धांजलि होगी।

मैंने इल्माना के दायरों में बँधने की बात पूरे मन से स्वीकार कर ली कि उनके विचारों को ग्रहण करूँगी, जो असलियत में मेरे ही जैसे विचार हैं। मैं धीरे-धीरे उन विचारों के विकास और जिन्दगी के बदलाव की ओर बढ़ सकूँगी। परिवार और सम्बन्धी या तो रक्त की एकता के कारण होते हैं या शास्त्रों के विधि-विधान से बनते हैं। हमारा चुनाव वहाँ कहीं नहीं होता। जबकि मैं इल्माना का चुनाव हूँ और इल्माना मेरी रुचि और पसन्द। खानदानी शुद्धिकरण की कोशिश बेकार है।

जियरा फिरे उदास

परिवार के प्रति मेरी बेरुखी और 1971 का हिन्दुस्तान-पाकिस्तान युद्ध, साथ-साथ घटित हुईं दो घटनाएँ। डॉ. साहब के अनुसार पोयटिक जस्टिस (काव्यात्मक न्याय) भगवान और अल्ला मियाँ की अपनी-अपनी दया और रहमतें।

"पर तुम्हें युद्ध से क्या लेना-देना? तुम तो अपनी नस्ल में..."

मैं समझ गई, हम औरतों को युद्ध से क्या लेना-देना? वैसे भी मेरा इल्माना से लेना-देना चल रहा है। उन्हें क्या पता कि मैं अपनी भावनाओं में कैसी थकावट महसूस करती हूँ? घर का रवैया, सहेली के प्रति स्नेह और धर्म-धर्म करनेवालों का दबाव...मैं कभी-कभी खुद को आश्चर्य से देखती, मुझे अपनी धुन के अलावा किसी की चिन्ता नहीं?

यहीं वह मुकाम आ गया, जहाँ मैं विचलित होने लगी। युद्ध के दौरान पाकिस्तान टूटने की खबरें आ रही थीं, यह किसी भी हिन्दू/हिन्दुस्तानी के लिए मन की मुराद का पूरा होना माना जा सकता है, लेकिन मुस्लिम घरों में खलबली का ज्वार तेजी से उठ रहा था। उस हाहाकार को मैंने डॉ. रिजवी और इल्माना के घर देखा और महसूस किया क्योंकि दोनों घरों के जो भी रिश्तेदार पाकिस्तान से आए, उनसे मेरा परिचय ही नहीं, लगाव भी हुआ और जुड़ाव बना रहा। नाहिद इल्माना की भाभी, मेरी भाभी हो गई थी और मैंने सोचा था, काश ऐसी हँसने हँसानेवाली, संवेदनशील आँखोंवाली मेरी भाभी होती। रिजवी डॉक्टर साहब की बहन फरजाना और उमराना पूर्वी पाकिस्तान में ब्याह कर चली गईं, नम्रता मोहिता की प्यारी बुआ हैं। यह कोई रिश्ता नहीं है, सम्बोधन में बँधा प्रेम ही है। शायद इसलिए ही हमारी नस-नाड़ियाँ, रग-रेशे खिंच रहे थे और दर्द समान रूप से हो रहा था, भले उतनी बेचैनी न हो, जितनी इल्माना और कैसर रिजवी को थी।

कत्लेआम की खबरों ने बेचैनी नहीं, दहशत पैदा कर दी। लोगों का सोते-सोते मारा-काटा जाना, हथगोलों और बमों का खुला इस्तेमाल...नाहिद बची होगी या फरजाना और उमराना? इमरान जिन्दा तो होगा? सलमान दूल्हे मियाँ की खैरियत तो आएगी? शादी के समय अपनी नजाकत में बेहोश हुए जा रहे थे, लड़कियों ने पान

जो खिला दिया था। ढकाई साड़ी लाए थे, मैं शलवार-कमीज नहीं पहनती न? मैं रोमांचित हो उठी।

आपातकाल की घोषणा हुई। प्रधानमन्त्री इन्दिरा गांधी ने आशंका जताई कि यह युद्ध लम्बा चलेगा। यह युद्ध हमें बरबाद कर सकता है, मगर हम इसे इज्जत से लड़ेंगे।

इन्दिरा गांधी की आवाज, हम जैसी स्त्री की आवाज, वह हमारी तरह ही जंग से नफरत करती हैं। मैंने और इल्माना ने वैचारिक शामिल खाता बनाया था, जिसको अपटूडेट करने के लिए हम रेडियो बी.बी.सी. से कान सटाए रहते। फिर आकाशवाणी दिल्ली सुनते। सुनते कि इस्लामाबाद के हमलावर श्रीनगर, अवन्तिपुर, अमृतसर, फिरोजपुर, चंडीगढ़, फरीदकोट और पठानकोट पर बम गिरा रहे हैं। सही कर रहे हैं या गलत? अपनी-अपनी दृष्टि से थोड़ी नुक्ता-चीनी जरूर करते थे हम, क्योंकि लकीर के फकीर होना रास आता नहीं था। कुल मिलाकर जो आखिरी मत बनता, न पश्चिमी पाकिस्तान के पक्ष में जाता न पूर्वी पाकिस्तान के। हम एक दूसरे से पूछते, समान धर्म के लोग, धर्म पर मर-मिटने का जज्बा पालने वाले हिन्दुओं से लड़ते हैं तो समझ में आता है कि धर्म लड़वा रहा है, मगर अब वे आपस में क्यों लड़ रहे हैं?

''जेहाद है, मगर है फौजी तानाशाही।'' कैसर कहतीं और आँखें भर आतीं। हम उदास हो जाते। अड्डेबाजी इस समय दुख और आतंक से गुजर रही थी। इसी के बीच मिसेज बांठिया अपने घर से ढोकला बनाकर कैसर के घर भेजतीं, इल्माना को देतीं जैसे इसी रूप में हम तुम्हारे साथ हैं। इसे ही हमदर्दी का टोकन मानो और हम कर भी क्या सकते हैं?

''क्या अमेरिका का राष्ट्रपति फौजी तानाशाह है, जो पश्चिमी पाकिस्तान की ओर खड़ा है?'' रेखा ने पूछा था।

कैसर रिजवी ने चश्मा उतारकर अपने आँसू पोंछे, फिर बताया—''हिन्दुस्तान से सख्त नफरत करता है। इन्दिरा गांधी को तो सीधी गाली देता है। तानाशाही और क्या होती है?''

''आपको कैसे पता?'' रेखा को अपनी सारी सदाशयता के बावजूद व्यक्ति को घेरते रहने की आदत है। मैं कहा करती हूँ, तुम्हारा नाम रेखा नहीं, सर्किल होना चाहिए, यथा नाम तथा गुण।

कैसर चुप रहीं। रेखा का अभिप्राय समझ गई थीं। शायद डर सी गईं। इल्माना आशंकित तो थीं, मगर जवाब देने से चूकी नहीं—''जो बता दिया है, वह कहीं सुना ही होगा, इस खबरची का आप क्या करेंगी?''

यही तेवर कि रेखा अग्रवाल कभी इल्माना से बात नहीं करती थीं। जैसे वह इस स्त्री को शक्ल से ही पहचानती हों। मुझसे भी कहतीं—कैसे बनती है तुम्हारी?

अब वह दौर आ गया, जब युद्ध ने भीषण से भीषण रूप धारण कर लिया। हमारे कैम्पस में वह समय गुजर रहा था कि दोनों मुस्लिम परिवारों को गहन अपनत्व मिले। डॉ. रिजवी के पास सहकर्मी डॉक्टर नियमित आने लगे। उनके पाकिस्तान में घिरे परिजनों की कुशलक्षेम पूछकर अपने साथ-साथ होने का आश्वासन देते थे। अपने सूत्रों से यथाशक्ति खबरें प्राप्त करते, डॉ. अहमद के पास पहुँचते। अखिल भारतीय आयुर्विज्ञान संस्थान में हिन्दू-मुस्लिम एकता की अटूट स्थिति देखते ही बनती थी। दोनों मुस्लिम डॉक्टरों ने देखा कि कितने लोग उनके संकट के साथी हैं। डॉक्टरों का एकमएक परिवार।

साम्प्रदायिकता के खिलाफ प्रभावी प्रस्तुति। उच्च शिक्षित समाज की गम्भीरता और गरिमा में विधर्मियों का सम्मानजनक स्तर क्या होता है, इल्माना ने भी देख लिया। अब वह उन फब्तियाँ कसते, अर्थपूर्ण निगाहों से देखते पुरुषों को भी क्षमा कर बैठीं, जिनके कारण उनकी अपने लिए आगे बढ़ने की चाहना गन्दी तरह से लांछित हुई थी।

तभी।

अचानक आ गया 3 दिसम्बर, शुक्रवार का दिन। हाँ, यही मेरी डायरी में लिखा है। लिखा है कि इन दिनों शान्ति है यहाँ। हम बाहर लॉन में बैठे थे।

डॉ. रिजवी और डॉ. अहमद अपने धर्म के अनुसार जुमा की नमाज पढ़ने हौजखास की मस्जिद में गए थे। दोनों लोग कुर्ता-पाजामा और टोपी लगाए हुए।

इल्माना भी उठकर अपने घर चली गईं और कैसर अपने घर। नमाज का वक्त जो था। उनको घर ही नमाज अता करनी होती है, जिस पर इल्माना थोड़ी आहत रहती हैं। मस्जिद में स्त्रियों का आना नाजायज माना जाता है, यह भी कोई बात है? अल्ला मियाँ ने तो मना किया नहीं। सब कठमुल्लाओं की चाल है। कहते हैं कि औरतों को देखकर नमाजियों का दिल बदलने लगता है।

मैं ड्राइंगरूम में इल्माना से मिलने बैठी थी। युद्ध की भीषणता घर में मुझे इतना अकेला कर देती कि वहाँ रुकना मुश्किल हो जाता। लगता मरने-कटने वालों के साथ हम भी दुनिया से कूँच करनेवाले हैं। हमला होने की देर है।

हमारी भावनाओं के विभिन्न रूप...भय, आशंका, आतंक और बचावों के उपायों को सोचते हुए निस्सहाय से उदासी में धँस जाना। लगता था यहीं गोली चली, कमरे में। बम फूटा और शहर में बेइंतहा आग फैल गई। कान थे कि नबाबगंज फीलखाना शान्ति नगर और अजीमपुर हो गए, खबरें थीं कि दृश्य बनने लगे। पूर्वी पाकिस्तान के शहर तबाह और सुप्रीम कोर्ट ध्वस्त। बंगाली मुसलमानों के लुटे उजड़े काफिलों की लम्बी डोर, हमारी रूह पिघलती, क्योंकि हमारे जैसे ही वे गृहस्थ अब खानाबदोश

हो गए। सेना में सिपाही भर्ती होता है, सिर से कफन बाँधकर जाता है। मगर जंग सिपाही और आम आदमी में भेद नहीं करती।

हमारी भावना उस आवाज में घुल-मिलकर बोल रही थी, जो इन्दिरा गांधी के कंठ से निकल रही थी—"मेरे देशवासियों, पूरी ताकत से जंग हो। विजय हमारा रास्ता देख रही है।"

और निक्सन इसी औरत के लिए कह रहा है—इन्दिरा गांधी चालबाज और खतरनाक है। यह रूस से दोस्ती करके हमें किनारे करना चाहती है। हम भी बता देंगे कि फ्यूचर किसका होगा? हिन्दुस्तानी ब्लडी डॉग्स बच्चे पैदा करने के सिवा करते ही क्या हैं? इस औरत को सबक सिखाना होगा।

इल्माना के मुँह से निकला—देख लिया, इन्दिरा गांधी ने जंग छिड़वा दी। निक्सन कलकत्ता क्या, पूरा हिन्दुस्तान तबाह कर डालेगा। बस, यह औरत किसी तरह हारनी चाहिए। काश, हमारे हाथ में जंग रोकने की झंडियाँ हों। या खुदा मदद कर! निक्सन अपनी मर्दानगी साबित करने के लिए कितने बन्दों को मौत के घाट उतरवा रहा है।

वे उठीं, उठकर बल्ब जला दिया।

"लाइट?"

"अंधेरा, अंधेरा सा नहीं लग रहा?"

मैंने समझ लिया इल्माना घबरा रही हैं। घबराहट उजाले के सहारे कम करना चाहती हैं क्योंकि कुछ छिपाना उनके स्वभाव में नहीं। सो अपने जज्बातों को रोशनी में आकार दे रही हैं?

हम सहज होने की प्रक्रिया में...अपनी-अपनी कोशिश कर रह थे।

तभी अचानक!

सायरन बजा। आसमान में चीरा लगाता हुआ सायरन।

हम अवाक्। आँखें फटती गईं। हवाई हमलों की चेतावनी तो नहीं? आशंका से सिहर उठे। पेट में उथल-पुथल ऐसी जैसे इस घर पर ही हमला किया हो किसी ने। कानों के छेदों में टेंक चिंघाड़ने लगे। कहाँ जाएँ अब?

जैसे-तैसे एक-दूसरे का हाथ पकड़कर बाहर आए, बरामदे में। लग रहा था कि सारी दिल्ली की रोशनी खत्म हो गई। सारे रास्ते गुम क्योंकि सड़कें अंधेरी। केवल सायरन चीख रहे हैं, कानों के पर्दे हिलने लगे। हम भीतर लौटे। जल्दी से जल्दी कमरों की बत्ती गुल कर दी। इल्माना के हाथ अब दुआ की रोशनी के सिवा कुछ नहीं। —मेरे मौला, मोहब्बत का पैगाम भेज, यह सचाई है, ईमानदारी है, यही खुदा का हाथ—ऐसे कुछ शब्दों के साथ मैं विदा हुई इल्माना के घर से। नीम अँधेरे में उनका स्वर साथ-साथ चल रहा था।

इसके बाद।

रात-दिन। दिन और रात। समय के ऐसे रूप में अड्डेबाजी वाली हम औरतों ने जब-जब कैसर रिजवी और इल्माना की ओर देखा, उनके चिन्तित चेहरों को अपने दिलों के नजदीक पाया। क्या कर सकते थे, इसके सिवा कि कहें–इन्दिरा गांधी को देखकर विश्वास हो गया कि कोई औरत सुरक्षा की याचक ही नहीं होती, सुरक्षादायक बन जाती है। सताए हुए लोगों के लिए लड़ने वाली औरत–बस, इसी तरह अब हमारी बातों के विषय बदल गए थे। अड्डेबाजी में खाना पकाने के तरीके, कपड़े धोने के नए से नए साबुन और गहनों की डिजाइनों के लिए दिल्ली, मेरठ और पंजाब के सुनारों की बात करने या जापानी जॉरजेट की साड़ियाँ मिलने के पते ठिकानों की बातें भूल गईं औरतें। घर में सास, जेठानियों और ननदों के व्यवहार का ब्यौरा किसी के पास न था। निन्दा का विषय था वे फौजी, जो बैरकों, कैम्पों और ट्रकों में हरम खोल लेते हैं। जनता से मारकाट का व्यवहार करते हैं। बधस्थलों और बलात्कारों की नंगी सच्चाइयाँ हमें कौन बताता है? डर के कारण रेडियो न खोलते, मगर चिन्ता के कारण समाचार सुने बिना न रहते। सुनकर गृहस्थी के बारे में भूल जाते। हमारे घरों की क्यारियाँ कब सूख गईं, कितने दिनों बाद हमने देखा। सब्जियाँ सड़ी-गली आ रही हैं या ताजा, यह भी ध्यान नहीं। आज ध्यान से याद करती हूँ तो लगता है, उस समय हम मानसिक युद्ध लड़ रहे थे और खून की नमी सूखती जा रही थी। क्या इल्माना और कैसर हमारे बीच नहीं होतीं तब भी हमारी मनःस्थिति ऐसी ही होती? नहीं, हम केवल अपने लिए डरते, चिन्ता करते, सुरक्षा के निमयों का पालन करते। दुविधा में नहीं होते। इस दुविधा का क्या हश्र हुआ...अब ब्लैक आउट था। रोशनी का निषेध लागू हुआ। हर खिड़की-झरोखे पर काले कागज लगा दिए।

एम्स के डायरेक्टर के निर्देशों पर गश्तें होने लगीं। वॉलेंटियर बनाए गए। देश का सर्वोच्च आयुर्विज्ञान संस्थान दुश्मन की निगाह में है।

दो दुश्मन...डॉ. अहमद और डॉ. रिजवी। मुसलमान है, सो दुश्मन हैं। उन दोनों को वॉलेंटियर नहीं बनाया गया।

''अरे! मुसलमान हैं, मगर हैं तो हिन्दुस्तानी।''

''अपनी दोस्ती भूल जाइए इस समय। यह समय राष्ट्रप्रेम का है।''

''क्यों भूल जाएँ दोस्ती? दुश्मनी आखिर कितनी चाहिए आप लोगों को?''

''यह बात एम्स के एडमिनिस्ट्रेशन से पूछिए।''

''कोई बात हुई यह? इल्माना और कैसर से हमने दोस्ती की थी, तब क्या एम्स के डायरेक्टर और डीन से पूछा था? इजाजत माँगी थी क्या उनकी?''

''समझा कीजिए, इन लोगों से गद्दारी का अंदेशा है। मुसलमानों में धर्म की कट्टरता रक्तबीज की तरह काम करती है।''

''तो निकाल दीजिए सेना और पुलिस में भर्ती हुए मुसलमानों को। अगर डॉ. रिजवी और डॉ. अहमद गश्त नहीं कर सकते तो सैनिक और सिपाही मोर्चे पर कैसे लड़ सकते हैं?''

हम अपने-अपने पुरुषों से बहस करते लड़ते, विरोध करते, लेकिन जैसा ढर्रा था, चलता जा रहा था। ज्यादातर लोग मान रहे थे कि जो मुसलमान पाकिस्तान नहीं जा पाए या नहीं गए, उनके मन में यह भावना घर कर गई है। कि वे कहीं के नहीं रहे। वे उखड़े हुए लोग हैं। अब उनके पास पूँजी के रूप में केवल धर्म है, जिसके साथ अपना ईमान जोड़े हुए हैं। वफादारी निभाते हैं।

''हाँ, इन दोनों से जंग के बारे में बात करके देखो, चुप्पी साध जाते हैं। ठीक तरह से कहा जाए तो समझिए कि जंग की जद्दोज़हद को परिवार और धर्म में मिलाकर देख रहे हैं।'' डॉक्टर बांठिया का बयान था यह।

''अजी इनकी जन्नत तो इस्लामाबाद में ही है। कैसर बेगम, इस्लामाबाद को ऐसे भजती हैं, जैसे वह काशी मथुरा हो। काबा कर्बला हो।''

''ओफ्फो...ये डॉ. प्रकाश...इनकी जन्नत सोलन हिमाचल में नहीं है क्या? जहाँ अपने प्यारे सगे-सम्बन्धी होते हैं, जन्नतें वहीं हुआ करती हैं।'' मैंने कहा तो उपस्थित लोग मुगलकालीन इतिहास खोलने लगे—औरंगजेब ने गद्दी की खातिर अपने बाप को कैद कर लिया था। दारा शिकोह को मार डाला। तमाम मिसालें इनके बेदर्द कट्टरपन की।'' डॉ. बांठिया शाकाहारी आदमी मुसलमानों को गोश्तखोर कहकर ही कसाईपन से जोड़ देते हैं।

डॉ. शर्मा, डॉ. सिद्धार्थ, डॉ. गंजू चुप रहते थे, मगर डॉ. सक्सेना क्यों चुप रहें? —''यार ये लोग हर हाल में याह्या खाँ को जीतते देखना चाहते हैं। पर जंगी पोत 'गाजी' को हमारे नौसैनिकों ने भुर्ता बना डाला। निक्सन तक माथा कूट रहा है कि पाकिस्तानियों को लड़ने का ढंग आता नहीं। साले सब हार रहे हैं। कश्मीर भी हिन्दुस्तान के हाथ में है, हाथ लगाकर तो देखें। निक्सन को जंग रुकवानी पड़ेगी।'' वे इन बातों को इतनी बुलन्द आवाज में कहते कि दोनों मुस्लिम डॉक्टर सुन लें।

मैं एक इसी सोच में कि इल्माना क्या सोच रही होंगी? यह मेडीकल इंस्टीट्यूट कैसा है? मरीजों का इलाज क्या धर्म, जात और वर्ण देखकर किया जाता है? नहीं किया जाता। मरीज का जाति धर्म मरीज ही होता है और डॉक्टर का डॉक्टर। लेकिन यहीं इस आपातकाल में सारा का सारा कैम्पस हिन्दुस्तान है, दो मुसलमान डॉक्टरों के घर पाकिस्तान। वह भी याह्या खाँ का पाकिस्तान।

इल्माना बाहर निकलतीं। अपने बरामदे में खड़ी हो जातीं। मैं अपने घर से बाहर आती, आगे बढ़ने की हिम्मत न पड़ती। वे भीतर चली जातीं, हमारा आमना-सामना नहीं होता।

मैं सोचा करती, क्या डॉ. अहमद ने सुन लिया है कि डॉ. सक्सेना क्या कह रहे थे? क्या कैसर रिजवी ने इल्माना को बता दिया है कि डॉ. विश्राम अग्रवाल ने कहा था—इन कटुओं का भरोसा, तौबा-तौबा। रिजवी साहब के घर दाढ़ीवाला लड़का कौन आया है? पाकिस्तानी एजेंट तो नहीं? इनके घर बम छिपे रखे हों तो ताज्जुब नहीं। हम आस्तीनों में साँप पाले हुए हैं डाक्साब—मैं तो डॉ. अग्रवाल की बात छिपा गई थी।

इल्माना खुद भी तो कहा करती हैं, मैं याद करती हूँ। कहा करती हैं कि अलीगढ़ में ईद-बकरीद के दिन अगर पानी-बिजली आधे घंटे न आए तो मुसलमान घरों में शोर मच जाएगा—देख लो, हिन्दुओं ने कर दिया अपना काम। वे हमारे जश्नों से जलते हैं।—इल्माना खरी बात कहने वाली, अपने पति के वॉलेंटियर न बनने पर नाराज हुई होंगी या नहीं? अविश्वास साल रहा होगा। हमारे कैम्पस में इस समय औरतों के भी स्वर बदल गए हैं, जैसे मैं ही इल्माना हूँ। कैसर रिजवी हूँ। मिसेज बांठिया कहती हैं—"आपकी सहेली परदे में क्यों चली गई? हमें तो दुश्मन मान रही होगी, जैसे उसके रिश्तेदारों का खात्मा हमीं कर रहे हैं।"

मैं सुन रही थी, सह रही थी और बीच-बीच में सोचा करती, क्यों हो जाती हूँ मैं इल्माना की जुड़वाँ? क्या मैं हिन्दू नहीं हूँ? अपने देश के प्रति मेरा कोई कर्तव्य नहीं है? क्या में इल्माना के साथ मुसलमान हो जाऊँगी? कर सकती हूँ धर्म परिवर्तन? नहीं, मुझे उस सुरक्षा के प्रति वफादार होना है, जिसके कारण एम्स बचेगा, देहली बचेगी, देश बचेगा। इल्माना की बात इल्माना जाने। मैं पाकिस्तान में होती तो शक की नजर से देखी जाती। हो सकता है, वहाँ हिन्दुओं पर इससे भी ज्यादा निगरानी रखी जाती हो। नहीं तो आज तक क्रिकेट टीम में कोई हिन्दू खिलाड़ी खेलने क्यों नहीं आया, जैसे कि यहाँ से सैयद किरमानी, पटौदी और फारूक इंजीनियर जाते रहे हैं। नहीं, हिन्दुस्तान इस मामले में ज्यादा उदार है। इस नाजुक वक्त पर मुझे भी सावधान रहना चाहिए। इल्माना से दूर रहने में ही भला है।

और दूसरे ही दिन, इल्माना को दूर से देखा। एक सैलाब आया—हमारी भावनाएँ इतनी खोखली निकलीं? खोखली न होतीं तो जंग की सचाई को झेल जातीं? ये तो असलियत के एक झटके से भरभरा कर गिर पड़ीं। होली, दिवाली का उल्लास, ईद, बकरीद के मिलन-उत्सव और आपसी मेल ने ऐसे सुनहरे जाल बुन दिए कि सच्चाइयाँ भ्रम के रूप में बनी रहीं। नहीं तो आज अपने घर से इल्माना के घर तक जाने के मोहक सूत्र क्यों टूट गए? जिनको भाई-बन्धु, सखी और बहन माना, वे हिन्दू-मुसलमान क्यों हो गए?

इल्माना, मेरे और तुम्हारे देश के लोकतन्त्र की यह बनावटी और मूर्खतापूर्ण नागरिकता, हम तुम दोनों ही अपने गले से बाँधे फिरते हैं। असल में तो हम धर्म

के स्वयं सेवकों के शासन में हैं, जो विधर्मियों पर चाहे जब गद्दारों और हत्यारों का फतवा जारी कर दें।

मेरे भीतर रस्साकशी चलती थी, यह नहीं कि बंगलादेश बने या नहीं बने, यह भी नहीं कि जनरल नियाजी और जनरल अरोरा अपने-अपने हश्र में क्या होंगे, क्या नहीं होंगे? और यह भी नहीं कि श्रीमती इन्दिरा गांधी के सिर पर विजय का ताज रखा जाएगा या नहीं? मेरी दुविधापूर्ण चिन्ता तो यही थी, मेरी दोस्ती धर्म पर बलिदान कर दी जाएगी या मैं इसे बचा ले जाऊँगी? पहेलियाँ और गलतफहमियाँ अपना जाल इस कदर फैला चुकी हैं कि आगे कदम बढ़ाते ही पाँव उलझते हैं।

"अगर वॉलेंटियर औरतों में से चुने जाते तो क्या होता?" पति ने पूछा था, मुझे बातों में लगाकर बहलाने को। अपनी इच्छा जाहिर करने को कि घुटन को कोई बेबकूफी भरा विस्फोटक रूप न दे दूँ। किसी के सामने मुसलमानों का पक्ष अपनी दोस्त के कारण न ले बैठूँ। मैं समझ रही थी, डॉक्टर शर्मा मुझे 'क्रिटिकल टाइम' के आसपास सँभाल लेते हैं।

"तुम खूब जानते हो, तब क्या होता। इल्माना ही हमारी टुकड़ी की कमांडर होतीं, क्योंकि हमें 1965 में पाकिस्तान से युद्ध छिड़ने के दौरान शहीद होनेवाले अब्दुल हमीद की याद है। वे सारे तफसिरे क्या हुए जो आमजन की रगों में बहादुरी भर देते थे अलीगढ़ में। इस राजधानी में रहते हुए हौसले पस्त हुए जाते हैं।

युद्ध खत्म हुआ। बंगलादेश के अभ्युदय का अर्थ था हिन्दुस्तान की जीत।

...लेकिन हमारी दोस्ती के तेज का ऐसा पराभव हुआ कि विश्वसनीयता में पड़ी दरारों ने खाई का रूप धारण कर लिया। अब ऐसा पुल कैसे बने जो हमको पार लगाए? न तोप चलाई न गोली-बारूद दागी। न रंजिश हुई न तोहमत लगाई, फिर भी दिल की सारी बसावटें उजड़ गईं। शरणार्थी तक रिहाइशें पा गए मगर मैं दिशाहीन चिड़िया-सी, इधर-उधर भटकती। इल्माना को किसी आवाज में न पुकार पाती।

"वही क्यों नहीं आवाज देती मुझे?" यह तर्क दिल को समझाने के लिए अच्छा था, मगर धैर्य को बरकरार रखने में खरा न उतरता।

मैं गई और दरवाजा नहीं खोला तो? इस सवाल का उत्तर कहाँ था? खुद ही जवाब देती--इतना अपराध तो हुआ है कि वे दरवाजा न खोलें। अपनी विश्वसनीयता न थोपना चाहें। पूछें कि किसके भरोसे यहाँ आई हो?

मैं गई। मैं लौट आई।

मैं बरामदे में खड़ी छज्जे से नीचे झाँकते बोगनबेलिया से नजरें मिलाकर खुद को हौसला देती रही। पहचाने हुए गमलों पर झुककर अपना अजनबीपन मिटाती रही। कोई मेरी दोस्ती लौटा दे। कोई हमें अपने मजहबों से निकाल ले। मेरी प्रतीक्षा

बेआवाज पुकारती है। मेरा हाथ घंटी के बटन पर जाता है, मगर उसको बिना दबाए ही लौट पड़ती हूँ। अच्छा है, इल्माना मुझसे घृणा करें, नफरत करें। कुछ तो मेरा भी प्रायश्चित हो कि मैं अपने सारे धर्म-अधर्म जला डालूँ।

एक-एक दिन कट रहा था।

चार महीने बीत गए। शेख मुजीबुर्रहमान बंगलादेश के शासन की बागडोर सँभालते हुए देश-विदेशों से मान्यता प्राप्त कर चुके थे। दारुण विध्वंसों की बातें इतिहास हो गईं। श्रीहीन नगर, शहर, कस्बे और गाँव खुद को नए सिरे से सहेजने लगे।

मगर मैं और इल्माना? मामूली औरतें, हिन्दुस्तान और पाकिस्तान के दायरों में बँधी हुई छटपटा रही थीं कि हमारी मुक्ति कहाँ? क्या बंगलादेश और पाकिस्तान में भी हमारे जैसे स्त्री-पुरुष नहीं होंगे, जिन्होंने अलग-अलग धर्मों के नाम पर आत्मीयता खोई हो और खाली हो गए हों। निश्चित ही हुक्मरानों ने युद्ध लड़वाकर साधारण जनों को यह भ्रम दे दिया कि वे अपने देश के प्रति वफादार-घृणा की श्रेष्ठता में फँसे रहें। धार्मिक दलदल में डूबते जाने का पुण्य सबाब बटोरना मुक्ति से कई गुना बड़ा मोक्ष है। अब मैं इल्माना को दोस्त कहूँ या दुश्मन?

मगर।

वह धूल भरी दोपहर। तीन वर्ष की मोहिता नर्सरी की छात्रा, स्कूल जाकर वापिस नहीं लौटी। मैं उसे बस स्टॉप लेने गई, बस निकल चुकी थी।

कहाँ गई मेरी बच्ची? उतरी या बस में ही सोती आगे चली गई? मैं उसके डैडी को फोन करूँ या स्कूल में खबर लगाऊँ? मैं चिन्ता के जाल में फँसे पखेरू सी फड़फड़ाती कि धैर्य छिन्न-भिन्न होता गया।

रोते-रोते उपाय खोजना आसान नहीं। बस इतना किया कि द्वार खोल दिया, क्या पता बन्द किबाड़ें देखकर ही बच्ची लौट न जाए।

मैं डॉ. सुन्दरम् के घर जाने को तैयार हुई। गई और लौट आई। उनकी उषा आज स्कूल गई ही नहीं।

क्या हुआ? लड़की खो गई? मेरी घबराहट का ठिकाना नहीं। डॉक्टर साहब का फोन मिलता नहीं। डिपार्टमेंट के लोग फोन पर चिपके रहते हैं। एंगेज टोन ही सुनते रहो, भले कोई दम दे दे। सबसे ज्यादा गुस्सा इस समय पति पर था। यह आदमी बच्चों के मामले में इतना लापरवाह है, जैसे बच्चे इसके हैं ही नहीं, मैं यहाँ वहाँ से ले आई हूँ।

"मम्मीऽऽ..." मोहिता की आवाज है, मैं एकदम से जान गई। अब तक की हताशा को चीरकर आशा का अहसास जीवित हो उठा। मैं उस दिशा की ओर दौड़ पड़ी, जिधर से बच्ची का स्वर पुकारता था।

"मम्मीऽऽ", मेरी बेटी का रोनेवाला स्वर कि सारी वत्सलता एकदम आशंकाओं में डूब गई। वह बीमार है या कहीं गिरकर चोट खा गई? उसके स्वर की कातरता सीधी मेरे दिल में पहुँच रही थी।

मैं काँपती टाँगों से बाहर आ गई।

देखती की देखती रह गई। सामने इल्माना चली आ रही हैं। उनकी गोद में मोहिता, कन्धे से चिपकी हुई। मेरी भावनाओं का सैलाब, मैंने एक साथ दो अमूल्य निधियाँ पा लीं हों जैसे। इल्माना ने मुझे यूँ देखा, जैसे मोहिता पर उनका ही अधिकार हो। वे मुझको आदेश निर्देश देनेवाली, युद्ध के दौरान हुई घटना को भूल गईं। मैं तो हतप्रभ सी। विस्मय विमूढ़ता में कभी बच्ची को छुऊँ तो कभी इल्माना की बाँह का स्पर्श करूँ।

मेरी आँखें छलक आईं और इल्माना रो रही थीं। मैं उनके स्वभाव को जानती हूँ। अपनी अटूट दृढ़ता के साथ वे ऐसे मौकों पर गीली मिट्टी-सी कच्ची हो उठती हैं।

जब हमने खुद को सँभाला तो वे घर के अन्दर आकर बताने लगीं—"वैसे तो मोहिता को मैं रोज ही देखती हूँ। आज इसके पीछे एक पागल सा कुत्ता पड़ गया। बच्ची रोने लगी। मैं भागी। मैंने एकदम से इसे गोद में ले लिया, फिर नहीं उतारा। कहीं पागल कुत्ता इसे काट न खाए।"

मन में आया कहूँ, इल्माना, जब कोई वहशी (धार्मिक उन्माद) हमें पिछिया ले, तब हमें एक-दूसरे को छोड़ नहीं देना चाहिए।

...लेकिन मैं बस इल्माना का हाथ अपने हाथ में थामकर रह गई।

1970 के बाद शुरुआती सालों में हमारी देशभक्ति का रूप यह था कि देश की प्रधानमन्त्री इन्दिरा गांधी के मुरीद हो गए। बंगलादेश की भूमि पर आजादी की जो हवा बही, लगा कि हमारी साँसों से गुजरकर गई है, आखिर हम भी तो इन्दिरा गांधी के देश की स्त्रियाँ हैं। अब वह दिन दूर नहीं, जब हमारे अस्तित्व के लिए ही नहीं, अस्मिता की बात पर हितों की चिन्ता की जाएगी। परिवार और समाज की वर्चस्ववादी व्यवस्था का आतंक भी अपने हरबे हथियारों के मुँह झुका देगा। स्त्री को नियन्त्रण में रखने के लिए जितने सांस्कृतिक और सामाजिक कानून बनाए हैं, सेक्स के नाम पर उठा-पटक की जो तरकीबें लागू की जाती रही हैं, शीर्ष पर बैठी स्त्री के रूप में प्रधानमन्त्री या प्रधानमन्त्री के रूप में स्त्री, पुरुष व्यवस्था के घात-प्रतिघातों से भी जरूर वाकिफ होगी। हमारे शील का अर्थ, आर्थिक रूप से आत्मनिर्भर औरतों की आजादी पर भी सेंसर से कम नहीं। हम पढ़-लिखकर, सभ्यता और आधुनिकता

को अपनाकर, प्रतिभा और क्षमता का सबूत देकर क्या सामाजिक सम्मान पाते हैं? इस बिसात पर कमजोर मोहरे की तरह पिटना और प्रताड़ित होना जैसे हमारी नियति हो। राजनीति की कुशल खिलाड़ी हमारी प्रधानमन्त्री स्त्री जीवन की जटिलताओं को जरूर समझती होंगी। वे नियम बनाएँगी, पुरानी नियमावली में संशोधन करके, घरेलू हिंसा व सम्पत्ति का अधिकार जैसे मुद्दों पर गम्भीरता से विचार करके तथा हर पहलू में स्त्री की बराबरी और भागीदारी को ध्यान में रखते हुए पंचवर्षीय योजनाओं की रूपरेखा बनाकर।

सपने थे, सच होने के लिए आकुल-व्याकुल और आकांक्षाएँ थीं, आशाओं के साथ गठजोड़ किए हुए। हम थे आपस में बतियाते, हँसी के खील-मखाने बिखेरते हुए, इन्दिरा गांधी पर बलि-बलि जाने का सुनहरा समय ओढ़े हुए!

1975 अचानक सुनहरे समय की ओढ़नी के तार खिंचे, चिर्र-चिर्र लोकतन्त्र फटा। हमारी मुक्ति से पहले पुरुषों की आजादी चिन्दी-चिन्दी होने लगी। उनका न सामाजिक वर्चस्व रहा न राजनैतिक सदस्यता बची और न नागरिकता का ईमान जायज माना गया।

प्रमुख अखबारों के मुखपृष्ठों पर जो सामने आया वह हमने अपने जीवन में (आजादी के बाद) कभी देखा नहीं था। जब दादी-नानी गोरों द्वारा दी गई गुलामी की दास्तानें और हुकुम उदूली की सजाएँ सुनातीं तो हम उन्हें किसी राक्षस और मासूम मनुष्य के किस्सों की तरह सुनते। गांधी जी को देखा नहीं, लेकिन शेर की दादागीरी के बरक्स कोमल खरगोश की कहानी याद आती कि जिस तरह खरगोश ने खुद को शेर की खुराक बनाने के लिए प्रस्तुत किया, लेकिन अपनी सूझबूझ से शेर को मृत्यु का रास्ता दिखा दिया। जंगल के मासूम जानवर डर और आतंक से मुक्त हुए, जिन्दगी पा गए। अंग्रेजी सत्तारूपी शेर गांधीजी ने पछाड़ दिया। हमने बचपन में बड़े मनोयोग से वह गाना कंठस्थ कर लिया था, जो फिल्म 'जागृति' का था–

दे दी हमें आजादी बिना खड्ग बिना ढाल।
साबरमती के सन्त तूने कर दिया कमाल।

लेकिन यह क्या, हम तीस के होते-होते उसी आजादी का खात्मा होते देख रहे हैं। 'जागृति' फिल्म के गीत जो पुराने प्रेमियों की तरह ऐसे मुँह लगे कि भुलाए नहीं भूलते। मैं बरबस ही गुनगुना उठती–

आओ बच्चों तुम्हें दिखाएँ झाँकी हिन्दुस्तान की।
इस मिट्टी से तिलक करो यह धरती है बलिदान की
...वन्दे मातरम्...वन्दे मातरम्...

हम किस माँ की वन्दना कर रहे हैं, इल्माना? किसके बलिदान की जरूरत पड़ रही है? इल्माना, तुम कहती हो, बच्चों को पढ़ाओ। मैं नम्रता को 'सोशल स्टडीज' पढ़ाते हुए हिस्ट्री, ज्योग्रॉफी और सिविक्स के बारे में, भविष्य में छपनेवाली किताबों के बारे में सोचकर चिन्ता में पड़ गई, आगे हमारे समय का यह वाकया कैसे लिखा जाएगा? क्या ऐसे—सन् 1975 के दौरान भारतीय लोकतन्त्र में से ही साम्राज्यवाद का जन्म हुआ। तत्कालीन प्रधानमंत्री इन्दिरा गांधी कट्टर शासक के रूप में दिखाई देने लगीं। नियम-कानूनों का निर्माता नए सिरे से एक अट्ठाईस साला युवक बना, जो संयोग से उनका बेटा था। बेटे ने राजनीति की सारी नीतियों को अपनी मुट्ठी में ले लिया। जो कानून अब लागू हो रहे हैं उनका कोई विरोध नहीं कर सकता। जो विरोध करेगा, उनके लिए जेलें तैयार करा दी गई हैं, मीसा जैसे कानून सख्ती से लागू हैं। चार-छह लोग एक जगह खड़े नहीं हो सकते।

इल्माना, मैं भूगोल पढ़ाती हूँ तो अपने घर में सुरंगें खुद जाती हैं, आँखों के आगे छिपते-छिपाते लोगों की दहशतजदा आँखें...मैं बुरी तरह दहल जाती हूँ। दहल जाती हूँ, उन पकी फसलों भरे खेतों की हालत देखकर, जिन्हें सोचकर ही मन का बसन्त खिल उठता था। कटनी करने चैतुआ (चैत के महीने में आनेवाले स्त्री-पुरुष फसलें काटते हैं) आते थे। उनके अलमस्त गीतों से हँसिया की ताल मिलती थी, पूले दर पूले खेतों में इकट्ठे होते जाते थे।

आज उन खेतों की कटाई की हिम्मत नहीं पड़ रही। छिपने बचने का साधन गेहूँ के सघन पौधे, अरहर की पांतें और सरसों के सरकंडों के सिवा और क्या है? घर की छत दीवारों पर सरकारी लोगों के पहरे हैं। गलियाँ परिवार नियोजन के तहत डॉक्टर, कम्पाउंडर और ग्रामसेवकों ने घेर रखी हैं। उनको आदमी नहीं, केस चाहिए। केस के रूप में बूढ़े, अविवाहित युवक, स्त्रियाँ, लड़कियाँ...भले कुँआरी, विधवा या परित्यक्ता हों। सबको बच्चे पैदा करनेवाले अपराधी मानकर शल्यक्रिया की सजा दी जा रही है। मेरे गाँव के लोग रातों में भी घर नहीं आते, खेत, पहाड़ और खाई-खदानें ही शरणस्थली हैं। तीन-तीन दिन भूखे रहते निकल जाते हैं।

सरकारी धिक्कार—बेवकूफ जाहिल लोग...इनको जोर-जबरदस्ती कैम्पों तक लाया जाए। खेतों की कॉम्बिंग की जाए।

एम्स के पश्चिमी परिसर में हमारी अड्डेबाजी पर अब तरह-तरह की प्रतिक्रियाएँ थीं। गाँववालों के लिए कहा गया कि गँवार लोगों पर बच्चे पैदा करने के सिवा और आता क्या है? उनका एंटरटेनमेंट ही बच्चे पैदा करने का जरिया है। क्या बुरा है जो पकड़-धकड़ हो रही है? उनके हित के लिए ही है न? और देश के भी हित में भी, क्योंकि पढ़े-लिखे सभ्य लोगों की संख्या सिकुड़ती जा रही है, वे 'हम दो, हमारे दो' की नीति में विश्वास रखते हैं।

—छोड़ो इन बातों को, कोई और बात करो।

मैंने दुख भरे स्वर में अपनी बात कह डाली—"आज अखबार में आया है कि फणीश्वरनाथ रेणु भी जेल में बन्द कर दिए। उन्होंने क्या जुर्म किया ऐसा!"

"फणीश्वरनाथ रेणु! कौन हैं ये सज्जन?"

मैं अब तक दुख में थी, अब लज्जा ने घेर ली, मिसेज बांठिया इतने बड़े लेखक को नहीं जानतीं! मैं लेखक कहूँ तो जरूर कहेंगी, क्या लिखा है उन्होंने? मैं 'मैला आँचल' बताऊँ तो कहेंगी, हमने तो पढ़ा नहीं। मैं झुँझलाकर यही कह डालूँगी कि फिर क्यों पढ़ी थीं तुम?

'अरे वही फणीश्वरनाथ रेणु जी तो नहीं, जिनकी फिल्म बनी थीं 'तीसरी कसम'। बड़ी अच्छी फिल्म थी। 'पान खाए सैयाँ हमारो' पर मैंने कई शादियों में डांस किया है।' मिसेज राजन, हमारे अड्डे पर नई एंट्री के रूप में एक महीने से आ रही हैं।

मिसेज सिन्हा सदमे की सी हालत से गुजरीं, जैसे होश में आकर बोल रही हों, "हमारे बिहार के रेणु जी के मुकाबले दूसरा लेखक है कोई? पान खाए सैयाँ हमार अकेला नहीं, पिंजरेवाली मुनियां के साथ, चलत मुसाफिर मोह ली अरे पिंजरेवाली मुनियां!

"हाँ, हाँ, अरे हाँ, मिसेज सिन्हा तो इसे गाकर महफिल मोह लेती हैं। समझ गए हम कौन हैं फणीश्वरनाथ रेणु। इन गीतों के कारण उन्हें सजा मिली है! हद है इन्दिरा गांधी की।" मिसेज आनन्द कह रही थीं।

मिसेज सिन्हा मिसेज आनन्द के अज्ञान से बेहद आहत हुईं, उन्होंने अपनी नजर मेरी आँखों से जोड़ दी। बोली—"जयप्रकाश बाबू के दल में रहे रेणुजी, बस यही गलती बनी। सबसे बड़ा अपराध बना, पदमसिरी लौटाय दिए।"

हमारे समूह के लिए मेरी और मिसेज सिन्हा की बातें, किसी मतलब की नहीं थीं। इस समय यहाँ 'वक्त की बदलती तसवीर' पर तफ्सिरा छिड़ा था।

"भई, अपने एम्स में तो कोई रगड़ा-वगड़ा नहीं। उल्टे हालत ठीक ही हो गए हैं।"

"एकदम। देखो न बाजार में क्या बदलाव आया है। टोटली चेंज्ड है मार्केट। दुकानों से गायब हुआ माल अब कीमत की पर्ची लगाकर पैकेटों में करीने से हाजिर हुआ है। कहाँ से आ गया साबुन, तेल, डालडा और बेसन? गेहूँ की कैसी मारामारी थी, बोरियाँ भरी रखी हैं यूसुफ सराय में।"

दूसरी बोली—"अरे यह सामान, अब तो रेलों का रिजर्वेशन तक जरूरी नहीं रह गया। जाओ टिकिट खरीदो, आराम से बैठो। सारी भीड़, धक्का-मुक्की कहाँ गई?"

"सख्ती के हवाले हुई। सीधी उँगलियों से घी निकलता है कहीं?" मिसेज बांठिया के साथ मिसेज अरोरा आ मिलीं।

''हाय, कुछ दिन पहले ही तो मैं बॉम्बे गई थी। रिजर्वेशन लिया था, स्टेशन पर पता चला कि हमारी सीटें तो गिडवानी साहब की फैमिली के नाम हो गईं। नेता लोगों को कौन हटा सकता है सीटों से? सच्ची हम और बच्चे एक सीट पर बैठे-बैठे किसी तरह बॉम्बे पहुँचे, सारा परिवार हमारे सामने हमारी ही सीटों पर पसरा रहा।''

''अब ऐसा नहीं होने का। इमरजेंसी है।'' मिसेज बांठिया ने हथेली ठोककर कहा।

इल्माना चुप थीं। मैं भी क्या कहती? अपने प्रिय लेखक के लिए दुखी-दुखी सोच रही थी, वे तो बीमार भी हैं। गीता पुष्प शॉ या रॉबिन शॉ पुष्प के लेख में कहीं पढ़ा था।

''सारी चीजें सस्ती हो गईं मिसेज शर्मा, क्या तुम्हें अच्छा नहीं लग रहा? फ्रिज अब फल और सब्जियों से भरा रहता है, स्टोर दाल, आटे से, और हमें क्या चाहिए? भूल गईं बच्चे ब्रेड बटर तक को तरस गए थे, इमरजेंसी से पहले।''

''अरे भई शासन ऐसा हो कि बाजार तक अनुशासन में रहे। हमारी जिन्दगी ही बाजार पर डिपेंडेंट है। संजय गांधी जैसा सख्त नेता चाहिए इस देश को।''

''घबराओ मत, अगला प्रधानमन्त्री वही होनेवाला है। हमारे इलाहाबाद में तो कई लेखक उसके आगे-पीछे फिरते हुए ऐसे भाषण लिख रहे हैं कि जनता वाह-वाह कर उठे।'' यह कल्पना थी, डॉक्टर भटनागर की पत्नी की।

''लेखक!'' मैं चौंकी। कौन से लेखक?

''बताओ न कल्पना, कौन-कौन लेखक हैं वे?''

''हैं, बहुत सारे। आपके मुँह से इमरजेंसी विरोधियों के लिए हमदर्दी के आह भरे बोल सुनकर, कैसे बताऊँ उनके नाम? पता नहीं, आपके रेणुजी को किस पागल कुत्ते ने काटा है? छोड़िए, मैं आपको और ज्यादा दुखी नहीं करना चाहती।''

''अभिव्यक्ति की आजादी माँगना किसी का विरोध हो गया कल्पना? देखो न अख़बारों पर पहरे हैं, उन पर सेंसर है। अखबार तो किसी भी सरकार और सत्ता के दबाव में नहीं होते, तुम इलाहाबाद की हो, इतना तो जानती होगी क्योंकि वहाँ अपनी आवाज के मालिक लेखक और अखबार खुद होते हैं।''

''यार, सारा राजकाज सुख-शान्ति से चल रहा है। जनता में अमन-चैन है, और क्या चाहिए? अभी इन अभिव्यक्ति की आजादी के नुमाइंदों को रिहा कर दो, देशभर में कोहराम मचवा देंगे।''

कल्पना! कल्पना के बारे में पता चला कि इन दिनों जो संजय गांधी के अभिन्न मित्र बनने के लिए एड़ी से चोटी तक जोर लगा रहे हैं, वे कल्पना के चाचा हैं।

साहित्यकार! मैं सुनते ही कल्पना को इज्जत की नजर से देखने लगी यह दीगर बात है कि बाद में सोचकर उन रचनाकारों से इतनी ही घृणा हुई जितनी कि इमरजेंसी के अत्याचारों से। अत्याचार जो लेखकों पर हुए। यदि मैं डॉ. के.एन. शर्मा के आस-पड़ोस में न रहती तो मुझे पता नहीं चलता कुछ भी। वे ही तमाम नाम गिनाया करते, क्योंकि वे अपनी आयुर्वेदिक दवाओं को चलाने के चक्कर में लेखकों से जुड़े रहते, सम्पादकों को बुलाया करते। यही नहीं कि वे राजेन्द्र अवस्थी को ही जानते-पहचानते थे, उनके सम्पर्क तमाम अन्य सम्पादकों से दिल्ली में और दिल्ली के बाहर थे। मुरली मनोहर प्रसाद सिंह का नाम मुझे आज भी याद आता है, मैंने जेल जानेवालों की सूची में सुना था।

क्या मुझे भी राजनैतिक स्तर पर जो तबाह काल घट रहा था, उससे बहुत ज्यादा सरोकार न था? आज सोचती हूँ तो लगता है कि बस इतना ही था कि इन्दिरा गांधी को हराकर जब जनता पार्टी सत्ता में आई थी, वह समय 1977 की शुरुआत का ही था। तब मेरे प्रिय लेखक फणीश्वरनाथ रेणु ने अपनी आहुति देकर इस संसार से महाप्रयाण किया। उनको मैंने कभी नहीं देखा, अन्तिम और पहली बार टी.वी. के पर्दे पर चिता में जलते हुए देखा...मैं ऐसे ही रोने लगी थी, जैसे अपने बाबा के निधन पर रोई थी। इमरजेंसी टूटी, साथ में मेरे आकाश से एक सितारा टूटा...

'हाय गजब कोई तारा टूटा' आज तक याद आता है, क्या कभी भूल सकूँगी उस काल को? न काल को न तारे को...टूटने वाले तारे अपनी जगह बदल लेते हैं, बस, मैं इसी भावना के तहत खुद को सांत्वना देती रही हूँ।

उफ्! बंगलादेश के मुक्ति संग्राम में इंदिरा गांधी का रूप अपूर्व साहसी विरांगना का था। उनका वही आक्रामक रवैया जब अपने देश पर गुजरा तो वे क्रूर और बर्बर शासक के रूप में सामने थीं।

धिय सबै कुल खोयो

मेरी बेटियाँ मेरे सामने हैं। उनका होना मेरे लिए क्या है, क्या नहीं, अभी तक समझ नहीं पाई थी।

सुजाता, सबसे छोटी बेटी अनायास ही पूछ बैठी—"मैं लड़के की उम्मीद में लड़की पैदा हुई थी न?"

यह सवाल, कैसा सवाल...क्या मुझे कठघरे में खड़ी कर देना चाहती है यह लड़की? भीतर यकायक तूफान सा उठा। साहस को रौंदने लगा। चेतना प्रबल माँ को पछाड़ने वाला सवाल...मेरी पलकें काँपने लगीं। सिर झुका लिया। होठों के ऊपर दहशत सी फड़कती है और धीरे-धीरे जो मुद्रा बनकर सामने आई, मैं लज्जित सी...

"हाँ बेटा, ऐसा ही था, तू बेटे की आशा में बेटी!"

विस्मृत दुनिया में नंगे पाँवों का ताजादम सफ़र, मैं मुँह के बल गिरी अपनी बेटी के सामने। आवरण उघड़ गए। मैं अब तक जो थी, तेज नदी-सी प्रवाहमान, अचानक मरुस्थल सोख गया या किसी मछुआरे ने मेरी अबाध गति जाल में बाँध ली। मेरी लेखिका मेरे भीतर बिलबिलाने लगी। काश, लेखन न किया होता!

मेरी यह स्वीकारोक्ति उस समय भी क्या इसी रूप में थी? सच तो यह था कि लड़कियों की संख्या बढ़ाते हुए बेटी के जन्म ने हमारे मंसूबों को जड़मूल से उखाड़ फेंका था। मगर हम दिखा ऐसे रहे थे कि सुजाता के रूप में हमें बेटी ही चाहिए थी। क्या करती मैं, अगर अपनी बेटी के पक्ष में न खड़ी होती?

हंगामा फिर बरपा। दूसरे की अमानत, पराए घर का दरिद्र, एक और डिक्री, मालगाड़ी, पंक्चर साइकिल जैसे शब्द मेरी बेटियों को सम्बोधन में दिए गए और सारा माहौल ताली पीटकर हँसा। उसी रवैए ने आहिस्ता-आहिस्ता बेटी-बेटे का समानताबोध आरी बनकर चीरा है। भोले वात्सल्य को फिकरों के बसूलों ने छील डाला। दिल तड़प उठा और आँखें भर आईं। मेरी यह रचना इतनी दुर्भाग्यपूर्ण...या यह मेरी ही नियति कि मेरा स्त्रीत्व लड़की की माँ होने के कारण अस्वीकृत किया जाए? अब मेरे जीवन का उद्‌देश्य क्या होगा? कोई मुझे माँ की गरिमा नहीं दे रहा।

मैं बच्ची से मौन बातें करती—तू किस दुनिया में आ गई है? तुझे पैदा करने पर जो आतंक उभर रहा है, मैं उससे छिपी-छिपी फिरूँगी।

आज सुजाता युवा है, मेरी बात समझेगी। क्या मैं अपने जीवन की दुर्भाग्यपूर्ण कहानी उससे कहूँ? निश्चित ही मैं अपने बचाव के लिए कोई रियायत नहीं माँग रही। यह तथ्य हैरतअंगेज भले हो कि लड़के की चाह में गर्भवती होती मैं ही थी मगर है तो सच ही न। इसमें जिन शुभचिन्तकों की भूमिका रही, वे बेटी के लिए बेरहम नहीं थे। बस, इतना मानते थे कि हमारे घर की नैया का खेवनहार कोई बेटा पैदा नहीं हुआ।

उन सम्बन्धियों में से ही एक ने बताया उपाय करो, शर्तिया लड़का पैदा होगा। ये पते लो, जहाँ दवाएँ मिलती हैं।

दवाएँ, व्रत-उपवास, पूजा-पाठ और टोने-टोटके।

मैंने सोचा, अजमाने में क्या हर्ज है? शुभचिन्तकों ने कम भागदौड़ नहीं की? सबसे पहले व्रत-उपवासों पर अमल करना शुरू किया, यह विधि आकांक्षा और लगन में मेरे खरे उतरने की परीक्षा है। सच में मुझे भरोसा नहीं था कि मैं पूरे दिन भूखे रहकर पूजा-पाठ कर पाऊँगी। करवाचौथ के व्रत से ही पूरी साल डरा करती कि अब वह कत्ल का दिन आनेवाला है...

मैंने पूरी निष्ठा से सारे दिन का व्रत निभाया। शिवजी का ध्यान किया, जिनके लिए पार्वती ने एक पत्ते के आहार पर तप किया था और कार्तिकेय सा पुत्र पाया। मैं जैसे-तैसे सूखी जुबान और तड़कते गले से भजन गाती—*जै गणेश जै गणेश जै गणेश देवा/माता तेरी पार्वती पिता महादेवा।* मैंने अपने पूजा-स्थान की दीवार पर बाल-कृष्ण, बाल-गणेश और बाल-रामचन्द्र की तस्वीरें लगा लीं।

सारे दिन की भूखी, आँखें बन्द, हाथ जुड़े हुए...वरदान माँगती हूँ—प्रभो, मेरी दोनों बच्चियाँ खूब पढ़े-लिखें। डॉक्टर बनें, मेरी तपस्या पूरण हो जाएगी। भगवन् अभी तो इतना देना कि इनकी फीस चली जाए, किताब-कॉपी और यूनीफार्म हो जाए।

यह सब करते करते साल बीत गई, बेटा माँग नहीं पाई, बेटी हुई।

माताजी से अपनी कमजोरी बताई तो वे नाराज हो गईं—किसने बताए ये विधान? तू बातों में आ भी गई?

उफ् माताजी...समझ नहीं रहीं कि तुम विधवा के लिए जो उपयुक्त था, मेरे लिए नहीं है। मैं जिसे सांसारिक पूर्णता समझ रही हूँ, तुम उससे वर्षों पहले कट चुकीं।

दूध सप्लाई करनेवाली निःसन्तान लक्ष्मी ने लड़की के जन्म के बाद जवाब तलब किया—नारियल के बीज खाए? चावल और बेर की पोटली रखी थी न? महीनादारी के चौथे दिन किसी बेटे की माँ का मुँह सबेरे-सबेरे देखा? बड़ और पीपल की परिक्रमा

बहुत जरूरी थी बहूजी...क्या मालूम तुम कहाँ गच्चा खा गईं? सिद्ध स्वामी जी ने कहा है लापरवाही जरूर हुई है।

मैं क्या कहती कि मेरे भीतर बैठी मेरी माताजी की पुकार ने मुझे कुछ नहीं करने दिया। पूजा-पाठ को भी ढोंग बताया। वही है जो हमारे वंश को आगे नहीं बढ़ने दे रही, मैं यहाँ कहीं भी नहीं। माँ जैसे तत्त्वों को वंशबेल में लगी दीमक समझो। परम्परा में नासूर समझो। पितृपक्ष के लिए वह गाली है।

माताजी क्यों आ जाती हैं? क्या सबब है आने का? जचगी का काम उन्हें दुश्मन लगता है। हलुआ हरीरा बनाना आता नहीं। बस, खुराक में मेरे लिए गुस्सा की पोटली दबाए चली आती हैं।

एक वाक्य, जहर वाक्य...''लाली, तुझसे मुझे ऐसी उम्मीद नहीं थी। तू तो सच्ची में बच्चा पैदा करने की मशीन बन गई। दो बच्चियाँ पालकर तेरा जी नहीं भरा था क्या? मैं तो कहती रही कि एक बबली (नम्रता) ही बहुत है। तू पढ़ी-लिखी, नई पीढ़ी की, इतना नहीं सोच पाई कि परिवार-नियोजन भी कोई चीज है।'' कहकर माताजी ने ऐसा मुँह बनाया, जैसे खिन्नता की सजीव मूरत मेरे सामने बैठी हो।

उफ्! मेरा इस समय दुनियाभर में कोई नहीं...

माताजी नहीं समझ रहीं कि जो कुछ होता है या हुआ है, उसका सम्बन्ध किन जड़ों से है?

''खैर मना कि तेरी लड़कियाँ नॉर्मल हैं, नहीं तो तूने कोई कसर छोड़ी नहीं। क्या जाने झाड़-फूँक के परसाद और टोटकों के नारियल तिल चबाए हों। रंगे चावल और बताशों की मूठ मारी हो। बाबाओं के कमंडल का जल पिया हो...मुझे अब तेरा विश्वास नहीं रहा लाली...।''

माताजी को मैं समझा नहीं सकती थी, ऐसे ही जैसे इसी सूत्र का दूसरा छोर पकड़े लोग मुझ पर तरस खा रहे थे, उनसे मैंने कुछ नहीं कहा। वे भी कुछ नहीं कह रहे अब, क्योंकि मुझे मुकम्मल कुलनाशिनी और निपूती मान लिया है। कहो, जिसे जो कहना है...

माताजी फिर शुरू हो गईं—''हमारी समझ में नहीं आ रहा कि तू लड़का पैदा करना क्यों चाहती है?''

माँ...माँ नहीं है यह, परिवार नियोजन से जुड़ी हैल्थ विजिटर है। अपने हर महकमे में मुझे शामिल कर लेती है। महिला मंडल में थीं तो मुझे 'ग्राम लक्ष्मी' बनाए बिना चैन नहीं था। स्वास्थ्य विभाग में आ गईं तो लगीं खींचने परिवार नियोजन में। मैं बेटी हूँ या प्रयोगशाला?

मैंने सीधे स्वभाव कहा—''परिवार नियोजन जानती हूँ मैं। और परिवार नियोजन ने ही मुझे इस कदर प्रभावित किया है कि गले की हड्डी हो गया। तुम्हारे

यहाँ यह अभियान बस एक सिद्धान्त है, पर जब यह सिद्धान्त व्यवहार में आता है, तो औरतों की गर्दन इसके फन्दे में कस जाती है। 'एक बेटा जरूर हो' का रिवाज परिवार नियोजन की रीढ़ दबाए रहता है। सभ्य और आधुनिक समाज में भी फैमिली प्लानिंग का रूप है—दो बेटे एक बेटी। एक बेटा एक बेटी। दो बेटे हों, फर्क नहीं पड़ता, मगर जैसे ही लड़कियों की संख्या दो हो जाती है, लड़के की पुकार तेज होती जाती है। न यकीन हो तो जो सिर्फ लड़कियों के माता-पिता हैं, उनके लिए समाज का नजरिया देख लो। अपने विकास वैभव के बाद भी वे 'निस्संतान माता-पिता' की तरह देखे जाते हैं। चिढ़ाए जाते हैं। छोड़े नहीं जाते, जब तक कि कुंठित न हो जाएँ। यहाँ वह गाँव का मुहावरा चलता है 'बेटी सौ साठ, तबहुँ बबा की नाठ।' कहने के बाद मैंने यह नहीं कहा कि भारतीय गृहस्थों का संस्कार जन्म से लेकर मृत्यु तक पुत्र और पिंडदान से बँधा है मगर माताजी ने मेरा आशय समझ लिया।

वे अपनी बात पर अडिग, बोलीं—"चल, यह कहावत ही सही, इसी से समझ ले कि बेटा हो भी जाए तो उसमें तेरा अपना हिस्सा क्या होगा? वह तेरे पति का होगा। क्या इसलिए ही तू हर साल अपनी देह की चीर-फाड़ के लिए तैयार हो जाती है?"

मैं उनके आमने-सामने...कौशिल्या, यशोदा की तरह माताओं की शीर्ष माता... अपने-आपको इस दौड़ के धावक के रूप में देखती हुई फिर माँ के सामने सिर झुका देने के सिवा कुछ न सोच सकी।

ओह! सुजाता के एक सवाल ने मेरी यादों के प्रकोष्ठों के बन्द मुँह खोल दिए...

देख ली यह दिल्ली भी। देख ली यहाँ की सभ्यता...आधुनिकता के रंगमंच पर होते रूढ़ियों भरे नाटक!

सुजाता मुस्कराई, "अब क्या कोई और कहानी?"

मैं अपनी भावनाओं में डूबी हुई संवाद के लिए तैयार होने लगी कि यह पीढ़ी भी सुने, माँए किस-किस मंजर से गुजरी हैं? कि कैसे वे बेटी को जन्म देकर मौखिक सुर्खियों में आ जाती हैं...

"तुम्हारी बड़ी बहन मोहिता का जन्म जब देश के सर्वोत्तम अस्पताल अखिल भारतीय आयुर्विज्ञान संस्थान में हुआ, मैं बड़े इतमीनान में थी। उसे जन्म देने के बाद मुझे गहरी नींद आई। और नींद से जगाया डॉ. कमल भसीन (अब बख़्शी) ने। सुनाया—"बेटी हुई है", पूछा—"पहला बच्चा है? है तो क्या है?"

"बेटी है पहले, अब यह दूसरी।" मैंने मुस्कराकर बताया।

"ब्रेव मदर!"

यहाँ अलीगढ़ का दकियानूसी समाज नहीं, मैं यही सोचकर निश्चिन्त थी। शिक्षित और प्रबुद्ध लोगों के दायरे में लाने का श्रेय पति को जाता है। सच उन्होंने मुझे व्यंगवाणों और बच्ची को गालियों से बचा लिया। अभी तक तो हमारा निरवंसिया इतिहास यहाँ खुला पड़ा होता।

गर्भ और प्रसव की अपनी तकलीफों में फँसी मैंने आखिर क्या पाया माँ बनकर, मैं सोचती और रोती। क्या मेरी प्रकृति माँ बनकर गौरवान्वित होने की रही है? क्या मैंने विवाह के समय बच्चों के बारे में सोचा था?

मेरी युवावस्था की बानगी तो यही रही कि मुझे गर्भधारण करना सजा का रूप लगा। लगा कि यह सब वंश का माध्यम है और मैं इसके लिए कठपुतली के समान हूँ। क्या मैंने उसी गौरव से कठपुतली बनना स्वीकार कर लिया है, जो माँ बनकर खुद को सम्पूर्ण मान लेती हैं।

नहीं...मेरी सदमे की-सी हालत...गर्भावस्था ने वह प्रणयकाल छीन लिया, जिसमें बड़े धीरज के साथ मैं दीक्षित होती जा रही थी और पति प्रेमी का रूप धारण कर रहे थे। इसी कारण मुझे गहरा भावनात्मक सन्तोष मिल रहा था कि निश्चिन्त माहौल में इन दिनों प्रणय-संसर्गों की इच्छापूर्वक सक्षमता के दृश्य आकार ले रहे हैं। उमंग और उल्लास को उस तरह जी रही हूँ मैं जिस तरह नन्दकिशोर, राघव और शिवदयाल के साथ जीती थी। बाज बहादुर तो उल्लास का जीता-जागता पुतला था।

प्रेम के बदले गर्भ! अपने विवाहित जीवन पर मैं कराह उठी। मैंने जैसे आलम्बन उद्‌दीपन की कल्पना की थी, वैसा कुछ नहीं...कैसा मलिन समय आया कि शरीर ने हर कोण से बगावत कर दी। मैं विकृतियों की पुतली उठने-बैठने से परेशान...प्रिय और प्रिय का सम्मानित प्रणय विधान...वे उदास-उदास रहने लगे।

हम उस तरह की फिल्म देखने गए जिसमें नायक पिता बनने की खुशी में उछलता फिरता है और नायिका भगवान के सामने शीश झुकाने के बाद पति से खट्टी कैरी माँगती है।

"नकली माँ-बाप।" मेरे मुँह से गर्म भाप की तरह शब्द निकले।

हमारे घर के बुजुर्ग खुश थे कि उनके यहाँ नई बहू बच्चा देगी और लड़का ही होगा, वंश बेल पर नया फल।

तब नम्रता का जन्म हुआ था। पहली लड़की!

'तवा बजाओ।' असगुन का संकेत।

यह मानवीय ढंग की वहशी शैली। कोटि-कोटि जन्मों के पुण्यों से मिलने वाली मनुष्य यौनि अगर पुरुष का रूप नहीं है तो माँ का गर्भ व्यर्थ। उसका प्रसव बेपीर नजरों से देखा जाएगा।

दूर नहीं, पास के घर में ढोलक बज रही थी। वहाँ मेरे ही साथ की बहू के बेटा हुआ था। तवे की जगह थाली बजी थी। ये नियम मेरे जीवन की सीमा के बाहर रहे हैं क्योंकि घर में विधवा माँ के बच्चे नहीं हुए। कोई बहन भाभी भी नहीं, जिसके प्रसव को मैं शोक या उत्सव के रूप में मनाते देखती।

पड़ोस के घर मंगलगीत कि गली गूँज उठती।

मेरा आँगन सूना सूना...

मन बोझिल था, तन सुस्त। पता नहीं पति ने वह भार कैसे महसूस किया? थकावट तो उन्हें भी लगी रहती।

कुआँ पूजन के बधावे बजे। मेरे सीने में धमक हुई। अपमान और सम्मान के ये मंजर...कि ये संस्कार मेरे आसपास ततैया से घूम रहे हैं, काट खाने के लिए। मेरी जैसी माँएँ एकान्त और सन्नाटे काटती हुई क्यों छोड़ दी जाती हैं? मैंने अँधेरों से सवाल किया। लेकिन अँधेरे क्या देखें, क्या सुनें?

ऐसा न होता तो आज मेरी कलम लड़की के जन्म से क्यों गुँथी रहती?

इसलिए,

इसलिए कि लड़की का जन्म उल्लास का विषय नहीं उपहास है। यहाँ उल्लास नहीं, अभिशाप है।

यह अभिशाप मेरे पीछे दिल्ली तक चला आया...

यों तो अब मेरे रहने के लिए अलीगढ़ में छत पर बना कमरा नहीं, एम्स का साफ-सुथरा और आरामदायक, प्राइवेट वार्ड का कमरा था और स्पेशल डाइट का इन्तजाम अलग से क्योंकि फैकल्टी मेम्बर की पत्नी थी।

मोहिता के जन्म ने हायजीनिक और इज्जतमन्द खुशियों से मेरा आत्मविश्वास बढ़ा दिया।

नम्रता सात महीने की पैदा हो गई, मोहिता एकदम ड्यूडेट के आसपास नार्मल बच्चा, मेरे लिए बड़े सन्तोष की बात थी।

डॉक्टर साहब मिठाई ले आए। हमारे दूसरे शानदार प्रोडक्शन के उपलक्ष्य में। नम्रता की बहन के रूप में मोहिता उसकी सखी! जिन्दगी भर अपने अकेले होने का अहसास कचोटता रहा था मुझे, आज वह पूरा हुआ कि दो बच्चे हुए।

एम्स के स्टाफ ने कमरे में आने के बाद मिठाई का डिब्बा देखने का जो आश्चर्य भाव छोड़ा, वह हमारे लिए अचम्भे का विषय था। जैसे कह रहे हों—लड़की होने पर भी...

डॉक्टर साहब के दोस्त आए। अब तक 'बेटा होगा। दावत टेंट लगकर होगी' का आग्रह करते थे, आज चुपचाप। 'ठीक है ठीक है। कोई बात नहीं।' की छोटी-छोटी झड़ी लगाकर चले जा रहे थे।

'क्या कहें' की मुद्रा कितना कुछ बोल रही है, यह मैं समझ रही थी। कमरे में अफसोस सा गहराने लगा। दिल्ली वाले सभ्य लोगों की उदारता के दृश्य यही थे। यहाँ भी मेरा गर्भ और प्रसव बेकार गया।

पति और उनके दोस्त बाहर थे, आवाजें कमरे में घुसी चली आईं।

—यार, चुनाव का रिजल्ट आ रहा है, क्या पता था सबसे पहले डॉ. शर्मा हारेंगे।

—चुनाव में हारे एम.एल.ए., एम.पी. का धन इसी समय लुट जाएगा, शर्मा साहब के पास पैसा जोड़ने का वक्त है। डिक्री आ गई, निपट लेंगे।

—वैसे लड़की नाक-नक्श से सुन्दर है। शादी में आसानी होगी।

—हम तो कहते हैं, बड़े डॉ. शर्मा के यहाँ चार दिन पहले ही लड़का हुआ है। तीन लड़के पहले ही हैं। यह चौथा इनको दिला दो, बेचारे की मुक्ति हो जाएगी। बेचारा आगे चलकर औरतों के झुंड में रहकर औरत जैसा ही हो जाएगा। लड़का बहुत जरूरी है इस परिवार के लिए। यार करो सिफारिश, करो मदद। हम शिनाख्त देंगे कि आगे चलकर इन दोनों बच्चों की शादी कर दी जाएगी।

मेरी माँ...ऐसा भी मजाक होता है? ऐसी भी हमदर्दी होती है कि जिसमें महीन-महीन धारदार नश्तर नत्थी हों...यह वर्ग पति ने बड़ी मेहनत और यत्न के बाद पाया है। ये डॉक्टर्स भद्र आचरण करनेवाले, अपने मुखौटों के बाहर आ गए। अन्धविश्वासी और कैसे होते हैं? ये मोहिता के पिता को हारा हुआ मान रहे हैं। उस गीत की कड़ियों को दोहरा रहे हैं, जिसे सदियों पुरानी बड़ी-बूढ़ियाँ गाँवों में गाया करती हैं :

बाबा तुम चौं हारे रे, बेटा वारौ जीत गयौ
लाढ़ी तेरे गुन हारे रे कि जब से तैने जनम लयौ

दिल्ली की सभ्यता के नुमाइंदे और यह व्यवहार...

क्रूरता यहाँ भी ऐसी है कि मेरी बच्ची के जन्म का अभिनन्दन 'कोई बात नहीं' कहकर किया जा रहा है। यहाँ डरावनी शिष्टता तारी है। मेरे गँवई व्यवहार को असंगतियों में डाल देते थे, मेरी घिग्घी बँध जाती थी। मैं पति से पूछना चाहती थी—तुम मुझे किसके लिए बदलना चाहते थे? देखो, तुम्हारी मॉडर्निटी का जनाजा निकल रहा है। और तुमने इनके लिए मुझसे ऐसी मुठभेड़ें की हैं कि सारे आत्मीय भाव, सँजोई हुई खुशियाँ और सामान्य जीवन को भयानक झटके मिले और बहुत कुछ टूट-फूट गया।

मताजी के सामने क्रूर तमाशा-सा...उनकी लड़की के लड़की पैदा होना।

यह हमारे गाँव की बात है—

गाँव, जिसको मैंने तहेदिल से चाहा। जिसे मैंने नदी, बाग और पूठा-पठारों के साथ पनघट और तालों से सजाकर देखा। गलियों में गूँजते गीतों के छोटे-छोटे दृश्यों से बड़ी-बड़ी उम्मीदों के सिलसिले बनाती रही और भविष्य की धरती पर आश्वस्ति बोती-उगाती रही।

बस, छोटे-छोटे अन्तरालों के बाद गाँव जाना जरूरी लगता। लगता कि गाँव में पहुँचकर मैं अपने बचपन में पहुँच जाऊँगी। बचपन, भावनाओं का रंगीन पक्ष, अपने आगोश में दुलार लेता है।

मगर,

मेरे बचपन की धरती इतनी निर्ममता से पेश आई कि मैं सदमे में आ गई। अपने ऊपर हँसूँ या रोऊँ? या स्तब्ध सन्न-सुन्न अवस्था में से निकलने की कोशिश ही न करूँ...यहाँ चुप्पी ही मुझे बचा सकती है।

मैं पढ़ी-लिखी माँ, अपनी तीन बेटियों को यथाशक्ति पालने वाली, यथा सामर्थ्य जुटाकर आगे बढ़ाने वाली, उन माँओं को अब तक निश्चिन्तता देती रही थी, जो मेरे ही जैसी थीं, यानी कि पुत्रविहीन/बेटियों की माँएँ मुझसे बतियाने के लिए मेरे गाँव आने का इंतजार करती थीं। क्योंकि जब हम साथ बैठते, निश्चिन्तता का आनन्द आता, भावी योजनाएँ बनतीं। बेटियों को पढ़ाना-लिखाना, आत्मनिर्भर बनाना। ज्ञान-पूँजी से वे अपना ऐसा व्यक्तित्व बनाएँगी, जिसके आगे रूढ़ियाँ टिक न सकेंगी। ऐसी अड्डेबाजी जब-जब होती कुछ लोग हमारा मजाक बनाते, जैसे सरकार की तरह इस दरबार में पंचवर्षीय योजना बन रही है। देखो, आगे क्या होता है। कोई बूढ़ी जब मुझसे वंश और पितरों के तर्पण पर पाप-पुण्य के सवाल करती या कुलनाश की तोहमत लगाती तो मेरी हमउम्र भाभियाँ, बहनें, चाचियाँ, बुआएँ उसे झिड़क देतीं। खेरापतिन दादी पुरानी कहानियों में मेरे कहे वाक्यों को मिलाकर नई कथा बना डालतीं। यह सब इसलिए नहीं था कि मैं शहर से आई नई चमकदार औरत थी, बल्कि इसलिए था कि मैं उनमें से ही इस गाँव की एक बेटी थी। उनकी हमवतन, हमवदन, हमपैरहन।

उन दिनों गाँव में रामायण का अखंड पाठ हो रहा था। पाठ माताजी की सखी गौरा ने बिठाया था। गौरा भाभी ने विशेष आग्रह रखा था कि मैं अपनी तीनों बेटियों और पति सहित अपने गाँव आऊँ। भले समापन के दिन ही उपस्थित रहूँ। भोज-भंडारे की दावत का महत्त्व है। ऐसा माननेवाली गौरा यहाँ माताजी से अपना मत अलग रखती थीं। कहती थीं, दावत पंगत न की तो नामवरी कौन देगा? कथा वार्ता नहीं बिठाई तो स्वर्ग में जगह कैसे मिलेगी?

जो भी हो, मुझे गाँव जाने का मौका मिल जाए, सारी नियामत मेरी झोली में! अम्मा बापू मिलेंगे। खेरापतिन दादी और चन्दा चाची से भेंट होगी। कलावती चाची

ने अब तक कितने पहलवानों की मालिश कर दी होगी। रामश्री चाची की दबंगई ने मर्दों की दुनिया में अपने लिए लांछनों की फसल उगा ली होगी। और गोमा, किड्ढा की बहू क्या अब भी सबको अँगूठे पर नचा रही होगी? दिन, महीनों और सालों में बनते-बिगड़ते और बदलते सम्बन्धों के सूत्रों को पकड़ने की आदत मुझे एक लत की तरह है, शायद इसलिए भी गाँव मुझे खींचता रहा, क्योंकि शहर में ऐसा सब मकानों और कोठियों के बन्द किबाड़ों के भीतर छिपा रहता है।

गाँव में दो दिन ही बीते थे कि मैं...

मैं नदी किनारे बैठकर आँखें छलका रही थी क्योंकि दिल बार-बार भर आता। उफ् मैं सच्चाइयों से मुँह फेरकर गुमराह करनेवाले मसलों पर ज्यादा भरोसा कर लेती हूँ। यहाँ मेरा कोई नई क्रान्ति का सपना क्यों धूल चाटने लगा? अब चाहतों के न पूरे होने पर खुशनुमा उदासियों में जीने का अभ्यास डालना होगा...आँसुओं की वर्षा नदी के बहते पानी के रेले में मिल गई। मेरे गहरे अनुराग की व्याख्या मेरे पास यही है!

मेरे प्यारे गाँव की कनबतियाँ...

कनबतियों ने मणिधर साँप की सी फुत्कारों का रूप ले लिया।

ब्राह्मण टोले से उठी फुत्कारें...बिरादरी की पंचायत में लिये गये फैसले के रूप में क्या आईं कि हमारे घर तक आते-आते शोला बन गईं।

आग का लपलपाता दहकता शोला, माताजी की देहरी के ऐन आगे आकर रुका। बाहर जाने का रास्ता घेर लिया। पंच परमेश्वर अपने फैसले के साथ उपस्थित थे।

कितनी पीड़ा उभर आई थी माताजी के चेहरे पर...उनका साँवला चेहरा काला नहीं, ताँबियाँ होकर दहकने लगा और छोटी-छोटी आँखें चिनगारियों से दाएँ-बाएँ घूमती हुई छिटकने लगतीं। नाक फूलने पर आमादा और होठों पर दाँतों के सफेद फूल...

क्या माताजी खबरदार थीं? गाँव की ब्राह्मण सभा का उन्हें इल्म था? निश्चित था, नहीं तो उनकी मुद्रा ऐसी न होती।

सम्भव है, बहुत सम्भव है क्योंकि वे लगातार सुन रही थीं, कस्तूरी की लड़की ने लड़कियों के सिवा क्या पैदा किया? अनमोल दामाद का वंश नाश कर दिया। अरे, जब पैदा हुई थी, उससे पहले ही भाई को खा गई और डेढ़ साल की नहीं हो पाई कि बाप के ऊपर गाज-सी गिरी। हुँह! खुर्जावाले पंडित बाबूलाल की पंडिताई झूठी पड़ गई। कहते थे, 'यह लड़की देवताओं में से पैदा हुई है सो इसका नाम मैत्रेयी है।' पर यह तो कुलनाशिनी साबित हुई। बेचारे डॉ. रमेशचन्द्र कस्तूरी की खादी की धोती के असर में आ गए जनमपत्री नहीं मिलाई, मार्क्सशीट-फीट मिलाते रहे। अब भुगत लो। भुगत लो कस्तूरी और उसकी बेटी को। कस्तूरी कच्ची गोलियाँ नहीं खेली है। औरत के फर्ज 'कुल खानदान' की परवाह उसने कब की है?

रामजीलाल, ब्राह्मण ने इतनी जोर से कहा था कि रास्ता चलती कस्तूरी सुन ले—भाई, हमारे रहते हमारे गाँव के दामाद के संग नाइंसाफी नहीं होगी, हमने उसके पाँव पूजे हैं।

राधेश्याम रामजीलाल का चचेरा भाई, दाढ़ी-मूँछों भरे होठों के साथ हिम्मत की मुद्रा लपेटकर बोला—उपाय करना पड़ेगा। इस बात में हमारे सिकुर्रा गाँव की नामवरी चली आ रही है। देख लो, तेली की बादामी के बच्चा (लड़का) नहीं हुआ, सो बादामी की छोटी बहन जैमंती से उसकी भाँवर डालीं। फरौली वाले जीजा के आज पाँच पूत हैं।

हरसरूप जाट वहीं खड़ा था, हकलाता है, सो हकलाकर ही बोला—पाँच पूत हैं तो सही, पर फरौलीवाले को दोनों लुगाइयों से बचानेवाला कोई नहीं। बेचारे की दोनों टाँगें पकड़कर दोनों जनी जब न तब चीरने को तैयार रहती हैं।

अरे चल रे हकला। हमारी बिरादरी में तू कैसे बोला?

माताजी को यह नहीं पता था कि उनके दामाद के लिए लड़कियों की फेहरिस्त तैयार कर ली गई है—सरिता दसवीं पास है। शीला है। इन पर मेहमान राजी नहीं हुए तो प्रेमवती है। रामकुमारी को नापसन्द करना...अरे राम का नाम लो, लड़की उर्वशी परी है।

जुगलकिशोर बोले—है जाएँगे राजी। डॉक्टर साहब के भइया आए थे एक बेर। रात हो गई थी सो रुक गए थे, वैसे आगे जा रहे थे रायतपुर। हमने जिकर चलाई थी, उनसे। हाँ ना तो नहीं बोले, चुप में ही उनकी हामी थी।

ब्राह्मण मंडली दरवाजे पर!

"कस्तूरी!" एक आवाज।

"क्या है कस्तूरी के लिए?" माताजी का जलता-दहकता स्वर।

"देखो, बात आराम से सुनो। शान्ति से समझो।" रामजीलाल ने हाथ उठाकर समझाने की मुद्रा में कहा।

उस वातावरण में माताजी की आकुलता भरी थी। व्यग्रता ऐसी कि इस स्थिति से कैसे मुठभेड़ की जाए? यह केवल उनकी बेटी के लिए ही विधान नहीं है, यह तो इस गाँव की तरह गाँवों की परम्परा में बँधा ऐसा घंट है, जो अपने साथ ब्याही-अनब्याही लड़कियों की जिन्दगी को मुर्दे की तरह ठंडी कर देता है। माताजी यही सोच रही होंगी, मैं जानती थी, क्योंकि अब तक समग्रता में चिन्ताएँ समेटना उनकी आदत में शुमार हो गया था। और निश्चित ही उनकी नजरों के सामने ऐसा पैशाचिक चक्र नाचने लगा था, जिसको तोड़ना किसी औरत के बस का नहीं। जिसने भी इस दुष्चक्र को चुनौती दी है, वह खेरापतिन के उन गीतों में शामिल हो गई, जिसे वह बूढ़ी कुरीति को उखाड़ने वाली शहीद के रूप में पेश करती है और गाँव की पुरुष

सत्ता इसी को इज्जत के सवाल से जोड़ती है। चन्दना का बलिदान हो या रेशम की हेकड़ी को हत्या की सजा, गुलकन्दी जैसी लड़कियों का होम...इनके साथ कौन खड़ा होता? इंसाफ के लिए बलि चढ़ गईं।

माताजी कहती हैं–चली आ रही परम्पराओं, रीति-रिवाजों में जो नाइंसाफी गुथी है, इसके अपराध की तफ्तीश कौन करेगा? औरतें अपनी टेक रखने के लिए भयानक संकटकाल से गुजर रही हैं–बहरहाल आज तो माताजी की अपनी बेटी...उनके समूचे ज्ञान विवेक की परीक्षा...चेहरा बता रहा था, आत्मा बिलबिला रही है।

माताजी ने अपने दरवाजे के किवाड़ बन्द कर लिए क्योंकि इन लोगों से बात करना उन्हें अपने स्तर को गिराना लगा। यहाँ भयानक शून्य के अलावा कुछ भी हासिल न होगा क्योंकि चली आ रही रिवाजों का जखीरा उनके द्वार पर पड़ा है। ये लोग जिसे अपराध कहना चाहिए, उसे जीवन-मूल्य समझ रहे हैं।

मैं भी चुप थी, या थी शायद अवसन्न...मेरा मायका मुझे किस तरह पछाड़ने पर तुला है। मैं यहाँ से चली जाऊँगी, ये क्या बिगाड़ लेंगे मेरा? लेकिन जो घाव हृदय को बेधकर बना दिया है, उसकी पीड़ा भरी तड़प को कहाँ ले जाऊँगी? मेरी बेटियों के प्रति मेरी लगाव भरी दुनिया में आग लगा दी। मुझे अपमान के भालों से रौंदा...मेरा नाता भी यहाँ अब क्या रहा? उफ्! मैंने अपने इसी गाँव से जुड़े रहने के लिए कितनी बीहड़ यात्राएँ की थीं।

मेरे सपनों में अक्सर कुछ दृश्य आते और मैं डरती हुई चौंककर जाग पड़ती–

–तेरे भले की सोच रहे हैं हम। कस्तूरी कुछ सोच।

–मेरे दामाद का दूसरा ब्याह किसके भले में है?

–इसमें बुरा भी किसी का नहीं।

–मेरी लड़की मर नहीं गई।

–वह मरी दाखिल है। कस्तूरी, यहाँ सरकारी धौंस नहीं चलेगी।

–हमारी बात को धौंस कहते हो, और तुम्हारी पंचायत?

–पंचायत के खिलाफ नहीं जा पाओगी।

–कहाँ की पंचायत और कैसी पंचायत?

माताजी का इतना कहना कि अखंड रामायण के यज्ञ से पंडित जी उठे और हुँकारकर बोले–क्या हक है लाली पुष्पा तुझे किसी का वंश मिटाने का? इस जनम में निपूती रह गई अगला जनम इससे भी बुरा होगा, बुरा...शाप है हमारा–कहकर उन्होंने मेरे ऊपर लोटे में भरे पवित्र जल के छींटे मारे।

मैं घबराकर इधर-उधर देखती हूँ।

कहाँ हैं डॉक्टर साहब?

मेरी तीनों बच्चियों के पिता। जानती हूँ कि वे सरकारी मुलाजिम हैं, दूसरी शादी उनके लिए अपराध का दर्जा होगी, लेकिन अब मेरे ऊपर तो कलंक लग ही गया। बहुत-सी वैज्ञानिक बातें कह सकती हूँ, लेकिन अपनी खातिर अपने चाचा, ताउओं, भइया, भतीजों को बताऊँ तो क्या वे समझना चाहेंगे? यह गाँव की सांस्कृतिक अदालत है, नाइंसाफी को सदियों से इंसाफ माननेवाले पंच परमेश्वरों का बोलबाला है क्योंकि वे शास्त्र और पुराणों के अनुसार नियमबद्ध हैं। निष्ठा से पालन करते हैं, इसमें खोट नहीं निकाला जा सकता। मैं यह भी मान रही थी कि हमारा गाँव परिवर्तन से गुरेज नहीं करता, किसानों ने खाद-बीज की वैज्ञानिक समझ पैदा की है अपने लिए, आधुनिक उपकरणों—ट्रेक्टर, थ्रैसर, डिबलर, फव्वारे की सिंचाई को कुशलता से अपनाया है और फसलों की चार-चार किश्तें एक साल में काटी हैं, लेकिन इसी के साथ अपनी महान परम्पराओं को भूलने की भूल नहीं की, यही तो भारतीयता है। भारतीयता बिजली के उजाले और संचार माध्यमों के जरिए जोर-शोर से फल-फूल रही है, यह कम बड़ी बात नहीं।

डॉक्टर साहब।

माताजी की आँखें अपने दामाद के दमकते माथे पर ठहर जातीं।

उम्मीदों की कोंध!

मगर मैं बुझी बुझी-सी...क्या पता इस पुरुष का? दिल्ली में रहनेवाले कि लखनऊ भोपाल में रहते हुए पढ़े-लिखे सभ्य शिष्ट सरकारी मुलाजिम हों कि विश्वविद्यालयों के प्राध्यापक प्रोफेसर...मेरी आँखों में लपटों की लपकन सी पड़ती...एक पत्नी के रहते कितने ही दूसरी स्त्रियाँ रखे हुए हैं। आप हाय हाय करिए, तौबा-शौबा मचाइए, विवाह का सबूत नहीं पाएँगे। अपराध कथाएँ कि अपने पौरुष की शेखियाँ!

मैं क्या करूँगी? अपना और तीन बच्चियों का गुजारा भत्ता...तिरस्कार की सूखी रेती में उलटती-पलटती नाव सी...

"यार, तुम्हारा गाँव है यह? मूर्खों का झुंड।" डॉक्टर साहब कह रहे थे।

हाँ, यही मेरा गाँव था बचपन में....

इस गाँव में नम्बरदार नहीं हैं? हैं तो कहाँ हैं वे? क्या उनके सामने ऐसी पंचायतें हो सकती थीं ?

अब नम्बरदार को कौन पूछता है? किसी ने कहा था गए वे जमाने जब नम्बरदार भगवानदास और रामावतार....अब तो लाली जाटों का राज है। जाट जो औरत को जीते जी फूँक दें। और इनके असर में अब बामन हैं, कैसे न हों पंचायत का प्रधान कुन्दन सिंह है। बिना पढ़े-लिखे, बात नहीं समझ पा रहे।

मैं क्या कहती? क्या समझाती? वे मुझे ही समझा दें। अपने घुटनों में सिर देकर फूट-फूटकर रोने लगी। रोते हुए कानों में डॉक्टर साहब का वही स्वर—'बहुत दिया देनेवाले ने तुझको/आंचल ही न समाये तो क्या कीजै।'

अब वे वहीं किसी तरह से कह रहे थे—'मेरी दूसरी शादी क्यों? दूसरी शादी तो आपकी लड़की को कर लेनी चाहिए आपकी खुशियों और रिवाजों के लिए, क्योंकि लड़का लड़की स्त्री के कारण नहीं पुरुष के कारण पैदा होते हैं। यह सब X और Y क्रोमोजोम के मिलान का इत्तफाक है।''

मैं इस गाँव से मनचाही आशाएँ क्यों लगाती हूँ? इस रेत मिट्टी में मिलने को क्यों आतुर रहती हूँ? क्या मैं अपना आत्मविश्वास साध नहीं पाती जो यहाँ अनजाने ही आ जाती हूँ। या अपने ही लोगों से आतंकित होने की लत पाल ली है मैंने?

नहीं, मैं शहर से भागती हूँ। उस एकरसता में घुटने लगती हूँ, जो मुझे बचपन की विविधता से दूर खींचे है। सच मैं लम्बे ऊबाऊ सफर से लौटी थी। भीड़-भड़क्के वाले महानगर से नदी किनारे वाले गाँव में।

मैं अभी भी उस गाँव की खोज में आती हूँ, जिसमें बाबा थे, सोनपाल पटवारी और नम्बरदार के नित नए मंसूबे थे। निर्मला और सुशीला बीबी थीं, जिन्होंने विद्या पढ़कर मेरा मार्ग प्रशस्त किया था। कन्या गुरुकुल...आह, मुझे क्या याद आ गया।

'नंबरदार की बेटी सुशीला गुरुकुल जा रही है' इस बात की गाँव में बड़ी चर्चा थी। गलियों में शोर-सा हुआ, चबूतरे-चौपालों पर अटकलें लगाई जा रही थीं कि लड़की कहाँ और क्यों जा रही है? गुरुकुल किधर है?

कुछ ने कहा, 'दबी-छिपी बात होगी कोई'। इस कटाक्ष के अलावा यह भी कहा गया कि मुल्क में आज़ादी आ गई है, नंबरदार की लड़की आज़ाद हो गई। लड़कियाँ घर भीतर नहीं रहेंगी अब, कलजुग और क्या होता है? अजी, बड़े लोगों की बड़ी बातें, नंबरदार के सामने बोलेगा भी कौन?

वह तो नंबरदार ही थे, जिन्होंने खुद अपने गाँव के लोगों की बातों पर ध्यान नहीं दिया, बल्कि दूसरे गाँवों से भी मेलजोल वाले, या प्रमुख लोगों को बुलाया, जैसे वे अपनी बेटी को गुरुकुल भेजकर गाँव में इस चलन की परम्परा क़ायम करना चाहते हों। लड़कियों के लिए शिक्षा का रास्ता, तुम्हें भी यहाँ से गुज़रना है किसान भाइयो।

नंबरदार के साहस और सुशीला के गुरुकुल जाने के बाद गाँव में मची चकल्लस बन्द हो गई थी, मगर सुशीला के विवाह का मुद्दा जब-तब घोर निंदा का विषय हो जाता। बारह वर्ष की कन्या विवाह के लिए सर्वोत्तम मानी गई है, उसी के कन्यादान का मां-बाप को पुण्य मिलता है। सुशीला गुरुकुल में बारह जमात तक पढ़ते-पढ़ते औरत हो जाएगी, कन्या जैसा सब कुछ खत्म हो चुका होगा। ऐसी बातें नंबरदार तक

उनके चापलूसों के जरिए पहुँच जातीं, मगर, तसल्ली रख रहे थे, जैसे सही-ग़लत का निर्णय समय करेगा।

और समय ने अपना फैसला दिया, जब दो साल बाद सुशीला गुरुकुल से पढ़कर गाँव आई। दो साल इसलिए कि ज़मींदार की लड़की को ब्रह्मचारिणी बनकर रहने के लिए कठिन-कठोर ज़िंदगी जीने का अभ्यास कराया गया।

सुशीला क्या आई, गाँव में उसके आने की नहीं, बदलते हुए रूप की ख़बर हींग की गंध की तरह फैल गई, हवा के साथ। क्या पढ़ती है सुशीला? सुशीला सबको हाथ जोड़कर नमस्ते करती है। अपनी माँ को 'माताजी' कहती है और नंबरदार से जो 'चाचा' कहती थी, अब 'पिताजी' बोलती है। बड़े भाई से 'भइया' नहीं, 'भाईसाहब' कहने लगी है। बड़ी लियाक़तवाली है, खादी का साड़ी-ब्लाउज बर्फ़-सा सफ़ेद रहता है। चेहरा कितना दिपदिपाता है, वहाँ दूध और फल खाने को मिलते हैं, गुड़-तेल का काम नहीं। खुराक की अपनी अहमियत है। दाँत भी कितने सफ़ेद, जैसे दूध से बने हों।

गाँव की औरतों ने ग़ौर किया, बोली-बानी कितनी मनहरन है, वह 'तेरी किसम' कहकर सोंह नहीं खाती 'प्रतिज्ञा' कहती है। होम को यज्ञ बोलती है। गुरुकुल की बोली, धन्य-धन्य। नैम से रहती है, कह रही थी, बिना मंत्र बोले मुँह में ग्रास नहीं देगी। रोज़ उपासी रहती है? पर अर्घ्य देती तो देखी नहीं और न तुलसी का भजन गाए न गौरा-पार्वती मनाकर पूजा करे।

अजब गीत गाया करती है, किसी औरत की समझ में नहीं आया। पटवारी की मुन्नी सुशीला के क़दम पर क़दम रखकर चल रही है। उसने सुशीला का गाया गीत औरतों के सामने एक सांस में सुना दिया--

धर्म देश है, कर्म देश है, देश को भूल न जाना,
भारत की संतान अगर हो, काम देश के आना।

मुन्नी कितना मीठा गाने लगी है। वह भी गुरुकुल जाएगी, अभी से सीख रही है, वहाँ की लियाक़त।

मुन्नी से पहले गुरुकुल मैं गई। माँ ने मेरे चलने का ऐलान किया, बाबा (पितामह) थर्रा गए। अपने वर्षों के जुड़े दुख को आर्त स्वर में कहा, "अरी बहू, हमारी मैत्रेयी...अरी मेरा जवान बेटा (मेरे पिता) ख़त्म हो गया, तब मैं इतना नहीं तड़पा था, जितना आज। उस समय मेरे सामने मैत्रेयी थी, भले डेढ़ साल की थी। आज यह सहारा छीन रही है, मैं कैसे जिऊँगा?"

माँ थी नंबरदार के प्रभाव में, सुशीला से चमत्कृत। उनका मिजाज़ बाबा भी जानते थे कि विधवा होने के बाद किताबों का झोला उठा लिया और कोसों दूर

इगलास पढ़ने जाने लगीं। अंत में खुद को बाबा ने यह कहकर समझाया–"अरी यह तो हमें बाबूलाल पंडित जी ने ही बता दिया था कि इस लड़की का जन्म ऐसी सती की लग्न में हुआ है, जिसे धन-धान्य की नहीं, ज्ञान की चाह थी। अपने पति से भी उसने उनके ज्ञान में से हिस्सा मांगा था। उस देवी का नाम मैत्रेयी था। इसका भी नाम मैत्रेयी होगा।

मैं!

मैंने अपने पुराने फ्रॉक-अंडरबियर उतारकर नए सिलकर आए खादी के सफ़ेद कपड़े (कमीज़-पाजामा) पहन लिए और माँ के सामने आ गई।

मेरा यह नया रूप, मां देखती रह गई। फिर अपना हाथ मेरे सिर पर रखा और उनकी आंखें डबडबा आईं। मैं कौतूहल में...मुझे भेज भी रही हैं और रो भी रही हैं। उन्होंने अपना चेहरा घुमाकर आँखें पोंछीं। आवाज़ को संयत किया और बोलीं, "जा, बाबा को दिखा आ। उनसे आशीर्वाद लेना।"

वे बुदबुदाने लगीं, 'आज तेरे बाप होते तो देखते, बेटी ऋषि दयानंद के परिवार में ज्ञान हासिल करने जा रही है। देखते कि जिस गाँव में गोरों के कोड़ों की आवाज़ गूँजती थी, वहाँ विद्या ने पाँव पसारे हैं।'

बाबा का सामना करना मेरे लिए सबसे कठिन था उस समय। आँखें आँसुओं में डूबी थीं और बाबा धुँधलके में। उन्होंने मेरी ओर हाथ बढ़ाया। उनके परस को सहना...शरीर का रेशा-रेशा पिघलकर आँखों की राह बहने लगा। वे जितने चुप कराएँ, मैं उतनी ही रोऊँ। उन्होंने जब कहा, 'हिम्मत से रहना। तू बहादुर है'। मैंने अपनी रुलाई रोकने की भरसक कोशिश की।

गाँव बाहर आई, साथ-साथ गाँव आया। मैं ज़मींदार नंबरदार की बेटी बेटी सुशीला नहीं थी कि उसे विशेष मानकर लोग दूर-दूर रहते, मैं किसान की बेटी साधारण, मामूली लोगों के बहुत नजदीक थी और कुछ विशेष करने जा रही थी। गाँव भर की दुआएँ उमड़ पड़ीं। विदा थी एक जलूस की शक्ल में।

माँ के बहुत मना करने पर भी गाँव के पाँच-छह करीबी लोग गुरुकुल तक साथ चले। रास्ते भर शिक्षा-विद्या की बातें होती रहीं। मैंने ऐंहन, जसराना, कौड़ियागंज और सीतापुर जैसे गाँवों के नाम सुने, वहाँ से लड़कियाँ गुरुकुल में पढ़ने आई हैं। रामावतार चाचा ने कहा, विद्या की दौलत बटोर रही हैं।

कन्या गुरुकुल का अहाता।

बहुत लम्बी चारदीवारी ईंट-सीमेंट से बनी हुई। दरवाज़ा इतना बड़ा और ऊँचा कि फाटक के बीच से हाथी निकल जाए। काफ़ी लम्बा रास्ता पार करके हम कार्यालय तक पहुँचे थे। चलते समय मैंने अपनी दाईं ओर देखा तो पेड़ों वाला मैदान दिखाई दिया, मैदान के पार सफ़ेद इमारत थी, जिसे नंबरदार ने माँ को

विद्यालय बताया, बाईं ओर खेत थे। सब्जियों की क्यारियों में बैंगन, टमाटर और हरी मिर्च के पौधों को मैं पहचान रही थी। खेतों के एक कोने पर रहट लगी थी, जिसे कोई औरत चला रही थी। विद्यालय को छोड़ दें तो बाक़ी माहौल मेरे लिए अपरिचित नहीं था, और इसी वातावरण के लिए नंबरदार यहाँ की आचार्या की प्रशंसा कर रहे थे।

आचार्या।

मैं गाँव से बिछुड़ने के दुख में कहीं न कहीं पहचान जोड़ने लगी। आचार्या का चेहरा-मोहरा हमारे गाँव की भूपो दादी जैसा था। रंग भी सांवला ही। मगर खादी की हरे किनारेवाली साड़ी की भव्यता ने उन्हें भूपो दादी से एकदम अलग करके रख दिया। पद का रुतवा ही रहा होगा कि नंबरदार के साथ गाँव के अन्य लोगों ने हाथ जोड़कर नतमस्तक होना ज़रूरी समझा। वरन् छोटे क़द की यह भारी स्त्री मेरी माँ से ज़्यादा मुझे अच्छी नहीं लगी। माँ इस विद्यामंदिर से चकाचौंध बस हाथ जोड़े खड़ी रही।

लिखा-पढ़ी में फीस का खास स्थान था। उस ज़माने, जब सोना साठ रुपये या अस्सी रुपये तोला था, घी ढाई रुपये सेर, गेहूँ आठ रुपये मन था, छोटी लड़कियों के लिए गुरुकुल पच्चीस रुपये और बड़ी लड़कियों के लिए चालीस रुपये आवासीय फीस लेता था। पढ़ाई की क्या फीस थी? शायद कुछ नहीं।

अब मुझे आश्रम ले जाया जा रहा था। खाने के लिए थाली, कटोरी, गिलास जैसे बर्तनों का झोला और पाजामा कमीज़ की दो जोड़ियों वाली थैली मेरे साथ-साथ चले। मैं बराबर रोए जा रही थी, बिना किसी के डांटे-फटकारे, बिना पिटे, यह कौन-सी सज़ा है कि मैं अपनी रुलाई नहीं रोक पा रही। कौन-सी चोट लगी, कहाँ दर्द हो रहा है, मैं माँ को क्या बताती? खुद को कसती, होंठ भींच लेती, मगर आँखों का क्या करूँ, समझ में नहीं आ रहा था।

"तू गाँव लौटा दी जाएगी।" माँ ने आँखों ही आँखों में डाँटते हुए कहा।

जब माँ का वश भी न चला तो आचार्या जी ने इंदुबाला बहन जी को बुलाया। छोटी लड़कियों के लिए संरक्षिका इंदुबाला बहनजी, उन्हें हर तरह से कब्ज़े में रखना जानती थीं। उन्होंने इतनी मज़बूती से मेरी बाँह पकड़ी और सिर आश्रम की ओर घुमा दिया कि मैं माँ की तरफ देख भी नहीं पाई। वैसे भी मुड़-मुड़कर देखना जानलेवा-सा लग रहा था।

रात को लकड़ी के कठोर तख़्त पर अपनी दरी और चादर बिछाकर सोई, खाट बहुत याद आई। नींद भी लगी नहीं...बराबर में सात तख़्त और बिछे थे, मेरी उम्र, यानी आठ-नौ साल वाली लड़कियाँ सो रही थीं।

मैं यहाँ क्यों आई हूँ?

इस 'क्यों' का उत्तर पता नहीं उस रात मैंने अपने भीतर क्या पाया? शायद माँ की इच्छा को ही गुरुकुल आने का कारण माना। मगर जैसे-जैसे बातें सुनीं और स्थितियों को समझने लगी, बहुत-सी गाँव की बातें गुरुकुल से जुड़ गईं।

लोग बताते, हमारे गाँव के ज़मींदार बनवारी लाल, जिन्हें मैं मौसा कहकर संबोधित करती थी, गाँव में नंबरदार कहलाते थे। उनकी जमींदारी तब सात गाँवों में फैली हुई थी। नई-नई आज़ादी का नया जोश था। नंबरदार इन गाँवों में नए से नया करना चाहते थे। वे कांग्रेस के समर्थक रहे थे और स्वतंत्रता के बाद कांग्रेस की ही सरकार बनी। महात्मा गांधी नहीं रहे, मगर नंबरदार उनके विचारों से इस कदर प्रभावित थे, जैसे उन्हें अपनी किसी गुलामी को सत्याग्रह के बल पर काटना हो।

गाँव का इतिहास बताता है कि नंबरदार अर्जी देकर सोनपाल पटवारी को अपने गाँव सिकुर्रा लाए, कारण कि यह पटवारी गाँव के किसानों की चुटकीभर बेईमानी भी पकड़ लेता। मेंड तोड़ने पर नपाई के लिए फीता लेकर हाज़िर हो जाता। नंबरदार सज़ा देते, गोला लाठी लगाते, यदि दोष निकलता तो। इस बात पर किसान चिढ़ते और पटवारी को आँखूवली कहते (सोनपाल की एक ही आँख थी)।

नंबरदार से भी पीठ पीछे मनचाही कहते किसान लोग। जो बातें सामने आईं उनका तात्पर्य था—ज़मींदार, नंबरदार कहता है, देश आज़ाद हो गया, पर गाँव को अपने शिकंजे में कसे रहता है।

नंबरदार सुनकर हँस देते और कहते, "देखा पटवारी, गाँव के लोग बेईमानी के लिए आज़ाद होना चाहते हैं।"

पटवारी के साथ मिलकर नंबरदार ने गाँव के लिए अनेक नियम बनाए। पंचायत में ईमानदार पंचों को शामिल करना और इंसाफ़ के लिए बात को नीर-क्षीर करके सामने लाना। शादी-विवाह को नंबरदार समाज को व्यवस्थित रखनेवाली संस्था मानते थे, लेकिन इसके ज़रिए ज़िंदगी बिखरती-टूटती है, यह भी अच्छी तरह जानते थे। वे लोकाचारों का विश्लेषण आपस में करते और तय करते कि विवाह का आदर्श स्वरूप क्या हो?

आज़ादी का अर्थ है, लोकाचारों के बीच बढ़ती कुरीतियों को खत्म करना। तय यह हुआ कि बेटों की शादियों में शगुन के तौर पर एक रुपया लिया जाएगा।

"दुल्हन के ज़ेवर-कपड़े?"

"ज़ेवर की कोई ज़रूरत नहीं। बहू के पाँच कपड़े तो ससुरालवालों को ले जाने ही होंगे क्योंकि किसी की बेटी ज़िंदगीभर के लिए तुम्हारे साथ रहने आएगी। रोटी, कपड़ा और मकान तो बुनियादी ज़रूरतें हैं।"

हाथ कंगन को आरसी क्या, नंबरदार के बड़े बेटे चन्द्रपाल का ब्याह हुआ। उन्होंने अपनी हैसियत के अनुसार ज़मीदारी के गाँवों को दावत दी। जन बच्चा से

सब आए। बहू अपने साथ दहेज़ में केवल गांधी चरखा लाई। उस चरखे के कवर पर लिखा था, बहू का नाम—सुराजो देवी। बहू की साड़ी खादी सिल्क की थी, जिस पर सुनहरा गोटा-पट्टा न था, न जरी-जरदोजी।

माना कि यह शादी गाँव के लोगों के लिए अजीब थी, मगर इस विवाह ने अपना असर दिखाना शुरू किया। 'यथा राजा तथा प्रजा' के रूप में ऐसी शादियाँ होने लगीं। सिकुर्रा के लड़कों की माँग बढ़ गई, क्योंकि आसपास के किसानों को अब बेटी के विवाह के लिए बड़े-बड़े कर्ज़े नहीं लेने पड़ते थे। इस बात पर नंबरदार के खास भतीजे भगवानदास तक चिढ़ने लगे थे, क्योंकि उनकी साहूकारी मंद पड़ने लगी।

जो नए रिवाज नंबरदार ने चलाए, चलने लगे, विरोध हुआ। मगर दबे स्वर में। ज़मींदारी अब तक बरकरार थी। या जब टूटी तो भी ज़मींदार का रुतबा बना रहा। यह कहानी सुनते हुए मैं बड़ी हुई।

लेकिन मैं जो कुछ सुन रही थी और अनुभव कर रही थी, वह कहानी नहीं, हक़ीक़त थी। हक़ीक़त में मुझे लगा कि नंबरदार ने अपने बेटे की शादी से जो मिसाल क़ायम की, वह अधूरी थी। उन्होंने खुले मन से दावत की, किसानों को खिलाया। बड़ी जातियों के लोग थे वे, नहीं तो धींवर पानी भरने में लगे हुए थे, बढ़ई लकड़ी चीर रहे थे, नाई आटा मांड़ रहे थे, कहार बर्तन मांज रहे थे और इतवारी ताऊ (वाल्मीकि) जूठन बटोरने अपनी बहू सोमा के साथ वहाँ खड़े थे, जहाँ खाने के बाद पत्तलें फेंकी जा रही थीं।

मैंने और नंबरदार की बेटी सरला ने अपनी नन्ही-मुन्नी आँखों से देखा—दावत में कोई औरत शामिल नहीं हुई। मैंने पूछा था, सरला तेरी अम्मा दावत में नहीं आईं? वह बोली अम्मा कैसे आएँगी? इसके बाद हम सीधे इतवारी ताऊ के पास पहुँच गए क्योंकि वे सदा हमारी जिज्ञासा का विषय रहे हैं। उनका घर हमारे लिए रहस्यमय घर रहा है, क्योंकि वहाँ जाना कभी नसीब नहीं हुआ। हम दीवार पर चढ़ जाते, घर ख़बर लग जाती तो फिर पानी के छींटे मारकर ही हमें अपने घर में प्रवेश मिलता। मगर जितना हमें इतवारी ताऊ से अलग रहने की हिदायत मिलती, हम उतना ही उनके पास आते-जाते। देखें वे क्या-क्या इकट्ठा कर रहे हैं? सोमा भाभी पूरी-कचौड़ियों के छोटे-छोटे टुकड़े अपनी थाली में डालती जा रही थीं। दही-बूरे के शकोरे खाली थे, किसी-किसी की तली में थोड़ा-सा दही-बूरा चिपका था। मिठाई कौन छोड़ता है? बैंगन का साग और मिर्च वाले रायते की जूठन। किसी-किसी पत्तल पर आलू का साग भी था, जिसे सोमा भाभी बड़ी तल्लीनता से अपने कटोरे में धरतीं।

क्या नंबरदार ने इनको कभी ग़ौर से देखा था? शायद नहीं देखा था। और हम बच्चों को खोंड़े वाले फूफा ने झट से देख लिया कि सरला और मैं अपने अपने फ्रॉकों में थोड़ी-सी मिठाई चुरा लाए हैं। आँख बचाकर इतवारी ताऊ और सोमा भाभी को

दे रहे हैं। मैं और सरला चोरी के इलजाम में पकड़े गए। ज़्यादा मार इसलिए पड़ी कि मिठाई हमने अपने लिए नहीं, चांडाल के लिए चुराई। सरला की अम्मा ने हमें बचाया। अपनी तरफ से थोड़ी मिठाई और भेजी।

नंबरदार के रिश्तेदारों में कानाफूसी हुई—नीच कौम के तीन-चार आदमी नंबरदारनी के यार हैं। जफरू फकीर तक को इसने नहीं छोड़ा। तभी तो नंबरदार बिचारे मुसलमानों से दबते हैं। कब से? तभी से, जबसे हिन्दुस्तान-पाकिस्तान के बँटवारे का किस्सा चला था। कहते हैं, जमींदारनी ने अनशन कर दिया था—एक भी मुसलमान गाँव से नहीं जाएगा। किसी को खींचा-खिचेड़ा नहीं जाएगा। किसी को चोंट-फेंट नहीं लगनी चाहिए।

गाँव-गाँव, शहर-शहर क़त्लेआम होने लगा। और नंबरदार बिचारे अपने रजिस्टर में मुसलमानों को हिन्दू नामों से दर्ज़ कर रहे थे। मंगला, हरि, गोपाल, नत्थू, लालसिंह। माया, सुनहरी, राजकुमारी। इतनी पक्षदारी की कि नंबरदार के लिए खिच्चो चक्कीवाले ने गीत बना डाले—

स्टेशन पर बैठी छोरी मुसलमान की
बाबूजी मेरी टिकट काट दो पाकिस्तान की
ना बामन की ना बनिये की छोरी शेख पठान की
बाबूजी मेरी टिकट काट दो पाकिस्तान की
एक लाखा, एक चूड़ा घर से ले आऊँगा
मैं बनिये का लाल तेरी जान बचाऊँगा

सोनपाल पटवारी ही थे, जिन्होंने नंबरदार को सोचने पर विवश किया, माँ कहा करती हैं। उन्होंने ही कहा था—मेरी बात सुनो, बुरी लगे तो ग़ौर मत करना, मैं भी यहाँ से चला जाऊँगा।

"कहो पटवारी, कहो।"

"कह रहा हूँ कि कहना लाजिमी लग रहा है। जानता हूँ कि मेरी बेबाकी मुझे कहीं टिकने नहीं देती। लोग जल्दी ही पिंड छुड़ा लेते हैं।"

"पटवारी, बात बुरी लगेगी, तब क्या आप भी बुरे...नहीं नहीं। गाँव में हमें कितने लोगों की बातें अखर जाती हैं, मेरी बातें भी जब कभी लोगों को जहर लगती हैं, फिर भी हम सब यहीं रहते हैं। यहीं रहकर उन्नति तरक्की का उपाय करते हैं। देखो, गाँव ने सहयोग दिया तो प्राइमरी स्कूल खुल ही गया। अब बच्चों को छोटे-छोटे क़दमों से इगलास (तहसील) तक जाने का लम्बा रास्ता पार नहीं करना पड़ेगा।"

पटवारी मुस्कराए थे और बोले थे, "गाँववालों के बारे में तो बहुत सोचते हो आप।" कहकर थोड़ी देर के लिए चुप हो गए थे वे।

"गाँववालों के बारे में तो...मतलब क्या है तुम्हारा? मैं किसके बारे में नहीं सोचता? कौन छूट जाता है?" नंबरदार की आवाज़ में अचम्भा था।

"कोई नहीं। बस औरतें रह जाती हैं, आपकी चिन्ता से बाहर। इसमें कोई अचम्भा भी नहीं, उनके बारे में सोचता भी कौन है? यह भी एक परम्परा है, नंबरदार। परम्परा आप भी क्यों तोड़ना चाहेंगे?"

"औरतें! औरतों के बारे में और क्या सोचना है?" नंबरदार अपनी भूल-चूक खंगालने के बाद बोले, "उनके पिताओं, पतियों और बेटों की खुशहाली ही उनकी खुशहाली है। धनधान्य घर में आएगा, घर की लक्ष्मी ही संभालेगी। और क्या चाहिए? वैसे भी हमारे गाँव की औरतें मर्यादावाली हैं।" नंबरदार ने गाँव की खुशहाली का ब्यौरा दे दिया।

पटवारी अबकी बार छोटे-से ठहाके में हँसे थे, "आपको तो कुछ नहीं चाहिए उनके लिए, लेकिन उनसे भी कभी पूछा है कि उन्हें इस 'सुख' के अलावा क्या चाहिए?"

"कैसी बातें करते हो पटवारी...अपने घर भीतर की पूछ देखो कि उन्हें कमाऊ पति और बेटा, बेटी के लिए योग्य वर के अलावा क्या चाहिए?"

पटवारी अपना सिर हिलाने लगे, "नहीं-नहीं, नंबरदार नहीं। आप को पता ही नहीं कि आपने गाँव का आधा हिस्सा ऐसे ही छोड़ दिया है, जैसे ईश्वर ने उसे बेकार पैदा किया हो।"

इस पलटवार पर नंबरदार तिलमिला गए। पटवारी मर्द है या औरत? इसने औरतों का मन कैसे थाह लिया? औरतों को लेकर नंबरदार पर तोहमत! ऐसा क्या बाक़ी रह गया है? उन्होंने तो उन लड़कियों की शादियाँ भी अपनी तरफ से की हैं, जो पितृविहीन थीं या कंगाल पिता की बेटियाँ थीं। क्या किसी औरत ने पटवारी से दरख्वास्त की है? नंबरदार ने पूछ लिया था।

पटवारी ने गंभीरता के साथ बताया, "लड़कियों की शिक्षा के बारे में आपने सोचा है कभी? आपके प्राइमरी स्कूल में लड़के पढ़ेंगे, पढ़ते रहेंगे। शिक्षित पुरुषों की जमातें खड़ी हो सकती हैं। मगर औरतें? जाहिल ही रहेंगी। जाहिल, जिसे चुप रहने का पाठ हम आसानी से पढ़ा सकते हैं। बुरा मत मानना, आपको वर्षों गुलाम बनाने के हुनर सीखने पड़े हैं। अंग्रेजों ने भी तो यही किया था, भारतीय सिपाहियों का पढ़ना रोक दिया था, क्योंकि ज्ञान पाकर वे सवाल करने लगे थे और सवालों से सरकार दहलने लगी थी, खतरे पैदा हो गए थे। बस, स्कूल बन्द करने का फरमान जारी कर दिया।" कहकर पटवारी चुप हो गए। देर तक कुछ नहीं बोले और नंबरदार खुद में ही गुम। मगर खामोशी में जो उथल-पुथल थी, आँखों में हलचल मचाए थी।

बात फिर शुरू हुई, "आप तो गांधीजी को बहुत मानते हो। वे जब तक ज़िंदा रहे, मन से आप उनके संग-संग चले। कितनी सभाओं में गए, कितनी-कितनी जगह भाषण सुने। गांधीजी को जब नाथूराम गोडसे ने गोली मार दी, उनकी हत्या हुई, आप पछाड़ खाकर गिर पड़े थे। जब होश आया तो उनकी तेरहवीं की फ़िक्र में उठे। मुझे आपको देखकर ताज्जुब हो रहा था कि जो वैश्यपुत्र बनवारी लाल होली-दिवाली तक पर पूजा नहीं करता, वह विधि-विधान से गांधीजी की तेरहवीं कर रहा है। अब याद करो कि गांधीजी स्त्री-शिक्षा के कितने समर्थक थे। वे कहते थे, एक स्त्री का शिक्षित होना, एक परिवार का शिक्षित होना है।"

नंबरदार अपराधी की तरह बैठे थे। सिर झुका लिया।

गहरी सांस लेकर सिर उठाया, "अब क्या किया जाए, पटवारी? लड़कियों का स्कूल बनाया जाए, क्योंकि लड़कों के बीच बैठकर लड़की को पढ़ने कोई पिता भेजेगा नहीं। आख़िर घर की इज्जत भी तो कोई चीज़ होती है।"

"तब क्या एक दिन में ही लड़कियों का स्कूल खड़ा कर लोगे? हथेली पर सरसों जमाने जैसी बात है। आज ही अर्जी लगाएँ, तब भी सालों लग जाएँगे। और फिर हमसे भी आगे वे होंगे, जो पहले चेते होंगे। अर्जियों की लाइन में निश्चित आगे वे ही होंगे।" पटवारी ने असलियत बता दी।

नंबरदार अपनी सोचनीय स्थिति में ऐसे, जैसे उन्होंने औरतों के साथ जान-बूझकर नाइंसाफी की हो। आधे गाँव के गुनाहगार...

पटवारी ने उनका मानसिक कष्ट और नहीं बढ़ाना चाहा। उपाय बताना चाहते थे, उपाय की आवश्यकता पैदा करके अपनी बात कह दी, "आपको तो पता है, मेरी बेटी निर्मला कन्या गुरुकुल सासनी में है। वहाँ लड़कियों के पढ़ने का अच्छा प्रबंध है। बात यह भी थी कि आए दिन मेरे तबादले होते हैं और हर गाँव में स्कूल नहीं होता। कन्या गुरुकुल क्या मिला, मन मांगी मुराद मिल गई।"

"मनमानी मुराद? सौ कैसे?"

"क्या-क्या बताऊँगा? इसी में समझ लो कि वहाँ लड़कियाँ वेद पढ़ती हैं। निर्मला को देखोगे, समझ लोगे।"

"वेद! वेद और लड़की!!"

"हाँ, महर्षि दयानन्द ने यह चलन चलाया है।"

नंबरदार इस ज्ञान-लोक की भूल-भुलइयों में उलझ गए। पटवारी झूठ बोलते नहीं, यही उनका गुण-अवगुण है।

"तो अब मैं इस गाँव की लड़कियों के ब्याह-शादी की चिन्ता छुड़वाकर उनके पिताओं से कहूँ कि मैं उनकी बेटियों को गुरुकुल ले जा रहा हूँ? ज़मींदार के नाते मेरी बातें किसान मानते आए हैं, पर अपनी बहन-बेटियों के बारे में इस तरह का

दखल वे बर्दाश्त नहीं करेंगे, भले उन्हें बग़ावत करनी पड़े। ज्यादा ज़ोर डालूँगा तो मुझ पर शक करेंगे। देखा था नंदकिशोर की बहू जब कुएँ में कूद गई थी और मैंने उसे कांटा डलवाकर, आदमी कुएँ में कुदाकर निकलवा लिया था, तो गाँव में मेरे खिलाफ लोग भड़क गए थे कि विधवा जो कुल्टा हो जाए, उसे डूब मरना चाहिए। बताओ, इस पर आपके स्वामी दयानन्द क्या कहते हैं?''

पटवारी की आँखों देखी घटना...वे 'क्या कहें' की स्थिति में आ गए। मगर कुछ देर बाद अपनी उलझन काटते हुए उन्होंने कहा था–''आप कन्या गुरुकुल में लड़की पढ़ाने का सिलसिला अपने घर से ही शुरू करो। बदलाव की बातें आदमी सबसे पहले अपनी ज़िंदगी पर ही लागू करता है। क्रान्तिकारियों ने अपने घर-परिवार में चली आ रही मान्यताओं से ही इनकार किया था न? और यह मिसाल अच्छी तो नहीं, मगर सटीक है, चोर भी चोरी पहले-पहल अपने घर ही करता है। रिश्तेदारों के बटुओं पर हाथ साफ करता है। चलते आ रहे ढर्रे तोड़ने पर धिक्कार चोर को भी मिलती है, और क्रान्तिकारी को भी...विरोध आप का भी होगा। परिवार भी पढ़ाई के लिए लड़की का बाहर जाना बर्दाश्त नहीं कर पाएगा।''

नंबरदार के मन में बात भर गई। सुशीला कन्या गुरुकुल गई।

मैं सुशीला के पीछे-पीछे ही गुरुकुल आई। गुरुकुल के इस अपने कमरे में देखती, दस साल से ज़्यादा की कोई लड़की नहीं। सबेरे चार बजे जागने की घंटी बजती, हम ऊँघासूते इधर-उधर करवटें बदलते कि चटाक से गाल पर थप्पड़ पड़ता। इंदुबाला बहनजी कमर पर हाथ धरे, बड़े-बड़े दांत निकाले हमारी ऊँघती हुई आँखों के सामने होतीं। अबके बाद हम घंटी और थप्पड़ों से नहीं, इंदुबाला के डर से उठ जाएँगे, हमें पता था। यह था वह अनुशासन, जिसे हमें गुरुकुल का अमूल्य वरदान मानना था।

शौच के लिए एक डेढ़-फर्लांग दूर जाओ। उसके बाद स्नान के लिए रहट पर बने स्नानगृह में। पानी भरा विशाल कुंड, जिसमें मेंढक रहते। बारहों महीने मौसमी तापमान। बड़ी लड़कियाँ बंद कोठरियों में नहातीं, छोटी लड़कियाँ खुले में। नहाने के लिए साबुन का प्रयोग वर्जित था। यह सौंदर्य की वृद्धि करता है। मगर बड़ी लड़कियाँ भी कम हठीली नहीं थीं, साबुन लगातीं और महकतीं। पकड़ी जातीं, सज़ा मिलती। आश्रम के चालीस चक्कर लगाओ, साबुन नहीं, पसीना गंधाएगा। मगर लड़कियों की बरजोर इच्छाएँ...साबुन छोड़तीं, इत्र लगा लेतीं। पाउडर इस्तेमाल करतीं। किसके लिए यह सब? नहीं बतातीं।

बड़ी लड़कियों से हम छोटी लड़कियाँ सुनतीं कि यह तभी होता है, जब शास्त्री जी का शुभागमन प्रतीक्षित होता है।

इधर ब्रह्मचर्य। मंत्र श्लोकों का सिलसिला–सबेरे उठते ही मंत्र, नहाने के बाद यज्ञशाला में दो घंटे मंत्र और हवन, खाने से पहले के मंत्र, मुझे लगता यहाँ बिना

मंत्रों के कोई काम पूरा नहीं होता। अपने गाँव में सुना था, मुसलमान दिन में पाँच बार नमाज़ पढ़ते हैं, हमें गुरुकुल में एक दिन में छह बार मंत्र बोलने होते। और हम सुबह-शाम थाली भर-भरकर सामग्री और कटोरे भरभरकर घी श्लोक बोलते हुए आग में फेंक-उँड़ेल रहे होते।

मेरी सहेली थी शोभा, जो जसंवत नगर, इटावा से आई थी। अपनी बातों में उसे बताया था मैंने--हमारा मोहल्ला कुम्हार, खटीक और धोबियों के मोहल्ले के नजदीक है, मेरे साथ के बच्चों को कभी चुपड़ी रोटी नहीं मिलती। कुंवरपाल ने एक जाट के लड़के की छन्ने में बँधी चुपड़ी रोटी चुरा ली थी, उस पर बेंतों की मार पड़ी और मुर्गा बनाया गया। ऐसा नहीं हो सकता, मैं यहाँ से एक कटोरा घी ले जाऊँ, कुंवरपाल को दे दूँ। वह मुझे फिर 'पतली लड़की' कहकर चिढ़ाएगा नहीं।

'घी यज्ञ के लिए है, यज्ञ आर्यों का धर्म है।' उसने तोते की तरह रटा हुआ वाक्य बोल दिया। मैं सहम गई क्योंकि स्नान, शौच और लघुशंका जैसे शब्दों से मैं पहले ही हलकान थी।

बहरहाल मैंने अपनी बाल रुचि के हिसाब से खाने का मंत्र सबसे पहले सीख लिया था–ओउम् सह ना भवतु, सह न भुनक्तु, सहवीर्यं करवामहे तेजस्वीनां बधीतमस्तु...मा विदुषावहे, ओउम शांतिः शांतिः शांतिः!

"क्या कर रही है?" शोभा कहती।

"मंत्र खा रही हूँ, बहुत भूख लगी है। खाना मिलता नहीं। उपवास की आदत नहीं, मैं क्या करूँ?" मेरी बात सुनकर वह अपनी जेब से नमक-मिर्च की पुड़िया निकालती और हम नमक-मिर्च चाटते हुए महसूस करते कि कुछ खा रहे हैं। भूखों मरना भी गुरुकुल का अनकहा नियम था।

याद करूँ तो याद आता है, निर्मला से लेकर मुझ तक जो लड़कियाँ गुरुकुल गईं, वे पढ़ने-लिखने के लिए ही गईं, क्योंकि गाँव में शिक्षा साधनों का अभाव था। लेकिन जो लड़कियाँ शहर से आई थीं, वे सबकी सब केवल विद्यार्जन के लिए नहीं आई थीं, उनमें से ज़्यादातर को गुरुकुल की फीस भरकर घर से अलग रख दिया था। उनकी माताएँ मर चुकी थीं और अधिकतर के पिता दूसरी शादी कर चुके थे। या खुद को संतानहरित दिखाकर नई दुल्हन लाने वाले थे। कुछ ऐसी थीं, जिनकी नौजवानी माता-पिता को बुरी-बुरी आशंकाओं से घेरने लगी थी। इस तरह के अभिभावक गुरुकुल में एक अलग आस्था रखते थे। वह आस्था विद्या-बुद्धिवाले मामले से नहीं, गुरुकुल के कठोर अनुशासन से जुड़ती। और क्यों न जुड़े, जिस बड़े और ऊँचे प्रवेशद्वार से हाथी निकल सकता था, मोटर बस निकल जाती, जलूस निकालते, वहाँ से लड़की नहीं निकल सकती थी।

आचार्या जी का आदेश था, आश्रम में पुरुष जाति का मच्छर भी न घुस पाए। और सच में जो एकमात्र पुरुष था, धोबी था। आठवें दिन इतवार को आता था, मगर आश्रम के बाहर ही कपड़े रख जाता, या ले जाता। अपने-अपने कपड़ों की छँटाई लड़कियाँ भीतर ही करतीं। इसके अलावा रसोई में शिवराम और मणिराम दो भाई थे, जिनके पास रोटी बेलने की बारी में छोटी-छोटी लड़कियाँ ही जा सकती थीं। अपनी याद में मैंने वहाँ ये दो ही पुरुष देखे थे। शास्त्रीजी के दर्शन दूर से किए थे। बाकी कार्यालय में कौन हैं, हमें पता न था। पता तब चला, जब शकुन्तला को गर्भ...

मैं आर्य समाज के दस नियम कंठस्थ कर चुकी थी। अर्थ जानने की न उम्र थी न जिज्ञासा। सत्यार्थ-प्रकाश का एक-एक पैराग्राफ रट लिया था, क्योंकि कक्षा में सुनाना पड़ता था, प्रयोजन एकमात्र यही था। चौथी कक्षा में पाणिनी की अष्टाध्यायी कोर्स में थी। शब्द रूप, धातु रूप, संधि और विग्रह मुझे अच्छे लगते थे कि कहीं-कहीं हम अपनी लय-ताल जोड़ दें। यदि अपने इस अध्ययन का योगदान अपनी शिक्षा में देखूँ तो इससे ज़्यादा क्या होगा कि बी.ए. का संस्कृत कोर्स मैं चौथी-पाँचवीं कक्षा में पढ़ चुकी थी।

एक बार मेरे हाथ 'ऋतुसंहार' नाम की पुस्तक आ गई। इस पुस्तक का खामोश-सा शोर-शराबा आश्रम में रहता। मुझे इस पुस्तक को एक लड़की से दूसरी लड़की तक पहुँचाना होता। हम छोटी लड़कियाँ बड़ी लड़कियों के ऐसे ही 'अवैध' कामों में मदद के लिए थीं। लड़कियाँ अपनी ओर से दूसरी हमउम्र या कुछ बड़ी लड़की को ऐसे पत्र लिखतीं जैसे कोई प्रेमिका प्रेमी को लिखती हो। और शास्त्रीजी के आने पर वे आपस में एक-दूसरी को भूल जातीं। वे खादी के कपड़े पहने हुए झीने वस्त्रों की खोज में लिप्त हो जातीं और झींक-झींककर कहतीं—मुसलमानों के यहाँ औरतें कपड़े से बने बुर्कों में रहती हैं, हम यहाँ ईंट-पत्थरों के बुर्के में हैं। गुरुकुल की बहुत लंबी चारदीवारी में कोई झरोखा तक नहीं...ऋतुसंहार गुरुकुल पर उतरा, लड़कियों ने पुरुष और स्त्री दोनों रूप धरे। शारदा दीवार फलांग गई थी। उसको पकड़ लिया गया था और फिर दंड...हाँ, गुरुकुल का हर काम नियम से होता था। छोटी लड़कियों के स्वास्थ्य और वजन तथा बड़ी लड़कियों के चाल-चलन की रिपोर्ट बाक़ायदा सबके सामने होती। घर तक भी जाती होगी, तभी तो शारदा के माता-पिता आए। ऋतुसंहार ने आँधी उठाई, चरित्र के फूल-पात झर गए। माता-पिता भी शारदा को त्याग गए।

मैं गाँव आती। मुझसे लोग मिलने आते। अपने गाँव के ही नहीं, जगता नगला के नथाराम ऊँट पर बैठकर आते तो परिमाल सिंह अपनी घोड़ी पर सवार होकर। ख़िराबर गाँव से मेहताब सिंह अपनी साइकिल पर आए, गाँव देखता रह गया। कारस

से होतीलाल थे। हमारे चबूतरे पर यों तो बाबा के पास लोग हुक्का-तमाकू पीते-पिलाते बैठे रहते, लेकिन मेरे आने पर माहौल दूसरा ही होता, एकदम विद्याबुद्धि से लैस। अपने-अपने ज्ञान को परिमार्जित करते हुए लोगों के बीच मैं अपने खादी के कपड़ों में अलग ही दिखती। बाबा के कहने पर छोटे-छोटे हाथों से संकेत देती हुई अपनी गुनी हुई विद्या को वाणी देती—

पहला नियम : जो सब सत्य विद्या और पदार्थ विद्या से जाने जाते हैं, उन सबका आदिमूल परमेश्वर हैं।

दूसरा नियम : ईश्वर, सच्चिदानंद स्वरूप, निराकार, सर्वशक्तिमान, न्यायकारी, दयालु, अजन्मा, अनन्त, निर्विकार, अनादि, अनुपम, सर्वाधिक, सर्वेश्वर, सर्वव्यापक, सर्व अंतर्यामी, अजर-अमर, अभय, नित्य, पवित्र और सृष्टिकर्ता है, उसी की उपासना करने योग्य है।

तीसरा नियम : वेद सब सत्य विद्याओं की पुस्तक है। वेद का पढ़ना-पढ़ाना और सुनना-सुनाना सब आर्यों का परम धर्म है।

मैं पूरे अभिनय के साथ दसों नियम सुना देती थी। ईश्वर के रूप में राम, कृष्ण, शिव, विष्णु और ब्रह्मा को मूर्तिमान देखने वाले हमारे समाज के लोग मुझे कौतुक से देखते। ईश्वर के अनेक अमूर्त पर्यायवाची सुनकर मेरे पांडित्य पर चमत्कृत होते। वे मुझे प्रशंसा की नज़र से देखते हुए आपस में कहते, 'बाबूलाल पंडित जी फेल हो जाएँगे लाली के सामने।'

एक और चमत्कार।

गुरुकुल में उत्सव हुआ। उत्सव में मेरा यज्ञोपवीत संस्कार किया गया। माँ के साथ बाबा आए। बाबा के संग-संग गाँव के तमाम लोग आए। वे सब तंबुओं में ठहरे, जो उत्सव के समय अभिभावकों के लिए लगाए गए थे और बिस्तर के तौर पर नीचे ज़मीन पर गन्ने की सूखी खोई बिछाई गई थी। सबेरे-सबेरे अँधेरा रहते ही जब लड़कियों की कतारें 'उठ जाग मुसाफिर भोर भई' गाते हुए निकलती थीं, सारे लोग तंबुओं के बाहर आ जाते। ऐसे देखते, जैसे किसी अनजानी दुनिया में आ गए हों, देख रहे हों—लड़कियाँ ऐसी भी होती हैं? यज्ञोपवीत!

'लड़की का जनेऊ संस्कार, सरासर पाप! शास्त्रों की अवज्ञा।' गाँव के पंडितों ने कहा था।

हमारे बाबा को जैसे अपरिमित बल मिला हो, क्योंकि अब तक पुरानी मान्यताएँ उनको हर तरह से नीचा दिखा रही थीं, जैसे—तुम्हारा बेटा मर गया और कोई पुत्र पौत्र नहीं है, अतः वंश डूब गया। तुम्हारी देहरी अनाथ हुई क्योंकि कोई दीया जलाने वाला न होगा। तुम्हारा क्रियाकर्म भी कौन करेगा? पुत्र के पिंडदान बिना स्वर्ग नहीं जा पाओगे। यमराज नरक में भेजेगा।

बाबा ने अब ऐलान कर दिया—हमारी बेटी आ गई। सब कुछ यही करेगी। इसने जनेऊ धारन किया है। गुरुकुल गवाह है, पूरे संस्कारों के संग किया है। झोली लटकाकर भिक्षा माँगते हुए ब्रह्मचारी के रूप में गाँव के लोगों ने देखा है। मेरा क्रियाकर्म हमारी मैत्रयी करेगी।

और क्रियाकर्म! काश, मैं गुरुकुल न गई होती...मैं सोच रही थी। साढ़े दस साल की उम्र में श्मशान तक ले जाया गया। मैं रोने लगी थी, बाबा को देखकर। उस डंडे से मेरे हाथ का स्पर्श कराया गया, जिससे रामावतार चाचा ने बाबा की कपाल क्रिया की। मेरे बाबा का शरीर जलकर राख बन गया!

'ब्रह्मचर्य पालन और चरित्र का निर्माण, संस्कृति और परंपरा की शुद्धता और पवित्रता निभाने की शपथ, सबसे प्रीतिपूर्वक धर्मानुसार व्यवहार और संसार का उपकार करना आर्य समाज का मुख्य उद्देश्य है। अर्थात् शारीरिक, आत्मिक और सामाजिक उन्नति करना,' मैं अपने चबूतरे पर खड़ी होकर बराबर बोला करती। लोग सुनते और कहते—इतना तो सुशीला भी सीखकर नहीं आई थी। सीख आई होगी तो हमारे सामने कभी नहीं आई। वह ज़मींदार की लड़की थी, हवेली में रहती थी। वह हमारे बीच की नहीं।

होते-होते यह हुआ कि सिकुर्रा की जनता मानने लगी कि मेरा आचरण, जो विद्या की बुद्धि और अविद्या के नाश की ओर प्रवृत्त है, गाँव में पूजनीय हो गया। आज जब मैं किसी छोटी उम्र की साध्वी को देखती हूँ, अपने वे दिन याद आते हैं। और वह विकट समय भी।

मैंने जाति-बिरादरी के नाम पर ब्राह्मण, बनिया, ठाकुर, जाट और गड़रिया, तेली, कुम्हार के अतिरिक्त शूद्रवर्ण में आनेवाले लोगों सहित 'सातों जात' जैसा शब्द गाँव में सुन रखा था। गुरुकुल में ऐसा कुछ नहीं था। वहाँ न कोई ब्राह्मण न शूद्र। किसी लड़की के नाम के आगे शर्मा, वर्मा, गुप्ता, चौहान जैसे उपनाम नहीं सुनाई दिए। पहचान के लिए वहाँ अपने नाम के आगे अपने गाँव या शहर का नाम लगाना पड़ता, जैसे सुशीला मद्रास, शारदा एटा, कुमुद गढ़वाल, सावित्री हैदराबाद, धर्मिष्ठा दिल्ली। कपड़ों पर भी नाम और गाँव/शहर का पहला अक्षर काढ़ना पड़ता कि पहचान में दिक्कत न हो।

गुरुकुल में मैं बेजात, गाँव में ब्राह्मण की लड़की मानी गई, यह बात सच नहीं क्योंकि ऐसा होता तो गुरुकुल जाने के पहले भी मेरी वकत होती या गाँव की ब्राह्मण-बनियों की बेटियों का भी समादर मेरी तरह होता।

ऊँच और नीच जातियों से बने गाँव में बड़ी जातियों ने मुझे कौतुक से देखा, पढ़ी-लिखी माना, बस इससे ज़्यादा कुछ नहीं। लेकिन वह क्या था कि छोटी जातियों ने मुझे अपने घर उस तरह बुलाना शुरू कर दिया, जैसे कि विभिन्न संस्कारों के समय पंडित को बुलाते हैं।

"क्यों बुलाते हैं, बाबा ये लोग मुझे?" मैं अपने अनपढ़ बाबा से पूछती।

"रामस्वरूप कुम्हार बुला रहा होगा, उसके यहाँ ही बेटा हुआ है। वह कह रहा था, लाली पंडिताई सीख आई है नामकरण कर देगी।" बाबा मुझे बताते। वे ही कहते—"बेटा, पंडित नहीं जाते छोटी कौम के यहाँ। जाएँगे तो उन्हें पंडिताई से हाथ धोने पड़ेंगे। जाति-बिरादरियों का नियम-धरम ऐसा ही है। सेवा-टहल करने वालों को ऊँचा कौन माने?"

बाबा की बातें उस समय मेरी समझ में कितनी आती थीं? बिलकुल भी नहीं। बस, मैं यही जानती थी कि बाबा ने कुम्हारों, खटीकों और तेली-धोबियों के मोहल्ले में नामकरण संस्कार करने भेजा है। मैं इन विशेष संस्कारों के लिए विशेष मंत्र नहीं जानती। सारे मंत्र वे ही होते, जो गुरुकुल में यज्ञ करते समय बोले जाते। मगर समिधा सामग्री का ऐसा तामझाम कहाँ से आए, जैसा गुरुकुल में रहता था, या ऊँची जातियों के लोगों के घर रहता है?

ओउम् विश्वानि देव सवितर दुरितानि परा सुव यद्भद्रं तन्न आसुव...

इस सबके साथ न घी, न सामग्री, बस धूप या अगरबत्ती जलती रहती। जब कभी यज्ञ के रूप में यज्ञ किया, सामग्री कम पड़ गई। इस बात को मैं किससे कहूँ? कहूँगी तो लोग उन लोगों की हँसी उड़ाएँगे, साथ में मेरी भी।

बाबा ने सुना तो बताया, "बेटा, उनके पास न खेती न व्यापार, हाथ-पाँव हैं, बस। उनका होम-हवन तो ऐसा ही है कि आग में पसीना पड़ता होता तो डाल देते, घी कहाँ से लाएँ? अच्छा यह बता कि बच्चे का नाम क्या रखा है?"

"ब्रह्मप्रकाश।"

"और कुँवरपाल की बेटी का?"

"प्रतिभा।"

सोनपाल पटवारी का तबादला नहीं हुआ था, पटवारियों ने हड़ताल की तो भारतीय सरकार के नए हुक्मनामे के अनुसार लेखपालों की नई भर्ती होने लगी। पटवारियों के बस्ते छीन लिए गए। बस, अब सोनपाल पटवारी को समय मिलता था, वे बाबा के पास आकर बैठा करते, क्योंकि उन्होंने अपना स्थायी मुकाम सिर्कुरा को बना लिया था।

आज तो उस समय घटित हुई अपनी पंडिताई के तमाम मतलब समझ में आते हैं, लेकिन उस समय जो कुछ सोनपाल पटवारी और बाबा आपसी बातचीत में कहा करते थे और जितना मुझे याद रह गया है, उसी को लिखने की कोशिश कर रही हूँ।

"देख लो मेवाराम (मेरे बाबा) मैत्रेयी को गुरुकुल ने पंडित बना दिया।"

"हाँ, बेचारे छोटी जाति के लोग और क्या करें, गुरुकुल की महिमा मान रहे हैं।"

"महिमा नहीं, सुविधा देख रहे हैं। जानते हैं कि कोई वेद पढ़ा लड़का तो उनके यहाँ आने से रहा संस्कार करने के लिए। लड़का तो फिर ब्राह्मण न माना जाएगा, मैत्रेयी के साथ ऐसी कोई परेशानी नहीं।"

"हाँ, छोरी को जात में से क्या छेकेंगे?"

"छेकेंगे तो तब, जब जाति में मानें। सच्ची बात तो यह है मेवाराम कि औरतें बिचारी तो अपने पिता और पति की जाति से बँधी रहती हैं बस। सो देख लो कि ये लोग नीची जाति के हैं तो मैत्रेयी बेजात मानी जाएगी। चाहे कितना होम-हवन करो, किसी को क्या लेना-देना?"

सोनपाल पटवारी और बाबा और भी बहुत-सी बातें करते, जो मेरी समझ में नहीं आती थीं, उस समय। बस, मुझे जो लगा, वह यही था कि छोटी जाति के लोग मुझे पंडित मानते हुए कहीं अपने नजदीक समझ रहे हैं। आज साफ है कि हम सब सम्पत्तिविहीन लोग थे। खेती मेरी यहाँ थी, वह पिता की थी, मुझे मिलेगी, मेरे पति के स्वामित्व में चली जाएगी। गाँव में घर-दामाद इसी शर्त पर बनता है कि वही कर्ता-धर्ता होगा।

दूसरी बात कि वे सब सेवा के लिए बनाए गए गुलाम सरीखे लोग और मैं भी पतिव्रता धर्म का पालन करती हुई पति और पति के परिवार की सुख-सुविधा में अपना जीवन अर्पण करूँगी।

जब-जब नाई, धोबियों, कुम्हार और वाल्मीकियों ने दिए गए काम से इनकार किया है, उन्हें आज्ञा उल्लंघन के लिए सजा मिली है। सोना वाल्मीकि गाँव छोड़कर इसलिए ही अलीगढ़ भाग गया था कि उसको भगवानदास की वजन से भारी माँ की गन्दगी साफ न करने पर गोला-लाठी की सजा मिली थी। मिस्सी वाल्मीकि भी हाथरस में ताँगा चलाने लगा। रेवती नाइन, चंदा धोबिन और सोमा की क्या मजाल कि बड़ी जाति के लिए अपनी सेवाओं में कोताही बरतें।

लोग जानते हैं कि बड़ी जातियों में औरत एक अपवित्र, अशुद्ध-सी प्रजाति है। इसको बिना पति के किसी पवित्र संस्कार को करने की इजाजत नहीं। जब कभी मंगल आयोजनों में चौक पर पंडित के सामने बिठाई गई है, वह विवाह संस्कार ही है, जिसमें पति के लिए ही सब कुछ माना जाता है, वरन् कथा भागवत, यज्ञ-हवन में स्त्री को घर के मुखिया के तौर पर बैठने नहीं दिया जाता। भले घर का छोटा-सा लड़का बिठा दिया जाए।

हम अस्पृश्य, हम बहिष्कृत क्या मौका पाते ही एक हो गए थे? नहीं तो उन्होंने अपने संस्कारों के लिए लड़की का चुनाव क्यों किया? आज तक किसी मंदिर की मुख्य पुजारिन, किसी धर्मपीठ की शंकराचार्य, किसी धर्म की आदि गुरु स्त्री नहीं। भारतीय समाज में ही नहीं, पश्चिमी देशों के ईसाई धर्म ने भी किसी औरत को पोप

नहीं स्वीकार किया, न मुस्लिमों के यहाँ काजी या मुल्ला के रूप में औरत दिखाई देती है।

लेकिन।

मेरे गाँव में छोटी जाति के माने जाने वाले लोग कैसे थे, जिन्होंने एक लड़की को अपना पंडित चुन लिया। वे जर-जमीन से बेदखल थे, धनधान्य से कंगाल, यहाँ तक कि उनके स्पर्श से हवा-पानी भी अपवित्र-दूषित माना जाता। वे ही बेहैसियत लोग नंबरदार जैसे जमींदार, भगवानदास साहूकार और गाँव के समर्थ काश्तकारों को मुझे साथ लेकर कड़ी टक्कर देने निकले।

बेशक उनके सांस्कृतिक इरादे प्रमुख और दबंग लोगों को नजर नहीं आए, क्योंकि उनके साथ कोई बाणविद्या धुरंधर गुरु-द्रोणाचार्य नहीं था। इन साधनहीन निचले पायदान के लोगों से यह उम्मीद किसी को नहीं थी कि इनमें मनुष्य होने का अहसास जागा है।

सिकुर्रा में गौर नहीं किया गया कि हम सब साथ-साथ आगे बढ़ रहे हैं। इसलिए किसको पता था कि यह काफिला संस्कृति से साहित्य तक जाएगा और इन मुकामों पर अपने निशान बनाएगा। मेरी समझ में तो यही आता है कि वह शिक्षा विद्या ही थी, जिसकी रोशनी में हमारी संवेदनाएँ एक हुईं और समानता पैदा हुई। नहीं तो कहानियों और उपन्यासों में वही समानता विभिन्न नामों से पात्रों के रूप में कैसे उतरती? सिकुर्रा के लोग जब-जब इन पुस्तकों को पढ़ते हैं, सोनपाल पटवारी के साथ नंबरदार को याद करते हैं। याद आती है, गाँव की परिधि पर बसी टोलियाँ, जो हरिजनों की तरह थीं और जन-जन की सेवा करती रहीं।

सूखा रेगिस्तान...मेरे गाँव की करबन नदी जैसे अपनी यात्रा स्थगित नहीं करती, मैं भी अपनी बेटियों के साथ अपना सफर तय करूँगी। हम अब चार स्त्रियों के रूप हैं, एक समूह, एक कारवाँ। कारवाँ डरने-झिझकने के लिए नहीं हुआ करते। उनमें लगाव-जुड़ाव के तन्तु जो होते हैं, भरोसों की फसलें तैयार करते हैं। एक निजी दुनिया, भीतरी सतहों तक मिली हुई।

मेरी बेटियाँ...इनको अपमानित करके समाज ने एक माँ के तौर पर मुझे जो संताप दिए, उस समय मैंने महसूस किया था कि अनायास ही मेरी छातियों में दूध उमड़ने लगा। उस ताप के बरअक्स कुदरत का यह करिश्मा!

और आज यह करिश्मा बड़ा होकर मेरे सामने खड़ा है। सूखे रेगिस्तानी समाज की यात्रा करती हुई मैं अपनी नन्ही बच्चियों के साथ यहाँ तक चली आई, जहाँ मैं, मैं नहीं, मेरे साथ तीन छोटी-छोटी स्त्रियाँ आकर जुड़ गईं। एक कारवाँ आगे बढ़ चला।

अब मैंने मन में समाए डर, भय और सामाजिक आतंक से छुटकारा सा पाया। बेटियों का संग-साथ नियामत लगा। इन क्षणों को जब-जब याद करती हूँ, आज भी उल्लास से भर उठती हूँ।

नम्रता, मोहिता, सुजाता।

और मैं। सब मिलाकर एक खास तरह का अंदाज। अंदाज या इतनी बेचैनी कि अपने ही भीतर खदबदाती दुनिया से रोज-रोज के साक्षात्कार...बाहर से शान्त स्त्रियों का अन्दरूनी भावात्मक ज्वार...

नम्रता ने खुद को विपरीत हवाओं के सामने छोड़ दिया। सन्तोष कहीं इसी स्थिति में है कि अब डरें नहीं, लड़ें। त्याग दिए वे मंजर मुकाम, जहाँ लड़कियों की गिनती खूँखार तरीके से की जाती थी। माँ को नीचा दिखाने के लिए बेटियों को कोसा जाता था। हमारे समाज का यह जरूरी पक्ष...लड़की ने एकदम गैरजरूरी माना। मैं उसे देखती और भौंचक रह जाती, यह तेरा सामान्य ज्ञान बस तेरा ही है, बबली। तू आखिर कैसे रहेगी इस समाज में? तुझको कौन मान्यता देगा, बबली?

जैसे हमारे घर में क्रान्तिकारी नाटक चल रहा हो। संवाद नम्रता बोल रही हो। मोहिता समर्थन कर रही हो—मम्मी, (मेरी ओर देखकर) हम अब किसी फंक्शन में नहीं जाएँगे। ब्याह-शादी...नहीं नहीं नहीं। मुंडन, कनछेदन और अन्न-प्रासनों से हमें क्या लेना-देना? मरे-गिरे में, दुख-सुख में, खुशी और मेले में हमारी उपस्थिति का मतलब है तीन लड़कियाँ और उनकी हतभागी माँ...हाय बेचारी! तरस का जहर जानलेवा होता है—

"बहुत जरूरी है जाना।" डॉ. साहब कहते हैं।

"तुम चले जाओ। रस्म ही तो निभानी है।" मैं जवाब देती हूँ।

"यार कमाल है, आदमी आमदनी बढ़ाने, राजनीति पर बहस करने, मौसम की बात करने को विषय बनाते हैं। यहाँ तक कि अश्लील चुटकुले सुनाकर समय बिता लेते हैं, औरतें अपनी और दूसरे की औलाद को लेकर खपी रहती हैं।"

"मैं समझती हूँ, औरतें बेटी-बेटे के मामले को प्रेस्टेज इश्यू बनाए रहती हैं क्योंकि सन्तान (पुत्र) ही उनकी जिम्मेदारी मानी जाती है, वही उनके संस्कार का गौरव बनता है।"

अब क्या था! मैं अपने बचपन के गाँव में गुरुकुल की ओर मुड़ी। अपने घर में अनचाहे ही हम मनचाहा करते। नम्रता पढ़ने लायक हुई और मैं पढ़ाने को तैयार। इन दिनों मुझे पक्का अनुभव हुआ, बच्चियाँ मुझसे कई गुना ज्यादा साहसी, संवेदनशील और लगन की धनी हैं। निर्भीक होकर विपरीत स्थितियों से लड़ने का माद्दा गजब का है।

"बबली, तू डॉक्टर बनेगी?"

'लेम्बरेन का अस्पताल' कोर्स की किताब का पाठ पढ़ाते हुए मैं छोटी-सी बच्ची से पूछती।

''मम्मी, डॉ. स्वाइत्जर! हाँ मैं डॉक्टर बनूँगी। मुर्गीखाने में उन्होंने अस्पताल खोला था, मैं कहाँ खोलूँगी?''

''बेटा, तू जहाँ भी रहेगी, वहीं खोलेगी या तुझे खुला ही मिलेगा तेरे हिस्से का अस्पताल।''

नम्रता और मैं। माँ रातभर जागती, बेटी रातोंरात पढ़ती। मैंने अपना समय उसके निमित्त किया, उसने अपना जीवन समाज को दे दिया। कब-कब के कलुष, कब-कब के अपमान पिघलकर बहने लगे। भूल गई कि मैं अपने घर में बन्द होकर चोट खाई नागिन की तरह क्रुद्ध रही हूँ। उन सबसे बदला लेने की बात सोचती रही हूँ, जिन्होंने इस धरती पर लड़कियों का जीवन मुहाल कर दिया। जिनके कारण मैं अपनी बच्चियों पर ध्यान न देकर सन्ताप में खौलती रही। क्या ऐसी ही कँटीली घड़ी में सोचा था मैंने, मैं अपनी बेटियों को ऐसा बनाऊँगी कि तुम अपने संकट में उन्हीं को याद करो। उन्हीं के हाथों राहत पाओ। जो कुछ हुआ, इसलिए हुआ कि मैं अपनी धार खो चुकी थी, जैसे करोड़ों स्त्रियाँ खो चुकी हैं, क्योंकि वे पुत्रवती होकर ही समय और समाज को फतह करना चाहती हैं।

नम्रता के पीछे-पीछे मोहिता और सुजाता। अब हम उस मुकाम पर थे, जहाँ पहुँचना हमारा आरम्भिक मकसद था।

मेरी बेटियों के जन्म दिवस उदासी और अपमान के तोहफों से ढक दिए थे। क्या इसीलिए उन तीनों ने मेरा घर सम्मानों से भर दिया? तीनों बहनें डॉक्टर हुईं, मेरे सपनों की साकार और सजीव प्रतिमाएँ!

मुझे नहीं पता बेटे कितना और क्या करते हैं, मैं तो यही बता सकती हूँ कि माता-पिता के लिए बेटियाँ कहाँ-कहाँ से गुजर जाती हैं। अब तो तीनों लड़कियों की शादियाँ हो चुकीं। शहनाइयाँ बजी थीं। डॉक्टर पति आए। बस, वही नहीं हुआ, जो बेटियों के लिए पारम्परिक अभिशाप बनाया है, यानी विदा।

वे अपने-अपने पतियों के साथ रहती हुई। बस इतनी दूरी पर हैं, जहाँ से मम्मी दिखती रहे। भरोसा बँधा रहे...

हम भरोसा ही तो देते रहे एक-दूसरे को। बच्चियाँ मुझे भरोसा देती रहीं, मैं अपनी माँ को। लेकिन...

माताजी निराश हो गई थीं, जब मैंने उनके सपनों को साकार नहीं किया। सपने, सुचेता कृपलानी और सरोजिनी नायडू जैसा बनने का। सपना आई.सी.एस. नहीं तो पी.सी.एस. होकर प्लानिंग ऑफिसर बनने का। जिन-जिन सफलताओं, पदों और विकास के कार्यक्रमों से वे परिचित होतीं, उनसे मुझे जोड़कर देखतीं।

मगर मैं वह कुछ बन ही नहीं सकी, जिस कल्पना में उन्होंने जिन्दगी गुजार दी थी। मैंने भरोसा बाँधा नहीं, उनका विश्वास तोड़ दिया था, सपने उजाड़ दिए।

लेकिन उन्हें क्या पता था कि अभी एक ऐसा क्षेत्र बाकी है, जिसमें जाकर खुद को स्थापित करने का मनोरथ उनकी बेटी मन-ही-मन पाले बैठी है।

मेरा उपन्यास 'इदन्नमम' छप चुका था, कहानी संग्रह 'चिन्हार' आ चुका था, अब 'चाक' नामक उपन्यास छपने ही वाला था। मैंने चिन्हार, बेतवा बहती रही और 'इदन्नमम' जैसी कृतियाँ या तो बेटियों के नाम समर्पित कीं या पात्रों के लिए।

माँ का मन रहा, कोई कृति उनको भी समर्पित की जाए, उन्हें बहुत खुशी होगी। उन्होंने यह बात मुझसे कही नहीं, मगर अनकहे को समझ लेना ही हम माँ-बेटी का आपसी रिश्ता रहा है। और समझने के बाद भी माँ की इच्छा के विरुद्ध जाना मुझे पीड़ादाई आनन्द देता रहा है। आज सोचती हूँ, मेरी बेटियों ने मुझसे जितने लगाव-जुड़ाव का सम्बन्ध निभाया, मैंने उतने ही अलगाव पर अपनी माँ को रखा। मैंने कोई पुस्तक उनके नाम समर्पित नहीं की। मैंने समझा, उस बचपन का प्रतिशोध ले रही हूँ, जिसको इन्होंने अनाथ कर दिया, बहाना पढ़ाई का रहा।

मेरा प्रतिशोध और उनके जीवन पर लिखी पुस्तक 'कस्तूरी कुंडल बसै' एक काव्यात्मक न्याय।

10 जून, 1997 का दिन, मेरी जिन्दगी का अत्यधिक दुख भरा दिन। माताजी 5 जून को मेरे पास आ गई थीं। साथ में गौरा भी आईं। इन दोनों का साथ रहना बचपन में मुझे जितना खलता था, अब उतना ही जरूरी लगता। उतरती अवस्था में दो विधवाएँ अकेली नहीं, साथ-साथ हैं। अलीगढ़ में बनवाए गए नए मकान में रहतीं, इधर-उधर घूमतीं। इन दोनों के सर्टीफिकेट में उम्र कम लिखी थी, अब तक नौकरी करती रहीं। बुढ़ापा तो तब आता, जब उन्हें बूढ़े होने की फुरसत मिलती।

मैंने जब भी उनकी इच्छा के विरुद्ध काम करके उन्हें कष्ट देना चाहा, और दुख दिया, मैं जितनी आनन्दित हुई, उतनी ही दुखित भी। यही कारण रहा कि उनकी बताई राहों के विपरीत गई, अपनी इच्छाओं पर चली, मगर जब ब्याह की बात आई, माताजी के आसरे अपने जीवन को छोड़ दिया कि वे जिसके साथ भी इसे जोड़ें। मेरी माँ ने कभी पति का, पुत्र का, भाई या पिता का दिया सुख नहीं भोगा। जो कुछ अर्जित किया, खुद किया। मैं कम-से-कम अपने विवाह की जिम्मेदारी उनको देकर उनके बड़प्पन का मान तो रख सकती हूँ, यही बात मेरे जेहन में रही। और माँ को

अपनी बेटी पर ऐसा भरोसा हुआ, जो किसी भी आज्ञाकारिणी बेटी पर माता-पिता को हो सकता है।

इन दिनों माताजी मेरे पास थीं। मैं नाश्ता बनाती तो उनकी पसन्द का, खाना बनाती तो उनको ध्यान में रखकर। मैं उनको खिलाकर ऐसे सन्तुष्ट होती, जैसे नम्रता को खिलाकर होती हूँ। क्या मैं जो उनकी उद्यत बेटी बनी रही, अब ममतामयी माँ की भूमिका में आ गई थी? मैं जानती थी, माताजी को खाना बनाने में कभी रुचि नहीं रही। डॉक्टर साहब का शुरुआती दिनों का स्वागत तो उन्होंने उत्साह में, नए रिश्ते की उत्तेजना में निभा दिया, मगर अब तक तो वे अपने पुराने ढर्रे पर आ गई थीं। मैं पूछती, ''दामाद गए थे क्या खाना बनाया?''

वे कहतीं, ''रमेश (डॉ. साहब) ने स्टोव पर चाय बनाई और वे जब होटल में खाना खाने गए, मेरे लिए भी लेते आए। मुझे अपनी ड्यूटी से कहाँ फुरसत थी? मेरे दामाद लाखों में एक हैं।''

मैं अपनी ऐसी माँ के लिए नित प्रति नए-नए व्यंजन बना रही थी।

10 जून के 10 बजे वे नहा चुकी थीं। मैं, गौरा और माताजी कहानी 'बिछुड़े हुए' का पाठ कर रह थे, पढ़कर, सुनाकर, सुनकर। इसके बाद 'चाक' उपन्यास की चर्चा और पीछे से यह जुमला, 'इसको मैं अपने गाँव के लिए समर्पित करूँगी' कहने के बाद मैंने माताजी और गौरा को ऐसे देखा, जैसे मेरी विजय का यह स्मरणीय क्षण हो।

माताजी ने नजरें दूसरी ओर फेर लीं। आगे इसके कुछ पूछा नहीं, जबकि मैं चाहती थी, समर्पण के बारे में पूछें और मैं अपने दिल में दबे अंगारे उन पर फेंकूँ। मेरे बचपन को अनाथ करनेवाली माँ...उफ्, न जाने इस बात को कब तक पत्थर की तरह उनके वजूद पर मारती रहूँगी। कहती रहूँगी, बाप मर गए, माँ छोड़ गई। बड़ी हुई तो गिद्ध मिले। वे नोंचें खोंटें, मैं तड़पूँ रोऊँ लेकिन पुकार वहाँ तक न पहुँचे, जहाँ माँ है। निर्विघ्न स्वतन्त्र जीवन जीने वाली स्त्री को बच्चा कहाँ रास आए? माताजी, दया तरस तुम्हें बोनस में मिलता था। बस, जिन्दगी को तरक्की में तबदील कर लिया।

माताजी जैसे सब कुछ समझ रही हों, मगर कुछ कहना उन्हें मुनासिब न लग रहा हो। शायद वे जान गई थीं कि यह समय उनका नहीं, उनकी बेटी का है। लड़की को स्त्री होकर बातें करना आ गया है और लिख-पढ़कर तमाम दलीलें देने लगी है। माँ जीतेगी नहीं।

वे खेतों की बातें करने लगीं। फसल की ज्यादा से ज्यादा पैदावार कि अच्छे किसानों में हमारी गिनती हो। आगे खेती कैसी कराई जाएगी, वे सपनों भरी आँखों से भविष्य को देख रही थीं।

खाने का समय हो गया।

मुझे जाना था। दरियागंज ही जाना था। 'चाक' का कवर आया है, देखना होगा। साथ ही हंस के ऑफिस होती आऊँगी, वहाँ झूलानट (मायामृग) नाम से उपन्यास पत्रिका में छपना है।

"गौरा भाभी, डॉक्टर साहब आ रहे होंगे, खाना उनके साथ खा लेना।" कहकर मैं चली गई।

लगभग ढाई-तीन घंटे बाद में लौट आई।

मेरी माँ मुझे जमीन पर पड़ी मिलीं।

गौरा ने बताया, खाना खाने के बाद वे गिर गईं। सिर में चोट लगी है, ऐसा बता रही हैं। गौरा परेशान...बार-बार उन्हें उठाए, फिर लिटाए।

"चक्कर आ गया है? मैं डॉक्टर साहब को बुलाती हूँ।"

"बुलाओ, लाली।" गौरा मिन्नत करने लगीं।

"उल्टी आ रही हैं? शायद खाना न पचा हो।"

उल्टी, ऐसी भयानक उल्टी मैंने अपने जीवन में कभी देखी नहीं, बिना किसी आवाज के, फोर्स के सारा खाना खुद-ब-खुद बाढ़ की तरह बाहर चला आ रहा था। डॉक्टर साहब आ गए। डॉ. सुभाष (दामाद) आ गए। ब्लड प्रेशर लिया। स्टैमेटिल की गोलियाँ दीं।

अब वे बैठी थीं। गौरा उनके एकदम पास।

"माताजी, क्या हो गया?" मेरा कलेजा हिलोरने लगा।

"मालूम नहीं," फुसफुसाकर उन्होंने हाथ से संकेत दिया। और यहीं से मेरा दिल उमड़ने लगा।

हम माँ-बेटी जिन्दगी में कभी गले मिले नहीं। स्पर्श द्वारा प्यार कैसे जताया जाता है, जानते नहीं।

आज उनको बाँहों में भरकर मैंने उनका सिर अपने कन्धे पर ले लिया और उमड़ती हुई हिलोर से ही पूछा—"माताजी क्या हो गया?"

"बबली का फोन आया था।" वे धीमे से बोलीं।

और मैं झुँझला गई। मैं क्या पूछ रही हूँ, ये क्या बता रही हैं?

"माताजी, यह पता है कि बबली का फोन आया था, यह नहीं पता कि गिरी कैसे थी? चक्कर आया? पाँव फिसला?"

वे कुछ भी नहीं बोल रही थीं। माताजी, जो एक लताड़ में मुझे ठिकाने कर देती थीं, उनकी चुप्पी...आखिर क्या सोचकर आई हैं अब की बार।

घर में डॉक्टर्स की कमी नहीं। डॉ. सुभाष उनको मेडिकल इंस्टीट्यूट ले चले। मैं उनका सिर अपनी गोद में लेकर साथ बैठी। घर से एम्स सौ-दो-सौ कदम की दूरी पर...उनका यथासम्भव इलाज हुआ। यहाँ तक कि ब्रेन ऑपरेशन...

मैं घर आ गई। उनके अच्छे हो जाने की आशा में गौरा से बातें करने लगी। लड़कियाँ एम्स में ही थीं, दामाद भी वहीं।

डॉ. सुभाष का फोन–

"हैलो सुभाष, ऑपरेशन हो गया? हम आ जाएँ?"

फोन एक क्षण के लिए मौन।

"हैलो सुभाष!"

"हाँ, मम्मी...माताजी की तैयारी करो अब।"

"तैयारी! कैसी..."

"शी इज नो मोर..."

यह मैंने क्या सुना? जो अब तक सोचा न था, वह सुना...फोन पकड़े खड़ी नहीं रह पाई। धरती पर बैठ गई। गौरा ने मेरी आँखों में जो भी देखा हो, वे निश्चित ही आँसू तो नहीं थे। लेकिन गौरा अचानक रो पड़ी–अरी हमें छोड़कर कहाँ चली गई री...अब मैं कैसे जिन्दा रहूँ री...

मेरी आँखें सूखे रेत सी...मैं एकटक देख रही हूँ, माताजी खड़ी हैं सामने, और मैं कह रही हूँ–देख लिया, मैं तुम्हारी बेटी अपनी करनी में खरी उतरी न? बड़ी कहती थीं, लाली, मैं मरूँगी, तुझे पता भी नहीं चलेगा। अकेली न जाने कब तक अलीगढ़ वाले घर में पड़ी रहूँगी। लोग कहते हैं, बेटी पराए घर की हुई। गई, सो गई। कस्तूरी का कोई नहीं।

माताजी...उन लोगों से गौरा अब कहेंगी, कस्तूरी ने अपनी बेटी के कन्धे पर प्राण छोड़े। पुष्पा पर ही उनके प्राण निछावर थे...

मैं अकेली बाथरूम में जार-जार रोती हुई कि कोई मुझे चुपाए नहीं।

एक स्त्री में गुथी हुई स्त्री की तीन पीढ़ियाँ, जिन्हें औरत ही आगे ले जा रही है। यह कैसा वंश है माताजी...तुम्हारी बेटी की तीन बेटियाँ, तुम्हारे रगरेशों से बनी हुई। बेटी के भी एक बेटी वासवदत्ता।

मैं अन्तिम समय में माँ को प्रणाम नहीं कर पाई। अरथी अलीगढ़ में उठी, गाँव के लोगों ने उठाई। उनके जल, अन्न और भूमि-समाज में शामिल कस्तूरी का महाप्रयाण...भागवत हो रही थी, कस्तूरी के शोक में समापन कर दिया गया। गाँव उमड़ आया। जिस दामाद ने शुरू से आखिर तक उन्हें सिर माथे रखा, वही सामाजिक विधान के कारण कन्धा नहीं दे पाया। जिसको इस लोक के रीति-रिवाजों की चिन्ता नहीं थी, उसके परलोक पर उसका अपना बस नहीं। लोगों ने जो कहा, दामाद ने किया। मन नहीं माना तो चुपके से चिता से फूल चुन लाए। अकेले जाकर गंगा में बहा आए। कहने लगे यह रिवाज तोड़कर लगा, मैंने माताजी का तर्पण किया है।

और मैं...नम्रता मुझे कट्टर औरत के रूप में देखती है। अपनी बहनों से कहती है–"हमारी माँ को अपनी माताजी की मौत का दुख नहीं।"

"क्यों?" मोहिता पूछती है।

"देखा नहीं, माताजी की अरथी उधर गई, इधर मम्मी गाँव के प्रधान को भीतरी कमरे में ले गईं। कलम कागज लिए शायद कोई एप्लीकेशन लिख रही हैं।"

नम्रता की माँ के लिए नफरत भरी आँखें, अपनी नानी के लिए रोती हैं। मोहिता कुछ साल उनके पास रही है, फूट-फूटकर रोती है।

माताजी कहा करती थीं–"माय मरी तब जानियो, जब रोबत आबै धिय" (माँ का मरना तब है, जब उसकी बेटी रोती आए)।

लड़कियों ने मेरी हमदर्दी, लगाव और जुड़ाव के ज़ज्बात पर कठोरता की धूल डालते हुए माताजी के बिछोह को गले लगा लिया। मैं अपनी माँ की कठकरेज बेटी, नम्रता को कैसे बताती कि बबली मैंने अपनी माँ को एक वचन दिया था, एक वादा किया था। हालाँकि उन्होंने मुझसे प्रतिज्ञा नहीं कराई, कौल नहीं लिया, लेकिन मैंने इस पीढ़ी की वारिस होने के नाते कौल भरा था।

"मुझसे तुम्हारा खेत कोई नहीं छीन सकेगा, माँ। इस पर मेरा दखल है तो दावा भी मेरा ही होगा। मैं कट-मर जाऊँगी, पिता और पितामहों की विरासत को छीजने नहीं दूँगी।"

मैं सफाई नहीं दे सकती बबली कि माँ के लिए रोने की औपचारिकता क्यों नहीं निभा पाई। बस, समझ ले कि मैं रोने बैठ जाती और वे (माँ के भतीजे) कचहरी में चढ़ आते। कहते उनकी बुआ का स्वर्गवास हुआ है, वह अपनी शादीशुदा बेटी के पास गई थीं, लाश के रूप में लौटकर आई हैं। बुआ का ख्याल हम रखते थे, लड़की तो मेहमान की तरह आती थी। हक हमारा है।

लड़कियों के सम्पत्ति के हक इसी तरह काटे जा रहे हैं। कचहरियों में न्याय नहीं, कारोबार होता है, जो नए कानून (बेटी का हक बाप की सम्पत्ति में) को चुपचाप लील जाता है। मैं अपनी माँ की मौत पर बेहोश नहीं हुई, जोकि दुख के कारण मुझे हो जाना था, क्योंकि मेरे खूनी रिश्ते की आखिरी मंजिल ढह रही थी। मगर मैं गवाहों और झूठे एफीडेविटों की जालसाजियों के विरुद्ध चौकन्नी होकर देख रही थी। कहीं कोई साजिश घटित हो गई तो मैं माताजी के लिए झूठी पड़ जाऊँगी। तब फिर कोई बताए मुझे, जल्दी-जल्दी गोपनीय तरीके से अपने नाम के दाखिल खारिज के लिए अर्जी लिखने और प्रधान को देने के सिवा चारा क्या था? अभी तो मुझे तहसील के लोगों से मिलना था। अभी तो मुझे माँ की मृत्यु के उपलक्ष्य में बिना हल्दी की उड़द की दाल और रोटी बनानी थी। अभी तो मुझे सोमवार के लिए कढ़ी और भात बनाकर शकोरे श्मशान ले जाने थे। मैं इस घर की लड़की और लड़का दोनों...मैं इस घर के

चूल्हे से खेतों के चक तक फैली हुई...सब कहीं मैं। सो बस, हमारे यहाँ, मतलब कि इस कुल में मृत्यु का दुख मनाने, मृतकों के लिए रोने और शोक करने की मोहलत नहीं...कि फुरसत ही नहीं मिली औरतों को।

मेरी तीन-चार पीढ़ियों का इतिहास साक्षी है कि मेरे पिता की नानी अपने पति की मृत्यु पर कब और कितना रोतीं, उनके सामने दो बेटियों के पालने की चुनौती मुँह फाड़े खड़ी थी, कि वे अपनी बेटियों की अकाल मौत पर नहीं रो सकीं, क्योंकि उनकी गोद में ग्यारह महीने का शिशु हीरा (मेरे पिता) आ पड़ा था और सामने था, इक्कीस वर्षीय दामाद, जिसकी देखभाल में खेती जुतानी बुबानी थी।

इसके बाद मेरे पिता की मृत्यु हुई, बाईस वर्षीय कस्तूरी (मेरी माँ) के ऊपर घर और बाहर का भार आ गया। अंग्रेजों के जमाने में लगान की रकम, जो सामर्थ्य से कई गुना वजनी थी, वसूल की जाती। पिता कर्ज में डूबे हुए मरे थे। मेरी माँ रोती रहतीं तो उस ऋण को कौन चुकाता? मेरे दादा गठिया के मरीज टेढ़े-मेढ़े अँगूठे-उँगलियों और हाथ-पाँवों के साथ झुकी कमरवाले, उनका सहारा मेरी माँ के सिवा कौन बनता? खेती का काम किसान को कभी फुरसत नहीं देता। कस्तूरी नाम की विधवा को रोने का समय कब मिलता? पढ़ाई-लिखाई और शिक्षा का अलख जगाने में बीत गया जीवन।

और अब मैं...माँ के बाद उनकी बेटी...हमारे यहाँ दुख आता है, हम अत्यन्त दुखित होते हैं लेकिन उससे पहले आ जाती हैं, चुनौतियाँ। बस, दुख करने की मोहलत नहीं पाते। न एक दिन, न एक महीना, न एक साल...

रानी बेटी! मैं मरूँ तो तुम भी मत रोना। अपनी जिम्मेदारियाँ देखते हुए, सच में तुम्हें रोने का समय नहीं मिलेगा। तुम माता जी की नातिन हो, उन्हीं की तरह साहस की कोई बात करो। हौसले का नाम था कस्तूरी, जो हमारे स्त्रीवंश की अब तक सबसे ज्यादा ऊर्जावान, दूरदर्शी, गतिशील और प्रगतिगामी कड़ी साबित हुई। फिर एक बार यही कि 'नानी के नक्श धेवती में' कहावत तुम्हारे रूप में चरितार्थ हो।

तृषावंत जो होयगा...

"मम्मी लिखो।" यह नम्रता थी।

"क्या लिखवाएगी, बेटा?"

"कहानी, कविता, लेख लिखने के लिए कह रही हूँ।"

"तीनों चीजें? मगर अब तुम्हें कहानी, कविता और लेख की क्या जरूरत? तुम्हारे स्कूलवाले दिन तो अब हैं नहीं। एम.बी.बी.एस. के बाद हाउस जॉब कर रही हो। क्या अपने मरीजों को कहानी कविता सुनाने और पढ़ने का कार्यक्रम चलाया है?"

मेरे सवाल पर वह हँस पड़ती है। आगे कहती है, "आप समझ तो सब रही हैं कि मैं असल में क्या कहना चाहती हूँ? चलो मान लिया आप मेरा आशय नहीं समझ रहीं तो मैं कहती हूँ, आप 'राइटिंग' शुरू कर दो। आर्टीकल लिखो। अब की बार हमारे नाम से नहीं अपने नाम से लिखो। स्कूल मैगजीन में कितनी कविता, कहानियाँ हमारे नाम से छपी हैं, आपकी लिखी हुई। हमने डिबेट्स में भाग लिया है, आपके लिखे लेख पढ़े हैं और फर्स्ट प्राइज़ जीते हैं। आपके पास जरूर वे अखबारी कटिंग्स रखी होंगी।"

"अच्छा! तो अपनी माँ को अब रचनाओं के लिए उकसा रही हो।" मैं हँसी के साथ यह वाक्य मिला देती हूँ।

"उकसा रही हूँ कि अपने नाम से लिखो मम्मी। केवल अपने नाम से।"

मैं उसे गौर से देखती हूँ, इस लड़की को आज क्या हुआ है? क्या इसका सारा समय मरीजों और अपनी हमपेशा सखियों या मित्रों में नहीं बीत पाता, जो यह मेरे बारे में सोचती है? मेरी पुरानी सनक को एक गुण की तरह देखती है। मुझसे किताबों की बात करती है...साहित्य से इसकी ऐसी मित्रता कैसे विकसित हुई?

"लिखोगी न मम्मी, अपने नाम से? प्रॉमिस करो मुझसे।"

"नाम! अपना नाम?"

"कमऑन मम्मी, मेरी बात का मतलब है कि..."

"तेरी बात का मतलब है बेटा कि मेरा नाम...पर क्या नाम है मेरा?"

''कोई अपना नाम भी भूलता है कभी?'' वह थोड़ी झुँझलाहट के साथ सवाल दागती है।

मैं चुप हूँ और वह उदासी में डूबती-सी...उसके विचारों की रफ्तार भावनाओं के आवेग में थी, अब मन्द-सी पड़ती जा रही है। और मेरे दिमाग में कितनी ही अनिश्चित ध्वनियाँ उभरती हैं कि एक भी सुनिश्चित वाक्य नहीं बोल पा रही। इन्तजार कर रही हूँ कि कब वे शब्द पाऊँ और कब नम्रता को समझाऊँ। मैं बेटी को हताश देखकर कब सुस्त रह पाई हूँ।

''बबली, तू कहती है कि अपना नाम कोई नहीं भूलता, पर बेटा हमें गौर से देख, हमारी जैसी औरतें भूल जाती हैं अपना नाम कुल गोत्र और जाति। यही नहीं, अपनी नस्ल भी भूलने लगते हैं हम...। मैं 'मिसेज शर्मा' के सिवा क्या हूँ, बेटा? तेरे पिता की पत्नी...न औरत हूँ न मनुष्य, केवल पत्नी। इसी रूप में तेरे पिता के परिवार में शामिल हूँ। शान्त-सम्मानित जीवन भी खुद को भूल जाने के कारण मिला है।''

''तुम ही ऐसा कहती हो तो हम...?'' नम्रता की शान्त आँखों में उद्वेलन था, तेज उथल-पुथल...

''मैं ऐसा नहीं कहती बबली, न ऐसा मानती थी। शुरुआत में तो मैं खुद को तेरे डैडी की गर्लफ्रेंड के रूप में ही रखती रही। लोग कहते तुम्हारा घर, घर नहीं लगता, हॉस्टल है। मैंने कहा था, सब मुझे मेरे नाम से पुकारें और तब मेरी बात का विरोध भी किसी ने नहीं किया। हाँ, किसी ने वह नाम नहीं लिया, जिससे मैं मायके में पुकारी जाती थी। सबके सब 'मंटी की बहू' कहने लगे। उस समय मेरे लिए यह स्थिति बड़ी दर्दनाक और विचलित करनेवाली थी। ऐसा लगता था, एक मुखौटा मेरे वजूद पर रख दिया गया है, वह इतना कसा हुआ है कि कोशिश करके भी उतार नहीं पा रही। जब कभी अकुलाहट बहुत ज्यादा बढ़ती तो मैं अपनी बात को झंडी की तरह लोगों के आगे मजबूती से गाड़ देती और अपने लिए मुकम्मल जगह का संयोजन करने की योजना बनाने लगती। मगर बबली...कसाव और गठन की अपनी ताकत होती है। शिकंजे, खासतौर पर पारिवारिक शिकंजे अपनी धारणाएँ ऐसे दबे पाँव आगे बढ़ाते कि मेरा सक्रिय स्वभाव, तूफानी चाहतें जिम्मेदार पति को देखकर ढेर हो जातीं। डॉ. आर.सी. शर्मा परिवार ही नहीं, मौहल्ले व शहर के सिरमौर, जिनकी पत्नी मैं, अपूर्व सौभाग्य की मालकिन, इस वैभव, ऐश्वर्य और गुण-गरिमा के आगे मैं क्या, मेरा नाम क्या?

''धीरे-धीरे मेरे वजूद पर डॉ. शर्मा की पत्नी हावी होती गई और मैं कमजोर हो गई बबली...कमजोर ऐसी, जैसे प्रसव के बाद किसी माँ का शरीर ढीला हो जाता है। और वह भयग्रस्त सी...अपनी ताकत चुक जाने के बाद अपना अस्तित्व यहाँ-वहाँ खोजने लगती है। बस, तेरे डैडी ही मेरी पहचान...''

नम्रता उदास मुस्कान के साथ मुझे देख रही है।

''मम्मी, फिर माताजी? माताजी की आशाओं का क्या हुआ?''

''यही कि मैंने उनकी लौ लगन के साथ ही नहीं, अपनी योग्यता और क्षमता के साथ भी नाइंसाफी की है। बेटा...तू मुझे माफ कर दे, सच बात यही है कि मैं अपना नाम गाँव भूल गई और भूले ही रहना चाहती हूँ।''

वह अब हँस रही है या अपने और अपनी माँ के बीच पसरी झेंप मिटा रही है।

''बबली, तू मेरे नाम के क्यों पीछे पड़ी है? इससे पहले क्या तूने यह देखा-समझा कि तेरे पिता के परिवार की परम्परा क्या है? चली आ रही परम्परा का निर्वाह करने के नियम क्या हैं? यह परिवार उस समाज का हिस्सा है बबली, जहाँ औरतें केवल शरीर के रूप में होती हैं, जो पुरुषों की सेवा-सुविधा के लिए श्रम कर सकें। इसके अलावा वे यौनि रूप में रहती हैं कि पुत्रवती होकर वंशवेल बढ़ाएँ, बेटी पैदा करें तो अगली पुरुष पीढ़ी के काम आए।'' कहते-कहते मेरी रग-रग टीस उठी है...आज कराह का रूप होती गई...आगे अपनी बेबसी और पारिवारिक शासनदारी के किस्से कैसे सुनाऊँ?

फिर भी मैंने कहा—''इस घर में कहीं कैदखाना नहीं है, बबली। बस, परम्पराओं के महान बन्धन हैं नहीं तो तेरी शादी में तेरे पिता निमन्त्रण पत्र पर मेरा नाम न लिखवाते? मेरा कितना मन था, अपनी बेटी की माँ के रूप में अपने नाम की पहचान कराने का, मगर यहाँ भी स्कूल रजिस्टर की तरह तेरे डैडी ही कर्ता रहे। मैं सिरे से गायब, श्रीमती आर.सी. शर्मा के रूप में...

''आप चुप क्यों रहीं? कार्ड दोबारा क्यों नहीं छपवाए? मुझे तो बताया होता। मेरा ध्यान दिलाया होता, जैसे तमाम रूढ़ियों की ओर मेरा ध्यान खींचती रही हो।''

''यह तेरी बात नहीं, मेरी बात थी, बबली। और अब तक मेरा स्वभाव किसी तरुणी के उत्तेजना भरे स्वभाव जैसा नहीं रह गया था। मेरी जिन्दगी की लय किसी मातमी जलूस सी...जिसमें लोग बिना दाएँ-बाएँ देखे बस सिर झुकाए चले जाते हैं या समझते कि अपने अधिकार की बात कहना मर्यादा का उल्लंघन लगता था। आदर-सम्मान, मर्यादा कुलशीलता निभाना और शीलवती गुणवती बहू होना आसान नहीं होता बेटा, खून के आँसू रुलाता रहा मुझे। इस परिवार में शादियाँ होती हैं, उत्सव मनाते हैं तो कार्ड छपवाए जाते हैं। उन कार्डों पर तेरे ताऊ-चाचा, तेरे पिता का नाम लिखवाते हैं, अपने बेटों के नाम छपवाते हैं, तुम वहाँ कहीं नहीं होतीं...मेरी बेटियाँ डॉक्टर बनने के बावजूद परिवार के स्तर पर खारिजनाम...जैसे हमारे घर में केवल एक ही व्यक्ति हो, जो पुरुष है, तेरे पिता...आँसू पीते हुए यही मान लेना होता मुझे। क्या यह घाव मेरी भूल का कारण है या स्वाभाविक है यह तकलीफ? तकलीफ, जिसे मैं दिल में दबाए जी रही हूँ।

क्या तकलीफें, जो कहने की नहीं होतीं, जाहिर करने पर कहनेवाला कमजोर या बेचारा मान लिया जाता है, वे ही तकलीफें कविता और कहानियों में ढल जाती हैं? रचनाएँ कहलाती हैं? नम्रता जो कुछ कह रही है, मेरे दुखों को कोई ऐसी शक्ल देने का आग्रह कर रही है, जो मेरी जैसी कितनी ही औरतों के दुखों के चेहरे होंगे। मुझे ऐसी पीड़ाओं को निडरता से पेश करना चाहिए, सोचो जरा, जो तुम दर्ज करोगी, वह यदि छप गया तो कहाँ-कहाँ तक पहुँचेगा...

लेकिन मेरी अवस्था? भावनाओं के पकने की नहीं, उम्मीदें झरने की है।

"मम्मी!" उसने पुकारा तो मैं चौंकी। हाँ चौंक पड़ी, क्योंकि सोच रही थी कि मैंने कुछ कविताएँ लिखीं। पति को नहीं दिखाईं, क्योंकि वे पति के लिए नहीं थीं। थीं किसी अनजाने अनदेखे, सपनों और चाहतों वाले जीवन के बारे में। कविता बसन्त की तितली-सी, मैं बौराई अमराई में कूकती कोयल-सी मगन मन चक्कर काटती हुई मनचाही जगह रुक जाती। चहककर फिर रंगीन मदभरी दुनिया में चल देती। चल देती नादानियाँ और बेवकूफियाँ करने के लिए। 'सोच-समझ' से ऊब चुकी थी।

ओह, यह खराब मौसम, गृहस्थ का अड्डा मुझे ऐसी मनमानी की इजाजत नहीं देगा। मैं घर के भीतर चकरघिन्नी-सी...वांछित आकाश दिखाई नहीं देता। मैंने सोचा, मनचाही उड़ान मेरे वास्ते नहीं। मेरी आँखें जो नए आसमान में ऋतुएँ तलाश लेती हैं, मेरी निगाहों को वापिस लौटना होगा वहीं से...मैंने नम्रता को बताया—'दिखाओ कविताएँ' पति का आग्रह, क्योंकि वे इन्हें छपवाने का वादा देते हैं। कहते हैं—'मैं सम्पादन-प्रकाशन जैसे कामों के बारे में ज्यादा नहीं जानता, लेकिन इन चीजों पर कब्जेदार पुरुषों की मनोवृत्तियाँ समझता हूँ। यदि तुम्हें आसानी से समझाने के लिए कहूँ तो दृश्य यह बनेगा, जैसे कोई भूमिहीन बटाई पर खेती लेकर गुड़ाई-सिंचाई करता है, अच्छे से अच्छा बीज बोता है, लेकिन वह फसल कटती बटती है भूमिधर के मन मुताबिक। बोने और विकसित करनेवाला तो मजदूर जैसा रह जाता है जिसे भू-स्वामी अपने हिसाब से चलाए।"

और यहाँ मेरे लिए सम्पादक-प्रकाशक तो बाद में भूस्वामी जैसे होते, पति ही ऐसे स्वामी थे, जो जीवन को संचालित करें।

—मेरी कविता, मैं अन्तरिक्ष में चाहे जितनी उड़ान भरूँ, उतरना तो पति के ही आँगन में पड़ेगा।

मैंने कविताओं को बदला। उनका रूप, मर्म और भेद, सब कुछ पति को समर्पित। दुर्लभ प्रेमी के रूप में पति का ही अक्स कि दाम्पत्य स्वयं कविता हो गया। मुझे यह कला इसलिए सूझी कि मैंने एम.ए. के कोर्स में पद्मावत (नागमती का विरह वर्णन) पढ़ा था। बी.ए. (संस्कृत) में मेघदूत कोर्स में था। विरही यक्ष की जगह मैं बिछोह में तड़पती यक्षिणी...

पति ने इन कविताओं को पढ़ा और जी भरकर सराहीं। इसके बाद मुझे याद दिलाया, पन्द्रह-बीस वर्ष पुराना किस्सा—हम कुछ कविताएँ लेकर हिन्दुस्तान टाइम्स गए थे। वहाँ कुछ लेखक/कवि जैसे बालस्वरूप राही, जयप्रकाश भारती, वेदप्रताप वैदिक, हिमांशु जोशी मिले थे। हमने कविताएँ दी थीं, मगर वे कविताओं को एक ओर रखकर ताबड़तोड़ मेरा कमरा नम्बर और फोन नम्बर नोट करने पर लग गए थे। अखिल भारतीय आयुर्विज्ञान संस्थान का फैकल्टी मैम्बर डॉक्टर अब उनकी गिरफ्त में था, क्योंकि उसकी पत्नी की कविताएँ छपने की सम्भावना में हो सकती हैं। यदि वह इन सबके काम आए, सबके मरीजों को बिना लाइन/प्रतीक्षा के दिखवाए तो।

पति का सुनाया पुराना वाकया, मगर मैंने फूलों की टोकरी सजा ली थी। कल्पनाओं के रंगीन गुच्छे लेकर 'साप्ताहिक हिन्दुस्तान', 'दैनिक हिन्दुस्तान', 'कादम्बिनी' और 'नन्दन' खरीद-खरीदकर देखती रही थी। सालों साल गुजर गए, कुछ न छपा।

मैं विफलता की पुतली...मैं ऊर्जाहीन खाली खाली...

वह जमाना था, जब पति ने मेरा सिर अपने कन्धे पर टिका लिया और पीठ पर छोटी-छोटी थपकियाँ देकर छोटी बच्ची की तरह समझाया—तुम नादान हो जानम। तुम भोली हो। तुम्हारा नाजुक तन-मन...ये कवि लेखक टाइप आदमी नम्बरी बदमाश होते हैं। उन्हें ऐसी औरत चाहिए, जो सस्ती हो जाए या ऐसा आदमी चाहते हैं, जो इनके बड़े से बड़े स्वार्थ साधे। हमारे यहाँ के डॉ. के.एन. शर्मा का एक आर्टीकल छापने के लिए उनसे हजारों की दवाएँ ऐंठते हैं। मरीजों की लाइन डॉ. शर्मा के पीछे-पीछे आती है। हमारे हैड डॉ. मल्होत्रा झींकते रहते हैं। डॉ. के.एन. शर्मा काम कब करें? वे भी पूरे 'अखबारी आर्टीकल' ही हैं।

मैं लेखकों/सम्पादकों का मन-ही-मन बहुत आदर करती थी, इतना जैसे वे आसमान से उतरे हुए फरिश्ते हों। जब पति के साथ उनसे मिली थी तो गहरी पारस्परिक आदर-भावना ही सामने आई थी। मगर वे अन्दर ही अन्दर चाहते क्या थे? कविता कैसी होनी चाहिए? क्या कोई विशिष्ट विषय होना चाहिए? कोई बतानेवाला तक नहीं। यह तो ऐसा ही हुआ, जैसे लड़की देखनेवाले आते हैं और जाकर 'पसन्द नहीं आई' नहीं कहते, कुछ दूसरा ही बहाना कर देते हैं। ज्यादातर वरपक्षीय लोग जवाब ही नहीं देते।

मेरी कविता कुँआरी लड़की सी, चिरकुँवारी रह जाने की आशंका से भयभीत...क्या ये सम्पादक वर पक्ष के घमंडी लोग हैं, जो मनमानी करते हैं? बिना कारण बताए ही कविता को अप्रकाशित और मेरा नाम खारिज कर दिया। लेकिन क्या मैंने खुद को खारिज और अपनी कविता को अप्रकाशित मान लिया? अपने लिए इस अपमानजनक निर्णय को मैंने दिल से झटककर फेंक दिया और एकान्त में कविताएँ लिखने में लगी रही फिर से।

पति का करिश्मा, कविता संग्रह 'लकीरें' छपकर आ गया।

मैंने प्रकाशन का नाम देखा, ऐसा नाम था, जो अब तक सुना नहीं। अहसान तले दबी मैं कुछ भी कह न पा रही थी। खुशी भी कम नहीं थी। अपने लिखे को किताब रूप में देखना, जैसे अपनी अस्थि-मज्जा, निजी खून-पानी को बच्चे की सजीवता में पाना। उसे पालना नहीं, पले-पलाए रूप में प्राप्त करना। मैंने डॉक्टर साहब को धन्यवाद दिया कई तरह से।

"तुमने मेरी कविताओं के लिए कितना यत्न किया। कहाँ-कहाँ फिरे होंगे!" मैंने बेहद आत्मीय और एकान्त क्षणों में कहा तो पति एक गहन चुम्बन मेरे अलसाये गाल पर लेने के बाद बोले—"तुम्हारे लिए कुछ करूँ, इसके अलावा मेरा मकसद दूसरा नहीं। और यहाँ मैंने खास कोशिश नहीं की, अपने दोस्त हैं न, एम.आर. शर्मा, वे ही छपवा लाए। शादी-विवाह, जागरण-भजन, बाबा के प्रवचनों के लिए वे तमाम कार्ड छपवाते हैं। उसी ने छापी है तुम्हारी किताब। अच्छे से अच्छा मैटर था तो बेहतरीन से बेहतरीन मैटिरियल लगाया है। कवर की फोटो एकदम तुम्हारे चेहरे से मेल खाती हुई। आखिर कविताएँ भी तो हमारी ही हैं जानम।"

पति सचमुच ऐसे उत्साह में थे, जैसे पत्नी की पसंद का चन्द्रहार गढ़वा लाए हों।

और मेरी आँखें इस चन्द्रहार पर कहाँ रुकें, कहाँ टिकें?

'सो न सका मैं, याद तुम्हारी आई सारी रात
और पास ही बजी कहीं शहनाई सारी रात।'

रमानाथ अवस्थी की इस कविता का असर था और बच्चन की इस कविता ने प्रभावित किया था कि—

'प्रिय शेष बहुत है रात अभी मत जाओ
प्रिय शेष बहुत है बात अभी मत जाओ।'

ऊपर से फिल्म 'हम दोनों' का यह गीत—

'अभी न जाओ छोड़कर कि दिल अभी भरा नहीं।'

सारा कुछ मिला-जुला था, जिसमें मेरी सारी दुनिया सिमट आई, प्रिय से मनुहार, मेरी अपनी मनुहार...

कितने सपने बुने, मौन का शब्द दे दिए
बातों के अपनेपन में कुछ कमी रह गई
अधर लिये मधु-मुस्कानों के रंग सिन्दूरी

क्यों काजल की ओट नयन में नमी रह गई
आम्रकुंज महके, फूली सारी अमराई
किन्तु कोकिला का स्वर अब के क्यों भर आया...

यह कविता!

चन्द्रहार सी ऐसी ही माणिक-मणियों रूपी कविताओं की मेरी पुस्तक! मगर धीरे-धीरे ये माणिक मणियाँ नकली दिखाई देने लगीं। मैं ऐसा कहाँ सोचती हूँ? माना कि मोहब्बत-इश्क का यह जज्बा, जो मुझ पर इस कदर हावी हुआ, मैं समझ रही थी कि इससे ज्यादा गहरा भाव, लगाव-जुड़ाव मुझे अपनी उस चेतना से हो चुका है, जो इस सुप्तावस्था के बरक्स खड़ी है। मेरी दुनिया का ओर-छोर बस इतना ही नहीं। मैंने कितने-कितने मंजर देखे, किन-किन वीरानों से गुजरी हूँ, मेहँदी, महावर और काजल मुझे क्षमा करें।

उच्छ्वासों और उद्‌गारों में डूबी गीली-गीली कविता ने मेरे स्वभाव के विरुद्ध जन्म लिया है। और इसमें कोई शक-शुवह भी नहीं।

मैंने अपने बीते हुए कल की ओर मुड़कर देखा, पाया कि मैं तो श्योरा पहाड़ और अपने गाँव की पथरीली धरती पर चलने की अभ्यस्त थी, यह मुझे क्या हुआ कि गा रही हूँ—

अधर मधु जिसकी हँसी से हँस रहे हैं
नयन में आँसू उसी के बस रहे हैं
मेरे उर में जो बना है काव्यधारा
वह न जाने मेरे मन में कौन है?

वह जो भी था।

मैंने सारी किताबें एक बक्से में बन्द करके रख दीं। ताला लगा दिया कि कोई और तो पीछे देखे, उन्हें मैं ही न देखूँ। जिनको किताब दे चुकी थी, पश्चाताप होता और सिर में दर्द सा होने लगता।

नम्रता, जिद की पक्की, पक्की जमीन पर खड़ी मजबूत लड़की मेरे सामने खड़ी है। हाथ में फिल्म का कैसेट है।

"इस फिल्म को मेरे साथ देखो, मम्मी। इसमें एक राइटर की कहानी है। स्मिता पाटिल ने हीरोइन का रोल किया है।"

क्या यह लड़की मेरे ससुर, जेठ और पति से बढ़कर है? जिस हीरोइन को यह मुझे दिखाना चाहती है, क्या फिल्म में उसकी मर्यादा पारिवारिक है? मैं सोच ही रही

थी कि वह बोली—"फिल्म चालू करती हूँ मम्मी, मैं जानती हूँ, यह आपकी जिन्दगी के आसपास होगी।"

और मैं एक लेखिका के संघर्षों के आसपास घूम रही हूँ। उसकी कहानी मेरे थके हुए साहस को झकझोर रही है। कहते हैं हिम्मत देखो तो औरत की देखो, आदमी से छह गुनी ज्यादा हिम्मत। माता जी ऐसी ही औरत थीं, मानती थीं कि जब मर्दों के हौसले पस्त हो जाते हैं, औरत बे-झिझक आगे आ जाती है। वह दो ही हालातों में हिम्मत दिखाती है, दुश्मन के हमले के समय और अपने पुरुष की कमजोरी के वक्त। 'आखिर क्यों' फिल्म में यही तो है।

नम्रता क्या चाहती है? मैं बुजदिली, सुस्ती और भाग्यवादिता, सब मिलाकर मर्यादा रूपी दुश्मन के हमले के सामने हूँ? परिवार की आड़ लिये हुए। क्या पति के कमजोर संस्कारों के बरक्स मुझे उठना है? उठना है अपने वजूद की खुराक के लिए?

लड़की ढलती उम्र को भविष्य की ताकत का दर्शन करा रही है कि मुझे खुद में उसकी ही पारदर्शी छाया नजर आ रही है? नम्रता है या मैं खुद हूँ? मैं जैसी कि बीस साल पहले थी, सपनों के साथ, उमंगों में तैरती हुई। भाग्य नहीं था, मेरे नजदीक मेरा आत्मविश्वास था, जैसाकि तरुणियों के पास होता है।

मैं गाँव गई थी। रास्तों, धूल-मिट्‌टी भरे बागों से होती हुई खेतों के बीच से पहुँची थी अपने गाँव। गर्म हवा जो मुझसे लिपटकर मिली थी, पसीने में बहती साथ-साथ आई। और मैं अपनी चाची से लिपटकर उसी गर्म हवा को आँसुओं में ढालती रही।

मैं अपने इस गाँव कभी न आने की कसम खाकर गई थी। कसम कौल मैं किसी भी बात को लेकर निभा सकती हूँ, गाँव के मामले में बीसियों बार सौगन्ध टूटी है, जैसे मेरा गाँव दिल्ली शहर से ज्यादा बड़ा और महत्त्वपूर्ण हो। वहाँ की सड़कों के मुकाबले गलियाँ पतले धागों के समान हैं और घर भुरभुरी मिट्‌टी के झोपड़ी सरीखे। मेरा मन बार-बार इन्हें देखने का करता है, संसद भवन और लालकिले को नहीं। मैं क्या हूँ? ग्रामीण मिट्‌टी की सजीव छवि!

अपनी रामश्री चाची, जिनकी उम्र पैंतीस-चालीस के बीच है, मैं उनके जेठ की लड़की पुष्पा।

क्या मैं अपनी स्मृतियाँ अपनी नजरों में उतारूँ? नम्रता कहती है—"कहानी लिखो मम्मी, कविता में आप खुद को विस्तार से व्यक्त नहीं कर पातीं। याद है, हमारी स्कूल मैग्जीन के लिए आपने एक कहानी लिखी थी 'हवेली'। हीरो था जफरू फकीर और हीरोइन थी गाँव की जमीदारनी। उजड़े हुए जीवन की फाकामस्ती और जमींदारी उजड़ने का दर्द मिलकर कैसा इंटीमेट रिश्ता बना था, मम्मी!"

"और यह पति-पत्नी का रिश्ता?" मैं पूछना चाहती हूँ।

"रामश्री चाची का रामावतार चाचा के साथ सम्बन्ध...मैं कैसे लिखूँ बबली (नम्रता)...चाची अपने पति के कत्ल में घेर ली थीं। मेरे चाचा डॉ. राधाकृष्णन (उपराष्ट्रपति) के हमशक्ल और चाची अपने सौन्दर्य में फिल्म अभिनेत्री वैजन्ती माला की बराबरी पर रखी जा सकती हैं।

रामावतार चाचा अध्यापक थे, दूसरे गाँव में। पति-पत्नी की उम्र भी इक्कीस-बाइस के आसपास थी। चाची अपने देवर कृष्णावतार के साथ घर में अकेली रहतीं। चाचा पन्द्रह दिन बाद आते।

अपनी यादों को लिखूँ कि मेरे बचपन में विधानसभा का चुनाव हुआ था। बोट हमारे गाँव में नहीं, दूसरे गाँव 'कारस' में पड़े थे। मर्द पैदल गए थे और औरतें बैलगाड़ी में।

चुनाव में प्रत्याशी केवल दो थे। कांग्रेस से बाबू सौदान सिंह और सोसलिस्ट पार्टी से मुरसानवाला राजा। जाट बहुल गाँव, सिकुर्रा का बोट बैंक राजा के पक्ष में था, जिसका चुनाव चिह्न था 'शेर'।

रामश्री चाची ने तरुणी के रूप में पहला ही जुमला बोला—"शेर कहाँ का ताकतवर हुआ, अपना शिकार तक तो खुद करता नहीं। हाँ, वह राजा की तरह ही है, जो दूसरों की मेहनत का खाता है। 'दो बैलों की जोड़ी'—यहाँ तो बात बनती है। किसान और बैलों का ताजिन्दगी संग-साथ है, खेत मेहनत और फसल।"

सबने राजा को बोट दिए। रामश्री गाँव के नम्बरदार के साथ रही, यानी कि कांग्रेस को बोट। पुरुषों के खेमे में खलबली मच गई। घूँघटवाली बहू की यह जुर्रत! राजा अपना माई-बाप है। नम्बरदार क्या है भूतपूर्व जमींदार। अब इसकी क्या दर? लोग तरह-तरह से बातें करने लगे।

"रामावतार की बहू है यह।"

"यह उसके हाथ की रहेगी?"

"बेचारा पन्द्रह दिन तो बाहर रहता है।"

"तब ही तो कांग्रेसी यार..."

"साली बड़ी जबर जंग है।"

"कोई पट्ठा चाहिए इसके लिए।"

फिर क्या था, चाची की हिम्मत ही लोगों के लिए चुनौती बन गई। शेरनी के लिए शिकारी मंसूबे बाँधने लगे। मन्दिरवाले सियाराम ने चबूतरे पर खड़े होकर कहा था—"बकरी के शिकार में हमें भी मजा नहीं आता है।"

और अब मैं उस दृश्य में चली गई, जहाँ दो-तीन शोहदे मुँह लटकाकर रामश्री की गली से लौट रहे थे। मन्दिर वाला सियाराम कह रहा था—सालो अपने मूत में ही डूब मरो, लुगाई से पिट आए।

मर्दानगी पाँव पटक रही थी। जो निर्वीर्य घोषित हो चुके थे, वे शिलाजीत और कुश्तों का सेवन करके शरीर में गर्मी पैदा कर रहे थे।

आज याद करती हूँ तो महसूस होता है, उन वज्रवक्षों, वृषभ स्कन्धों और बाहुबलियों के सामने रामश्री चाची नहीं, मैं ही थी, मैं। फूलनदेवी और बैटकोटा की मातौन के साथ संजय की बहन गीता मेरे सामने खड़ी हैं। मैंने इनसे कुशलक्षेम पूछी और वे मेरे साथ हो गईं।

गाँव से गाँवनाते का भाई आया था, जिसने सूचना दी कि रामश्री ने पति को जहर दे दिया।

कैसे?

जैसे कृष्णावतार को दिया था।

कृष्णावतार रामश्री का अठारह वर्षीय देवर। गाँव के शौहदों ने इस नवयुवक को अपने हाथ में कर लिया। आधी रात वह घर के द्वार की कुंडी खोल देता था, बदले में गुड़, शकरकंदी, बूरा और बीड़ी का बंडल मिलते।

रात को दंगल मचता तो चिल्लाता।

गाँव के लोग मान लेते कि रामश्री रात को अपने घर आदमी बुलाती है। बदफैल औरत है, लफंगई करती है। लड़का शोर मचाता है, तब उसके यार भागते हैं।

रामावतार की बहू कृष्णावतार के हाथों तबाह...अब वह भीतर की सांकल में ताला लगाकर सोती। तब देवर अपनी भाभी की खाट पर खुद सरक आता। जोर-जबरदस्ती करता। भाभी कभी पटक देती, कभी माफ कर देती। वहाँ यह रोज-रोज का सिलसिला। सिलसिले की भयानक तसवीरें। कभी रामश्री का माथा फूटता, कभी कृष्णावतार की उँगलियाँ टूटतीं। कभी औरत का टखना चोट खाता, कभी देवर की बाँह चटकती। काटने के निशान रामश्री के चेहरे पर!

'मैं एक दिन तुझे जान से मार दूँगी।' रामश्री ने ऐलान कर दिया।

घोषणा फलित हुई।

घर श्मशान सा खामोश...रोटियों वाले आटे में धतूरे के बीज पीसकर मिला दिए थे। देवर को थाली परसकर खाना खिला रही थी कि पति भी आ गया। भूखा था, धतूरेवाली रोटी खा गया।

पति और देवर दोनों पागल। दोनों हाथों में दरांत लेकर निकल पड़े। अन्धियारा घिरा था। जिधर उजाला दिखा उधर ही रास्ता बना लिया। पशुओं का बाड़ा, जहाँ लालटेन जलती थी, उसी घेर में घुस गए।

रामावतार कम पागल, एक ही रोटी खायी थी।

कृष्णावतार ज्यादा पागल, ढाई रोटी खा गया था। वही गायों के पास गया, दरांत से थन काट दिए। गाएं डकराईं। भैसों के पास गया कान और थन दोनों काटे। बाड़े

में कसाई खाना...तड़पन भरी डकराहट, सारा गाँव हिल गया। पशुसंहार की भयानक गन्ध ने मौहल्ला घेर लिया।

ओह!

बबली, गद्य लिखने को मत कह। मैं कहानी नहीं लिख पाऊँगी। मातम में डूबी हुई, घृणा में धँसी, अपने कृष्णावतार चाचा के वहशीपन को ऐसे शब्द, ऐसी शैली कैसे दूँगी कि उसकी जिन्दगी ही कहानी लगे? मुझे प्यार से मेंढकी कहता था, आज हर जीव को काट-कुचलकर मुर्दा बनाने पर तुला है। 'घर आया मेरा परदेसी' गानेवाला मेरा नेंकसे (कृष्णावतार) चाचा पागलखाने गया, हमारे लिए परदेसी...मैं आगरा तक साथ-साथ गई थी।

और रामश्री, बीते समय की शीड्रैकूला, डायन, डंकिनी...

वह गाँव के पुरुषों के घेरे में खड़ी है, लालटेनें चमक उठीं। औरतें समूहों में बँट गईं। कुछ गालियाँ दे रही हैं इस औरत को। कुछ चुपचाप रो रही हैं और कुछ तरस में चूचू!

गाँव में उस रात कोई नहीं सो सका। औरत को सजा मिल रही थी, निवीर्य मर्दों को मजा आया–बदकार, रंडी, हत्यारी...इसके अलावा स्त्री-यौनि के पर्यायवाची, उसे पुरुषलिंग से उधेड़ने के दावे। कृष्णावतार का बदला लेनेवाले, अनेक पुरुष कह रहे थे–सरिया दहका लो, चूतड़ों की खाल उधेड़ दो। माथे पर दाग दो, कलंकिनी। गाय इसी के कारण तो मरी है। नंगी कर दो, नंगी। हम भी देखें कि इसकी जवानी में कितनी आग लगी है।

मन्दिरवाले सियाराम के साथ उसके हमजोली, कोई आगे से डंडा यौनि में घुसाता, कोई पीछे से ब्लाउज फाड़ता।

वह औरत उबलते कड़ाह में उछलती मछली-सी...उसने पता नहीं किस कौशल से डंडा छीन लिया और फिर ऐसे घुमाया जैसे, कलाधारिणी नटिनी हो। फटे कपड़ों से बेपरवाह, तड़ातड़ मारती गई छोटी सी लाठी को।

"आओ, ला देखूँ तुम्हें। और कुछ तो तुम्हारे बस का नहीं।"

नम्बरदार बीच में आ गए।

माताजी ने रामश्री को पीछे से पकड़ा।

नम्बरदार और माताजी, इस घटना के गुनाहगार...कृष्णावतार को हमारी बैठक में बन्द किया गया। रामावतार चुपचाप अपने घर चले गए और रामश्री नम्बरदार की हवेली के हवाले थीं कि कोई चुपचाप पुलिस को खबर न कर आए और नम्बरदार को पता तक न चले। गाँव की बहू हवालात चली जाएगी। गजब हो जाएगा।

पुरानी बात याद आती है, इस नई खबर पर कि अब की बार रामश्री ने पति को जहर दे दिया...और मेरे विचारों ने पुराने तकले पर लिपटे कालिख भरे धागों में सन्देह की छोटी-छोटी गाँठें खोज लीं।

मैंने मन-ही-मन कल्पना की कि फिर कोई साजिश हुई।

इस साजिश का पर्दाफाश मैं किस तरह करूँ बबली कि गुनाहगार मानी जाने वाली औरत को न्याय मिले और असल कातिल सामने आए। कि मैं उस स्त्री के हार्दिक भावों को कैसे उजागर करूँ, जिसने मुझे पूरी गहनता के साथ प्यार किया था। माँ छोड़ गई थी, नौकरी करने चली गई थी। मुझे बुखार ने दबोच लिया था। बुखार और इम्तिहान साथ आए। रामश्री चाची पुड़िया में बिस्कुट, डोलची में दूध और मुझे अपने कन्धे पर बिठाकर स्कूल तक ले जाती थीं, पूरे तीन मील चलकर। वह अपने सीधे-सादे पति को जहर क्यों देगी?

वही थी, जो मुसलमान के लड़के सरदार खाँ की बीवी मरने के बाद उसके बच्चों की पालनहार धाय बनी। सरदार खाँ तो गरीबी और अकेलेपन के मारे पस्त हो गया था। रोटी नहीं जुट रही तो दूध कहाँ से आए? मजदूरी करे या बच्चों के पास बैठे?

लड़की (1 साल) लड़का (तीन साल) भूखे रोएँ, सरदार खाँ दीवार से अपना सिर मारे। हारकर लड़के का हाथ पकड़कर, लड़की कन्धे पर बिठाकर इगलास के बस-स्टेंड पर जा खड़ा हुआ।

गाँव में हल्ला हो गया–'सरदार अपने बालक कंजरों को दे आया। वे अब बस स्टेंड पर भीख माँगेंगे। अल्यूमीनियम का कटोरा भी घर से ले गया था, लड़के के हाथ में थमा आया। कह आया–चाहे भूखे मारना या भीख मँगवाना, मेरी तरफ से बच्चे मर गए अपनी माँ के साथ ही।

घर-घर बातें होतीं। लोग तरस की धाराएँ बहाते। औरतें तो रो भी लेतीं। बच्चों के भाग्य को कोसने के सिवा और क्या कर सकता था कोई? सरदार खाँ अब दूसरा ब्याह कर लेगा, यह भी लोग कहने लगे थे।

बड़ा-सा किस्सा बन गाया दो दिन में यह वाकया। कोई कहता, बच्चे हमने देखे। काई कहता, उनकी उँगलियाँ काट दी गई हैं। पल्ले मौहल्ले का छीतरिया कहता आया लड़के का गोड़ नहीं था। पट्टियाँ बँधी थीं।

रामश्री ने आव देखा न ताव, इगलास के लिए चल दीं। रास्ते में जाती जिसने देखी, गाली देकर हँसता हुआ कहने लगा–किसी यार से मिलने गई है मेरी सुसरी। रामौतार तो कमउआ चाकर है। उसे कहाँ गिनती है? दिनभर रामश्री चाची के चाल-चलन को घसीटने में मन लगाए रहे गाँव के लोग। कहानियों पर कहानियाँ बनीं। बलीपुर के मास्टर से सम्बन्ध जोड़ा गया, जो अब की बार रामावतार की तनख्वाह लाया था, क्योंकि रामावतार चाचा आ नहीं पाए थे पाठशाला निरीक्षण के कारण।

रामश्री चाची शाम को लौटीं। ऊसर को पार करती हुई वे जिसने देखी, उसी ने पहचानी। दोनों कन्धों पर दो बच्चे लदे थे।

सरदार खाँ के घर पहुँची, सरदार खाँ अचकचा गया। थोड़ी देर बाद चिल्लाया-- "क्यों ले आई हो इन्हें पंडितानी? मैं नहीं पाल पाऊँगा। ये मर जाएँगे।" कहकर रोने लगा। अपनी बीवी की याद में तड़पने लगा।

"तू कितना तड़प रहा है, इसलिए ही ले आई हूँ सिरदार। अब तू अपनी बहू के लिए नहीं, इन बच्चों के दर्द में रो रहा है।"

"पंडितानी, मेहर करो। इन्हें वहीं दे आना कल। आज तो जो तुम्हारे घर हो, सो खवा-पिवा दो। मैं कल से मजूरी पर गया, अनाज कल मिलेगा।"

"निसा खातिर रह रे सिरदार! मैं बालकों को तेरे भरोसे नहीं लाई, अपने मन से लाई हूँ। अपने घर राखूँगी। अकेली सोती बैठती हूँ, बालक रहेंगे, बालकवारी हो जाऊँगी।"

बबली, मैं असफल घबराई सी...बेटा, मुझे हारते देखकर तू निराश मत होना। समझ ले कि मैं तेरे डैडी से डरी हुई हूँ। वे इस कहानी को पढ़ लेंगे तो मेरे वंश की जड़ें, जहरीली मानेंगे। मैं लाख लिखूँ कि अपने पति को रामश्री चाची ने जहर नहीं दिया था। वे दावत खाकर मरे थे। चाहे फूड पायजनिंग हुई हो, चाहे हार्टअटैक आया हो। गाँव में न जाँच निदान न इलाज उपचार। वहाँ तो भूत-प्रेतों से आदमी मर जाता है, रामश्री चाची तो फिर सरनाम हत्यारी औरत...किसी ने नहीं माना कि देवर के प्रति वह रोज के बलात्कार, सामूहिक बलात्कार के कारण ऐसी क्रूर हो गई थी।

बबली, तेरे पिता तुम बहनों की युवावस्था से डर जाएँगे, तब क्या होगा हमारा? ज्यादातर सचाई झूठ और अफवाहों के नीचे दब जाती है। बहादुरी साजिश की शिकार हो जाती है।

नम्रता मेरा चेहरा देख रही है, जिस पर आँखों के नीचे दो गीली रेखाएँ ठोड़ी तक चली जा रही हैं।

"घबराओ मत मम्मी, इस सच का उपन्यास लिख दो। कहानी तो कहानी है। हमारी चचेरी नानी की जिन्दगी का खुलासा तो होगा।"

"बेटा, खुलासा होने से क्या होगा? कहानी सफल भी मान ली जाए, पर सार्थक भी होगी क्या?

"मम्मी, पानी प्यासों के लिए होता है। बहुत-बहुत सार्थक...

मोरा मन मतबारा

विषय खोजते हुए मैंने अपने आसपास से लेकर दूर-दूर तक नजर दौड़ाई। आँखों को उन बन्द दरबाजों तक ले गई जहाँ मुझे अपनी स्मृतियों के होने का अन्देशा था। साथ ही यह भी सोच रही थी—यादें तो पुरानी होती हैं, समसामयिक होने के लिए यादों की नहीं, आज के यथार्थ की जरूरत है। कितना कुछ बदल गया तब से अब तक। ऐसा न होता तो मैं अपनी पुरानी भावनाओं को ताले में डालकर रखती?

झाँसी में जब थोड़ा-बहुत कुछ लिखती थी, उस समय को व्यतीत हुए लगभग 26 साल हो गए। कविताएँ उच्छ्वासों के और बच्चों के लिए कहानियाँ परी देश के किस्सों के रूप में आईं। मगर, समकालीन साहित्य की मुख्यधारा में ऐसा कुछ जुड़ नहीं पाएगा, जैसा मैं चाहती हूँ। इतना तो मैं जान गई थी। अब मेरी कलम जाए तो कहाँ जाए? लड़कियों की वाद-विवाद प्रतियोगिता के लिए लेख लिखती थी, विषय 'सम्बन्धित संस्था' से मिलता था।

अब कोई मुझसे पूछे कि मैं क्या लिखूँगी, तो निश्चित ही मैं घबरा जाऊँगी। बस, इतना ही मेरे ध्यान मैं है कि मैं गद्य लिखने का इरादा किए बैठी हूँ। मगर यह नहीं कह सकती कि कब लिखकर पूरा कर दूँगी, कोई कहानी, कोई लेख या कोई संस्मरण। नम्रता ने कहा, लिखो मम्मी। हाँ लिखूँगी। लेकिन वह कहे कि अभी लिखो, बिलकुल अभी। मैं लिखने का इरादा टालती जाऊँगी। मेरी मनोदशा का अभी तो यही हाल है। यह हाल इसलिए कि अपनी भावनाओं को आज ही तो उस अनुभव में नहीं ढाला जा सकता, जो कहानी का आधार बने।

मैंने एक बार कहीं पढ़ा था कि अनुभवों में से भी जो विचार सत्य की तरह निकलता है, वही रचना की ताकत होता है। बहुत से लेखक कहीं कोई विचार पढ़कर कहानी लिखने बैठ जाते हैं, वे ऐसा ही करते हैं, जैसे समुद्र को गोमुख की ओर ले जाएँ।

मैंने जितना भी सोचा, अपने, मित्रों के सम्बन्धियों के और अखबारी सूचनाओं के जरिए जितना जाना, उसे ज्ञान के बरक्स बार-बार छोटी-सी करबन नदी के किनारे बसा मेरा गाँव, जहाँ उत्तर दिशा में बीचोंबीच मेरा घर था याद आया। नीम के दो

पेड़ थे। फूँस की छान का ओसारा था। उस ओसारे में जमा हुए लोग हुक्का-बीड़ी पीते दिखाई दे जाते तो लगता मैंने सारा ब्रह्मांड नाप लिया है। वहीं खेरापतिन दादी बीच गली से स्त्रियों के झुंड के साथ कभी उत्सवों के गीतों तो कभी शोकातुर मुद्रा को गाती और धारण करती हुई निकलतीं, मेरे लिए सारी दुनिया के हर्ष और शोक सजीव हो उठते।

मैं इन दिनों अपनी भावनाओं की धरती को खोज की कुदाल से खोदने में लगी हुई थी। ऐसा करते हुए मुझे कभी नर्म अहसासों जैसी मिट्टी मिलती तो कभी ऐसे कंकड़-पत्थर कि मेरा साहस चुक जाए।

मैंने अब वे पत्रिकाएँ (धर्मयुग, साप्ताहिक हिन्दुस्तान, कादम्बिनी) मँगवाना शुरू कर दिया था, जिन्हें पढ़ने के बाद मैं बेचैन हो उठती थी, और इसी कारण वे पहले बन्द कर दी थीं। मैंने इस बार पति से यह भी दरख्वास्त की कि मुझे यदि कभी उपहार दें तो फणीश्वरनाथ रेणु की किताब ले आएँ। वे लाए भी लेकिन महादेवी वर्मा का कविता संग्रह ले आए। बोले–''बहुत ढूँढ़ी तुम्हारी पसन्द की किताबें, पर नहीं मिलीं। मैंने सोचा महादेवी वर्मा तुम्हें जरूर पसन्द आएँगी। मैंने एक ही कविता पढ़ी– मैं नीर भरी दुख की बदली--बस यह मुझे तुम्हारे मनमुताबिक लगी'' पति कह रहे थे।

मेरे प्रति डॉक्टर साहब के उद्गार...वे क्या जानें कि अब मैं 'सुप्तावस्था' में नहीं हूँ। अधनींद में ही सही, मगर करवट लेना चाहती हूँ। इस दिल्ली में भी आँख खोलकर देखना चाहती हूँ कि यहाँ कहाँ लोकगायक गाते हैं? लोकनर्तक नाचते हैं। यहाँ भी क्या कुम्हारों के चाक चलते हैं? मूंज की रस्सियाँ बटी जाती हैं? यहाँ ऐसे बस स्टैंड हैं, जहाँ ढोला मल्हारों जैसे गीतों और पूरनभगत की कथाओं की छोटी-छोटी किताबें बिकती हों?

मैंने नहीं बताया कि गाँव के त्योहारों, नाटकों, नौटंकियों, सुख-दुखों की सामूहिक सम्वेदनाओं से मेरा तार टूटा नहीं। मैं ऐसे ही सूत्र में बँधी, पत्रिकाएँ पढ़ती। लिखने का उपक्रम करती। इसी उपक्रम में साप्ताहिक हिन्दुस्तान की एक सूचना ने मेरा रास्ता खोल दिया।

प्रेम कहानी प्रतियोगिता–अन्तिम तिथि 15 जुलाई, 1989

जिसे मैं लगातार टाल रही थी, वह उन्हीं दिनों इस तरह घटित हुआ। अजीब संयोग कि यही मेरे लेखन का माध्यम बना।

जिन्दगी का मौसम ऐसे बदलता है। शान्त व्यवस्था में गड़बड़ी ऐसे आती है। मैं खुद में प्रेम के तत्त्व ढूँढ़ने लगी, यहाँ तक कि अब तक जो द्वार-दरीचे कसकर बन्द कर रखे थे, खोलने के लिए मजबूर हुई।

एक जुनून।

एक व्यग्रता।

सपनों की आँधियाँ चलें, कलम से स्याही बरसे। रात और दिन का भान नहीं। कागज पर मनचाही सतरें उतारती गई। उतारती ही रही।

तीसरे दिन, रात के ग्यारह बजे पति का ऊँचा स्वर सुनाई दिया—क्या कर रही हो? तुम मेरी जवानी में ही रोमानियत को कलम-कागज पर रगड़ रही हो। अकेला सोऊँ, अकेला जागूँ, कैसी जिन्दगी है? मैंने समझा था तुम्हारी हॉबी है यह, लेकिन तुमने तो हमारी लाइफ हैल कर दी।

''उफ!'' करके रह गई मैं। कलम हाथ में थरथराने लगी। कागज को परे सरका दिया। सारी निश्छलता, मासूमियत, कोमलता बिखर गई। कहाँ कोयल से पूछ रही थी, तुम्हारा प्रेम किससे? वह कूक रही थी माधव (बसन्त) से। तोता, तुम्हारी घनिष्ठता किससे? बौर भरी अमराई से। कबूतर तुम्हारा प्यार किससे? प्रेमियों के दिल से!

और मेरी जिन्दगी...जिस साँचे में खुद को ढालना चाहती थी, वह न तो माताजी को पसन्द था, न पति को सुहाता है। मैं मामूली लड़की की तरह आसपास प्रेम भरा माहौल चाहती थी, मगर सामान्य सरल और मामूली जिन्दगी ही नहीं मिली। माताजी ने अपना वातावरण खुद बनाया, जिसमें प्रगति-अभियान का रूप सर्वोपरि था तो पति अपनी तरक्की को लेकर सदा सतर्क और चौकन्ने रहे। मेरी मामूली भावनाएँ उनके पद की शान-शौकत के नीचे दबती चली गईं।

मैं प्रेम कहानी कैसे लिखूँ?

मुझे वहीं लौटना होगा, जहाँ मैं ढीठ लड़की की तरह बराबर मानती रही—प्रेम मेरी कमजोरी सही, लेकिन मेरी ताकत भी प्रेम में ही है। तभी तो न मुझे शाबाशियों का खास मोह और लालच रहा और न लांछनों का भय...मैं लगभग बेपरवाह की तरह प्यार प्रीति के लम्हों की जमात जोड़ती रही हूँ। वे लम्हे कभी बालपन के नादानी भरे समय से जुड़े तो कभी कुँआरे यौवन की बदगुमानियाँ बने और वह सब जो भी कुछ रहा, अपने भीतर से काटकर न फेंक सकी। प्रेम के स्पन्दन ने मेरे एक-एक क्षण एक-एक दिन को उत्साह, उल्लास और ऊर्जा से भरे रखा। मेरी जिन्दगी उस गीत के जैसी गुंजायमान, जिसे प्यार का गीत कहते हैं।

संवेदनशीलता का आलम था या वह किशोरावस्था थी? कोई सजीला सपनों को गुदगुदा रहा था या मैं ही प्रेम के राजपाट की मलिका थी? मलिका...पढ़े तो प्रियतम का नाम, लिखे तो प्यार के नाम, स्वेटर बुने तो प्रीति के फन्दे। अहा, वे रंगोली के रंगों से रूप लेते कल्पना और आकांक्षाओं के कोमल स्वास्तिक, पद्‌ग और पल्लव!

मेरे सपने नरम सपने आँखों में उथल-पुथल मचाते थे, जब पलकों में भरी गुदगुदाहट को शिद्‌दत से महसूस किया, अजब-सा साहस जागा। कहते हैं, मेरी राशि

में जन्मे लोग अधीर प्रवृत्ति के होते हैं और अधीरता उनकी वाकूपटुता को ले डूबती है। मैं इसका प्रत्यक्ष प्रमाण अपने जीवन साथी (पति) से कह बैठी—''ऐसे थे हम वारे कुँआरे।''

भूल गई थी कि पति लोग कुँआरेपन की प्रेम कहानियाँ सेक्स की चाशनी में डुबो लेते हैं। अपनी कहानी को पौरुष की मिठास वाले कटोरे में डालकर दिखाते हैं, पत्नी के वाकयों को निर्लज्जता के कढ़ाव में खौला-खौलाकर उसे तड़पाना अपना हक मानते हैं।

मेरे लिए कड़ुवा-मीठा बस इतना ही था—रानी तुम प्रेम करना छोड़ दो। अपनी झोली झाड़कर खाली करो। ब्याह की शर्त है तन-मन की पवित्रता।

उफ! मेरे प्यारे दुलारों का अब क्या होगा?

प्यारे दुलारे...ब्याह किया है, इसलिए उनका खात्मा कर डालूँ?

नहीं, हरगिज नहीं।

सारे लगाव-जुड़ाव, कृतज्ञता और मोह-ममता के बावजूद मेरे स्वभाव में जब बदलाव आया तो मैं अपने आपको पहचानने से कतराने लगी। सोचने लगी, जो कुछ हुआ है परिस्थितियों के कारण हुआ है। मैंने तो सम्बन्धों को बनाए रखने की स्वाभाविकता कभी खंडित नहीं की।

लेकिन मैं अपनी सदाशयता के आगे अपराधिनी...आह! समय की तेज धार ने उस कोमल मन को काट छील डाला, जिसके दम पर अनेक कठोर साहस जुटाए थे। पदासीन पुरुषों को पाँव के अँगूठे पर उछालना चाहकर अपने रास्ते पर अडिग रही थी। आज वे भावनाएँ आहिस्ता-आहिस्ता बेआवाज किसी घर, किसी गली की रह-गुजर पर तरल की तरह बहती चली गईं...मेरा मन आज सूखा रेगिस्तान...रेत में सिर पटकती चिड़िया की तरह मेरी आत्मा...

मैं आज उन्हीं डॉ. सिद्धार्थ के सामने अपनी छोटी बच्ची को गोद में लेकर खड़ी थी। सोच रही थी, मैं जो कुछ कहनेवाली हूँ, उससे जो निकलकर आएगा, क्या वह डॉ. सिद्धार्थ के लिए प्रेम भरी कृतज्ञता में होगा? दूसरे ही पल अपनी बच्ची को देखती, नहीं मुझे बात कहनी ही होगी। इस बच्ची का भविष्य इसके पिता के भविष्य से जुड़ा है, यहाँ मेरी भावनाओं का क्या दखल?

मेरे घर के बरामदे में जाड़े की नरम मगर साफ सुनहरी धूप फैली है। मेरे करीब क्यारी में बसन्ती और ऊदे रंग के डहलिया खिले हैं। मेरे सामने डॉ. सिद्धार्थ मुस्कराते चेहरे के साथ खड़े हैं। लेकिन मेरी पीठ (रीढ़) के पीछे मेरे पति का अशान्त चेहरा...उद्वेलित मन...उथल-पुथल भरा जीवन है।

मैं अब रोटी और राग के संघर्ष के बीच...मैंने अपनी ही कशमकश में जूझती-उलझती जिन्दगी के उन तन्तुओं को खींच डाला, जिनको हलका-सा भी झटका

देना नहीं चाहती थी। तैयार हुई हूँ और प्रार्थना के स्वर में कह रही हूँ–"मेरे हस्बेंड को आप शान्त माहौल में काम करने दें। मेहरबानी होगी।"

डॉ. सिद्धार्थ मेरी ओर आश्चर्य से देख रहे हैं, आत्मीयता के गहन क्षणों का मादक स्पर्श और नजरों का सम्मोहन क्या हुआ?

वे कहते हैं–"हू क्रियेट्स प्रॉब्लम? किसने रुकावट डाली है?"

"मेरे ख्याल में आप ही..." मैं आँखों से आँखें मिलाकर कहती हूँ।

"मैं!"

दो क्षण विस्मय भरा अफसोस ठहरा रहा हमारे बीच। जैसे मुझे तो अब याद ही नहीं कि यह व्यक्ति क्या रहा है मेरे लिए?

"डॉक्टर शर्मा को समझाइए, टेंशन न लें।"

"आप भी तो समझ जाइए कि टेंशन किसलिए है?"

"एम्बीशंस की सीमा नहीं।"

आकांक्षाएँ! महत्त्वाकांक्षाएँ...डॉ. सिद्धार्थ की मुस्कराहट भरी भंगिमा मुझे काटने लगी। जैसे वे कह रहे हों, आपके पति उस पोस्ट के हकदार नहीं थे जिस पर आ गए हैं। अब उन्हें धीरज रखना चाहिए।

उफ् ये डॉ. सिद्धार्थ, उसी पुरुष के साँचे में ढले हैं, जो किसी तरुणी की ओर उसे शर्मीली, सीधी और कमअक्ल समझकर आकर्षित होता है। स्त्री के अन्दर क्या सजगता है, उसे वह न जानना चाहता और न महत्त्व देने की बात उसे रुचती है।

"एम्स में काम करने का विशेष अर्थ है, रिसर्च करना-कराना। नहीं तो मेरे हस्बेंड के लिए जी.आर. मेडीकल कॉलेज ग्वालियर ही क्या बुरा था?"

डॉ. सिद्धार्थ की मुस्कराहट अब व्यंग की भंगिमा में बदल जाएगी, मुझे ऐसा लगा, लेकिन ऐसा नहीं हुआ। वे प्रतिद्वन्द्वी की तरह नहीं, बात को बड़े हल्केपन से ले रहे थे, लगभग नजरंदाज करने के तरीके में।

और मैं अब लगातार उनके अपनत्व से दूर होती चली जा रही थी। कमाल है इस आदमी को यह भी हमदर्दी नहीं कि डॉ. शर्मा घबराकर या कुंठित होकर नौकरी छोड़ गए तो मेरी बच्चियों के पालन-पोषण और पढ़ाई-लिखाई का क्या होगा?

मैं घर के भीतर चली आई। अपने विचारों में खोई-खोई सोच रही थी, प्रेम ईमानदारी और सचाई अलग-अलग बातें हैं। डॉ. सिद्धार्थ से मैंने साहस से बात की थी, उतनी ही कमजोरी मुझे अशक्त करने लगी।

अब मैं चुपके-चुपके रो रही थी। रोते हुए मुझे वह दिन याद आया, जब सिद्धार्थ विदेश जा रहे थे और मैं विदा बेला को सहन नहीं कर पा रही थी। मैं रो रही थी। आज आँखें वही, आँसू वही, लेकिन रोने का मकसद एकदम जुदा...खुदगर्जी ऐसी तारी

हुई कि जुड़े हुए तन्तु छिन्न-भिन्न...लेकिन इस लगाव के लिए इतना त्याग करने की मेरी उम्र है क्या?

यों तो मैं विकल बेचैन, अभी भी उस मूर्खतापूर्ण मोहब्बत जैसे नशे में सिद्धार्थ को कोस चुकी थी। अब खुद को कठघरे में खड़ा कर लिया—मैं अपने सिकुड़े हुए व्यक्तित्व के कारण सख्त हो रही हूँ। जिन्दगी का उत्साह और साहस भरा हिस्सा किस सनक़ में बरबाद कर डाला? यही कि रेशमी गुड़िया बने रहना है। भुला दी वह जिन्दगी जो धींवर और काछिनों के बीच बीती थी। सब्जियों का बोना उगाना मेहनत का माद्दा था। इस महानगर की सुविधाएँ मेरे वजूद से चिपट गई हैं। वरन् खिल्ली में ट्रैक्टर से रोजाना बीघों जमीन जोत देती थी।

श्रम की बातें भूल गई, मोहब्बत की कद्र क्या करूँगी? पराधीन, पराश्रित...मैं युवावस्था में ही बूढ़ी की तरह पति के लिए लोगों से लड़ रही हूँ। क्या वे बच्चा हैं? या मैं इतनी समझदार हो गई हूँ कि जान लिया, पति के लिए लड़ना ही अपने लिए लड़ना होता है?

बहरहाल मैं मीरा की तरह प्रेम के लिए नहीं, सावित्री की तरह सुहाग के लिए हाथ में खड्ग लिए निकल पड़ी थी और बेरहमी से उन कोमल सूत्रों को काट डाला, जो मुझे रचनात्मक धरातल पर कहानी बुनना सिखाते।

मैं प्रेम कहानी कैसे लिखूँ?

क्या मैं अपने उस प्रेम को लिखूँ, जो खेरापतिन दादी के बताए 'एक कन्या सहस वर' के सिद्धान्त पर जड़ें पकड़ गया था?

"दादी, कन्या स्वयंवर में आए सारे वरों को वरमाला क्यों नहीं पहना सकती?"

"हाय लली, वरमाला तो ब्याहता बनने के लिए होती है।"

"सखा सखी भी तो बन सकते हैं, वरमाला से।"

"बेटी, ब्याहता से पुरिख का वंस चलता है।"

"दादी, सखी से प्रेम का वंश चलेगा।"

"लली, यह मरजाद नहीं।"

"दादी, एक वर के कारण निन्यानवे चाहनेवाले खारिज?"

"बेटी, वे फिर मीत नहीं रहते, परपुरिख हो जाते हैं।"

"कैसे दादी? जब ये आए थे तो कैसे निजी होकर आए थे, अब दुश्मन हो गए?"

"लली, अब वे न दुश्मन न मीत।"

और।

मुझे वे परपुरिख, दुश्मन भुलाए नहीं भूलते। वे सब मेरे दिल में रहे हैं। दिल कोई पेड़ की डाल तो नहीं कि काटकर फेंक दूँ। यहाँ जो रहा, अपनी जगह बनाकर रहा।

रिश्ते का भाई कहता आया था—"जीजी, वह इंजीनियर है न, बाबूलाल, कारसवाला, एक दिन हमारे यहाँ आया था। समझ गई न, बाबूलाल, जिससे तेरे ब्याह की बात चली थी। उसे पता चल गया कि मैं तेरा भाई। बस फिर तो जब न तब आने लगा। तेरा पता माँग रहा था, फोन नम्बर भी। उल्लू कहीं का। कहता था, मैं पुष्पा से मिलना चाहता हूँ।"

मेरे मन में कहीं कौंधा—मैं भी मिलना चाहती हूँ।

क्या पतिव्रताएँ अपना समूचा हृदय पति के नाम नहीं लिखतीं? नहीं। ऐसे ही जैसे कोई प्रेमिका एक व्यक्ति की दौलत नहीं होना चाहती।

'मैं अपने प्रेमी के बिना जी नहीं सकती' यह जुमला बेमानी है। इसमें प्रेम से ज्यादा जिद का बोलबाला है। जो प्रेम के नाम पर आत्महत्या कर लेते हैं, वे प्रेमी नहीं अहंकारी माने जाएँ। और जो लड़कियाँ घर से प्यार की डोर के सहारे सरक लेती हैं, वे प्रेम में आजादी की खोज करने निकल पड़ी हैं, यह निश्चित है। मैं इन कारगुजारियों में से एक को भी अंजाम नहीं दे पाई। हालाँकि एक-दो प्रेमी मिले थे, जो सिनेमाई तर्ज पर कहते थे—गर तू न मिली सनम/मर जाएँगे तेरी कसम—बस मेरे मन में आया ये महाशय अपनी मर्दानगी की पताका शहीदी भाव से फहरा रहे हैं। ऐलान कर रहे हैं कि मैं इनके सिवा किसी की नहीं। मुझे यह बात क्यों मंजूर होती? शर्तें ही माननी हैं तो विवाह का विधान क्या बुरा है? वैसे प्यार में मेरी न कोई जिद थी न हठ, बस गतिशीलता के कोई आड़े आए, वह स्वीकार नहीं। बस इस धुन में कि अपने भीतर प्रेम को जीवित रखते हुए उसे प्रकाशमान दीपक की तरह साधती हुई आगे बढ़ूँ कि मेरी तमन्नाओं के सिलसिले कुछ ऐसे ही बने। पिछले प्रेमी बिछड़ गए, अपनी खूबसूरत यादें छोड़ गए। जब-जब वीरानी से सामना हुआ संजोई हुई यादें साथ रहीं कि जैसे वे हमदम ही हाथ थामने आ गए हों। स्मृतियों का कमाल तो देखिए नजरें मिलने के नजारों से लबरेज!

बेशक मैंने अपने प्रेम-प्रसंगों को ऐसे खूबसूरत मोड़ों पर छोड़ा है कि वे रास्ता नहीं भटकते, निर्द्वन्द्व भाव से मेरे घर तक चले आते हैं। यहाँ गोपन क्या है? कुछ हो भी नहीं सकता। हमारे पुराने कवियों ने माना है—खैनर खूरन खाँसी खुसी वैर प्रीति मदपान/रहिमन दाबे न दबें चाहे दाबे सकल जहान।

और मैं नादान, अपनी एक मीत से गुस्सा हो गई थी, क्योंकि उसने मुझे प्रेमपत्र लिखा था और बस कंडक्टर के हाथ मेरे गाँव भेज दिया था। मेरी नाराजगी के जवाब में फिर उसने पत्र लिखा, जिस पर केवल एक पंक्ति थी—'प्यार भी करोगी और चाहोगी कि कोई जाने नहीं।'

एक वाक्य मेरे जीवन में प्रेम का सूत्र...वह मनमीत 1960-61 में बिछुड़ा, मगर मन में बैठ गया और आत्मकथा 'कस्तूरी कुंडल बसै' में रच गया। छल-छद्‌म, दुराव-छिपाव भय के कारण होता है और स्त्री के लिए भयमुक्त होना नए जीवन का रूप है।

मुझे प्रेम-कहानी लिखने के लिए प्रेमपत्रों के सन्दर्भ जुटाने होंगे। बहुत सम्भव है, मेरे अनुभवों से आज के प्रेम करनेवाले नवयुवाओं का तारतम्य जुड़े। उम्र की उठान और दिलकश मंजर!

प्रेमपत्र जो पहले पहल मिला था, अपने आप में प्रेमकथा का स्रोत था। आकर्षण भाव और संघर्ष के उथल-पुथल भरे तत्त्व साथ-साथ साकार थे। आज यह आत्मकथा लिखते समय कितना कुछ याद आ रहा है, लगभग पैंतालीस साल का लम्बा अरसा, प्रेम का अनवरत इतिहास मेरे भविष्य को धुँधला कर देगा या शायद दिपदिपा जाए यह उतरती अवस्था भी?

मैं मैत्रेयी पुष्पा कई पुस्तकों की लेखिका, जिसको बुन्देलखंड कालिज झाँसी ने विशिष्ट अतिथि के रूप में आमन्त्रित किया है। कालिज को गौरव हो रहा है कि मैत्रेयी पुष्पा इसी विद्या मन्दिर की छात्रा रही है। मैं देखती हूँ, सभागार, जिसमें कभी मैं सामने बैठे विद्यार्थियों जैसी एक विद्यार्थी होती थी। सचमुच मैं घबरा जाती हूँ कि आज इन विद्यार्थियों से क्या कहूँगी? क्या छिपाऊँगी और क्या बताऊँगी? इनका प्रश्न पहले से ही मेरे सामने है—आपको लेखिका बनने की प्रेरणा कहाँ से और किससे मिली?

जब-जब असमंजस में पड़ी हूँ, दुविधा ने घेरा है या द्वन्द्व ने उलझाया है, ईमानदारी ही वह पतवार रही है कि अपने भीतर डूबते-डूबते उछाल मारकर बाहर आऊँ और किनारे की ओर बढ़ चलूँ।

मैं बताती हूँ, मंच से कहती हूँ—

समझिए कि मैं एक प्रेमपत्र का सूत्र पकड़कर उम्र का लम्बा अरसा पार करती हुई लेखन में प्रवृत्त हुई।

'प्रेमपत्र!' कोई श्रोता छात्रों में से बोलता है और मैं देखती हूँ, छात्र-छात्राएँ एक-दूसरे की ओर देखकर मुस्कराते हैं, कोहनी मारते हैं।

हाँ, मुझे एक प्रेमपत्र मिला था, लगभग चौदह-पन्द्रह साल की अवस्था में। मैं ग्यारहवीं कक्षा में थी और पत्र लिखनेवाला बारहवीं कक्षा में।

बता दूँ कि वह प्रेमपत्र कविता के रूप में था।

'कविता!' छात्र-छात्राओं के आश्चर्य मिश्रित सामूहिक स्वर से हॉल में मधुर भाव गुंजायमान होता है।

'हाँ कविता ही थी' मैं कहती हूँ, थोड़ा-सा संकोच मिलाकर चेहरा आमने-सामने करती हूँ, बताती हूँ—'उस जमाने में प्रेमी खुद को कवि की तरह पेश करके आत्मविश्वास हासिल करता हुआ प्रेम की राह में आश्वस्त सा निकलता था।'

'कविता सुनाइए न।' मीठा-सा मनुहार युवाओं के बीच से बारी-बारी आता है। मैं इस अनुरोध को टाल नहीं सकी, क्योंकि युवा पीढ़ी ही प्रेम की दावेदार होने में झिझक नहीं मानती और चाहती है कि प्रणय को सामाजिक मान्यता मिले।

मैं कविता सुनाने लगती हूँ।

कि तभी हॉल के प्रवेश द्वार से किसी ने प्रवेश लिया। कविता में व्यवधान पड़ा। मैं द्वार की ओर देखती रह गई।

उत्सुक उत्तेजना या कि आल्हाद और उल्लास की अदम्य तरंगें...

मैं बोल पड़ी—'ये! ये जो आए हैं न, इन्होंने ही लिखी थी यह कविता। पहला प्रेमपत्र इन्होंने मुझे भेजा था।' कहकर मैं आगन्तुक की ओर देखती रह जाती हूँ।

वे झेंप जाते हैं। जल्दी से खाली कुर्सी पाकर बैठ जाते हैं। कविता—गाने के ये गीत नहीं हैं, देखे जाते उर से/आँसू बहते लहरा उठते सुख-दुख की रेखा पर/मनुहारों के हार बिखरते काँटों की पथिका पर...मैं कस्तूरी-हिरन लौटकर आया हर एक दर से...

बीच में उनकी ओर देखकर पूछती हूँ—यही कविता थी न?

'हाँ, यही थी।' वे कहते हुए बहुत शरमाते हैं। सभागार था कि सामूहिक स्वर लहरियों में ताल देता हुआ, ध्वनि थी कि करतलों की तान हो गई। नवयुवा थे कि आँखों में सितारे भरे हुए और कविता हर कंठ का गीत!

'और रुक़ गया जब मैं निकला, तेरी राहगुजर से'।'

प्रेम कहानी प्रतियोगिता में अपने इस प्रसंग को विषय नहीं बना सकी, सोचा था, यह साहित्य का मुद्दा नहीं हो सकता...नहीं हो सकता। यह चौदह-पन्द्रह वर्ष की किशारी के तन-मन के विकसित होने का साधारण सा समय था, जिसने कविता को फूलों से सजाकर अपने वजूद से लपेट लिया था। वह रोज चन्द्रमा की तरह खिलती थी, चाँदनी की तरह हँसती थी। बिलकुल उसी तरह जैसे किसी भी नवयौवना के जीवन के बसन्त में उत्फुल्ल और प्रमत्त मदनोत्सव के दिन आरम्भ होते हैं।

लेकिन वहाँ एक नया अंखुआ फूटा था, नया और विचित्र। वह मुग्धा नायिका की तरह नशीली रातों में जागने का समय था मगर मुझे परेशान किया था प्रेमी और प्रेमपत्र दोनों ने। या मेरा ही मन प्रतिस्पर्धा में पड़ गया कि कविता पढ़ती और सोचती—यह लड़का इतनी अच्छी कविता लिख सकता है, मैं क्यों नहीं लिख सकती?

मैं बुन्देलखंड कालिज के सभागार में छात्र-छात्राओं के सवालों का जवाब दे रही थी—सच मानिए मेरी प्रेरणा का स्रोत वह प्रेमपत्र ही था और प्रतिस्पर्धा का पात्र यह प्रेमी, जो आपके सामने संयोग से हाजिर है।

मैंने कितनी बार पढ़ा वह खत, कितनी बार निकाले अर्थ, कितनी बार गुने वे शब्द...कितनी बार रचे कुछ अक्षर...ऐसी तन्मय हो गई कि यह भी याद नहीं रहा

कि मैं मोंठ कस्बे के थाने के ऐन सामने खड़ी हूँ। कचहरी आने-जाने वाले लोग मुझे देख रहे हैं। कितने मनचले आसपास जुड़ने लगे, जो समझ गए—लड़की प्रेमपत्र पढ़ रही है।

मैं उस कस्बे के इंटर कालिज के लड़कों के साथ बैठकर पढ़नेवाली पहली लड़की, शिक्षा से नहीं, सबसे पहले आवारापन से जोड़ी गई। सबूत भी अब पक्का था—आवारा लड़कियाँ प्रेम किया करती हैं।

मगर मेरा मन कहीं रचना-भूमि पर जमीन तोड़ने का इरादा कर रहा था, किसे बताती कि प्रेम करनेवाली लड़कियाँ रचना किया करती हैं। हाँ, आज कह सकती हूँ कि मैं अपने प्रेमी के साथ भाग नहीं गई, किसी ज्वार में बहकर शादी के बन्धन में बँध नहीं गई, असल में कविता ने ऐसा गठबन्धन किया कि प्रेमी भी भुलाए नहीं भूला।

प्यारे छात्रो, जब मैंने 'इदन्नमम' (उपन्यास) लिखा और वह छपकर आया, सबसे पहली प्रति किसे दूँ, यह सवाल मन में नहीं उठा। सीधे वह पुस्तक पैंतीस साल पहले नोट किए पते पर भेज दी और एक पत्र लिख दिया—

'क्या तुम्हें याद है वह लड़की, जिसे तुमने कविता के रूप में प्रेमपत्र दिया था? शायद भूल गए होंगे। शायद याद न कर पाओ। शायद वह लड़की केवल एक विस्मृति...मगर मैं तुम्हें नहीं भूली। एक क्षण को भी नहीं भूली। आनन्द और संकट दोनों अवस्थाओं में बेहद याद आए। इसलिए ही तो जब यह किताब आई, तुम्हें भेज रही हूँ। यकीन मानिए वह कविता मेरे साथ ही नहीं, मेरी किताबों के साथ जिन्दा रहेगी, हम न रहें तो भी क्या?

मेरे पत्र के जवाब में जो लिखा आया—

'मैं तुम्हें कब भूला हूँ? 'पुष्पा' नाम मेरे लिए केवल नाम नहीं था, एक मुकम्मल छवि थी, तुम्हारी छवि। अच्छा लगा, बहुत अच्छा तुम मुझ तक किताब के रूप में आईं। आश्चर्य और खुशी दोनों कि कविताएँ तो मैं लिखता था, लेखिका के रूप में प्रसिद्ध तुम हो रही हो। मेरी कविता, प्रेम कविता सलामत रहेगी अब।'

मैं मिली थी पैंतीस साल बाद। अब वह न कवि था न आकर्षक लड़का। यदि कुछ पहला सा था तो वे उसकी आँखें थीं। आँखों में वही चमक, नजर में आकर्षण की जगह आत्मविश्वास और मित्रता का आश्वासन, जैसे प्रेम को अमर कर दिया हो। तब से मिलने का एक सिलसिला!

मेरी बेटियाँ कहा करती हैं—''मम्मी, तुमको कोई फैशनेबिल, मॉडर्न फ्रेंड नहीं मिला था? हैंडसम और स्मार्ट। डैडी जैसा।''

मैं कहती हूँ—बेटे, जो स्मार्ट और मॉडर्न होने की धुन में रहते हैं, वे मित्रता की लगन में बँधकर कैसे रहेंगे? बेटे, प्रेम करनेवाले पति नहीं होना चाहते। जो प्रेम की आड़ में पति होना चाहते हैं, लगभग शिकारी होते हैं। मेरे जीवन में तुम्हारे पिता

विश्वास और ईमानदारी के साथ मेरे पति हुए, जिन्हें मैंने बार-बार साथी सखा के पाले में खींचा। अक्सर ही प्रेम करनेवाली लड़कियाँ पतियों को बर्दाश्त नहीं कर पातीं, यह बात डॉ. साहब जान गए हैं।

—मैं भी क्या करती, मेरे स्वभाव में चाहत के ऐसे बीज भरे हैं कि अवसर पाते ही मौसम के मिजाज की परवाह नहीं करते, छोटे-छोटे अंखुए अपनी पूरी सामर्थ्य से उगने लगते हैं।

ऐसा न होता तो सिकुर्रा गाँव में रहते हुए अबोध बचपन में ही एक चौबीस-पच्चीस साल का नौजवान मेरे जीवन में आता? रवीन्द्र नारायण सिंह चौहान चकबन्दी की योजना में ए.सी.ओ. बनकर हमारे गाँव आए थे।

मुझे नहीं याद कि वह कौन-सा दिन था, कौन-सी घड़ी या चन्द्रमा के हिसाब से कृष्णपक्ष या शुक्ल पक्ष...मेरी निपट नादान आँखों ने कब उनका दर्शन किया और उनके सम्मोहन भरे व्यक्तित्व ने कब मुझे तसलीम किया...देखा देखी ऐसी हुई कि मेरी दुनिया कौतूहल से भर गई। मेरी कोमल रगों में उनकी एक मुस्कराहट का आनन्द दिनभर झंकृत होता। रात में नींद न आए ऐसा उपक्रम, उनकी छवियाँ तरंगों में उठें और मैं सँभल न पाऊँ।

ग्यारह साल की लड़की खेतों में इन्द्रधनुष छूती फिरे। नदी के तट पर मछलियाँ बीने। ऊसर का रेह फ्रॉक के घेर में चाँदी बनता जाए।

बोलने-बतियाने का ऐसा आलम कि चुप ही रह जाऊँ। नायब साहब की परछाईं के पीछे भागूँ, सामना होते ही गली में दूसरी ओर मुड़ जाऊँ। मोड़ों पर खड़े पेड़ मेरे सहारे थे और पेड़ों पर बैठे तोते, कोयल, कौवे मेरे साथी...

गाँव के लोग नायब साहब को झुक-झुककर सलाम-प्रणाम करते हैं, क्या मैं उन्हें नमस्ते कर सकती हूँ? नहीं, मैं घबरा जाती हूँ। दहशत और चाहत की आपसी दुविधा...आज सोचती हूँ, आशनाई इन दोनों भावनाओं का ही नाम है। इस सबके बावजूद नायब साहब की नजरों का मेरे नन्हे से दिल में धड़कना...एक तूफान जैसा करतब...

नीम की निबौली कड़वी हुआ करती हैं, मगर नायब साहब जिन निबौलियों से एक-एक करके मेरी ओर निशाना साधते हैं, वे लैमन जूसें, मीठी गोली जैसी...वे निबौलियों के मिस ही तो मुझे छूते हैं, प्यार करते हैं। मैं नीम का पेड़ देखते-देखते आकाश देखने लगती हूँ। मैं इन्द्रधनुष और बिजली की रेखा बाँहों में भर लेना चाहती हूँ। वर्षा की बूँदें...नायब साहब का वह चुम्बन जो भोर के धुँधलके में रामावतार चाचा के घर...ओह मैं समझी, वह सपना था। साहचर्य में कुछ भी तो व्यवस्थित नहीं...क्यों करते हैं इतना प्यार? मुझे प्यार करनेवाला इस गाँव में कोई नहीं, न माँ, न बाबा, न कोई भाई-बहन...क्या इसलिए ही वे सबके बदले का प्यार करते हैं?

लम्बे कद वाले गोरे रंग के नायब साहब, काले घुंघराले बालों में खुशबूदार तेल डालते हैं। सफेद कमीज और नेबी ब्लू पेंट पहनकर चमकदार काले जूते पहनते हैं। वे रास्ते में अपनी 'रिले साइकिल' चलाते हुए मेरे पास से गुजर जाते हैं।

'स्कूल जा रही हो मुन्नी!' वे कहते हैं और अपने सफेद पंक्तिबद्ध दाँतों की झलक दिखाकर हँस देते हैं। नंगे पाँवों वाली लड़की मैत्रेयी, कन्धे पर किताब और कॉपियों से भरा झोला लटकाए ठिठककर रह जाती है। इसके बाद रास्ते के रेत से जुगनू उड़ते हैं। अरहर के खेतों पर पीला वैभव बिखरने लगता है। गोखरू और बबूल के काँटों की राह चलने वाली मैत्रेयी सोचती है—क्या इन्हें मालूम है कि मुन्नी यहाँ किसकी बेटी का नाम है? जमींदार की मुन्नी रब्बा पालकी में चलती है, इक्का मँगाती है। नायब साहब देवदूत...मैत्रेयी को राजकुमारी का रुतबा दे डाला। उन्हें क्या पता कि उनके आने से लड़की के जीवन की बड़ी-बड़ी विषमताएँ दबने लगीं। मटमैली दुनिया में सितारे चमके, दूब जमी। जहाँ से वे जीवन यात्रा में शामिल हुए, मैत्रेयी सपनों की हरियाली के साथ चमकीले उल्लास लोक में चल रही है।

आज सोचती हूँ, क्या वे विवाहित थे? थे तो लड़की से ऐसा लगाव? नहीं थे...पता नहीं। उनके बारे में इतनी छानबीन की जरूरत ही नहीं समझी। मेरे ख्याल में वह अबोध उम्र प्यार करने और प्यार पाने के लिए सबसे उपयुक्त अवस्था होती है। मैं क्यों पूछती किसी से कि उनका विवाह...मुझे विवाह थोड़े ही करना था उनसे। पता नहीं, लोग प्यार करते-करते विवाह क्यों करने लगते हैं? लगाव और ईमानदारी ही थी कि नायब साहब की तवज्जो ने गहनता में उतरना सिखा दिया। आत्मीयता ही थी कि हौसला ऐसा बढ़ा, कागज कलम हाथ में थाम लिये।

प्रेम सरोवर या अपने ही गाँव की करबन नदी का गीला पाट...अकेले में बालिका ने मटमैलेपन पर रंगों का काफिला उतारने का संकल्प ले लिया। जो रूप बना, जो इबारत रची, एक पत्र हुई।

लिखा—

नायबसाब, मैंने आपका रूमाल चुरा लिया है। आपको पता नहीं चला न? रूमाल में कैसी खुशबू आती है, बिलकुल ऐसी, जैसी आप अरहर के खेतों की पगडंडी से जाते हुए छोड़ते जाते हैं। आपकी खुशबू वहाँ से मेरे संग-संग चलती है। साँसों के साथ भीतर भर जाती है। एक बात मैं कब से कहना चाहती हूँ, कह नहीं पाती—मैं स्कूल एक दिन आपकी रिले साइकिल पर बैठकर जाऊँगी। मुन्नी कहती है, साइकिल पर बैठकर हवा में उड़ सकती हूँ मैं, एकदम चिड़िया की तरह। वह कहती है, तेरे पास बाबूजी नहीं, भइया नहीं, साइकिल कहाँ से आएगी? मैंने खूब गुस्से से कह दिया, मेरे पास नायबसाब हैं, जो तेरे पास नहीं। रिले साइकिल है, पता है कुछ?

पत्र! मेरे नन्हे प्यार को घर की किबड़िया में से न जाने कौन उड़ा ले गया। गाँव में बड़ी चकल्लस हुई। नायब साहब पर इलजाम लगा, कमउम्र लड़कियाँ फँसाता है।—और कहा गया—कस्तूरी की लड़की बड़ी बदमाश निकलेगी।

नतीजा! पन्द्रह दिन के अन्दर नायब साहब का तबादला हो गया। मनहूस घड़ी में उनका सामान बँधने लगा। मैत्रेयी को एक पुराना दिन याद आया, माँ का गाँव से नौकरी पर जाना, सामान बाँधना...मैत्रेयी का बिलखना। पर आज सन्निपात जैसी अवस्था। कहीं कोई आहट नहीं, आवाज नहीं। एकान्त जकड़ता जाता और आँखें रोतीं। नाक सुबकती, सर्वांग तड़पता। अपना ही रोना-सुबकना और तड़पना सनसनाती हवा जैसा तूफान उठाता। उनका रूमाल भी कुम्हलाया सा...

आखिरी दिन तिलतिल जल-झुलसकर आया।

झोला कन्धे पर लादे संटी-सी दुबली लड़की यथा सामर्थ्य चली जा रही थी। अचानक रिले साइकिल पास आ गई। मैत्रेयी को चक्राकार चमकता पहिया दिखा। अब तक का सारा जीवन घूम गया पहिये के साथ।

नायब साहब साइकिल थामे नजदीक थे। यह चमत्कार या आश्चर्य? या कि मैत्रेयी की अपनी ही दिली इच्छा? खुश थी या दिल भर आया? भीतर से ऐसी हूक उठी कि रुलाई रुक नहीं पाई। खुद को कसा। होठों को भींचा। लेकिन नायब साहब की नजदीकियाँ आँसुओं में ढलती गईं।

"मुन्नी, रोती हो! चलो, बैठो साइकिल पर!" उनका स्वर दिगंत में छाया हुआ। मैत्रेयी स्तब्ध। कन्धे पर लदा झोला काँपने लगा।

"चलो मेरे साथ, तुम्हें स्कूल छोड़ दूँ।" कहने के बाद झोला उन्होंने ले लिया, हैंडिल पर टाँग दिया।

साइकिल के कैरियर पर बैठी लड़की उड़ी जा रही है। आँखों से झर लगा है। फ्रॉक का घेर गीला हो गया। नायब साहब वाला रूमाल हाथ में है, मगर उससे आँखें नहीं पोंछीं। खुशबू न चली जाए। सारा रास्ता आँखों ने आँसुओं के पार देखने की कोशिश की और आकांक्षा ने हठ पकड़ी, काश यह रास्ता कभी खत्म न हो। सफर के दौरान नायब साहब के लहरदार बाल, उनकी लम्बी बाँहें, उँगलियों पर बड़े-बड़े कोमल रोम। वह लम्बी मजबूत पीठ देखती रही। छूना चाहती रही। वे गर्दन मोड़कर पीछे देखते और रोने के लिए मना करते, मैत्रेयी और भी रोती। करीने से कटी पतली मूँछें और सुदृढ़ ठोड़ी, उजले चौड़े माथे के नीचे घनी भवें। होठों की रंगत ललछोंही। लड़की ने जैसे तस्वीर उतार ली दिल ही दिल में।

यात्रा, सफर तो कभी न कभी खत्म होने के लिए ही शुरू होते हैं। अपने हिसाब से मुकाम तय करते हैं। उस दिन न मैत्रेयी चाहती थी न नायब साहब चाहते थे, मगर मंजिल आ गई।

मंजिल...कि रफ्तार रुक गई। लड़की अपना झोला उतारने लगी कि नायब साहब ने अपना चेहरा उसके चेहरे के नजदीक कर लिया।

''रुको। पहले मेरी बात सुनो कि चली ही जाओगी? जाने से पहले तुम्हें बता दूँ कि तुम मुझे इतनी अच्छी क्यों लगती थीं? बस, इसलिए कि इस गाँव से पढ़ने जानेवाली एक तुम थीं। तुम्हारा नंगे पाँव आना-जाना, धूप में, बरसात में, अकेले में तो कभी लड़कों के साथ में, सब तरह से मुझे अच्छा लगता। मैं अपना प्यार कंकड़ी उछालकर, निबौली मारकर जाहिर करता और लगता कि तुम सब कुछ समझ रही हो। नहीं तो तुम रूमाल रखकर या पत्र लिखकर मुझे जवाब क्यों देती?

''जवाब!'' कहकर वे मुस्कराए और आँखें चमकने लगीं—''मुन्नी रो रही हो!'' वे सिर पर हाथ धर देते हैं। सिर सहलाने लगे। मैत्रेयी क्या करे, बस रोए चली जा रही है। आँसुओं के अलावा इस विदा बेला में उसके पास कुछ भी नहीं। रोने की भाषा के सिवा एक भी शब्द नहीं। सिर झुका लेने के अतिरिक्त कोई मुद्रा नहीं। अब तक का सोचा समझा, सब झूठ। जो इस समय है, वही सच है।

'रोओ नहीं मुन्नी। तुम बहादुर हो, मेरा तबादला करा दिया। मैं अपने ट्रांसफर के लिए कितनी ही अर्जियाँ देता, तबादला नहीं होता। मान लेना चाहिए, तुम्हारे लिखे में दम है। बस एक बात का वादा करो।'

मैत्रेयी तब तक वादा का अर्थ भी नहीं समझती थी और वे वादा ले रहे थे—'मुन्नी लिखती रहना। बड़े होकर और भी अच्छा लिखना। तुम अच्छे अच्छों की छुट्टी कर दो, जैसे मेरी कर दी।'' कहने के बाद वे हँसे थे। बहुत गीली थी हँसी। नजर धुआँ धुआँ सी...जैसे सीली लकड़ी जलती हों।

कहाँ होंगे नायब साहब? किसी मुन्नी या मैत्रेयी की याद भी होगी उन्हें? कुछ नहीं होगा ऐसा...मेरे ही दिल की बदगुमानियाँ, जिस-तिस से जुड़ती रही हैं। नहीं तो मैं जख्मी की तरह क्यों सोच रही होती कि नायब साहब का तबादला करा दिया तो इस गाँव का आखिर क्या बना? उस बिछोह से प्रेम की ऐसी शुरुआत हुई कि पक्के तौर पर लगा, मजबूती बिछोह से आती है। प्राप्त करने में वह बात कहाँ जो उलीचने से पैदा होती है।

जानकीशरण नायब साहब की छवि...चेहरा, चितवन और बालों में खेलती लहरें। लगाव-जुड़ाव का हौसला, कलम के कौतुक से प्यार। इस प्यार को हृदय में बसाए हुए मैं, जीवन की आँधियों का मुकाबला कर लूँगी। इसको अवैध न कहना, नहीं तो स्त्री का अपमान होगा। वह अपने दिल में इतनी जगह रखती है कि बिना चाहत के आया पति भी आराम से रहे।

मेरी कहानी, तुम पाठकों से कहना कि मैं जूझती हूँ तो कभी घुटने टेक देती हूँ, लेकिन यह मानना नहीं छोड़ती कि प्रेमिका होना हमारी ईमानदारी है। इसी तरह मेरी लौ लगन धीमी पड़ती नहीं...

लोग मुझसे कहते हैं, स्त्री को ऐसी खतरनाक लगन जला डालती है, जिसमें पति-पत्नी के सिवा और भी कोई शामिल किया जाए।

मैं कैसे मानूँ?

मैं जो बता रही हूँ कि प्रेम की लौ जीवन को दीप्त कर देती है। दीप्त, आन्तरिक और बाह्य पक्ष।

प्रिय से मिलकर जहाँ भावनाएँ हमें सम्पन्न करती हैं वहीं हमारे भीतर जमा कटु और विषैले कूड़े-कचरे को भी रोशनी में लाती है, जिसे हम बनावटी सत्य, परोपकारी दम्भ और संस्कारों से बनी मर्यादा के रूप में पाले रहते हैं। ऐसे जंजालों को काटता हुआ प्रेम आगे बढ़ता है और हमें सामाजिक होने के लिए तैयार करता है।

प्रस्तुत विचार किसी किताब में मैंने नहीं पढ़ा, अपने अनुभव से अर्जित किया है।

यह अनुभव मुझे किस रूप में आपके सामने रख रहा है, मेरी कहानी पर विचार कीजिए बाद में।

सुनिए—

एक समय ऐसा था, जब मैं अपने सहपाठी के प्यार में पड़ गई। हम एक ही गाँव में रहते थे, अतः स्कूल के लिए आना-जाना साथ-साथ होता। बुन्देलखंड की पुरानी परम्परा के अनुसार लड़के का विवाह तभी हो गया था, जब वह आठवीं कक्षा में पढ़ता था। दुल्हन ब्याह के समय आई थी। उसने घघरा ओढ़नी और दस्तबन्द सीतारामी पहनकर देवता पूजे थे। मैं साथ-साथ थी। वह चार दिन रही, मैं उसके साथ चपेटे (गिट्टे) खेलकर उसका दिल लगाती रही। मैं उसकी ही हमउम्र जो ठहरी।

तीन साल हो गए, लड़के का गौना नहीं कराया गया, क्योंकि वह पढ़ रहा था। उम्र का छोटा था गृहस्थ के लिए। उसी उम्र की बहू भारी मानी गई।

पाँचवें साल गौना था। बहू आनेवाली थी। मगर समय का सालों लम्बा अन्तराल अपना रंग लाया। उसे जो प्यार अपनी दुल्हन से होना चाहिए था, मुझसे हो गया। हो गया इसलिए कि लड़के के नवविकसित तन-मन की इच्छा-आकांक्षाओं के आसपास मैं थी। रोज ही उसकी नजर और मेरी आँखें मिलतीं, खिल उठतीं।

गौने को लड़का मुसीबत के रूप में ले रहा था और मैं बहू के आगमन को 'कष्ट-बिछोह के दिन' की तरह मान रही थी। इन दिनों विपरीत सेक्स का जो

आकर्षण होता है, वह तीव्र गति पकड़ने लगा। वह मुझे इशारों से एकान्त में बुलाता और बालों तथा पहनावे उढ़ावे को छू-छूकर देखता। वह नजरों से मेरे सलीके पर निछावर होता रहता। मेरा गाँव में थोड़ा-सा आधुनिक होना उसे सिनेमाई तारिकाओं के सपने दिखाता।

मेरी पेशकशें और लड़के की दीवानगी। जैसे मैं उसकी अनुपस्थित दुल्हन को मात दे रही हूँ। जितनी रुकावटें आनेवाली हैं, उतनी ही सघनता से जुड़ते जाना मोहब्बत होती है, मैं मान रही थी। माताजी मेरे कच्चे खेल को देख रही थीं। उन्होंने बड़े कट्टर तरीके से मुझे उस दूसरे गाँव भेज दिया, जहाँ गौरा अपना महिला मंगल केन्द्र चलाती थी।

उफ् गौरा का घर कारागार! और माताजी यह बात भी भूल गईं कि मोंठ कस्बे के इंटर कालिज में पढ़नेवाले इन्हीं गाँवों के लड़के हैं। बस लू और आँधियों के मौसम में एक मेघदूत ने मेरे पास यहाँ भी एक चिट पहुँचा दी। चिट लेते मैं काँप गई। राहत तब हुई जब चिट पर लिखा पाया—आ लौट के आजा मेरे मीत, तुझे मेरे गीत बुलाते हैं। मेरा सूना पड़ा रे संगीत...तुझे मेरे गीत बुलाते हैं...

माताजी के लिए यह रानी रूपमती फिल्म का गाना भर था, मगर मेरे लिए रामगिरि पर्वत से प्रेमी यक्ष की करुण पुकार। मैं जानती थी कि लड़का इस हद तक रोमांटिक नहीं है। क्या इस क्रूर अलगाव ने उसे यक्ष की तरह तड़पना सिखा दिया? सुमित्रानन्दन पन्त की कविता क्या कहती है? 'वियोगी होगा पहला कवि आह से उपजा होगा गान' कहीं लड़का कवि न बन जाए, घरवाले पढ़ना छुड़ा देंगे, क्योंकि कवियों को वे भांड़ कहते हैं। आल्हखंड के जरिए चारणों की असलियत अब खुल चुकी है।

मेघदूत ने मुँह जुबानी बताया मुझे—तुम नहीं लौटीं तो लड़का रेल की पटरी पर लेट जाएगा।

"लेट जाएगा तो क्या जरूरी है कि रेल तभी आ जाए और वह कट जाए।" मुझे झुँझलाहट हो रही थी। यह लड़का प्रेम करता भी है या जिद बाँध रहा है?

मैंने मेघदूत से कह दिया—"आजादी चाहती हूँ मैं, भाग सकती हूँ। मेरे साथ भागेगा वह?" आजमाइश थी यह।

मेघदूत को काटो तो खून नहीं। उसने मुझे अजीब नजरों से देखा और आवारा मानकर सिर झटकता चला गया। मैंने इतना सुना—"बदफैल और खतरनाक।"

लड़का आया नहीं या आ नहीं पाया, या कि आने का इरादा कर रहा था?

मगर तब तक बहू विदा होकर आ गई।

मैं और लड़का अपनी-अपनी जगह स्तब्ध। होश आया तो देखा कि लड़का तो ऐसे दबा कुचला, जैसे उसकी जिन्दगी पर दुल्हन रूपी भारी पत्थर गिरा हो और मेरे

जीवन में भूचाल घटित होने लगा। जिधर जाऊँ, उधर ही जमीन थरथराए। पाँवों के नीचे धरती में दरारें पड़ें, क्योंकि सामनेवालों की आँखें फटी-फटी...भूचाल के झटकों में भयानक विस्फोट यह कि दुल्हन परी जैसी खूबसूरत है। उसकी रंगत दूध में केसर फेंटकर कुदरत ने बनाई है। नायाब गूजरी जैसी। नक्काशीदार चेहरा। और मैं?

'कैसे मनाऊँ पियवा गुन मेरे एक हू नाहीं' की हालत में धकेल दिया मुझे। लड़के के घरवाले परी को देखकर आश्वस्त हुए। मर्द को खूबसूरत चमड़ी और नरम गोश्त वाली औरत चाहिए, यह लड़की संटी-सी दुबली, इसकी क्या बिसात?

अब लड़का बदला था या नहीं, मुझे वह बदला-बदला लगता क्योंकि अब मैं उसे बहू से जोड़कर देखने लगी। देख लो, आँखें तो सीधी नहीं करता? कभी साथ निभाने की कसमें खाता था, अब मुँह में दही जमी है।

फिर सोचती, कैसा बेबस हो गया है? मुझसे मिलने के मौके तक नहीं चुरा पाता। कुएँ पर नहाता-धोता नहीं, तन-मन की सुधबुध भूल गया है? क्या रेल से कटने की बात सोचता रहता है?

कायर! इसको साथ लेकर मैं भाग जाने की बात सोच रही थी कि इस की रिहाई जरूरी है। मैं कब तक बचाऊँगी इसे?

मैं तरह-तरह से सोचती। बहू के पक्ष में खुद से कहती—विवाह की गाँठ बाँधकर आई यह मेरी हमउम्र लड़की, मैं इसका रास्ता छोड़ ही दूँ। मगर दूसरे ही क्षण, फिर मेरा क्या होगा? मेरे प्यार की तौहीन होगी न? मेरी शिक्षा-सभ्यता यह कि इस गँवार लड़की से पराजित हो जाऊँ? नहीं, मुझे किसी कीमत पर मैदान नहीं छोड़ना, हर हालत में इस लड़के को लेकर भागना है।

घरवालों ने सूँघ लिया, कहीं भाग गई तो? अपनी मुहिम उन लोगों ने तेज कर दी। बहू बेचारी भोली सुन्दर गाय-सी सीधी है और प्रेम करनेवाली लड़की तिकड़में जानती है।

बस, बड़े भाई ने अपनी स्त्री के द्वारा मुझ तक सूचना पहुँचाई—"किस घमंड में हो बिन्नू, बहू को सब कुछ बता दिया।"

"क्या बता दिया, भाभी?"

"यही कि नादान भोले को एक बदफैल ने...बिचारे के होश गुम हैं।"

मैंने इससे आगे की बात नाइन के मुँह सुनी—"बिटिया, बहू को तैयार कर रहे हैं कि अपना आदमी काबू में कर ले और उस रंडी पर सरेआम जूती चलाए।"

उफ्! मैं कितनी रोई थी उस रात कि आँखें फोड़े की तरह दुखने लगीं। बहू की जूती और मेरा सिर! लगा कि लड़के को मैं ही पटरी से बाँध आऊँ। मेरे प्रेम में कट गया, ताउम्र याद रखेंगे। अन्त में सोचकर फैसला लिया, सब तो रानी रूपमती नहीं होतीं।

दुख करती, अचम्भे में पड़ जाती। क्या मैं अकेली ही प्रेम करती हूँ? बाकी इस गाँव में कोई प्रेम नहीं करती? मैं यहाँ से चली जाऊँ तो यह गाँव प्रेमविहीन हो जाएगा, यह जरूरी तो नहीं। क्या इस दुल्हन ने अठारह वर्ष की अवस्था तक किसी को प्रेम नहीं किया होगा? चलो नहीं किया सही लेकिन यह प्रेम से इतनी अनजान है तो एक प्रेमिका पर जूती चला रही है लेकिन अपने पति को क्यों बख्श रही है? पति पर जोर नहीं चल रहा, इसलिए सजा मुझे देगी? अगर मैं अपमान होने से पहले रास्ता छोड़ जाऊँ या सजा भुगतने के बाद भी अड़ी रहूँ या कि उसके सामने सिर झुकाकर माँफी माँगू तब क्या यह बात पक्की हो जाएगी कि इसका पति इसी को प्रेम करता रहेगा?

मगर मेरा यह अड़ियलपन...इतनी जिद तो कभी बाँधी नहीं। नहीं तो मैं नायब साहब के साथ रो धोकर चली गई होती। जानकीशरण के साथ होती और होती अपने प्यारे दुलारों के साथ...नहीं, इस अड़ियलपन से मैं किसी के साथ न होती।

दुल्हन जूती उठाए मुझे कहाँ घेर सकती है? मेरे कमरे में तो शायद ही आए। स्कूल के रास्ते पर मेरी नहीं, बहू की शर्म जाएगी। हो सकता है कुएँ पर। हाँ, बहू की ननद कुछ ऐसा ही कह रही थी—अब आए तो कुएँ पर। बहू पकड़ेगी, जिठानी देवरानियों के साथ ऐसे पीटेगी जैसे दच्चिन कक्को की मरम्मत की थी, छोत का मुँह कीचड़ में रगड़ा था।

कोई बिना पानी के कब तक रह सकता है? कालिज जाना था, कुएँ पर जाना लाजिमी हो गया। फिर मेरा तो सहारा यह घर ही था, जो अब बहू ने हथिया लिया है। काश, माताजी होतीं। मगर वे तो अपनी बेटी से दोगुनी नाराज हैं कि महीने भर के लिए कैम्प में निकल गईं। अजीब है यह लड़का, अपनी प्रेमिका पर जुल्म ढानेवाले षड्यन्त्र को नहीं सूँघ पाया! ऐसे दिखता है जैसे सब ठीक-ठाक चल रहा हो। वह तो दुल्हन से मिलकर मस्त हो गया लगता है।

रातभर मेरा मूड खराब रहा। कहूँ कि नींद नहीं आ रही थी किसी करबट, तो गलत न होगा। जब सबेरा होने को आया तो मैंने यह सोचकर अपने दिल को सँभाला कि मैं ऐसी जालिम कब से हो गई कि लड़के को बहू से मिलने की मोहलत भी न देना चाहूँ? यह बहू जब चार-पाँच साल पहले विवाह की विदा में अपने मायके गई थी तो मुझे निशानी में अपने कानों के टॉप्स दे गई थी और कहा था—धर लो तुम तो, जे कौन से यहाँ के हैं, जे तो हमारे मायके के हैं। —उफ् क्या अपने बारे में सोचना ही मेरा मकसद है? इस लड़की के विषय में भी कुछ सोचूँ, जो नितान्त दूसरों के बीच है और दूसरों के हाथों का मोहरा।

मैं नींद से कोसों-कोस दूर, झुटपुटे के होते ही उठ खड़ी हुई। कुएँ पर हाथ मुँह धोने चली गई, यही सुरक्षित समय था। सुरक्षित न हो, तब भी क्या मैं डरती हूँ? प्रेम का ज्वार कुछ ऐसा सोचने पर मजबूर कर रहा था। यदि इसी समय बहू को कोई

इत्तला दे दे तो? मेरे हाथ-पाँव ठंडे होने लगते। फिर भी आगे बढ़ती जाती, दाएँ-बाएँ देखती हुई। दरअसल, मैं बहू के साथ गुरिल्ला युद्ध लड़ने लगी थी। खुद को बचाते हुए उसके पति पर कब्जा कर लूँ। यह दुश्मनी साधकर मैं गजब का साहस कर गई, कुएँवाली बखरी के प्रवेश द्वार में बेधड़क घुसती चली गई। दुश्मन ही हिम्मतवर हुआ करते हैं, प्रेमी का पल्ला पकड़े-पकड़े तो मैं रोती ही रही हूँ।

दस कदम ही आगे बढ़ी कि झुटपुटे में एक छाया सी...

ओह! मैं जहाँ की तहाँ ठिठक गई। बहू है क्या?

याकि मेरे अपराधबोध ने आगे बढ़ने का रास्ता रोक दिया था, जैसे मैंने डाका मारा है और अब अपने किए पर शर्मिन्दा होकर लौट जाऊँ।

मैं भी क्या और कितना ऊल-जलूल सोच लेती हूँ? बहू लड़के को जानती ही कितना है, जबकि मेरी तो उससे बरसों की दोस्ती है। और दोस्ती किसी माँ-बाप, भाई-बन्धुओं ने नहीं बनाई, यह अपनी ही रुचि पसन्द का नतीजा है, जबकि बहू उस लड़के पर दूसरों ने लादी है। मैं कमजोर क्यों पड़ती हूँ? बस इसलिए कि इस बहू के साथ लड़के का नाम पति की तरह जुड़ा है। नहीं, मेरे प्यार को मंत्र-हवन और वचन के फेरों के आधार पर खारिज नहीं किया जा सकता। बहू को स्वीकृति देने के साथ ही मेरी बर्खास्तगी क्यों? इस घर के नहीं, गाँव के लोग भी मेरे और लड़के के लगाव को जानते हैं, यह भी समझते हैं कि लगाव किसी के कहने से क्या, अपने चाहने से भी नहीं टूटता।

अरे रे रे! बहू आगे बढ़ी चली आ रही है। छाया एक सजीव स्त्री में तबदील हो गई और ऐसे आई, जैसे अधिकार ही साक्षात चला आ रहा हो।

अब मैं कहाँ जाऊँ? मौत की सजायाफ्ता कैदी सी...मगर प्रेम में सजा पाने वालों के नाम हुए हैं—वैल विहेव्ड लेडीज हार्डली मेक हिस्ट्री। लेकिन हमारा हश्र...परिवार के लोगों ने प्रेम को गुनाह साबित करने के लिए मैदान में हमें छोड़ा है, जो लड़लड़ाकर लहूलुहान हो जाएँ, आत्माएँ दम तोड़ दें और ये लोग फिर बेफिक्र होकर दूसरी बहू ले आएँ।

मोर्चा आगे है। बहू आक्रमण न करे तो बहू कैसे रहेगी? अगर मैं पीछे हट जाऊँ तो अपनी वफा का सबूत कैसे पेश करूँगी?

मैं सोच में डूबी, धुँधलके में खड़ी...कि बहू एकदम पास आ गई। मैंने खुद को भूल जाने का इरादा कर लिया। मगर बहू ने आकर मुझे अंकवार में भर लिया। बाँहों में बाँध लिया। मैं छटपटाने की हद तक कसमसाई।

बहू ने मुझे छोड़ दिया। वह खड़ी थी। मैं क्या करूँ, क्या न करूँ? यह अपना काम (पीटना) शुरू कब करेगी? शायद बहू शुरुआत में नजाकत से काम ले रही है। कोई गुप्त पैंतरा है यह भी।

उसका स्पर्श अब मेरे कन्धे पर था, नरमाई ऐसी कि मेरी गर्दन तक असर गया। अब मेरे कानों में महीन बोली ने रस घोला—बकने दो घर भर को। हम तो सब जानते हैं। बिटियन की जान से उमर सम्भारते ही बदफैली लग जात है। अब देखो तो, जौन लांछन मायके में हमारे ऊपर, तौन ही इतै...

ऐं! क्या कह रही है बहू?

''सुमन बिन्नू कैरयीं थीं, पुष्पा रोरईं। तुम काये रोरईं थीं? हम आ गए अब तो। साफ कैदई हमने, पुष्पा बिन्नू से कोऊ कछू न कहे। तुमने रोटी नहीं खाई, सुमन कैरयीं थीं। हमारा कौल है तुम्हें, आज हमारे संगै रोटी खाइयो।''

हे भगवन्! धरती फट जाए, मैं उसमें समा जाऊँ। मैं तो इस बहू को अनपढ़ गँवार मानकर खुद को ऊँचा करके देख रही थी, सोच रही थी कि यह मेरे प्रेम के लायक नहीं। मगर इस समय तो मेरी शिक्षा सभ्यता ढेर हो गई।

शुरुआत में मैंने कहाँ समझा था कि इस तरह की स्त्रियों के साथ जो मेरा शामिल खाता हुआ है, वही मेरी जिन्दगी का अनमोल खजाना सिद्ध होगा।

अखियाँ जान सुजान भई

अपनी लिखी हुई कहानी मैंने बेटियों के सामने रख दी। तीनों लड़कियाँ माँ के बारे में बहुत कुछ जानती हैं। जताती भी हैं कि मम्मी के चरित्र का कोई रेशा छिपा नहीं। बात व्यवहार, सोच-विचार और आचरण की बेबाकी ऐसी है कि सामनेवाले को सीधा निशाना बनाए। लेकिन स्वर के आरोह-अवरोह ऐसे कि रत्ती भर भी बुरा न लगे। शायद इसलिए ही मितभाषी डैडी से डर लगता है। मम्मी के साथ हमजोली हो जाने का कारण डैडी से आक्रान्त रहना है।

नम्रता की डायरी के आधार पर

मैंने मम्मी को 'आखिर क्यों' फिल्म दिखाई क्योंकि मम्मी को आगे बढ़ने में डर लगता है। वे कदम उठाने के लिए राजी नहीं होतीं।

हमारा अफर्ट सक्सैसफुल रहा। मम्मी ने कहानी लिखी। कहानी हमने पढ़ी। लगा कि मम्मी की पर्सनैलिटी का यह कौन-सा हिस्सा है, इससे हम सचमुच ही परिचित नहीं थे। मैं, मोहिता और सुजाता इंग्लिश के क्लैसिक्स पढ़ते रहे हैं। लव स्टोरिज भी खूब पढ़ी हैं, लेकिन मम्मी की लिखी लव स्टोरी...मोहिता ने ताज्जुब किया था—गॉड यह लव स्टोरी।

मम्मी हमारी नजरों से सामना करने से कतरा रही हैं। समझ नहीं पा रहीं कि मोहिता किस बात पर आश्चर्य कर रही है? कहानी पर या माँ पर या उनके द्वारा प्रेम के निर्वाह पर? मैंने देखा, मम्मी का चेहरा छोटा होता जा रहा है। कहानी लिखने का उत्साह और उल्लास छूमन्तर हो गया। वे पूछ नहीं पा रहीं कि कहानी कैसी है? प्रेम कहानी विशेषांक में भेजने लायक है या नहीं? प्रेम जैसे विषय को लेकर अपनी उम्र पर शरमा रही हैं मम्मी।

मैंने मोहिता से अकेले में पूछा—मम्मी को क्या समझाया जाए? तूने 'ओ गॉड' क्यों कहा? उनकी पैंतालीस वर्ष की एज यानी अवस्था प्रेम-कहानी लिखने के लिए लज्जित होने की है?"

मोहिता बोली—"हम मम्मी की उस रूप में कल्पना नहीं कर पाते।"

"तब अपनी माँ को इस स्थिति में हमने ही डाला है कि वे स्त्री-पुरुष के प्रेम की बात कहकर-लिखकर हम से आँखें न मिला पाएँ। यह उम्र उनके वानप्रस्थ आश्रम के नजदीक है। हमने ही जाने-अनजाने जता दिया है कि अब तुम बूढ़ी हो रही हो, क्योंकि हम जवान हुए हैं। तुम्हारे लिए प्रेम और लगाव-जुड़ाव का नाता सिर्फ पति और बच्चों से हो सकता है, बाकी सब नाजायज है।

"बूटू (मोहिता), सुजाता ज्यादा समझदार है, जो मम्मी की इमेजीनेशन की तारीफ कर रही है। वह वास्तव में लिटरेचर से सत्य की तरह जुड़ी हुई है। और हम कह रहे हैं, सुजाता मम्मी की चमची है। चापलूसी करती है। मम्मी उससे क्या कह रही थीं, पता है?

"बेटा, पुरानी और नई नजर का फासला प्रेम के विषय को लेकर भी होता होगा। मैं तो पिछले पच्चीस वर्षों से प्रेम के मर्म को, उसकी अभिव्यक्ति को कुलशीलता की पोटली में बाँधकर एक ओर रख चुकी हूँ।"

मम्मी की बात...दिल के पार हो गई। हम कैसे कहें कि मम्मी हमें कहानी पढ़कर लग रहा है, यह रचना आपने नहीं की, हमने की है। मम्मी, हमें लग रहा है, प्रेम कहानी-प्रतियोगिता में आपको नहीं हमें शामिल होना है। हम बचपन की उसी उत्तेजना से गुजर रहे हैं, जो हमें बच्चे की तरह दौड़ में शामिल होने पर होती थी। और हम हर हालत में जीत के बारे में सोचते थे।

मेरा गंतव्य

उन दिनों कोरियर की सुविधा होती तो मुझे उस मंजर से क्यों गुजरना पड़ता, जिसने मेरी हालत खराब कर दी।

"आपकी कहानी को 15.07.89 तक 'साप्ताहिक हिन्दुस्तान' के लिए जरूर पहुँच जाना चाहिए। मैं ठीक याद कर पा रही हूँ न?" मोहिता ने मुझसे ऐसे कहा, जैसे वह मुझे मेरा काम याद दिला रही हो।

उससे क्या बताती कि धड़कन में 15 जुलाई का पल-पल धड़क रहा है।

"डाक से नहीं पहुँचेगी। पहुँच सकती है लेकिन सन्देह है। अच्छा हो, आप ही इसे लेकर चली जाएँ।" मोहिता का मशविरा।

"मैं!"

"हाँ, आप।"

मैंने गहरा साँस लिया।

"मेरे साथ कौन जाएगा? कौन...यह तो बताओ।"

''आप ही जाएँगी अपने साथ।'' कहकर मोहिता चुनौतीपूर्ण ढंग से मुस्कराई।

''मैं अकेली कहाँ जाती हूँ? जाती हूँ कभी?''

''नहीं जातीं अकेली, तो क्या कभी नहीं जाओगी?''

''तुम्हारे डैडी से पूछे बिना?''

''तो फिर जल्दी से डैडी के ऑनर में एक एप्लीकेशन लिख दो।''

मोहिता की आँखों में व्यंग-भावना तैर गई। इतना बहस-मुबाहिसा वही करती है, कर सकती है। नम्रता होती तो समझाकर चुप हो जाती।

मोहिता आगे बोली—''मैं जा सकती हूँ तुम्हारे साथ, मुझे गाड़ी चलानी आती है। बबली भी जा सकती है। पर न मैं जाऊँगी, न बबली को जाने दूँगी। आपको घर से निकलकर सड़कों पर चलना आना चाहिए।''

''मुझे जाने में ऐतराज नहीं है, बेटा। मगर बिना इजाजत के जाना रास नहीं आएगा। बेकार में घर में कलह या हममें मनमुटाव...तुम्हारे डैडी मना नहीं करेंगे, बस एक बार पूछना जरूरी है। नहीं तो मेरा जाना, छिपकर काम करना माना जाएगा। याद है, जब इल्माना के कहने पर उनके साथ एडल्ट एज्यूकेशन ज्वाइन किया था, तुम्हारे डैडी से कह दिया था—तुम कहोगे तो जाऊँगी, नहीं तो नहीं। बस, इतना सुना कि वे मुझे खुद लेकर गए। मेडीकल टैस्ट कराए।'' मैं अपनी भावात्मक स्थिति को रख रही थी।

''वेरी गुड! हमारी मम्मी हमें तो हिम्मत-हौसलों के पंख लगाकर अकेले उड़ा देना चाहती हैं, पर अपनी बारी आते ही हाथ-पाँव सिकोड़ लेती हैं। आपकी एक कहावत याद आ रही है मुझे—'पर उपदेस कुशल बहुतेरे'—है न?''

मोहिता, अक्खड़ मिजाज की लड़की...मैं एकदम यह भी तो नहीं कह सकती। एम.बी.बी.एस. कर चुकी है, यहाँ अक्खड़पन नहीं, समझदारी की भी कोई बात है। बात है, सामनेवाले को दबाव डालकर आगे बढ़ाने की।

सुजाता की समझदारी बड़े विनम्र शब्दों में—''मम्मी, डैडी आएँगे, जब तक आज का दिन खत्म हो जाएगा। अगर वे टाइम से आ भी गए और जाने के लिए मना कर दिया तो? आप फैसला लीजिए और बस चली जाइए। बी करेजियस।''

मैं...

सोच में डूबी औरत, लड़कियों के आगे भारी पत्थर सी पड़ी हुई...लड़कियों को क्या पता कि मेरी पीढ़ी की बेटियाँ अपने पिताओं, भाइयों और संरक्षकों के शासन को ही आदर्श स्थिति मानती रही हैं। इसी अनुशासन में चलते हुए उन्हें मान-सम्मान मिला है। अकेली औरत घूमती-फिरती आवारा स्त्री का रूप होती है। ये लड़कियाँ क्या जानें कि पति के शासन में भी इनकी माँ हिम्मत नहीं हारना चाहती थी, मगर हारती चली गई।

नम्रता इस समय घर में नहीं थी। मोहिता और सुजाता आतुरता से मेरा चेहरा देख रही हैं और मेरे जाने की उम्मीद कर रही हैं। मैं इन्हें निराश करती चली जा रही हूँ, जबकि किसी कदम पर निराश होने की बात मैं सहन नहीं कर सकती। मैं आगे बढ़ी। दोनों बहनें पलंग पर बैठी थीं, किताबें आसपास रखी थीं। मैंने कुर्सी उन्हीं के पास खींच ली और बैठ गई।

मैंने उन दोनों के सामने स्वीकार किया—

''मैं हार गई बेटा...तुम्हारे पिता के सामने अपने दबंग तेवरों के हथियार डाल दिए। घर में शान्ति बनाए रखने का यही उपाय था, और तुम्हें पालने-पोसने में बाधा न आए, यही मकसद था। मैं हारकर जितनी पस्त होती जाती, तुम्हारे सामने उतनी ही ताकतवरी की बातें करती। जिनको कमजोरी-कायरता निगल जाती है, वे बहादुरी के मन्त्र पढ़ा करते हैं, बिटिया। तुमने अपनी माँ को पहचान लिया है, जिसको 'करनी' होना था, वह निखालिस 'कथनी' बनकर रह गई। मैं इस बात पर लज्जित नहीं, यह हमारी संस्कारग्रस्त पीढ़ी का रूप है। मैं इसी को बदलने की कोशिश करती हूँ, तुम्हारे रूप में।

''अगर मिसाल देकर समझाऊँ तो तुम मेरी बात और भी अच्छी तरह समझ लोगी। राणा प्रताप का एक घोड़ा था, नाम था चेतक। वे सैकड़ों साल पहले के राजा, उतनी ही पुरानी उनकी कहानी। कवि की कविता है—'राणा की पुतली फिरी नहीं, तब तक चेतक मुड़ जाता था'। बस, चेतक की दशा आज हम पर गुजर रही है। मैं तुम्हारे डैडी के पीछे-पीछे चलनेवाली, स्वामिभक्ति के कारण उनकी दया-कृपा पाती रहती हूँ। बाजार-हाट हो या कहीं घूमाघामी, बस उनके पाँवों की ओर देखकर चलती हूँ। उनके कदमों को देखकर ही रुकती और मुड़ती हूँ। समझो कि यही मेरा हुनर, यही मेरा कौशल। हर हाल में अपने राजा से वफादारी...

आज राजा की रानी 'हिन्दुस्तान टाइम्स' की बिल्डिंग की ओर चल दी। हाथ में पर्स। मगर पर्स में कहानी वाले कागज नहीं, वे दूसरे हाथ में हैं, पीले बड़े से चौकोर लिफाफे में। पर्स की संकरी जेबें, मेरे दिल के टुकड़े-सी कहानी को तोड़-मोड़ न दें। मोह इतना था कि ऑटोरिक्शा में हिचकोले खाते हुए लिफाफे का मुँह खोलकर कहानी को कई बार देखा। खुशी ऐसी, जैसे माँ ने किलकारी मारता हुआ शिशु निहार लिया हो। कहानी की कई पंक्तियाँ बच्चे के धवल दाँतों की तरह मन में दमकने लगीं।

ऑटोरिक्शा मेरे गंतव्य तक पहुँचा। मैं उस इमारत में घुसी। मेरा ध्यान अहाते में खड़े प्रसिद्ध कथाकार, हम लोग और बुनियाद जैसे धारावाहिक

लिखनेवाले मनोहरश्याम जोशी पर अटक गया, जो मृणाल पांडे से पहले साप्ताहिक हिन्दुस्तान के सम्पादक थे। इतने बड़े साहित्यकार यहाँ अकेले खड़े हैं! क्यों? मैं मिलूँ इनसे?

मिलने की बात सोचते ही मैं घबरा गई। क्या कहकर मिलूँगी? क्या बात करूँगी? मैं कौन हूँ, क्या बताऊँगी?

बस, मैंने अपनी निगाहें सामने की उस दीवार पर टिका दीं, जिस पर रंग-बिरंगी चित्रकारी है।

मैं ठिठकी खड़ी थी। यह चित्रकारी की कलात्मकता का प्रभाव हरगिज न था, यह था इमारत की भव्यता में प्रवेश करने का गाढ़ा संकोच। अपनी अकिंचनता के अहसास के कारण टाँगें काँपने लगीं। मनोहरश्याम जोशी लगातार अहाते में चहलकदमी कर रहे थे और लोग उनके दाएँ-बाएँ से निकल रहे थे।

ऐसा मौका कहाँ मिलेगा? मैंने सोचा। मनोहरश्याम जोशी जब डॉ. आत्म प्रकाश पर साप्ताहिक हिन्दुस्तान में लिख रहे थे, मैं उनकी तस्वीर देखा करती थी, किसी देवता की तरह, जिसका दर्शन मेरे जैसे लोगों के लिए दुर्लभ है। और यहाँ सामने प्रभु खड़े हैं, भक्त को घबराहट का रोग लग गया।

पति होते तो आगे बढ़कर हाथ मिला लेते। मैं भी नमस्ते कर लेती मगर, अब...अपनी हिम्मत का रेशारेशा पति के वजूद में जमा कर चुकी हूँ।

अब आगे बढ़ती हूँ।

भय की तितली पेट में नाचती है। कहानी जिसे दूँगी, क्या कहूँगी उससे? मैं कौन हूँ? अनजानी अनपहचान...

इल्माना ने कहा था—अपना काम खुद करना होगा। मेरी कविता नहीं छप पाई थी, तब ताना दिया था—और जाओ पति के पीछे-पीछे। तुम समझती हो, डॉ. शर्मा फरिश्ते का रूप हैं, मगर दूसरे पुरुषों को वे पहरेदार के अलावा कुछ नहीं लगते। कोई गैरमर्द आपसे बात नहीं करेगा। अव्वल तो आपका पति ही आपको बात करने का मौका नहीं देगा। वह मानकर चलता है कि उसके सिवा पत्नी के लिए सारी खुदाई परपुरुषों का घेरा है।

मुझे जो याद आया, वह इल्माना की बात को पुष्ट कर रहा था। डी.जी. हमारे घर खाने पर आनेवाले थे। मैंने शानदार तैयारी की। जब उनके आने के क्षण आए, पति ने मुझे समझा दिया—ज्यादा बात करने की जरूरत नहीं है। ज्यादा नजदीक आने...समझ गईं न?

मैंने कहा, बस पाँच मिनट से ज्यादा नहीं ठहरूँगी नमस्ते करने के बाद।

वे बोले—"अरे यार, तुम्हारे लिए पाँच मिनट तो बहुत ज्यादा हैं। इतने में तो तुम बहुत बातें..."

मैं उस दिन कुछ भी नहीं बोली थी। इल्माना कह रही थीं—जब तुम कुछ बोलोगी नहीं तो कोई क्यों समझेगा कि जो कविता दे रही हो, वह तुमने ही लिखी है। मोहतरमा, हमें जो काम आता है, उसे करने का सबूत भी देना पड़ता है। हमारी काबिलियत पर लोगों को भरोसा करने की आदत नहीं। इसलिए ही तो जब हम कुछ गौर करने लायक करते हैं तो उन्हें अजूबा सा लगता है और बोल पड़ते हैं—'देखो औरत होकर भी उसने...' बस, ऐसा ही कोई जुमला हमारी सामर्थ्य पर सन्देह का ठप्पा लगा देता है।

इल्माना मेरी हालत जानती हैं, मगर उकसाती हैं। लड़कियों ने माँ को बिना सोचे-समझे समुद्र में फेंक दिया। अब मैं तैरूँ, नहीं तो डूब जाऊँ। समुद्र क्या, मैं तो नदी पार करना भी नहीं जानती। और इस न जानने से ही हमारा परिवार सुचारु रूप से चलता है।

निष्क्रिय सुन्दरता! जो पंख पूँछ उपयोग में नहीं आते, खुद ब खुद झर जाते हैं। मैं उन पंखों को दोबारा भी लगा लूँ, मगर उड़ना भूल चुकी हूँ। उड़ान के सपने संजोने से क्या होगा?

साहित्य भी मेरे लिए शेखचिल्ली का सपना! इसलिए कि यहाँ 'मैं लिखना-पढ़ना चाहती हूँ' कहने की मोहलत नहीं। कहाँ अपने गुरुवर भगवान दास माहौर से कहकर आई थी, सर—शादी ऐसे लड़के से हो रही है, जहाँ परिवार और रिवाजों के घेरे नहीं। आगे बढ़ने के रास्ते बनेंगे। पी.एच.डी. के साथ कुछ लिखूँगी भी, सर।

लेकिन यहाँ प्यारे पति की आँखों में फाँकें पड़ें तो? शादी के बाद स्त्री के दिन-रात कैसे पलट जाते हैं, अविवाहित और पुरुष होकर मेरे सर क्या समझें? नहीं समझ सकते कि मैं जब पति से डरना छोड़ देती हूँ, उन्हें मेरे ऊपर प्यार आ जाता है। और वे मनुहार भरे स्वर में पूछते हैं—इतना प्यार फिर किसलिए किया था जानम...

और आपका वह पत्र सर...

''मैं तुम्हारा पता पूछता फिरा। तुमने पत्र लिखा, पता नहीं लिखा। अमरजीत कौर गिल से पता लेने के बाद पत्र लिख रहा हूँ। इन दिनों महसूस कर रहा हूँ कि तुम आई थीं पढ़ने और कुछ सीखने के लिए। साहित्य समझना तुम्हारा लक्ष्य था। अब छात्र आते हैं डिग्री लेने के लिए। पढ़ाई की मेहनत और गम्भीरता से उन्हें कोई मतलब नहीं।

और, मैं कहता था न, मैडल इस साल भी तुम्हारा होगा। कृष्णराव खानवलकर दूसरे स्थान पर रहा। तुमने आगे के लिए क्या सोचा है? रिसर्च की बात भूल न जाना। शादी के बाद लड़कियाँ अपना पुराना रास्ता बदल देती हैं।''

शुभकामनाओं के साथ—भगवानदास माहौर और मैंने अपने शिक्षक, गुरु के पत्र पर प्यार की दुहाई का वह जुमला, जो पति ने कहा था, भारी पत्थर की तरह

रख दिया। जब धीरे-धीरे मेरा वजूद दबकर थकने लगा, तब तक मैं उस अनुकूलन में चली गई थी, जो यह अहसास देता है कि मैं प्यार में तबाह होने के लिए बनी हूँ।

मैं अपने आप में गुम, चित्रकारी के पास खड़ी हुई यकायक पास से उछाले गए इस जुमले से चौंकी—''बेचारी मैडम! किसी के इन्तजार में सूख रही हैं।''

आगे बढ़ गई।

अब मैं लिफ्ट में थी। ऊपर उठती हुई...मेरा दिल डूब रहा था।

मंजिल दर मंजिल। तीसरी मंजिल।

कॉरीडोर में आ गई। तमाम कमरे मगर बन्द दरवाजे।

लिफ्ट में ही पाँवों का वजन हलका होने लगा था, दरवाजे को कौन खोले? आगे बढ़ता हुआ हाथ काँपता है। पता नहीं, मैं गलत ही दरबाजें पर आ गई हूँ। नाम तो लिखे हैं, मगर कहानी किसको देनी है? मेरे भीतर जमा डर और आशंका कुलबुलाई।

चपरासी बेंच पर बैठा खैनी मल रहा है। कितना निर्भय है! मुझे उससे भी संकोच हुआ। गले में रेत सा भर आया। किसी तरह कहा—''ए भइया, मैं कहानी देना चाहती हूँ। यहाँ किसे...?''

''इसी कमरे में जाइए।'' उसने संकेत सा दिया।

''मैं!''

''जाइए जाइए।'' कहकर उसने दरवाजा ठेला।

मुझे प्रवेश मिला।

दरवाजे की ओर अपनी कुर्सी पर पीठ किए जो सज्जन बैठे थे, उनके बाल आम लोगों से अपेक्षाकृत लम्बे। बालों के बीच से लाल और सफेद लटें झाँकती हुई। ये जो भी हैं, मेरे लिए सम्पादक हैं। कहानी यहीं देनी है।

मैं उनके सामने आ गई। खड़ी हो गई। खड़ी रही। तनाव था और संकोच दबोचे हुए। भरसक सहज बने रहने की कोशिश करते हुए अपने लक्ष्य पर एकाग्र थी कि गौरवर्ण भव्य व्यक्तित्व वाले सज्जन ने अपनी गर्दन को हलकी सी जुम्बिश दी। मेरा वहाँ आना दर्ज हुआ। संवाद निरूपण का यह ढंग, मैं आश्वस्त हुई। एक क्षण को लगा, अपने बारे में ऐसी कल्पना कहाँ की थी कि इतनी दृढ़ता से मोर्चा सँभालूँगी। ऐसी बात अपने लिए सोच की हद में ही नहीं आई। मगर यह चेहरा...पहले कभी देखा है। सह सम्पादक? हाँ सम्पादकीय मंडल में।

मैं खड़ी थी, सिर झुकाए हुए। 'रचनात्मकता का मन्दिर', साप्ताहिक-हिन्दुस्तान पढ़ते हुए मैंने सोचा था। मन्दिर में भक्त आएगा तो अपनी अकिंचनता ही लगेगी। यहाँ बैठे लोगों का सम्मान रखना है मुझे।

"बैठिए बैठिए।" तभी सह सम्पादक जी मुझसे कहतें हैं और कुर्सी की ओर इशारा करते हैं।

मैंने वहाँ बैठकर जो बातें सुनीं और चेहरे पहचाने, पहले आतंकित हुई और फिर आश्चर्य में पड़ी विभोर-सी देखती रही–महाभारत सीरियल में काम करनेवाले कलाकार/अभिनेता! जिनके कितने ही दृश्य मेरे मन में थे।

अपनी बात खत्म करके वे चले गए।

मैं सह सम्पादक जी की सीट के ठीक सामने वाली कुर्सी पर आ गई। एक भावात्मक ज्वार, चेतना गड़बड़ाने लगी।

"कहिए।" शब्द धीमे से पास आया।

मैंने कुछ कहने के अंदाज में सिर्फ उनकी ओर देखा। कहानी का लिफाफा हाथ में थरथराया। न बोलने के कारण अजीब-सी स्थिति हो गई। लगा कि उठकर भाग जाऊँ। लज्जा का स्थाई प्रभाव गहरा होता जा रहा था।

"आप लिखती हैं?" उन्होंने पूछा।

"हाँ। जी हाँ।"

"क्या? कविता, कहानी, लेख?"

"कहानी। कहानी लाई हूँ।" कहकर मैंने हाथ का लिफाफा आगे बढ़ा दिया तो दिल में ढोल-नगाड़े बजने शुरू हो गए। जैसे मैं कहानी नहीं, अपनी संदेहास्पद प्रतिभा सौंप रही हूँ और डर रही हूँ कि फेल ही होना है। वातावरण स्तब्ध था। मेरी आकांक्षाओं का इन्द्रधनुष टूटकर रहेगा।

अब सह सम्पादक जी ने लिफाफा सामने रख लिया और मेरी पारिवारिक स्थिति के बारे में पूछने लगे। तभी मुझे लगा कि योग्य और अनुभवी लोगों में कुछ बातें समान होती हैं। जैसे डॉ. कमल बख्शी जानती हैं कि स्त्री से उसका शारीरिक परीक्षण करते समय उससे पति और बच्चों के बारे में पूछो, वह असामान्य व्यवहार नहीं करेगी। इसी तरह सह सम्पादक जी जानते हैं, परिवार की बातें औरत पर सैडेटिव का काम करेंगी और सामनेवाली सहजता का अनुभव करने लगेगी, अजनबी वातावरण में भी। निश्चित ही यह रामबाण है, केवल स्त्री के लिए। नहीं तो पुरुष से उसके बच्चे और पत्नी के बारे में क्यों नहीं पूछा जाता? उससे पूछा जाता है उसका पेशा, पोजीशन, निवास स्थान।

मैं शुरू हो गई–पति, बच्चियों और दमाद के बारे में। उनकी डॉक्टरी योग्यता का बखान करने। भूल गई कि यहाँ किसलिए आई हूँ।

वह तो सह सम्पादक जी की ही नजर, जो कह रही थी–साप्ताहिक हिन्दुस्तान के सम्पादकीय प्रकोष्ठ में आपका स्वागत है।

जो मिसेज शर्मा ऑल इंडिया इंस्टीट्यूट ऑफ मेडीकल साइंसेज के उत्सवों में डॉक्टर समुदाय के आमन्त्रणों पर विभोर होती रही थी, साप्ताहिक हिन्दुस्तान के

सम्पादकीय मंडल के सौम्य सदस्य की आँखें देखकर सिहर उठी। कैसी नजरें... सम्भ्रान्त शिकारी की आँखें...

मगर व्यक्तित्व और चेहरा मोहरा, मन मोह रहा था। वे जो कुछ बोल रहे थे, सधे शब्दों में कह नहीं रहे थे, खुद को सँभाल रहे थे।

मैं नाटकीय मुद्रा में कभी बाएँ देखने का अभिनय करूँ कभी दाएँ। अरे, यह वे ही हैं, जिन्हें देखकर रोमांचित हूँ, मैंने बढ़ी हुई धुकधुकी के साथ सोचा। क्या आज यहाँ मेरा पहला साहित्यिक अवतरण नहीं हो रहा?

मगर मैंने पाया मैं निगाहों से निगली जा रही हूँ।

नहीं, मैं आज वर्षों बाद घर से अकेली, अपने बूते निकली हूँ, लग रहा है, सारे पुरुष मुझे आगे-पीछे से घेर रहे हैं। अपने आकर्षण को जताने के लिए आँखों का सहारा ले रहे हैं।

मैं बकवास औरत, साहित्य के संसार में आई हूँ, वहम और असुरक्षा की पोटली सिर पर लदी है। कौन खा रहा है मुझ अधेड़ को? क्या यहाँ सम्पादक जी के पास अभी तक सैकड़ों स्त्रियाँ नहीं आई होंगी? एक से एक खूबसूरत, ऐश्वर्य की मालकिन, प्रतिभा की धनी। कई सुन्दरियों की तस्वीरें पत्रिका में मैंने खुद देखी हैं।

मगर सह सम्पादक जी का देखना अपने आप में ऐसी नायाब नजर है कि तलबों में झुनझुनी लग जाए और शरीर का खून ठंडा होता जाए। आखिरी बार विदा लेते समय नजरें मिलीं कि मेरी साँस रुकने लगी।

मेरी ईद हुई!

15 जुलाई, 1989 का दिन, मैं इल्माना के घर से ईद मिलन करके लौटी थी। रेशमी साड़ी के गुलाबी रंग में सजी, चोटी में फूलों का गजरा और कन्धे पर इल्माना की दोस्ती का इत्र महक रहा था। गन्ध की मादकता और गहनता मीठी नींद सी तारी हो गई। मैं पलंग पर अपना शरीर ढीला छोड़कर ऐसे लेटी थी, जैसे ईद के उत्सव का सुख आँखों में बादल सा घिर आया हो।

फोन की घंटी बजी।

"हलो," मैंने चोगा उठाकर उनींदी सी आवाज में बोला।

"हलोऽऽ...पहचाना?" मीठा-सा स्वर आया।

मैं आश्चर्य के साथ आवाज पहचानने लगी। यह मरदाना स्वर, कौन मेरी परीक्षा ले रहा है?

"नहीं पहचाना।" मिठास फिर बह निकली।

मैं खामोश रही।

"मैं साप्ताहिक हिन्दुस्तान से..."

मुझे एकदम से याद आया। अभी परसों ही तो गई थी। मिली ही उनसे थी जो सह सम्पादक जी! वे ही तो हैं।

"आप! अरे! आपने फोन किया, आप!!" मैं धन्य धन्य, जैसे स्वर्ग से किसी देवता ने मुझे पुकारा हो। ओ मेरी कहानी, आखिर तुझमें कितना सत है कितना आकर्षण...

"क्या हाल हैं? चुप हो गईं।" शहद मिश्रित स्वर ने अपना काम किया।

"क्या बताऊँ? विश्वास नहीं हो रहा कि आप...मेरे लिए यह सब असम्भव सा..."

"असम्भव कुछ नहीं होता। इधर आना नहीं है क्या?"

"साप्ताहिक हिन्दुस्तान? आ जाऊँगी किसी रोज।"

"कब, किस रोज इन्तजार करें?" मधुर आग्रह और आवाज में कशिश।

"बताइए, आप कब खाली होते हैं अपने काम से?"

"ऑफिस में तो काम ही काम है। कहीं और मिलते हैं।"

सुनकर मैं ज्यों की त्यों रह गई।

"बोलिए, कहाँ मिलेंगी?"

"मैं कहाँ आऊँ? क्या करूँगी कहीं?"

"चाय-वाय पिएँगे और क्या?"

"मैं..." हकलाने लगी थी, कुछ नहीं कह पाई।

फोन कट गया।

दूसरे दिन :

फोन बजा। मैंने उठाया। 'हलो' के साथ ही दूसरी ओर से सवाल आया, "पहचान लिया या नहीं?"

"एकदम पहचान गई मैं।" रेशमी आवाज को मैंने आश्वस्त किया।

"तो बोलिए।"

"मैं क्या बोलूँ?"

"कोई पास में है क्या?"

"यह भाषा मैंने अब तक कभी नहीं सुनी थी।"

"कोई आसपास..."

"हाँ। हाँ।" मैंने कह दिया।

फोन बन्द हो गया। मेरा आरामतलब दिमाग अब तेजी से चक्कर खा रहा था। मैंने झूठ क्यों बोला? पास में तो कोई भी नहीं था। कोई कैसे नहीं था? तकिया था,

सिरहाने का शीशा था। सामने दीवार थी, दीवार पर फोटो था। दाएँ-बाएँ ड्रैसिंग टेबिल और बार्डरोब थी। इतनों को मैं नजरंदाज कर देती? क्या मुझे चोरी-चुपके कुछ बताना पूछना था? यही कि ऑफिस के अलावा कहाँ, किस जगह मिलना है? मैं तय करती मेरे कमरे की चीजें सुनतीं। ये चीजें...मेरे साथ कब से हैं, ये महाशय तो दो दिन पहले मिले हैं। इन सब चीजों को मेरे ऊपर भरोसा है कि मैं एक ईमानदार, सच्ची और बेवाक औरत हूँ। सम्पादक जी तो अभी मुझे टोह रहे हैं।

हो सकता है, मुझ पर इन साहब का दिल आ गया हो।

इस उम्र में?

साहित्यकार, कलाकार उम्र को सालों से नहीं नापते। उनकी रचनात्मकता जब तक सक्रिय रहे, वे युवा रहते हैं। रविशंकर (सितार वादक) अज्ञेय और रेणु (साहित्यकार) किशोर कुमार (गायक) उम्र के ढलते पड़ाव पर इश्क मोहब्बत को परवान चढ़ाते रहे।

तीसरे दिन :

"मिलो न। जल्दी मिलो।" दिलकश मनुहार उधर से आती है।

मेरी हथेलियाँ पसीज उठती हैं।

"आपका उपन्यास पढ़ा मैंने।" मैं कहती हूँ।

"आओगी न? कब?"

"इतना सुन्दर, बोध भरा कैसे लिख लेते हैं आप?"

"बताओ, मैं कहाँ आऊँ। आज मेरे पास टाइम है।"

अब मैं इससे ज्यादा क्या सोचूँ कि प्रेम कहानी लिखूँगी, किसी सह सम्पादक को दूँगी तो यही होगा। रचना के प्रति समर्पित स्त्री विलुप्त हो जाएगी। बचेगी उन्मत्त सी प्रेमिका जो धीरे-धीरे निरीह होती चली जाएगी।

"क्या सोच रही हैं आप? फोन रखता हूँ। आधे घंटे में फोन करना। तब तक हाथ का काम निपटा लेता हूँ।"

दुविधा में बड़ी बेचैनी रहती है। मैंने आँखें बन्द कर लीं। एक बार गई तो बार-बार का अभ्यास...और न गई तो कहानी छपने की उम्मीद खत्म। क्या लेखिकाओं की नियति यही होती है? साहित्य, जिसमें स्त्री पात्रों के हमदर्द लेखक ऐसे भी होते हैं, जो स्त्री को अपनी तृष्णा के लिए यहाँ-वहाँ दौड़ाएँ। मैं कितनी कोशिश कर रही हूँ कि लुका-छिपी का खेल शुरू न हो, लेकिन इसी से दूसरे का अहं ठेस खा रहा है। बस मिलकर ही रहेंगे।

आँख लग गई।

आँखों में सन्ध्या उतर आई। धुँधले आसमान पर चमकते सितारों में से एक सितारा उतरकर नीचे आ गया। कमरे में सरक आया, जिस रास्ते सरकता आया, वह जगह सुनहरी होती गई। कमरे में सुनहरे स्वस्तिक बन गए। वह पलंग पर चढ़ आया।

अकेली मैं, अकेला वह।

खिड़की के पार बादल झुका था। तारे को गड़गड़ाकर देख रहा था। तारा मेरे नजदीक चला आया।

फिर हवा का झोंका, अकेला झोंका लहर की तरह बहुत देर तक बना रहा। मेरे चेहरे पर मेरे आँचल का इन्द्रधनुष कई रंगों में लहराया। कमरे में हिंडोला था कि मेरा दिल झूमने लगा। मैं प्रेम कहानी की नायिका!

मुद्दतें आसपास लौट आईं। पीछे छूटी रंगोलियों ने घेर लिया। आँखों में स्वस्तिक झिलमिलाए। मैं रोना चाहती हूँ, आँसुओं के लिए। देह की बालू सोख ले कितना-कितना जल मेरी हथेलियों की झीलों में भर आया है।

मैं विवाहिता, परिणीता...पतिव्रत की कठोर भूमि पर भावना भरे समर्पण के उपवास में पथराई नजरोंवाली बुत! बुतखाने से निकल रही हूँ।

मेरी जिन्दगी में यह क्षण तारा, बादल, सूर्य, मेरे भीतर उगता, थमता, डूबता उतराता...

मैं आइने के सामने खड़ी, खुद को खुद में तलाश रही हूँ। धूप में निकलकर अपने भीतर से निकलते सूर्य देख रही हूँ। साप्ताहिक हिन्दुस्तान के पन्नों पर उतरते कागजी आइने में मैं और मेरी कहानी! मेरी नई चाहतें अपने सौन्दर्य-बोध में जन्मी कोंपलें...अब किसी के शासन में नहीं।

मैं अपनी रचना में अनुरक्त एक अनूठी खुशी को खोजने निकल पड़ी, जैसे मैंने अपने डगमगाते जीवन को व्यवस्थित करने के लिए हर तरह से हौसला जुटाया हो। भावना और विचारों की टकराहट में द्वन्द्वों को पाला हो। कहानी, प्रेम-कहानी, प्रतियोगिता...

प्रेमकथा प्रतियोगिता का परिणाम घोषित हो गया।

नतीजे में प्रथम स्थान मिला था कानपुर के राजेन्द्र राव को और वहाँ किसी भी स्थान पर न मेरी कहानी न मेरा नामोनिशाँ...

मेरी रचनात्मकता का पहला करिश्मा यही था।

पूछिए मत कि मैंने अपनी 'कहानी' की नृशंस अस्वीकृति को कैसे झेला? झेलने के सिवा चारा क्या था, निरुपायता को अपना धैर्य मान लिया। इस तरह मैं कैसे लिख पाऊँगी, इस सवाल का गोखरू जब न तब वजूद से चिपक जाता और काँटों की

तीक्ष्णता से चुभता। मैं उस विचार को झटक देती और शान्त हो जाती। कोशिश करती कि फिर किसी किटी-पार्टी की सदस्य बन जाऊँ, वहाँ जानी-पहचानी स्त्रियाँ जिन्दगी के शानदार समझौतों की एवज दमकती हुई आधुनिक जिन्दगी के मजे लेती हैं। नौकरानियों के प्रेम सम्बन्धों के चटखारे, उनकी दयनीयता पर उदारता, व्रत-उपवासों की अखंडता में सामाजिक और धार्मिक उत्थान मान लेती हैं। सुख-सुविधामय जीवन मुझे क्यों रास नहीं आता? क्या मैं फिर अखबारों के उन दफ्तरों में धक्के खाना चाहती हूँ, जहाँ मेरी कहानी नहीं, मुझे उलटा-पलटा जाएगा। —यह धारणा मेरी हताशा से जन्मी है, यह भी मैं जान रही थी क्योंकि सारिका, संडेमेल आदि को कहानी भेजने की शुरू में हिम्मत नहीं हुई, भेजी तो सारिका से लौट आई। और संडे मेल के सम्पादक की अकड़ी हुई गर्दन ने ही मुझे दहला दिया। कादम्बिनी के सम्पादक पर मेरे पति अपनी टिप्पणी दे ही चुके थे। स्त्री होने का अहसास इतना डराता कि इस बात की ओर ध्यान नहीं जाता कि नए लेखकों की कहानियों पर सम्पादक कम ही ध्यान देते हैं। गाँव के विषय का चलन खत्म होता जा रहा है, इसलिए दिलचस्पी का सवाल नहीं उठता। शिवानी का उपन्यास 'पाथेय' धारावाहिक चल रहा है, ऐसी गढ़न उन्हीं के बस की है। तभी तो मेरी लम्बी कहानी लौट आई कि उसमें शिवानी जैसा कुछ नहीं...

मेरे दुर्भाग्य ने उलझनों की श्रृंखला तान दी। अब ले-देकर वही साप्ताहिक हिन्दुस्तान क्योंकि सह-सम्पादक जी हमदर्द जैसे इन्सान तो हैं ही। मेरे अनाड़ीपन के बावजूद वे मुझे अपने साथ बैठाने, साहित्य पर बात करने के लिए रजामंद दिखते हैं।

मैं इल्माना का जामिया मिलिया छोड़ चुकी थी और वे मुझे कुएँ के मेंढक की उपाधि दे चुकी थीं, फिर भी हमारे बीच मित्रता का सूत्र टूटा न था। वे मुझसे एक किलोमीटर के फासले पर रहतीं सो हमारी मुलाकातें होती रहतीं। मैंने हताशा के बीच ही इल्माना को बताया—"मैं अब एक छोटी कहानी लिखनेवाली हूँ। मुझे लगता है, मैं निकम्मेपन को अपना धीरज मानकर महिमामंडित कर रही हूँ। यही तो शादी से अब तक करती रही हूँ। संकोच भी खासा पाल लिया है, जिसके कारण सिकुड़ती रही।

इल्माना ने मेरी बात का समर्थन किया और कहा कि अगर मैं अब तक उनके साथ रहती तो दस पुस्तिकाएँ छप जातीं। उपभोक्ता संरक्षण पर लिखी पुस्तिका 'राह सुगम है' महत्त्वपूर्ण है। अंग्रेजी में छपी छोटी-सी खबर पर असरदार कहानी।

"अब मैं क्या करूँ इल्माना?"

"कहानी लिखिए, छपने दे दीजिए।"

"क्या गारंटी है कि छप जाएगी?"

''मैं हूँ ना। हमारा सारा स्टाफ आपके लेखन का मुरीद है।''

''इल्माना, बुरा न मानना, आपके यहाँ लिखकर मेरी गिनती साहित्यकारों में नहीं हो सकती।''

''साहित्यकार समाज के पिछड़ों के लिए नहीं लिखते क्या? नहीं लिखते तो किसके साहित्यकार हैं?''

''वे ऊँचे दर्जे का लिखते हैं। विद्वान लोग मान्यता दें। सुधीजन पढ़ें।''

''आमजन अनपढ़ रहें, मूर्ख बेवकूफ माना जाए, ऐं?'' वे गुस्सा थीं।

''इल्माना, मैं अब चूकी तो किस्सा खत्म। वैसे ही कितनी देर हो चुकी है।''

''अब किस्सा खत्म नहीं होने का, मिसेज शर्मा। लगन लगी है, वह हमें नहीं छोड़ेगी। आप बेचैन हैं। मैं तो समझ रही थी कि दफ्तर छोड़कर घर में चैन की बंशी बजा रही होंगी, अपनी वी.आई.पी. कॉलोनी में। मगर आप तो...ऐसा करिए, उन्हीं सह सम्पादक से मिलिए। वह आदमी जैसा भी हो, मदद कर सकता है।''

''इल्माना, एक बात बताइए, क्या बिना मदद के कुछ नहीं हो सकता?''

''क्यों नहीं? आपको खुद पर कॉन्फिडेंस होना चाहिए। हाँ, जान-पहचान से होनेवाले काम की पहले से गारंटी रहती है।''

''शायद इस गारंटी से ही आत्मविश्वास आ जाता है। मैंने इन दिनों कुछ लेखिकाओं के वक्तव्य पढ़े हैं और पाया है कि किसी के पिता, किसी के भाई, किसी के मामा, फूफा साहित्य में रहे हैं और जिनके नहीं थे, उनमें से कइयों ने जाने-माने लेखकों, कवियों और समीक्षाकारों से शादी कर ली।''

मैं अफसोस में! और इल्माना हँस पड़ी।

''आप किसी अदबी से शादी कर लें, इस लायक रही नहीं। आप तो मित्रता करने में संकोच करती हैं, आपका क्या बनेगा?'' इल्माना ने फैसला दे दिया।

''मित्रता, कि मेरी तो जान-पहचान तक नहीं। इसी दिल्ली में रहकर कभी किसी साहित्यकार से मिली नहीं। अज्ञेय जैनेन्द्र यहीं रहते थे, रेणु जी भी आया-जाया करते थे। एम्स की चारदीवारी, अपना संसार...मैं झाँसी से देश की राजधानी तक आ गई, मगर यात्रा घर से घर तक। बहुत से बहुत अस्पताल, मरीज और उनके तीमारदार ही हमारी दुनिया।

''यह भी बुरा नहीं। चाहें तो इन एक्सपीरियंस पर कहानी लिख दें। न छपे तो मुझे दे दें। अभी तो आप सम्पादक जी के पास जाइए, श्रीमती आर.सी. शर्मा।''

''सह सम्पादक जी की वही शर्त, रैस्ट्राँ में आओ।''

''तो जाओ।''

''पागल हो गई हैं आप। मेरे पति आपके शौहर जैसे नहीं, कत्ल कर देंगे मेरा और उसका। फाँसी पर चढ़ जाएँगे खुद। इतने गुस्सेवाले हैं, जानती तो हो।''

"क्या कसूर किया है उसने अब तक कि ऐसी संगीन सजा..."

"घर फोन किया। फोन मोहिता ने उठाया। वह बोला--आप आए नहीं। मोहिता ने पूछा–कहाँ? वह बोला--जगह तो आपको ही तय करनी है। आप हमें जहाँ भी ले जाएँ। –बताइए लड़की क्या सोच रही होगी मेरे बारे में कि माँ..."

"ओफ्फो!" करके रह गई इल्माना।

मैं परेशान हाल सी...इल्माना कहने लगी, "समझिए, लड़की नए जमाने की है, एम.बी.बी.एस. है। क्या वह साथी डॉक्टरों के साथ रैस्ट्राँ न जाती होगी?"

"लड़की समझ भी लेगी, लेकिन पति? वह फोन कर रहा था डाक्साब उठाते थे, वह काट देता था। पीछे से खास म्यूजिक बजता रह जाता, यह चोर को पकड़ने का सूत्र था। वे बोले–यह लुकाछिपी सी करनेवाला कौन–और बस मैं जैसे घबराहट के समुद्र में धकेल दी।"

"आप घबराती बहुत हैं, डॉक्टर साहब ने आखिर कितना डरा रखा है?" इल्माना झुँझला गई थीं। लेकिन मेरी परेशानी समझकर कहने लगीं–"वह बोलता भी तो आपके पति से क्या कहता? फिर डॉक्टर साहब को क्या पता कि फोन के उस तरफ मर्द है या औरत? मगर हाँ, वे समझ मर्द ही रहे होंगे। बीवी को लेकर शक-संदेह के सिवा और उनके पास होता क्या है? आप भाई से भी बात करिए, वे कुढ़ जाएँगे। मर्द को मर्द ही चुनौती देता है न?"

इल्माना मेरे दृष्टिकोण को प्रभावित करती रहतीं। खासकर घर से निकलकर मर्दों से मिलनेवाले कितने ही किस्से उनके पास होते, जो मेरे जमे जमाए नैतिक मूल्यों को झकझोरते। मेरी समस्या का एकमात्र समाधान यही है कि मैं सह सम्पादक जी के पास जाऊँ। इल्माना तो अब तक चली गई होती। यह जाना वे कहानी छपने के लिए नहीं, कहानी की उत्कृष्टता सीखने के लिए मान रही थीं। वे यह भी जानती थीं कि कविता-कहानी लिखने वाले सैकड़ों 'मीडियोकर' लिखते रहते हैं, कोई नोटिस नहीं लेता।

क्या सह सम्पादक जी उत्कृष्ट लेखक हैं? अभी मैं क्या जानती थी, चलो यह भी मिलने से पता लगेगा।

होटल जनपथ की कॉफी शॉप।

प्रवेश करते अब मुझे न डर लगा, न अपराध बोध हुआ। बस, इतना ही जेहन में रहा–यह समय अपने आप में महत्त्वपूर्ण, बहुमूल्य और मेरी जिन्दगी के परिवर्तन का समय है। यह खोना नहीं है, इसी की बदौलत हिम्मत और आश्वस्ति पाई है।

सह सम्पादक जी आए, दबे पाँव चल रहे हों जैसे। चोर नजरों से इधर-उधर देखते हुए मेरे सामने वाली कुर्सी पर बैठ गए। आँखों में लुकता-छिपता सा भाव, जैसे मैं पति को धोखा देकर उन तक पहुँची हूँ और शायद उनके सम्मिलन के लिए कोई

एकान्त कमरा भी...ऐसा ही कुछ निकला था मुँह से। मैं अपनी मासूमियत में अनसमझ सी भीतर ही भीतर सोच रही थी सह सम्पादक जी के अनुभव कहाँ-कहाँ तक...

"कोने वाली सीट अच्छी है।" वे बोले।

मुझे दहशत-सी होने लगी। इल्माना ने कहा था, वहाँ जाना, जहाँ दस-बीस आदमी बैठे हों। बैठे हैं मगर मैं डर क्यों रही हूँ? डर रही हूँ तो यहाँ आई क्यों थी? जानलेवा ऊहापोह और नतीजा यही कि घर कितनी सुरक्षित जगह होती है। दूसरे ही पल सोचा, मैं यहाँ के सिवा हर जगह को सुरक्षित समझ रही हूँ, घर भी स्थायी तौर पर सुरक्षित नहीं कहा जा सकता—अनायास एक चेहरा मेरी नजरों में घूम गया, पति का निकट सम्बन्धी, उनकी अनुपस्थिति में घर के अन्दर...गाँव नाते के हमारे भइयाजी का बेटा सतीश, घर में रहते शिकारी।

सह सम्पादक जी को क्या पता कि मैं उनके चेहरे पर कितने चेहरे चिपका चुकी हूँ? बताना चाहती हूँ कि यहाँ मैं अपनी रचना की मोहब्बत से मजबूर होकर चली आई। यों तो मैं आपके आशय पर विचार कर रही हूँ और यह भी मान रही हूँ कि आपके लिए मेरे मन में आकर्षण जागा है। मैं आपके द्वारा सम्पादित पत्रिका पर पूरी तरह फिदा हूँ। और आप दीक्षा देने के पहले दक्षिणा के तलबगीर...वशिष्ठ याज्ञवल्क्य, द्रोणाचार्य, विश्वामित्र जैसे ऋषियों की परम्परा की अगली कड़ी। तय कर रहे हैं कि स्त्रियाँ गुरुओं को क्या दे सकती हैं। एक विशेष चीज, अपना शरीर। बेशक, मैं आपको अपना हितैषी समझकर यहाँ आई हूँ। आप मेरी हिम्मत बढ़ाएँगे, मगर आप तो मेरे पति की तरह पेश आ रहे हैं। वही प्यास, वही वासना, चेहरे पर कामुक छाया...क्या यहाँ मैं सन्तान लेने आई हूँ? या सम्भोग की इच्छा जाग्रत करने के प्रयत्न में आप...या आप अपनी नपुंसकता के लिए कोई प्रतिदान चाहते हैं?

निश्चित ही मैं पतिव्रत धर्म से विलग हूँ क्योंकि पति की बिना आज्ञा के चली आई। मगर मैं अपनी चेतना से लैस हुई, तभी चौखट लाँघी, क्या यह बात समझ रहे हैं आप? नहीं समझ रहे तो समझ जाइए कि साहित्य, कला और राजनीति जैसे क्षेत्रों में आने के बहाने हम ऐसी छूटें नहीं चाहते, जिन्हें मौज-मस्ती से जोड़ा जाता है। बस मनमानी करते हैं कि हमारी रचनात्मकता को जमीन मिले।

"क्या सोच रही हैं आप?"

"कुछ नहीं। कुछ नहीं।" मैं कहीं दूर से लौटी हूँ जैसे।

"आप भी खूब हैं। घर जाओ तो पहरेदार (गृहसेविका)। यहाँ आई तो महफिल के बीच..." कहकर वे मीठे से मीठा मुस्कराए।

और तभी अपने लिए धिक्कार उठा मेरे भीतर। कितना शालीन पुरुष है, मेरे इस षड्यन्त्र पर क्रोध नहीं जताया। मेरी अशालीनता, स्वार्थपरता समझें तो अभी

उठकर चले जाएँ। मैं प्रतिष्ठित पत्रिका के इस सह सम्पादक के पास बस इसलिए आई हूँ कि लिखने की कला को समझूँ। आशा लगी है कि मेरी जिन्दगी में शायद ऐसी साहित्यिक उपलब्धि आए, जो मेरे नाम के साथ नत्थी हो जाए। मेरी वह आकांक्षा...इल्माना के दफ्तर में एक लड़की आई थी। पूछा मैंने, क्या करती हो? उसने बताया शोध कर रही हूँ। मैंने पूछा किसके साहित्य पर? उसने उत्तर दिया– ''मन्नू भंडारी की कहानियों पर।'' कभी कोई मेरी रचनाओं पर रिसर्च करेगा? यह सवाल कबूतर की तरह उड़कर मुझ तक आया था और मन को अशान्त कर गया क्योंकि वह सवाल था, कबूतर नहीं।

और मैंने फिर बार-बार अनुभवों को कविता या कहानी में ढालने का नायाब तरीका सीखना चाहा। मगर वे मेरे एस्थैटिकसेंस की तारीफ करते रहे–साड़ी का गुलाबी रंग, मैचिंग ब्लाउज। उन्होंने कभी दाएँ-बाएँ चौकन्ने होकर देखा तो कभी लपककर कोने की छिपी सीट पर जा बैठे। झुंझलाए–''आप कहाँ ले आईं हमें। यहाँ जान-पहचान के पत्रकार, नेता, साहित्यकार, किसी ने देख लिया तो?''

''देख लिया तो क्या हुआ? मैं पनीर पकौड़ा और दो कॉफी का ऑर्डर दे चुकी हूँ। यहीं बैठना होगा अब तो।'' कहनेवाली मैं जैसे चारों ओर से घिर गई। यह आदमी उठ भागा तो?

''दरअसल मैं इसी जगह को अच्छी तरह जानती हूँ। पति के साथ कभी-कभी इसी होटल में आई हूँ।''

''तो क्या आपके पति भी यहाँ आ सकते हैं?''

''हाँ, शायद आ जाएँ।'' मैंने इल्माना का बताया नुस्खा फेंका।

जब सह सम्पादक जी के चहरे पर हवाइयाँ सी उड़ीं, मुझे इल्माना का चेहरा याद आया और हँसी आने लगी।

''यह अच्छी बात है, घर से निकलने के पहले अपना ठौर-ठिकाना और पता रख देना चाहिए घर में।'' सह सम्पादक जी कटुता से मुस्कराए।

''मुझे बहुत ज्यादा रास्ते नहीं मालूम न? नई-नई निकली हूँ घर से। बच्चों से कह आई अपने डैडी से कहना, निर्माण भवन से निकलते समय मुझे यहाँ से ले लें।'' इल्माना का नुस्खा नम्बर दो।

''नादान की दोस्ती और जी का जंजाल।'' सह सम्पादक जी ने मुझे मेरी औकात दिखाते हुए सिर झटक दिया।

मैं सहम गई।

कहना चाहती थी, सच बोलना क्या जंजाल होता है और सच बोलने वाला नादान? मैं पति और बच्चों से छिपकर आती और कहती–पति न आ जाएँ, तो सह सम्पादक जी गर्वित होते कि एक औरत उनके लिए अपना चरित्र गिरा रही है। कैसे

साहित्यकार हैं? क्या साहित्य में औरत का यही चेहरा होता है? या ये लोग स्त्री की यही छवि पसन्द करते हैं?

मैं पूछना चाहती थी, साहित्य की पहली शर्त है ईमानदारी, आपने ही बताया था। मगर जीवन में बेईमानी करके हम साहित्य को ईमानदारी से पेश करेंगे तो झूठे नहीं पड़ जाएँगे? मैंने अपने इस चलन में ईमानदारी बरती है। आपको लम्पट की तरह पकड़वाना मेरा मकसद नहीं। मैं तो गौरव से भरी हुई कि आप मेरे पथ प्रदर्शक...

मेरी आँखों में जिस मासूम-से विश्वास ने जन्म लिया था, गायब होने लगा। मन खिन्नता से भर गया।

सह सम्पादक जी ने स्थिति को भाँप लिया और अपनी प्रत्युत्पन्नमति का प्रदर्शन करते हुए विषय बदलने लगे—"देखो, तुम लम्बी कहानी लिख लेती हो, उपन्यासिका क्यों नहीं लिखतीं?"

मैंने क्या सुना? अचानक सिर उठा दिया—"उपन्यासिका!"

"हाँ, छोटी-सी ही सही, किताब छपेगी तो चर्चा होगी।"

मेरे गले का सूखापन किसी तरलता से भीगने लगा।

"एक उपन्यास है चैम्मीन, मछुआरे शीर्षक से हिन्दी में छपा है, उसे पढ़ो और देखो कि उपन्यास कैसे लिखा जाता है? 'धीरे बहो दोने' को पढ़ा है?" अब उन पर गुरुभाव छाया हुआ और मैं खाली खाली बर्तन सी...न कुछ पढ़ा, न देखा।

"कोई बात नहीं। पढ़ लेना। एक जो तुम्हारा पॉजेटिव पाइंट है, वह है भाषा। तुमको आंचलिकता की ओर गौर करना चाहिए। रेणु ने यही तो किया था, कहाँ से कहाँ पहुँच गए। जड़ें ही तो फलती-फूलती हैं। अपनी जड़ों से जुड़े रहो। शैलेश मटियानी की कहानियाँ मदद करेंगी।"

यह क्या? सह सम्पादक जी कुछ पल में ही ऋषि-मुनि हो गए। और मैं कृतज्ञता से सराबोर। मैं क्या समझ बैठी थी आपको? आपका बड़प्पन आकाश की ऊँचाई पर और मेरी नीचता की हद नहीं। मैं औरत क्या हुई, पुरुष में छिपे शैतान को ही पकड़ती रहती हूँ। यदि मेरी वेशभूषा की तारीफ कर दी तो क्या गुनाह किया? मैंने क्या अच्छे कपड़े अच्छी लगने के लिए नहीं पहने? इल्माना ठीक ही कहती हैं—मर्द के सामने औरत कुछ ज्यादा ही औरत बन जाती है। बस यहीं गड़बड़ी होने लगती है। उसमें कॉन्फिडेंस की कमी होती है या यह बात दिमाग में भर गई होती है कि वह ऐसा अद्भुत खिलौना है, जिसे मर्द किसी भी कीमत पर पाना चाहता है।

सह सम्पादक जी अब एकदम पथ प्रदर्शक की भूमिका में—"याद रखना कि साहित्य की दुनिया भी बेईमान, झूठे और मक्कार लोगों से भरी पड़ी है। गन्दगी क्या होती है, कहाँ होती है, इस बात को एक ही तरीके से नहीं जाना जा सकता। हाँ, खुद को बचाया जा सकता है। —प्रमाणों के तौर पर उनके पास तमाम ऐसी सूचनाएँ

जमा थीं, जिन्हें उन्होंने मित्रमंडली में बैठकर या औरतों पर लगे सेंसर को पार करते हुए सहानुभूतिपूर्वक प्राप्त किया होगा। उन्होंने तमाम नाम उन लोगों के गिनाए, जिन्हें साहित्यिक गुंडे कहकर सूची में जोड़ा और जिनसे मेरा परिचय तक नहीं था।

हमारे मिल बैठने का सिलसिला।

मेरे उत्साह और उमंगों भरे दिन।

रचनात्मकता का ज्वार...

हम चाय पीने आए थे, जनपथ होटल की कॉपी शॉप।

मेरे लिए भेंट में किताबें। 'प्रिय मैत्रेयी को' लिखकर देने और मेरे लेने के अद्भुत आनन्दपूर्ण क्षण। मेरे लिए एक आदर्श पुरुष शुभचिन्तक सह सम्पादक जी।

उनकी ओर से एकान्त क्षणों में मिलने का कोई बानक, मेरी ओर से कहानी लिखने का कोई हीला। मानो दोनों एक ऐसे हिंडोले पर चढे हों, जो आशा और निराशा के छोरों से बँधा था। स्त्री और पुरुष का डाल-डाल और पात-पात का खेल कभी यूनाइटेड कॉफी हाउस में चलता तो कभी सोना-रूपा के फिल्मी गीतों भरे शोर में।

बेयरा बिल ले आया। सह सम्पादक जी टॉयलेट चले गए। भावी लेखिका ने समझ लिया बिल देखकर सह सम्पादक जी की आँतें ऐंठने लगती हैं। उनकी यह आदत उन्हें कई अड़चनों, मुसीबतों और बदनामियों से मुक्ति दिलाती है। मैं समझ रही थी, इन महान लेखकों के सम्बन्ध हमारी तरह बिना सलवटों के खिंचे हुए नहीं होते। ये अपनी बनाई विराट दुनिया के बाशिन्दे लचीलेपन में विश्वास करते हैं। यदि ये एक अनाम/मामूली औरत के साथ बैठे हुए सार्वजनिक रूप से पहचाने जाएँ, इनको चरित्रहीनता से जोड़ा जाएगा। मैं तकलीफजदा सोचती, क्या साधारण स्त्री चरित्रहीनता का पर्याय होती है? ऐसी अधम नीच होती है कि इनके स्तर में गिरावट आए? स्तर...कितना गढ़ा हुआ, नकली, यह सोचने को विवश करता है कि सम्पादक जी जैसे लोगों के पास जेब उनकी टाई की तरह होती है, बेमतलब, केवल शोभा के लिए।

मैं घर लौटी।

सह सम्पादक जी के भय से निपटकर पति की डरावनी नजर से सामना हुआ। स्वर की भयानकता वाक्य की लय में—"तुम कहाँ थीं?"

"माताजी को छोड़ने स्टेशन गई थी।"

"सीधी चली आ रही हो?"

"नहीं।"

उनकी मुखमुद्रा में स्तब्धता। उन्होंने समझा मैं झूठ बोलूँगी। उनके वहम को भगाने के उपाय खोजूँगी। मैं कहूँगी नम्रता के पास लेडी हार्डिंग मेडीकल कॉलेज गई

थी। कहूँगी राममनोहर लोहिया अस्पताल डॉ. सुभाष (दामाद) के पास चली गई। नहीं सोच पाए कि मैं यह सब क्यों कहूँगी? डर से बाँधकर झूठ में रगड़ने का शगल पूरा नहीं हुआ।

"फिर इतनी देर..."

"सह सम्पादक जी के साथ सोना-रूपा रेस्ट्राँ में।"

"उसके बिना चैन नहीं।"

"हाँ, कहानी की भाषा और टैकनीक पर बात करना जरूरी था। फिर तुम्हारी कार मिले न मिले। थ्रीव्हीलर वाले बहुत परेशान करते हैं।"

"अच्छा साहित्य है, इसकी आड़ में रोमांस..." उन्होंने नशेबाज व्यक्ति की तरह बिना सोचे-समझे ऐसे ही न जाने कितने वाक्य बोल दिए।

मैं दो पुरुषों से घिरी हुई, अपने लिए खूबसूरत लम्हे खोजने के लिए निकली हूँ और इस हालत में डाल दी गई हूँ, जैसे कत्ल करके आई हूँ। झूठ बोलना लाजिमी है। यह नहीं सोचते कि मैं झूठ के बोझ से ही दबकर मर जाऊँगी।

मैंने फोन किया, "इल्माना, मैं क्या करूँ?"

"कहानी लिखो। बदचलन औरत की कहानी। अब क्रियेटिबिटी का पाक लम्हा आनेवाला है। रोओ मत, इन आँसुओं में कलम डुबो दो। और सुनो, में आती हूँ आपके पास।"

इल्माना मेरे पास आई, ढाढस बँधाती रहीं। साहस देती रहीं। जाने को हुईं तो मैं उन्हें रोकने लगी। वह हँसकर बोलीं—"अपने लिए मुसीबत पैदा करने का शौक है आपको। अपने मियाँ को आप भी जानती हैं और मैं भी। अभी मिलेंगे तो उनसे जहीन शरीफ आदमी कोई नहीं और मेरी पीठ फिरते ही मुझे आवारा, बदचलन होने के खिताब से नवाजेंगे। मैं उनकी बीवी को अपनी सोहबत से बिगाड़ने की गुनाहगार...मिसेज शर्मा, आप घूँघट और मैं बुर्का पहनें तो जरूर वे हमें नेक बीवियों की निगाह से देखेंगे। बस घर से बाहर निकलना ही अज़ाब है।"

"यह अज़ाब ही हमारी जिन्दगी बदल रहा है, इल्माना।" मैं उनका कन्धा छूकर कहती हूँ। जैसे शारीरिक स्पर्श अपनी निकटता में अनुभव की गहनता पैदा कर रहा हो। इल्माना की ऐसी बातों से ही तो बल मिलता है, जबकि मैंने अपनी जीवनशैली ऐसी नहीं रखनी चाही, जिससे घर के मालिक की भवों में बल पड़ें। फिर भी इल्माना ने रुकावटों को हटाने के नुस्खे बताए। मेरे रुख में उनके लिए सूक्ष्म सम्मान की भावना जुड़ती गई।

"आप बना बनाया रास्ता छोड़ रही हैं, मिसेज शर्मा। अपना रास्ता बना रही हैं, यह रास्ता किसी को एकदम मंजूर होगा, यह बात भूल जाइए। ख्वाहिशों-तमन्नाओं के साथ चुपचाप तो नहीं निकला जा सकता। और यही सब नाजायज सा..."

"मैं समझ रही हूँ, पच्चीस साल की सोई हुई जिन्दगी में मामूली सी हरकत भी होगी तो तबदीली दिखेगी।"

"लेकिन अपको अपना रास्ता छोड़ना नहीं है। अधूरा काम करनेवाले हार जाते हैं। समझिए कि आपके भीतर शानदार औरत आँखें खोल रही है।"

इल्माना चली गईं।

मेरा सफर शुरू हुआ। सूत्रबद्ध अनुभूतियों के आसपास वही रामश्री चाची, जिसको देवर को जहर देने पर सजा दी गई, और फिर पति की मौत पर उसे विष देकर मार डालने का इलजाम लगा।

मैं जान रही थी, यह अप्रत्याशित चरित्र जब साधारण मुकाम पाएगा तो जरूर मेरी जिन्दगी पर दाँव खेलेगा, क्योंकि मेरे पितृ-परिवार की यह औरत रंडी और हत्यारी के सिवा कुछ नहीं। उपेक्षा और बहिष्कार की चिप्पी माथे पर चिपकी है।

मगर मुझे याद आ रही है एक कविता :

लो दिशाओं का कुहासा छट गया
और पगडंडी हुई है साफ उज्ज्वल
चूनरी के दाग अब जलते नहीं हैं
फूल से खिलते हैं अपनी ओढ़नी पर
चल बरेठिन,
लांछनों को गीत में ढालेंगे हम तुम।

मैं लिखती-काटती, रचती-सँवारती। नायिका का चेहरा...मेरी नजर डबडबा जाती।

कहानी का नाम था 'आक्षेप'।

लेखिका का नाम मैत्रेयी पुष्पा, जिसने पहचान का पहला संकल्प पत्र पेश किया। यह 8 अप्रैल, 1990 का एक चमकदार दिन था, 'साप्ताहिक हिन्दुस्तान' में कहानी छपी। बाईं ओर के पूरे पृष्ठ पर नायिका रमिया का चित्र! मैंने अपनी रामश्री चाची की छवि को छू-छूकर देखा। क्या गाँववालों ने कभी सोचा था कि यह तथाकथित बदकार और गुनाहगार औरत, इस गाँव की लड़की को ऐसी लेखिका बना देगी, जिसकी रचना देश-विदेश में पढ़ी जाएँ।

अपनी पहली रचना के लिए मैं सह सम्पादक जी की कृतज्ञ हूँ, जिन्होंने मुझे साहित्य में पहले-पहल प्रवेश दिया।

छपी हुई कहानी इल्माना ने देखी, मुझे सीने से लगा लिया। बोलीं—"भई वाह! कमाल देखा है मैंने भी। सह सम्पादक जी की आशिकी को आपने क्रियेटिव बना दिया।"

"आपसे ही सीखा है यह भी।" मैं कहते हुए गद्गद थी।

इल्माना ने बड़े गौर से देखा और मेरे नाम पर उँगली रख दी। "यह कैसे बना मिसेज शर्मा...सॉरी, मैत्रेयी पुष्पा!"

मैं अपने नाम की कहानी सुनाती हूँ, जो माताजी बताती थीं–

–हमारा गाँव ऐसे भीतरी कोने में बसा है, जहाँ ताँगा, मोटर तक नहीं जाते। बहुत से बूढ़ों ने रेलगाड़ी नहीं देखी थी अब तक। कोई भी डॉक्टर वहाँ नहीं गया, बस हरिया नगरिया के शोभाराम वैद्य हर मर्ज के हकीम जी कहलाते। हाँ, लोग नम्बरदार के कारण आजादी के बारे में जानते थे। गांधी, जवाहर की बातें करते थे।

मेरा जन्म एक लड़की का जन्म था, फिर भी मेरे पिता ने रिवाज तोड़कर बीस कोस दूर खुर्जा से बाबूलाल पंडित जी को मेरा नामकरण करने बुलाया। वह इसलिए कि इस साल खेत में फसल बहुत अच्छी हुई थी। पंडित जी के लिए दावत बन सकती थी, दक्षिणा दी जा सकती थी। गाँव के लोगों को पकवान परोसे जा सकते थे।

रिवाज के अनुसार लड़की का नाम फूल पर–चम्पा, चमेली, बेला, गुलमेहंदी और गुलकन्दी या फिर प्रेमवती, सरला, लज्जा या कि शिवदेवी, हरदेवी, शान्ति, अंगूरी, कैलाशी, महादेवी।

और लड़के का नाम–लाल, प्रसाद और सिंह जोड़कर रखा जाता या पीछे इन्द्र लगाया जाता। जैसे मेरे पिता का नाम हीरालाल और स्वर्गीय भाई का नाम था राजेन्द्र।

लेकिन जब पंडित जी ने मेरे लिए कहा–तुम्हारी बेटी सिंह राशि में पैदा हुई है। इसका नाम मैत्रेयी है। मैत्रेयी नाम देवताओं के नामों में आता है। ऋषि याज्ञवल्क्य की पत्नी का नाम मैत्रेयी था। कथा यह है कि जब याज्ञवल्क्य वानप्रस्थ के लिए आश्रम त्यागकर जंगल में तपस्या करने जाने लगे, उन्होंने अपनी दोनों पत्नियों, कात्यायनी और मैत्रेयी से कहा, धनधान्य और घर गायों में से आधा-आधा बाँट लो।

कात्यायनी तैयार हो गईं, लेकिन मैत्रेयी ने कहा–मुझे धनधान्य और गाएँ नहीं चाहिए। मुझे घर भी नहीं चाहिए। मुझे वह ज्ञान चाहिए, जो आपके पास है। मेरा हक आपके ज्ञान पर भी है, उसे बाँटते जाइए। याज्ञवल्क्य को रुकना पड़ा। मैत्रेयी ने ज्ञान अर्जित किया और विदुषी कहलाईं।

मेरे पिता ने पूछा था, हमारी बेटी विदुषी बनेगी, पंडित जी?

"हाँ, ग्रह तो ऐसे ही हैं।"

"मैत्रेयी का अर्थ क्या होता है, पंडित जी?" नम्बरदार ने पूछा था, जो भगवानदास के साथ पुरुषों की जमात में बैठे थे और मुस्करा रहे थे।

पंडितजी ने समझाया–"मैत्रेयी शब्द का अर्थ होता है, हमदर्द दोस्त। मैत्रेयी उसका स्त्रीलिंग है।"

स्त्री समूह जिधर बैठा था, गाँव की नाइन चुनिया भी वहीं थी, एकदम खड़ी होकर बोली—"का मत्री-फत्री नाम धर दिया पंडित जी! हमसे लेना ही नहीं आएगा।"

"क्यों नहीं आएगा?"

"जीभ लटपटाती है। हम तो कहेंगे 'महादेई'।

तुरन्त वैदेही बुआ खड़ी हो गई और ऐलान किया—"कोई नहीं कहेगा महादेई। सब मैत्रेयी कहेंगे या पुष्पा नाम होगा इसका।"

"इल्माना, मैंने दोनों नाम जोड़ दिए। काश, मैं अपने कथापात्रों जैसी मनुष्यों की हमदर्द दोस्त साबित हो पाऊँ! काश, फूलों की-सी गन्ध-सुगन्ध बिखेरकर खुशनुमा माहौल बना पाऊँ! काश, मैं आपकी उम्मीदों पर खरी उतर पाऊँ, इल्माना...

कहूँ रे जो कहिबे की होय

कुएँ का मेंढक या गुबरैला अपनी स्थिति से चाहे जितना सन्तुष्ट रहता हो, आदमी है तो यथास्थिति में निश्चित ही अकुलाएगा। भले ही बेचैनी का सम्बन्ध उसकी किसी या कैसी भी इच्छा से हो। अब तक मैं नए लेखक की तरह अपनी इच्छाओं को आशंकाओं के नीचे दबाती हुई सह सम्पादक जी के नियन्त्रण में थी। उन्हीं की राय मेरी कहानियों पर कभी भारी पड़ती तो कभी उन्हीं के इर्द-गिर्द घूमती, बहरहाल साप्ताहिक-पत्र में छप जाती। और मैं लगातार पाठकों से जुड़ती चली जा रही थी।

यह पाठकों के पत्रों-प्रतिक्रियाओं का प्रभाव था कि मेरा आत्मविश्वास और छटपटाहट साथ-साथ उभरने लगते। मैं कहानी लिख सकती हूँ, ऐसा सोचने के बाद एक ही पत्रिका में सिमटे रहने की यथास्थिति पर गौर करने लगती, कब तक ऐसे ही एक जगह...और सह सम्पादक जी के इशारों पर नाचती कठपुतली-सी कभी इस होटल, तो कभी इस रेस्टोरेंट...कभी उनकी इच्छा के अनुसार उनके जाने-पहचाने एकान्त कोने और चायघर तो कभी अपनी बेबसी से उबरने के उपायों में लोगों से भरी कॉफी शॉपों में...यह डाल-डाल और पात-पात का खेल, स्त्री जीवन के दाव-पेंच यहाँ साहित्य में भी? ऐसी ही होती है लेखिका के जीवन की नियति?

मैं कैसे समझाऊँ कि स्त्री का रवैया हर जगह रोमांस का नहीं होता, जैसाकि लोग समझ लेते हैं या मानकर चलते हैं। मैं भी निश्चित रूप से यहाँ किसी कामविदग्ध प्रेमी को खोजने नहीं आई। यही कारण है कि मुझे वितृष्णा होने लगती है और मेरी रुचि अपने ही क्रियाकलापों से खिन्न, मन असन्तोष और कड़ुआहट से लबरेज...

अब एक ही रास्ता है कि अपने बूते स्थितियों में कुछ हेरफेर किया जाए।

मगर यह बदलाव मेरे लिए साहित्य में कैसे दूरगामी प्रभाव बनाएगा?

सोचना छोड़ दो मैत्रेयी।

सह सम्पादक जी से मेरी मुलाकातें कम होने लगीं। मैं इन दिनों ऐसा नहीं सोच पा रही थी कि अपने इन गुरुवर के पास मैं दोबारा नहीं लौटूँगी। मेरी निष्ठा सदा ही मुझे करीब रहे लोगों के प्रति आत्मीयता रखने के लिए उकसाती रहती है।

मगर आज निश्चित ही वह लगन भारी पड़ रही थी कि निष्ठा के बावजूद जिसने मुझे ऐसे मोड़ पर लाकर खड़ा कर दिया कि पीछे लौटने की सम्भावना से भी डर लगने लगा। आखिर वे कौन से रास्ते हैं, जिन्हें मैं खोजने निकली हूँ? मैंने निश्चित ही अनजानी दिशाओं की ओर कदम बढ़ाया है, क्या वहाँ द्वार खुले मिलेंगे? इस सवाल पर मुझे खुद को मजबूत करके यह विचार करना होगा कि अगर कहानियाँ एक ही पत्रिका में आती रहें तो यह खतरनाक ठहराव की स्थिति है। बात मामूली हो सकती है, मगर यह सच तो है ही कि सारे पत्र-पत्रिकाएँ एक जगह उपलब्ध नहीं होते। क्षेत्रीय और लेखकीय क्षमता के अनुसार ही पाठकों का दायरा बढ़ता है। अखबारों के संस्करण अलग-अलग क्षेत्रों में अलग-अलग निकलते हैं। मेरी रचनाएँ यदि विस्तृत पाठक वर्ग तक जाती हैं, तो विभिन्न पत्र-पत्रिकाओं के जरिए ही यह सम्भव होगा।

मैंने अपनी धुन में चार कहानियाँ अलग-अलग विषयों पर लिखीं। इन कहानियों का भाग्य किसी एक सम्पादक या अपनी अयोग्यता की विडम्बना के भरोसे न छोड़ने का संकल्प किया था। स्वप्न जैसी अवस्था में एक सुनहरा लम्हा जुगनू की तरह चमका—क्या पता कोई ज़हीन उस्ताद मिल जाए। मैं अपनी रचनात्मकता की गढ़त में उभरूँ—यही सोचा था कि रचनाओं के आनन्द में शारीरिक और मानसिक स्वतन्त्रता का अपूर्व बोध हुआ।

कहानी एक मासिक पत्रिका के लिए भेज दी, जिससे अब तक मेरा परिचय न था और हुआ स्वीकृति-पत्र का इन्तजार शुरू। व्यग्र मन, आकुल आँखें...घर के लैटरबॉक्स की तरह दीवार पर टँगी मेरी नजर...इधर से आऊँ, उधर से आऊँ, लैटर बॉक्स ही मेरा लक्ष्य। डाकिया कहीं गली राह दिख जाए तो युवा दिनों के रोमांस का प्रियतम सा लगे। हृदय से उठी मुस्कान उसके स्वागत में छलक जाए। अब की होली पर पचास रुपये की टिप दी थी उसे, गुझिया अलग से, अपनेपन की निशानी।

कथा का पुलिन्दा इस बेदर्द डाकिया ने ही लौटाया था, कई-कई बार...यह अनजान सा नहीं समझ पाया कि वह मुझे क्या दे रहा है कि लेते हुए मेरे हाथ थर्रा रहे हैं। मेरा चेहरा, हारे हुए योद्धा का चेहरा...और डाकिया के चहरे में जैसे सह सम्पादक जी उग आए हों, ऋषि दुर्वासा की तरह शाप दे रहे हों, बेरहम मुस्कराहट के साथ...कह रहे हों—हमारी कृपा से ही तुमको रचना का अभिज्ञान मिला था।

सह सम्पादक जी ने अपना रेशमी अंगवस्त्र खींच लिया, मेरी महत्त्वाकांक्षाएँ मुँह के बल गिरीं। धूल में पड़ी हुई मेरी कलम, जिसमें रचना का शऊर नहीं, मुझमें प्रतिभा नहीं...मेरी ही लिखी कहानी मेरे हाथों में इतनी वजनी होती गई कि साधना मुश्किल

हो गया और देखना एकदम असम्भव। मैंने पछाड़ सी खायी और बिस्तर पर ढह गई। आँखों में आँसुओं की बाढ़ थी।

कोई कब तक गिरा पड़ा रह सकता है? गिरना और उठना भी एक प्राकृतिक क्रिया है। मैं उठी, मुँह धोया। यों तो घर में अनेक काम थे, मगर कहानी की अस्वीकृति के शोक ने सब कुछ भुलवा दिया। जैसे पीड़ादायी दाँत को बार-बार जीभ छूती है, उसी तरह मेरी निगाह न चाहते हुए भी हर बार कहानी के पुलिन्दे को स्पर्श करती, जो मुझे बेहद उपेक्षित होने पर बहुत उदास लग रहा था, लगभग रोया हुआ पुलिन्दा, अयोग्य अक्षम और नालायक कहा जाने वाला बालक सा...

मैंने कहानी उठा ली। खोलकर देखी।

नहीं, यह कोरी है। कहाँ से पढ़ी गई है यह? हाँ, नहीं पढ़ी। इसके साथ किसी नामचीन लेखक का पत्र नत्थी नहीं था। इसकी लेखिका से सम्पादक का परिचय नहीं था। यह रचना लावारिस सी...मैं सिफारिश कहाँ से लाऊँ? साहित्य में अंधेरगर्दी! —मैं तब इसके सिवा कुछ भी सोच ही नहीं पा रही थी। लेकिन आज अपनी उन बातों पर हँसी आती है और क्षोभ भी होता है कि रचनाकार का शुरुआती दौर अपने रचे के प्रति ऐसा मोहग्रस्त क्यों होता है कि अपने आपके फैसले को सम्पादकों पर फतवे की तरह जारी कर देता है। खुद को न्यायप्रियता का पक्षधर और सम्पादक को बेईमानों का सिरमौर ठहराता है। काश, हम जैसे नए रचनाकार खुद को भी परखें, आत्ममन्थन करें तो निश्चित ही यह नतीजा सामने आएगा कि साहित्यिक पत्रिका के सम्पादक को उत्कृष्ट रचना की दरकार हर हालत में होती है, क्योंकि उसके सामने भी अपनी पत्रिका को उत्कृष्ट बनाने का लक्ष्य होता है। आज मैं यह बात क्या दावे के साथ कह सकती हूँ कि कहानियाँ बिना पढ़े ही लौटा दी जाती हैं या रद्दी की टोकरी में डाल दी जाती हैं?

तर्कातीत मोह था वह, जिसके चलते मैं नई-नई लेखिका अपनी रचना की तौहीन से उफन पड़ी। आव देखा न ताव तुरन्त ऑटोरिक्शा पकड़ा और पत्रिका के कार्यालय जाने की ठान ली। गुस्सा उस पर भी आ रहा था जिस सह या उप सम्पादक ने अपने दफ्तर का रास्ता बताते हुए भद्दी सी ठिठोली की थी। आने का ऐसा आग्रह किया था जैसे अपनी माशूका को मना रहा हो। जरूर ये लोग औरतों को पास बुलाने के लिए रचनाएँ लौटा देते हैं। उफ् जगह-जगह शिकारी बैठे हैं। एक बार को मन किया, भाड़ में जाए साहित्य-वाहित्य, मुझे कहीं नहीं जाना। मगर कपड़े पहनती जा रही थी। चलते हुए मन ठिठका, लफंगों में जाकर क्या बनेगा? आशंकाएँ एक के बाद एक...लेकिन ऑटो स्पीड पकड़ रहा था।

पहुँच गई।

ऐ! यहाँ कौन कहाँ? आशिक मियाँ कहाँ होंगे? मैंने ऐसा तैश खाया कि नाम तक नहीं पूछा।

'आप आ गई!' दाईं ओर से आवाज उठी। मैंने मुड़कर देखा, सामने गौरवर्ण सुदर्शन आदमी।

कहना चाहती थी कुछ, कह नहीं पाई। ऑफिसों का अपना आतंक होता है। आतंकित सी मैं बोली–"मुझे सम्पादक जी से मिलना है।"

"हाँ हाँ, क्यों नहीं। पहले बैठिए तो।"

मैं कुर्सी पर बैठ गई। हर पुरुष को बारी-बारी गौर से देखने लगी कि कौन-कौन मुझे गलत निगाहों से देख रहा है। आज सोचती हूँ, शायद यह सोच हमारे उन संस्कारों की देन है, जिसमें हर पुरुष को आशिक और हर नजर को कामुक मान लेने की अन्तिम परिणतियाँ होती हैं।

मैं अपनी कमजोर भावनाओं को पार करके जैसे-तैसे उबरी, साहस जुटाकर बोली–"असल में मैं इसलिए आई हूँ कि यहाँ से मेरी कहानी बिना पढ़े ही लौटा दी गई है।"

सुदर्शन (व्यक्ति) हँसा। हँसी में मोहकता छलक रही थी, लेकिन मुझे लगा, मोहकता नहीं, वह मखौल के रेशे हैं, जो उसके होठों पर बिछे हैं।

"आपको ऐसा लगा होगा कि कहानी नहीं पढ़ी। अक्सर लेखकों और कवियों को ऐसा ही लगता है, जब रचना लौटती है तो।"

"आप तो ऐसा कहेंगे ही। ऐसा ही कहने की आदत डाल ली है।"

"अच्छा ठीक है, सम्पादक जी आते होंगे, आप बात कर लेना। यह कहानी बिना पढ़े लौटी होगी तो निश्चित ही पढ़वाई जाएगी।"

उसने पानी का गिलास मेरे आगे कर दिया। मैं सोच रही थी, यह आदमी कितने धीरज से काम ले रहा है और मैं आरोप पर आरोप मढ़े जा रही हूँ। जरूर यह मेरी आकुलता पर मन-ही-मन हँस रहा होगा।

सम्पादक जी आ गए।

मैं देख रही थी ऊँचे कद और तगड़ी काठी का पचाससाला व्यक्ति अपने पुरुष रूप में खासा अच्छा है। लेकिन यह सम्पादक है? निमोंछिया होठों के बीच पान की पीक छलछला रही है और होठों के कोने से बह रही है। पैंट-कोट कुछ मलिन से, गले में मफलर...सब कुछ ढीला-ढाला बेतरतीब...ये सम्पादक हैं! अगर हैं तो इनको क्षमा कर देना चाहिए, कहानी की तमीज कहाँ से आए, कमीज के कॉलर तुड़े-मुड़े। कहाँ ये और कहाँ मनोहर श्याम जोशी, अपने सह सम्पादक जी, तस्वीर में देखें धर्मवीर भारती, साक्षात दर्शन देनेवाली मृणाल पांडे। ये तो हमारे गाँव के गोपीचन्द हलवाई से मिल रहे हैं।

सम्पादक जी मुझे क्षमा करें, मैं नहीं जानती थी कि सम्पादक रूप से नहीं, सूझबूझ और विवेकशीलता से बनते हैं। मेरी सोच संकीर्णता-भरी थी, क्योंकि अब तक मैं डॉक्टरों के समाज में लगभग कूप-मंडूक की तरह रही थी। ऑल इंडिया इन्स्टीट्यूट ऑफ मेडीकल साइंसेज ही मेरा सारा संसार था, जिसमें डॉक्टरों के ग्रेसफुल चेहरे सभ्यता और मनुष्यता की निशानदेही करते थे। प्रबुद्ध और चिन्तनशील तथा जनसाधारण के पक्षधर लोगों का हुलिया क्या होगा, जानती नहीं थी। सबसे बड़ी बात कि जिस मुकाम पर मैं थी, अपनी रचना लौट आने की क्रूर से क्रूर पीड़ा झेल रही थी। यदि मैं सामान्य रहती तो देख पाती कि सम्पादक जी निहायत सीधे-सादे और सरल व्यक्ति थे। विनम्र इतने कि अपने कार्यालय में आए, विभाग का एक भी आदमी अदब में खड़ा नहीं हुआ, ऐसी बराबरी वाली भावना धन्य है। मैं इस बात पर भी हतप्रभ थी और बाकायदा खड़ी थी।

"ये जो मैडम आई हैं, इनकी शिकायत है कि इनकी भेजी हुई कहानी बिना पढ़े ही लौटा दी गई है।" आशिकमियाँ ने मेरा पक्ष रखा।

"अच्छा!" कहकर सम्पादक जी ने आगे बढ़कर कहानी मुझसे ले ली और पन्ने पलटने लगे।

मैं फैसले की उम्मीद में दम साधे हुए।

सम्पादक जी ने खूब मुस्कराया, फिर बोले–"अब की बार बिना पढ़े ही लौटा दी कहानी। अगली बार इसे पढ़कर लौटा देना।"

यह क्या? मैं उन्हें असमंजस भरे गुस्से से देखने लगी और वे हँसने की हद तक मुस्कराए। पान की पीक लम्बी लकीर में बहती हुई ठोड़ी छूने को थी। स्टाफ के लोग हँस रहे थे।

मैंने दाँती कस ली। यहाँ आना गलत, यहाँ रुकना गलत, यहाँ बैठना गलत...यहाँ के लिए लिखना अपराध...

मैं कहानी के साथ वापिस चली आई। अस्वीकृत कहानी के साथ अपने वजूद को खारिज कर डालने की हद पर चलती हुई घर तक आ पहुँची। कहानी को पुराने प्रेमपत्रों और सर्टीफिकेट्स के नीचे दबा दिया जिनसे अब मुझे कुछ लेना-देना नहीं। फिलहाल मुझे विश्राम की जरूरत लगी।

पलंग पर लेट गई, मगर आँखें कमरे की सफेद छत से टिकी हुई...छत की सफेद सतह पर मेरी तीनों बेटियों की तस्वीरें एक-एक करके उभरने लगीं। तस्वीरें बड़ी होती गईं। युवा बेटियों की चमकदार नजर और सपनों भरी पुतलियाँ...सपने जितने उन्होंने अपने लिए न देखे होंगे, उतने मेरे लिए देख डाले हैं कुछ ही दिनों में। मम्मी कहानियाँ लिखेंगी, उपन्यास आएँगे, मम्मी का नाम चारों ओर फैल जाएगा। अंग्रेजी में अनुवाद होंगे, कथाएँ देश-विदेशों तक जाएँगी, ऐसे जैसे 'गॉन विद द विंड' जैसे 'टू किल अ मॉकिंग बर्ड'।

अपनी नाकामयाबी को मैं कैसे सहूँ? कैसे पचाऊँ? मेरी असफलताओ अब तुम्हीं सहारा दो मुझे। इस मासिक कथा पत्रिका के सम्पादक ने एक वाक्य कहकर मेरी रचनात्मक आकांक्षाओं को झिंझोड़कर रख दिया। अपमान को खामोशी की तरह पी रही हूँ। क्या नामी लेखकों ने भी शुरुआत ऐसे ही की होगी? फिर कैसे खुद को सँभाला होगा? कितने तो रास्ते में ही लड़खड़ा गए होंगे। रचनात्मकता का खात्मा निश्चित ही ये क्रूर सम्पादक करते हैं।

मेरा खात्मा नहीं हुआ मगर। खामोशी ऐसी तारी हुई कि कलम ने अपना मुँह खोल दिया। नाकामयाबी के समय बचपन की सहेली चुपके से आ खड़ी हुई, कलम और कागज के पास। चलो, मैं चलती हूँ तुम्हारी दुनिया में क्योंकि मेरी जिन्दगी अपने आप में कहानी है। मेरी नहीं, हर लड़की की कहानी...

छोटी-सी लड़की की छोटी-सी कहानी लिखने लगी। धुन ऐसी चढ़ी कि यह भी भूल गई कि डॉक्टर साहब के सामने मैं लिखने का काम नहीं किया करती। लिखते समय आ जाएँ तो जल्दी से जल्दी कागज बिस्तर के गद्‌दे के नीचे छिपा देती हूँ। आज सब कुछ बिसर गया। सखी जो साथ थी। या लिखने की लौ लगी थी कि आजादी ने पंख खोले। मैं थी और पूरी कथा थी।

मैंने इस मासिक कथा पत्रिका के दफ्तर न आने की कसम खायी थी, कहानी पूरी होते ही कौल टूटने लगा। सम्पादक का वाक्य मेरे लिए चुनौती था, चुनौती का सामना करने में मुझे आनन्द आता है।

अब मेरे सामने सम्पादक कक्ष की वह दीवार थी, जिस पर पत्रिका के आवरण पृष्ठ चिपके हुए थे। रंगीन चित्रकारी के नीचे लेखकों के नाम। मेरा नाम भी यहाँ होगा अब, एक मोहक तरंग ने पिछले मलाल धो डाले।

हाँ, मेरा नाम छपा क्योंकि कहानी छपी। इस तरह मेरी रचना का इस दूसरी पत्रिका से परिचय हुआ और मेरा परिचय नए पाठकों से। मेरी बचपन की सखी की कहानी ने मुझे यह साहित्यिक रूप से सिखा दिया कि मामूली इंसानों के जीवन से बड़ी कहानियाँ निकलती हैं। हाँ, तभी तो कहानी ने खासी प्रसिद्धि पाई।

इसी बात के कायल रहे दैनिक हिन्दुस्तान के साहित्यिक परिशिष्ट के सम्पादक विजय किशोर मानव। उन्होंने उस समय मेरी कहानियाँ लगातार छापीं और मैं नामी-गिरामी साहित्यकार भले ही न मानी गई लेकिन उस समाचारपत्र ने मुझे विशाल पाठक समुदाय से जोड़ दिया। विजय किशोर मानव कहा करते थे, आपकी कहानी पर जब चित्रकार स्कैच बनाता है, मुझे बधाई देने आता है, बंगाली बाबू। उसका मानना है—यातनाओं के मार्मिक वर्णन करना एक बात है, मगर उस यातना से सामना करने के बाद मनुष्यता बरकरार रख पाना संघर्ष के रास्ते पर चलना है। ऐसी बातें सुनकर मुझे सह सम्पादक जी बहुत याद आते, रास्ता बदल जाए तब क्या, सम्बन्ध

सूत्र टूट जाते हैं? नहीं, बिलकुल नहीं...फिर मैं क्यों विचलित सी...सोचती रहती हूँ कि सह सम्पादक जी वाला रास्ता नहीं छोड़ा तो मैत्रेयी यों ही खप जाएगी। होटल और रैस्टोरेंट के गलियारों में। आगे जाना ही होगा, आखिर घर से भी तो इसी मैत्रेयी ने चुपचाप बगावत की है।

अब मासिक कथा पत्रिका के सम्पादक जी से मुखातिब हूँ। वे कहानी पर डिस्कसन करने की बात शुरू से ही कह रहे हैं। समय ही कहाँ होता है? वे लोगों से घिरे रहते हैं कार्यालय में। उनकी सदाशयता कि उसी दिन मुझे बुलाते हैं, जब उनके पास घर लौटने के लिए वाहन नहीं होता। मैं कार ले जाती हूँ, पति से माँगकर क्योंकि यही लाजिमी है। इस समय वे मेरे गुरु की मुद्रा में हैं तो अपने घर से लगभग पच्चीस किलोमीटर का सफर करके उन तक पहुँचना क्या मानी रखता है? उनका घर वहाँ से आठ किलोमीटर दूर है तो क्या हुआ, कार में ऑटो के मुकाबले वे आराम से तो पहुँच जाते हैं। इसी दरमियान वे लम्हे आ पहुँचते हैं, जब वे पूछते हैं 'कोई नई कहानी लिखी!' मैं भीतर तक तरंगित हो उठती हूँ, जैसे कहानी लहरें लेती हो मेरे तन-मन में। इतना ही काफी है, मेरे लिए। और अन्त में वे कहते हैं—एक पंथ दो काज।

ऐसे ही एक दिन वे पन्थ में पूछ बैठे—"आपके पति डॉक्टर हैं मैत्रेयी, उनके पास तो दवाओं के सैंपिल आते होंगे। दरअसल मेरा अभी ऑपरेशन हुआ है।"

मैं डॉक्टर की पत्नी, वह भी दवाओं से सम्बन्धित डॉक्टर की पत्नी, क्या जवाब दूँ इसका? सम्पादक जी दवा ही तो चाहते हैं, दारू तो नहीं। यही सम्पादक अगर शराब की बोतलों के तलबगीर होते और इनसे वास्ता पड़ता तो क्या करती?

"बताइए दवाएँ।"

"लिखकर सूची बना देंगे।"

सूची! तभी उन्होंने कहा, आप लिख सकती हैं क्योंकि आपके पास अनुभव है। इन दिनों साहित्य में लोग अनुभव अर्जित करके नहीं आते, शैलियाँ ईजाद कर रहे हैं। लेखनी सूखती जा रही है। नहीं समझ रहे कि प्राइवेसी लिखने के लिए चाहिए, रचने के लिए तो उन्हें बाहरी संसार में निकलना होगा। समाज से नहीं जुड़ेंगे, पैठ नहीं बनाएँगे, खुद ब खुद निष्क्रिय होते जाएँगे।

दवाओं की सूची शायद तैयार थी। उन्होंने काँपते हाथों से बैग खोला और दवाओं की लम्बी फेहरिश्त मुझे थमा दी। मैं इस समय उनकी ज्ञानवर्द्धक इबारत को सुनने के बाद साहित्यिक नशे में थी और नशेड़ी की तरह ही सोच रही थी मेरे पति नहीं, मैं ही दवाओं के भंडार की प्रमुख हूँ।

घर आते-आते लगा, मैं प्रमुख तो क्या, थोड़ी भी मुखर होने में डरूँगी क्योंकि इन दवाओं की सप्लाई को मेरे पति सम्पादक के लिए घूस मानेंगे, जैसे मेरे इस आने-जाने को साहित्य में संघर्ष का रास्ता नहीं, तफरीह का जरिया मान बैठे हैं।

संयोग कहिए या मेरा प्रारब्ध कि जहाँ चाह तहाँ राह, मेरा परिचय एक ऐसी विदुषी से हुआ, जो स्वयं कहानियाँ लिखती थी। लेखन उसके लिए शौक या शगल नहीं था, बाकायदा एक मकसद था, जिसके लिए वह कुछ भी त्याग दे, कुछ भी दाँव पर लगा दे, कुछ भी बलिदान कर दे। उसने अपनी अच्छी-खासी नौकरी छोड़ दी थी, फणीश्वरनाथ रेणु का मार्ग अपनाया था, लौ लगन से रचनारत हुईं। मुझे तो फिर प्रभावित होना ही था।

किसी व्यक्ति के गुणों से प्रभावित आदमी तभी होता है, जब उसका प्रभाव उसे स्वयं पर लागू करना होता है। मेरे भाग्य का वह द्वार खुला, जिसमें होकर मैं साहित्य की ऊँची और असल दुनिया तक जा सकूँगी। साथ ही यह सहूलियत कि वह स्त्री है, सह सम्पादक जी की तरह पुरुष नहीं कि मर्दों वाले खतरों की आशंकाएँ घेरती रहें।

मन-ही-मन मैंने उन्हें गॉडमदर मान लिया, वह इसलिए कि मेरे इन अज्ञान के दिनों में हर संकट से वे मुझे बचातीं। सबसे प्यारी और न्यारी बात तो यह थी कि उनकी बोलचाल मेरे लिए किसी कंठ-स्वर का रूप नहीं, साक्षात ममता होती। घर उनका, जैसे अपना घर। उनके वजूद में प्रोत्साहन की पोटलियाँ मिल जाएँगी क्योंकि पर्स में लेखक लेखिकाओं की कहानियाँ या नई कवयित्रियों और नए कवियों की कविताएँ भरी रहतीं। ये रचनाएँ छपने के लिए जरूरी मानी जाती थीं।

गॉडमदर मुझे अधिकतर अपने साथ रखतीं। जो कोई उनसे मिलता, वे मुझे उससे मिलवातीं। यही मंजर होता कि मैं अपनी अकिंचनता पर संकुचित होती हुई उन्हीं के पीछे छिप जाती। यह बात मैं आज भी स्वीकार करती हूँ कि रचनात्मक कुशलता में उनका योगदान हो कि न हो लेकिन मुझे साहित्यिक दुनिया का ज्ञान कराने में उनके अवदान का कोई सानी नहीं। उनके घर मैंने पति-पत्नी के सम्बन्धों को लेकर उदारता जो साक्षात्कार किया, अपने आप में उदाहरण है, क्योंकि मैं अक्सर सोचती, काश ऐसे ही मेरे पति होते तो जीवन कैसा निर्विघ्न होता।

बहरहाल मैं उनकी दुनिया में नई राजदुलारी सी, क्योंकि गॉडमदर की आज्ञा का पालन करना मेरी तहजीब का अनिवार्य हिस्सा था। इसी हिस्से ने कभी-कभी तो मुझे वह ताकत दी कि मैं सामान्य से कठोर और कठोर से क्रूर अवस्था तक

जा पहुँची, क्योंकि गॉडमदर के आगे पति को कुछ न समझकर बराबर से टक्कर लेने लगी—देखो जी, उनके लिए गाड़ी चाहिए, सुनते हो कि बात को हल्केपन से ले रहे हो?

—मत दो कार, ऑटोरिक्शा तो तुम्हारे नहीं। किराए के पैसों की सामर्थ्य तो मैं भी रखती हूँ। मैं थ्रीव्हीलर लेकर जाऊँगी। उन्हें आना तो इधर ही है, लेकिन लेने जाना और लिबाकर लाना मेरा फर्ज है। वे सब को तो नहीं बुलातीं, मेरे ऊपर यह कृपा की है, समझो मर्म को।

—उस दिन मैं अपनी निष्ठा से संचालित होकर उनके साथ भागी न जाती तो इतने बड़े प्रकाशन पीठ को देख पाती? न्यास के अध्यक्ष जैसे साक्षात् नारायण भगवान, मैंने दर्शन किए, धन्य धन्य हुई। भूल गई कि सड़क पर खड़े-खड़े मेरे सिर से दोपहरी उतरी थी। थपेड़े मारती लू में मैं विचलित नहीं हुई। आँखें बन्द कीं, गॉडमदर का ध्यान किया और जब आँखें खोलीं, देखा गॉडमदर किसी के साथ ऑटो से आ रही हैं, ठीक मेरे पास उतरीं, उनकी मुस्कान मंडित छवि, मैं प्रेम और भक्ति से गलने लगी। मन का इकतारा यही बोल रहा था—मुझे वे उत्तम लेखिका के रूप में देखना चाहती हैं, अपने जैसी बना देंगी, जिसकी सोच रचनात्मक और भाषा गूढ़। ऐसे लेखकों को बौद्धिक रचनाकार कहा जाता है।

—आज एक सम्पादक से भेंट हुई। मैं गॉडमदर के पीछे-पीछे आई थी। वे आगे बढ़ीं अपनी किताब के साथ। मैंने सीखा किताब कैसे भेंट की जाती है। आत्मविश्वास के साथ। किताब पर लिखी हुई समीक्षा के साथ...और सम्पादक महोदय नतमस्तक हैं। मुझे ऐसा हुनर कब आएगा? कभी नहीं, क्योंकि अभी किताब ही नहीं। जो भी हो, मैंने फतह के बानक बनते देख लिए, हिम्मत करने का अभ्यास करना होगा। समझाया गया या समझ में आ गया कि किताब नवजात शिशु की तरह है, इसका पालन-पोषण जिस तरह होगा, इसकी ताकत उसी तरह बढ़ेगी। किताब को लापरवाही से देखा तो तुम्हारी रचना ही तुम्हें तबाह कर डालेगी।

ओह! यह नुस्खा! मैं हवा में आ गई। जब देखो तब, गॉडमदर की आवाज कानों में गूँजे। सफलता का सम्मोहन इस कदर सवार हुआ कि वे मुझे झूठे को भी पुकारें, मैं सच में ही हाजिर हो जाऊँ। और ऐसे ही दुर्लभ दिनों में दूसरा नुस्खा सीखा। बात यह हुई कि एक-दो नाट्यकर्मी मिल गए। मिलना कॉफी हाउस में हुआ। सौभाग्य यह रहा कि पति टूर पर थे और मैं बेधड़क मौका झपटकर कार ले उड़ी। वहाँ खाने-पीने का खुशनुमा माहौल था। जीने का लुत्फ साकार हुआ।

मैंने बारी-बारी सबको यथा स्थान छोड़ा। सब घर पहुँच गए, मैं रास्ते ही नापती रही। पर्स खाली करके लौटी थी। जी खट्टा-सा होने लगा।

खुद को कठघरे में खड़ा करने लगी—क्यों गई थी वहाँ? वहाँ किसी ने मुझसे बात की? मेरी उपस्थिति में मौन रहना ही दर्ज हुआ। जाहिर यही था कि मैं अज्ञान नाचीज नाटक और नाट्य मंचों के बारे में क्या जानूँ? पश्चाताप सा हुआ, मैं गॉडमदर के फार्मूलों से ऐसी प्रभावित हूँ कि आगा-पीछा भूल जाती हूँ।

नहीं, मैं किसी से प्रभावित नहीं। बस महत्त्वाकांक्षा की मारी हुई...क्या अपनी ही किसी कहानी के नाट्य रूपान्तरण के लिए शेखचिल्ली का सा सपना नहीं देख रही थी? मंचन के लालच में लुटी हो मैत्रेयी पुष्पा। अब पति ने हिसाब माँगा तो?

कोढ़ में खाज, उसी दिन रात के समय दोपहरवाला नाट्यकर्मी घर आया। मेरी आशा पंख लगाकर उड़ी। उसका चेहरा चाँद का चेहरा। हाँ, मुझे ऐसी ही खुशी चाहिए।

''मैडम कुछ सहायता कीजिए।'' नाटे कद का नाट्यकर्मी अचकचाया-सा, मगर साफ-साफ बोल रहा था—''हमें अभी एक कहानी पर नाटक करना है, बाद में आपकी कहानी पर भी सोचेंगे। सिनॉप्सिस बनवा रहे हैं।''

''मैं! रुपये!! किसने कहा?''

वह आहिस्ता-आहिस्ता हिलता रहा, होठों पर झेंप भरी मुस्कराहट थी क्योंकि मैं पूछ रही थी, किसकी कहानी पर नाटक करने जा रहे हो?

मैं पाप शंका में डूबी हुई...कहीं गॉडमदर ने ही तो इस लड़के को मेरे यहाँ... साहित्य की दुनिया में मुझे 'एक पन्थ दो काज' का रिवाज ज्यादा ही देखने को मिला है।

''कितने रुपये?''

''सात हजार।''

मुझे पसीना आ गया। यह गॉडमदर का चहेता, न जाने वहाँ जाकर क्या कहे? वे नाराज हो गईं तो मेरा पंथ अंधेरा है।

लेकिन नहीं, मेरी आशंका सच नहीं हुई। गॉडमदर ने इस बारे में कभी कोई बात नहीं की। वे गुस्सा भी नहीं हुईं।

मैं भी मुगालतों, आशंकाओं और भ्रमों में भटकने के लिए जैसे अभिशप्त थी। विश्वास और भरोसा अक्सर टूटने लगता। नहीं तो भीषण दोपहरी में आँखें सड़क के कोलतार से न चिपक जातीं। इन्तजार की भी हद होती है, मगर यह हद नए लेखकों के लिए कहीं भी नहीं हुआ करती, क्योंकि बड़े लेखकों का सान्निध्य, उनसे कुछ सीखने की लालसा उन्हें मृग मरीचिका के पीछे दौड़ाती रहती है। मैं गॉडमदर के ध्यान में डूबी खराब मौसम के बीच खड़ी रहती, सोचती कि यह तपना व्यर्थ नहीं जाएगा। वे खुद आकर मेरे माथे का पसीना देखते ही पिघल उठेंगी। बस, पसीने के साथ ही समय बिताते हुए शाम हो जाती। मोबाइल फोन का जमाना न था, किसी

दुकान से उनके घर फोन करती तो पता चलता कि व फलाँ अध्यक्ष के साथ, फलाँ सम्पादक के साथ। या लंच करने के बाद सो रही हैं।

मैं भी...गॉडमदर का स्टेटस उनके प्यार-दुलार को देखकर आँकने लगती हूँ। कहाँ मैं, उन्हीं के शब्दों में पिद्दी न पिद्दी का शोरवा, कहाँ वे प्रसिद्धि प्राप्त वरिष्ठ लेखिका। मेरा आकलन वे सही-सही करती हैं और मैं हूँ कि स्त्री जैसी स्त्री, बहनाचारा बनाने लगती हूँ। लेखक समाज में स्त्रियाँ नहीं होतीं, वे भी लेखक होती हैं, मुझे कितनी बार यही सुनाया गया है। बड़े लेखकों के लिए सवारी का इन्तजाम तमाम छुटभैया लेखक कर देते हैं। सवारी का इन्तज़ाम हो गया होगा, फिर तुम्हारी क्या दरकार मैत्रेयी? अपने ही सवाल का नश्तर मन में उतरता चला गया। पीड़ा से तिलमिला उठी। आँखें भर आईं। आँसुओं से भरी आँखों के सामने उसी समय एक कार आकर रुकी। पता नहीं छलछलाई नजरों के पार उस कवयित्री का चेहरा कैसे आ गया, जिसने गॉडमदर से मुझे देखकर कहा था—इस कबूतरी को कहाँ से पकड़ लाई? कवयित्री जनपथ के हैंडलूम हाउस की ओर बढ़ गई और मैं सड़क पर पैदल चलती हुई बिना आँसू पोंछे रोए जा रही थी कि दूर खड़ा मेरा ड्राइवर मेरे रोने को न भाँप पाए।

रोना था मुझे अपनी कमजोरी पर, गॉडमदर का बड़प्पन इससे लेशमात्र भी कम नहीं हुआ। एक कमसिन लड़की से मैं भिड़ पड़ी थी, क्योंकि वह गॉडमदर के बारे में कह रही थी—बोलती है तो जीभ को मीठी चाशनी में लपेट लेती है। छल-छद्म इससे ज्यादा क्या हो सकता है कि दूसरे को आत्मीयता के जाल में बाँधकर अपने लिए मनमाने तौर पर घसीटो।

उफ् यह लड़की...साँवला रंग है तो क्या दिल की भी काली...

मैं गॉडमदर को लेने उनके घर जा रही हूँ और यह मेरा दिमाग खराब कर रही है! जवाब देना ही पड़ेगा कि तबियत दुरुस्त हो जाए—"तुम्हें पता है कि वे क्या हैं? तुम जानती हो कि उद्घाटन के लाल रिबन उनके आगमन में घंटों बँधे रहते हैं। तुम्हें पता है कि जहाँ न तहाँ लेखक सम्पादक उनकी प्रतीक्षा में आँखें बिछाए रहते हैं। नहीं पता न? तभी ऐसी गुस्ताखी..."

"मैत्रेयी जी, अपना साहित्यिक ज्ञान बढ़ाइए, तब आपको पता चलेगा कि मुझे क्या-क्या पता है। वैसे आप अपना ज्ञान इसी रूप में रखें तो सुखी जरूर रहेंगी। अज्ञानी आदमी खाता और सोता है, दाता के बड़प्पन पर निछावर रहता है, नहीं सोचता कि बड़प्पन किन छोटों की चमड़ी से खींचे हुए तारों की खूबसूरत बुनावट से बनता है। उनमें से आप भी एक हैं।"

मैंने कान बन्द कर लिए। फुर्ती से घर का काम निपटाया। साड़ी पहनकर तैयार हुई। ड्राइवर गैराज से गाड़ी निकाल लाया। उसने मुझे बाहर आने के लिए हॉर्न दिया,

हॉर्न की आवाज दिल में गूँज रहे भक्ति गीत में आ मिली—तुम्ही हो माता, पिता तुम्हीं हो, तुम्हीं हो बन्धु सखा तुम्हीं हो—यह भजन मुझे उस दुश्चिन्ता से उबार रहा था, जिसमें मुझे अपने पति के दोपहर के भोजन के बारे में फिक्र लग सकती थी। घर से जाऊँगी तो समय लगेगा ही। मन्दिर भी जाऊँ तो क्या बिना पूजा के पति के खाने-पीने के लिए लौटकर आ सकती हूँ। अब इसमें कोई नाराज हो जाए तो दोष हमारा नहीं। मैं गॉडमदर के लिए जा रही हूँ, उन्हें भी सोचना चाहिए। क्या वे अपनी ड्यूटी पर नहीं जाते?

घंटी बजी।

खिड़की से झाँका। डॉक्टर साहब खड़े थे, बिना ऋतु के बादल से, "इतनी जल्दी?" मैंने द्वार खोलते ही पूछा।

"जल्दी न आया करूँ? आजकल तुम..." वे बिजली के अंदाज में तड़के।

मैं चुपचाप, गर्जन-तड़कन सुनने और बरसने को सहने के लिए तैयार। मुझे गॉडमदर तक जाना है।

"ड्राइवर ने मेरी गाड़ी क्यों निकाली है, बाय द वे?" उन्होंने जवाब तलब किया।

मैं चुप।

उन्होंने माजरा भाँप लिया, मुझसे नहीं, सीधे ड्राइवर से संवाद किया, नहीं, उसे हुक्म दिया—"गाड़ी गैराज में रखो।"

"सर, मैडम को जाना है।"

"मैंने क्या कहा, सुना नहीं तुमने?"

ड्राइवर गाड़ी को गैराज की ओर मोड़ ले गया। जब वह चाबी देने घर आया, मेरी आँखें झुकी हुई थीं। वह भी सिर झुकाए हुए...नजरें मिलाने से कतरा रहा था। लगा कि अब मैं कुछ नहीं बोल पाऊँगी। मेरी भाषा का रूप सिर्फ आँसू हैं। मेरे पति की इच्छा, इस इच्छा में मेरा दखल भी क्या? सिनेमा, पार्टी, मन्दिर और बाजार तक मैं गाड़ी में बैठकर जाती हूँ, तब मैं नहीं जाती, डॉक्टर साहब की धर्मपत्नी जाती है। मेरे जाने पर तो उन्होंने मुझे मेरी औकात दिखा दी। उफ्, ये मेरे जीवन की जिम्मेदारी, मेरी खुशियों के लिए हमेशा उपस्थित रहने का दावा करनेवाले, आज इन्होंने दायित्व की कमान कहाँ आकर तोड़ी!

गॉडमदर, स्त्री की इस स्थिति को जरूर जानती होंगी, तभी तो स्त्रियों के लिए समर्पित दिखाई देती हैं। लेकिन आज वे मेरा इन्तजार करेंगी, देर हो जाएगी तो अपना अपमान मानेंगी। उनको चींटी भर भी उपेक्षा सहन नहीं। मैंने खुद देखा है कि अच्छे अच्छों को पानी पिला देती हैं, जब उनकी गुस्सा के बम फूटते हैं। चेहरा लाल, आग के गोले-सा...एक बार मैं और डॉक्टर साहब भीतर के विस्फोटों के आतंक से घबराकर द्वार से ही लौट आए थे।

मेरे पति मेरी हालत नहीं समझ रहे कि मैं उनके किए अपमान से कम, गॉडमदर के डर से ज्यादा रो रही हूँ। मगर गॉडमदर के आचरण ने ही मुझे यह भी सिखाया है कि रोने-धोने से स्त्री कमजोर मानी जाती है। मैं आँसू पोंछकर उठी और फोन करने लगी कि इत्तला दे दूँ—ऑटो से आऊँगी आपको लेने, थोड़ी देर हो जाएगी।

पता लगा, वे तो घर से चल चुकी हैं। मेरे पाँवों के नीचे से जमीन खिसक गई।

अब मेरी खैर नहीं। ऐसा क्यों सोच रही हूँ? मैंने गॉडमदर से क्या-क्या आशाएँ लगा रखी हैं। कौन-कौन से स्वार्थ साधने के मंसूबे बन गए हैं! यदि ऐसा नहीं है तो डर क्यों रही हूँ? आदमी डरता है अपने नुकसान के लिए, बनते काम बिगड़ जाने के लिए। मैं भी ऐसी निश्छल कहाँ हूँ कि गॉडमदर के लिए निःस्वार्थ भाव से हाजिर-नाजिर रहूँ। आज पति के मुकाबले मेरे लिए गॉडमदर का रोल महत्त्वपूर्ण हो गया, तभी न पति के खिलाफ मन में भाले की नोंक से सवाल उठ रहे हैं—पति के साथ असलियत में पत्नी का वह रोल नहीं, जो फेरों के समय वचनों के रूप में बताया जाता है। वादे होते हैं, सहभागिता और एक-दूसरे की इच्छा और जरूरत का सम्मान निभाने के कौल किए जाते हैं। सब झूठ। सब फरेब। असलियत में हमारा रोल पति की खादिमा, दासी और गुलाम होना है। सलाह-मशविरा कौन करता है, आज्ञा देने का चलन है। पत्नी होकर सम्मान नहीं, अपमान के अभ्यस्त होने में ही कुशल है। मैं इस बात पर पति से अलग हो जाऊँ तो भी अनुचित न होगा।

घंटी बजी। द्वार खोला।

गॉडमदर।

ओह! मैं तो विस्मित, भावोन्माद की स्थिति में...लगा गॉडमदर के पाँव पकड़ लूँ। कुछ न किया। आँखों में आँसुओं का अर्घ्य भरे खड़ी थी, चेहरा दाईं ओर घुमा लिया। अपनी अभिव्यक्ति में छिप-छिपाकर बूँद-बूँद रोया करी।

गॉडमदर ने एक पैकेट दिखाकर कहा—तुम्हारे लिए साड़ी।

मेरे लिए! सुहानी हवा में तैरती हुई मैं अपनी सखी इल्माना के कन्धे पर जा टिकी। जिन्दगी में ताजगी भरे लम्हे इल्माना और गॉडमदर जैसी स्त्रियाँ ही ला सकती हैं। इन्हीं के सान्निध्य में मेरे होठों पर आह्लाद की तरंगे हिलोरें लेती हैं, एक हिलोर—मेरे लिए, आप साड़ी!

''अरे, तुम भी तो कई बार...''

दिल में एक छोटी-सी साँस ने आह भरी। मेरी भक्ति है, मगर आपका तो यह वरदान...अब निश्चित ही मेरी रचनात्मक अभिव्यक्ति प्रकाश में आएगी और बिना चर्चा के नहीं जाएगी।

गॉडमदर के साथ संवाद हुआ—साहित्य में स्त्री की स्थिति में बदलाव की बेहद जरूरत है। गाँवों में औरत के अपने दायरे कहाँ तक हैं, कहाँ तक नहीं, की पड़ताल होनी चाहिए। मेरे पास गाँवों के ही अनुभव हैं।

वे आईं, जहाँ जाना था, हम साथ-साथ गए, इसके बाद वे ऑटो से ही लौट गईं।

डॉक्टर साहब आए, शहद से ज्यादा मीठे होकर। अचम्भे के साथ बोले—तुम्हारी गॉडमदर चली गईं! मैं उनके लिए गुलाब जामुन लाया था। अरे ऐसी भी जल्दी क्या थी? गाड़ी अब ले जातीं। कैसे गईं तुम दोनों?

शुभचिन्तक की मुद्रा, ज्यादा से ज्यादा गोपन बातों को निकलवाने की कोशिश। 'किसके वाहन से गई थीं?' का आशय गॉडमदर की जगह कोई गॉडफादर तो नहीं था। इतनी जल्दी लौट आईं, इसका कारण भी तो छानना चाहिए। आखिर जल्दबाजी और हड़बड़ी भी तो मौज-मस्ती के आलम में साथ-साथ रहती है।

''ऑटोरिक्शा! वाकई! गॉडमदर ऑटो में!!''

''जी हाँ, उनको तुम्हारी कार नहीं, मेरा संग साथ चाहिए।''

''वह तो हम जानते हैं।'' डॉक्टर साहब की आवाज में ट्विस्ट था।

''खाना-वाना खिलाया?''

''जिनके घर हम गए थे, उन्होंने ही...साहित्यकारों के यहाँ तुम्हारी जैसी फॉर्मेलिटीज, नहीं होतीं, जिनमें संकीर्णता भी साथ चिपकी रहे।''

''तब तो हम भी चलते।''

''मजाक मत उड़ाओ।''

''मजाक? मैं मजाक कर रहा हूँ? मजाक तो तुम्हारी गॉडमदर करती हैं, देखो आज ऑटो से चली आईं, तुम्हें धन्य-धन्य कर गईं। भूल रही हो तुम कि यह औरत सालभर से तुम्हें चकरी की तरह नचा रही है। कितना थकानेवाला चक्कर चलाया है। क्या खाक लिखोगी तुम? लिखने-पढ़ने की ताकत बचे तब तो।''

''ओह! क्या समझाना चाहते हो मुझे? अब तक सह सम्पादक जी के दुश्मन बने हुए थे। अब गॉडमदर...। सोचो, अब तक तुम्हारी ही बातें समझती रही हूँ और पच्चीस साल में निपट जाहिल होकर अपने पति की इमेज पर गौरव से फूल चढ़ाती रही, जैसे यही मेरे लिए जीवन-मूल्य हो।''

वे मुस्करा रहे थे।

''वाह! तुम तो सच्चे अर्थों में गॉडमदर की शिष्या हो गईं। कैसे भारी-भरकम शब्द बोलने लगी हो, जैसे वह बोलती है—सूक्ष्म, स्थूल, अनुकृति और न जाने क्या-क्या। अपने पति से भी ऐसी ही भाषा। मगर तुम यह गलती न करना, मैं साहित्य-वाहित्य का आदमी नहीं हूँ।''

मैं चुप थी। यह चुप्पी भी कहीं गॉडमदर से उधार ली गई गरिमा और गम्भीरता लगे तो लगा करे। गरिमा से पति चिढ़ें तो चिढ़ा करें, मैं गॉडमदर की सुरक्षा में हूँ।

''क्या सोच रही हो चिन्तकों की तरह? यह सब लेखन-वेखन नहीं है। ये लोग तुम्हें कब कुछ सिखाएँगे? चापलूसी और गुलामी के तलबगीर...कोई लुच्चा है तो कोई ठग। मुझे तुम्हारी इल्माना के घर ईद के दिन जब महेन्द्रदेव मिला था, तुम्हारे लेखकों के बारे में सुनकर बोला, 'भइया बचकर रहना, पत्नी को लिखने का शौक चर्याया, और नामचीन लेखक मेरे आगे अथ्योरिटी से प्लाट लेने के लिए आवेदन रखने लगे। ये साले अखबार और पत्रिकाओं को बेच खानेवाले होते हैं। हमसे चाहते हैं, हम अथ्योरिटी को 'अपना नाम छपने' के लिए बेच दें।

''डार्लिंग, अब तुम बताओ, इन बदमाशों को तुम्हारे पास देने के लिए क्या है? कितना है?''

''कुछ नहीं है मेरे पास। सब कुछ तो यहाँ तुम्हारा है। यह बात अब साफ है, जब गाड़ी ले जाने की मेरी औकात नहीं बची।''

''मैंने गाड़ी क्यों नहीं जाने दी, तुम जानती हो। मगर आँखों पर यश के लोभ की पट्टी बाँधे गांधारी की तरह चल रही हो, नहीं सोचतीं कि महाभारत हमारे कन्धों पर लदा है, लेखिका और कवयित्रियों के पतियों के कन्धों पर। तुमने उस दिन गौर किया, जिस दिन होटल में तुम्हारी गॉडमदर...। उफ् मेरी वाइफ जैसा कोई बेवकूफ नहीं। शेखचिल्ली की तरह उजड़ने के सपने पाले हुए हो।''

'होटल! क्यों ले गए थे होटल में? कोई माँग नहीं रहा था शराब-कबाब। क्यों खातिरदारी के शहंशाह हुए जा रहे थे? हजारों रुपये फूँके, मेरी बला से। घोड़ी नाची तो अपनी शोभा को।' इतना सब कुछ सोचने के बाद भी मैं, अपनी भावना व्यक्त नहीं कर सकी, क्योंकि मेरी मुट्ठी में इस समय मासिक कथा पत्रिका के सम्पादक जी की दी हुई दवा की सूची थी, जो अब तक बुरी तरह पसीज गई थी। इस पर्ची को पति को किस हिम्मत से थमाऊँ?

घबराहट होने लगी, जैसे मैं ही अपराध की जिम्मेदार हूँ। किसी तरह उबरने का रास्ता नहीं पा रही। पाऊँ भी कैसे, डॉक्टर साहब अपनी जगह सही हैं। वे मेरे लिखने-पढ़ने को बुरा नहीं मानते लेकिन यह जो कुछ हो रहा है, इसे शायद पहले से ही जानते थे। पहली बार ही जब दवाओं की फेहरिश्त देखी तो बोले—इनके घर में कितने लोगों की सर्जरी हुई है? इतने सैम्पल कहाँ से मिलेंगे? सैम्पल नहीं मिले तो डॉ. साहब अपने पास से खरीदकर लाए। पूर्ति तो की, लेकिन तानों के तीखे तीरों से मेरा कलेजा छलनी कर दिया। मैं सम्पादक जी के पक्ष में इतना ही कह पाई—वे कोई ठगिया नहीं, खरीदी हुई दवाएँ पहचान गए और बोले, खरीदकर लानी पड़ी हैं तो मैं खरीद लूँगा।

उन्होंने ऐसा कुछ कहा था? नहीं, यह सब मेरे बचाव पक्ष की दलीलें थीं, जो उस मासिक कथा पत्रिका के सम्पादकीय विभाग में होते कटाक्षों का शमन करती रहती थीं।

—हमारे सम्पादक जी का कैमिस्ट की दुकान पर हिसाब-किताब चलता है।—दवाएँ खरीदेंगे तो हिसाब चलेगा ही। हर बीमार दवाएँ खरीदता है—अरे हमारे सम्पादक जी ऐसे बीमार हैं, जो दवाएँ बेचते हैं।—बेचते हैं! इतनी दवाएँ लाते कहाँ से हैं?—ये जो सामने मोहतरमा खड़ी हैं न, अपनी कहानी छपवाने के लिए दवाओं की सप्लाई लगातार कर रही हैं।

मुझे काटो तो खून नहीं। ऐसी तिलमिलाई कि खड़ी न रह सकी। लेखन यश के लिए होता है लेकिन मैं धिक्कार की पात्र...। सम्पादक जी से बिना मिले ही चली आई। ऑटो में बैठकर खुद को कोसती रही—क्यों लिखती हूँ मैं? छपने के लिए ब्लैकमेल होती हूँ। शोषण हो रहा है मेरा। शोषण के लिए खुद को हाजिर करती हूँ। किसी भी गजालत से निकलूँ, सिर पर लेखिका होने की सुनहरी कलगी बँधे। किसी भी दलदल में फँसूँ, शरीर को उड़ान भरनेवाले पंख मिलें। उफ, मेरी महत्त्वाकांक्षाएँ...मुझे कहाँ लाकर घसीट रही हैं।

जानती हूँ कि अच्छी रचना की जरूरत हर सम्पादक को होती है, यही मेरा अज्ञान है। नहीं देखती कि साहित्य भी उसी व्यवस्था का शिकार है, जो व्यवस्थित रहने का पुराना नियम अपनाकर लेखक को अपने दायरों में भटकाता है। सरकारी और ट्रस्ट से संचालित साहित्य संस्थाओं में बैठे सम्पादक खुद को गॉडफादर के रूप में प्रस्तुत करते हैं। 'स्वार्थ साधना' ही परम ध्येय है, की अव्यक्त घोषणा रहती है साथ-साथ।

आज हमारे आगे नतीजा आ गया, जब कितने ही साप्ताहिक पत्र और मासिक पत्रिकाएँ परिदृश्य से गायब हो गए। उनकी हत्या उनके सम्पादकों के हाथों हुई। ऐसे सम्पादकों ने पत्र-पत्रिकाओं का ही नहीं नए प्रतिभाशाली, कल्पनाशील, मगर साधनहीन लेखकों/कवियों की सम्भावनाओं का खात्मा किया है। रचनाएँ अकाल मौत मरी होंगी। कैसा आपराधिक मामला है, जिसकी सुनवाई के लिए कहीं न्यायालय नहीं। कहते हैं कि साहित्य व्यक्ति की चेतना, सम्पन्नता, स्वतन्त्रता और जीवन की बेहतरी के लिए रचकर प्रकाशित होता है लेकिन यहाँ तो साहित्य, साहित्य के आकाओं को दी गई संस्थाओं का गुलाम है। इससे बड़ा साहित्यिक अनाचार क्या होगा? मास्टर और सर्वेन्ट रूल के चलते दूसरा अत्याचार क्या होगा? मैंने शोषण का अद्भुत तमाशा साहित्य के क्षेत्र में देखा।

मच्छी रूखां चढ़ गई

यदि हिन्दी की मशहूर और उत्कृष्ट लेखिका मन्नू भंडारी से मेरी मुलाकात न होती तो मैं निश्चित अभी 'हंस' पत्रिका में छपने का सपना न देखती। यदि यहाँ यह कहूँ कि वह मुलाकात, जो उनसे उनके घर 103 हौजखास दिल्ली में हुई थी, उससे भी बात नहीं बनती (क्योंकि मैंने कोई बात ही नहीं की) अगर उनका फोन मेरे पास न आया होता और उन्होंने खुद यह न पूछा होता कि मैं कहानियाँ लिखती हूँ या और कुछ (कविताएँ आदि)?

आज उस दिन को याद करती हूँ तो लगता है, मन्नू दी की आवाज ने मुझे आगे बढ़ने के लिए पुकारा था और लगा था लेखकीय ऊर्जा का गोमुख मुझे बुला रहा है।

"कहानियाँ लिखती हो?"

"जी, मन्नू दी।"

"हंस में भेजी कभी?"

"नहीं, मन्नू दी।"

"तो भेजो।"

"कहाँ है हंस?"

"राजेन्द्र से बात कर लो। फोन नम्बर है—3270377।"

नवम्बर का मध्य था या अन्तिम सप्ताह याद नहीं, लेकिन बात सन् 1990 की है। वह दिन सुनहरा हो गया, मैंने खिड़की खोल दी। धूप और हवा में हंस के काल्पनिक पृष्ठ और उन पर पैरा दर पैरा कहानी छपी हुई—मैत्रेयी पुष्पा नाम के लिए मैं जगह तलाशने लगी।

सारा दिन एक लगन एक लालसा के हवाले हुआ, हालाँकि घरेलू काम निपटाती रही, एक अभ्यस्त गृहिणी की तरह।

रात गहराई, खिड़की के पार चाँद था। जागी हुई आँखों में आनन्दभाव के साथ बेचैनी इस कदर मचली कि करवट-दर-करवट खुद को मैं पलटने लगी।

"उफ! अब क्या हुआ?" ऊँघे सोए डॉक्टर साहब ने पूछा।

"कुछ नहीं। तुम सोए रहो।"

'सोए रहो', सुनकर शायद उन्हें अन्देशा लगा कि कहीं मैं सेज छोड़कर लिखने तो नहीं चली जा रही?

एक झोंक में बोल दिया, "तुमसे कितनी बार कहूँ, समय की अपनी डिमांड होती है। पढ़ने-लिखने के दिन बीत गए। अब तो इस घर को तुम्हारी जरूरत है।"

मैंने उनकी हिदायत सुनते ही आँखें बन्द कर लीं, लेकिन नींद की अपनी मर्जी, हलचल का अपना तेवर और मेरे भीतर जागी चेतना के तीखे तर्क—इस घर को मेरी कब जरूरत नहीं पड़ेगी? हमेशा। मेरे भीतर भावात्मक शून्य के सिवा क्या रहेगा?

काश, मैं मन्नू भंडारी की तरह होती। गॉडमदर का जीवन कितना मुक्त है! सुना है हिन्दी की वरिष्ठ और मशहूर लेखिका कृष्णा सोबती गृहस्थ के बन्धनों से आजाद, पूरी तरह लेखन को समर्पित हैं। मेरे जीवन में ऐसा समय कैसे आ सकता है? गृहस्थ में खटती खपती औरत, अपनी व्यथा किसी से कहूँ तो वह मुझे ताज्जुब से देखेगा और पूछेगा, क्या यही जीवन नहीं है? सच्चा और तपा हुआ स्त्री-जीवन।

मेरे पास किसकी कहानी है? क्या लेकर जाऊँगी 'हंस' कार्यालय में? क्या कहूँगी अपने लेखन के बारे में? नई कहानी के धुरन्धर लेखक रहे हैं राजेन्द्र यादव। मध्यवर्ग के पढ़े-लिखे समाज में स्त्री-पुरुष सम्बन्धों पर तमाम कहानियाँ लिखी हैं। जब मैं कहूँगी कि मेरे पास किसान-पत्नियों के साथ ग्रामीण नाइन, धोबिन के अलावा गड़रिया स्त्रियों की जद्दोजहद भरे किस्से हैं, तब वे मुझे क्या समझेंगे? एक गँवार स्त्री। जंगली औरत।

काश! मैं राजेन्द्र यादव की प्रतिभा, क्षमता और लेखन के बारे में अपनी पड़ोसिन श्रीमती सरोज सक्सेना से पूछताछ न करती। वे लेखिका नहीं, पाठिका भयानक किस्म की हैं। उन्होंने ही बताया था, साप्ताहिक हिन्दुस्तान में हिमांशु जोशी का 'छाया मत छूना मन' पढ़ा था, निराश हुई लेकिन 'कगार की आग' बहुत अच्छा था। राजेन्द्र यादव से घबराइए मत, 'सारा आकाश' उनका सहज, सरल और असरदार उपन्यास है। 'जहाँ लक्ष्मी कैद है' जरूर गूढ़ कहानी है।

मैं 'हंस' जाने के लिए तैयार हुई, ऐसे जैसे मुझे किसी साक्षात्कार के लिए जाना है, ऐसे जैसे मैं डॉक्टरों की पार्टियों में जाया करती हूँ। सजधज भी थी।

हंस कार्यालय में किताबों भरी रैकें, बदरंग कुर्सी मेज और नवयुवा लड़की दिखाई दी। मैंने कहा—"सुनिए।"

युवती ने सिर उठाकर देखा।

"मुझे राजेन्द्र यादव से मिलना है।"

युवती मुझे गौर से देखने लगी, और मैं हर सम्पादकीय कार्यालय की अपनी-अपनी अलग नियम व्यवस्था को समझना चाह रही थी।

"बाउजी अन्दर बैठे हैं, चली जाइए।"

"बाउजी।" मैंने उस युवती के उच्चारण को दोहराया, जैसे कह रही हूँ, यह सम्पादक-कार्यालय की भाषा नहीं।

सम्पादकीय कार्यालयों के नियम और भाषा ने जो आतंक का बीज मेरे भीतर डाल दिया था, अब तक खासा फूल-फल चुका था। सह सम्पादक जी हों या गॉडमदर, मैं उनके पीछे-पीछे चली। मुँह देखकर बोली। आदेश के लिए खड़ी रही हूँ।

और यहाँ मैत्रेयी पुष्पा धड़ाधड़ भीतर चली जाएँगी, बिना नाम पुकारे? बिना अन्दर से बुलाने की अनुमति लिए...हा हा हा! सम्पादक के दफ्तर में इन्तजार का नियम मैंने पाला है। इसी स्थिति में मैं सन्तुष्ट हूँ। संकोची स्वभाव है, जल्दबाजी भी क्या?

"अरे, आप गई नहीं?" युवती (वीना) पूछती है।

"तुम भीतर पूछ आओ न कि मैं आ जाऊँ?"

"कोई जरूरत नहीं है इसकी।" कहकर वह अपनी मेज पर झुकी, काम में व्यस्त हो गई।

उस कमरे से लोग गुजर रहे थे। यहाँ कितने ही लोग आते होंगे? वे लिखते भी होंगे फिर मन्नू दी ने मुझे विशेष रूप से यहाँ क्यों भेजा है? मेरा लिखा कुछ पढ़ा नहीं। 'स्मृति दंश' पढ़ लेंगी तो मुझे यहाँ से बैरंग वापिस बुला लेंगी।

मुझे फोन पर हुई बात का एक जुमला याद आया—"कहानी दो, अभी नहीं कह सकती, क्या होगा, लेकिन कोशिश करोगी तो कुछ न कुछ हो ही जाएगा। कोशिश माने मेहनत।" मेरे मन में मन्नू दी मुस्कराईं।

मैंने फोन के सामने हामी में सिर हिलाया। हाँ, करूँगी मेहनत।

मैं अन्दर जा नहीं रही, तो फिर यहाँ क्यों आई हूँ? क्या रचनात्मक कारण नहीं था? क्या लेखकीय कुशलता के सारे चरण पूरे कर लिए? मेरे पास रचनाओं के नाम पर है क्या? कितनी कहानियाँ लिखनी होंगी? सह सम्पादक जी कहते थे, उपन्यास लिखकर लेखन अपनी जगह बनाता है कि स्थापित हो। हर कोई चेखव नहीं होता, मंटो नहीं होता, गुलेरी नहीं होता कि कहानियों के दम पर स्थापित रहे।

मुझे हर हालत में हंस के सम्पादक से मिलना होगा, मन-ही-मन तय कर रही थी और मिनट-मिनट टाले जा रही थी।

निगाहें घुमाकर दफ्तर को गौर से देखा, अपनी रेशमी साड़ी और इन्द्रधनुषी बॉर्डर पर लज्जित हुई। यह मामूली और सादगी भरा ऑफिस और मैं सजी-धजी गुड़िया सी।

गुड़िया को राजेन्द्र जी से हुई फोन वाली बातचीत याद आई—

"आप हंस भवन में बैठते हैं?"

"अरे मार डाला। कहाँ हंस भवन और कहाँ हम।" कहकर उन्होंने अपने कार्यालय का रास्ता बताया, आओगी तो बाएँ हाथ की ओर लाल रंग का बहुत बड़ा

लैटर बॉक्स, उसके सामने से दाएँ हाथ को गली गई है। आखिरी छोर पर दूसरी इमारत। मैं अब भी हंस पत्रिका के पन्ने पलट रही थी।

लगभग दो घंटे बाद सम्पादक के पास गई। सामने कुर्सी पर बैठ गई। काला चश्मा, मुँह में सिगार का पाइप, सहम जाने के लिए इतना काफी था।

"आप कहानियाँ लिखती हैं और सिर झुकाए बैठी हैं।" राजेन्द्र यादव का पहला वाक्य।

"कहानी पर या मुद्दे पर बहस करने की बात आई तो क्या होगा?"

बहस! मैंने अपना चेहरा उठा दिया। और हाथ में दो कहानियों का जो लिफाफा था, सादर उठकर उनको दे दिया।

मैं जितनी देर बैठ पाई, बैठी। उठने की हड़बड़ी लगी थी, उठ आई।

और दोनों कहानियाँ?

मैं कैसे पूछूँ?

हर क्षण मेरे मन में जिज्ञासा कुलबुलाती। ज्यादा आजिज आकर मैं खुद से कहती—मैं कहानियों के बारे में नहीं, उनकी अस्वीकृति के बारे में भी नहीं, सिर्फ स्वीकृति के बारे में जानना चाहती हूँ। अपनी इस भावना को जिज्ञासा नहीं, मुझे लालसा कहना चाहिए। अस्वीकृति पर मेरी प्रतिक्रिया क्या होगी? वही न जो कथा-मासिक के सम्पादक के लिए हुई थी, जोकि असफल होने से जन्मी कुंठा ही थी। जब हम खुद ही अपने-आपको ढंग से नहीं जानते तो फिर दूसरों की राय लेनी चाहिए। कथा-मासिक में छपने दी गई पहली कहानी मेरे लेखक को कितना नौसिखिया और कमजोर सिद्ध करती, वह तो मैं आज जान पाई हूँ, तब, जब यह किताब लिख रही हूँ, यानी पूरे सत्रह साल बाद।

उस समय तो फिर एक बार मेरी आशाओं और सपनों का खात्मा हुआ। मुझे लगा लेखन, वह भी रचनात्मक लेखन ऐसा पक्षी नहीं कि सीधा उड़ान भरता हुआ मंजिल पर पहुँच जाए। कम-से-कम मेरे लिए तो इसे कभी भटककर, कभी बहककर, कभी रुककर और कभी अपने पंखों में ताकत भरकर उड़ना होगा और मैं हूँ कि अपनी कल्पना को बदली की तरह उड़ते देखकर झूमने लगती हूँ, भले वह खेतों की फसलों पर नहीं, पहाड़ या सागर पर बरस जाए।

खैर, हंस के सम्पादक महोदय ने मेरी दोनों कहानियों (नेहबंध, मन नाहि दस-बीस) पर अस्वीकृत लिख दिया।

मुझे उस बहू का-सा भास हुआ, जिसकी हाड़तोड़ मेहनत को नजरंदाज करते हुए ससुराली जन उसको बेढंग और फूहड़ होने का इल्जाम देकर खारिजनामा बोल देते हैं। मगर बहू को अपना एक भी दोष दिखाई नहीं देता, फिर भी वह समझती रहती है कि कुछ ऐसा ही होगा। और अपनी व्यथा वह ससुराल में किसी से नहीं कहती (पति से

भी नहीं)। अपने दिल का हाल या तो बहन से कहती है या अपनी सखी से। मैंने भी खत लिखा, क्योंकि टेलीफोन पर अपना अफसोस व्यक्त करती तो शायद रो उठती।

प्यारी इल्माना,

'आपका रिसोर्स सेंटर कैसा चल रहा है?'

बस इतना ही लिख पाई कि मेरी आँखें भीग उठीं। रूमाल से पलकों की नमी पोंछती हुई कुछ देर बेड पर बैठी रही। अस्वीकृति के दुख का प्रभाव इतना गहरा था कि लगे, पत्र में सिर्फ 'फूट फूटकर रोने की आवाज' या आज दिल को आँसुओं में बहा देने का महूरत है, 'तुम्हीं मेरे दुख की बीज स्मृति' लिख दूँ और सम्पादकों के चरित्र को सत्ता और खून-खराबे का प्रतीक...खून-खराबा, हमारी उन कोमल बीर-बहूटी सी भावनाओं का, जिनके आवागमन से रचना रची गई।

अब मैं उदास थी...अपने लिए दुख और करुणा, लेखन से यही अर्जित करती जाऊँगी...

मैंने एक लाइन का वह पत्र फाड़ दिया, जो इल्माना को लिखना शुरू किया था। इल्माना की तरह ही मुझे माताजी याद आईं। उनकी कही वह बात याद आई, जिसका आशय है—दुखों को दिल में जमा करते जाओ, वे खाद की तरह ताकतवर होते जाते हैं, जो आगे नई पौध को बढ़ाकर खड़ा करते हैं। —बस मैंने अपनी गहन गूढ़ आपबीती खुद ही संजो ली।

एक दिन इल्माना का फोन आया।

"क्या हाल है लिखाई का? कौन हैं वे आपके सम्पादक महोदय, जो 'बीच बहस' में आपको शामिल करना चाहते थे। मेरी तरफ से उनसे कहना, औरतों की बहस कौन सहन करेगा, वे किसी बात का जवाब ही दे दें तो बदसलूकी मानी जाएगी। शौहर लोग यही जुमला तो जुबान पर चिपकाए घूमते हैं—अच्छा, बहुत हो गया, बहस मत करो—और इस जुमले को तुरन्त बिच्छू की तरह छोड़ देते हैं, जब उनसे औरत की बात का जवाब नहीं बनता।"

मैंने फोन के इस तरफ से कहा था—"इल्माना, सुना है कि राजेन्द्र यादव स्त्रियों और दलितों के मसीहा हैं। मगर व्यवहार से लगा जैसे मसीहा नाम ही मालिक का होता है।"

बेशक मेरी लिखी कहानी 'मन नाहि दस बीस' में स्त्री भी है और दलित भी। ऐसा जानबूझकर नहीं हुआ, अनायास हो गया क्योंकि कहीं मेरे जेहन में मेरा बाल-सखा एदल्ला (एदलसिंह) रहा। मेरी और उसकी अन्तरंग दोस्ती रही, बिलकुल 'ढेले और पत्ते की कहानी' की तरह हमारी कहानी रही कि आँधी आए तो ढेला पत्ते पर बैठ जाए और अन्धड़ में उड़ जाने से बचा ले, बारिश आए तो पत्ता ढेले के ऊपर कि ढेला गल न पाए।

मेरे मन में कहीं यह संस्कार भी जड़ जमाए बैठा था कि प्रेम की पूर्णता प्रेम विवाह में होती है। विवाह अगर जाति, धर्म, मर्यादा और परम्परा को लेकर रूढ़ है तो प्रेम विवाह ही वह आधुनिक चलन है, जो जाति, धर्म और मर्यादा को तोड़ देता है, परम्परा को बदलकर विकसित करना चाहता है।

लेकिन हंस के सम्पादक का कहना था–असल समस्या तो प्रेम विवाह के बाद खड़ी होती है,। लड़का-लड़की, माता-पिता और परिवार द्वारा दिए गए धर्म, जाति और रीति-रिवाजों को तो तोड़ देते हैं, मगर जब ऐसे ही सरोकार खुद से जुड़ते हैं तो उनमें दुविधा पैदा हो जाती है। अन्तर्द्वन्द्व में फँस जाते हैं। बहुत जगह ऐसा देखने में आता है कि पति मन्दिर जाता है और पत्नी नमाज पढ़ती है। कहने को उनके पास धार्मिक स्वतन्त्रता है, मगर यह स्वतन्त्रता उन्हें एक नहीं होने देती। कई बार इस व्यवहार से कुंठाओं का जन्म होता है। यही जातियों का चक्कर है। लड़की छोटी जाति की है और लड़का बड़ी जाति का, विवाह के समय वे किसी भी जाति के नहीं होते। धीरे-धीरे दोनों के भीतर जातियाँ सिर उठाती हैं। लड़की को दोहरा अपमान सहना होता है–स्त्री होने का और नीची जात होने का। यदि लड़का छोटी स्थिति में है तो उसके पुरुष-अहंकार को बात-बात पर ठेस लगती है। महत्त्वहीन भावनाएँ सिर चढ़कर बोलती हैं और जिन्दगी कशमकश के हवाले हो जाती है। कहानी इस कशमकश को रेखांकित करती जाए कि कैसे बाहरी स्थितियों से लड़ने वाले अपने भीतरी मोर्चों पर संस्कारों से हारते हैं।

शायद यही हमारी 'बहस' थी, जिसने मेरी प्रिय कहानी का खात्मा कर डाला। मैं अब समझ गई कि 'नेहबंध' जो एक साप्ताहिक की प्रेमकथा-प्रतियोगिता में भेजी थी, ऐसी ही नामुराद तर्कों की शिकार हो गई। इन सम्पादक महोदय को क्या पता कि ये मेरी आगामी योजनाओं को किस बातूनी-बहस के पानी में डुबो रहे हैं।

मैं डूबने नहीं आई यहाँ।

जानती हूँ कि एक नई मैत्रेयी का जन्म हो चुका है।

तभी तो...लिखना-पढ़ना छोड़ बैठी। पत्रिका में कहानी पढ़ती हूँ, समानान्तर मन में कोई किस्सा चलने लगता है, भले वह 'गंगाराम पटेल बुलाखी नाई' का किस्सा हो। कविता पढ़ती हूँ, अपनी ही कविता कुनमुनाने लगती है, याद आती हैं बस स्टैंड पर 'खिच्चो मल आटेवाले' की पंक्तियाँ।

यह रोग आज लगा है? शायद इसकी जड़ उस बचपन में हैं, जब मैत्रेयी अपनी परछाईं पकड़ने भागा करती थी। नहीं पता था परछाईं आगे रहे या पीछे हमारे साथ ही रहती है क्योंकि वह हमीं से बनती है। मेरी कविता-कथाएँ, मेरे ही अनुभवों-विचारों

की परछाइयाँ, जरा-सी धूप चाँदनी मिलते ही प्रकट होने लगती हैं। सम्भवतः साहित्यकार के सूरज चाँद वे ज्ञानग्रन्थ हैं, जो जीवन के दस्तावेज हैं। पढ़ने से बचूँगी तो संवेदनशीलता, कल्पनाशीलता रचनात्मकता बनने से रह जाएगी।

'मैं विरक्त नहीं, बचती फिर रही हूँ।' मैत्रेयी ने खुद से कहा। कहा कि इन दिनों मैंने सृजनशीलता छोड़कर आत्मदया अर्जित की है बिलकुल उसी तरह जैसे अपने फैसलों को उजड़ते देखकर मैं कहती थी—तकदीर में ऐसा ही था तो कोई क्या करे? मेरे दुख से यह आत्मदया मुझे बचाती है।

यह मेरी कुंठा या हीनता की ग्रन्थि ही है, जो मानती है कि पढ़े-लिखे शहरी लोग सभ्यता का पाखंड कर रहे हैं। कि शहरी लोगों की जीवन-कथाएँ गाँव में चलते चुटकुले से ज्यादा नहीं। कि गाँव में प्रेम विवाह ही सबसे बड़ी क्रान्ति है।

मेरे भीतर मैत्रेयी नई लय नई गतियों पर अभ्यास के लिए तैयार हुई। उसने अपने भीतर छिपी उस वीणा को निकाला, जिसके तार वह धीरे-धीरे ढीले करती गई थी, क्योंकि विचारों की कसावट ससुराल के लोगों को रास नहीं आती थी और उसे ससुराल में ही रहना था, जैसे हर लड़की के लिए विधान है। अब वह मन वीणा के तार कसकर जैसे साहित्य-मंच पर आने को है। सुनाएगी वह गीतकथा, इसी वीणा की झंकार में, जिसका राग नया और अनूठा है।

मैंने कहानी लिखी। तीन महीने बाद यह तीसरी कहानी थी। एक भावोन्माद जैसी स्थिति...मैं सबेरे, दोपहर और शाम का ख्याल भूल गई। जिस पर देवी आती है, बाहरी हवा चढ़ती है, वह अपने तुच्छपन, बड़प्पन और दूसरों की मर्यादा को भूल जाता है। उसको त्रिशूल चुभाओ, बाल पकड़कर खींचो, उसको मिर्चों की बुकनी दो, किसी दर्द टीस और भास का अहसास नहीं होता। मैं भी ऐसी ही अवस्था में कि मेरा वजूद ही मेरी कहानी की नायिका के दुख-दर्द से लबरेज...और मैं इसी आनन्द से थरथर काँपती हुई...कहानी खत्म हुई तो एक अव्यक्त सुख था। लगातार मन में तरंगें उठती रहीं।

लेकिन वह मेरी निजी तरंगें थीं। वे तरंगें किसी घाट नहीं लगीं।

कहानी लौट आई।

हूक, जो आँखों में डबडबा आई थी और दो क्षण में ही गालों पर गीली रेखाएँ ढुलकने का अहसास हुआ तो गुस्सा किसी सम्पादक के ऊपर नहीं आया, खुद से ही कोफ्त हुई।

'एक अच्छी कहानी का प्रतिबद्ध सम्पादक को इन्तजार रहता है' मैंने मन-ही-मन कहकर आँसू पोंछ लिए।

'मैं कहानी वापिस करने के लिए उस सम्पादक की आभारी हूँ' गहरी साँस खींचकर मैं अपना निचला होठ कुचलती रही। हाँ, दस पन्ने की कहानी से भरा

लिफाफा छूने का साहस न कर पाई, जैसे कि अब तक अपनी रचना को गोद में लिए भावशून्य सी बैठी रहती थी।

डंक के जहरीलेपन की अभ्यस्त हो चली। चौथी कहानी के रूप में 'कृतज्ञ' लौटी, जिसे लौटाते हुए शायद सम्पादक शरमा गया (कहाँ तक किसी रचनाकार को निराश हताश किया जा सकता है, जबकि सम्पादक खुद कथाकार हो)।

अब की बार मुझे हँसी आ गई। दो रचनाकारों के आसंग ऐसे बनते हैं। बीच में मन्नू भंडारी, जो राजेन्द्र यादव के बदले मुझे दुख देने में झिझक रही थीं और कह रही थीं—तुम्हारी कहानी इकहरी है। दोनों पक्षों के साथ न्याय करना होता है। कोई अच्छा है तो किन स्थितियों के कारण, कोई बुरा है तो किन मजबूरियों और दबाबों के कारण?

मैंने उस मरीज की तरह कड़ुवापन झेला, जिसे पता है कि दवा के इस जहरपान बिना स्वस्थ होना सम्भव नहीं। और जिस तरह मनभावन व्यंजन रोगी के लिए जहर होते हैं, उसी तरह भावुकता से मैंने किनारा कर लिया।

मैं कहानी लिए 103 हौजखास, राजेन्द्र जी के आवास के द्वार से अन्दर आई। उन्होंने अपने कमरे से मुझे देख लिया। वे निश्चित ही अपने हंस कार्यालय जाने के लिए निकल रहे थे। बैसाखी के सहारे चलते हुए दरवाजे तक आ गए, जहाँ मैं एक ओर हटकर खड़ी थी।

"अब क्या है?" वे उदास से हँसे।

"कहानी है।" मैंने कागज भरा लिफाफा निकाल लिया।

बात बीच में छोड़कर चले जानेवाली हरकत अजीब होती, इसलिए वे थोड़े रुक गए। ड्राइंगरूम में सोफे पर बैठ गए। मुझे भी बैठने का इशारा किया। थोड़ी-सी घबराहट और तेज धुकधुकी के साथ मैं वहाँ बैठ गई। मन्नू भंडारी आसपास ही थी।

मैं देख रही थी, राजेन्द्र यादव के चेहरे पर शहीदाना भाव था, जैसे दिखाना चाहते हों कि क्या करें पत्रिका के तेवर से समझौता करना उनके रूल्स-रेग्यूलेशन में नहीं। निर्मम जिम्मेदारियाँ निभानी पड़ती हैं। वे बोले, "देखिए, साफ बात है, हम आपकी कहानी छाप नहीं पाएँगे। हमें मालूम है, आप नाराज हो जाएँगी। हमें गालियाँ देती हुई चली जाएँगी। ऐसा ही होता है। जिनकी कहानियाँ हम नहीं छापते, वे हमें कोसते रहते हैं।" कहकर वे हँसे। हँसी स्वाभाविक नहीं थी। व्यंग और अहंकार का मिला-जुला भाव...

वातावरण फ्रीज था।

राजेन्द्र जी के वाक्यों की ध्वनि के आतंक ने जैसे हर चीज को मूक बना दिया, मेरे चलते पिन ड्रॉप साइलेंस।

'अब कहने के लिए रह क्या गया है?' मैं सोच रही थी। सिर झुकाए बैठी थी, लगभग क्षमा माँगने के अंदाज में—अब तक व्यर्थ की कहानियाँ लिखने का अपराध

करती रही हूँ। आपका समय नष्ट किया। धन्यवाद ही दूँगी कि आप पहले व्यक्ति निकले, जिसने मेरी आशा-आकांक्षा भरी रचनाओं के स्तरीय होने के पवित्र भ्रम को तोड़ दिया।

ओ गॉडमदर! आप इस मंजर को देखतीं तो मुझे हंस-अभियान चलाने पर डाँटती नहीं, तरस खातीं और अपने आँचल में छिपा लेतीं। मैंने आपको दो-चार बार संरक्षक मुद्रा में तो खुद देखा है। सचमुच मैं ऐसी साहित्यिक क्रूरताओं के हाथों पड़कर भी चेहरे पहचानने में आपकी तरह माहिर नहीं हो पाई।

मुझे राजेन्द्र यादव का अपने सामने पाइप पीता चेहरा, काला चश्मा और बलिष्ठ शरीर (एक पैर खराब होने के बावजूद) लगभग डराने लगा।

'गॉडमदर तुम मेरी सहायक...' मैंने सुमिरन किया। कुछ ताकत सी आई। मैं बोली अपने मन की बात–

"आप कहते हैं, मैं अब नहीं आऊँ। मैं बता रही हूँ कि मैं आऊँगी। आप कहते हैं कि आप मेरी कहानी नहीं छाप पाएँगे। मैं कह रही हूँ, मैं एक और कहानी लाऊँगी।"

मैं आऊँगी, राजेन्द्र यादव, हंस सम्पादक।

कहानी नं. 6

और मैं आ गई हंस कार्यालय में।

मुझे ऐसा अंदाज नहीं था कि दिल्ली में लम्बा जीवन गुजारने वाले साहित्यकार सम्पादक छोटी संकरी गलियों वाले गाँवों के प्रति आकर्षित नहीं, समर्पित हैं। धूल-मिट्टी, खेती, कुआँ और इंच-इंच जमीन के लिए लड़ी जानेवाली लड़ाइयाँ, फौजदारियाँ, कोर्ट कचहरी और मुकदमे। ऊँची धोती और कछोटा मारे किसान पत्नियाँ, मजदूरिनों की आत्मा का क्रन्दन...आज मैं उनकी कथा लिखती हूँ तो मन पर लगी ठेस, जिससे जबड़े भिंचते थे, इसका मुख्य कारण है। अतीत का वह हिस्सा इस चिकने-चुपड़े शहर में रहकर विलीन हो गया होगा, यह महज भ्रम है। नहीं तो साहित्य में वह घटना 'सेंध' कैसे लगाती, जो पन्द्रह साल पहले घटित हुई थी?

कहानी का नाम था 'सेंध'। जो मैंने उस तुर्रम खाँ सम्पादक को थमाई। मन-ही-मन कहा–लौटा सकें तो लौटाइए। पता लग जाएगा मैत्रेयी के सीने में किस आग का कोंहड़ा जलता है। मैं गाली देकर नहीं गई, हाँ गुस्सा बहुत आ गया तो गोली मारकर जाऊँगी। मेरा और फूलनदेवी का इलाका जुदा नहीं, हम आसपास के हैं, हाँ।

"साहित्य के मामले में मैं बहुत हरामजादा हूँ।" राजेन्द्र यादव ने कहा तो मेरे मन में आया–आप किस मामले में इस कोटि के नहीं हैं? गॉडमदर बातें करती थीं अपनी सखियों से, मैं ध्यान नहीं देती थी लेकिन अब जान गई, वे आप ही थे।

आपको अब पता चल जाएगा कि भावना के कई एक क्षेत्रों में मैत्रेयी काफी सख्त है। अन्याय को शान्तिपूर्ण ढंग से चलाए रहने को अन्याय मानती है। आपको यही समझाने के लिए मैं वहाँ लौटी हूँ, जहाँ मैंने नाइंसाफी के खिलाफ लड़ाइयाँ लड़ी हैं।

'चकबंदी' किसानों के इखरे-बिखरे खेतों का जमीनी गुणवत्ता के आधार पर मूल्यांकन और उनको उसी सिलसिले में एकसाथ मिलाकर चक बनाना, गाँव में यह योजना आई थी। योजना को लागू करने लोग आए।

यह वह समय था, जब मैं छोटी उम्र की थी, मगर अपनी किसान माँ की बेटी फसलों से जुड़ी थी। चकबंदी से पहले ही बाबा का देहान्त हो चुका था। माँ नौकरी के लिए ट्रेनिंग पर चली गई थी। गाँव में रह गए, मैं और खेत। दोनों एक-दूसरे को सँभालने में असमर्थ।

उस स्थिति को आज इस तरह लिख सकती हूँ कि मैं और खेती दोनों ही असहायता और अनाथपन के अभ्यस्त हो गए थे। शायद दोनों ने ही सोच लिया था कि यदि हमारे साथ उपेक्षा और नजरबंदी का रवैया रखा जाएगा तो हमें बीहड़ होने का पूरा अधिकार है। आवारापन और बेदखल नजरों में समझौता सा हुआ। यही कारण था कि खेती खरपतवारों का खजाना हो गई और मैं विपरीत सेक्स से आकर्षित प्रेमपत्र लिखकर ताकत हासिल कर रही थी। माँ आएगी, खेती और मुझे देखकर दुखी होगी। खेतों को किसी से सँभलवाएगी और मुझे पीटेगी। मैं शायद पिटकर पलने-बढ़ने के लिए बनी हूँ। मेरे प्रेमपत्रों के नायक नायब तहसीलदार का तबादला हो चुका था।

मेरे पत्रों के बहाने भगाया जानेवाला वह अफसर असल में भगाया तो हमारी खेती के कारण ही था, मैं कुछ सँभलने के बाद समझी। हमारे खेत चालाक और तिकड़मी किसानों के पास चले गए। वे उन खेतों में हल चलाते, मेरा छोटा-सा सीना चिरता जाता।

सब समझते थे, इतनी छोटी लड़की को खेतों से क्या सरोकार?

मैं जानती थी कि अपनी खेती की मैं भावी वारिस हूँ। मगर उस समय मेरा गुस्सा छोटा नहीं, लाचार था। मुझे बार-बार बुन्देलखंड में चलनेवाली वह प्रथा याद आती, जिसे 'रक्कस देना' कहते हैं। यह रस्म लड़के की एक साल की अवस्था से तीन साल की उम्र तक की जाती है। बच्चे की माँ, बुआ, दादी, चाची, ताई के साथ मौहल्ले का स्त्री समूह पूरी-पुआ, पपरियाँ, गुलगुला बनाकर खेतों पर जाता है। धरती की पूजा होती है। बच्चे को तिलक लगाते हैं, घूँटा बाँधते हैं (काला धागा कमर में)। और फिर अपने खेतों की सीमा दिखाते हैं—यह तेरी भूमि है, तेरे पुरखों की जमीन। अब तेरे हवाले है, इसकी रक्षा तू करेगा। दुश्मन तेरे खेत की मिट्टी न छुएँ।

लेकिन।

मेरे दुश्मन मेरे खेत ले गए। मैं लड़की थी, मेरा रक्कस नहीं दिया गया, मगर लगता कि वह प्रतिज्ञा मेरे लिए है। और मैं संकल्प हार चुकी। मेरी रगें खौलती हैं।

ताप बढ़ता जाता है। 'खून के बदले खून' वाले इलाके का पानी पीनेवाली मैं अपनी बत्तीस साल की अवस्था में फिर से युद्धक्षेत्र में उतर गई।

असुरक्षा और सामाजिक अन्याय से उत्पन्न भावना की आग...कि खरगोश ने शेर को पटाकर कुएँ का रास्ता दिखा दिया।

मेरी खेती का स्वर्णकाल आनेवाला है। दोबारा चकबंदी होगी, आदेश लागू हुए। पुरानी बेइमानियाँ खुली हैं तो नई ईमानदारियाँ लागू होंगी, क्योंकि अब मैं बच्ची नहीं, एक स्त्री हूँ।

मैं सी.ओ. से मिली। पुराना चिट्ठा पेश किया। नाइंसाफी की शिकार ने खरगोश की तरह खेती (जिन्दगी) वापिस माँगी। यह बात गौरतलब थी कि अब की बार सी. ओ. न्याय करना चाहता था, लेकिन मुफ्त में नहीं। मुझे ज्ञान था, ज्ञात भी हुआ कि स्वतन्त्र भारत में सबसे बड़ी कीमत न्याय पाने के लिए ही अदा करनी पड़ती है। मैंने पति को आगे कर दिया क्योंकि वे सी.ओ. के लिए बेशकीमती हीरा थे। सी.ओ. का बेटा कैंसर पीड़ित था। और डॉक्टर साहब अखिल भारतीय आयुर्विज्ञान संस्थान की फैकल्टी के सदस्य।

सोचा यह भी कि अगर मैं मामूली आदमी की पत्नी होती तो? लेकिन मेरे साथ जो नाइंसाफी की गई थी, वह मामूली माने जानेवाले किसानों ने ही तो की थी। मैं यहाँ मामूली स्त्री, हक छिन जाने से महत्त्वाकांक्षी होती गई।

क्या यह कहानी मेरे उस अपराधबोध से मुक्ति नहीं थी, जो मैंने छोटी जोतवाले किसानों से खेत छीनकर पाला था? निश्चित ही मेरी संवेदना अपने कृत्य से नहीं जुड़ पा रही थी।

जिस सम्पादक ने मेरा रचनात्मक वजूद पाँच बार धूल में रगड़ां था, वही हंस का वह अंक लेकर मन्नू भंडारी के साथ मेरे घर आए, जिसमें मेरी कहानी 'जमीन अपनी अपनी' के नाम से छपी थी।

आज वे कहते हैं, हम तो इसलिए आए थे कि तुम्हारा घर हमारे रास्ते में पड़ता था। मैं पूछती हूँ, हौजखास से किदवई नगर तक कितने घर रास्ते में पड़ते हैं, उनमें से कितनों में आप हंस का अंक लेकर गए हैं?

वे कहते हैं, जैसे हम तुम्हें कहानी छापकर खुश करने आए थे!

मैं पूछती हूँ, आप किसी के घर उस घर के लोगों को दुखी करने जाते हैं?

आप आए इसलिए कि आपने अपने घर और दफ्तर में मेरा जी भरकर अपमान किया। मन्नू दी ने मेरी मायूसियाँ देखी हैं।

आप आए, शायद आप किसी रोग से पीड़ित हों (डॉक्टर का घर था मेरा)।

काजल केरी कोठरी

'मैला आँचल' और 'परिती परिकथा' मेरे सिरहाने रहती। मैं इन दिनों फणीश्वरनाथ रेणु की कहानियाँ पढ़ चुकी थी। 'तीसरी कसम' फिल्म सन् 1967 में आई थी, गानों से बेहद प्रभावित हुई। फिल्म तो कमाल है।

ऐसा सब कुछ होते हुए भी इस बार उपन्यासों का पाठ नशीली धार-सा भावनात्मक चेतना पर उतरता चला गया। इन्हीं दिनों 'तीसरी कसम उर्फ मारे गए गुलफाम' पर एक सारगर्भित लेख 'आलोचना' में पढ़ा था। लेखक थे डॉ. विश्वनाथ त्रिपाठी।

मैं रेणु की कला के मोहपाश में बँधती चली गई।

हीराबाई, रमपतिया, सितिया (प्रदीपकुमार की माय) और बिरजू की माँ...क्रमशः तीसरी कसम, रसप्रिया, अच्छे आदमी और लाल पान की बेगम, चारों स्त्रियाँ, मेरी भावनाओं के टुकड़े...सितिया, बिरौली वाली (अच्छे आदमी) पूछती है—"ऐ तुम मुझे बिरौली वाली क्यों कहते हो?"

"ओ, अब मैं भी ठेकेदार साहब का दिया हुआ नाम कहूँगा, रेशम बहू।"

"ठेकेदार साहब अच्छे आदमी हैं।"

लगता है सितिया मुझ मैत्रेयी की लालसा को व्यक्त कर रही है। डॉक्टर साहब ने मुझे कभी नाम लेकर पुकारा नहीं...कोई नाम ले मेरा, लालसा लगी रही।

आदरणीय और मेरी चाहत के हकदार रेणु, आपने मैत्रेयी को कहाँ देखा था? हीराबाई जैसा लोकनृत्य करते, रमपतिया की तरह प्रेम में उपेक्षित रहते या अच्छे आदमी की बिरौलीवाली की तरह स्त्री का अभिनय करते हुए...मैंने तुमको (आपको) देखा नहीं, मगर मेरा मन कहता है, तुमने मुझको निश्चित ही देखा है। नैना जोगन पढ़ते हुए मेरा रोम-रोम झनझना उठा था, सच्ची।

काश, तुम कहीं मुझे मिल जाते। दिल्ली आते-जाते होंगे, तब मैं दिल्ली के एम्स में रहती हूँगी। मैंने अन्तिम समय बस तुम्हें चिता में जलते देखा टेलीविजन के पर्दे पर और मैं स्तब्ध रह गई थी। उस समय तक साहित्य के नाम पर बहुत कुछ पढ़ा लेकिन जुड़ाव तुम्हीं से हुआ...जहाँ भी जो कुछ छपा, शब्द-शब्द अमृत की तरह पिया।

गीता पुष्प शॉ, रॉबिन शॉ पुष्प कभी देखे नहीं, लेकिन तुम्हारे बारे में लिखते हुए वे मेरे परिचित हो गए।

आज मैं कुछ लिखने लगी, मुझे लगा सबसे पहला आशीर्वाद आप से...नहीं, रेणु को हर समय मेरे साथ होना चाहिए। रात को जब सोऊँ तब, सबेरे जब जागूँ तब...मेरे भावनात्मक सम्बल!

और मैंने फणीश्वरनाथ रेणु की ऐसी तस्वीर तलाश करनी शुरू कर दी, जिसमें उनके साथ न पद्मा हो न लतिका। अकेले की तस्वीर! मुझे कोई पति, पिता या फिर से पति नहीं चाहिए था, मुझे सिर्फ वह लेखक भाया है, जिसने मेरे मन, स्वभाव और चलन के अनुरूप उल्लासपूर्ण रसवंती स्त्रियाँ रची हैं।

रेणु मेरे कमरे में।

सुन्दर चौड़े माथे से जाती हुई घुँघराली लटें कन्धे तक। चश्मे से झाँकती दो चिन्तन में डूबी रसमय आँखें। भरे-भरे नारंगी की फाँकों से होठ जैसे इनसे बतियों के फूल झड़ेंगे।

फणीश्वरनाथ रेणु, आपकी प्रतिभा और कलात्मकता अथवा रंग ध्वनि और लय को पकड़ती भाषा के पास पहुँचने का कौन-सा रास्ता है? खोजने में बहुत से साहित्यकार जुटे हैं। कोई कोई तो आपके पात्रों के हूबहू नाम चुरा लेता है। कोई कमली की जगह विमली कर देता है, फिर रमपतिया चुन लेता है। कुछ समय के लिए बिरौलीवाली सितिया ने मेरे मन पर भी प्रभाव जमा लिया था। लेकिन मैं चाहकर भी बिरौलीवाली सितिया की तरह अपनी गोमा से समर्पण न करा पाई। उसने अपना रास्ता मेरी लेखनी से जिद करके अलग ही, निराला ही खोजा (गोमा हँसती है)। वह दो पुरुषों की नारि नहीं, उस नारि के दो पुरुष! आप पढ़ते तो क्या कहते?

मगर मैं अपने उपन्यास 'बेतवा बहती रही' में उर्वशी के चरित्र और उसके पुरुषों से सम्बन्धों को ठीक से विकसित नहीं कर पाई। उपन्यास में उर्वशी का दुख-सुख नहीं, गली हुई करुणा है। मैं जानती हूँ कि रेणु के पात्र अपने दुख में, मुश्किल में हँसते हँसाते हैं, जैसे शोक को संगीत में बदल रहे हों। मगर 'बेतवा बहती रही' की स्त्रियाँ, जिन्हें डरकर रहना है, रोकर जीना है और इसी तरह मृत्यु तक का समय काटना है। वहाँ करुणा कलित हृदय की बातें हैं, आँसुओं की झालरें हैं। तसवीर की मानो यही शोभा है। मैंने अपनी नायिका का नाम कमली-विमली नहीं, उर्वशी रखा, अभी तक साहित्य में मृदुल अंगों वाली सुन्दरियों की चर्चा रही है (शिवानी, जयशंकर प्रसाद, पन्त, संस्कृत के कालिदास)। सुन्दरियों के दुख देखकर पाठक जल्दी पिघल जाता है, अपने अनुभव से भी मैंने जाना। मामूली सूरत की औरत सेक्स के लिए भले ही इस्तेमाल कर ली जाए, पुरुष की पसन्द वह नहीं होती। तभी बार-बार लैला के काले रंग की चर्चा आती है और मजनूं के साहस को दाद मिलती है कि उसने

लैला जैसी को प्यार किया। किसी स्त्री का ऐसा प्रशंसात्मक इतिहास नहीं। उसके लिए तो पुरुष नस्ल में जन्मा मनुष्य ही देवता है। उसको सेवा और प्यार सहित सेक्स देना, औरत को परमपद देता है।

तो उर्वशी का दुख! मैं लिखती जाती और रोती जाती। हालत यहाँ तक आ गई कि कलम-कागज के साथ रूमाल का होना भी जरूरी था। दरअसल सह सम्पादक जी का रुझान कुछ ऐसा ही था, मैं तर्क देने की स्थिति में नहीं थी, क्योंकि साहित्य में नौसिखिया थी। उर्वशी के आँसुओं से भीगे चरित्र की उदात्तता के प्रति आश्वस्त न होती तो क्या करती? सह सम्पादक जी ही नहीं, मेरे सामने 'देवदास' था, 'त्यागपत्र' था, मैथिलीशरण गुप्त जो मेरे गाँव के पड़ोस चिरगाँव के थे, स्त्री के लिए उनकी परिभाषा थी—अवला जीवन हाय तुम्हारी यही कहानी/आँचल में है दूध और आँखों में पानी।—असर ऐसा हुआ कि औरतों की बहादुरी के तमाम किस्से भूल गई।

किताब छपने पर भी मेरा दृढ़ मत था कि उर्वशी खत्म नहीं होती, अगर उसने अपनी जिन्दगी का साथ निभाया होता। लेकिन नवभारत टाइम्स के तत्कालीन सम्पादक पंडित विद्यानिवास मिश्र अपने सम्पादकीय में 'बेतवा बहती रही' को भावात्मक लगाव के साथ याद कर रहे थे। मैं आश्वस्त हुई और कुछ दिन चैन से गुजरे।

लेकिन फिर घबराने लगी। भाई द्वारा विधवा उर्वशी को उसकी ससुराल से खींच लाना, फिर अपने लालच के लिए एक बूढ़े के संग विदा कर देना, बूढ़े का शक-सन्देह से भरा रहना, स्त्री की स्वाभाविक इच्छा की अनचाही, फूहड़ और बहुत क्रूर परिणति है। लेखक शोधकर्ता भी होता है, मैं केवल यही खोज पाई? इसमें गोदान की धनिया, चित्रलेखा, अन्ना कैरिन्ना और मैडम वावेरी जैसे ही तत्त्व हैं, जो पुरुष के लिए जीवित थीं, उसी के लिए खत्म हुईं (प्रेम का तत्त्व कितना था, खोज का विषय है)।

मैं भी क्या करती? अपने पाठ्यक्रम में लगे पाठ याद करती तो 'हाड़ी रानी' की कथा याद आई, जिस पर कक्षा में मेरा हिन्दी अध्यापक से झगड़ा हुआ था। मैंने कह दिया था—यह कहानी बकवास है। हाड़ी रानी का पति अपनी नई ब्याही स्त्री को छोड़कर युद्ध में नहीं जाना चाहता। अन्त में जब रानी ने अपना शीश काटकर थाली में रख दिया, वह युद्ध में चला गया। यह बलिदान किसलिए था, सर?

हिन्दी अध्यापक गुस्सा हो गए थे, बोले—बैठ जाओ! अभी तुम स्त्री आदर्शों को समझती नहीं। यह कहानी कोर्स में लगी वीरांगनाओं की कहानियों में से एक है।

—नहीं सर, यह वीरता की नहीं, मजबूरी की मिसाल है। यह बलिदान नहीं, आत्महत्या का उदाहरण है। आत्महत्या भी इसलिए कि पति अपनी पत्नी के चरित्र की चिन्ता न करे। ऐसा सिपाही बहादुर कहलाएगा, यह अन्याय है। अन्याय...जिसे न्याय माना गया।

—"ओ! बैठो तुम!" अध्यापक महोदय ने दाँत पीसकर हाथ का संकेत दिया।

—"इतिहास औरतों के लिए मरघट-कथाओं का पुलिन्दा है।" मैं भी चुप न रही। और आज मैं...

नायिका उर्वशी के मरण का प्रायश्चित करने की मनःस्थिति में हूँ। 'बेतवा बहती रही' छपने के एक साल बाद ही 'इदन्नमम' सामने इसलिए आया कि संस्कारों को लेकर मेरा मानसिक सन्तुलन बिगड़ने लगा। और 'इदन्नमम' ने प्रमाणित कर दिया कि अब मैं पूरी तरह किसी साहित्यिक गुंडे के गिरोह में चली गई हूँ। मैंने आचार्य चाणक्य कि विद्वता को चुनौती दी है। वे कहते हैं—धर्म की रक्षा धन से, विद्या की रक्षा साधना से और गृहस्थी की रक्षा पतिव्रता स्त्रियों से बताई है। निश्चित ही मैं 'आपस्तम्ब धर्म सूत्र' के विरुद्ध जा रही हूँ, 'वृहदारण्यक उपनिषद' मुझे शाप देगा, जिसमें स्त्री के लिए अपने पति के सम्भोग को हर हालत में चरितार्थ करना बताया गया है।

स्त्री का यह आन्तरिक भाव...कि उर्वशी कहे, पति नहीं, पति का पहली पत्नी से उत्पन्न बेटा मेरी उम्र का है, मैं उससे सम्भोग की इच्छुक हूँ। उसे देखकर मेरी यौनिकता जागती है।

रेणु की तस्वीर के सामने मैंने स्वीकार किया 'बेतवा बहती रही' लिखकर मैंने अन्याय नहीं, स्त्री के प्रति अपराध किया। अपनी कलम को कायर बनाया है।

ओ मेरी प्रेरणा के स्रोत, रात के समय जब मैं बिस्तर पर लेटती हूँ, मेरी आँखें पहलू में लेटे पति पर नहीं, छत पर टँक जाती हैं। मेरी चेतना जलती-झुलसती...मेरा चेहरा परेशान हाल...साथी बाँहें फैलाता है, मैं सुलगता आग का टुकड़ा...वह आगोश में ले लेता है। और मैं फफक-फफक कर रो उठती हूँ, जैस मैंने अपंग बच्चे को जन्म दे दिया हो।

पति मेरे दुख को शमन करने की कोशिश में...कहते हैं, तुम मेरे लिए सारे जहान की मलिका हो। और मैं सोचती हूँ, औरत को अब किस सम्पत्ति की जरूरत है? यह सार्वभौमिक लोकतन्त्र स्त्री का...

मगर सार्वकालिक नहीं। जब तक जवानी कायम है, खेल का हर पाला उसके हाथ में है क्योंकि मालिक भी दहशत में रहता है (भले जताए नहीं) कि जवानी का लाव-लश्कर लिए मेरे शयन समय की रम्भा दूसरे के मैदान को फतह करने न चल दे। बस ऐसे ही शंका-सन्देहों में जो ब्यूह रचे गए, वे मुझे चुनौती देने लगे।

फर्ज करो मैं उर्वशी हूँ। मैंने पति और परिवार के लिए कर्तव्य निभाए, त्याग किया, बलिदान होने के लिए तैयार हूँ। मुझे स्वर्ग मिलेगा।

स्वर्ग...क्या मिलेगा मुझे? सन्तोष तक मिल नहीं पा रहा। जिस धरती पर जन्म लिया, उसे कितनी आसानी से छोड़ती चली गई। यह मेरा उन्पयास लगभग स्त्री के

पलायन की कहानी है। दैन्य की दास्तान है। बेशक इसमें भक्ति और वफादारी के कसीदों की कमी नहीं।

और अब इदन्नमम!

इदन्नमम (यह मेरे लिए नहीं)

उर्वशी के बरक्स मुझे वह आठ-नौ वर्षीया लड़की याद आई, जो एक ब्याह के उत्सव के दौरान कोठे के अँधेरे कोने में चुपचाप बैठी अपने घुटनों पर फ्रॉक का घेर बार-बार फैलाती थी कि टाँगें ढकी रहें। वह मेरे सामने आई तो मैंने पूछा—''यहाँ क्यों? बाहर बारात आ रही है।''

''पुलिस आजै है। हमाये वारंट हैं।''

मैं चौंकी। और फिर वह केस और में...(प्रेम कहानी नेहबंध)

1969 की बात 1992 में याद आई और फिर मेरा सफर खिल्ली (श्यामली) जुझारपुरा (सोनपुरा) एरच उरई मोंठ...के लिए।

मन्दाकिनी थी या मैं थी? लेखिका थी या 'बेतवा बहती रही' की प्रायश्चित-कर्ता? अकुंठ जीवन, साहस के साथ व्यक्तित्व की तेजस्विता। ऐसा मैं नहीं कह रही, सुधी समीक्षकों और सजग पाठकों ने बताया।

सबसे पहले ज्ञात हुआ तब, जब 1994 के विश्व पुस्तक मेले में 'इदन्नमम' को पुस्तक रूप में देखा। 'अप्प दीपो भव' शीर्षक की भूमिका को पढ़ा।

''महानगरीय मध्यवर्ग की संघर्ष करती और पाँवों के नीचे जमीन की तलाश करती कथा-नारियों के बीच गाँव की मन्दा एक अजीब, निरीह, निष्कवच, निश्छल, संकल्प-दृढ़ नारी का व्यक्तित्व लेकर उभरती है—बाढ़ के बीच धीरे-धीरे उगते टीले या द्वीप की तरह, मगर वह द्वीप नहीं है, उसके साथ है एक भरी पूरी दुनिया—रूढ़ियों, परम्पराओं, अभ्यासों, आकांक्षाओं, ईर्ष्याओं से भरी—एक-दूसरे के अधिकार झपटते, कुचलते, चूसते और न्याय की रक्षा करते लोगों की जिन्दगी। मन्दा को इन्हीं के बीच रहना है और रास्ता निकालना है। उसकी लड़ाई दुहरी है, औरत होने की और वंचितों के अधिकारों की...

''तीन पीढ़ियों की यह बेहद सहज कहानी तीनों को समानान्तर भी रखती है और एक-दूसरे के विरुद्ध भी। मिट्टी-पत्थर के ढोकों या उलझी डालियों और खुरदरी छाल के आसपास की सावधान छँटाई करके सजीव आकृतियाँ उकेर लेने की अद्‌भुत निगाह है मैत्रेयी के पास—लगभग रेणु की याद दिलाती हुई। गहरी संवेदना और भावनात्मक लगाव से लिखी गई यह कहानी बदलते, उभरते 'अंचल' की यातनाओं, हार-जीतों की एक निर्व्याज गवाही है...पठनीय और रोचक।''

कामना करता हूँ कि 'विशिष्ट और महत्त्वपूर्ण' होने का बोध जगाने से पहले ही मैत्रेयी कुछ और इतना ही सहज लिख डालें—सेमिनारों—गोष्ठियों में जगमगाते शहरी रचनाकार होने के प्रलोभनों से अपने का बचाए रखते हुए...

—राजेन्द्र यादव

"अल्लाह!" इल्माना ने कहा और हाथ ऊपर उठाकर दुआ पढ़ने लगी।

"मेरी पाँच कहानियाँ अस्वीकृत करनेवाले हंस के सम्पादक राजेन्द्र यादव को मेरा सलाम।" कहने के बाद हर्षातिरेक में मैं और इल्माना गले मिले।

भारतीय उपन्यास की समर्थ कड़ी : इदन्नमम शीर्षक से प्रसिद्ध समीक्षक राजकिशोर जी की समीक्षा नवभारत टाइम्स के सम्पादकीय पृष्ठ पर आई तो मेरे सामने सार्थक श्रम के कण सितारों से झिलमिलाए।

मैं और इल्माना फिर गले मिले, मगर इसी दौरान कुछ स्नेही, प्रेमी और सदाशयता रखने/जताने वाले हाथ मेरे हाथों से छुटते चले गए। मैं लगभग अकेली सी हो गई इस साहित्यिक मैदान में खड़ी...मैं सह सम्पादक जी से मिलना चाहती थी अपनी पुस्तक 'इदन्नमम' को लेकर। उन्होंने मुझे बड़ी मुश्किल से समय दिया, लगभग महीनों की टालमटोल करने के बाद (अब तक सुरेन्द्र वर्मा के 'मुझे चाँद चाहिए' और इदन्नमम पर हंस में समीक्षात्मक बहस चल चुकी थी और मुझ में अपराध भाव सा आ गया कि मैं और मेरी किताब इस बहस के लायक नहीं है)।

हम किस कॉफी शॉप में मिले थे, अब याद नहीं है। मैंने 'आदर सहित' लिखकर सह सम्पादक जी के पाँव छुए। वे देवता की तरह बैठे रहे, न हिले न डुले, कहाँ ऐसे क्षणों में उनका चेहरा स्नेह से छलछला आता था। उस समय मैंने समझा, वे किताब को उलटने-पलटने की ध्यानावस्था में हैं।

मगर उनके सारे क्रियाकलापों में सुस्ती की झलक थी। आज 'कोई देख लेगा' वाला भाव कहीं दूर-दूर तक न था। 'क्या आर्डर दूँ' पूछने पर हल्की फीकी सी मुस्कराहट ही उनका उत्तर थी। मैं चहकना चाहती थी, मगर लगता कि सामने सेंसर है। क्या मेरी नजर बदल गई या सह सम्पादक जी की कोई नाराजगी है? हो सकता है, पहलेवाला मिलने का उत्साह-उल्लास किसी निजी परेशानी से क्षीण हुआ हो। मैं बराबर कृतज्ञता और शिष्यत्व की औपचारिकता निभा रही थी, जैसी कि हम लोगों के बीच शुरुआत में थी और अब तक रही। हाँ, अब कुछ दिन ज्यादा निकल गए, मैं मिल नहीं पाई। इसका कारण यही रहा कि जिसे राजेन्द्र यादव 'आकृतियाँ उकेर लेने की अद्भुत निगाह' कह रहे हैं, वह पाँच सौ-पच्चीस पृष्ठों के लगातार सात ड्राफ्ट करने के बाद अर्जित हुई। इसी में न अपना ध्यान रहा, न सह सम्पादक जी का।

हाँ, खुशी के क्षण, इदन्नमम के साथ पुरानी मुलाकातों की याद फिर से मेरे भीतर ताजा हो गई। मुझे वह दिन शिद्दत से याद आया, जब सह सम्पादक जी के मैंने पहली बार चरण छुए थे, कई दिनों तक लगता रहा था उनका हाथ मेरी पीठ पर है।

साहित्यिक हलकों में 'इदन्नमम' की चर्चा थी। शिखर समीक्षक डॉ. नामवर सिंह पुस्तक पढ़ चुके थे। मैं मिली, बोले–इदन्नमम। –यही मेरा और उनका पहला अभिवादन था।

मुझे नहीं पता था सह सम्पादक जी, 'इदन्नमम' जैसी कृतियों में रुचि नहीं लेते। वे मितभाषी हैं, खुलकर अपना मत जताया भी नहीं। हाँ, इतना कहा कि 'बेतवा बहती रही' मेरा अच्छा उपन्यास है। उसमें नारेबाजी नहीं है।

मैंने अपनी ओर से उन्हें समझाने की बहुत कोशिश की और यह भी जताया कि 'आप ही मुझे साहित्य में प्रवेश दिलानेवाले पहले व्यक्ति हैं', जिसको मैं हमेशा-हमेशा याद रखूँगी और सदा कहूँगी कि आप ही...

मैं उनसे मिलती रही, लेकिन यह भी अहसास होता कि मुझे भी मिलने की न पहली जैसी उत्सुकता है, न मिलने के बाद सन्तुष्टि। सार्वजनिक तौर पर न किसी को हमारे मिलने-जुलने के स्थान पता थे, न बातों के विषय और न अब उसमें आई शिथिलता पर किसी ने गौर किया। दरअसल मेरे सम्बन्ध तूफानी होते भी नहीं हैं, वे आहिस्ता-आहिस्ता तरल की तरह बहते और चुपचाप सूख जाते हैं। हाँ, सूख जाना मुझे तकलीफ ऐसे ही देता रहता है, जैसे किसी दंश को कोई बेआवाज सहे।''

बहरहाल 'इदन्नमम' मेरी पहचान भी बना और खुशी भी। प्रादेशिक और राष्ट्रीय स्तर पर इसे पुरस्कृत किया गया, जगह-जगह। इसमें भी शक नहीं कि मुझे सारी प्रक्रिया अनायास, सीधी और बहुत कुछ आश्चर्यजनक लग रही थी। लोगों को इसके पीछे राजेन्द्र यादव का हाथ (षड्यन्त्र) दिखाई दे रहा था। और अब इस उपन्यास के बारे में सोचा-समझा ध्वस्तीकरण सामने आने लगा।

क्यों न आता, सह सम्पादक जी का शाप फला–

'तुम्हारी जैसी मासूम औरतें साहित्य में आती हैं। हमसे जुड़ती हैं। जब हम उनको रहने के लिए साहित्य का यह मन्दिर देते हैं, वे शुद्धता, पवित्रता और पूजा जैसी महान चीजों से उकताने लगती हैं। तुम भी उनमें से एक हो। जाओ, आगे बढ़ जाओ, उसी राह, जिसके काबिल तुम हो। तुम जाओगी उन सभा-गोष्ठियों (महफिलों) में जहाँ साहित्य कम, शराब ज्यादा होती है। जहाँ साधना कम, शागिर्दी (चापलूसी) के दौर चलते हैं। तुम जाओ, जीवन मूल्य जहाँ मनी और सेक्स है। सारी संवेदना सुरा-सुन्दरी से लिपटी हुई...वहाँ रचनाधर्मी नहीं, माफिया डॉनों से करना मुलाकात रात के अँधेरों में। 'मछुआरे' और 'धीर बहो दोन', महाश्वेता की 'हजार चौरासीवें की माँ' की ओर से कर लो बन्द कपाट और सुनो अट्टहास राजेन्द्र यादवों के/नामवरों की

भेदती नजर तुम्हारी रचनात्मकता को कर डालेगी क्षत-विक्षत...तुम इसी लायक हो। यह मैंने महसूस किया है, औरत आखिर माया, ठगिनी और विष का घट होती है, जिस पर मुँह मारनेवाले जहाँ मिलते हैं, वह उधर ही चल देती है। अब न नसीब हो तुम्हें कभी सोना-रूपा और कनॉट प्लेस के छोटे-छोटे चायघरों के सुरक्षित रैस्टोरेंट। तुम जिन्दगी भर तरसो किसी के मोहक मिलन को और छटपटाओ मीठी प्रतीक्षा करने के लिए। वे दैत्य तुम्हें निकलने नहीं देंगे अपनी हंस गुफा से...'

ये बोल और भाव...आक्रामक। काजल की कोठरी की ओर मेरी यात्रा...

स्नेह और सम्मान...आहत। मेरी श्रद्धा स्वीकार नहीं की सह सम्पादक जी ने, हंस सम्पादक का श्राद्ध कर डाला। मैं ऐसी स्त्री का रूप, जो आत्मनियन्त्रण के सिवा कुछ भी नहीं कर सकती थी। यह भी नहीं कि कहूँ आपके साथ चायघरों में आनेवाली मैं अकेली नहीं थी, कई देखी गई हैं आपके साथ और यह औपचारिकता आपके पौरुष को इतना क्रूर क्यों बना रही है?

इन दिनों—

मेरी समझ में नहीं आ रहा था कि जो मेरी कहानियों को दूसरी पत्रिकाओं में देखकर मेरे मित्र और शुभचिन्तक बने रहे, वे हंस में छपी कहानी और उपन्यास 'इदन्नमम' के बाद ऐसे खफा हुए कि बात करना पसन्द नहीं करते। मेरे चरित्र के इस हिस्से को बदरंग धब्बे की तरह देखते हैं। जबकि मैंने उनके आदर में कोई कमी नहीं की। न किसी प्रकार अपना चरित्र गिराया।

मुझे गॉडमदर बहुत याद आ रही थीं। वे बेचारी पारिवारिक विपत्ति से घिरी मेरी खबर सुध नहीं ले पातीं तो मैं जाऊँगी। फोन करूँगी, अपने आने की सूचना दूँगी। बताऊँगी कि सह सम्पादक जी मुझसे खफा हो गए हैं, अब तो आप खुश! आपको लगता था, मैं कहीं उनके इश्क में फँस गई हूँ। इसी से उबारने के लिए आपने उनको और अन्य स्त्रियों को लेकर तीन-चार किस्से सुनाए थे। सुनाया था कि यौन सम्बन्धों और शारीरिक आकर्षण के अलावा यह आदमी स्त्री के लिए कुछ नहीं सोचता। यही नहीं, इस कार्यालय में और भी ऐसे हैं, जिनसे बचकर रहना चाहिए। और सच, 'कादम्बिनी' के सम्पादक के पास मैं इसलिए ही नहीं गई थी। अच्छा किया या बुरा...

गॉडमदर, मैं आपकी आभारी हूँ, आपने मुझे उस सम्पादक से भी बचाया था, जिसे आपने किसी नवयुवती लेखिका के साथ आपत्तिजनक हालत में...। देखिए गॉडमदर, मैंने आपके निर्देशों, आदेशों और मशविरों को माना, आज बिना किसी ऐसे समझौते के 'इदन्नमम' आपके सामने है।

गॉडमदर ने मुझसे मिलने की इच्छा को एकदम खारिज कर दिया। यहाँ तक कि जो कुछ उनके पास था, वह भी लौटा दिया कि मित्रता का कोई चिह्न न बचे, निशानी न रहे। मैंने अपनी पुस्तक उनको भेजी, प्यार सहित।

यह क्या हुआ? कलंकनुमा मेरी किताब की कोई स्वीकृति नहीं, संवाद बन्द।

मेरे मित्र, सहयोगी, शुभचिन्तक मुझसे एक-एक करके किनारा कर रहे हैं। क्या इसलिए कि अब मैं उतनी झेंपू दब्बू नहीं, जरा सिर उठाकर सामने वाले को देखने लगी हूँ। जिस आत्मविश्वास को मैंने पिछले वर्षों में खो दिया था और पाने की कोशिश में लांछनों से आहत हुई थी, वह अपनी जड़ों में नई कोंपलों के साथ प्रकट हुआ है।

बदलाव है यह।

मेरी किताबों में या मुझ में? 'बेतवा बहती रही' और 'इदन्नमम' का फर्क है यह। पत्नी और रचनाकार का चेहरा जुदा-जुदा लग रहा है। मेरी खीझ भी खत्म हो गई। वैसे भी मैं दुख और शोक या ईर्ष्या अथवा हीनता को ज्यादा लम्बा नहीं खींच पाती। अब मैं जो हो रही थी, वही पहलेवाली, पढ़नेवाली मैत्रेयी उर्फ पुष्पा।

खुशी और आत्मविश्वास मेरे आगे-पीछे, दाएँ-बाएँ था। एक साल के भीतर ही बैंगलोर से शाश्वती संस्था द्वारा नंजनागुडू तिरुमालम्बा पुरस्कार घोषित हो गया, जो पाँच साल में हिन्दी उपन्यास को दिया जाता है और उसके पहले 'फैसला' कहानी को 'कथा पुरस्कार' साथ ही 'चिन्हार' कहानी-संग्रह को हिन्दी अकादमी कृति सम्मान!

लोग कह रहे थे, गॉडमदर सदमे में हैं।

—क्यों?

—आपके कारण! आप उनके लिए अँधेरे की छाया...

—अरे, वे तो मुझे दुर्बल बच्चे की तरह दुलराती-बहलाती रही हैं। निराशा-हताशा से बचाती रही हैं। उनकी उदारता में कोई कमी नहीं देखी थी मैंने।

—उनका उपन्यास...

—उनका उपन्यास बहुत अच्छा है। मैंने पढ़ा है।

—मगर वे आपके उपन्यास के बारे में कह रही हैं कि आपने उनके दूसरे सम्भावित उपन्यास की कहानी चुरा ली है 'इदन्नमम' के लिए।

मैं अवसन्न। खामोश।

—राजेन्द्र जी, मैं क्या सुन रही हूँ? राजेन्द्र यादव और मैं यहाँ रात्रिभोजन पर थे।

—तुम्हें चिढ़ा रहे हैं ये महाशय। गिलास से सिप करने के बाद उन्होंने समझाने की मुद्रा में कहा।

फिर भी मुझे बात तीर की तरह साल गई। गॉडमदर मुझ पर चोरी का इलजाम लगाएँ, यह मैं कैसे सहन करूँ? और बदले में मेरा आदर भाव उन पर प्रहार करने की इजाजत नहीं देता। मैं संस्कारों में कसी हुई...

—चलो, उन्होंने अपना नकाब उतार दिया।

—यार, तुम क्यों भड़काने पर लगे हो? क्या एक ही उपन्यास में तीन पीढ़ियों की कहानी हो सकती है? मैं अभी दस उपन्यास गिना सकता हूँ, जिनमें तीन पीढ़ियों की कथा...राजेन्द्र यादव इस शाम का आनन्द किरकिरा नहीं करना चाहते थे।

—राजेन्द्र जी आप ही बताएँ, मैंने आपको यह कहानी 'नेहबंध' के रूप में दी थी या नहीं? मैं सह सम्पादक जी को साक्षी बना सकती हूँ कि मैंने यह कहानी 'प्रेम कहानी विशेषांक' के लिए तब दी थी, जब तक गॉडमदर से मेरी मुलाकात तक न थी।

—आप कैफियत क्यों देना चाहती हैं? मेजबान ने कहा।

—चुप रहना गुनाह कबूल करना हो जाता है, इस बात को आपसे ज्यादा कौन जानता है। मैंने मेजबान से कहा।

मैं सोच रही थी, गॉडमदर शायद इस भाव से आहत हैं कि चीजें जहाँ पहुँच गई हैं, वहाँ मुझे अब उनकी जरूरत नहीं है। शायद यह बात कहीं मैं भी जानती हूँ कि उनकी समझ, प्रतिभा, क्षमता और योग्यता को मैंने समझने में भूल नहीं की। हो सके तो अब मुझे उनके बारे में सोचना छोड़ देना चाहिए। उनकी खिन्नता मुझसे नहीं, मेरी किताब से है। यदि मैं उसे अपना भ्रम न समझूँ तो बात का असली तत्त्व निकल जाएगा। वे मेरे घर आई थीं, अपने उपन्यास की टंकित पांडुलिपि मैंने ऐसे दिखाई, जैसे कोई बच्चा बढ़िया काम कर डालता, जिसके काबिल खुद को समझता न हो। और करिश्मे की तरह अपने बड़ों को गुरु को दिखाकर शाबाशी पाना चाहता है।

गॉडमदर! मैं उनका मुँह देख रही थी, उत्सुक आशा से।

लेकिन उनकी मुस्कराहट में खिंचा हुआ उत्साह किंचित मुझे निरुत्साहित सा करने लगा। मेरा भ्रम है, मैंने समझा।

मगर गॉडमदर का रवैया बदलता ही गया। वे जब न तब लताड़ने पर आ जातीं। धिक्कार देती हुई कहतीं—कहानी लेकर अखबारों के दफ्तर-दफ्तर फिरती हो...हमें देखो, आज तक किसी अखबार के दफ्तर की सीढ़ियाँ नहीं चढ़े।

उनकी इस बात का उत्तर, तीखा जवाब मेरी जुबान तक आ गया, लेकिन मैंने मर्यादा नहीं लाँघी। गॉडमदर ने इतना तो मेरे लिए किया ही है कि मैं उनके अदव में चुप रहूँ। क्या करूँगी यह कहकर कि आपका रुतवा साहित्य में एक सम्पादकीय विभाग के कारण चल रहा है। मेरा यहाँ कौन है? मैंने स्वाभिमान नहीं खोया, अपनी चाहतों के हाथों इतनी मजबूर नहीं कि शर्मिन्दगी के गर्त में गिरूँ। जो कर रही हूँ, वह मेरी मेहनत, मेरी कोशिश है। यह मेहनत सफल होगी या नहीं, बहरहाल मुझे सार्थक लग रही है।

मैंने यह भी सोचा, क्या गॉडमदर किसी निजीकरण से नाराजगी दिखा रही हैं? मैं उनकी आज्ञा उल्लंघन तो नहीं कर देती? शायद सह सम्पादक जी की तरह सोचने लगी हों कि मैत्रेयी उस लोहे की नहीं बनी, जिसे कोई मोड़ ले। इसे किस खाँचे में डालकर अपनी तरह से ढाला जाए?

उफ् मैंने गद्दारी की है कि वहाँ से छलाँग लगा दी। डॉ. निर्मला जैन ने अपने लेख में लिखा, 'इदन्नमम' पढ़ने के लिए 'बेतवा बहती रही' पढ़ा लगा कि मैत्रेयी ने लम्बी छलाँग लगा दी है।

गॉडमदर, ये साहित्यकार जैसे धर्मवीर भारती, विष्णु प्रभाकर, मन्नू भंडारी, उषा प्रियंवदा, गिरिराज किशोर जो कुछ कह रहे हैं, कहने दीजिए। ये आपको चिढ़ा नहीं रहे। एक नई लेखिका को प्रोत्साहित कर रहे हैं। यकीन मानिए, इस प्रोत्साहन से मैं आगे की रचना भले करूँ, गरूर नहीं करूँगी। आपकी उदारता सदा मेरे साथ रहेगी, जैसे सह सम्पादक जी के लिए मैं ताउम्र कृतज्ञ रहूँगी।

आप यह भी देख रही हैं न कि 'इदन्नमम' को तीसरे और चौथे दर्जे की रचना और 'अधूरी अहीर कथा' कहकर भाई लोग ध्वस्त करने का आनन्द लेने के लिए जी-जान से जुटे हैं।

मेरी जिन्दगी का यह रचनात्मक रूप से दुविधा भरा समय था, सफलता की ओर बढ़ने का हौसला साथ था मगर मेरे मित्र एक-एक करके मुझे छोड़ते चले जा रहे थे।

'मैं डार से बिछुड़ी सी...अकेली...लगता अपनी दशा के लिए मैं ही जिम्मेदार हूँ। अक्सर मुझे शर्मिन्दगी महसूस होती। अपना फैसला लेने से पहले क्या मुझे यह पड़ताल करनी चाहिए थी कि साहित्य में राजनीति की तरह कौन-कौन-सी पार्टियाँ हैं, दल हैं, गुट हैं और इनके प्रमुख किस-किस नाम से जाने जाते हैं। दलों गुटों के ताकतवर लोग नए लेखकों से खेल खेलते हैं। ये हम जैसों पर दाँव लगाते हैं कि जीतते रहें। मैं निश्चित ही अपनी सक्रिय रचनात्मकता के साथ दबकर खत्म हो जाऊँगी। साहित्य का क्षेत्र गुलामी के अड्डों और आपसी कुश्तियों के अखाड़ों से ज्यादा क्या है? मैं चिड़िया की तरह उड़ान के लिए आकाश खोजने आई थी, जगह-जगह पिंजरे रखे हैं। मेरे पंखों का क्या होगा?''

मेरा पिंजड़ा तोड़ने की कोशिश में मन्नू भंडारी।

मेरी छटपटाहट को महसूस करनेवाली मन्नू दी। मुझे निर्भीक करके मकसद की ओर बढ़ातीं। मुझे याद आता है, वह समय, जब मैं लिखने को लेकर हौसला हार बैठी थी और इस स्थिति में मुझे खुद को बचाने के लिए एक जगह ही सूझती—मन्नू

भंडारी का घर। तब, जब राजेन्द्र यादव हंस कार्यालय जा चुके होते थे। तब, जब डॉक्टर साहब अपनी ड्यूटी पर चले गए होते थे। इस सुरक्षित सी स्थिति का लाभ यह होता कि मैं मन्नू दी से खुलकर बात कर पाती।

''क्या हाल हैं, तुम्हारी...(गॉडमदर) के'', वे पूछतीं तो मैं ऊपर से सहज बनने की कोशिश में अपने भीतर उठती हूक को कंठ में भर लेती और बेआवाज निगलती रहती।

यहाँ तक कि गॉडमदर के बारे में बातें करते हुए बात का रुख मोड़ देती। न कुछ कहती न सुनना चाहती कि वे मेरी चीरफाड़ करने पर आमादा हैं। सोचना भी नहीं चाहती थी कि किस किस अखबार में, किस पत्रिका में उन्होंने मुझे लेकर क्या लिखा है। इलजाम तो इलजाम है, असलियत तो नहीं कि मैंने वरिष्ठ और विदुषी लेखिकाओं का हक मारा है, उनकी जगह हड़पकर बैठ गई हूँ और यह सब किया है मैंने राजेन्द्र यादव की कृपा से।

एक कोने से (दिल्ली के पूर्वी कोने से) तेज स्वर उठा—मैत्रेयी पुष्पा अपने उपन्यास के साथ समीक्षकों को मिठाई के डिब्बे देती है, तभी न अच्छी से अच्छी समीक्षा आ रही है। मैं आश्चर्य में पड़ गई, क्या सचमुच, समीक्षक का ईमान मिठाई के डिब्बे के बराबर भी नहीं! इतनी जल्दी डगमगाने वाला समीक्षक कैसे माना जाएगा? हाँ, मैंने मिठाई का डिब्बा किसी किसी को दिया था, दिया था किताब आने की खुशी में और सम्भवतः इसलिए मुख्य रूप से कि मैंने लेखक लेखिकाओं को मिठाई ही नहीं दारू पार्टी की दावत देते देखा था। सोचा था कि लेखक/लेखिकाएँ किसी सम्पादक से गहन आत्मीयता बनाते हुए अपनी पुस्तक की समीक्षा लिखवाकर खुद ही देते हैं, अपनी आँखों से देखा सब कुछ। लेकिन जो मेरे ईमान का बोध था, उसने मुझे ऐसा कभी नहीं करने दिया। या ऐसा करना मुझे संगीन साहित्यिक अपराध लगा। हमारे खरे समीक्षक सुधीश पचौरी, जो मिठाई देखकर बिदक गए थे, उन्होंने ही मुझे अवगत कराया मिठाई उपन्यास के लिए जहर है। और उन्होंने 'अधूरी अहीर कथा' (इदन्नमम) शीर्षक से लिखकर जमकर थूका। मुझे ताज्जुब नहीं हुआ क्योंकि राजेन्द्र यादव की उपन्यास के पहले पन्ने पर भूमिका कड़ुआहट पैदा कर रही थी, मिठाई तो बहाना बनी।

तब अपने पीछे आनेवाली पीढ़ी से क्या कहूँ कि साहित्य के संसार में 'चिन्तनशील' लोग किसी रचनाकार को अपनी रंजिश निकालने के लिए भी मोहरा बना लेते हैं। वे जानते हैं कि एक उपन्यासकार की हैसियत क्या है, इसलिए ही उसे उसकी औकात पर रखना जरूरी समझते हैं। जो भी हुआ अच्छा हुआ, कुछ तुर्रमखाँ समीक्षकों को मैंने नजरंदाज करना शुरू कर दिया था समझिए कि मुझे 'इदन्नमम' ने ही आत्मविश्वास दे दिया। मेरे ख्याल में रचनाकार को ही प्रतिभा के साथ मेहनत,

क्षमता और चौकन्नी नजर की सबसे ज्यादा जरूरत होती है क्योंकि ये ही चीजें उसे किसी समीक्षक/आलोचक, प्रकाशक और सम्पादक की दादागीरी का मोहताज होने से बचाती हुई पाठकों के सामने प्रस्तुत करती हैं। हमें यह बात भूलनी नहीं चाहिए कि आज का पाठक न तो भावुक है न भोला, वह पत्रिकाओं में पुस्तकों की समीक्षा देखकर/पढ़कर किताबों के बारे में सिर्फ अनुमान लगाता है, आखिरी फैसला तो खुद पढ़ने के बाद ही देता है। क्या हमें अपनी पुस्तक के लिए केवल समीक्षक चाहिए? पाठक नहीं?

पाठकों का महत्त्व मुझे तब भी मालूम था, जब इदन्नमम आया और उसी उम्मीद पर मैंने सुधीश पचौरी से कह दिया था—आपकी लिखी समीक्षा से राजेन्द्र यादव सहमत नहीं हुए तो कोई बात नहीं, आप अपनी समीक्षा जनसत्ता में दे दीजिए, नकारात्मक टिप्पणियों से हमें डर क्यों लगेगा? और 'अधूरी अहीर कथा' जनसत्ता में सम्पादकीय पृष्ठ पर ऊपर छपी थी। छपने के बाद हमारा संवाद हुआ, मैंने अपने मन्तव्य में उस समीक्षा से कुछ सीखने की कोशिश का इजहार किया था। क्यों न करती, भारी-भरकम रचना को पढ़ने का जो कष्ट साध्य प्रयत्न समीक्षक करता है, जो समय खर्च करता है, वह यों ही तो नहीं। हाँ, 'सार सार को गहि रहे, थोथा देय उड़ाय' का सिद्धान्त अनुकरणीय है।

मन्नू दी सामने खड़ी थीं, जिन्होंने मुझे पत्र लिखा था उज्जैन से—इदन्नमम पढ़ा। तुम्हारी पीठ थपथपाने का मन करता है।

—मन्नू दी के हाथों का स्पर्श करना चाहती हूँ।

डूबती उतराती मैं....साहित्य का सागर सीपी, शंख, मोती और खूँखार जीव-जन्तुओं से भरा है, हमें इसी में से गुजरकर जाना है। मोहब्बत और नफरत का यहाँ ब्यौरेवार बँटवारा नहीं हो सकता क्योंकि यह जमीन किसी एक की बपौती नहीं न इसके कानूनी हिस्सेदार। यहाँ कोई इतना बड़ा भी नहीं, जो पलक झपकते नए लोगों के पाँव उखाड़ दें। लिखनेवाले की कलम यथा सम्भव अपनी हदें सँभाल लेती है।

साहित्य का रणक्षेत्र या मेरे घर की बाड़ें!

अपनी ही छत के नीचे अपने ही माने जाने वाले घर में क्या मैं कम जख्मी हुई. ..दोनों कंधे छिल रहे थे, बाँहें भी टूटने लगीं। किससे कहूँ? किसे बताऊँ? बेटियाँ भी नहीं समझ पाएँगी कि माँ के लिए लेखिका के रूप में साहित्य का लोकतंत्र कितना सामंतवादी है और घर में पिता का पति रूप दिन पर दिन संस्कारों से ऐसा ग्रस्त हुआ जाता है कि पुरुष वर्चस्व के वे कठोर सेनापति अपने अनुशासन में प्रतिबद्ध...

बाहरी क्षेत्र में निकलने वाली पत्नी गद्दार सिपाही सी विवाहेतर सम्बन्ध की पक्षधर, उसके लिए सजा क्या हो? उनकी आँखों में अब पलक झपकते ही नाखूने

खड़े हो जाते। मैत्रेयी पुष्पा बनी श्रीमती आर. सी. शर्मा का सुख कहाँ...शान्ति गुम। ढूँढ़ा करो प्यार भरे फूलों को छूकर आने वाली हवा के झकोरे, जिनमें अमेरिकन शिफॉन की बारीक शोखरंग साड़ी लहराया करती थी कि कमनीय नारि ही बल खाती चलती। कानों के सुनहरे जालीदार झुमके हिलते हुए लशकारे मारते। चलती पति की बराबरी पर रह जाती पीछे-पीछे। होठों की लाली पर छोटी-सी मुस्कराहट थिरकती—वह डिनर पार्टी में जा रही है।

"कहाँ बैठूँ?"

"उस बेंच पर।"

बच्चे जैसी भोली आँखों से देखे हुए खानसामाओं, बेयराओं की लज्जतें? शामियाने या शानदार होटलों की सजावटें साथिन हो जातीं। पति थे डी. जी. और सैक्रेटरी जैसे ओहदेदारों से संवाद करते हुए, मिनिस्टर से हाथ मिलाने वाले, कोमल मन की स्त्री गौरव से भर जाती। फिर चौकन्नी नजर कि कब प्लेट उठाकर खाना लेने का इशारा आ टकराए और पति दोबारा व्यस्त हो जाएँ। संकेतों की ताबेदारी, इशारों पर चली आने वाली घर तक का सफर चुपचाप कर आतीं। इसके बाद मधु से मधुर मधुयामिनी...रेशमी साड़ी में रेशमी वदन, रूप चन्द्रमा, चलन गंगाजल....कहाँ गुम हुई जाती है पवित्र नारी? लिखने के कारण सारी कोमलता का खात्मा हुआ...। और मन्नू दी कहती हैं—

"अरे! मैत्रेयी! लिखती रहो, लिखकर ही एक दिन खुद को प्रूव कर दोगी कि डॉक्टर साहब भी मान जाएँगे, उनकी पत्नी असल में क्या थी।"

लिखना! मन्नू दी वही कह रही हैं, जो मुझे बरबाद किए दे रहा है! मैं खुद को प्रूव कर दूँगी लिखकर...कि बदला ले रही हूँ पति के शासन से? कहानी-उपन्यासों के जरिए पुरुष सत्ता को चुनौती देती हूँ...ये मैंने कैसे हथियार थाम लिए कि पति बात-बात पर आहत घायल हो जाए...

नहीं जाऊँगी 103, हौजखास अपार्टमेंट, यहाँ राजेन्द्र यादव और मन्नू भंडारी रहते हैं। एक लिखो लिखो का कीर्तन करता है तो दूसरी 'लिखने' को ही जिन्दगी को प्रमाणित करने का मकसद मान बैठी है। यहाँ कलम-कागज और इंसानी जीवन का शामिल खाता है। यहाँ वही आए, जिसने लोकाचार और परम्परागत मान्यता को ताक पर रख दिया हो। मुझमें निश्चित ही अपने घर घोंसले को फूँकने की ताकत नहीं...मेरी रचनात्मकता के प्रति जबरदस्त चाहत पैदा हुई, लेकिन उसको बनाए रखना भारी पड़ेगा, मैं जान गई हूँ। अपनी दृढ़ता पर विश्वास उसी दिन कमजोर पड़ गया था, जिस दिन विवाह का कठघरा अपने हाथों रचा, नहीं तो इस सोने के पिंजड़े में बीहड़ जिन्दगी की आजाद तकलीफों को पूरी भावनाओं के साथ क्यों याद करती रहती? बरजोर इच्छाओं की लम्बी श्रृंखला खींचतान क्यों मचाती?

मैं डूबती अवस्था में...

मन्नू दी मन को पढ़नेवाली, ज्ञाता, जानकार...बात पलट दी उन्होंने। भारी क्षण गुजरते देख, हल्का सा माहौल कर दिया, यह कहकर–

"मैत्रेयी, अच्छा अब यह बताओ, यहाँ (साहित्य में) कोई तुम्हें चाय पिलाने नहीं ले गया?"

"ऐंऽऽ!" मैंने उनकी ओर आश्चर्य से देखा, और फिर लजा गई। उसके बाद जैसे मैं रोते-रोते हँस पड़ी हूँ।

"अरे! बताओ न।"

नजरें झुका लीं मैंने। याद आई वह भूमिका जो मन्नू दी ने 'आपका बंटी' में लिखी है।

"आप बांकुरा में चाय पीने गई थीं न मन्नू दी? किसके साथ?"

"मोहन राकेश के साथ।" कहकर वे हँसीं। मैं लाल गुलाल होती हुई। हम दोनों दो स्त्रियाँ, न कोई बड़ी न छोटी, दिल से दिल तक पहुँच रहे हैं।

"सच्ची-सच्ची बताऊँ मन्नू दी? किसके साथ...बताऊँ...? मैं...लेकिन मन्नू दी, मोहन राकेश तो अब स्वर्गीय हैं। मैं जिनका नाम लूँगी, वे तो बाकायदा जिन्दा हैं। बात खुलेगी, बुरा मानेंगे।"

"साहित्य में लोग ऐसा बुरा नहीं मानते, जैसा तुम समझ रही हो। फिर चाय पर न्योंतना..." कहकर वे हँसने की हद तक मुस्करा पड़ीं।

मैंने सह सम्पादक जी का नाम लिया। वे हँस पड़ीं। मैंने कथा-साहित्य में काम करनेवाले एक पहाड़ी व्यक्ति का नाम लिया। वे अब की बार बोलीं–"तुम्हें चाय के लिए हँसी-मजाक के लिए न्योंतने वाले..."

"मन्नू दी, एक पहाड़ी और बताती हूँ।" कहकर मैं अचानक चुप हो गई। उनको इस तरह चित्रित करना...नहीं नहीं।

"बताओ और कौन?"

"मन्नू दी, मैं पानी पिऊँगी।"

थोड़ी सी आशिकी करनेवाले बड़े से साहित्यकार के साथ जैसी सद्भावना आज बरत रही थी, मैंने उनके साथ कभी प्रदर्शित नहीं की। और आज जब मैं यह किताब लिख रही हूँ, वे इस संसार में नहीं हैं। यकायक वे इस दुनिया से उठ जाएँगे, मैं कहाँ जानती थी? वे ऐसे अचानक भी नहीं गए, मगर हममें से कितने ऐसे साहित्यकार साथी हैं, जो एक-दूसरे की खोज-खबर जल्दी-जल्दी लेते हैं? वे कहते थे–मैं किसी के काम का नहीं।

हाँ, मनोहर श्याम जोशी मुझे बिना काम के ही फोन करते थे। फोन पर विनोद भरी बातें, जिनमें 'साहित्य में लोक' का ज्यादा से ज्यादा ब्यौरा। और हँसते हँसाते

बड़े सहज सरल भाव से कह देना—तुम मुझे इसलिए ही अच्छी लगती हो क्योंकि तुम्हें देखकर मेरा कस्बाई भाव जाग जाता है।

—अरे, आपको मैं गँवार लगती हूँ?

—बिलकुल, जिस तरह की बालाएँ मुझे पसन्द हैं...

—ओफ्फो! आप भी...

—तुम्हारा लेखन और तुम्हारे होठ...

—आप सचमुच भाषा के खिलाड़ी हैं। लेखन और होठों का क्या तालमेल?

—अच्छा, इसमें आँखें भी मिला लो, जो हंस की एक गोष्ठी में मुझसे लड़ गई थीं।

मैं जोर से हँसती हूँ।

"किससे बातें कर रही हो?" पति आ जाते हैं।

"एक सैकेंड होल्ड करिए आप।"

"अरे भई तुम्हारी हँसी को लकवा क्यों मार गया?" डॉक्टर साहब़ कहते हैं।

मैं चुप। शायद मेरी सूरत पर गुनाह सा उतर आया है और जोशी जी, उधर फोन होल्ड किए हैं, चिन्ता भी आँखों में घिर आई है।

"मैं बाद में बात करूँगी।" कह देती जैसे पता था, वे बुरा नहीं मानेंगे। मगर फोन जारी रहा तो पति खफा हो जाएँगे। खुद से पूछती—क्यों खफा हो जाएँगे? इसलिए कि मैं यदि किसी पुरुष से बात करते हुए हँसूँ तो वह पुरुष पति ही हो।

मनोहर श्याम जोशी, न सार्वजनिक जगह पर आँखें चुराने का छद्म, न अपनी बात से मुकर जाने की भंगिमा।

और एक दिन—

"लो, यह सँभालकर रखो।" कहकर एक पर्ची मेरी ओर बढ़ा दी।

पर्ची मैंने पढ़ी।

सप्ताह के तीन दिनों के नाम और समय दोपहर से पहले का।

"ये खास दिन किसलिए?"

"तब मैं घर में अकेला होता हूँ।"

मैं सकते में आ गई—"क्या मतलब?"

"अरे यार, बोर होता हूँ।"

मैं थी कि उनके घर गई, जाती रही, मगर उनके लिखे उन तीन दिनों को और दोपहर से पहले के समय को बचाकर। यानी जब वे अकेले नहीं होते थे। "तुम बहुत शरारती और दगाबाज हो," कहकर रह जाते। मैं खूब हँसती। अपनी विजयनी मुद्रा में चाय पीती।

मनोहर श्याम जोशी! पता नहीं, स्त्रियों के साथ उनका यही रिश्ता रहा या यह उनके व्यक्तित्व का हिस्सा था? वे सत्पुरुष होना ही नहीं चाहते थे।

याद आता है, वह दिन...मन्नू दी से उस दिन की कहानी कहूँ? क्या वे इस बात को सच मानेंगी? या मुझे ही कठघरे में खड़ी करेंगी?

त्रिवेणी सभागार में गोष्ठी का समायोजन था, मनोहर श्याम जोशी वहाँ वक्ता थे। मगर वे आ बैठे पहली कतार में मेरे पास वाली सीट पर।

गोष्ठी बोर करनेवाली थी। मैंने उठने का मन बना लिया। पर्स उठाया ही था कि वे बोले—"बैठो अभी, मैं तुम्हारे साथ चलूँगा।"

"कहाँ?"

"मेरा तुम्हारा रास्ता एक है, आगे बढ़ जाऊँगा अपने घर साकेत।"

मैं ज्यों की त्यों बैठी रह गई। और वे बोले—"बाथरूम तक जा रहा हूँ, इस सीट को खाली रखे रहना।"

वे उठकर गए, आगे बढ़े। मैंने उठकर अपना रास्ता लिया—अब आपको एक नहीं दो सीटें खाली मिलेंगी जोशी साहब।

पार्किंग में अपनी गाड़ी खोज रही थी कि दूर से आवाज आई—"मैत्रेयी।" मेरा ध्यान गया। जोशी जी हाथ उठाए लपकते कदमों से चले आ रहे थे। पास आ गए, कहने लगे—"अरे यार, तुम बड़ी वादा-खिलाफ हो। मुझे छोड़कर जा रही हो।"

"आपको तो मंच से बोलना है।"

"मारो गोली बोलने को। तुम्हारे साथ बैठकर चलते हैं।"

अफ्फो...के भाव से मैंने देखा, वे खुलकर मुस्कराए। हम गाड़ी में पिछली सीट पर बैठे। मुझे दबी आवाज में स्पर्श का महत्त्व समझाते रहे और मैं तनाव में डूबी खुद को बचाती रही। बोले—"तुम्हारे घर चलें तो?"

हे भगवान्! मेरी मुद्रा कुछ इस तरह हुई।

रास्ता छोटा तो नहीं था, मुझे घबराहट के मारे अपनी खेरापतिन दादी की गाई 'कलारिन' याद आई, जिसको बटोही ने पनघट पर घेर लिया था। दादी कलारिन वाला गीत गाकर-गवाकर औरतों को मर्दों की बेशर्मी को चकमा देने की कला सिखा देती थी।

अरी कलारिन चन्दा चाँदनी रैन प्यारी
जात कलारिन पानी नीकरीऽऽ जी...
अरी कलारिन गैल बटोहीरा जाय प्यारी
पानी तो पिलाओ अपने हाथ से जी...
अरे कुँवर जी मेरौ तो लगनौ नीर प्यारे
पीवत ही ही मर जाओ जी...

अरी कलारिन जो तैरो लगनों नीर प्यारी,
घर के साहिब कैसे जीवते जी...

(कलारिन (शराब बेचनेवाली स्त्री), चन्द्रमा की चाँदनी में अपने हाथ से मद पिला। ओ कुँवर जी, मेरे हाथ का पानी बहुत लगनेवाला है, पीते ही प्राणपखेरू उड़ जाएँगे। ओ कलारिन जो तेरे हाथ का नीर लगनेवाला है तो तेरे साहिब (पति) कैसे जिन्दा हैं? कुँवर जी, वे तो चतुर सुजान हैं, काले सर्प का विष उतार सकते हैं। और कलारिन हम भी कम चतुर सुजान नहीं...) कहकर मुस्कराते हैं कुँवर जी।

मेरे साथ-साथ चलकर आए मनोहर श्याम जोशी की लगभग यही अदा थी। मैंने दरवाजे पर लगी घंटी बजाई, धड़कते दिल से और मेरे साहब सामने थे। साँस लगभग अटक गई मेरी...

मगर बटोही चतुर सुजान, सातों कलाओं में दक्ष, हमारे साहब पर ही मोहन मन्त्र फेंक मारा। फिर क्या था आवागमन, खातिरदारी का दौर शुरू हो गया। मनोहर श्याम जोशी आँखों से मुस्कराते रहे। दोस्ती हुई पक्की, मेरे पति से या मुझसे?

मन्नू दी आज कैसे बताऊँ सब कुछ और कैसे भुलाऊँ उस बाजीगर को...लिखते समय वे आसपास तो क्या, इस लोक में नहीं...

मन्नू दी चाय नाश्ता ले आईं। मैंने तो केवल पानी माँगा था।

और फिर।

''गोष्ठी में चलोगी तुम?'' मन्नू दी का पूछना या साथ ले जाने का इसरार!

नहीं कहा कि मेरे पति दिन डूबते ही घर आ जाते हैं, मुझे वहाँ न पाकर बहुत बेचैन हो जाएँगे। घबराकर इधर-उधर पता लगाएँगे।

कहा केवल यह—''मन्नू दी, मेरे पास गोष्ठी का कार्ड नहीं है।''

वे हँसने लगीं और बोलीं—''गोष्ठी का कार्ड जरूरी नहीं, हम सिनेमा थोड़े ही जा रहे हैं।''

आगे न जाने क्या सोचकर कहा, ''तुम मेरे साथ चलो।''

मन्नू भंडारी, एक विख्यात लेखिका, उनकी भूमिका को मैं कैसे भुला सकती हूँ। मुझे अपने साथ सभा गोष्ठियों में ले जातीं और फिर वापिस आने पर मेरे घर छोड़ती। छोड़ने घर के भीतर तक आतीं। हँसकर डॉ. साहब से कहतीं—मैं आपकी मैत्रेयी को वापिस ले आई।

मेरी जिन्दगी के ये लम्हे, मैं उपन्यास लिखने में प्रवृत्त हुई तो ये लम्हे मन्नू दी के ऐसे रचनात्मक योगदान से जन्मे थे, जैसे उन्होंने किसी रचनाकार को रचने के लिए संकल्प उठाया हो। वे हमारे घर आतीं और दिनभर वहीं बितातीं। मेरे साथ क्या मिलता था उन्हें? मैं किस लायक थी? बस, इसी लायक कि मैं उनकी साड़ी की

तारीफ करूँ। और फिर अपनी ही इच्छा पर शरमाऊँ क्यों कि मन्नू दी ने वह साड़ी पैकेट में बन्द करके मेरे लिए भेज दी। मैं शायद अनजाने ही यह समझ रही थी कि उनकी साड़ी पहनकर उनका सा लिखनेवाला असर भी मुझमें आ जाएगा। कैसा सपना था वह!

और एक दिन मन्नू दी ने मेरा हाथ देखा, लकीरें ध्यान से पढ़ने लगीं। उन्हें कितनी ज्योतिष विद्या आती है, कौन जाने, मगर कह रही थीं—'मैत्रेयी, तुम्हारे हाथ में यश बहुत है। खूब नाम होगा।''

मैंने सोचा वे मुझे उस बच्चे की तरह बहला रही हैं, जो घर से मुकाबले के लिए भगा दिया गया है और वह मुकाबले में जाने से बहुत घबरा रहा है।

क्या सचमुच ऐसा हो सकता है, जैसा मन्नू दी कह रही हैं?

पति संग जागी सुन्दरी

मन में गाँव घूमता है। 'इदन्नमम' लिखा, अब फिर गाँव! बुन्देली भाषा को यों तो खड़ी बोली के साथ प्रयोग करके अपनी निजी भाषा बनाई थी, लेकिन क्या वह पाठकों के लिए भी उपयुक्त भाषा थी? मन्नू भंडारी, उन्होंने अपनी चिट्ठी में लिखा था—पहले पचास पन्ने धीमी गति से पढ़ पाई, उसके बाद ही उपन्यास की भाषा के साथ सहजता से आगे चली। फिर तो पुस्तक में मन ऐसा रमा कि पूरा उपन्यास खत्म करके ही दम लिया।

और मैं अब 'जिन्दगीनामा' (कृष्णा सोबती) पढ़ रही हूँ। भाषा की मुश्किल आ रही है, अटकती हूँ, शब्द अपने अर्थ में खुल नहीं पाते। फिर दूसरी बार पढ़ती हूँ, पहले से ज्यादा भाषा के साथ-साथ चलने लगी। तीसरी बार सहज हो गई, अब कठिनाई नहीं। आनन्द आया। शब्दों से बने चित्रों को अपनी आँखों देखा, एक संसार, गँवई संस्कृति की सजीव तस्वीरें! मैं पढ़ने के बाद सोचते हुए पुलकित हुई। अपना गाँव याद आया। संस्कृति में रचा-बसा वर्ष, महीने और दिन गाँव के घरों गलियों और बाहर खेतों से गुजरने लगे। मैं जैसे एक मासूम बच्चा, धरती पर उतरती लय के प्रभाव से कभी मुस्कराती हूँ, कभी लोरी के अभाव में रोती हूँ। गूँज जैसे जिंदगी में जरूरी हो, उसे सुने बिना शिशु को चैन न आता हो। सपने भी कैसे देखे, नींद के बिना?

लय में घुले शब्द...मैंने गीतों को कथा का आधार बनाया।

हमारे गाँव की खेरापतिन दादी का तेवर अपना ही है, वह सिर्फ करुणा की ही नहीं, प्रतिरोधी स्वर भरे गीतों की लोक गायिका है। मुझे याद आए वे गीत, जिनके मर्म चली आ रही रस्म-रिवाओं में नहीं, अब बदलाव के तेवरों में खुलने लगे तो मन के मौसम बदल गए। गँवई शब्द-यात्रा में अनजाने पहलू सामने आए। मैं स्तब्ध...मगर ईमानदारी से चिपकी हुई।

मुझे क्या पता था कि हमारी खेरापतिन दादी में ऐसी भावात्मक और कलात्मक क्षमता है कि सादा ग्रामीण बोली बानी की लयबद्ध पंक्तियाँ बड़े से बड़े अवसाद का संसार रच देती हैं तो छोटे-छोटे वाक्यों से बड़े-बड़े अर्थ खोल देती हैं। क्या मैं इन गीत कथाओं के साथ अपनी पुस्तक में न्याय कर पाऊँगी?

न्याय नहीं कर पाऊँगी तो क्यों लिखती हूँ? अपने जीवन को झुठलाने के लिए? नहीं, मैं लिखने के लिए नहीं, शायद जीने के लिए लिखने लगी हूँ। तब फिर जो लिखूँगी, सच ही लिखूँगी, बेशक जिसे देखकर खुद ही सन्न रह जाऊँ। और सजा भी मिले। सजा इसलिए मिलेगी क्योंकि औरतों की ऐसी छवि बनेगी कि पुरुषों की इज्जत को खतरे...परिवारों के खम्भे हिल उठेंगे, उफ्!

यह सकारात्मक पक्ष होगा? सम्भवतः नहीं। मैं स्त्रियों की जिन्दगी में गुंथी कथा के बारे में सोचती...लेखक का पात्रों के साथ ऐसा सम्बन्ध! कलावती चाची का बेटा रिसाल, मास्टर लालसिंह (चाक के थानसिंह) और प्रधान कुन्दनसिंह (चाक के फत्तेसिंह) से आतंकित हो उठती हूँ, तभी घबराकर भँवर और गजाधर बाबा की ओर से आपसदारी का सूत्र जुड़ता है, श्रीधर से आत्मीयता होती है...ये सब नाते-रिश्ते अपने मन के ठाट-बाट...आखिर क्या चाहती हूँ मैं? कुछ नहीं, सिर्फ अपनी आजादी के आदिमगीत सा कथानक। यह सारा कुछ गलत होगा, मैं जान रही थी, मगर मान नहीं पा रही थी कि गलत कर रही हूँ क्योंकि मेरे पात्र थोपी गई नैतिक शर्तों को मानने से इनकार कर रहे हैं। 'नाम बदलना होगा तुम्हारा' मैंने पूछा तो उत्तर आया 'नाम बदलने से चरित्र नहीं बदल जाते और आदमी नाम से नहीं, चरित्र से तुरन्त पहचान में आ जाता है।

तीसरी कक्षा में 'आओ हमसब झूला झूलें/पेंग बढ़ाकर नभ को छू लें' जैसी कविता से जुड़कर मैंने अपने बारे में यही जाना कि धरती पर खड़े होकर आकाश को छूना चाहती हूँ। अब वह दिन दूर नहीं कि गाँव में मेरी माँ के दुश्मन सक्रिय हो जाएँ, हर सच्चाई को झूठी साबित करें, ताकि मेरी लिखावट झूठी पड़ जाए। उन सबकी इज्जत बनी रहे, जो सरेआम औरतों की इज्जत उतारते हैं।

'किताब जला डालेंगे लोग।' मैंने कहा तो सारंग हँस पड़ी। खेरापतिन दादी बोली—चल रहने दे। मेरी घबराहट का चरम कि मैं साँवली पड़ गई...कहाँ अपनी उज्ज्वल छवि पर आत्मगौरव से छलक रही थी। लेखक के साथ पात्र का सम्बन्ध रचना-प्रक्रिया में ऋणात्मक/गुणात्मक नतीजे पैदा कर सकता है।

गीत-कथाएँ बोझिल लगने लगीं। धड़कन पर दबाव बढ़ने लगा और मेरा दम घुटने लगा।

कशमश थी, ये गीत कथाएँ तो कब कब से चली आ रही हैं। गलियों और रास्तों पर आवारा घूमती हुई, इनके हौसले पर सारा गाँव चुप्पी मारे रहता है। यह दीगर बात है कि इन्हीं गीत-कथाओं को बेआवाज रौंदता-खूँदता आगे बढ़ता रहता है। मैं देखती हूँ, फिर चुप क्यों बनी रहती हूँ? अपनी जिन्दगी की कहानी औरत की जिन्दगी से हटकर नहीं लिखना चाहती न? सच में हम जिस तरह जीते हुए दिखते हैं, ऐसे ही जीते भी हैं क्या?

उफ् मैं भी...गीत गुनगुनाते ही आँखें चढ़ने लगती हैं। चुप्पी मुखर होना चाहती है। जिसे औरत का स्वर्ग कहा गया है, मैं उसी से बेजार...मैं तुम्हारी हूँ, तुम्हारी...कहते-कहते मैं छूटने को छटपटाती हूँ। अब मैं इन गीतों को अपनी भाषा में ढालूँगी। नायिका के अकुंठ सेक्स और तेजस्विता को मिलाकर जो स्त्री बनेगी, साहित्य के पन्नों पर अवतरित होगी। अब तक अनपुस्थित रहे पात्र अपनी अनुपस्थित भाषा को लेकर प्रस्तुत होंगे।

भाषा! अलंकृत और प्रांजल भाषा ही मान पाती है, मेरे पात्रों को भाषा के साथ ही किनारे कर दिया जाएगा। मुहावरे और लोकोक्तियाँ माना कि गूढ़ से गूढ़ अर्थ छिपाए रहते हैं, मगर उनका उच्चारण? वैसे भी हमारी बूढ़ी खेरापतिन की गीत-कथाओं के तथ्य खतरनाक हैं। चंदना कथा के अन्त को कौन पलटना चाहेगा? बदकार औरत का बध करना शास्त्रों में पुण्य-लाभ का जरिया है।

फिर भी मैं श्रीराम सेंटर गई। 'गुड़िया' संस्था द्वारा आयोजित वेश्याओं और बेड़िनियों के नृत्य और गीतों ने मुझे खींच लिया। बदनाम बस्तियों की बदकार औरतें, उनसे मिलने की गुनाहगार मैं, पति के सामने नहीं पड़ी। पड़ती भी कैसे...कार्यक्रम से लौटी तो मन में सारंग और कलावती चाची, कदमबाई और अल्मा नाचती आईं। ढोलक की ताल और पाँवों में पेंजनियाँ!

मोरी चन्दा चकोर
काजल लगाकें आ गई भोरई भोर।
मोरी चन्दा चकोर
छतिया पै तोता, करिहा पै मोर।

सारंग नैनी! कलावती चाची...कदमबाई और अल्मा...गाँव के लोगों ने कितनी बार टोका है। साहित्य में भी कई नई हिदायतें मिली हैं—'मैत्रेयी जी, लोक परम्परा को मत छेड़ो। इसको अपनी तरह से मोड़ने की कोशिश मत करो। अपनी राय, तर्क और सुझाव नीति अपने पास रखो। गीत अपने प्राचीनतम रूप और खुलनेवाले मान्यता प्राप्त अर्थों में बँधे ही अच्छे लगते हैं। रीति-रिवाज इसी तरह कायम रहते हैं। बदलाव करने के बहाने दखल मत दो, गीतों का नाश हो जाएगा। खेरापतिन बूढ़ी तो अब पका आम है, आज नहीं तो कल टपक जाएगी सनकी झक्की औरत।'

'मैत्रेयी पुष्पा, तुम अब ऐसी किताब लिखने की जुर्रत न करना कि भारतीय समाज की शुद्ध पवित्र और महान परम्परा को बट्टा लगे।' मैं ही मुझसे कह रही थी। खुद ही खुद को खबरदार कर रही थी।

याद दिला रही थी 'इदन्नमम' लिखने का हश्र।

खिल्ली में जिस यादव परिवार ने मेरा पालन-पोषण किया, मुझे एम.ए. तक बुन्देलखंड कॉलेज झाँसी में अपने बेटों के साथ रखकर पढ़ाया, वही चिमनसिंह यादव का परिवार आज अपनी दत्तक बेटी से पूछ रहा था, बदनामी कितनी हुई किताब से, तुम्हें पता है बिटिया?

बदनामी? हाँ, जुझारपुरा (इदन्नमम की नायिका मन्दा का गाँव सोनपुरा) के घर-घर में किताब पहुँच गई है। परसराम प्रिंसीपल साहब (एरच इंटर कॉलेज) कह रहे थे, खिल्ली वाले चिमनसिंह के परिवारी कितने गुंडे-बदमाश हैं, सब तो किताब में लिखा है और किसी ने नहीं इनकी पुष्पा बिटिया ने लिखा है।

मैं नहीं पूछ पाई कि परसराम यादव अपने नजदीकी रिश्तेदार ऐसा क्यों कह रहे हैं? सार्वजनिक रूप से प्रचार क्यों कर रहे हैं? मैं नहीं पूछ पाई कि मेरे घर के लोग ऐसी हालत में क्योंकर आए?

मैं सब कुछ जानती थी। स्टेशन पर शताब्दी से उतरी थी तभी साहबसिंह भइया ने कान में बता दिया था, पुष्पा बहन जी, बबलू ने गजब कर डाला। जुझारपुरा वाली लड़की को भगा ले गया। अब आप गाँव मत चलो बुद्धसिंह ने ओरछा के शीशमहल होटल में इन्तजाम कर दिया है।

"बबलू कहाँ गया?"

"मथुरा चला गया। बड़े दरोगा जी के घर। वह लड़की भी साथ है। पहले टीकमगढ़ में था, मगर वहाँ के लोगों को शक हो गया था।"

"बाबू भइया (बड़े दरोगाजी) उसे छिपाए रहेंगे?"

"हाँ, एक महीना लगेगा कोर्ट मैरिज में।"

"हमें क्यों ले जा रहे हो ओरछा?"

"मोंठ थाने पर लड़कीवालों ने आपकी नामजद रिपोर्ट की है।"

"रिपोर्ट? किसलिए?"

"जुझारपुरा वालों को शक है कि बबलू लड़की लेकर आपके पास दिल्ली पहुँचा है। अफवाह तो यह भी है कि आपने ही उसे लड़की भगाने के लिए उकसाया है। 'इदन्नमम' किताब में तमाम अंट चमंट बातें लिखी हैं न आपने। ऊपर से किताब छपने के बाद मन्दा खुद को नेता मानने लगी है।"

मैं अवसन्न सी देखती हूँ।

"आप जब जुझारपुरा किताब लिखने के लिए गई थीं, तब वो लड़की मिली थी न आपको? आपके लिए चाय लाई थी न? बस, यहीं से जुड़ गया आपके साथ मामला।"

साहब सिंह, बबलू के पिता, मेरे हमउम्र भाई, हर हालत में मुझे बचाने की युक्तियाँ सोच रहे थे। होटल ही सुरक्षित जगह थी।

होटल में एकान्त के सिवा कुछ नहीं। मैं तरह-तरह से सोचती रही, कैसे हैं मेरे यादव बन्धु...लड़की-लड़का हमउम्र हैं, एक जाति हैं, योग्यता में क्रमशः बी.ए. और बी.कॉम हैं, फिर भी एक-दूसरे के साथ भाग जाने की जरूरत पड़ी बबलू और मुनिया को। विवाह क्यों नहीं हो सका?

उत्तर आता—बस नाक-मूँछ का सवाल। लड़की की पसन्द पिता और काका, ताऊओं की पसन्द से बाजी नहीं मार सकती। उन दोनों का फैसला परिवार के फैसले से ऊपर नहीं। पढ़े-लिखे लड़के-लड़की पर हजारों साल पुरानी मर्यादा (रूढ़ि) का बोझ न लदे, तब तक परिवार का संस्कार क्या?

मन्दा लड़की को भगाने में सहायक हुई है, इसलिए उसे सजा मिली। उसका घर फोड़ डाला, खेतों में आग लगा दी (मार्च में पकी खड़ी फसल जल गई), उसका अपहरण हो गया।

होटल था या मेरी जेल...मैं वहाँ कैसे रहूँ? हद है जुझारपुरा वालों की मन्दा हो या मुनिया, जिसने अपनी इच्छा जताई कुचलने के लिए तैयार हो गए। मेरे घरवाले भी मुनिया की पक्षदारी में उसे नहीं बचा रहे, जुझारपुरा वालों को दिखा रहे हैं कि खिल्ली वाले कैसे सूरमा हैं।

और मैं अपराधिनी...खिल्ली से आसाराम बसोर साधुवेश में आया था दादा का सन्देश देने के लिए एक-दो दिन में कुछ न कुछ हुआ जाता है। गाँव में पी.ए.सी. लगी है क्योंकि जुझारपुरा वाले राइफलें और पिस्तौल लेकर खिल्ली आ गए थे। आसाराम मुझे धिक्कार रहा था, आपके कारण ही मुनिया भगी और आपके कारण ही मन्दा का अपहरन हुआ। किताब ने अच्छी करामात दिखाई बेचो।

अब मैं अपनी जान बचाकर यहाँ कैसे छिपी रहूँ? बुद्ध सिंह से कहा—मुझे जुझारपुरा ले चलो। दिल्ली लौटने वाली टिकिट वापिस कर दो।

लेकिन यहाँ कोई राजी नहीं कि मैं रुकूँ। खिल्ली में दोनों पार्टियों में जमकर मुठभेड़ हुई है, मुझे लौट ही जाना चाहिए दिल्ली।

गुलाबसिंह, बुद्धसिंह से बड़े भाई, उम्र लगभग चालीस वर्ष, जीप लेकर होटल के ग्राउंड में आ गए और मेरे साथ जुझारपुरा चलने के लिए तैयार हो गए। बुद्धसिंह हमें ऐसे देख रहे थे, जैसे हमें मौत बुला रही हो।

एक रायफल, एक पिस्तौल, एक कट्टा, इन हथियारों के साथ चलने की हमें बचपन से ही आदत है। पूरी और अचार के साथ पानी की कट्टिया रखना भी हम लोग नहीं भूलते। बीहड़ों के रास्ते इसी तैयारी के साथ तय किए जाते हैं।

ओरछा की शीशमहल से चले तो अच्छा खासा उजाला था। चिरगाँव और मोंठ तक आते-आते दिन डूबने लगा।

मोंठ का बाजार आ गया।

हमारी जीप बीच बाजार में रोक दी। मैंने सामने देखा चार-पाँच नौजवान आगे अपनी-अपनी पिस्तौल ताने खड़े हैं। मैंने स्टीयरिंग थामे बैठे गुलाब को देखा। वे बोले, "बहनजी, दाएँ-बाएँ भी..."

ओह! चक्रब्यूह का सा घेरा नए से नए मारक हथियार।

"गुलाब, ये हटेंगे अब कैसे?" मैं व्यग्रता की मारी पूछती हूँ।

"हटाने काये को हैं। खड़े हैं हम भी मजे में।"

"मजे में?"

"और का।"

"मैं उतरती हूँ, यहाँ दीपक होंगे। ऊपर का घर उनका ही तो है। नेता बने फिरते हैं, अब देख लें कि उनकी नेतागीरी में..."

मैं जीप से उतरकर पिस्तौल वाले लड़के से कहती हूँ, ऊपर से दीपक को बुला दो। कहो, पुष्पा बहन जी..."

कितनी देर हो गई उफ्! कोई नहीं आया। मुझे एक-एक क्षण एक-एक घंटे सा लग रहा था। हथियारबन्द नौजवान मेरी ओर निशाना साधे हुए।

"विधायक जी भी ऊपर हैं।" किसी ने कहा। दीपक उनके साथ ही हैं, यह भी बताया।

"लो, लखन बाबा आ गए।"

मेरी निगाह एकदम उनकी ओर उठी। लम्बा कद, तगड़ा शरीर। प्रौढ़ चेहरे पर झाबे सी बड़ी-बड़ी मूँछें और खिचड़ी बालों वाली बढ़ी हुई दाढ़ी। लगा कि हमारी जीप पहाड़ की छाया में आ गई है। मेरी धड़कन ढोल की तरह बज उठी। क्या पता, हथियार वाले दस्ते को फायरिंग का इशारा दे दें।

वे एकदम मेरे नजदीक आ गए, मैं जीप में चढ़ गई। बनावटी साहस के साथ बोली—"आओ, जीप में बैठो, दाऊ।"

वे सीट पर बराबरी में आ बैठे। जीप हिल उठी।

तुरन्त सवाल दागा, जैसे ज्यादा समय न हो, "विधायक जू से का बात करने थी?"

"दाऊ, यही बात कि जुझारपुरा और खिल्लीवालों को समझाएँ।"

"का समझाएँ? सब तौ नास हो गऔ। और नास कराऔ है तुमने। विधायक जी का जानत नइयाँ? मोंड़ी कितै छिपाएँ हो, बताओ सूधें।"

"मोंड़ी हमारे पास नइयाँ, दाऊ।"

"तो कितै है? बो बबलुआ दिल्ली के सिवा कां जा सकत?"

"हम क्या बता दें आपको?"

"मोंड़ी वापिस कर दो बिट्टी, नातर समझ लो फिर..."

समझ लो फिर? मुझे गुस्सा आ गया।

"समझ लिया, दाऊ। अपनी इस सेना से कहो, गोली चलाए। काये से कि हम तुम्हारी मुनिया वापिस नहीं कर सकते।"

"सांचऊँ? नहीं कर सकतीं? जैसी तुमारी मर्जी।"

"ठीक है, जैसी आपकी मर्जी। हमें किसी बात का डर नहीं। हम झूठ थोड़े ही बोलते हैं।"

"बिट्टी झूठ बोलती नहीं, झूठ लिखती हो। वा मंदा हत्यारी की किताब में कितेक आरती उतारी है। अब वा के करम भी देख लो।"

"दाऊ, आखिरी बात यह है कि आप हमारे घर तलाशी लिवा लो।"

"तलाशी, अरे हमने दिल्ली के कोटर (क्वार्टर) कौ कौनों कौनों छनवालयौ। बड़ी बिटिया मिली थी, फोन करौ हतो हमने। कह रही थी, बबली नाम है हमारौ। हमने समझी ससुर बबलू ही आवाज बदल कें बोल रऔ है। पर हमारे आदमियन ने बताई, बहन जी की बिटिया है।"

"हमें जुझारपुरा जाने है, दाऊ।"

"सो काये?"

"परसराम मास्साब से मिलने है। कहेंगे, जो होना था हो गया, अब शान्तिपूर्वक दोनों की शादी कर दो।"

"अरे आहाँ। सो नईं हो सकत बिट्टी।"

"काये?"

"आन-मरजाद भी कोई चीज है। मोंड़ी कों काट कें बेतवा में बहा दें, अकेलें, चिमनसिंह के परिवार के पाँव न छुएँ। वे अब हमारे सामने काये में बड़े हैं? न पइसा में न ताकत में न मरजाद में।"

मैं लखन बाबा को भौंचक-सी देखने लगी।

वे बोले, "आपको जहाँ जाने हो, तहाँ जाओ। देखें कहाँ लों जा पाओगी? वैसे घर की जनी मानसें (औरतें) कह रही थीं, बहन जी के पास बिटिया जाती तो वे अपने संगै लयें चली आतीं। और हम कह रहे हैं कि बिट्टी तुमने अपने घर नहीं, कहो अस्पताल में ही मोंड़ छिपा दी हो, तब ही तो अब मुआयना करने चली आईं कि यहाँ कैसौ माहौल है?"

"आप हमारे संग खिल्ली चलो। वहाँ दूध का दूध पानी का पानी हो जाएगा। दाऊ, तुम्हारा कौल।"

"खिल्ली! अरे आहाँ। पी.ए.सी. काये लगी है, सुन लो तुम भी। खिल्ली वाले अपनी ताकत में काऊ को समझ नहीं रहे। तुम्हारी भौजाई हमारे ऊपर लपकी और गरे की चैन तोर लै गई। दादा ने हमारौ कुरता चीर-चीर करदऔ। हम नंगे आए थे उतै से। अपनी तौहीन भूलेंगे नहीं बिट्टी...नहीं भूलेंगे हम।"

मैं फिर लखन बाबा की ओर गहरी नजर से देखती हूँ। बालकुमारी भाभी में इतनी हिम्मत कि पहाड़ जैसे लखन बाबा पर झपटें! दादा बूढ़े हो चले हैं, अपनी अवस्था की कमजोरी का ख्याल नहीं?

"तुम्हारे दादा कह रहे थे, मुनिया तुम्हारी बेटी नहीं, अब हमारी बहू है, हाथ लगाकर कोई देखे, हाथ काट देंगे।" लखन बाबा ने लाल-लाल आँखों से मुझे देखा।

"क्या-क्या सुनावें अब, एक एक बात घट में धरी है, विष में डुबोकर निकालेंगे और कारतूसों में भर लेंगे। तब एक एक कौ खून..."

मैं चुप हो गई। बोलने का फायदा भी क्या?

"अच्छा, हम चलते हैं, बिट्टी।" कहने के बाद उन्होंने धीमे से कुर्ते की जेब में हाथ डाला। सौ का नोट निकालकर मेरे पल्ले के छोर में बाँधा।

"अरे! यह क्या? रुपये और मुझे?" मैं लखन बाबा के सामने मना में सिर हिलाने लगी।

उन्होंने मेरे पाँव छूने के बाद कहा—"बिट्टी, अपनौ हक नहीं लोगी? बिटिया कों सूनें हाथों बिदा करें?" कहने के बाद मेरे सिर पर हाथ फेरने लगे। और भारी-भरकम मगर तेज चाल से विधायक जी के आवास की ओर चले गए।

"गुलाब, मुझे तो लखन बाबा डाकू लगते हैं।"

"डाकू तो हैं ही। तुम क्या समझ रही थीं अब तक? बेटी की तरह विदा देकर गए हैं, पर आपको लड़की भगवाने के जुर्म से बरी थोड़ेई करेंगे? कह तो रहे थे, मोंड़ी नहीं मिली तो फिर आपके यहाँ से ही कोई चइयेगा अपहरण के लिए। मंदा की तो गर्दन ही काट देंगे। कुम्हड़ार गाँव में नजरबन्द कर रखी हैं मंदा। उसका मोंड़ा छोटा है, रोता था, सो ससुर को वहीं भेजकर आए हैं। दूध की भैंसिया अलग बाँधनी पड़ी उसी घर के खूँटे पर। कह रहे थे बस आठ दिना की मोहलत हैं बहनजी के लाने, मुनिया नहीं मिली तो जे बिट्टी स्योंढ़ा सनकुआ के उस पार अड्डे पर मिलेंगी। इनके डॉक्टर साहब अपने आप भागते आएँगे।"

मुझे संकटकाल में हँसी आ गई—"गुलाब, अब की बार मैं डाकुओं के जीवन पर उपन्यास लिखना चाहती हूँ, लखन बाबा से कह देना।"

गुलाब थोड़े गम्भीर हुए और बताने लगे—"आप खिल्लीवालों के मारे चपेट में आ गई हो। बात-बात पर धमकी देते हैं कि उनकी बिटिया अखबारों में खबरें छपवाती है। एक-एक का चिट्ठा खोलकर रख देगी। उनकी बिटिया को किसी मच्छर ने भी काटा तो खून की नदियाँ बहा देंगे। बस, ऐसी ही भभकियों का नतीजा है यह मारकाट।"

"गुलाब, किसी भी हालत में यह मार-काट रुकनी चाहिए।"

"परसराम मास्साब, मुनिया के चाचा हैं, उन्हीं से बात करो तो बात बने।"

रास्ता ऊबड़-खाबड़ था। जीप निचाई में चली गई। मैं लुढ़कते-लुढ़कते बची।

"गुलाब!" मैंने पुकारा।

"हाँ! क्या लौट चलें अब?"

"नहीं, मंदा के पास चलना चाहती थी पहले। मैं उसका हश्र भी जानती थी। हमारे खिल्लीवाले उसकी दुर्दशा करा रहे हैं। लड़की लौटा क्यों नहीं देते?"

"पुष्पा बहन जी, लड़की लौटाने की बात पर तो मंदा प्राण तज देगी। उसने ही मुनिया को दुल्हन बनाकर भगाया कि कोई सवाल न करे। उसने ही बबलू से कहा कि बिना लाइट जलाए जीप गाँव के द्वार तक ले आना। उसने ही मुनिया को तरकीब बताई कि खाने में, परसाद में, दूध में और चाय में नींद की गोली मिला दे, सब सो जाएँगे। यहाँ तक कि कुत्ते को भी नींद की गोली खिला दी, चावल के संग कि भौंके नहीं।"

"ओह!" मेरे मुँह से निकला। यहाँ आदमी डाल-डाल तो औरतें पात-पात।

जीप कच्चा पुल पार कर रही थी छोटी-सी नहर का। क्या मेरी कोशिश से दो गाँवों में शान्ति स्थापित हो जाएगी? इस प्रेम विवाह को मान्यता मिल जाएगी? सम्बन्ध ख़ंड-खंड हो रहे हैं। एक लड़की की मुक्ति के नाम पर तो दूसरा कुल खानदान की इज्जत के नाम पर। अपने-अपने स्वार्थ-रुतबा बनाना और जमीन झपटने के कारगर तरीके अपनाना...क्या मन्दा अब घबराकर यहाँ से भाग जाएगी? खिल्ली और जुझारपुरा का आपसी युद्ध आज तक जारी है, एक जाति, एक धर्म और एक संस्कृति के लोग...

क्या मैं अब यह चाहती हूँ कि सिकुर्रा भी रक्तपात का केन्द्र बने?

नहीं चाहती, लेकिन दुर्भाग्य से यह समझती हूँ कि मुक्ति फूलों से सजे रास्ते से नहीं आती। कोई मन्दा कोई मुनिया ही बनाएगी इस राह को, जिन्होंने प्रेम और साहस को अपना स्थाई भाव बना लिया है।

खेरापतिन दादी के अपने बदले हुए गीत, दूसरे गाँव की औरतों को रास नहीं आते थे। मगर दादी कहतीं—गीत नए नहीं करोगी, उनमें फफूँद लग जाएगी।

गीत कथाओं में ही परिवर्तन नहीं किया, त्रेता युग की राम कहानी को बदलते हुए सन्दर्भों में देखा। बाबा तुलसीदास की परवाह नहीं की। सीता कथा से जोड़कर एक ढोला रचा।

सीता ठाड़ी जनक दरबार, सुरिज जल दै रहीऽऽईं...
सीता माँगनों होय सोई माँगि तपस्या पूरन है गयीऽऽई...
मैंने माँगी कौसिल्या सी सास, सुसर राजा जसरथ से
मैंने वर माँगे सिरीराम, ननद छोटी भगिनी सी...
मैंने माँग्यौ अजुध्या कौ राज, गंगा जी माँगी नहाइबेकूँ।

(सीता कौशिल्या सी सास और राजा दशरथ से ससुर माँगती है। रामचन्द्र जैसा वर और छोटी बहन जैसी ननद माँगती है। सीता अयोध्या का राज माँगती है और साथ में गंगा नदी चाहिए उसे)।

खेरापतिन दादी।

दादी अपनी तरह से गीत की व्याख्या करतीं। छोरियो, जलवायु और आकास के संग धरती की इच्छा अभिलाषा रखनेवाली औरत किसी की मोहताज नहीं हो सकती।

छोरियो, इतना सब था सीता के पास तभी तो लछमन रेखा लाँघ गईं। रावण आया, संग चली गई। सोने की लंका देखने की लालसा कौन सी बैयर को नहीं होगी? बैयर तो सोने-चाँदी के कील-काँटे से ही बहलाई गई हैं। सीता में कभी रानी तो कभी मामूली औरत प्रकट होती। लो, सालों साल वह लंका में रही। हमारे जानें लछमन रेखा लाँघने वाली को राम भी लिवाकर न लाना चाहते होंगे। बहाना था, सीता पर पहरा है। हम पूछते हैं पहरा किसका? कि बैयरों का। औरत को औरत का क्या डर? सुरसा ताड़का राक्षसिनी थीं, पर थीं तो बैयरवानी ही।

'रावण रोज आता था, हमसे बोलता चालता था' यह सीता ने ही तो बताया होगा, नहीं तो देखने बतानेवाला कौन था रामजी को? हौसला देख लो कि रामजी 'परनारि' न हेरने की कसम खाते रहे, और सीता ने रावण की तसवीर बनाकर सास ननद को दिखा दी कि अपने भइया को दिखा दे। अपने पति के दुश्मन रावण से ऐसी जान-पहचान तो लछमन रेखा लाँघने वाली ही कर पाती है, क्योंकि वह प्रेम-प्रीति पर भरोसा रखती है, मार-काट पर नहीं, जैसाकि पुरुष रखता है।

"दादी, सीता की अगिन परीक्षा?"

"बेटी, साँच को अगिन में न तपाया जाए तो झूठ जिन्दा कैसे रहे? बस, यही अगिन परीच्छा थी। नहीं तो आग की लपटों में बैठकर कोई जिन्दा बचा है? हम तो यह जानते हैं कि या तो वह आग नहीं थी या फिर हाड़मांस की सीता नहीं थी। वैसे भी रामजी को सोने की सीता बनवाकर रखने की लत थी। अपनी महिमा और मर्दानगी की खातिर सोने की सीता आग में उतार दी हो और सोने की काया कुन्दन हो गई हो।

"साँची बात तो यह है कि खिसियाकर रामजी ने सीता की अजुध्या छीन ली। गंगाजी हथिया लीं। पत्नी को देस निकाला दे दिया। लो, इसी बात पर रामजी से लवकुश लड़े। नाइंसाफी करनेवाला उनका बाप था भी या नहीं? सीता ने ऐसे पति का मुँह नहीं देखना चाहा। भूमि समाधि लेनी पड़ी। सो देख लो कि लभकुस ने रामजी को जलसमाधि दे दी। तुम बेटों को अपना अंस नहीं मान पाए तो बेटा तुम्हें बाप कैसे मानें?"

वाह री, खेरापतिन दादी...तुम औरत की कितनी-कितनी भूमिकाओं को बदलने की गुनाहगार...गाँव के चरनसिंह बौहरे तुम्हारी पुरोहताई छुड़वाने के लिए पंचायत करवा रहे थे तो ताज्जुब किस बात का?

मगर कलावती चाची, तुम्हारी सेनापति की तरह प्रकट हुईं। लोगों के बीच ताली पीटकर बोली—"छिनट्टा, तू नहीं बदला तो हम भी नहीं बदलेंगे क्या?"

मैं दो पल के लिए स्तब्ध रह गई थी। कलावती चाची के चरित्र के साथ कौन-सी औरत तादात्म्य स्थापित कर पाएगी? भावप्रवण संवादों को किस शैली में रखूँगी? मेरी लोकभाषा की आन्तरिक प्रकृति किस रूप में सामने आएगी?

कलावती चाची की नृत्य नाटिका—ललमनिया। विवाहोत्सव में द्वार-चार के समय छत पर चढ़कर हाथ में शीशा लेकर नाचनेवाली गूजरी, बरातियों को आइना दिखा रही है :

ओ रे बाँके समधी, तू देख ललमनियाँ
वर के ताऊ चाचा, तुम देखो ललमनियाँ
ओ माया के लोभी, तुम देखो ललमनियाँ

नृत्य के माध्यम से दहेज का विरोध करती सुन्दरी अपनी मुद्राओं में मौलिक और मनोहारी परिवर्तन करती हुई ऐसा प्रभावकारी माहौल रचती है कि आगे बढ़ती हुई बारात ठिठक जाती है। दान-दहेज की बात कहीं बिलाने लगती है तो कलावती चाची की टोली का मनुष्य धर्म अपनी प्रस्तुति में अद्भुत रंग जमाता है।

मैं लिखूँगी ललमनियाँ नृत्य का करिश्मा। मैं लिखूँगी सिकुर्रा गाँव की स्त्रियों की गीत-कथाओं की अभिव्यक्ति। खेरापतिन दादी गायिकाओं की कमांडर, अपनी बात को गीतों में सबकी बात बनाकर पेश करती हैं, ताकि स्त्रियाँ भेद खोल देने के इलजाम में सीधे पकड़ी न जाएँ। व्यथा कथाओं की करुण प्रस्तुति, जिसके लिए चुने हुए अपने ही निजी शब्द...जिसको घुटनभरी गुलामी के अहसास में समझा गया है, अपनी नसों में समाए भय को तरह-तरह से जीने की आकांक्षा में बदला गया है। और भय का प्रतिरोध अपने ही मुहावरों में...मैं लिखूँगी, सिकुर्रा की स्त्रियाँ न मीरा हैं न महादेवी, वे हैं चन्दना और कलारिन गीत कथाओं की स्त्रियाँ...वे न अदृश्य के आलम्बन रच पाईं न ईश्वर की अदृश्य सत्ता का सहारा लिया। मामूली औरतें मामूली इच्छाओं के लिए कभी कत्ल हुईं तो कभी परित्याग मिला। खेरापतिन दादी ने मेरे भीतर ये कथाएँ उतार दीं और कहा—ये कथा कहानी नहीं हैं, गाँव भीतर, घर भीतर की जंगलों में खुलनेवाली वे सच्चाइयाँ हैं, जिन्हें बैयर ही जानती हैं, क्योंकि वे उसके तन-मन और मांस खून से बनी-रची हैं। तू इन्हें कैसे बदलेगी?

पात्र भाषा लय ध्वनि और संवाद...मैं खेरापतिन और कलावती की कर्जदार हुई। इस कर्ज में कितना जोड़ूँ कि ब्याज सहित लौटा सकूँ?

"लौटाओगी", सारंग नैनी ने कहा। रंजीत की बहू अपने बेटे चन्दन का हाथ पकड़े मेरे सामने आ गई। चन्दन की दो मासूम आँखें भय से भरी हुई...

और आ गई यह इबारत मेरे समक्ष—'जो ग्रामीण शहर में जगह मिल जाने पर गँवई धरती के संघर्षों को नजरंदाज करता है, क्योंकि उसने इनसे बचने के उपाय तलाश लिए हैं, वह गाँव की याद आने पर, अन्तरात्मा के छटपटाने पर वातानुकूलित कक्ष में जाकर सो जाता है और फिर तरोताजा होकर एलीटवर्ग की कलात्मक कहानी लिखता है, वह कला का पुजारी नहीं, अपने गाँवों के यथार्थ का हत्यारा है।' इस इबारत ने मुझे चुनौती दी कि मैं ग्रामीण क्षेत्र के लिए समर्पित हो गई। मैं कला का ध्यान भूल गई, अमूर्त न सिरे से अमूर्त हो गया।

यह बात! यह बात मैं लखनऊ में होनेवाली कथाक्रम की वार्षिक गोष्ठी में कहना चाहती थी और कहने के लिए मंच पर माइक के सामने खड़ी भी हुई थी। लेकिन आलोचना के प्रकांड पंडित डॉ. नामवर सिंह का भाषण मेरा हौसला इस कदर तोड़ चुका था कि आतंक ने मुझे दबोच लिया...कला का आतंक...और मेरा गला रुंध गया। जो सोचा था कंठ से फँसा रहा। मेरी पृष्ठभूमि के अनुरूप मेरे पात्र अपनी वेशभूषा में सकुचाने लगे...ऐसे ही जैसे अब तक मंच के नजदीक नहीं आ सके...

"ओ सारंग नैनी...लौट जाओ अपनी जगह।"

"क्यों जी?"

"तुम मैली, धूल धंगड़ भरे पाँवों से चलती आती विस्फोटक चरित्र..."

"तो चलना छोड़ दूँ?"

"छोड़ सको तो...क्योंकि मेरी शान्ति और मेरे सन्तुष्ट जीवन में खलल पड़ेगा। मेरे गृहस्थ धर्म, मेरी घरेलू व्यवस्था का राज तुम क्या समझोगी? तुम्हारे माहौल में पली-बढ़ी मैं साहित्य जगत में व्याप्त सूक्ष्मता के भेद नहीं समझ पा रही। कला के व्यवहार का सलीका कलम में नहीं। मैं अपमानित हो रही हूँ। ...सारंग, तुम मेरा पीछा छोड़ो क्योंकि कलावादियों के किले में मैं सेंध नहीं लगा सकती, और उनके द्वार दरवाजे मेरे लिए बन्द हैं। मेरी इमेज तुम जैसी औरतों की कथाओं ने मैली कर डाली।"

फ्राइड ने कहा था—दबी हुई आकांक्षाएँ सपने बनती हैं। बहुत कुछ दबाकर भी सारंग नैनी के रूप में मैं ऐसे सपने देखने लगी, जिनके साकार रूप पर सजाओं का विधान चला आ रहा है।

"तुम कला के नाम पर नया 'ऋतुसंहार' लिखोगी। लिखोगी कि जेठ के महीने में गाँव में क्या होता है—फुरसत में औरतों की नजरदारी। चाल-चलन की खबरदारी। असाढ़ कैसा आता है? सावन की रीति को बदलना जरूरी है। भादों, क्वार और कार्तिक जैसे महीनों की त्योहार संस्कृति औरतों के लिए माफिक नहीं पड़ती। तुम बदलोगी बसन्त पंचमी के त्योहार का नजारा, होली के भीतर छिपी रंग और कीचड़ मिली महीन साजिशें। सारंग नैनी परम्परा तोड़कर रहेगी तो उपन्यास कथा का क्या होगा?"

"अब क्या इरादा है?"

"लिखना भारी पड़ेगा। संस्कृति को छेड़ने का सांस्कृतिक अपराध..."

"मुझे तुमसे यही उम्मीद थी बीबी।" सारंग ने कहा।

नहीं, वह इस वक्त मेरे आसपास नहीं। फिर कौन कह रहा है मुझे शहरातिन? मैं शहरातिन नहीं बन सकी, सजा अब तक भुगत रही हूँ।

तब एक शे'र सुनो–

–सुनाइए।

कहा, हम नूह को लाएँ
कहा, तुम नूह को लाओ
कहा, तूफान का डर है
कहा, तूफान तो होगा

शेर कहने के बाद हँसी का ठहाका! मेरे साहस और भय से आक्रान्त जीवन का उपहास उड़ाता मखौल...मखौल के बुलबुले चारों और फैल गए।

उफ् राजेन्द्र यादव...आप कितने कठोर, कट्टर हो सकते हैं!

सारंग नैनी अपने समाज में शिक्षा, प्राइमरी शिक्षा को लेकर मेरे रूबरू और पंचायत के नए विधानों पर सवाल उठाती हुई सारी सांस्कृतिक नाइंसाफियों और परम्परागत रूढ़ियों पर नए परिवर्तन संधान में साहस से भरी हुई...

उफ् मेरी कलम, बागी और बहशियाना...सतियों की परम्परा ध्वस्त हो जाएगी।

कैसी सती, कौन सती? मैं सती...जिसने अपना शरीर हार दिया, हौसला छोड़ने को मजबूर, बस चन्दन की माँ कि उसके पिता की पत्नी...

मैं आश्चर्य में हूँ, शहरी स्त्रियों से पहले ग्रामीण औरत को अपनी गुलामी का असहसास हुआ है? नहीं, मुझे पक्की तरह पता है गुलामी के प्रति अहसास ही प्रतिरोध का आरम्भ है और मैंने अगर सारंग नैनी की कथा लिखी तो उन लोकगीतों को शामिल करूँगी, जिनमें कभी वह अपनी अभिव्यक्ति प्रार्थना की तरह पेश करती है तो कभी दया पाने के लिए इजहार जताती है। इसके बाद स्मृतियों की मालकिन अपने लिए मुक्ति की कल्पना में खुली दिशाओं का आह्वान करती है।

मैं यह सारा खाका तैयार ही कर रही थी कि घर के मालिक जो रात के चन्द्रमा से थे, मई-जून के सूरज की तरह तपने लगे। ताप और संताप...मैं और दो विवाहित बेटियाँ बहुत मासूम तो नहीं थे, बाकायदा दो अपराधों के गुनाहगार...क्रमशः एक तो करवाचौथ का व्रत छोड़ चुके थे, दूसरे मैंने कुछ दिन पहले ही बिछिया उतार दिए थे। सुहागचिह्न काँच की चूड़ियाँ भी रास नहीं आईं मुझे।

बिछिया विसर्जन की बात पाँव की पहली उँगली में चोट लगने पर ध्यान में आई। सौभाग्य के मालिक ने यह कहकर कि पाँव की पहली उँगली घायल है तो दूसरी में पहन लो मगर पहने रहो, मुझे जिद पर उतार दिया।

"मेरी उँगली कट जाएँ तब भी?"

"नहीं पहनना है तो सीधे कहो कि हस्बेंड नाम से एलर्जी है।"

"ओह! क्या तुम वही हो, जो गहने-जेवर के विरुद्ध मुझे लैक्चर देते थे?"

"यह विवाह की निशानी..."

"तो वह निशानी तुम्हारे पास क्यों नहीं?"

"बहस मत करो।"

"उफ! बहस करना है, तर्क देना। तर्क पचता नहीं।"

"मैं जान रहा हूँ, तुम्हारा मन बदल रहा है, आँखें तो शुरुआत से ही चंचल हैं। पर-पुरुषों की संगत की इच्छा है? विवाहिता होने की निशानियाँ रोड़ा बनी हैं?"

इससे ज्यादा क्या सुनती? इससे जयादा अपमानित क्या होती? सुहागचिह्न मेरा वजूद रौंदने लगे। अब तक उँगली घायल थी, अब समूचा तन-मन...

हाँ, तन-मन मेरा था, बिछिया घायल उँगली अच्छी हो जाने पर भी नहीं पहने। मंगलसूत्र वगैरह मुझे सदा उस गाय के घटमल्ला (रस्सी में लकड़ी की मोटी कड़ी बाँधकर गले में लटकाया जाता है) जैसा लगता है, जिसे मरखनी समझकर पहनाया जाता है। बहरहाल घर में उठते आँधी तूफान में पाँव खुले-खुले और मन शान्त...

करवाचौथ, मरने-जीने से बँधा स्त्रीपर्व। मैंने एक साल साहस करके त्याग दिया। आसरा लिया अपनी उम्र का, दलील दी गाँव की बूढ़ियों की—"बबली, अब मेरी उम्र हुई, करवाचौथ निभाने का जिम्मा तुम लो। वैसे तो घर में जब बहू आ जाती है, सास अपनी करवाचौथ उसे दे देती है। मेरे यहाँ तो बेटा नहीं, सो बहू आने की सम्भावना नहीं, मैं इस व्रत को तुम्हें ही दूँगी।"

नम्रता चुप थी। मोहिता अक्खड़ लड़की, मेरी दलील को काट डाला।

"हमने आपकी देखादेखी व्रत कर लिया था, नहीं तो यह हम भी जानते हैं कि किसी व्रत से आदमी की उम्र नहीं बढ़ती। ऐसा ही होता तो फिर अस्पताल और डॉक्टरों का क्या काम? इस्पैशली मैरिडमैन के लिए, उसकी मौत को टालने का जिम्मा तो वाइफ के पास है। हाउ फनी! कभी सावित्री की कहानी तो कभी बीजा बहन का किस्सा...और हमारे घर के जैंटिलमैन...ये सब गुस्सा हो जाएँगे?"

हो नहीं जाएँगे, हो गए हैं। तुम्हारे डैडी के क्रोध का ओर-छोर नहीं। मैंने यह सब कह दिया होता काश...तो घर में कोहराम न मचता।

"फेंक दो यह कढ़ाई, चकला-बेलन...किसके लिए खाना बना रही हो? इसे खाने का तुम्हें क्या अधिकार है और इसे हम खाएँ तो किस बेशर्मी से? हमें

जमकर बेइज्जत किया गया है। हमसे ऐसी नफरत...!'' मेरे मालिक का नया रूप इस करवाचौथ के दिन...

मेरा दिल धड़क रहा था, साँस अटकी हुई। किसी तरह कमरे में आई। बिस्तर पर बैठ गई। क्या मैंने जो किया सही किया? एक दिन का उपवास ही तो था, इतने (तीन) लोगों को दुखी कर दिया और हम तीन (स्त्रियाँ) ताड़ना के कलहकोप में घिर गए। चन्द्रमा और पवित्र जल के आपसी हेलमेल से बना यह करवाचौथ का त्योहार! कैसा उत्सव हो रहा है पड़ोस में! स्त्रियाँ, जैसे सबकी सब दुल्हन! बड़ी बूढ़ी तक सिन्दूर, बिन्दी और मंगलसूत्र के साथ चूड़ियों से सुसज्जित। बबली की सास सिर पर साड़ी का सुनहरा पल्ला डालकर, पाँवों में महावर लगाकर चन्द्रमा को अर्घ्य देने की तैयारी कर रही हैं। मैं क्या उनसे ज्यादा बूढ़ी थी? पति-पत्नी का प्रेम तो पत्नी की इसी सजावट में झलकता है।

मैं जानती हूँ खुद को। यह मैंने पहला तूफान खड़ा नहीं किया। इससे पहले भी कई करवाचौथों और सुहागपर्वों की प्रतिष्ठा में कोताही की है। बिछिया उतारने में सफल हो जाने के बाद हमारे दाम्पत्य को लेकर पति मायूस हो गए थे। शायद अब इस प्रयास में वे मुझे बुरी तरह असफल करना चाहते थे...मैं सोच रही थी, क्योंकि सामने ड्रैसिंग टेबिल पर रखे चमकीले पैकेट में निश्चित ही 'विचित्रा' की डिजाइनर साड़ी है, जिसे देखना मेरे लिए किसी साँप-बिच्छू को देख लेने जैसा भयानक है। मेरे पति का प्रेम...आह! मैं गद्दार, कुटिल बेवफा...सोच रही हूँ, प्यार नहीं, प्यार के प्रलोभन (उपहार) ही डस लेते हैं हमें। वरन् भूखे रहकर ही प्रेम दिखेगा क्या? या करवाचौथ जैसे त्योहार हमारे वफादार होने की कसौटी हैं? पतिव्रता का लाइसेंस प्रदान करनेवाले ये त्योहार लोकाचार...जिनके द्वारा हमारा सतीत्व हर साल रिन्यू होना है। मोहिता ने कहा था, चन्द्रमा क्या है, मम्मी? कंकड़-पत्थर भरा कोई ऊबड़-खाबड़ मैदान।

''हमारे यहाँ कंकड़-पत्थरों को पूजने की महान परम्परा है बेटा, जिसके आगे कुछ सोचने की मोहलत नहीं। बस आदेश हैं कि यदि उन्हें नहीं पूजा जाएगा तो हम पाप-शाप भुगतेंगे। सजा पाएँगे फिर उसी रास्ते चलेंगे, जिस पर भेड़ें जा रही होती हैं।''

''मम्मी, 'चाक' उपन्यास में आपने ऐसा क्यों लिख दिया कि...''

''बेटा, मैंने जो लिखा, अपने अनुभव में उठे सवालों को लेकर लिखा, मुझे क्या पता था कि ऐसा कुछ लिखना मेरी मूर्खता और बदचलनी में आएगा, जो मेरा सुख-चैन छीन लेगा। वैसे तुम्हारे डैडी भी मेरे साथ अन्याय नहीं करना चाहते। मगर वे अपने अहं पर ठेस खाए हुए, मुझसे नाराज हैं। साफ-साफ नहीं कह रहे कि उनके मित्र उन्हें लज्जित कर रहे हैं। चारों ओर परम्परा में बँधा त्योहार...

और 'चाक' की सारंग नैनी?

सच तो यह है कि जिस तरह मैं सोचती हूँ, उसी तरह लिखती हूँ। कहानियाँ और उपन्यास औरत की जिन्दगी के दस्तावेज हैं, तो वे निश्चित तौर पर मेरे तजुर्बों से भी गुजरे हैं। क्या स्त्री और पुरुष में प्रेम की आकांक्षा एक सी नैसर्गिक भावना नहीं? अगर कुछ अलग-अलग दिखता है तो वह संस्कारजन्य अहंकार का नतीजा है कि पुरुष का प्रेम पराक्रमी दिखता है, जबकि स्त्री अहंकार से मुक्त होकर प्रेम करती है। वह विपरीत स्थितियों का सामना अगर शिलाखंड की तरह करती है तो वर्षा की तरह बहना उसका स्वाभाविक गुण है। मैंने हावी होकर कभी प्रेम नहीं किया, शायद तभी मेरे उपन्यास की नायिका सारंग अपने प्रेम को समाज, धर्म और जातिगत खाँचों में ढालने की उत्सुकता नहीं दिखाती। वह तो ऐसे नियम-कानूनों से प्रेम को बचाती हुई आगे बढ़ती है, व्यक्ति से समाज तक।

सारंग का करवाचौथ-पूजन, चली आ रही परम्परा से टकराता है और उसी से सामाजिक मान्यता वाले दाम्पत्य में आग लग जाती है। यह कैसा रवैया है! महीने साल और ऋतुएँ बदलते हैं, रिवाजें नहीं बदलतीं। बूढ़ी परम्पराओं ने सारंग को 'बदचलन' का नाम देने या युवा सारंग ने पुरानी रीतियों को चुनौती देने का सर साधा। यही दुस्साहसिकता उसे बदनामी की ओर ले गई कि 'चाक' की कहानी पाप और पश्चात्ताप की कथा बन जाए।

नहीं यह कथा एक ऐसी स्त्री की आत्मस्वीकृति का आख्यान है, जो रिवाजों को स्त्री के लिए स्त्री की तरह बदलना चाहती है, वह भी स्त्री के उद्धार के लिए नहीं, उसके कर्मक्षेत्र के विस्तार के लिए। ऐसा मैंने सोचा था।

उफ! मैंने अपने भीतर की भोली-भाली औरत का खात्मा इस तरह किया! नाजुक भावनाओं को नष्ट कर डाला। मुझे पाँवों में महावर लगाकर, बिछिया पहनकर चलना बिहारी की नायिका की याद दिलाता था। यदि मैंने अपने भीतर सुकुमारता को तोड़ न दिया होता तो सचमुच मैं आज मनमोहिनी गुड़िया का अनुपम रूप होती...लेकिन मैं सोचकर आश्वस्त होती हूँ कि गुड़िया की छवि तोड़ डालने से ज्यादा मुझे कहीं मुक्ति नहीं। हाँ, इस टूटन का रूप अगनपाखी के राख हो जाने जैसा है...

मैं खुद को तरह-तरह से सांत्वना देती हूँ कि मैंने स्त्री के लिए मनुष्य के स्तर पर जीने की स्थिति ही तो खोजी है, कि मैंने पुरुष के समकक्ष अपनी भावनाओं को बराबरी से रखा है, कि मैंने अपने समाज में लोकतान्त्रिक विधान की घोषणा की है, कि औरत को हर तरह से सहनागरिक का दर्जा चाहिए। मैं इन सारी बातों को इसलिए नहीं लिख रही कि अपने लिए एक ऐसी दुनिया की कल्पना कर रही हूँ, जिसमें अनैतिक सुख और अभद्र इच्छाओं वाली जिन्दगी के चित्र हैं, बल्कि इसलिए सब कुछ रचा है कि प्रेम की सहभावना में 'अनैतिक और अभद्र' भी उदात्त रूप धारण कर लेता है, क्योंकि नफरत वाले हिस्से वहाँ कहीं नहीं होते। सारंग किसी भी तरह

श्रीधर की जान बचाने को तैयार है, वह पौराणिक सावित्रियों को मात करती है, फर्क यही है कि यहाँ वह अपनी परम्परा की निर्मात्री खुद है। वह ऐसी पुरुष व्यवस्था के चंगुल में नहीं, जो उसे भेड़िए की तरह घेरे रहे और न वह खंडित सतीत्व के नतीजे में नाटकीय सजाओं के चित्रों से भयभीत, जिससे कोई भी औरत जिन्दगी भर के लिए अपाहिज बना दी जाती है।

वह उपन्यास था और जिन्दगी मेरे आगे जलने लगी। सचमुच मैं अपनी पूरी ताकत लगाकर भी अपनी नवयुवा बेटी का दाम्पत्य नहीं बचा पाई। करवाचौथ में हमने बीजा बहन की तरह व्रत खंडित किया था। पति के प्रति अपनी वफादारी का लाइसेंस रिन्यू नहीं कर पाए।

"सब तुम्हारी करामात है।" मेरे पति ने निगाहों में कहा था।

"तुम्हारी माँ..." मोहिता के पति ने दोहराया था।

'लिखने का साहस' कहकर लोगों ने मेरी कलम को दाद दी, मगर कलम थी कि कीचड़ में मुँह डाले हुए...डॉ. मैनेजर पांडेय सुनें, आज आपका स्वर पीठ पर शाबाशी की थपकियाँ न दे रहा हो, ऐसा नहीं, मैं ही सन्निपातिक अवस्था में बहरी सुन्न...सारंग हमारे दाम्पत्य के आगे आग का लूगड़ा लिए खड़ी है! किस किसका गृहस्थ बचेगा? ग्लानि और मेरी पाप-चेतना विलाप पर उतर आई—मेरी बिटिया, मैं तेरी माँ, गुनाहगार...

घर के मंच पर घटित नाटक और मेरे लिए मुँह छिपाने की जगह नहीं।

जीवन के सतरंगी इन्द्रधनुष में एक ही रंग बचा, अन्धकार का अपना रंग!

रसभीगे गीले आँगन में अलाव जलता जिसके ईंधन सारंग, श्रीधर, मैं और मोहिता होते रहते।

समीक्षक डॉ. मैनेजर पांडेय 'चाक' पर अपनी राय देते हैं, देते रहें। वे विद्वान हैं, बने रहें। साहित्यिक दुनिया में अपना डंका बजाते रहें और मैं उनके रुतवे पर अपना भाग्य सराहती रहूँ, यह न राहत है और मुक्ति तो बिलकुल ही नहीं। हम जानते हैं कि हमारी जिन्दगी की बागडोर तो उस घर की चौखट से बँधी है, जिसमें हम स्त्री की तरह पनाह पाए हुए हैं। मैं आर्थिक रूप से स्वतन्त्र नहीं, गुलामगीरी के लिए अभिशप्त हूँ। लेकिन मेरी बेटी? पेशे से डॉक्टर, सरकारी पद से विभूषित, आर्थिक आत्मनिर्भरता की दावेदार 'करवाचौथ' जैसे पतिव्रत के त्योहार की मुजरिम हुई और उम्र कैद मिली। भारतीय स्त्री को न आर्थिक आत्मनिर्भरता सुखी कर सकती है, न चेतना सम्पन्नता उसकी सहायक हो सकती है। बस, उसे पारम्परिक कर्मकांड ही सुखी और सुरक्षित रहने की गारंटी देते हैं।

ठंडी रात में बर्फबारी थी कि उमस भरे अंधियारे में आंवां सुलगा, हर हाल में मेरी शान्त सुख-सेज मौसमों की मार से घिर गई थी, कारण यही कि मेरे पहलू में लेटे जीवनसाथी 'चाक' पढ़ रहे थे और मैं जैसे पकते हुए टूट रही थी। क्या मैं इन

घड़ियों से खुद को काटकर किसी भी मोह-बन्धन से आजाद होकर ही जी सकती हूँ, क्योंकि यह उपन्यास सिरे से कह रहा है—प्रियतम तुम्हारी दुनिया में सुख तो है, मगर घुटन उससे ज्यादा। सुविधा भी हैं, लेकिन सिकुड़े-संकरे दायरों के बन्धन...सच मेरे स्वभाव में परिवर्तन की बुरी लगन है, मैं तुम्हारे 'विवाह लगन' के योग्य नहीं थीं और न शायद माँ बनने योग्य...अभी तो शुरुआत है, मोहिता का जीवन प्रभावित हुआ, आगे क्या होगा, जब शीलो, आभा और अल्मा आएँगी? मुझसे वे छोड़ी न जाएँगी, पात्रों से बुरी तरह जुड़ी रहती हूँ मैं। ऐसी दीवानगी...

डॉक्टर साहब पृष्ठ दर पृष्ठ आगे बढ़ रहे हैं और मेरी कनखियाँ जमने लगीं। वे स्त्री शरीर को पवित्र मन्दिर माननेवाले डॉ. सिद्धार्थ वाले मामले में बोले थे—तुम अब मुझे खूबसूरत भी लगती हो तो दूसरों के लिए। तुम रूप बदल चुकीं। पति की दुनिया में पत्नी की खूबसूरती नहीं क्या? प्रेम कहानी की नायिका बनना चाहती हो! मेरे लिए रोटी बेलती, सब्जी छोंकती, कपड़े धोती...क्या यह सब प्रेम नहीं, प्रेम के लिए बाग-बगीची या डांस पार्टियाँ जरूरी हैं?

मुझे किसी ने छुआ, अब मैं मैली, जूठी...मैं तब से फूँक-फूँककर कदम रख रही थी, खुद को जब्त करने की साधना से भटक गई। सारंग मेरे वजूद में समा गई और मैं रोशनी बुझाना भूल गई।

मेरी सुख सेज पर सारे दृश्य साकार हुए। डॉक्टर साहब की आँखों में दरकती पुतलियाँ...पलकों के नीचे जमती बर्फ से उठता धुआँ। चेहरे पर ताप का सुर्ख अहंकार उभरता आता।

मैं अंधता चाहती हूँ, और कुछ नहीं। बधिरता माँगती हूँ, और कुछ नहीं। जो कुछ है, इतना है कि अपने जीवनकाल का लम्बा अनुपम रिश्ता अब क्रूर शासकीय फैसलों की आशंका में निर्जीव सा हुआ जाता है। श्रीधर तुम साँसों में अटके हुए 'हे राम' से...तन्मयता ने कहाँ से गुजार दिया, इस मान्यता प्राप्त गुनाह की मुझे क्या जरूरत थी? प्राइमरी शिक्षा में घटित आपातकाल को यहाँ कौन समझेगा कि श्रीधर का संकल्प क्या था, क्यों था? मेरी कलम ही मेरे लिए अभिशाप सी...

प्रियतम ने मेरी ओर करवट लिया।

मैं आत्मविश्वास के चलते शून्य गठरी सी कि निर्वर्ण वृक्ष की शाखा सूनी-सूनी...पति के सामने मेरा सब कुछ खो गया, लगा कि मेरा वजूद ही गुम। कहाँ गई डॉ. आर.सी. शर्मा की अर्द्धांगिनी, सहधर्मिणी?

बन्धनों का पर्याय होती है पत्नी। धर्मपत्नी होती है पति की अनुयायिनी। हम दोनों ही इन दिनों 36 का आँकड़ा...रुखे-सूखे से मुरझाना चाहते हैं क्या? प्रेम की तरलता के अभाव में या मर्दानी जिद में पति ने मेरी इच्छामयी रचना को रचना नहीं, पान-सुपारी समझा। चबाया और थूका।

थूक के छींटे मानो मेरे ऊपर पड़े हों। ऐसी हालत में खुद को क्यों ले आई? तमाशे का यह रूप...! अपनी किताब उनके हाथ से क्यों नहीं छीन ली, जैसे कि सिगरेट छीन लेती हूँ। ताश के पत्ते झटककर गिरा देती हूँ। फोन का चोगा पकड़कर आँखें दिखाती हूँ। क्या किताब के मामले में मैं इसलिए कमजोर पड़ गई, क्योंकि उससे केवल मेरा नाता था? जिसमें पति की साझेदारी नहीं, उसको वे मान्यता क्यों दें? अवैधता का स्तम्भ खड़ा करनेवाला 'चाक' अपने आप में चरित्रहीन औरत की सन्तान सरीखा...

'इस किताब को किस किसने पढ़ा है?' उनका सवाल था, धीमे मगर मारक स्वर में। मैंने इस्मत चुगताई का सुमिरन किया, जिनका मामला तलाक तक...फिर मैं अपने रगरेशों में थर्रा गई। सीने में साँसें नहीं, भय की सरसराती ध्वनि जकड़ रही थी। आँखें छत से टँक गई तो छत में भँवर पड़ी। पुतलियों में नामालूम सी हरकत हुई तो दाएँ-बाएँ दीवारें दरकीं। 'लिहाफ' कहानी याद आई। अब कैसे बताऊँ कि मैं अलबेली बहू जेठजी को 'चाक' उपन्यास भेंट कर चुकी हूँ। और जब वे दोबारा एक महीने बाद आए, द्वार की कॉलबैल बजाई तो मैं दरवाजा खोलने गई। मेरी झांई ही पड़ी होगी कि वे फुर्ती से पीठ फेरकर खड़े हो गए। ऐसा क्यों किया? मैंने समझ लिया, 'चाक' लिखनेवाली अपनी गुस्ताख बहू के लिए उन्होंने यही व्यवहार उचित समझा।

मैं पति के पाँव पकड़ लूँ? क्षमा माँगती रहूँ और उत्कृष्ट कहानियाँ लिखनेवाले ज्ञानरंजन को पत्र लिखूँ कि आप जिन्हें मैत्रेयी की 'मामूली मगर जबरदस्त स्त्रियाँ' कहते हैं, उन कथा नायिकाओं के कारण मेरी यह हालत...क्या परमानन्द श्रीवास्तव यहाँ आकर मेरी पक्षदारी कर सकते हैं? समझा सकते हैं जेठ और पति को कि 'सघन अन्तरंगता और सम्बन्धों की जटिलता को चित्रित करनेवाली मैत्रेयी की अनोखी क्षमता को रेखांकित करना उनके लिए क्यों आवश्यक था?

और राजेन्द्र यादव? नाम लेते ही खांड़ा बजेगा। यही कहता है 'चाक' का ताना-बाना हिंसा और सेक्स से बना है। मैत्रेयी कथाकार की निगाह से पात्रों के आचार-विचार और सोच के रूप में प्रभावशाली ढंग से पकड़ती है। डॉ. कमला प्रसाद ने अपनी चिट्ठी में ठीक लिखा है—आप ऐसी लगती तो नहीं। मगर लिखने लगी है तो ऐसी ही लगेगी यह औरत...पति इससे ज्यादा क्या समझेंगे?

रात उतर रही थी...सारा अंधेरा मेरी खुली आँखों पर बरस रहा था। अब मैं किसका इन्तजार कर रही थी? सारंग के बारे में जो खबरें थीं, पुरानी नहीं पड़ रहीं। वे खबरें कितने धीरज से मेरे मालिक के सीने में धमक पैदा कर रही हैं और अभी तो वे बड़े ही धैर्य के साथ पी रहे हैं किसी पुरुष के चकनाचूर अहंकार की बजरी को। आँखों की मिठास के साथ-साथ बढ़ा दिया है मेरी ओर प्यार भरा हाथ...मुझे पता है उनकी आदत में प्रतिशोध इसी तरह पलता है, एकदम आस्तीन के साँप की

तरह बेआवाज...खामोशी से वही सर्प मेरे करीब सरकता आएगा धैर्यवान प्रेमी की तरह...

उस धीरजवान समय में रात कैसे गुजरी...दोनों में से किसी ने कुछ नहीं कहा था। बस एक शाही फरमान सा जुमला हमारी बेचैनियों में सनसनाता एक से दूसरे की ओर आता-जाता रहा, जिसमें बस एक ही ध्वनि थी—हममें से कौन है कितना सच्चा, और कौन है कितना वफादार?

मुँह से क्या बोलूँ मैं? क्या बोलें वे? मैं बोलूँ तो भाषा अश्लील हो जाए और वे बोलें तो शब्द जलकर राख...

मैं गुस्ताख और वे डरे हुए से, ज्वालामुखी के बिस्तर पर बेहरकत पड़े थे। करबट लेने के लिए तरसते हुए...नींद किसे नसीब थी? अँधेरे को चीरती हुई हमारी बाँहें एक-दूसरे को समेटने में ऐसी असमर्थ कि विश्वास हाँफ रहा था। नजदीकियों से फासला लाँघा न जा रहा था। क्या मेरा कसूर इतना भयानक है? ऐसा मंजर आ जाएगा, मैंने सोचा क्यों नहीं था? मैं तो घर की रिवाजों से इस कदर बेपरवाह...

बेपरवाह स्त्री से अगली सुबह चन्दना कथा के कुँवर जी की तरह पति पूछ रहे थे—“किसने कहा था ऐसा लिखने को? क्या राजेन्द्र यादव ने?” वाक् कटारी पहली, फिर दूजी, तीजी कटारी...मेरे शरीर के टुकड़े-टुकड़े हुए कि मन क्षत-विक्षत हो गया. ..मेरे प्रियतम का सुन्दर मुखड़ा ऐसा क्रूर हुआ था कभी? मैं ही इसकी जड़ मूल..

मन्नू दी...आप ही बताएँ मैं अपनी तरह लिखकर खुद की क्षमता-प्रतिभा पति के सामने कब प्रमाणित कर पाऊँगी? मेरे अनुभव गुनाहगार हैं या मेरी स्मृतियाँ पापिन हैं। सब कुछ अशालीन, अभद्र, अपवित्र दुनिया से निकले हुए स्त्री की शुचिता पवित्रता और नैतिकता से छेड़छाड़ करता है और यहाँ के शुद्ध, साफ, पुण्य, पवित्र क्षेत्र में अनछुओं के छूने पर सजा का विधान है। जिनकी इच्छाओं को दबाने काटने का हुक्म है, वे भागीदारी और बराबरी की बात करें, यह अस्वाभाविक है। औरतों को पुरुषों की अघोषित आज्ञाओं पर चलने का विधान रहा है यहाँ।

विधान का उल्लंघन, कटेम्ट ऑफ कोर्ट। परम्परागत न्यायालय की अवहेलना मैंने की है। मैं घर में बेचैन विचलित चमगादड़-सी दीवारों से सिर मारती हुई अपनी बेटी के लिए परेशान...

तभी।

“जानम!” मेरे साथी की नरम और भीगी-भीगी आवाज कमरे के अँधेरे में जुगनू सी चमकी या कि मेरा ही कौंधता चमकता कोई भ्रम जिसकी आकांक्षा मुश्किलों के गहन अन्धकार में होती है।

हाँ, पुकारो मुझे, मैं यहाँ हूँ।

पुकारा नहीं पास आ गए। अँधेरे में दो साँसें आपस में लिपट गईं। शरीरों को शरीर जैसा अहसास नहीं, बिगड़ती जा रही स्थिति और आँधी की तरह आती जा रही मुसीबतों में साथ देने की भावना एक-दूसरे की भावना से गुंथ गई। ऐसा क्यों होता है जब न तब? वे कौन होते हैं, जो सदा सदा के लिए अलग हो जाते हैं? इस समय मुझे लग रहा था हमेशा के लिए अलग हो जानेवाले वे मृतक होते हैं, जिन्हें हम अमूर्त के रूप में याद तो कर सकते हैं, आसपास नहीं पा सकते।

"कहो न, क्या कहना है? खुलकर कहो, जैसे मैंने कहा है।"

"बात यह है मेरी जान, किताब की सारंग, सारंग नहीं लगती, मुझे वह तुम लगती हो, एकदम तुम।"

"मैं! मैं वहाँ कहाँ से आ गई? सारंग तीस साल की नायिका और मैं... ब्याही-ठियाही बेटियों की माँ...तुम कुछ तो सोचो।"

"सोचता हूँ, पति-पत्नी की उम्र नहीं होती, बस छवि होती है। वही छवि, जो शादी के मंडप से भी पहले थी। भाई साहब के घर देखा था तुम्हें। फिर भाँवरों के समय तुम्हारा हाथ पकड़ते हुए जो रोमांच हुआ था मुझे। कंगन खोलते हुए तुम कैसी चंचल और बहादुर दिख रही थीं। उसके बाद तुमसे मिलने के इन्तजार में दिन कितना-कितना लम्बा हो गया था—पन्द्रह दिसम्बर। रात आई, आँखों में आज तक उसी का खुमार...तुम कहती हो सारंग को देखो, मेरी आँखें झुक जाती हैं। फिर उस स्त्री को तुम्हारा रूप और तुम्हारी अदाएँ बख्श देती हैं। मैं इतने से ज्यादा कुछ नहीं कर सकता। इतने से ज्यादा करने की इच्छा ही नहीं।"

मैंने गहरा साँस लिया, जैसे इसी साँस के साथ उनका प्यार गहरे उतार लिया हो। झूठ तो नहीं कह रहे वे। क्या मैं इस एकनिष्ठ प्यार से ही बेजार हूँ? मैं इस प्यार को उलीचने पर आमादा हो गई हूँ? मेरा प्यार भक्ति की तरह प्रभु को ही समर्पित नहीं? वह विस्तार चाहता है, जिसे वे व्यभिचार की तरह देखने लगते हैं। मैं कैसे समझाऊँ अपनी मनःस्थिति?

मैं बात को समझ रही थी, मगर हर बात जड़ें खोदने के काबिल नहीं होती। ऊपरी सतह पर हल्के हाथ से थपथपाना भी कारगर होता है।

"मैं सारंग हूँ या नहीं हूँ, तुमने खुद को रंजीत (सारंग के पति) के रूप में देख लिया है। एकनिष्ठ प्रेमी पति। विकास के सपने देखनेवाला और उन्हीं ग्रामीणों के हाथों तबाह होनेवाला, जिनकी उन्नति के लिए पढ़-लिखकर गाँव में ही रह गया।"

वे बोले—"हाँ, इसमें क्या शक है? मेरी तरह ही श्रीधर को परसकर खिलानेवाला। तुम्हें मास्टर के नजदीक आने से रोकने वाला। औरत के लिए खड़े खतरों से डरनेवाला। तुम्हें ही पछाड़ने पर मजबूर होनेवाला...लिखा तो तुमने बहुत होशियारी से है डार्लिंग, पर हम भी तुम्हारी हर रंगत पर नजर रखनेवाले हैं। माफ

करना मेरी जान, बहुत कुछ ज्यादा सावधानी बरतने में हो जाता है। बच्चों के भविष्य की बात भी ध्यान में आती है, वे भी तो आखिर लड़कियाँ हैं।''

''लड़कियाँ! तुम अब भी डरते हो लक्ष्मण रेखाओं से?''

''तुम मुझे इस तरह की चुनौती आज दे रही हो, इस भ्रम में मैं नहीं हूँ। तुम्हारे शुरुआत के खत पढ़कर ही मुझे इल्म हो गया था कि कुछ... इसलिए ही जवाब देने से कतराता था। तुम्हारी तस्वीर यों तो दुल्हन के रूप में थी। लेकिन आँखें? शायद इसलिए ही मैं उसे चन्द्रवती मामी को दे आया।

वे हँसे, हँसी हृदय विदारक-सी...जैसे कोई आगामी संकट गूँजा हो।

अपराधबोध ऐसे ही पैदा किया जाता है, मेरे भीतर बैठी सारंग कह रही थी। कह रही थी कि अपना-अपना बोझ खुद ही लादना ढोना है, दूसरे के कन्धों की उम्मीद का मुगालता क्यों?

नए सिरे से मराठी भाषा के समीक्षक डॉ. चंद्रकांत वांदिवेड़ेकर द्वारा लिखी समीक्षा मुझे मिली। वे मानते हैं कि स्त्री के जीवन का चित्रण मैंने निश्छलता और निष्कपट रूप से अपनी पूरी रंगत में किया है। जबकि यहाँ कुछ लोग मान रहे थे कि समीक्षक कलावती चाची और सारंग के यौन-प्रसंगों का मजा ले रहे हैं। पुरुष मैत्रेयी के पक्षधर इसी आधार पर हुए हैं 'चाक' पर पूरी एक पत्रिका निकली है, लानत से भरपूर।

मैंने किसी रोमांच, ऐश्वर्य और निखालिस काल्पनिक आनन्द के लिए उपन्यासों की रचना नहीं की, कोई इस बात को माने या न माने। जिन पहलुओं को छुआ है, वे अनछुए तो थे, अस्पृश्य नहीं। डॉ. विजय मोहन सिंह मेरी बात से सहमत रहे हैं, जिन्होंने सैकड़ों कथा-रचनाएँ पढ़ी हैं और उनकी समीक्षाएँ दी हैं। मैं जितनी आहत हुई, उतनी अभिभूत भी। लिखना सूझबूझ वाली योजना है, संघर्ष भी आनन्द का माहौल रच रहा है। चकल्लसों, हलचलों और विवादों के भँवर में हूँ तो क्या हुआ?

बहरहाल मेरा आत्मविश्वास बढ़ने लगा। शीर्ष लेखिका कृष्णा सोबती को 'चाक' बहुत पसन्द आया। वीरेन्द्र यादव ने मेरे भावों को रचनात्मक सौन्दर्य के रूप में देखा और गिरिराज किशोर लगातार लिखने के लिए आगे बढ़ने की हिदायत देते थे। तब मैंने समझा, मैं किसी विरोधी के नियन्त्रण में आनेवाली नहीं। दुख ने मेरे मन को परिष्कृत ऐसे ही किया है, जैसे गाँव में सघन पीड़ा की स्थितियों में चंग बजती है, डमरू मादल पर मनोहर राग तैयार होता है।

यह तन जारों, मसि करों

लेखन को लेकर विविध विषयों पर काम करने की आकांक्षा ने मेरी कल्पनाओं को पंख दे दिए। मुझे लगता लेखन ही मेरे उत्साह, लगन और इच्छाओं की वांछित जमीन है। काश, मैं इसे अपना पूरा जीवन समर्पित कर पाती। इन दिनों मुझ पर ऐसा जुनून सवार था कि जिसे किसी को बता दूँ तो मुझे वह या तो सिरफिरी समझे या अति आत्मविश्वास की मारी। यह तो मैं ही जानती थी कि इस विषय पर लिखने का मन मैंने 'इदन्नमम' से पहले ही बनाया था। और मैं उन क्षेत्रों में निकल पड़ी थी, जो 'खूबसूरत कुदरती माहौल' कहे जा सकते हैं। मेरा प्राकृतिक उत्साह उस सैलानी जैसा नहीं था, जो जंगली फूल और फलों पर मोहित होते हुए एक-एक रास्ता एक-एक पगडंडी का लुत्फ उठाते हैं और उस क्षेत्र में गुजर-बसर करनेवालों को--'कबीलाई' मानकर विस्मयात्मक खुशी से भर जाते हैं, मानो उन्होंने कुछ देर के लिए आदि मानवों की दुनिया में प्रवेश किया हो।

ऐसा कुछ लिखने के बाद मेरी लेखकीय ख्याति बढ़ेगी या घटेगी, इसका मुझे विचार ही नहीं था। मुझे तो लिखने का विचार भले अब आया हो, अपराधी-जनजातियों से बचपन का वास्ता था। हाँ, होश सँभालने पर जब-जब 'खिल्ली' (मेरा गाँव) जाती, अपने ठहरने के दौरान मैं देश के लोकतन्त्र को लेकर असमंजस में पड़ जाती। इसमें शक नहीं कि गाँव से लेकर शहर तक हर चीज राजनीति से जुड़ी हुई है, और राजनीति ही शासनतन्त्र की संचालक बनी हुई है। तब शासन का रूप बनता है भ्रष्ट, आँखों पर पट्टी बाँधे अज्ञान से भरा हुआ मूढ़...और यही मनुष्यों की नागरिकता के हक का रखवाला है। वरन् लोगों की खुशी-चैन से जीने की तमन्ना यों हलाक होती? स्वतन्त्रता के इतिहास और संविधान की नीतियों का अध्ययन करते हुए मेरा मन नहीं मानता था कि यहाँ आजादी आई है। मुझे लग रहा था अपना असन्तोष जताने और अपनी बात कहने के लिए मुझे उपन्यास ही लिखना होगा। उपन्यास के जरिए बात भी समझ में आएगी। और सम्बन्धित मन्त्री सन्तरियों को अपने सम्मान में मेरी गुस्ताखी भी न लगेगी। हाँ, ग्रामीण क्षेत्रों के जंगली इलाकों में लोग एक-दूसरे को अच्छी तरह जानते-पहचानते हैं, यह समझते

देर न लगेगी कि बरसीम बेचनेवाला शख्स कौन है, जिसका बेटा राजनीतिक सरगना की तरह काम करते हुए जनता को दहलाता है। 'पहचानें न पहचानें' का सन्देह-लाभ मुझे मिलेगा जरूर।

'जन्मजात अपराधी' विषयक पुस्तक लिखने के लिए पर्याप्त समय चाहिए था और श्रम भी। मैंने इस तरह के शोध, सर्वे और पुस्तकों का गहन अध्ययन शुरू कर दिया। साथ ही मैंने दिल्ली से खिल्ली तक की अनेक यात्राओं की योजना बना ली। और वहाँ कई-कई हफ्ते रुकने का इरादा करके जाना शुरू कर दिया। वैसे तो 'खिल्ली' मेरा मायका है, लेकिन मायके भी इतनी जल्दी-जल्दी जाने-आने की छूट कितनी स्त्रियों को मिलती है? जो ज्यादा से ज्यादा छूट ले लेती हैं, उनके लिए मायके में ही सन्देह पैदा हो जाते हैं।

बहरहाल मैं कभी अपने भाई युवराज को लेकर तो कभी बुद्धसिंह के साथ और अक्सर मिठू कक्का के साथ जन्मजात अपराधियों की ओर बढ़ने लगी, क्योंकि हमारे समाज की स्त्रियों के लिए उनके पास जाने का चलन नहीं। मैं यह काम बड़े गुपचुप तरीके से कर रही थी। मैंने राजेन्द्र यादव को भी नहीं बताया। वे मेरे इस प्रयास को बेवकूफी भरा कदम मानेंगे। मैंने बात-बात में कुछ ऐसा ही साहस दिखा दिया था, वे कहने लगे, ऐसा कुछ तुम्हारे बाप के भी बस का नहीं। इसके बाद जब वरिष्ठ लेखिका राजी सेठ से मैं अपने विचार बाँटना चाहती थी, थोड़ी भूमिका ही बनाई कि वह अपनी नापसन्दगी जताते हुए बोलीं—तुम लोग स्थूल को रचना बनाना चाहते हो, असल ज्ञान होता है सूक्ष्म में। मैं एकदम चुप हो गई। उफ्, ऐसे मैं अपने काम को अंजाम नहीं दे पाऊँगी। जो कुछ ये लोग समझ रहे हैं, मेरा मकसद उससे अलग ही है। मुझे न अपना साहस प्रदर्शित करना है, न दार्शनिक की तरह ज्ञान बघारना है। मैं सोच रही थी, यदि इस किताब पर आपत्ति उठें तो मुझे डरना नहीं चाहिए। मैं अपनी मातृभूमि को कथानक बनाकर लिख रही हूँ, मगर माँ की गोद में बैठकर कलम नहीं चला रही। फिर भी जो इसे देखकर परेशान होंगे, मुझे लिखने से रोक नहीं सकते। यों भी यह देश तस्लीमा का बंगलादेश नहीं, जहाँ धार्मिक और राजनीतिक विषयों पर लेखन मौत के फतवे या देश निकाले के मंजर से गुजरता है, अगर वह कठमुल्लाओं और सरकारी आकाओं के मन का नहीं।

उसी समय मेरे सामने घर का मोर्चा खुल गया, जो लगभग इसी तरह का था। अब तक लेखन में उलझी रहने के कारण मैं इस ओर ध्यान नहीं दे पाई थी कि सबसे छोटी बेटी सुजाता का विवाह के बारे में क्या विचार है? एकाध बार मोहिता की ससुराल से डॉक्टरों के पैगाम उसके लिए आए थे और उसने 'अभी शादी-वादी नहीं' कहकर हमारा ध्यान उचटा दिया था। वैसे विवाह भी घर की सरकार के मनमुताबिक न हो तो दंडनीय हो जाता है।

अब, जब मैं जन्मजात अपराधियों के बारे में सामग्री जुटाकर दिल्ली पहुँची तो बड़ी बेटी नम्रता के माध्यम से पता चला कि सुजाता ने अपने लिए कोई लड़का चुन लिया है। उसकी मित्रता आज की नहीं, जबसे वह मेडिकल इंस्टीट्यूट में दाखिल हुई है, तभी से है।

"लड़का!"

"चुन लिया है!"

मैं इस तरह आश्चर्यचकित हुई जैसे सुजाता ने कोई अनहोनी कर डाली हो और इस घर-परिवार की कुंडली में प्रेम-विवाह राहू-केतु की तरह अभिशाप हो। सुजाता अपने अवैध कर्म को प्रेम के कारण सम्मानित रूप में दुनिया के सामने लाना चाहती है और हमारे जरिए सम्पन्न कराना चाहती है।

"बेटा, लड़का कैसा है?"

"कैसा बताऊँ मम्मी...काला है।" इसके साथ ही नम्रता ने लड़के का रूप-रंग इस तरह पेश किया कि उसकी शानदार योग्यता (एम.बी.बी.एस.) कहीं नीचे दब गई। मेरी कल्पनाएँ कलुष के दलदल में फँसी हुई...

मैं अब तक सुजाता को समझदार और सुलझे विचारोंवाली लड़की समझती थी। अपनी परेशानियों में अक्सर शामिल करती थी कि सुझाव दे, आज वह मेरे लिए बिगड़ी हुई बच्ची के सिवा कुछ न थी। मैं सिर पकड़कर बैठी हुई थी और नम्रता से कह रही थी—बबली, इस लड़की ने गजब किया, अपने पिता पर भरोसा न किया। नादान अपने दोनों बहनोइयों को नहीं देखती, एकदम राजकुमार सरीखे। सब कहते हैं, डॉ. शर्मा नगीने लाए हैं दामादों के रूप में। देख लेना बबली, अब तेरे डैडी इसके लिए कुछ नहीं करेंगे।"

सुजाता जितनी हिम्मत दिखा रही थी, मैं उतना ही डरती जा रही थी। पति कहेंगे और लिखो। नए तेवर दिखाओ। 'औरतों को आजादी चाहिए' का नारा लगाओ। मैं क्या बोलूँगी तब? कहूँगी कि उसके भविष्य को विवाह की पुरानी परम्परा रास नहीं आ रही? वह किसी मालिक के द्वारा कसी गई पत्नी के रूप में नहीं रह पाएगी? तुम्हारी बेटी की खुदमुख्तारी ही उसकी खुद्दारी को बचाएगी। मैं इतना तो कह ही सकती हूँ।

लेकिन...

मैं पूछ रही थी—"बबली, तूने सुजाता से पूछा कि लड़का कौन जात है? तू बहुत काला बता रही है न?"

नम्रता मेरा मुँह ताकने लगी, जैसे ऐसे सवाल की उसे मुझसे कतई उम्मीद न हो।

"तेरे डैडी से डरती हूँ, बबली। उनके खानदान में अब तक कोई इंटरकास्ट मैरिज नहीं हुई। मेरा क्या है, मैं तो ब्राह्मणों में जन्म लेकर यादवों के यहाँ पली हूँ।"

"डैडी भी ऐसे कंजरवेटिव तो नहीं लगते। मोहिता की शादी प्रवीर अग्रवाल से कर ही रहे थे, बस बात नहीं बन पाई।"

"यह लड़का अग्रवाल है? गुप्ता है? सिंह है? सक्सेना, श्रीवास्तव में से कोई...? तेरे चाचाजी यही तो कह रहे थे इंटरकास्ट मैरिज के लिए ये जातियाँ तो चल रही हैं, हाँ एस.सी. एस.टी. नहीं चलते। मैंने उनसे कहा था—क्यों शूद्र क्या आदमी नहीं होते? उनके क्या सींग लगे होते हैं? वे कहने लगे, मौका मिले तो कर लेना शूद्रों से। हाँ हमें मत बुलाना। खबर भी मत देना, नहीं तो हमारे बच्चों की शादियाँ बिरादरी में कैसे होंगी?"

"तो अब क्या होगा?" नम्रता मुझसे फैसला पूछ रही थी।

"सुजाता से कह, लड़के की जात पूछकर आए।"

"यही बात उससे मैंने कही थी मम्मी, ह्विच कास्ट ही बिलोंग्स।"

"क्या बोली?"

"कुछ नहीं। आप पूछकर देखना।"

सुजाता बहुत विनम्र है। मुझे याद नहीं कि मेरी बेटी ने कभी पलटकर मुझे जवाब दिया हो। मुझे यह भी ध्यान नहीं कि किसी चीज के लिए उसने बचपन से लेकर आज तक जिद की हो। हठ उसके स्वभाव में नहीं।

मैंने उसे पास बुलाया, अपने पलंग पर बिठाकर बातें की, अकेले में।

"बेटा, अपने कुल-खानदान का ध्यान है तुझे? अपने डैडी की इज्जत के बारे में सोचा है? मेडिकल इंस्टीट्यूट में उन्हें सब जानते हैं, सब उनके कुलीग डॉक्टर। बस इतना कर कि लड़के की जात मालूम कर ले। गुंजाइश निकली तो तेरे डैडी पीछे हटनेवाले नहीं।"

मैं सुजाता की ओर उम्मीद भरी नजर से देखने लगी। और उसकी आँखें डबडबा आईं। भरे गले से बड़ी मुश्किल से बोल पाई—"हम कौन जात हैं, मम्मी?"

"तुझे नहीं पता?" मैंने दुख भरे लहजे में कहा।

"शर्मा। शर्मा नहीं वह लड़का।"

"तो?"

"पता नहीं।"

मेरी आशंका हद से गुजर गई।

"बेटा, एडमिनिस्ट्रेटिव ऑफिस से पता चल जाएगा। पता तो करना।"

उसकी आँखों से आँसू झरने लगे। वह बिलख-बिलखकर रोने लगी। मैं ऐसी विचलित कि लगे अपना ही सिर दीवार में दे मारूँ। मैं किसके लिए इतनी पड़ताल कराना चाहती हूँ? मैं किसलिए अपनी इतनी ऊँची योग्यता प्राप्त लड़की को यातना दे रही हूँ?

तभी नम्रता पास आ गई। यहाँ हम दोनों की जो हालत थी, उसे देखकर समझ गई कि माजरा क्या है?

"मम्मी, डैडी तैयार नहीं होंगे, यह मैं जानती हूँ, मगर आप तो होंगी। मोहिता होगी और मैं। कमाल है, आप लिखती हैं, रैडीकल चेंजिज लाना चाहती हैं, मगर आज...?"

मैं बोल नहीं पा रही थी, बस कराह सकती थी, जैसे कि लेखकों को ही सुना रही हूँ—"लिखनेवाले बहुत हैं बबली, लेकिन जब उनके बच्चों के ब्याह की बात आती है तो कहते हुए पाए जाते हैं,—प्रेम करो, प्रेम विवाह करो, हम तुम्हारे साथ हैं, बस शूद्र न हो। मुसलमान या ईसाई नहीं चलेगा।"

"वेरी फनी!" नम्रता ने कहा और व्यंग्य से हँस दी।

सुजाता ने जैसे एक वाक्य बोलकर लड़के की जाति का रजिस्टर खोलकर हमें दिखा दिया—"मम्मी, नवल के पापा ने मुझसे पूछा था, तुम अपने नाम का मतलब जानती हो, सुजाता?"

उफ्! घर में क्रान्ति आनेवाली है। मैं इस बात को पति से उस तरह नहीं कह सकती, जैसे कि मौका देखकर किसी अप्रिय बात को भी आहिस्ता-आहिस्ता ऐसे कहती हूँ, जैसे चुपचाप मक्खन पिघलता है।

और बस।

"देख लो तुम्हारे लेखन ने क्या गुल खिलाया।"

"लड़का डॉक्टर है।"

"डॉक्टर, इंजीनियर, किसान, मजदूर...एक रोजगार होता है। कुल-खानदान से आदमी के संस्कारों, तहजीब और सभ्यता की पहचान होती है। पर तुम्हें क्या, तुम तो जाट और यादवों में रहकर अपना सब कुछ भूल गईं।"

संस्कार चुनौती देने लगे...

मैं लड़के के पास गई, इस आशा में कि यह मामला खत्म हो। प्रेम की थाह लूँ और उसे अपने घर की मर्यादा बताऊँ। समझाऊँ कि प्रेम करते हुए पति बनना जरूरी नहीं होता, मुझे तो यह रवैया क्रिमिनल भी लगता है। गृहस्थी की चक्की में तुम्हारी मासूम और कोमल भावनाएँ पिस जाएँगी। मित्रता भरोसे को मजबूत करती है। मित्र क्यों नहीं बने रह सकते?

मेरी बात का डॉ. नवल ने निडर होकर उत्तर दिया—"आंटी, किसने कहा कि हम शादी करके ही मानेंगे? हम नहीं चाहते कि यह शादी आपको दुख दे, आपकी इज्जत पर दाग लगाए। मैंने सुजाता पर शादी के लिए कभी जोर नहीं डाला, आंटी।"

"बेटा, उसकी शादी कहीं और हुई तो?"

"तो...तो क्या हुआ? हमारी फ्रेंडशिप रहेगी। आप दुखी नहीं होना, आंटी। हम शादी-वादी नहीं करेंगे।"

"बेटा..." मैं ज़ार-ज़ार रो उठी।

कैसे कहूँ कि तुम दोनों शादी नहीं करोगे तो मैं चैन से नहीं रह पाऊँगी...और शादी करोगे तो इसके पिता की इज्जत...मैं रोए जा रही थी। नवल सिर झुकाए बैठे थे।

इन दिनों एक फिल्म देखी 'वीर ज़ारा' उसमें शाहरुख़ ख़ान यही बात कहता है, जो डॉ. नवल ने सालों पहले मुझसे कही थी और किरण खेर मेरी तरह ही रोती है...पता नहीं पति की इज्जत के लिए या बेटी के प्यार के लिए या सामाजिक जिद पर शोक के लिए...जो नवयुवाओं को बुजुर्गों के रुतबे तले रौंद देती है।

किसी दूसरे लड़के से शादी की, न की, बेटी हमारे बारे में क्या सोचेगी? जाति प्रथा का रस्सा इस कदर घूम रहा है कि सुजाता का ही गला घोंट दे।

अगर शादी कर दी तो परिवार से कट जाएँगे हम। समाज हँसेगा।

तभी सुजाता की आँखों में तैरते तरल सवाल मुझे विचलित कर जाते—मम्मी, इस प्रेम में आप भी मेरे साथ शामिल थीं। नवल के जन्मदिन पर उपहार भेजने की पेशकश क्यों करती थीं? मेरा मित्र समझकर या छोटी जाति के लड़के पर तरस दिखाने के लिए? उसके बीमार होने पर डैडी से छिपाकर नाश्ता किसलिए भेजती रही थीं? अपनी हर किताब उसके लिए क्यों भिजवाना नहीं भूलती थीं, इसलिए कि मैं लिखती कुछ हूँ, करती कुछ हूँ?

ये सवाल उसकी आँखों में थे या मेरे दिल में? उसने तो सिर्फ इतना ही कहा था, शादी-वादी की कौन सोच रहा है? मैं तो एक बड़े प्रोजेक्ट पर जर्मनी जाना चाहती हूँ, ऑफर मेरे पास है।

मेरा लिखना, भाषण देना, बहस करना...सब कुछ थोथा, खोखला खाली। नहीं तो शादी की बात पर मेरे भीतरी हिस्से काँपते क्यों हैं? नए नाते-रिश्तेदारों की कल्पना पर आँखों में अँधेरा सा क्यों छा जाता है? उफ् यह विवाह संस्था मेरा कितना भयानक इम्तिहान ले रही है।

शीश उतारे भुंइ धरै...संकट में डॉ. सुभाष (बड़े दामाद) को पास बुलाया। वे ब्राह्मण के बेटे...मैं कितनी क्या आशा करूँ उनसे?

बस, हमने मिलकर इस चुनौती को स्वीकार किया। विवाह होगा, जिसे आना है आए, नहीं आना है नहीं आए। सुजाता के पिता के लिए भी यही छूट जारी रखी। मर्जी उनकी।

डॉक्टर्स आए। साहित्यकार आए। मेरे खिल्लीवाले भाई बन्धु शामिल हुए।

पंडित वचन भरवा रहा था मंडप में। सुजाता बताती है—मम्मी, सारे वचनों के बाद हमने एक वचन अपनी ओर से लिया—आज से हमारी कोई जाति नहीं होगी, नवल...न मेरी, न तुम्हारी।

और सुजाता का विवाह करके उसके पिता में वह आत्मविश्वास आया है कि मुझे लगता है, आत्म संशोधन करना है तो आदमी को बेटी का पिता होना चाहिए, क्योंकि जब उसे रूढ़ियों, कर्मकांडों और शास्त्रीय नियमों में उलझाकर बार-बार नीचा दिखाया जाता है, बस यहीं से वह अपनी बाध्यता तोड़कर स्वतन्त्र फैसलों की ओर बढ़ता है। वह जान चुका होता है कि वह अपनी प्रकृति के विरुद्ध आचरण कर रहा था। वह विशेष रूप से सामाजिक अवसरों पर इज्जत के इज़ाफ़े के प्रलोभन में आ जाता है। इस मामले में वह अपनी शक्तियाँ खो देता है, कमजोर की तरह पेश आता है। निस्सन्देह उसकी ताकत को प्रभावित करके क्षति पहुँचानेवाली बाहरी स्थितियाँ होती हैं, जिनके द्वारा वह एक बदला हुआ व्यक्ति नजर आता है। डॉक्टर साहब मुक्त हुए कि सामाजिक हदबन्दियों को काटते हुए आगे बढ़े।

मैं जिस प्रयत्न में अभी तक सक्रिय थी, सुजाता का मामला निपटते-सुलटते इतना समय हो गया कि जन्मजात अपराधियों के जीवन पर जुटाई सारी सामग्री कहीं इधर-उधर हो गई। मेरा ध्यान भी हटने लगा। अखबार में छपे कबूतरा लोगों (जन्मजात अपराधियों) के चित्र और जुर्म के साथ पुलिस की धाराओं वाले दस्तावेज कूड़े-कबाड़े में फेंक दिए।

इन्हीं दिनों मतलब कि 1998 और 99 के बीच दतिया से डॉ. विभा शुक्ल का पत्र आया। पत्र में पूछा—कबूतराओं पर उपन्यास पूरा हो गया होगा। —पत्र पढ़ते ही लगा, जन्मजात अपराधियों पर वह मेरे पास अनमोल खजाना था, जिसे खर्च करके अच्छे उपन्यास की रचना की जा सकती थी। अन्ततः मैंने खुद को तथ्यों के मामले में नितान्त कंगाल पाया, अब मेरे पास केवल अनुभव थे, जो कबूतरा-बस्तियों से जुड़ते थे।

ओह...मेरी मेहनत, कबायद और समय की व्यर्थता...क्या मैंने जन्मजात अपराधियों की जमात में शामिल किए गए छह करोड़ लोगों को समाज के लिए 'अपराधिक प्रवृत्ति' मानकर छोड़ दिया? यह समय उसी समय के आसपास था, जब सुजाता की शादी को लेकर हमारे आसपास के लोग जाति के सूत्रों का उद्गम तलाशने से बाज नहीं आते थे। और मैं उन बच्चों को अपने पीछे छिपाकर सामने खड़ी हो जाती थी। 'इनसे पैदा बच्चे अपना सरनेम क्या लिखेंगे?' 'या जो बच्चा पैदा हुआ है, उसमें तुम्हारा क्या, वह तो उनकी ही जात का है?' या 'इनके मजे हैं,

आरक्षण लेकर पढ़ेंगे, नौकरी पाएँगे' याकि 'संस्कार (जीन्स) कहाँ जाएँगे, अपना असर जरूर दिखाएँगे।' या 'रहेंगे तो वही' अक्सर ऐसे तीर छोड़ने वाले मेरी आत्मा को घायल कर देते। वे थे सुजाता के चाचा, खानदानी भाई और मेडिकल इंस्टीट्यूट के मेरे पति के सहकर्मी...मैं घावों से उठती टीसों को खामोशी से बर्दाश्त करती। ऐसी जगह सुजाता और नवल को न जाने देती।

उफ् मेरा दिल भी क्या है? जब देखो तब, निचाइयों की ओर देखने को आतुर हो उठता है। सुजाता के माता-पिता हम न होते, कोई और होता तो क्यों स्वीकार करता यह सम्बन्ध? स्वीकार कर भी लेता तो क्या जरूरी था उसको अपने परिवार में मिलाकर रखता? लोग ऐसे मामलों में जिन्दगीभर के लिए बेटी त्याग देते हैं। उदाहरणों की कमी नहीं।

और यहीं से मैंने अपना शर्मीला, दब्बू, झेंपू और चुप रह जानेवाला झुका हुआ चेहरा बदल डालने की कोशिश की। मुझे लोगों की जो फब्ती, कटाक्ष, व्यंग विचलित करते, मैं मन-ही-मन उनके कई-कई तीखे उत्तर तैयार करती। दृढ़ता के साथ मन बनाती कि अब तक के ये मित्र और सम्बन्धी हमारे लिए आत्मीयता का ढोंग कर रहे थे। मगर मेरी दृढ़ता यह सोचकर टूटने लगती कि यदि सुजाता डॉ. नवल के लिए इतनी प्रतिबद्ध न होती तब क्या हम इसी लड़के या इसकी जाति के डॉक्टर को खोजकर लाते? मेरा उत्तर हाँ में नहीं आता तो मैं अपने मित्र और सम्बन्धियों को तीखे जवाब कैसे दूँ? बस, अपनी बेटी का शुक्रिया कर सकती हूँ कि उसने मुझे हमारे समाज का असली चेहरा दिखा दिया और बता दिया कि जिन्हें हम नीच जातियाँ मानते रहे हैं और आज भी मान रहे हैं, चाय-पानी और खाने-पीने की औपचारिकता ही उनके साथ निभाते हैं। बेटी-बेटों के सम्बन्ध पर बिदक जाते हैं। यही है हमारी आधुनिकता और सम-भाव की असलियत।

बहरहाल जब नवल के रूप में मेरे सामने खड़ा होता यह निडर, साहसी, अकुंठ भाव वाला गर्वीला नवयुवक तो मेरा सिर खुद ब खुद ऊँचा हो जाता। आत्मविश्वास किन-किन रास्तों से आता है, मुझे अब ज्ञात हुआ। आज जब कुछ दलित आत्मकथाएँ पढ़ती हूँ तो वहाँ कुंठा का बोलबाला पाती हूँ। आजादी और आरक्षण के साठ साल बाद भी आपकी शिक्षा और समझदारी परिपक्व नहीं हुई। अपने प्रति घृणा और वितृष्णा ने इनको भावशून्य बना दिया है। जब इतिहास आपका नहीं था तो अतीत की यन्त्रणा और गन्दगी में रेंगते रहना बुद्धिमानी नहीं है।

डॉ. नवल के बेमिसाल अंदाज ने ऐसी व्यवहारिक और बौद्धिक क्रान्ति का दर्शन कराया कि मैं उस ओर बढ़ती चली गई, जिधर जन्मजात अपराधियों का समाज रहता है, क्योंकि मैं अब तक सोच-विचार में पड़ी हुई थी कि 'चाक' पर ही लोगों ने इतना बवाल मचा दिया, आगे क्या होगा?

दो नवयुवा आँखों की चमक थी कि मेरी अपनी आँखों में जुगनू झिलमिलाए। लेखन के जरिए मैं जिस अनन्यतम आनन्द को प्राप्त करना चाहती थी और निरन्तर खोज के बाद भी जिसे प्राप्त न कर पा रही थी, वह पहाड़ की ओट में छिपा है। वह नीली कीचड़वाली बस्तियों में तप रहा है। मुझे हर हालत में वहाँ डेरा जमाना होगा।

बस! मेरे कबूतरा-प्रेम का किस्सा सुनिए—

मैं भटक रही हूँ।

उस पहाड़ के चारों ओर चक्कर काट रही हूँ, जो अपनी बनावट में गोल है। इस गोलाई की आड़ अपने पीछे एक 'कबूतरा बस्ती' को छिपाए हुए है। कुछ लोगों का मानना है कि पहाड़ इन छिपकर साँस लेनेवालों को कब तक बचाएगा आखिर? अब तक इन जैसों की बस्तियाँ जैसे उजड़ती रही हैं, आगे भी उजड़ेंगी, यह तय है। कुछ सिर हिलाकर अनुमोदन करते हैं, क्योंकि मानते हैं कि ऐसी बस्तियाँ भूखे दरिन्दों की होती हैं।

मैं उन शातिर बदमाश और चोर-उचक्के, खूनी हत्यारों को क्यों देखना चाहती हूँ? वे मेरे लिए ऐसे अपरिचित भी नहीं कि जिज्ञासा के जरिए कुछ विचित्र जानकारी हासिल करूँ। जानकारियाँ समाजशास्त्री हासिल करते हैं। मैं क्यों इस खूँखार कौम के हवाले अपने-आपको करना चाहती हूँ? अपने घर, गाँव या समाज की औरतें यहाँ क्यों आएँगी? कोई कारण नहीं। यहाँ तो समाज के 'सज्जन लोग' भी नहीं आते, खतरे लगें या बेआबरू होने का अंदेसा रहे। हाँ, यहाँ कुछ चंडू, मदलोभी और सजा काटने के लिए तैयार कबूतराओं के खरीददार आया करते हैं।

यह सिलसिला भी अवश्य रहा है कि कौतूहलवश इस बस्ती को रहस्यमय ढंग से देखो, क्योंकि जब न तब ऐसे दृश्य उभरकर सामने आ जाते हैं, जिनमें से परपीड़न का आनन्द सोते की तरह फूटता है। पुलिस या शराब के लाइसेंसशुदा ठेकेदार ही कबूतराओं को पीटते हुए गाँव के नजदीक सार्वजनिक रास्ते पर लाते हैं। पता नहीं किस जुर्म में कबूतरा कहा जानेवाला व्यक्ति तेल पिए डंडे से, भारी बूटों की ठोकर से पिटता-लुढ़कता जनता के आगे तड़पता रहता है। एक पल ऐसा आता है, जब हमारे रोंगटे खड़े हो जाते हैं। तीक्ष्ण तीती सिहरन तन-मन में बिजली-सी दौड़ जाती है, क्योंकि पिटनेवाले के कन्धों और रीढ़ के ऊपर की खाल आघातों से फट जाती है। लाल-लाल मांस धूप में चिलक उठता है। मुँह की राह भी आदमी खून छोड़ रहा होता है। तब हम अपने कज्जा (बड़े समाज के लोग) होने पर सन्तोष की साँस लेते हैं।

इस पहाड़ी रास्ते और गाँव के दरमियान ऐसे दृश्य बनते रहे हैं, हम बचपन से लेकर अब तक इसी पीड़ादाई आनन्द की अनुभूति से गुजरते आए हैं।

आज तो मैं अपने छोटे भाई सोबरन को ढूँढ़ने आई हूँ। पैंतालीस साल का निपट नादान अध्यापक, लम्बे कद का शरीर और क्षत्रिय चेहरा, आँखें छोटी, मगर गहरी भेदती हुई...घर से खदेड़ा भगाया मेरा मुँह बोला भाई किसी 'कबूतरी के घाघरे का गुलाम' माना जाता है। 'हरामी दारूबाज' से ज्यादा कुछ नहीं समझा जाता। कई बार उसको राजा काका ने पाँव का जूता उतारकर पीटा है। दिलीप उसके मुकाबले उम्र में कितना छोटा, बच्चे जैसा, होठ टेढ़े करके गाली देकर रह गया।

कहाँ मिलेगा सोबरन? उसका बिछोह इस कदर साल रहा है कि चेहरा बदहवास, देह धूल में नहाई हुई, बाँहें जली लकड़ी-सी और चप्पलों के बावजूद पाँवों में ततूरी (तपती धरती की जलन) लगी है। मन यों भी झुलसा हुआ है कि भाई के लिए ऐसे कुविशेषण लोगों के मन में आए, जितने लांछन सुनकर मैं पहाड़ियों से, खेतों से, तालाब से और उन रास्तों के लिए गाँव की नुमाइंदगी कर रहे सभ्य लियाकतदारों से और समाज में सम्मानित लोगों से नहीं पूछ पाई कि सोबरन, मेरा भाई कबूतरियों का गुलाम कैसे है? घबराकर आकाश की ओर देखती हूँ! शून्य से जैसे पूछती हूँ—क्या, सोबरन की बात जैसे मैं मान लेने को तैयार हूँ, वैसे लोग भी मान लेंगे? या कबूतरा बस्ती का हर एक मामला उसकी दारू में डुबो दिया जाएगा?

"तुम यहाँ कहाँ, मैत्रेयी?" यह सवाल कई बार हुआ। अचकचा गई। निगाह इधर-उधर फेर ली। लुकने-छिपने की जगह बियावान में कहाँ? लाचार सी सोचती हूँ इस बदनाम और खौफनाक मानी जानेवाली जंगली बसावट के पक्ष में क्या बोला जाए?

और नजरें चुराती सी यकायक आँखें उठाकर देख लेती हूँ—सोबरन!

किसी की भी परवाह किए बिना आगे बढ़ चली।

आमने-सामने खड़े हैं बहन-भाई।

अपनी जिज्जी को प्रणाम करके आश्चर्य से देखता है सोबरन—तुम फिर आ गईं मेरे पीछे-पीछे!

—कोई एक आगे बढ़े तो सही, देखकर दूसरे लोग पीछे-पीछे हो लेते हैं।

—जिज्जी, ये अपराधी लोग जनम-जनम के पापी। माथे पर कुछ खुदा नहीं, हाथों पर भी खून नहीं लगा, पर समझो कि चेहरा ही थाने का कागज है। दरोगा सिपाही जब मन आए, मौका लगे कागज पर कलम चला दें। ये राजकाज के अनलिखे-गजेटियर, क्या लिख पाओगी तुम जिज्जी?

—कुछ नहीं। कुछ भी नहीं। गाँवों के घरों, खेत-खलिहानों को ध्वंस करनेवाले लोग, जो हाथ पड़ जाए, उसी की हत्या पर उतारू कबूतरा कैसे विचित्र हैं कि अच्छे

आचरण से नफरत करते हैं। चेहरों पर गुस्सा पुता रहता है, पर इनसे डर क्यों नहीं लगा मुझे? इसलिए कि मैं तुझसे मिलने को व्याकुल चली आ रही थी, सोबरन!

कक्का ने मैत्रेयी को सोबरन की बात पर झिड़क दिया था—"उस नालायक को क्या जानकारी है? भाषण देता है कि ये लोग तुम्हारे पुलिस विभाग, कानून और राजतन्त्र की तरह खुद को किसी से छिपाते नहीं। न किसी खतरे से ही खुद को बचाते, बस अपने हाथ-पाँव साबुत रखने के लिए जंगल में भाग जाते हैं। क्या करें, भूख उनका सबसे खूँखार देवता है। उस देवता के पुजापे के लिए हाथ-पाँव चाहिए ही चाहिए, सो चोरी-चकारी लाजिमी हो जाती है। राहजनी करते हुए बात मार-काट तक पहुँच जाए तो कोई क्या करे? काका, खेती नहीं, मजूरी नहीं तो कोई आदमी धरती फोड़कर अन्न कहाँ से ले आए, जबकि उनके पास फोड़ने के लिए अँगूठे भर अपनी धरती भी नहीं। जो आजीविका है, जैसी-तैसी है, उसी से ईमानदारी बरतनी है। —ऐसे कहता है बेईमान सोबरन।"

मैं सोचती हूँ—कहाँ से हुआ रे यह ज्ञान?

कब की बात है यह! सन् 1993 की।

आज तो कबूतरा बस्ती से काफी दूर खड़ी अपने हाथ में बँधी घड़ी देखती हूँ। गर्मी की सुबह के साढ़े आठ बजे हैं।

सोबरन, कबूतरा बस्ती में मेरे घुसने की लाठी, जिसके साथ-साथ आगे बढ़ना है। बाकी कौन है यहाँ, मेरी 'सनक' को समझनेवाला?

'हाय नासपरे सोबरन...!' खटिया बिछाकर बैठा है और कबूतरी के साथ ताश खेल रहा है! जरूर दारू में धुत होगा। रात को गाँव गया ही नहीं होगा। यहीं पिया खाया, यहीं सोया। पगला, कबूतरियों की आदत जानता तो होगा, कब्जे में आया आदमी ऐल-फैल करे तो पहले-फूल की (शुरुआती) दारू पिलाकर खतम कर देती हैं। शराब से मरनेवाले की मौत का कारण शराब ही होती है, कबूतरी नहीं।

पर यह जीता-जागता मेरा भाई, कबूतरियों का सम्मान करता है? बराबरी पर देखता है?

देखो न, पाँवों में झुकता हुआ मुझे प्रणाम कर रहा है, मुँह से कुछ बोलना चाहा, जीभ लटपटा गई।

मैं पीछे लौटती हूँ।

पिछले वर्षों से जो होता आ रहा है, वह कबूतरा बस्ती का दमनपूर्ण इतिहास है। मेरे लिए और सोबरन के लिए यह महज खेल नहीं, इसमें ढेरों बड़ी-बड़ी बातें छिपी हैं। कहते हैं कि इसमें मुगलों से लेकर अंगरेजों तक का

युग समाया हुआ है। उस युग को कितनी आसानी से जीतना चाहता है कबूतरा! कैसे एक मजबूत विश्वास खड़ा करता है कि जैसे रानी पद्मिनी अपराजिता रही, राणाप्रताप ने अपना शौर्य बरकरार रखा, शिवाजी से लेकर झाँसी की रानी के साथ मिलकर चूहों के कौशलपूर्ण युद्ध के योद्धा जूझे, ऐसे ही वह भी खड़ा होता है। जबकि दृश्य कुछ ऐसा है कि पूर्वज जो थे होंगे, मगर वह जो कुछ आज है, हमारे सामने है। वह जिस टोली के साथ खड़ा हो जाए, वही टोली भाग खड़ी होती है।

याद आता है उस जमाने से इस जमाने तक फैला दायरा। सोबरन जब पाँचवीं कक्षा में पढ़नेवाला बच्चा था और मैं थी हाई स्कूल में पढ़नेवाली लड़की। प्राइमरी स्कूल के मास्साब वेतन लाए थे। अपने बक्से में रुपये रखकर ताला बन्द करके सोए थे। उसी रात रुपये चोरी हो गए। हाय-हल्ला मचा। खोज पुकार हुई। चोर का नाम निकालने में सिद्ध दच्चीं कक्का बुलवाए। बहुत से लोगों को चावल पढ़कर दिए गए। कहीं सूत्र नहीं मिला तो महामाई पर पाँच कन्याएँ जिंवाईं।

अब कोई जोर कहीं नहीं, पुलिस आ गई।

कन्धे पर बन्दूक रखकर बूट धमधमाते हुए सिपाही कबूतरा बस्ती पहुँचे। बाकायदा चारों को पकड़कर लाए। देखते ही देखते सड़क पर पिटाईखाना खुल गया। हमारी उम्र के बच्चों ने ऐसी पिटाई पहली बार नहीं देखी थी, फिर भी हम नए सिरे से घबराए, काँपे और रुलाई रोकते रहे। सड़क का काला तारकोल लाल हो गया। इस रास्ते आनेवाली बैलगाड़ियाँ, ट्रैक्टर और बस रुक गए। स्कूल की छुट्टी करनी पड़ी। सिपाहियों की बहादुरी देखते ही बनती थी और कबूतराओं की सहनशक्ति का इम्तहान था। चमड़े के कोड़े की फटकार के साथ दर्शकों का सीत्कार उठता, मगर कबूतराओं की तो जैसे साँस भी बेआवाज हो गई। वे झूठ की मिट्टी से बने आदमी, अपना जुर्म कबूल करें तब छोड़े जाएँ। कोड़ा, घूँसा और जूता उनकी देह पर दस्तक देते रहे।

अन्त में न मालूम कैसे सिद्ध हुआ कि कबूतराओं ने अपना जुर्म स्वीकारा है। कोई कहे सिर हिलाया था, कोई कहे आँखों से कबूल किया था और यह भी कहा जा रहा था कि मारते हुए सिपाही के गोड़ पर सिर धर दिया था, मतलब कि चोरी अपने सिर मान ली। जवाब जैसे भी दिया हो, 'रुपये क्यों चुराए' जैसा सवाल किसी ने उन घायलों से नहीं किया। 'बेशर्म' और 'पिटा' लोगों से सवाल नहीं किए जाते। विश्वास यह भी था कि ये ढीठ लोग पुलिस के हिसाब तले आएँगे और कचहरियों की कलमें इन्हें काटेंगी। वकीलों के कारण ये हारेंगे तो ये भी अपना हिसाब चुकाए बिना मानेंगे नहीं। रस्साकसी पुरानी है। पुरानी है मगर जर्जर नहीं, दिन-ब-दिन मजबूत होती जाती है।

बचपन से पिटने की कला के मौनी माहिर वीरदेव का नाम सुमिरकर 'चलो थाने' की आवाज पर चेहरे से सजा काटने के लिए वे तत्पर दिखे।

उठते हुए कबूतराओं को सिपाहियों ने धक्के दिए—साले हरामी, तुम्हारा क्या अचार डालेंगे हम?

सिर के बल गिरते तो काशीफल की तरह जमीन से टकराकर उनके सिर फट जाते। मगर वे संकेत समझते हुए सध गए—'अचार डालेंगे' मतलब कि औरतों को थाने जाना होगा।'

मुजरिम हवालात के लिए चले गए। तमाशा छँट गया। मास्साब के रुपये फिर भी नहीं मिले। मिलते कहाँ से?

रुपये सोबरन के निकर की जेब में थे। निकर आगे की ओर पेशाब से भीग गई थी। सोबरन को बुखार चढ़ आया।

दृश्य पलटता है।

डटकर चोरियाँ होती हैं। चैत के महीने में खेत में खड़ी फसल के ठूँड़ रह जाते हैं—बाल कतरी का मामला। गड़रियों की बकरी-भेंड़, गायब हो जाती हैं—जरूर किसी कबूतरा बच्चे ने जन्म लिया है। भैंसें हाँक ली गईं—जन्मजात अपराधियों को घूँस भरनी होगी। खलिहान की रास—खाने के लिए अन्न का जुगाड़ कौन नहीं करना चाहता?

थानेदार से लेकर एस.पी. तक सनसना जाते हैं, टाटियों, झोपड़ियों में रहनेवाले, झाड़ियों झरबेरियों की काँटेदार गली में चलनेवाले लहूलुहान मुट्ठीभर लोग, गाँवों में गदर मचाए हैं। सज्जन, सभ्य और समर्थ लोगों को अपनी दहशत के पंजे में कसनेवाली यह क्रिमिनल ट्राइब! आए दिन अखबार में छपी खबरें आतंक बढ़ाती हैं—बच्चे का सिर कलम करनेवाले दो कबूतरा गिरफ्तार। दुल्हन के जेबर कबूतरियों ने उतारे, मुँह में कपड़ा ठूँस दिया, हाथ-पाँव बाँध दिए। हत्यारी कबूतरियाँ शातिर और खूबसूरत डंकिनी पुलिस की आँख का नूर और काँटा साथ-साथ बनकर रहती हैं। उन्हें काबू करना सिंहनी के गले में हाथ डालना है। अतः लाजिमी है कि पहले इलजामों का जाल बिछाया जाए, मनोबल तोड़ा जाए। रीढ़वाली स्त्री पर कौन हाथ आजमाए, जैसी धारणाएँ और इनसे प्रभावित व्यवहार इस इक्कीसवीं सदी में क्या सिद्ध करना चाहता है?

अपवाद ही था कि बालक सोबरन कबूतराओं का गुनाहगार और 'अल्मा कबूतरी' उपन्यास का मंसाराम बना। उसकी बहन मैत्रेयी ने जन्मजात अपराधियों का कोई इतिहास नहीं पढ़ा, किसी गजेटियर में उनका जिक्र नहीं मिला, वेद-पुराण और

स्मृतियाँ भी मौन रहीं। मैत्रेयी तो केवल भूरी कबूतरी के मुँह उसकी जातिगत कहानियाँ सुनकर बड़ी होती रही। भूरी को मालूम था देश आजाद हो गया। देश किस आदमी का नाम है, यह मालूम नहीं था—वह जवाहरलाल को राजा मानती थी, क्योंकि राजा-रानियों की कहानियों के सिवा वह किसी की कथा नहीं जानती थी। वह जब-जब सजा पाती, अपनी बड़ी-बड़ी आँखों और लम्बी-लम्बी बाँहों को घुमा-घुमाकर मानो बड़ी-बड़ी लड़ाइयाँ लड़ने की चुनौतियाँ देती। गाँव में घुसती तो कुत्ते भौंकते, बेपरवाह औरत हमारे दादा के पास आकर धरती पर बैठ जाती। फिर बातें करती—अपने लोगों की वीरता की, बदमाशियों की, विरोधों की और गलतियों की। कई बार अवसर मौके पर भूरी कबूतरी ने गाँव को अपने लोगों की ताकत और जीवट का नजारा दिखा दिया था। कई केसों में वह अपने दल के साथ हाथ-पाँवों, कुल्हाड़ी और डंडों से लड़ी। कई मामले गोरखा पल्टन की तरह निपटाए।

गाँव ऋणी था, म. र कबूतरा साहूकार न थे, ब्याज तो ब्याज नेकी का मूल तक दरिया में डाल देते। न यह कह पाते कि अब वे मुजरिम नहीं, तुम सब में शामिल हैं।

न कहें, दादा ने समझ लिया था, आजाद देश में ये गुलाम भी आजाद हो जाने चाहिए। चिमनसिंह यादव ने प्रदेश के मुख्यमन्त्री के नाम पत्र लिखा था—बेकसूर लोगों की सजा यह है कि उन्होंने कसूरवार ठहराए जानेवालों के वंश बीज से जन्म लिया है। पुलिस के खतावार ये बाँकुरे लोग कोई खता न करें, यह भी खता है। बेबात सजा देनेवालों को सजा दी जाए हुजूर। जन्मजात अपराधी की चिप्पी हर कबूतरा के माथे पर चिपकी है, जो दिखती नहीं मगर रहती है। और ये लोग जिस भूमि पर जन्मे हैं, उसी पर चलने की मोहलत इन्हें चबा लेती है। कागज का हुकुम व्यवहार में फुस्स हो जानेवाला ही हुआ क्योंकि मोघिया, कलन्दर, साँसी, पारदी, औदिया, कबूतरा आदि जातियों के लोग हाड़मांस के, साँस लेते आदमी हैं, जिनके सीने में जिन्दा दिल धड़कता है।

दादा की यह भावाकुलता शासकीय विधान पर असर न डाल सकी, क्योंकि उनके पास समाजशास्त्रीय ढंग के विस्तृत आँकड़े और तरतीववार ब्यौरे न थे कि देश के कितने करोड़, कितने लाख, कितने हजार जन्मजात अपराधी अपने जन्म के कारण सजा की यातना भोगने के लिए अभिशप्त हैं। न ही दादा यह बता सकते थे कि गुलाम भारत में अंगरेजों के मुकाबले आजाद देश के नागरिक जुल्म ढाने में कम नहीं, कई गुना आगे हैं। कि आदिम बर्बरता ज्यों की त्यों भी नहीं, चौड़े मुँह की सुरसा हो चली है, जो आदिवासी और इन बहिष्कृतों के मद में आई रकम को लील जाती है। दादा तो भूरी से ही पूछा करते—जब नेहरू जी ने भाषण दिया था तब पुलिसवाले सुन रहे थे या नहीं?

—सुन रहे थे ऐन!

—फिर अमल क्यों नहीं करते? देश के प्रधानमन्त्री की ऐसी बेकदरी? पुलिसवालों को नरक में ठौर नहीं मिलेगा।

—वे तब ही तो नरक ही नरक बनाए दे रहे हैं दुनिया को। घूँस माँगते हैं।

—घूँस? घूँस तो कोई नई बात नहीं, वेद-पुराणों के जमाने से चली आ रही है, पर आदमी के पास रुपया अधेली हो तो सही। घूँस के लिए भी चोरी-चकारी करनी पड़े तो लानत है हाकिमों की हाकिमी को। खतावारी कब तक आखिर? कोई इस शय से बचा ले, तब बात है।

भोले दादा चिमनसिंह! चिमनसिंह का बेटा सोबरन अपराधबोध का मारा हुआ...सोबरन की बहन मैत्रेयी कहाँ पली, कहाँ बढ़ी, कहाँ पढ़ी, कहाँ ब्याही, कहाँ पहुँची? इन तीनों के मन में न ज्यादा करुणा थी, न ज्यादा हमदर्दी थी और न ज्यादा वेदना...मगर कुछ था, कुछ ऐसा सा जो मनुष्य और मनुष्य के बीच अनाम, अनदेखा, अनजाना-सा कुछ होता है। कोई रहस्य सूत्र कि किसी अपनत्व का जज्बा, जो भूरी ने पास बैठ-बैठकर कि भाईचारा दिखाकर पैदा कर दिया था। उसी के कारण कि कबूतराओं के बाँके शौर्य के कारण दादा ने कुछ धरती उनको देनी चाही थी। गाँव के किसानों जैसे किसान राजा काका बल्लियों उछले और अपनी टेक पर जा गिरे—केस लड़ाई में काम आए थे कबूतरा तो क्या करें? बैलगाड़ी में बैल काम आए तो उसको भी खेती पाती देनी होगी?

'कबूतरा जन्म-जन्म के खानाबदोस...' सोबरन कराहकर रह जाता।

गृह कलह और आपसी विरोध के बाद जब भाइयों में सुलह-समझौता हुआ तो तय था कि ढाई बीघा जमीन, जो फसल के हिसाब से कहीं आती ही नहीं, भूरी को दे दी जाएगी। अब तक पथरीली ऊँची-नीची धरती पर डाले डेरे उखाड़कर भूरी समतल पर आ गई। भूरी क्या थी, पूरी एक कबूतरा बस्ती की संगठनकर्ता।

इलाके में चिमनसिंह के विरोधियों ने अफवाह फैला दी कि अब वे अपराधी पालने पर उतर आए हैं। मुजरिमों को शरण देकर जुर्म कर रहे हैं, सबसे पहले इनको पुलिस पकड़े। बहुत से किसानों ने इस बात का समर्थन किया, क्योंकि कबूतराओं की छापामार लड़ाई से किसानों को ही गुजरना पड़ता है। दादा चिमनसिंह का यह रवैया गाँवों में गलत मोड़ ले गया। लोग आपसी रंजिश, डाकुओं के आतंक और यहाँ-वहाँ दुश्मन से निपटने के लिए कबूतराओं को काम में लेने लगे। बदले में बुरी जगहों पर इन खानाबदोशों को बसने दिया। स्थाई-अस्थाई बसीले बनाने में भी मदद की। साथ ही चौकन्ने भी रहे, क्योंकि यह धारणा मजबूत थी कि कबूतरा कज्जाओं (बड़े समाज के लोगों) के यहाँ सेंध लगाने का मौका चूकना अपनी भूल या अपमान मानता है। किसानों की यही धारणा पुलिस का मौन समर्थन करती है। लगता यह

है कि जैसे यह भी पुलिस, प्रशासन और राजनेताओं की गोपनीय रणनीति हो। देखा यह भी गया है कि यही नीति किसानों द्वारा कबूतराओं का खात्मा कराती है।

1952 में मिले 'विमुक्त' नाम का लाभ जातियों को नाममात्र के लिए मिला, क्योंकि जिस तरह इन लोगों को अंगरेजों ने 1871 में अपनी सरकार के तहत जन्मजात अपराधी करार देकर बाँधा और 1910 और 1920 में वह बन्धन पुनः-पुनः जाँचा, उसी तरह किसानों के समाज में भी इन जातियों की गतिविधियों पर तयशुदा सीमा लागू रही। प्रतिबन्ध वही था कि वे मनुष्य रूप में जन्मे लोग मनुष्य की तरह रहने, खाने और नित्यक्रियाओं तक की हफ्तेदारी देने की लाचारी उठाते रहे। साथ ही सदियों से चली आ रही कुगाथाएँ—कि ये बर्बर हैं, निरंकुश हैं, जंगली हिंसाप्रेमी हैं। नतीजन समाज की अमन-शान्ति के दुश्मन हैं। इनका सफाया जनजन के हित में है। डाकू उन्मूलन अभियान के आगे-पीछे और साथ-साथ इनको मार गिराने की मुहिम बराबर चल रही है, क्योंकि ये डाकुओं के सहायकों की भूमिका में उतर चुके हैं।

दादा चिमनसिंह की समझ में कुछ न आता तो वे भूरी कबूतरी के साथ ही सलाह-मशविरा करने बैठ जाते—भूरी, किस जन के लिए किस जन का सर कलम करना जरूरी है? पुलिस के लिए? लाइसेंसशुदा ठेकेदारों के लिए? डाकुओं के लिए इन अवैधों को शिकार भी बनाना होगा! कानून भलाई के लिए बनते हैं, पर भलाई में से छन-छनकर कपट और भितरघात बहे चले आ रहे हैं। कबूतराओं की हालत खराब हो रही है। हम लोगों की खताओं पर कबूतरा जेलों में ठूँसे जा रहे हैं। ये कैसा सुराज आया, भूरी? भूरी की आँखों से सहमति के कि भुक्तभोगी होने के दुख में कुछ आँसू टपकते और माहौल में मौन सनसनाने लगता।

हम छह-आठ लोगों के समूह में ऐसे संवाद, ऐसी चिन्ताएँ अक्सर सुना करते, पर उस संवाद का हासिल कुछ न था। यहाँ तक कि दादा गाँव में लखनऊ से आनेवाले आला अफसरों से कबूतराओं की बात चलाते। तब वे सभ्य, शिक्षित और लकदक लोग हँसकर रह जाते। उनकी इस लापरवाही भरी अदा पर दादा अपने आप से शर्मिन्दा से हो उठते, मानो वे अहलकार कह रहे हों—तुम गँवार बिना विचार और चिन्तन किए खतरनाक बातों को भी खोलकर कहने की आदत डाले हुए हो।

रेत-मिट्टी में रहनेवाला किसान प्रशासकों के सामने कितनी हिम्मत कर सकता है?

मगर, देखते ही देखते शहर के दफ्तरों से तमाम नीतियाँ बनकर आईं। उन नेक नीतियों को ध्यान में रखते हुए पुलिस ने चुस्त चालाक व्यापारियों से गठबंधन किए, जिनकी शर्तों के हिसाब से 'शराब की बिक्री पर दिन काटती कबूतरियाँ' बारहबाट हो गईं। कच्ची शराब को अवैध घोषित करनेवाला लाइसेंस शराब व्यवसाय के मैदान

का अकेला खिलाड़ी रह गया। ऐसा तो होना ही था, होना चाहिए भी था, क्योंकि 'विमुक्त जातियों' के लोग तो हमारे अनुसार आज भी माथे पर जन्मजात अपराधियों की चिप्पी चिपकाए हुए हैं। एहतियात के लिए हम उस उखड़ने को बेताब चिप्पी के पीछे गोंद की जगह फैवीकोल लगा देना चाहते हैं। लाभ यह रहेगा कि बहिष्कृत लोगों को कभी सामाजिक रूप से व्यवसायिक लाइसेंस नहीं मिल पाएँगे।

सरकारी रहवासों की कहानी हमारी इस मानसिकता से इतर नहीं। उनमें जन्म-जन्मान्तरों के चोर, बदमाश, नामी लुटेरे और शातिर हत्यारों को कौन बसने देता? आखिर सामाजिक विधान भी तो कोई चीज है, जिसके तहत लोगों के चारित्रिक उत्थान की गारंटी रहती है। परबई दातार नगर की रिहाइशें अपवाद के रूप में बसी थीं, मगर विमुक्तों का रोज-रोज का उपवास उनकी आँतों को इस कदर छीलने लगा कि दुबककर, छिपकर भूखे लोग अपने पुराने धन्धों को खोजने लगे। गजब यह कि इधर लूटपाट और राहजनी का बाजार गर्म हुआ और उधर विमुक्त जातियों के विकासीय आँकड़ों की धुआँधार पत्रिकाओं का आविर्भाव सामने आया। जनजाति-कल्याण, आदिवासी उत्थान जैसी तमाम संस्थाएँ कुकुरमुत्ता की फसल सी जहाँ न तहाँ खड़ी हो गईं।

और यह तभी की बात है, जब नत्थू डाकू के नाम पर रौशन कबूतरा मार गिराया था। मुठभेड़-एनकाउंटर के नाम पर पुलिस ने इनाम जीते थे। अब कोई नथुआ की आदत को क्या करे कि उसे डकैती की तलब उठ आई। किसी नादान पुलिस अफसर ने डकैती का पर्दाफाश किया, जिसमें तथाकथित मृत डाकू बाकायदा पाँच लोगों की हत्या करके नकदी और जेवरों के साथ दो बन्दूकें लेकर घाटी में उतर गया।

चिमनसिंह की समझ में अब साफ-साफ आ गया कि सरकारी-तन्त्र एक ऐसा राज है, जो अपने तयशुदा मकसद को किसी भी हालत में पूरा करता है। उन दिनों भूरी कबूतरी लगभग गूँगी-सी, दहशत की मारी पथराई आँखों से अपने 'स्त्री-पुरुषों' को देखती और मेड़िया माता की तरह दम साधे रह जाती।

सरकार के नुमाइन्दों को सफल होना ही होना है।

मैं यहाँ अपने बहिष्कृत भाई सोबरन को खोजने आई थी।

सोबरन अब तक बढ़कर जवान हो चुका था और दारू की गंगा उसके मुँह लग चुकी थी। कुशल गोताखोर आखिर गया तो कहाँ गया? लोग कहते हैं—कबूतरा बस्ती का बाशिन्दा हो गया! कौन होता है, यहाँ का बाशिन्दा, लोगों की नजरों का काँटा! सोबरन को गाँव में हिकारत से देखा जाता है, घर साथ-साथ बदनाम होता है। हमारा घर दादा की हमदर्द आदतों और सोबरन की कबूतरा बस्ती में बैठकी के कारण

दागदार हुआ है। राजा काका जैसे इन दोनों का प्रायश्चित करते हों। कबूतराओं को पीटने और बेगार के लिए पटाने पर लगे रहते हैं। आखिर ढाई बीघा परती खेती ने ही गजब ढाया है न। नहीं तो ये खानाबदोश अब तक कहाँ के मारे कहाँ चले गए होते। हमारा गाँव पाक-साफ और घर गंगाजल छिड़ककर पवित्र कर लिया होता। सोबरन को भी राजा काका तीर्थ करा लाए होते। गाँव को पंगत देकर उसे घर में मिला लिया होता। तो बुरा क्या होता? कबूतरा-कलन्दरों को तो खानाबदोशी की आदत रहती है। सदियों का विस्थापन इनका कुछ नहीं बिगाड़ पाया। जान हथेली पर रखकर पुनर्वास का हीला कर लेते हैं। उनका यह रोना भी नहीं कि सरकार ने क्या वादे किए थे, क्या दिया! छीनकर लेनेवाला किसी के लिए दिए को क्या समझेगा? झोपड़पट्टियों में बसनेवालों को झींकते हुए देखकर ये हँसते हैं, खुले आकाश तले धूप, सर्दी, पानी ही सही, मिले तो सही।

दादा ने इनको धूप सर्दी पानी के साथ हवा का तोहफा दे दिया, दमन तो अब निश्चित ही बढ़ेगा। इस बलिदानी समूह ने भी कसम खायी है कि इस सरहद पर ही रहना है। क्या इन्हें यकीन है कि सोबरन का लहू इनकी जीवन रेखा से जा मिला है? पुलिस इनकी रिहाइशों से रंजिश रखती है। किसान भी रास्ता देने को तैयार नहीं, तो फिर कोई अहिंसा में हाथ बाँधकर कैसे बैठा रहे? कहते हैं कि पिछले दिनों भयानक टकराव हुआ। ठेकेदार और पुलिस का शामिल हमला था, उधर सोबरन कबूतराओं के साथ हथियार उठाए खड़ा था। मारपीट हुई, बन्दूकें चलीं। लोगों की गिरफ्तारी हुई। लोगों यानी कबूतरा।

तो जाओ।

चलें, उन आदिम बर्बर मनुष्यों के पास, जो विकासमान भारत के तकनीकी भविष्य के चलते सुविधाओं पर सुविधाएँ जुटानेवाले समाज के आनन्दलोक में दहशत पैदा करते हैं, कि उन समुदायों के काफिले सुचारित समाज में भद्दे धब्बों के रूप में प्रकट हो पड़ते हैं। सुन्दर गलियों में बदबूदार पानी की नालियों से, प्यास से परेशान। आओ चलें वहीं, जहाँ सैकड़ों समाजशास्त्री इनकी छवि अपने थीसिसों के पन्नों पर उतार ले जाते हैं और उनकी दशा सुधारने के लिए दिशाएँ खोलने के भरोसे देते हैं। ऐसे अचानक, अपरिचितों की भीड़ पर ये 'विमुक्त' अपनी आजादी का भार डालकर क्या सुख की नींद सो सकते हैं? मुझे लगता रहा कि लोग तो क्या, यह जमीन भी, जिस पर वे अपनी जिन्दगी बसर कर रहे हैं, उन्हें हत्या के लिए ही बाँधे हुए है। सैकड़ों वर्षों से वे इस हालत में नहीं कि अपनी जुबान खोल पाएँ। मनुष्यों की तरह हाथ-पाँवों का इस्तेमाल करें। जबकि समाजशास्त्री उनसे संगठन और आन्दोलन की उम्मीद लगाते हैं। और वे हैं कि खूँटे से खुले ढोर की तरह खूँटे के इर्द-गिर्द रहकर ही सुरक्षा महसूस करते हैं, क्योंकि जितनी भी जिन्दगी मिली, यहीं मिली। जैसा भी

जीवन रहा, यही रहा। शहर के पास जाएँगे, मारे जाएँगे। हर हाल में लूटने के लिए ये कुख्यात, लुटते रहते हैं। बर्बर दरिन्दे पिटपिटकर सख्त हो गए हैं। वे अब लड़ने के अलावा किसी भी अभ्यास के लिए नहीं सोचते। पहचानते हैं तो मित्रवत दारूबाजों को।

मैं कल के बाद आगे बढ़ती जाती हूँ, कुत्ते से सामना होता है।

कुत्ता को एक बच्चा जोरदार महीन आवाज निकालकर हुलकारता है–लोऽ, लोऽ! और कुत्ता हमला करने झपटता है। अतरसिंह कबूतरा उसके जबड़ों को अपने हाथों में न भींच ले तो वह मुझे फाड़ खाए।

मैं हाँफ-हाँफ कर बेहाल हुई जाती हूँ। बबूल के नीचे जमीन पर बैठी, आगे जाने का इरादा काँपता है। मौके से सोबरन की कही बात याद आती है–तुम्हारी भौजाई ने हमें यहाँ आने से रोकने की खातिर कबूतरा बच्चा पर कुत्ता छोड़ दिया था जिज्जी। तुम जानो कबूतरा कुत्ते से डरेगा? लड़का चिंथचिंथकर भी करतब दिखा रहा था।

कुछ गजों के विस्तार में बसी बस्ती के कुत्ते, बिल्ली, चिड़िया, कौवे भी कबूतरा हो गए हैं, क्योंकि वे उन्हीं स्थितियों से जूझते रहते हैं, जो कबूतरा को मिली हैं। हमारी यात्रा को बस्ती के हर जीव-जानवर और मनुष्य ने कोसा है? मैं जीप से नहीं आई क्योंकि जीप से लाइसेंसशुदा ठेकेदार आते हैं। मैं युवराज (भाई) की मोटर साइकिल की पिछली सीट पर बैठने को तैयार नहीं हुई, क्योंकि मोटर साइकिल से पुलिस आती है। ट्रैक्टर से भी आना उचित नहीं समझा, क्योंकि ट्रैक्टर समर्थ किसानों के पास होता है, जो असमर्थों का हौसला तक जोत डालते हैं।

गाँव में भाई-भतीजों ने कहा था, बैलगाड़ी से मत जाना, कबूतरियाँ उसमें अनाज समझकर टूट पड़ेंगी। काश, कोई यह भी कह देता कि कबूतरियों की तरह पैदल मत जाना, पैदल को कुत्ते रौंद लेते हैं।

सफर जहाँ से शुरू किया था, वहीं खत्म कर दिया। अगले दो दिन तक सदमे में पड़ी रही। सपने में भी हमलावर कुत्ता छाया रहा। उसका तेवर रगों में दौड़ते खून में खलबली मचाए रहा, जबकि कुत्ता तो अपनी उसी सीमा में था, जो कबूतराओं के लिए तय की गई है। मगर पशु की इतनी नफरत, इतनी घृणा बर्दाश्त के काबिल न थी। इस तरह के हालात में यदि मैं दो असमान समाजों के भाईचारे का सपना देखूँ तो वह शेखचिल्ली के सपने से ज्यादा नहीं। आशंका और आतंक की आग पहाड़ के चारों ओर सुलग रही है। लोग जी नहीं रहे, जीने का नाटक कायरता के साथ निभा रहे हैं।

काश, नेहरू जी ने यह मंजर अपनी आँखों देखा होता। हैलीकॉप्टर से ही सही, आकाश की राह धरती पर आते तो पता नहीं अपना ऐसा भाषण दे पाते या नहीं? –अपराधी जनजाति के इस प्रावधान को लेकर मैं चिन्तित हूँ, यह नागरिक स्वतन्त्रता

का निषेध करता है, अगर व्याख्यान में आजादी की बातें कह भी दीं तो बाद में देखना था कि उनका कहना-समझाना एक सुधारवादी आदेश के रूप में फाइलों में दर्ज होकर बन्द है, बस।

विमुक्त जातियों का आधार प्रधानमन्त्री का भाषण गणित का रूप ले गया, इस गणित के कर्ता-धर्ता बड़े समाज के मानवरूपी गिद्ध बने। —यह मैं क्या सोच रही हूँ? कि अपने आत्मीय जनों में शामिल दतिया के के.बी.एल. पांडेय, झाँसी के मदन मानव, खिल्ली-मड़ोरा खुर्द के देवीदयाल और कबूतरा जनजाति पर शोध करनेवाले प्रो. पी.आर. शुक्ल के साथ मिलकर सुधारवादी नीति की बखिया उधेड़ रही हूँ? आँकड़े देखते हुए लगता है, खिल्ली-मड़ोरा खुर्द की कबूतरा बस्तियाँ विभिन्न नामों से पूरे देश में फैल गई हैं। इन बस्तियों के ऊपर चीलें उड़ रही हैं, नीचे गिद्ध घेर रहे हैं, वे उनको खींच-खींचकर वहाँ ले जा रहे हैं, जहाँ दौड़ देकर उन्हें रौंद लिया जाए।

आखिर छह करोड़ जन्मजात अपराधियों को विमुक्त मनुष्य बनाना है। मेरे सामने कच्ची मिट्टी के घरोंदों का उजड़ा हुआ दृश्य फैलता है, जो बचपन से देखती आई हूँ। प्रतिकूल स्थितियों में किसी सम्पदा के बिना, समाज की, सरकार की और मान्यताप्राप्त अपराधियों की दी हुई यन्त्रणाओं के बरक्स जीवित कैसे रहा जाता है, यह हुनर बस्ती के शकरकन्दी जैसे बच्चे भी सीख लेते हैं। जिन्दा रहने की कहानी संसार में सबसे बड़ी कहानी होती है। क्या इसी रचनात्मक प्यास ने मेरा गला सुखा डाला और मैं उन प्यासों के पास बार-बार भागी जिनके सपने में निर्विघ्न तालाब, निर्द्वन्द्व कुएँ और सदाबहार हेंडपम्प आया करते हैं। जबकि जानती यह भी थी कि हमारे समाज की औरतों का यहाँ आना हेय है, जैसे इस समाज की औरत का गाँव बस्ती में जाना निषेध है।

चलते हुए फिर टाँगें थरथराती हैं। हाथ में थमा कलम-कागज काँपता है! कैसा निर्भय था बचपन, जब इस पवित्र पहाड़ को पूजने लड़कियाँ आया करती थीं। पहाड़ की तलहटी में बना माता का मन्दिर मानवता की रक्षा का प्रतीक था। हकीकत ने ऐसी आँधी उठाई कि मन के देवता अन्तरधान हो गए। स्थिति यहाँ तक आ गई कि अस्तित्व मजाक बनकर रह गया।

पर देखती हूँ कि सामने कबूतरियाँ मेरे स्वागत में मुस्करा रही हैं। रंग-बिरंगे ऊँचे घाघरे कमीज कि शलवार और छोटी-सी कुर्ती वाली पोशाकों में उत्सुक आँखों से यह जता रही हैं कि उनकी ईमानदारी असभ्यता नहीं। अब थोड़ा फरेब, थोड़ी कुटिलता तो मौसमों की मार से टनटन करते बदन और वंशानुक्रम से मिला जहरीला स्वभाव तो हैं ही मनुष्यगत कमजोरियाँ। सबके बावजूद आदमी आदमी की प्रतीक्षा करता है।

तो मेरा इस बस्ती में आना विफल नहीं हुआ?

पर लिखूँगी क्या? पानी नहीं है, सिर पर छत का साया नहीं है, रोटी जुटाने के लिए आजीविका...इसे पढ़ने में कितनों की दिलचस्पी होगी? गरीबी की सीमा रेखा के नीचे रहनेवालों की माँगें इतनी घिस-पिट गई हैं कि नजर के नीचे होती हुई सिर के ऊपर से निकल जाती हैं। स्कूल अस्पताल के साथ डाक व्यवस्था के मुद्दे कितनी-कितनी बार? कोई आजाद भारत की सड़ती हुई बस्तियों में कल्पवृक्ष कहाँ तक लगाए? धन और संसाधनों की सीमा बस्तियों की वरीयता पर शेष हो जाती है।

ये जवान और बूढ़ी कबूतरियाँ, अपनी भाषा में कचर-पचर करनेवाली औरतें मेरे इर्द-गिर्द घिर आईं। अब दूरी कहाँ? सवाल बुन्देली मिश्रित खड़ी बोली में दागती हैं कि मेरी बोलती बन्द हो जाती है। तू क्या देगी हमें? अपने मर्दों को हमारा पता देगी? हवालात जेल और सजा से हम नहीं डरते। शराब की धधकती भट्ठियों के पास से तरह-तरह की आवाजें उठती हैं, मैं घिरी हुई हिरनी की सी निष्ठुर आँखों से देखती रह जाती हूँ। क्या यहाँ से बचकर मुझे जाने नहीं देंगी? अदृश्य काँतिट (गोश्त काटने का हँसिया) हवा में लहरा रही है। भागना कहाँ से होगा? सामने शराब के छने पानी से मचे कीचड़ की नीली रंगत और खट्टी बदबू का तीखा क्षेत्र है। हाथों-पाँवों पर मक्खियाँ छत्तों की शक्ल में चिपक गईं।

"घड़ा फोड़ जाते हैं तेरे भइया-भतीजे। सरवस्स लुट जाता है हमारा। देह के लत्ते नोंच ले जाते हैं आदमी। नंगे जाने-आने की लाज पीछा नहीं छोड़ती। री, भूखे रहते हैं। छिपे रहने की सजा काटते हैं। हमारी सजा कज्जा लोगों की सजा जैसी नहीं, कि खतम होने पर आए।"

"डेरों पर कोई आदमी नहीं है?" मैं पूछती हूँ।

"तमाम आ रहे होंगे।" कहकर एक अधेड़ गोरे चेहरेवाली स्त्री हँसती है। हँसने का मकसद क्या है, मैं समझ जाती हूँ—वह मेरे भइया-भतीजों, गाँव के नौजवानों पर हँस रही है। जता रही है कि कज्जा लोगों का धर्म उनके समाज और राजनीति में शुद्धता का बोलवाला है, इसलिए ही वे सब अशुद्धता के खाते में डाल रखी हैं। अशुद्धों से छिपकर ही मिला जा सकता है। क्या स्त्री की यौनि कभी अशुद्ध नहीं होती?

छोड़िए इस बहस को। मैं सकुचाने लगी हूँ क्योंकि मेरे मन पर वे अत्याचार खुदे हुए हैं, जो कबूतरियों की देह से गुजरते हैं।

"तुम्हारा नाम क्या है?" मैं पूछती हूँ तो वह नाम बताने की जगह हँस पड़ती है? नई उम्र की एक नई लड़की अपनी अधेड़ माँ को कोहनी मारकर हँसने से रोकती है।

"अपनी बोली में गीत लिखवा दो।"

"गाएगी हमारा गीत? तू कैसे गाएगी? तेरी समझ में क्या आएगा?"

"री पानी पी ले, और जा अपनी गैल।"

एक लड़की गिलास में पानी लाती है, मैं प्यासी होने के बावजूद पीना नहीं चाहती, क्या पता पानी के बदले दारू हो। मैं कज्जिन, इन लोगों के हाथ का गन्दा-सन्दा पानी...नहीं नहीं। मैं पानी भरा गिलास लौटा देती हूँ।

"उठ तो फिर। हमारे गाहक आने का टैम हो गया। तेरे लिहाज में वे पिएँगे नहीं। कज्जा बड़े पाखंडी होते हैं। जा तू, उठ यहाँ से," एक मजबूत लाल मुँहवाली स्त्री मेरी बाँह पकड़ लेती है। झटका ऐसा लगता है कि बाँह उखड़ आएगी।

धिक्कारती हूँ खुद को इस जाति और इन समुदायों को किस की पैरोकारी की जरूरत है? ये चाहें तो दुनिया भर की धरती पर अपना नाम लिख दें। रोज टूट-टूटकर बननेवाली ये स्त्रियाँ कड़ी से कड़ी होती जाती हैं। मौके से मिलती-जुलती एक हमलावरी याद आ गई कि स्मृति हिल उठी—होली के दिन थे। खेतों में गेहुँओं की फसलें थीं। पुलिस और ठेकेदारों का हमला हुआ था। एक गर्भवती औरत को प्रसव होनेवाला था। पानी लगे गेहूँ के खेत में औरत कराह रही थी। कराह को पकड़ती हुई पुलिस आगे बढ़ रही थी कि पुलिस को देखकर खेत में छिपे कबूतरा बच्चों के साथ एक कबूतरी ने पत्थर मार-मारकर पहले पुलिस को घायल किया, आगे कोई पेश न चली तो कराहती हुई गर्भवती को पत्थर मार-मारकर मौत के घाट उतार दिया! ऐसा सुना था, तब विश्वास नहीं हुआ था। इनके पास आने-जाने के दौरान उस घटना का सत्य मेरे भीतर बादलों सा फटने लगा। उठकर चल नहीं सकी मैं, मिट्टी के भीगे ढेले-सी बैठी रह गई। अकेली चुपचाप। बैठे-बैठे दिन ढलता है। बस्ती में ज्यौनार का इन्तजाम चल रहा है—उबले अंडे, उबले आलू, नमक-मिर्च और प्याज। पकौड़े तलने की गन्ध-सुगन्ध...

मैं अपने पास से गुजरती कबूतरी कदमबाई को आशा भरी नजरों से देखती हूँ, क्योंकि वह भी मुझे कनखियों से देखती है।

—अपने गीत सुनाओ न।

—री बीबी, बोली बानी खोल देंगे तो धन्धा कैसे करेंगे? हमारी बोली ही तो हमारी खेती क्यारी है—कहने का आशय मैं समझ गई। उसने जताया यह भी कि आज हालत ऐसी है कि एक सनक भरी दुनिया सामने है, जिसका कोप गुस्सा तो अपनी जगह, उसकी हमदर्दी पर शक जागता है। परोपकारिता से डर लगता है।

मुझ कज्जिन से अपनी बोली छिपाकर कबूतरियों ने अपने हथियार बचा लिए। हालाँकि तरह-तरह की आवाज रूपी साइरन—खुशी के, लूट के, खतरे के इशारे होते हैं, यह मैंने कहीं तक जान लिया था।

डाल-डाल और पात-पात का खेल।

एक-दो नहीं, पूरे तीन साल बाद फिर आमना-सामना हुआ। सोबरन परेशान क्योंकि मैं कबूतराओं की संवेदना की मारी हुई। उसका हश्र कि इन दुश्मनों के कारण ही घर से बहिष्कार पाया, समाज से कटा, बहन को इस रास्ते चलाकर जीजा से दुश्मनी मोल लेने का खतरा। पति सोबरन से कह गए थे अपनी बहन का पागलपन न बढ़ाओ। दुर्भाग्य तो यह भी कम नहीं कि मैंने पढ़ी-लिखी से ब्याह किया था, और कल्पना की थी कि हजारों-लाखों गंवार स्त्रियों की तरह यह जड़ भी सलीकेदार बेल का रूप ले लेगी। पर इसकी जड़ें तो नीचे-नीचे कि पाताल की ओर...

हे भगवान! सुख-सुविधा और इज्जत-आबरू के लिए माना जानेवाला घर कबूतराओं की गन्ध पाते ही चौकन्ना हो उठा।

'मेरा क्या होगा' काश, यह बात ध्यान में बनी रहती तो यह अभागा दिन जीवन में क्यों जगह लेता? दतिया के पास की कबूतरा बस्ती का एक कबूतरा मारा गया। वह मड़ोरा खुर्द के डेरों की कबूतरी का आदमी था। लड़की लाश लेने के लिए थाने बुलाई गई। वह वारदात वाली जगह ले जाई गई। लाश के सामने खड़ी की गई।

"पहचानो।"

लड़की का चेहरा थर्राया फिर करुण होने लगा। नाक पर नामालूम सी हरकत हुई और सिर बुरी तरह हिला। होठों से चुपचाप निकला, यह मेरा आदमी नहीं है।

लड़की अब बस्ती में थी। चेहरे पर शोक नहीं, दुख नहीं, आँखों में लाल रक्त खौल रहा था। किससे खफा थी? अपने पति से, जिसने अपनी बहन को छेड़नेवाले कज्जा से हाथापाई की थी। बदले में मौत पाई। सम्भवतः वह लड़की अपने पति के शौर्य पर उत्तेजित थी या उसका आदमी उन बेकसूर कबूतराओं से ज्यादा महत्त्वपूर्ण था, जो जन्मजात अपराधी के नाम पर मार गिराए जाते हैं।

नहीं, उसका पति कज्जा लोगों से लुक-छिपकर नहीं, बराबरी की जंग में मरा है। उसके अनकहे शोक में गर्व की लकीरें घुल-मिल गईं। यह दीगर बात है कि पति की लाश पहचान कर वह अपना और अपनी बस्ती का पाँव थाने में फँसाना नहीं चाहती। एक लाश के पीछे न जाने कितने मारे जाते या कैद काटते।

मैं चलने को उठी।

न जाने कहाँ से प्रकट हुए कबूतरा जवान ने सामने आकर कहा, "चल दीं? कॉपी पर कुछ नहीं लिखा?"

"नहीं।" मैं खड़ी होकर सिर हिलाती हूँ।

"आओ, हम लिखाए देते हैं। यहाँ चौड़े में क्यों बैठी हो, कोठे में आराम से बैठो। अरे हम क्या इंसान नहीं?" वह हिन्दी में सँभलकर बोल रहा था।

मुझ अन्धी को क्या चाहिए? दो आँखें।

उस युवक की मजबूत पीठवाली कद-काठी के पीछे-पीछे चल दी। नए विरवे की शाख जैसी पिंडलियाँ आगे-आगे बढ़ती हुई...मैं मरनेवाले बाँके जवान की सोगवारी में, उस जीवित की जांबाज कल्पना में, ऐसे कबीले में प्रवेश ले रही हूँ, जिसके बहुत से रहस्य खुलने को हैं। खून और कौम के रिश्तों में बँधे लोगों का समूचा संसार देखने को उत्सुक मैं, उनकी गुलामी, यन्त्रणा और बदकिस्मती में भागीदारी के आशय से बढ़ी चली जा रही थी। उनसे एकाकार होती हुई सोच रही थी–सच में ही लाश लेना इसलिए भी पसन्द नहीं करते कि मुर्दा इनकी आत्मा को, शरीर को और मन मस्तिष्क को कुछ दिनों के लिए बेदम कर डालेगा, जो इनके चौकन्ने जीवन को रास नहीं आनेवाला, क्योंकि आराम इनकी जिन्दगी में नहीं और सुस्ती मौत में नहीं। मेरे भीतर खोखली सी हँसी गूँजी–किसी एक देश की संख्या से ज्यादा जनसंख्या का ऐसा जीवन किस लोकतन्त्र में है? पास ही बँधी बकरी यकायक मिमिया उठी। मैं चौंकती हूँ।

मैं नोट करती हूँ–

एक खाली कोठा। जमीन पर टाट बिछा हुआ। कोने में एक कुल्हाड़ी और तीन-चार डंडे। बाकी कुछ नहीं। थोड़े से मैले-चिथड़ों की अलगनी पर सजावट। यह रहन-सहन अपने-आप में विशिष्ट है। भूमि से, जल से, यहाँ तक कि आकाश और हवा के आजाद इस्तेमाल से वंचित समाज का आइना और कैसा होगा!

–री बोल, क्या लिखेगी–युवक की बोली में बदलाव है।

कमरे की किवाड़ें भिड़ी हुई। मेरे मन में जो घटा, चेहरे पर छा गया भय और आशंका की परतें, स्थिति काबू से बाहर जा रही है। लगभग मेरे बेटे की उम्र के इस युवक की आँखों में आखिर क्या है?

–"री लिख, पहले हमारे पुरखे डटे और पिटे, अब यह चीज वह नहीं रहेगी।"

–"क्या होगी?"

–"देखती जा।"

मेरे मन से शान्ति जा चुकी, आशा भी साथ छोड़ रही है। यहाँ प्रेम की कौन-सी बात कहूँ? ऐसा समय फिर कब मिलेगा? समय धीरे-धीरे जा रहा है, मैं अपने मन-मुताबिक कबूतराओं के बीच बैठी हूँ। लगता है कि उस युवक को सोबरन के रूप में छू लूँ जिससे अपने साथ उसके होने का बोध हो। ऐसे ही एक से एक मिले, समूह और कतारें बन जाएँ। लेखिका के अपने मंसूबे आकार पाने की आकांक्षा में लहरों से उठते और युवक तक पहुँच जाते। वह जोर से बीड़ी का कश खींचता। माथे पर आए घुँघराले बालों को एक हाथ से पीछे करता हुआ कोई सामग्री इकट्ठी कर रहा है। यह एक सपना था कि मैं आसमान में गोते लगा रही थी? कैसी अद्भुत मनोकापना कि इस बस्ती का पिंजड़ा तोड़कर कबूतराओं को उड़ा ले जाऊँगी, और

उन भगवानों के सामने खड़े कर दूँगी, जो स्वतन्त्र भारत के कर्ता-धर्ता की कमान सँभाले हुए मधुमय देश के छोटे से हिस्से में जिन्दगी गँवा रहे हैं। पग-पग पर जलील होनेवालों के लिए उनके निकम्मे कानूनों और लद्धड़ योजनाओं को ये अपने पाँवों से रौंदेंगे। हक नहीं, हिस्सेदारी भी चाहिए। रईस किन लोगों का नाम है, सम्भवतः किसी इन्सान का नहीं। मैं ऐसी ही न जाने कितनी बातें अनकहे ही उस युवक से करती रही। और अन्त में—

"री तू डर रही है?"

"हाँ।"

"धत् कज्जिन!" वह भद्‌दी सी हँसी हँसा।

"लिख तू जल्दी लिख।"

जो कुछ लिखाया, अन्त में उसका अर्थ समझाया कुछ ऐसे अंदाज में कि मेरी घिग्घी बँध गई। अपनी बदरंग पैंट की जिप खोली और खड़ा हो गया। अपना लिंग पकड़कर बोला—"फलां बोल का मतलब यह...।" मैंने आँखें बन्द कर लीं।

"री देख, नहीं तो...और 'कूँदा' जानती है? अपनी धोती ऊपर उठा। नंगी हो जा। दिखा कूँदा।"

अबकी बार मेरी आँखें पथरा गईं और उसकी आँखों में आग लपलपा रही है। मामूली-सा कबूतरा लड़का! सोबरन की बहन को कैसी मुसीबत में डाले हुए है? मैं अपनी झुकी पलकों के नीचे से उसको देख रही थी। पतले चेहरे वाले हमलावर कबूतरा के सामने खामोशी की पीड़ा से गुजरती हुई, सोचती हूँ कि धरती में दरार हो जाए, मैं उसमें समा जाऊँ। बदन में खुश्क काँटों की फसल फूट उठी है। मैं मृत आत्मा की तरह हवा में मिलकर अदृश्य हो जाऊँ क्योंकि मैं स्त्री, स्त्री की तरह अब अपने-आपको बचा नहीं पाऊँगी। ओ शिवशंकर तुम यहाँ कहीं होंगे?

निर्वस्त्र शिव सामने खड़ा है, जिसके हाव-भावों में वीभत्स सा आनन्द छाया है। बिलकुल ऐसे, जैसे अपनी औरतों के अपमान का जहरीला दर्द इसकी रगरग में लहरा रहा हो। वह आगे बढ़ता है। मेरी चीख होंठ चीरकर फट पड़ती है।

"हैऽ, तू कज्जा हो गया रे..."

कितनी देर बाद मुझे होश आया। औरतों का समूह मेरे इर्द-गिर्द घिरा था। मैं घुटनों में मुँह दिए एक कज्जा स्त्री, जिसकी सारी इन्द्रियाँ ऐसी तकलीफ से छटपटा रही थीं, जिसकी चिंघाड़ असह्य थी। होठों में बँधा भिंचा स्वर...अपने गाँव की हजारों स्त्रियों में से एक अलग छिटकी हुई अभागी स्त्री...आँखों के सामने सूरज से लाल-लाल गोले घूमने लगे। ऊबड़-खाबड़ रास्ते के सफर में मैं मुँह के बल गिरी हूँ। मुँह माथा लहूलहू...। एक कज्जिन के खून के चन्द कतरे...कोई भी बता सकता है कि इस बस्ती को मरघट में बदल सकते हैं। भद्र पुरुषों का टीसता अहंकार कबूतरियों को इस सीमा

तक उधेड़ सकता है कि कपड़े पहनना भूल जाएँ। नरसंहार का नाम आजकल जनसंघर्ष है।

कबूतरियाँ भौंचक। घबराई हुई।

अचानक एक बीस वर्षीय लड़की आगे बढ़कर मेरा चेहरा अपने हाथों में ले लेती है। इस सन्न-अवसन्न स्थिति में लड़की की चेतना जाग्रत क्या हुई, कबूतरियों ने मेरे पाँवों पर सिर झुका दिए। मेरा माथा चकरा रहा है।

मैं भावुक हो रही हूँ या सदमे के कारण सारी ताकत क्षय हो गई? गुस्से का गोला आँखों में पिघल आया। मारे गए कबूतरे का बदला था यह? या उसकी बहन को छेड़े जाने की सजा? सम्भवतः मेरे सोबरन जैसे भाइयों द्वारा कबूतरियों का अपमान होता रहा है, जो इस बस्ती में नासूर की तरह बढ़ता रहा।

क्या हमने इस तरह किसी कबूतरी को अपने पुरुषों से बचाया है? लानत आती है अपने बचाव पर। झुके हुए शीशों के आगे मैं नतमस्तक हूँ। अल्मा नाम की बीस वर्षीया लड़की से मैं इस कदर गुँथ गई कि...उसके कन्धे पर सिर रखकर...एक जुट भेंट, अपने लिए थी या उसके लिए? या कि अपनी सभ्यता के लिए, जिसमें नरसंहार और औरत की चीड़फाड़ का जरूरी तत्त्व शामिल हो गया है, यही सभ्यता सारे देश में फैल गई है।

अब मैं वह कहानी लिखने का मन बना चुकी थी, जिसमें तकनीक विज्ञान से लैस इस तरक्की पसन्द देश, जो पचास साल पहले आजादी प्राप्त कर चुका है, वहाँ अल्मा कबूतरी की कहानी क्या है?

मेरी अधूरी खोज की पूरी कहानी, मुझे इसी वृत्तान्त की प्रतीक्षा थी। उपन्यास के लिए मेरे साथ घटी इस घटना का होना जरूरी था कि यह मेरी जिन्दगी पर बिजली बनकर कड़कता रहे, इसका असर मरते दम तक रहे तो अनाचार और अत्याचार रग-रेशों में टीसेगा। दूर बैठकर इन स्त्रियों के यातनादायकों को धिक्कारना नकली लगेगा।

अपने असली रूप को यदि भाई-बन्धुओं के सामने उजागर कर दूँ तो नये बस्तियाँ/डेरे बचें, न इनमें रहनेवाले लोग। मेरा यह अपमान अपने सबसे ज्यादा खूँखार रूप में उजागर होगा। उन औरतों में और मुझ में फर्क यही है कि संयोगवश मेरा जन्म मान्यता प्राप्त बिरादरी में हुआ। मैं भी तो इनके यहाँ हो सकती थी।

सोचती यह भी कि क्या मिला मुझे साहित्य में सिर घुसाकर? यही कि ऊँचे विद्वानों ने मुझे पायदान तक घसीटा और जिनकी संवेदना में मरी जा रही हूँ, वे बदला लेने पर उतारू...। फिर इन खूँखारों की कहानी किसको सुनाना चाहती हूँ? वहाँ तो मुझसे ही सम्पर्क अभद्र माना जाता है, अल्मा को क्या समझेंगे? क्या कोई आपसी सम्बन्ध बनेगा? मसीहाओं के यहाँ कमजोर लोग इस्तेमाल की चीज होते हैं, जैसे ईश्वर के यहाँ भक्त सेवा अर्चना के लिए।

मैं खुद बीसियों साल ऐसी औरतों की मसीहागीरी करती रही हूँ, जो पति से पिट-पिटकर ब्याह और घर-गृहस्थी से आजिज आ गई थीं। मैं उन्हें बहनों की तरह मानती, मगर अनजाने ही ऐसा कर बैठती जैसा कि कमजोर दिनों में मेरे साथ होता रहा है। दाता की भूमिका में अपने अहं की तुष्टि। उस जिन्दगी ने एक बात जरूर मेरे जेहन में रख दी, वह थी 'यातना'। बड़े घरानों या आसरा देनेवाले परिवारों में यह तरह-तरह के रूपों में मिलती है। मैं अपनी गिरह में बँधी यातना खोलती, पीड़ादाई अतीत सामने आ खड़ा होता।

मैं अपना चित्त एकाग्र करती और उपन्यास में डूब जाती।

सन् 2000 का साल शुरू होते ही पुस्तक छप गई, नाम था—अल्मा कबूतरी। उन दिनों विश्व पुस्तक मेला लगा हुआ था यहाँ दिल्ली में। राजकमल प्रकाशन ने इसे छापा था। प्रकाशन के प्रबन्ध निदेशक अशोक महेश्वरी चाहते थे 'अल्मा कबूतरी' का लोकार्पण मेले में महाश्वेता देवी के हाथों हो। मैं सपने जैसी स्थिति में थी, क्योंकि जब कभी राजेन्द्र यादव अपनी टिप्पणी में या अखिलेश ने अपने लेख में मेरे लेखकीय रुझान की तुलना महाश्वेता देवी के लेखकीय विषयों से की, मैं भीतर ही भीतर सिमट-सिकुड़ जाती। कहाँ वे और कहाँ मैं!

पुस्तक अपने अनूठे और बिन्दास कवर में मेले में सजी हुई, जैसे अल्मा अपने डेरों से निकलकर मेले में शिरकत करने आई हो। बहुत सारे साहित्यकार थे—मैनेजर पांडे, केदारनाथ सिंह, मंगलेश डबराल, राजेन्द्र यादव, पंकज सिंह, पंकज बिष्ट और भी, जो इस समय मुझे याद नहीं आ रहे।

अल्मा का ऐसा स्वागत कि बड़ी बेटी नम्रता अपने पिता की चिन्ता करने लगी, डैडी को इनफीरियरिटी न हो जाए। पगली लड़की अपने पिता को क्या मुझसे ज्यादा जानेगी? वे जश्न मनाने के तलबगीर ऐसे मौकों पर बेहद उत्साहित रहते हैं।

'आखिर मुझे धिक्कारने वाले यह किताब लिखने से मुझे रोक नहीं पाए। तो अपराधी माने जाने वाले लोग भी अब पीछे नहीं रहेंगे, मुख्यधारा में जुड़ने का अवसर आ रहा है।

पुस्तक पर जमकर चर्चाएँ हुईं। हर पत्रिका और अखबार साहित्यिक पृष्ठ पर अल्मा को छापने के लिए उत्सुक हुए। नकारात्मक रुख के बावजूद भी एक दृश्य बना—सिंहासन खाली करो कि अल्मा आती है—और जब इस पुस्तक को 'सार्क लिटरेरी अवार्ड' मिला अल्मा का चेहरा शानदार लगने लगा। फाउंडेशन की अध्यक्षा अजीत कौर ने बताया, हमारी जूरी में यह बात भी उठी कि मैत्रेयी पुष्पा के लिए

राजेन्द्र यादव लिखते हैं। तब मैंने कहा, राजेन्दर यादव एक अल्मा कबूतरी लिखकर दिखा दें, तब मैं मान जाऊँ।

मुझे अब ज्ञात हो गया था कि महाश्वेता देवी और अजीत कौर जैसी शख्सियत ही हमारे लेखन पर बेवाक फैसला दे सकती हैं, क्योंकि वे पुरुषों के ताकतवर चेहरे देखकर प्रभावित नहीं होतीं। दूसरी लेखिकाएँ ज्यादातर पुरुष तबके के सरपरस्ती करती हैं और अपनी खैर मनाती हैं। और मैं थी कि इन लेखिकाओं के चेहरे देखकर घबराने लगती। ऐसा क्यों होता था? निश्चित ही मेरी कुंठा थी कि मैं बीहड़वासी हूँ, मुझे सभ्य लोगों में व्यवहार करना नहीं आता। क्या पता था बीहड़ ही मेरे काम आएँगे? जिस धरती से हमेशा मेरा अनुराग रहा, उसी के लिए मैं लज्जित होती रही, यह मेरे स्वभाव की क्षुद्रता थी या शहर का डर? कह नहीं सकती। बहरहाल मैं डरपोक की तरह खामोश रहना सुरक्षित समझती। इस बात को मैंने खुद के सामने इस तरह रखा—उपन्यासों के मूल में मेरा हृदय है, वही हृदय जो प्रेम से लबरेज़ रहा। माँ और पति की डाँट खाते हुए भी छलकने से बाज नहीं आया। मैंने इसलिए ही साहित्यिक हस्तियों से मुहामुही नहीं की, जैसे कि बाद में मेरे तेवर खुलते चले गए।

सराहना, सुझावों और आलोचना करते हुए मुझे यही समझाया जा रहा था कि अल्मा अपने जीवन में खुद एक अपराध है। अल्मा की ओर से राजनीतिक हिस्सेदारी का दावा नाजायज है, इसलिए अविश्वसनीय है। संघर्ष ही उसका इतिहास है, संघर्ष ही उसका भविष्य।

मुझे लगा, ऐसी ही कोई दलील जन्मजात अपराधी लक्ष्मण गायकवाड़ के रचनाकार के सामने आई होगी। वे अपनी जीवनगाथा 'उचिल्या' में सारे संघर्ष के बावजूद अन्त में कांग्रेस के नेता के सामने सहयोग का वादा देते हुए समर्पण कर देते हैं। यहीं से उनका 'उचिल्या' (उठाईगीर) जीवन पराश्रित रह जाता है। लोकतन्त्र का मतलब क्या है? नेताओं की पुरानी जमात सरकार चलाएगी, हाशिये के लोग केन्द्र में आने के लिए इनका मुँह देखेंगे। 'अपने मरे बिना स्वर्ग नहीं दिखता' यह कहावत जीवन का अमिट सच है। लक्ष्मण गायकवाड़ को क्या अल्मा इसलिए आत्मीय या अपना ही अंश लगी, जो वे नहीं कर पाए अल्मा ने किया। लक्ष्मण गायकवाड़ के साथ तमाम जन्मजात अपराधी (अब विमुक्त जातियों के लोग) मुझसे इंडिया इंटरनेशनल सेंटर की एनेक्सी में मिले। तब लक्ष्मण की और मेरी हालत क्या हुई? आँखें उमड़ आईं। गले मिलती रही। वह सारा कुछ धुल गया, जो समीक्षकों ने कहा था कि मैत्रेयी ने गलती की है, साहित्यिक अपराध...स्त्री की राजनीतिक भूमिका क्या होती है? इन्दिरा गांधी, जयललिता, मायावती जैसी स्त्रियाँ राजनीति में अपवाद स्वरूप हैं। अल्मा का संघर्ष क्या है? अनुभव क्या है? सूझबूझ जीरो। वह कितने दिन टिकेगी? यदि राजनैतिक उपन्यास के रूप में किसी पुस्तक को पढ़ा जाए तो वह है महाभोज।

'एकदम' मैंने मन-ही-मन कहा। क्या इसलिए कि वह स्त्री पक्ष को लेकर नहीं लिखा गया? ठीक है, तभी तो हम कन्या भ्रूण हत्या, दहेज दहन, बलात्कार, सतीदाह और डायन संहारों के जालों को आज तक नहीं काट पाए। महिलाओं को आरक्षण देने की हिम्मत नहीं है जिन्हें, वे स्त्री के रूप में किसी बीहड़वासिनी अपराधी होने के लिए अभिशप्त स्त्री को राजनैतिक व्यक्तित्व के रूप में देखने के अभ्यस्त नहीं।

'अल्मा कबूतरी' एक सौम्य शान्त वातावरण में कोलाहल!

मगर अंग्रेजी अनुवाद में अल्मा?

अनुवादिका कहती है, हिंसात्मक वातावरण में जन्मी और मारकाट, लूटपाट और अवैध शराब बनानेवाले लोगों की बेटी अल्मा पूरे उपन्यास में मित्रता के लिए आगे बढ़ती रहती है, अन्त तक शान्ति का बिगुल बजानेवाली, अग्रदूत के सिवा कुछ और नहीं लगती।

अनन्त विजय! एक नवयुवक मुझे बरबस ही याद आता रहा है, उसने अपने नाम अनन्त विजय (युधिष्ठिर का शंख) के अनुरूप 'अल्मा कबूतरी' उपन्यास को लेकर समाचारपत्र के पूरे पृष्ठ पर शंखनाद क्या इसलिए किया था कि वह इस क्रान्ति में से प्रकट होती आती शान्ति को देख पाया था, लगभग छह साल पहले (हिन्दी में प्रथम प्रकाशन के समय)।

युवजनों का शुक्रिया, जिन्होंने मुझे स्थापित समीक्षकों की दादागीरी से छुड़ा लिया।

धरती बरसै अम्बर भीजै

'अल्मा कबूतरी' नाम की मेरी पुस्तक आने के बाद वह क्षण आ पहुँचा, जब मुझे आत्मीयता और कृतज्ञता ने घेर लिया। यों तो मेरी इस पुस्तक का स्वागत न तो 'इदन्नमम' की तरह हुआ कि ज्यादातर लोगों का समर्थन मिले और न 'चाक' की तरह हुआ कि नैतिकता के चाकू से काट-काटकर टुकड़े-टुकड़े कर दिए जाएँ। घर में भी इस पर कोई गुस्सा नहीं हुआ, क्योंकि इस उपन्यास की स्त्रियाँ मुझसे तो क्या, हमारे समाज की औरतों तक से मेल नहीं खाती थीं।

इस पर जो हुआ, पहले पहल घटाटोप सन्नाटा खिंचा। मौखिक रूप से लोग कह रहे थे, महत्त्वपूर्ण कृति है, अलग अनूठी, लगभग अद्भुत। लेकिन सब कुछ कानाफूँसी जैसा। जब लिखित टिप्पणियाँ और समीक्षाएँ आना शुरू हुईं, तो मध्यप्रदेश के रचनाकारों ने जमकर स्वागत किया। शायद इसलिए कि मध्यप्रदेश जन्मजात अपराधियों का गढ़ है।

और अब मैं पढ़ रही हूँ—

"अल्मा कबूतरी से पहले यदि ऐसा कुछ ध्यान में आता है तो वह है कर्नल स्लीमैन की पुस्तक—'अमीर अली ठग की आत्मस्वीकृतियाँ।' इसके बाद रांगेय राघव का नटों पर लिखा उपन्यास 'कब तक पुकारूँ' भी इसमें शामिल किया जा सकता है। ये अलग तरह की, अलग समाजों की रचनात्मक अभिव्यक्तियाँ हैं। इन्हीं के सन्दर्भ में कहता हूँ कि उभरती हुई शक्तियों से जुड़ना क्या हमेशा सम्पादकीय पक्षपात या अपराध होता है? 'अल्मा कबूतरी' को मैं मैत्रेयी के लेखन का महत्त्वपूर्ण मोड़ मानता हूँ, क्योंकि उसने हिन्दी समीक्षकों को अजीब पसोपेश में डाल दिया है।"

—राजेन्द्र यादव

('हंस' नवम्बर, 2000 के सम्पादकीय से)

बस मैं घर के लोकतन्त्र में अपना नागरिक अधिकार माँगने लगी।

फणीश्वरनाथ रेणु के साथ राजेन्द्र यादव की तस्वीर लगाई जाए। मेरी भावना मुझसे नियन्त्रित न हो सकी। मैं डॉक्टर्स के बीच रही हूँ। उनको ग्रेजुएशन समाप्त होने पर शपथ दिलाई जाती है—

'जिसने मुझे यह कला सिखाई है, वह मुझे अपने माता-पिता की तरह प्यारा है। मैं उसके सान्निध्य में रहूँगा/रहूँगी। आवश्यकता हुई तो अपनी चीजें उसके साथ बाँटूँगा/बाँटूँगी। यह कला रोगियों के हित के लिए है'—निश्चित ही मैं इस शपथ के असर में अपने पाठकों, विद्यार्थियों और शोधार्थियों के स्वस्थ मानसिक परिवर्तन, विकास और जीवन मूल्यों के नए शोध के बारे में सोच रही थी। 'अल्मा कबूतरी' नए निदान की तरह है।

यह कला जिन्होंने मुझे सिखाई, उसमें फणीश्वरनाथ रेणु और राजेन्द्र यादव ही नहीं हैं, इनके अलावा हावर्ड फास्ट, दोस्तोवस्की, टॉलस्टॉय, रांगेय राघव आदि शामिल हैं। पुस्तकें, उत्साह, लगन, श्रम और चुनौती का बराबर-बराबर अंश मिला दिया जाए तो मेरी लेखकीय खुराक का सन्तुलन बनता है। मराठी साहित्य के आनन्द यादव से मिलने के लिए मैं कितनी बेकरार हूँ। किसी को क्या पता?

मेरे लेखकीय जीवन से प्रभावित डॉ. नवल ने मुझे जो नायाब तोहफे भेंट किए, वे थे दो बड़े-बड़े फ्रेमों में जड़े चित्र। एक फणीश्वरनाथ रेणु का, दूसरा राजेन्द्र यादव का। और किसी का क्यों नहीं? स्टीफन ज्विग का भी हो सकता है, मेरे बहुत प्रिय लेखक। ये दोनों फोटो उन्हें आसानी से मिल गए हैं शायद, मैंने सुजाता से कहा था।

"हाँ, एक तो नवल ने ही खींची है फोटो, दूसरी 'रेणु रचनावली' से अपने कैमरे में उतारी है।" सुजाता बता रही थी जो दोनों तस्वीरें मेरे जन्मदिन पर भेंट करने लाई थी। मैं अभिभूत थी, बच्चों को मेरी रुचि का इतना ख्याल और लेखन का उनके मन में ऐसा सम्मान। अपने साथी रचनाकारों को मैंने कहते सुना है कि उनके बाद उनकी किताबों का क्या होगा, उनके बच्चे तो हिन्दी पढ़ते नहीं। न किताबों में रुचि है। मैं इस तरह भाग्यशाली हूँ या मेरे घर में किताबों की अहमियत बड़ी है।

डॉ. साहब ने तस्वीरें देखकर खुशी जताई। थोड़ी देर बाद उनके चेहरे पर सुस्ती आ गई, बोले—"तुम अपने लिए न जाने किस-किसका अहसान मानती हो और अपने टेलेंट पर पानी फेर देती हो। तुम्हारी चिट्ठियाँ पढ़कर ही मैं समझ गया था कि मेरी वाइफ साधारण नहीं। मेरे दोस्त भी लैटर पढ़कर यही कहते थे।"

मैं बारी-बारी तस्वीरों को छूकर देख रही थी।

पति ने गहरा साँस लिया, मगर मुस्कराकर बात की—"चलो, लगा लो इन्हें। रेणु जी तो बेचारे इस दुनिया में हैं ही नहीं...मगर राजेन्द्र यादव...यह आदमी जीते जी अपनी पूजा कराना चाहता है! चूच्चू!"

मैं पहले उनकी ओर देखती रही। लगा कि सच बात कह देनी चाहिए, नहीं तो झूठ ही सच की तरह पाँव गाड़ लेता है। —"सुनो, राजेन्द्र जी ने तो मुझसे कभी नहीं कहा कि मैं उनकी तस्वीर अपने घर लगा लूँ। वे तो कहते हैं—"मैंने ऐसा किया ही

क्या है? तुम कुछ ज्यादा ही मान रही हो। इससे कई कई गुना ज्यादा मृदुला गर्ग और मन्नू के साथ किया मगर अब वे महान हैं।''

''वाह! क्या कहने! ग्रेटनैस तो देखो। तुम्हारे गुरु ऐसे लटके-झटके न मारें तो तुम माथा कैसे झुकाओगी? हमने खुद देखा है, हमारी जो सबसे ज्यादा गुलामी करता है, उसी से हम कहते हैं कि हम इतनी सेवा नहीं चाहते। ऐसा तुम्हारे लिए हमने क्या किया है? बस, वह प्राणपण से सेवा पर जुट जाता है।''

मैं कभी डॉक्टर साहब को देखूँ, कभी नवल और सुजाता को। क्या कहूँ अपने बच्चों के सामने? यही कि रेणु आज जिन्दा होते, तुम उनके लिए भी ऐसे ही कहते। आज वे परपुरुष नहीं, पितर हो गए सो उनसे तुम्हें कोई खतरा नहीं लग रहा। मगर मैंने कुछ नहीं कहा। यदि गुस्से में उन्होंने तस्वीरें गिरा ही दीं तो राजेन्द्र यादव और रेणु से ज्यादा नवल और सुजाता की भावनाओं की तौहीन होगी।

बेटी-दामाद चाय पीकर चले गए और तुरन्त ही मैंने अपने कमरे की राह ली। बहसा-बहसी में कलह हो जाएगी।

बन्द किवाड़ों के पीछे पलंग पर लेटी थी और सोच में डूबी थी, क्या जरूरी है कि मैं आदर-प्रेम और कृतज्ञता में तस्वीरें लगाऊँ और वे घृणा में घसीटी जाएँ। क्या जरूरी है कि जिसे मैं अहसान मान रही हूँ, उसे मेरे पति अपना अपमान न मानें। अच्छा हुआ शिब्बू से कह आई, तस्वीरों को पिछले कमरे में रख दे।

किवाड़ों पर खटखट हुई, ठीक डॉक्टर साहब की दस्तक के अंदाज में।

'देखो रूठा न करो', का स्वर मुझ तक आ पहुँचा।

रात तक सुलह हो गई, यानी कि मैंने अपना मलाल घूँट लिया।

शयन शैया थी और हम थे। तन-मन से एक। अद्वैत की इस वेला के समान स्त्री के जीवन में पुण्य-नक्षत्र कोई नहीं होता। इस समय मन की मुरादें कह दो, साथी दुआ मान लेगा।

मैं अपनी बात पर आ गई—''नवल भी खूब हैं, 'अल्मा कबूतरी' क्या पढ़ी, तस्वीरें उठाकर चले आए, जैसे मेरे लिए इनसे ज्यादा मूल्यवान सौगात कुछ नहीं। सुजाता भी कम नहीं, कुछ और ही ले आती। साड़ी-वाड़ी या पर्स जैसा कुछ। मैंने तो इन लोगों से कह ही रखा है, गिफ्ट देनी है तो मुझे बिट्टू छाप कागज और पायलट का 5 नम्बर पैन दे दो।''

डॉ. साहब चुप थे।

''दामाद की बात, तस्वीरें न लगाओ तो बुरा न मान जाएँ। इन फ्रेमों के लिए कहाँ-कहाँ नहीं फिरे। ओ.पी.डी. में किसी अपने दोस्त को बिठाकर गए थे।'' मेरा राग चलता रहा। ''डॉ. अनूप मिश्रा देख ही लेते तो?''

पति बोले—"कह तो ठीक रही हो। टाँग लो तस्वीरें। नवल एक बार देख जाएँ कि उनकी दी हुई तस्वीरें ड्राइंगरूम में लगी हैं, बस इसके बाद उतार लेंगे।"

"देख लो। जो तुम चाहोगे, मैं तो वैसा ही करूँगी। ऐसी तस्वीरों का क्या करूँगी जो किसी का दिल दुखाएँ (जलाएँ)।"

"मेरा दिल नहीं दुखता। सोचता हूँ, लोग क्या कहेंगे? तुम्हारे साहित्यकार ही दुनियाभर की बातें बनाएँगे।" उन्होंने मुझे नेक राय दी।

कमरे की पक्की दीवार में छेद हुए। लकड़ी की गिट्टियाँ ठुकीं। तस्वीरें टँग गईं। मुझे डॉ. मैनेजर पांडेय का ड्राइंगरूम याद आया, जहाँ दीवार पर सामने ही आचार्य रामचन्द्र शुक्ल की तस्वीर लगी है। और डॉक्टर साहब तस्वीरों को सराहने लगे, "हाँ, लेखक का घर लग रहा है अब।"

इसके बाद।

कलह शुरू हुई। उनके पास संस्कारों के हथियार थे। सीता का उदाहरण था और मेरे पास अपनी सफाई भी कसूर के रूप में...चन्दना कथा मेरे जेहन में...चुप्पी का सहारा लिए रही, चुप्पी को ही गुनाह में लिखा। गुस्सा पीकर होंठ सींकर कलह का माहौल बर्दाश्त हो जाए, यह जरूरी तो नहीं। जबकि सामनेवाला रोटी भी क्लेश में लपेटकर खाए और नमक-मिर्च पर झगड़ा शुरू कर दे।

शान्त घर में बेचैन आत्मा—मैं और डॉक्टर साहब।

वे पति की तरह समझाने लगे, घर का ध्यान दिलाने लगे, कहने लगे—"तुम्हें अब किसी का क्या, अपना भी ख्याल नहीं। मैं अकेला सोऊँ, अकेला जागूँ। समझ रहा था कि यह लेखन-वेखन तुम्हारी हॉबी है मगर तुम तो मेरे रहते ही रोमानियत को कलम-कागज पर घिसने लगीं। समझो कि राजेन्द्र यादव नाम का आदमी कैसा है...औरतों को फँसाना जानता है। बेचारी उलझकर रह जाती हैं। अभी तक न कोई मैथिलीशरण गुप्त बनी, न बच्चन और नीरज की तरह..."

मुझे अनचाहे ही हँसी आ गई। मेरे पति का साहित्यिक ज्ञान इतना ही है और मैं उनका मुँह इस तरह जोहती हूँ जैसे वे अज्ञेय और यशपाल के लेखन का मर्म समझते हों। प्रेमचन्द और रेणु की शैली का अन्तर समझा सकते हों।

पति हैं मेरी माँ की तरह। माताजी को मैंने एक बार किस मुश्किल समय में बुलाया था...डॉक्टर साहब की नाराजगी मेरे उपन्यास की पांडुलिपि ले डूबी। चिन्दी-चिन्दी घर में उड़ रही थी और मैं बिलख-बिलखकर रो रही थी। ऐसे में माँ ही होती है, जो व्यथा सुन सकती है। मगर वे नहीं आईं, उन्होंने पत्र लिखा—

"तुमने जो कुछ फोन पर कहा, सुनकर मुझे बहुत दुख हुआ। गलती तो लाली वहीं हुई, जहाँ तूने नौकरी नहीं की। नेता ही बन जाती, अपने गाँव की प्रधान होती। गाँव के लोगों को विश्वास है कि तू किसी भी तरह अन्याय नहीं करेगी। मैंने

तुझे ए.डी.ओ. (डब्ल्यू) बनाना चाहा, नहीं बनी। चलो यह तो अच्छा ही हुआ, क्योंकि डिपार्टमेंट टूट गया मुख्यमन्त्री की जिद पर। पर हैल्थविजिटर हो सकती थी। तू कुछ न बनी, बस कवि बन गई। इससे किसका भला होगा? तू कुछ कमाती तो पति तेरी वैल्यू समझता। आदमी को रुपया-पैसा औरत से भी ज्यादा प्यारा होता है।

"तू लिखती है, यह बात अलीगढ़ तक आ गई है। लोग मुझको ताने सुनाते हैं—कस्तूरी की लड़की कविता कहानी लिखकर नाम कमा रही है, दामाद तबाह हो रहा है बेचारा। लाली, तू लिख, खूब लिख पर रमेश (मेरे पति) को परेशान न कर। तू कवि बनी, हमें ताज्जुब नहीं हुआ। याद है तू झाँसी की नुमाइश में मुझे और गौरा को सबेरे चार बजे तक बिठाए रखती थी और कवि-सम्मेलन सुनती थी। हमारी समझ में वहाँ कुछ नहीं आता था। दामाद तो फिर डॉक्टर आदमी, कविता-फविता नहीं समझते, गुस्सा होते हैं। मैंने तो पहले ही कहा था ब्याह मत करे, तेरे लक्षण ब्याह वाली लड़कियों से अलग हैं।"

माताजी की चिट्ठी या मेरी पांडुलिपि की चिन्दियाँ...मेरा कलेजा तार-तार हो गया और दिल से बस यही निकला—माताजी, मैं अब विधवा कब हूँगी?

मेरे पति के सामने दो-दो पुरुषों की तस्वीरें और मैं! उनकी नजरों में लपटें उठीं तो मैंने आश्वासन दिया—"मैं इन्हें उतारती हूँ।" मैं समझ रही हूँ कि तुम्हारे अहंकार की धमक रेणु की आत्मा भले सह ले, राजेन्द्र यादव का जीव नहीं सह पाएगा।

मैंने सबेरे उठते ही भला काम किया, दोनों तस्वीरें उतारकर अलमारी में बन्द कर दीं। इसलिए भी कि कोई ठेस खाकर तस्वीर तड़क ही गईं तो मैं अपने प्रेरणादायकों के दरके हुए चेहरे कैसे देखूँगी?

तस्वीरों को ढाँप-मूँदकर काम में मन लगा रही थी। रसोई सँभाल रही थी कि विचार आता गया—क्या इस घर में मेरा हिस्सा नहीं? क्या किसी हिस्से में मेरा कोना नहीं? 'वर्जीनिया वुल्फ' पर क्या ऐसी ही बीती होगी कि उन्होंने 'अपना निजी कमरा' नाम से पूरी पुस्तक लिख दी। मैं क्या लिखूँ? यही कि मेरी चेतना रोज आहत होती है, घरवाला बेखबर है। मुझे जगह तलाश लेनी चाहिए। मैं खानाबदोश जन्मजात अपराधी...जो भी अपनी इच्छा से करूँ, जुर्म लगे।

पति ने दलील दी, बिना माँगे ही-"समझो, सोचो, एमेजिन...मैं यहाँ ड्राइंगरूम में किसी औरत की तस्वीर लगा दूँ तो तुम अपने मिलनेवालों को क्या बताओगी? यही कि मेरे पति इसके हुनर पर फिदा...वह क्या समझेगा, यही कि यह औरत इस औरत के पति की माशूका...इस शर्मनाक मंजर पर गौर किया है तुमने?

"कोई हो तो ऐसी।" मैं धीमे से बोल गई।

"कैसी?" उन्होंने पूछा, मेरी आँखों में आँखें डालकर।

"जो तुम्हारे लिए ज्ञान का जरिया बने और हकदारी न दिखाए।"

"ओहो!" उन्होंने व्यंग से देखा आगे बोले—"तब नया ज्ञान लेना होगा मुझे और जरिया बनाना होगा किसी माशूका को। क्या ही अच्छा रास्ता है!"

लम्बा साँस खींचा मेरे पतिदेव ने...कहने लगे—"अब अपने ज्ञान के पर्दे हटाकर हकीकत सुनो, सुनकर आँखें खोलकर देखने की हिम्मत करो—तुम्हारे गाइड उर्फ गुरु उर्फ हितैषी उर्फ राजेन्द्र यादव सेक्स के लिए ही बदनाम नहीं, धन की भी खासी लिप्सा रखते हैं। हकदारी रहती है डायरेक्ट और इनडायरेक्ट वे में। इसी 'अल्मा कबूतरी' के बहाने इंडिया इंटरनेशनल सेंटर में पार्टी रखी गई थी। जितने लोग आए, उनमें हमारे कितने थे? आधे से ज्यादा लोगों को न मैं पहचानूँ न तुम। वे कौन थे आखिर? समझो डार्लिंग, बुड्ढा बड़ा शातिर है। जिनके यहाँ पीता-खाता है, उन्हें दूसरों की कॉस्ट पर खिला-पिलाकर आगे का बन्दोबस्त कर लेता है। जै जैकार ब्याज में। बिल कितना भारी था और 'अल्मा कबूतरी' का नाम लेना गुनाह था वहाँ। पार्टी किसलिए की थी मैंने, मैं ही नहीं समझ पाया!

मैं यहाँ से चली जाऊँ। यह फिल्म 'पाकीजा' के अब्बाजान, जिनके हथेली पर हवेली में रहनेवालों की इच्छाएँ चींटियों की तरह रेंगती थीं और वे पलक झपकते ही मसल देते थे।

मोहिता के घर की रात थी वह। आरामदायक बिस्तर पर नींद नहीं आई। खटमल, मच्छर, पिस्सू जैसा कुछ नहीं, आत्मदया चींथने लगी मुझे। दर्द ही दर्द...

मैं अपनी बेतुकी इच्छाओं पर काबू क्यों नहीं करती? पति को दोष देती हूँ। वे कहते हैं, ऐसा और भी कोई करती है? देवताओं और सन्तों की तस्वीरें लगा लो, कौन रोकता है? ये साले लेखक, कलाकार धर्म की जगह अधर्म फैलाते हैं।

और मैं सीता...रावण की तस्वीर लिए फिरती हूँ।

मैं घरवाली हूँ, सो घर ही औकात दिखा रहा है। घर की आदत...अब रहना है तो घर वाले के इशारों पर चलो। कुत्ते की सी वफादारी निभाओ, जैसे कुत्ता दूसरे कुत्तों को भौंक-भौंककर भगा देता है और मालिक को खुश रखता है। लगता है घर अपनी छत के साथ मेरे ऊपर राज करता है कि मैं अपनी चेतना, लगन, हुनर और दृढ़ता भूलकर कुत्ते जैसी हो जाऊँ।

आह...तस्वीरों ने मुझे किस जिंस में ला पटका। मैं बीच रात में पछताई। जो भी है, मेरा प्यारा पिंजड़ा...उसका रखवाला राजा जैसा। पिंजड़ा मुझे रास आ गया है और कुत्ते से ज्यादा तोता-मैंना होना अच्छा है।

मगर पिंजड़ा रहने के लिए या तोड़ने के लिए? क्या तस्वीरों का बहाना नहीं ले रही मैं? तस्वीरें लगानी हैं तो यहाँ ले आओ, मोहिता आदर और प्रेम से सजा लेगी। शान्ति भी यहाँ बहुत है।

सौ बातों की एक बात...शान्ति का मैं करूँगी क्या? मुझे तो लड़ना है। लड़ाई टालकर फैसले लागू नहीं होते, वे होते हैं संघर्ष से गुजरकर। मैं समझ रही हूँ कि यह मेरा मोह नहीं, प्रेम है। प्रेम उस घर से, जिसे अपने हाथों सँवारा है, अपना माना है। अपनी तरह सजाना चाहती हूँ, अपनी नजर से...शायद यही मेरी यात्रा का पहला मंजर है जो आगे जाकर अपनी तरह दुनिया को सँवारेगा, सजाएगा। अपने तर्क देकर बात समझाएगा और मालिकों को सुनना होगा।

मैं कितना कुछ सोचने के बाद घर लौट आई।

ड्राइंगरूम में देखती क्या हूँ, दोनों तस्वीरें दीवार पर जहाँ की तहाँ लगी हैं। रेणु मुस्करा रहे हैं, राजेन्द्र यादव की ओर देखकर।

ओ मेरे प्रियतम, मैं जानती थी कि तुम कोमल हृदय, तुम संवेदनशील व्यक्ति कठोर शासनदारी नहीं निभा पाओगे। देखो मैं लौट आई, घर या तुम्हारे पास! एक आलिंगन ने सारी नाराजगियाँ भुला दीं फिर।

कलह और सुलह के बीच एक बात मुकम्मल तौर पर जाहिर थी कि राजेन्द्र यादव की तस्वीर अपना ऐसा महत्त्व बनाए हुए है, जिससे डॉक्टर साहब की पत्नी का रचनात्मक लगाव है। लगता है पति की जमीन छेंक रही है तस्वीर...ऐसा क्या है इस फोटो में? सक्रियता की पुकार, गतिशीलता का जज़्बा और मेरे पति को घर से बाहर निकलनेवाली स्त्रियाँ पसन्द नहीं।

'दिल्ली से बाहर जाना है फिर भी। पेपर लिखना है। अपना दृष्टिकोण देना है। चलते आ रहे ढर्रे में बदलाव लाना है। आजादी के बाद स्त्री का समाज, इसकी परिभाषा क्या होगी? खामोशी से सारा काम निपटाओ और नया फलसफा पकड़ा दो। बता दो, अब तक लफ्फाजी का जो आलम रहा है, उसमें हम मदहोश की तरह थे। जरूरी नहीं कि लोग तुम्हारी बात मान ही लें, मगर बात तो कहनी ही होगी और एक दिन आएगा, जब तुम्हें खास नजर से देखा जाएगा।' मैं ऐसा ही सोचती, ऐसा ही कुछ करती।

लेकिन मेरा घर?

लौटकर आने पर मेरा स्वागत करता कि जबड़ा फाड़कर निगलने के लिए तैयार मिलता। दुलहन बनकर आई थी तो स्वस्तिक दीपक और खील मखाने घर की चौखट से आँगन तक बिखरते गए थे। आज काँच की नुकीली किरचे पाँवों को चीथने के लिए तैयार हैं और स्वस्तिक जैसी राजेन्द्र यादव की तस्वीर औंधे मुँह पड़ी है। देखने-सहनेवाले सिर्फ रेणु जी अपनी जुल्फों को गर्दन तक लटकाए हुए साबुत तो हैं, मगर हँस मुस्करा नहीं रहे। या लहूलुहान पाँवों से चलती हुई मैत्रेयी पर उदासी छा गई है कि माहौल रोने लगा। मैं दाएँ-बाएँ देखती हूँ, कहीं कोई नहीं।

पति कहाँ हैं? सिर्फ उनकी आवाज है मेरे कानों में–"देख ले इस बुड्ढे की हालत। यही ले गया था न तुझे? इसी ने हमारी जिन्दगी बरबाद की है। मैं भी इसे नहीं छोड़ूँगा।"

"ओ शिब्बू! शिब्बू...साहब कहाँ हैं?"

शिब्बू सामने आ गया, बोला–"अंकल बाजार गए हैं।"

"किसलिए?"

"पता नहीं।"

शिब्बू बीस साल का नेपाली लड़का, छोटेपन से हमारे साथ है। उसका दूध-सा गोरा चेहरा और भँवरे सी काली आँखें, सुतवाँ नाक अपने आकर्षण में मनमोहक हैं। दुविधा में घिर जाता है तो ऐसी करुणा झलक आती है कि आदमी अपना दुख भूलकर उसी को दुलराने लगे।

'पता नहीं' कहना था कि मैं उसके लिए चिन्तित होने लगी। 'पता नहीं' न जाने क्या-क्या कहकर गए होंगे इससे। गालियाँ भी दी होंगी तो यह मुझे बताएगा नहीं, क्योंकि यह उसी तरह मेरी चिन्ता में है, जिस तरह मैं इसकी फिक्र कर रही हूँ। एक-दूसरे को ठेस न लगने देने के संकल्प जो साधे हैं।

शिब्बू को देखकर मुझे वे रातें याद आती हैं, जब उसे मेरे साथ ही गालियों से नवाज कर गृह निष्कासन का हुक्म सुनाया जाता है–"निकलो यहाँ से, सुन रही हो? जाओ, वहीं, जिसने आजकल तुम्हें नए पाठ पढ़ाना शुरू किया है और ले जाओ इसको। इसे मैं एक पल भी यहाँ नहीं रहने दूँगा। यह तुमने मेरे लिए (मुझे मजा चखाने के लिए) पाला है। कैसा देखता है, जैसे खा जाएगा।" मैं और शिबू दोनों जानते हैं कि वे गुस्से में कुछ भी कह सकते हैं, मगर फिर भी ऐसे बुरा लगता है, जैसे वे ठंडे दिमाग से सोच-समझकर कुछ कह रहे हैं।

"मैं चली जाती हूँ, शिब्बू।"

"हाँ, दीदी के घर चली जाओ।"

"और तुम?"

"मैं नहीं जाऊँगा। अंकल के पास फिर कौन रहेगा?"

"तो मैं भी नहीं जाती।"

"आप दूसरे कमरे में सो जाओ।"

"दूसरे कमरे में क्या वे आएँगे नहीं?"

"तो दीदी के यहाँ...मैं अंकल के साथ रहूँगा।"

मेरे दिल में हूक उठती है–'मेरे बच्चे, तू क्यों इस विकट संकट में विचलित नहीं होता?'

दूसरे दिन मैं घर आ जाती हूँ। रात को दूसरे कमरे में सोना चाहती हूँ। शिब्बू मेरे पास आकर कहता है–"मैं आपका पानी ऊपर कमरे में रख आया हूँ।"

"क्यों रखा वहाँ पानी? मैं वहाँ नहीं सोऊँगी।"

"आप वहीं जाओ, अंकल अकेले परेशान होते हैं।"

"वे लड़ेंगे, डाँटेंगे, रातभर कलह..."

"नहीं, कुछ नहीं कहेंगे अंकल। और कहेंगे तो मैं हूँ ना।"

ऊपर के कमरे में मैं और डॉक्टर साहब...

"क्या कह रहा है शिब्बू?"

"कुछ नहीं, ऐसी ही बातें, घर की..."

तुम्हारा बॉडीगार्ड है न यह।"

मैं सोचती हूँ, उसकी भावनाओं को न समझनेवाले डॉक्टर साहब उसे अपने सामने खड़ा ऐसा पुरुष समझ रहे हैं, जो उन्हें निरन्तर चुनौती देता है।

चुनौती है भी शायद...

एक महीने को घर जाता है, मैं पूछती हूँ—"कब आओगे, बेटा?"

"जल्दी आऊँगा, बहुत जल्दी, आंटी।" कहते हुए आँखों में ऐसा भाव उमड़ आता है कि वही भाव मेरी आँखों में आँसू बनकर छलकने लगता है। वह पीछे मुड़-मुड़कर देखता है, आँखों के दो सितारे मेरी आँखों को रौशन कर देते हैं।

क्यों न करें? बीमार हो गई थी, वह ढाई साल से घर नहीं गया था, बहुत-बहुत बुलावे आए, जरूरी काम भी आड़े आया, मगर एक ही रट लगाए था—'आंटी ठीक हो जाएँगी, तभी जाऊँगा नेपाल।'

लौटकर आता है, पूरा महीना अनुपस्थित शिब्बू से भरा पूरा रहता है। बाजार जाऊँ, दुकानदार पूछते हैं, घर से निकलूँ, धोबी माली याद दिलाते हैं, आपका बेटा कहाँ चला गया?

मेरा बेटा?

"क्या वह आपका बेटा नहीं है? गाड़ी लेकर आता है।"

"बेटा ही तो है। आपने क्या समझा?"

जिठानी का बेटा विनोद याद आता है, जेठ जब जिठानी को प्रताड़ित करते थे, छोटा-सा विनोद आँखों में आग भरे देखता था, माँ से लिपट जाता था। थोड़ा-सा बड़ा हुआ बाप का माँ पर उठता हुआ हाथ पकड़ लिया—'बीबी (माँ) को अब नहीं मारोगे तुम। हाथ रोक लो, नहीं तो बुरा होगा।'

मेरा शिब्बू डॉ. साहब की मौखिक प्रताड़ना से त्रस्त, मेरे आगे खम्भे की तरह खड़ा हो जाता है, जैसे मुझे हर तरह के वार से महफूज रखेगा। जो आघात होंगे, खुद झेलेगा। लेकिन डॉ. साहब शारीरिक आघात कब देते हैं?

वे दिल को निशाना बनाने वाले तीरंदाज...

मैं बाजार में दुकानदारों से कहती हूँ—'मेरा बेटा काम से गया है।' बस आने ही वाला है।

नेपाली नौकरों के बारे में रोज अखबार में ख़बरें आती हैं, इस मालिक को मारा, उस मालकिन का खून करके घर का सामान लूट लिया। नकदी जेवरों के दुश्मन नेपाली, आँख झपकते ही सीमा पार कर जाते हैं।

मेरा शिब्बू? नहीं, नहीं नहीं, ऐसा हरगिज नहीं कर सकता।

'ज्यादा विश्वास ही आदमी का दुश्मन हो जाता है।' अखबार इस बात को छापते हैं, टी.वी. प्रचार करता है, रेडियो पर खबरें आती हैं।

इसके बाद मैं क्या सोचूँ? बहुत से सोच-विचार के बाद निर्णय लेती हूँ, जिसने अब तक शारीरिक और मानसिक अवसाद से बचाए रखा है, उसी के हाथों मर जाऊँ तो बुरा क्या है?

उफ्...यह भी मेरा साहित्यिक जुनून...शिब्बू ही जैसे मेरे लेखन को आगे बढ़ाते जानेवाला सहायक, सशक्त सखा हो, जो कभी बेटा लगता है, कभी घर का पुरुष। क्या मैं सब कुछ सही समझ रही हूँ?

जो भी था, मेरा रवैया पति के लिए दुख था। मैं अपने सन्तोष के लिए उनको बेचैन कर डालती थी। मेरा चरित्र एकदम शीड्रैकूला...क्योंकि उनको आज भी मेरा गाँव गौकरण से कम नहीं मानता।

प्रियतम, मैं समझ रही हूँ तुम्हारी पीड़ा। तुम्हारा सामाजिक अपमान...तुम्हें भी तुम्हारे मिलनेवाले चिढ़ाते होंगे कि पत्नी परपुरुषों में रमती चली जा रही है। तुम्हीं बताओ क्या मेरे लिए लेखन चरित्रहीनता का ही पर्याय है? रचनाशीलता का मुखर रूप लांछित जिन्दगी...

ओह!

यकायक पाँव में काँच की मोटी किर्च घुप गई। खून और खून!

मैं जमीन पर पाँव कैसे रखूँ? अपने कमरे तक किस तरह जाऊँ? मेरी किताबों वाली रैक ही मुझसे दूर नहीं, पानी भी बहुत दूर है, किचिन में। दवा और नींद की गोली डॉक्टर साहब के मैडीसिन बॉक्स में...

मगर डॉक्टर साहब का कमरा कोपभवन...उनके कमरे के द्वार-दरवाजे, खिड़की-पर्दे सब मुझसे खफा हैं। पाँव में काँच अपनी नोंक के साथ टीस मार रहा है और मेरी आत्मा को कोई अनदेखा बिच्छू डंक मारता है। नींद की गोली नहीं मिलेगी तो दर्द की लहरें मुझे बेहोश कर देंगी।

शिब्बू ने सकून मुहैया कराया। नींद की गोली और पानी, साथ ही बेरहमी से काँच खींचा। खून बन्द करनेवाला स्प्रे काम आया।

नशे की नींद...शाम के सात बजे आँख खुली। शिब्बू चाय नहीं लाया। शायद सोती हुई देखकर लौट गया। पानी बिना रहा नहीं जाता। उठकर बैठ गई।

किचन की ओर जा रही थी, ड्राइंगरूम की ओर ध्यान गया।

दीवार पर रेणु जी की तस्वीर के साथ राजेन्द्र यादव की तस्वीर लगी है। नए शीशे में जगमगा रही है। और सोफे पर! नहाए-धोए लकदक कपड़ों में इत्र फुलेल की खुशबुओं के बीच बैठे डॉक्टर साहब।

"जानम, इधर आओ। तुम्हारी याद इतनी आई कि...। यार मेरी बातों पर ध्यान मत दिया करो। तुम्हारे कैरियर की बात है, रुकावट नहीं आनी चाहिए।"

दुख और प्यार की मारी मैं...रोने लगती हूँ। यह उदारता कैसे सहन हो? प्यार और एकाधिकार का जालिमजात मेल...तुम्हारे वजूद को जीत नहीं पाऊँगी।

तस्वीरों से नाता तोड़ लूँगी। टी.वी. और गोष्ठियों का बहिष्कार करूँगी। स्त्रियों की आजादी की बात ही जानलेवा...कारगुजार फिर कैसी होगी?

बहरहाल तस्वीरों को लेकर माहौल नहीं बदला। छोटी-सी शिकायत मुझसे हुई कि तस्वीर जमीन में दे मारी। जानते थे कि यह तोड़ने-फोड़ने का उपाय ज्यादा से ज्यादा दुख पहुँचा सकता है। इसके साथ ही यह भी कि तस्वीर सबेरे तोड़ी तो शाम तक जड़वा ली। शाम को तोड़ी तो रात तक जड़ कर घर आ गई और अपनी जगह सज गई। नए फ्रेम नए स्टाइल देखते ही बनते थे।

बेचारे रेणु जी उसी एक फ्रेम में रहे, राजेन्द्र यादव बदलते गए।

मैंने शिब्बू से पूछा—"क्या साहब ने किसी फ्रेम साज को तस्वीर जड़ने का परमानेंट ठेका दिया हुआ है? इतनी जल्दी कैसे दे देता है वह?"

शिब्बू चुस्ती-फुर्ती से बोला—"डबल पइसा लेता है फोटूवाला। कभी-कभी चार गुना भी देते हैं अंकल। जल्दी से जल्दी काम कराना होता है न!"

मुझे हँसी आ गई। राजेन्द्र यादव हम पति-पत्नी का जी भरकर बंटाधार कर रहे हैं।

मैंने दोनों तस्वीरें उतारीं और हमेशा के लिए अलमारी की ऊपर वाली शेल्फ पर उल्टी करके रख दीं कि मैली न हों और दिखें भी नहीं।

लेकिन तीन-चार दिन बाद ही देखा कि रेणु जी मेरे कमरे में सामने की दीवार पर शोभायमान हैं।

"राजेन्द्र यादव की तस्वीर क्या हुई, शिब्बू?" मैंने अपनी जानकारी के लिए पूछा।

"उधर है।" शिब्बू ने डॉक्टर साहब के कमरे की ओर इशारा किया—"अरे, इनके कमरे में क्या कर रही है तस्वीर?"

वे वाशबेसिन के पास से बोले—"मेरे कमरे में ही रहने दो, मेरे पास रहेंगे, खुराफात नहीं कर पाएँगे।" कहकर वे मुस्करा दिए।

"डॉक्टर साहब, मुझसे परेशान हैं तो मुझे इतना प्यार क्यों करते हैं?" राजेन्द्र जी मुझसे पूछते।

मैं क्या बताती, राजेन्द्र जी खुद जानते हैं, डॉ. साहब अपनी पत्नी के वजूद से परेशान हो जाते हैं।

मैंने नम्रता से कहा था—''बबली, मैं और तेरे डैडी 'अभिमान' फिल्म देखने गए थे, कब की बात है यह, जब तू बहुत छोटी थी। फिल्म देखने के बाद वे बहुत नाराज हुए। कहने लगे, तुम मुझे जानबूझकर ऐसी पिक्चर दिखाने ले गई थीं।''

नम्रता हल्के से हँसी और बोली—''पूअर थिंग! क्या पता था, उनकी लाइफ में यही होनेवाला है। मम्मी, डैडी आपसे कुछ नहीं कह पाते तो अपना गुस्सा चीजें तोड़-फोड़कर निकालते हैं। राजेन्द्र अंकल की तस्वीर पटकते हैं।''

''बबली, वे मुझे जीती-जागती औरत नहीं, क्या अपना खिलौना समझते हैं, जिसे कोई न छुए, न देखे।''

नम्रता मुझे तरह-तरह से समझाना चाहती है। उसने वे मंजर भी देखे हैं। जब साहित्यिक प्रोग्रामों से बुलावे आते, भागीदारी के आग्रह होते और टिकिट बुक करा ली जाती।

जाने से पहले हंगामा...''बबली, डैडी बहुत गुस्सा हैं, मैं कैसे जा पाऊँगी? न जाऊँ तभी खैर है।''

''मम्मी, आप टिकिट नहीं लौटाएँगी। हर हाल में जाएँगी। किसी का प्रोग्राम आप कैसे बिगाड़ सकती हैं?''

नम्रता मेरे घर की हालत समझती है, बस हिम्मत बँधा रही है। बहाने बना-बनाकर राजेन्द्र यादव को भी कब तक भ्रम में रखा जा सकता है?

मैं फोन करती हूँ—

''राजेन्द्र जी, मैं नहीं जा पाऊँगी। घर में हालत बिगड़ गए।''

''चलो, डॉक्टर साहब को भी ले चलो। रोहताश्व का कार्यक्रम स्त्री-विमर्श पर है, तुमको चलना है, बस।''

''डॉक्टर साहब जाएँगे, हम उनका ही मुँह जोहते रहेंगे। न मालूम किस बात पर नाराज हो जाएँ। प्रोग्राम तो खराब होगा ही। क्योंकि कोई भी सत्र उन्हें रास नहीं आएगा।''

''किसके साथ जा सकती हो? क्या घर में ही बन्द रहोगी?''

''उनके साथ, जिनका साहित्य से सम्बन्ध न हो। वे शरीफ लोग मुझे अपनी तरक्की के लिए उकसाने वाले नहीं।''

और अब मन में जहर पीसती चक्की चल रही है।

इस आदमी से अलग ही हो जाऊँ...मैंने शुरुआत से यही मूर्खता की है कि अपनी चाहत को स्थिर और स्थाई आधार देने के उद्देश्य से तरह-तरह की योजनाएँ बनाई हैं, जिन्हें साकार करने के लिए साथियों की जरूरत पड़ी। मगर कौन चला साथ-साथ?

मेरे साथ मैं ही हूँ, आज भी। विवाह का गठबन्धन चाहत का गला घोंट रहा है, छुड़ानेवाला यहाँ कोई नहीं, जबकि मैं दम दिए दे रही हूँ। मेरे जीवनसाथी में आया क्रूर परिवर्तन...अपने लेखकीय व्यक्तित्व को इसका कारण समझूँ? मेरे चेहरे से बेजार मेरे पति...सन्देहों के विष को पीते-पीते नीले हुए जाते हैं। मेरे चाल-चलन की तेजी और आकांक्षाओं के महत्त्व से तड़प उठते हैं। उनकी ओर से यह मेरे लिए न्याय है क्योंकि मैंने उनके अधिकार और अपने कर्तव्य का ध्यान न रखकर अपनी इच्छाएँ जाहिर की हैं।

'मैं इस आदमी को छोड़ ही दूँ...' मेरे भीतर हूक उठी।

आज मेरी भावनाओं को दंडित करनेवाला, उपहास उड़ानेवाला...। मेरी किताबों में यदि कुछ वजन है तो पाठकों की दुनिया के सामने जाहिर हो जाएगा कि मैंने किस सचाई और ईमानदारी के साथ लेखन से प्रेम किया था। तब विवाह की पवित्र परम्परा निश्चित ही गौण हो जाएगी, जो मेरे लेखन के कारण झटके खाती हुई, हाय-तौबा मचाकर मुझे बार-बार औंधे मुँह पटक देती है।

मैंने विवाह क्यों किया था? क्या हो गया था मुझे? मेरी माताजी ने विवाह के लिए नहीं पढ़ाई थी? कि पढ़ी-लिखी लड़की को योग्य वर मिलने की सम्भावनाएँ समाज के फलक पर छाई हुई थीं? मैंने क्यों पी.सी.एस. नहीं बनना चाहा? आत्मनिर्भर होने के आर्थिक आधार की ओर से क्यों निगाहें फेर लीं? जब कैरियर बनाने का समय था, विवाह को आगे क्यों रख लिया?

तब मैं घबरा गई थी...मेरे गहरे लम्बे श्वाँस आज भी यही कहते हैं। रात-दिन अपनी मांस-मज्जा और कच्ची कोमल चमड़ी को बचाने में बदहवास सी मैत्रेयी दौड़ रही थी। चारों ओर इतने भेड़िए कहाँ से जुट आए? भेड़ियों के बनाए चक्रव्यूह...बीच में मादा का वजूद...घर, आँगन, कोठा, द्वार, गली, स्कूल और माताजी के ऑफिस का माहौल...घेराव का चेहरा एक जैसा था। खौफनाक पंजे हर ओर से बढ़ते आते। अपनी देह के लिए कितने-कितने खतरे कि मन ही सिकुड़ सिमिटकर गाँठ सा बँध गया।

विवाह स्त्री की युवा उम्र को सुरक्षा देता है, ऐसा मुझे लग रहा था क्योंकि मैं खुद को देखती और सोचती मेरी स्थिति में कौन कितनी...फिर बदहवास चिड़िया-सी बाजों के झपट्टों से बचने के लिए कोई नया कोना तलाश करती।

मिला फिर सुरक्षा का गढ़, संरक्षण का किला, पवित्रता का मन्दिर। शान्ति के नाम पर निश्चिन्तता की सन्नाटे से भरी गुफा। कैसा है गुलामी का आनन्द, जिसमें पति और पति की आज्ञा की इन्तजारी। मैं पिया की प्यारी, अति प्यारी।

लेकिन आज आनन्द सहा नहीं जाता। कभी आजादी के खतरे डराया करते थे, पराधीनता की बेफिक्री में घुटने लगी। इसीलिए तोड़फोड़ पर आ गई? मैं ही थी कि

अपने बन्धनों को डर और आतंक के कारण काटना नहीं चाहती थी। मान लिया था विवाहिताओं की यही नियति है। आज अपने ब्याह के पुराने फैसले पर दुखी हूँ या ब्याह की वर्जनाओं को तोड़ने के नए संकल्प पर पछता रही हूँ? पत्नी की भूमिका अपनी कसावट में यन्त्रणा दे रही है।

मैं दुखी, लगभग रोती हुई...स्त्री! तभी दृश्य बदला।

डॉक्टर साहब भी लगता है कि निखालिस पुरुष नहीं, उनके भीतर जरूर स्त्री बैठी है, ऐसे ही जैसे कवि पवनकरण कहते हैं, 'स्त्री मेरे भीतर' उनका कलेजा पिघल रहा है, आँखें तरल हो आईं।

"मेरी जान तुम इतनी दुखी! तुमको किसी और ने नहीं, मैंने सताया है, मैंने। मैं तुम्हारा शुभचिन्तक, प्यार करनेवाला..."

मैं नजरें मिलाना नहीं चाहती। दुष्ट पति और दयाभरा चेहरा!

"डार्लिंग चली जाओ, सच कहता हूँ।"

"कहाँ? घर से चली जाऊँ? यही कसर रह गई है।"

"अरे यार, गोवा जाने की कह रहा हूँ।"

"गोवा! पैदल चली जाऊँ?"

"ओफ्फो! यह मुश्किल और। तुम्हें भी टिकिट लौटाने की उतावली रहती है। ऐसा भी क्या...यू आर टची, वेरी टची!"

"मुझे उतावली रहती है। मैं टची हूँ। और बोलो।"

"मुझे क्या बोलना है, तुम्हीं बताओ।"

"यही कि मेरा कत्ल कर दो और टिकिट भी तुम ही लौटा कर पैसे जेब में रख लो। तुम्हारी पत्नी इससे ज्यादा और तुम्हारे लिए क्या करे?"

"मेरे साथ एयरपोर्ट चलेगी पत्नी। मैं टिकिट का इन्तजाम करता हूँ।"

"एयरपोर्ट! तुम्हारे साथ?"

"समझा करो जानम, कम-से-कम एयरपोर्ट तक तो उस लुच्चे बुड्ढे से तुम्हें बचाऊँ।"

मैं अनचाहे ही हँस पड़ी।

"एयरपोर्ट के बाद क्या होगा फिर तुम्हारा?"

"हम लड़ेंगे, उनकी तस्वीर से लड़ेंगे। पछाड़ेंगे, फोड़ेंगे।"

"और फिर शिब्बू के साथ जड़वाने भागेंगे तस्वीर को।" मैंने चिढ़ाया।

"अब की बार ऐसा नहीं होगा। काम तमाम होकर रहेगा। मगर तुम एयरपोर्ट चलोगी मेरे साथ।"

डॉ. साहब समझ रहे थे कि वे कहेंगे और मैं चल दूँगी, ऊपर से उनकी कृतज्ञता मानूँगी। मगर मैं जिद की पक्की, हठी हूँ सदा की। नहीं गई। देखें, अपने पास मुझे

रखकर ये कौन-सी खुशी ले लेंगे? प्रायश्चित करेंगे और मैं इसके बदले मनमानी आजादी ले लूँगी। बिलकुल ऐसे ही, जैसे अंग्रेजों के कारागार में स्वतन्त्रता सेनानी रहे थे, तभी तो स्वतन्त्रता के लिए लड़ सके। समझ लो कि यह मेरा सत्याग्रह है।

समझना तो होगा ही कि पत्नी को हर समय पुरुषों से दूर रखने-बचाने में समय और शक्ति व्यर्थ होते हैं। अब तक वह भी बहुत कुछ समझ गई होती है। मैं अपने 'चाक' उपन्यास में लिख चुकी हूँ, गजाधर बाबा कहते हैं—"बेटा रंजीत, अपनी बैयरवानियों के लँहगाओं' की पहरेदारी करना हमारी बहादुरी में नहीं आता, हम बहादुर माने जाएँगे तब, जब अन्यायियों से लोहा लें। दुश्मनों के दाँत खट्टे करें।"

ऐसा सब सोचने और लिखने के बावजूद डॉक्टर साहब और मेरे बीच ऐसी स्थितियाँ क्यों पैदा हो जाती हैं कि एक-दूसरे की इच्छाओं, आकांक्षाओं और स्वतन्त्रता का हनन करें? क्यों हमारे दरमियान ऐसी दीवार खड़ी हो जाती है, जिसमें कोई खिड़की झरोखा न हो।

मैं सोचती हूँ, वे मुझे समझ नहीं रहे, क्या मैं यह भी सोचती हूँ कि मैं उनको कितना समझ रही हूँ? केवल बिस्तर पर समर्पण कर देना क्या उनके लिए काफी है? खाना बनाना और कपड़े धो देना, साथ ही बच्चे पालना...बस इसी को मैंने उनके लिए अपना कर्तव्य समझा है, क्या ठीक समझा है? इस सम्बन्ध में पाककला का हुनर, फुर्तीली हॉउसकीपर की कला, मछली जैसा चिकना अपना रूप...मैं बार-बार यही, हर बार यही सोच रही हूँ।

मन का लगाव?

भावात्मक जुड़ाव भी पति को चाहिए, डॉक्टर साहब की मान्यता यही है। क्या मेरी भावनाएँ उनके लिए अपने रूप में कोमल नहीं?

'भावात्मक लगाव और भावात्मक प्रगाढ़ता के बीच पतली सी लकीर है, जिसका अन्दाजा तुम्हें हो न हो, मेरे ध्यान से वह लकीर हटती नहीं, कुछ ऐसा ही पति कहते हैं।

मैं चौकन्नी हो जाती हूँ। सचेत सतर्क...मैंने कब कौन-सी लापरवाह घड़ी में कौन-सी गुस्ताखी की? कई बार यह बात डॉ. साहब से ही समझनी चाही है, लेकिन वे मुस्कराकर रह जाते हैं। मुस्कराहट में वक्रता सी उभर आती है, जैसे कहना चाहते हों—अच्छा अब योजना बनाकर सावधानियाँ बरतोगी! यकीन मानो यह भी मेरी समझ में आ जाएगा, और भी दुख बढ़ेगा मेरा...

आह, मेरे समीकरण...पलभर में फुस्स हो गए। पति द्वारा गुलाम बना ली गई पत्नी, छटपटाए, यह भी जुर्म है, वफादारी दिखाए, वह साजिश है। 'प्रेम की शिद्दत और मधुरता' किसी हुकूम के गुलाम से नहीं मिल सकती, कुछ दिशाएँ जो मैंने देखी हैं, मेरी चाहत हैं।

ओहो...मैं बार-बार अपने पक्ष में ही कसीदे काढ़ लेती हूँ। सुरक्षित आश्रय की तलाश की, बसेरा मिला तो मनमानी कैसे कर सकूँगी?

''डॉ. सिद्धार्थ के साथ...'' मैंने पूछा था उनसे।

''मारो गोली डॉ. सिद्धार्थ की कहानी को जानम, अब तो दिन पर दिन नई-नई कहानियाँ बनने लगीं।'' उन्होंने हँसकर कहा था और बोले थे, कहानियाँ लिखने में तुम्हारा जवाब नहीं और उन कहानियों को नाटक में तबदील करके घर के मंच पर खेलना कोई तुम से सीखे।''

मैं अपनी तथाकथित अनैतिकताओं पर गौर करने लगी, वह भी डॉक्टर साहब की निगाह से।

कुछ कहती, इससे पहले उन्होंने उस घटना की ओर मुझे लौटाया, जिसमें मैं पीछे थी, वे आगे–

'कितनी परेशान थी मेरी जान, जब राजेन्द्र यादव हौजखास से घर छोड़कर मयूर विहार गए। इतनी दुखी तो तब भी नहीं थीं, जब मैं विदेश गया, अलबत्ता डॉ. सिद्धार्थ के विदेश जाने पर रोई थीं। मेरी पत्नी को दूसरों का बिछोह बहुत सालता है।'

मैं उन्हें देखती रह गई...कब की बातें! तीरगी में तुमसे बड़ा तीरंदाज नहीं... निशाना भी मुझ पर ही साधते हो, अभ्यास में ऐसे ही महारत हासिल हुआ है, तड़पा-तड़पाकर मेरा शिकार करके...

मेरी जैसी शरणागत स्त्रियाँ शिकार ही होती हैं, क्योंकि मालिक से वफादारी करते हुए अपनी अन्दरूनी भावनाएँ छिपाना भी गुनाह समझती हैं। लिखते हुए मैं सोचती हूँ, सामन्ती व्यवस्था से लड़ना है, मगर क्या इस स्वामिभक्ति और सदिच्छा के हथियारों से लड़ा जा सकता है? लड़ा जा सकता होता तो डॉ. साहब के मन में मेरे व्यवहार में से बारूद निकाल-निकालकर बम न बन रहे होते कि उनका विस्फोट ऐन उस समय हो, जब मेरा आत्मविश्वास जुड़ने लगे।

''राजेन्द्र जी के लिए मेरा परेशान होना बुरा लग रहा था तो तभी क्यों नहीं ऐतराज किया?'' मैंने पूछ ही लिया।

''ऐतराज करने से क्या तुम्हारे रवैये में रुकावट आती?'' उन्होंने प्रतिप्रश्न किया।

लगभग छह वर्ष बाद...जहर दाँत ने अपना रूप दिखाया, या मुझे ही ऐसा दंश लगा है कि खून नीला हो चला।

'मैंने क्या गुनाह किया?' पुकारता मेरा मन यहाँ-वहाँ ठहरता नहीं। पति को मैं भी फिर याद दिलाना चाहती हूँ कि मैं जितनी परेशान थी, उसमें उतने ही तुम भी शामिल थे। क्या तुमने मदद के लिए हाथ नहीं बढ़ाया था? यह दीगर बात है कि ऐसी सहायताओं के लिए तुम अलीगढ़ में भी मशहूर थे और तुम्हारी ऐसी सदाशयता में मैं कहीं नहीं जुड़ी थी।

मैं क्या जानती थी कि राजेन्द्र जी को अपना घर यकायक छोड़ देना पड़ेगा? घर छोड़ देने का कारण क्या है, ठीक से यह भी मुझे पता नहीं था। बस, एक दिन दोपहर के समय राजेन्द्र यादव ने मुझे अपने दफ्तर बुलाया था, इतना तो अब भी याद है कि वह अप्रैल के बाद का महीना 1994 की साल का था। दरियागंज जाने के लिए कोई वाहन नहीं था, इसलिए ऑटो से गई थी क्योंकि राजेन्द्र जी ने कहा था—तुम्हारा आना जरूरी है।

मैं जाकर मिली। थोड़ी देर में उन्होंने अपने बारे में एक स्त्री को लेकर थोड़ी बहुत बात बताई और कहा कि उनकी पत्नी बहुत नाराज हैं। मन्नू दी का नाराज होना वाजिब लगा। मैंने सोचा राजेन्द्र जी मुझसे इतने नहीं खुले कि तमाम ब्यौरे बता दें। बात कुछ ज्यादा ही होगी। उस समय उनका फोन लगभग हर दो मिनट के अन्तराल पर बज रहा था, जिसे वे बार-बार बन्द कर देते थे। मैंने समझा, यह फोन या तो उसी औरत का हो सकता है या फिर मन्नू भंडारी का। मन्नू दी का ही होगा। जो कुछ हुआ होगा, वे बार-बार पति से कबूल कराना चाहती होंगी या मना कराना। हो सकता है 'हाँ ना' सब हो चुका हो और उन्हें किसी भी बात पर विश्वास न आता हो। उनके सामने पति और उस स्त्री की युगल छवि ऐसे अंदाज में आ जाती हो कि विकट चुनौती सी लगे।

राजेन्द्र जी भी...सौभाग्य या दुर्भाग्य से हंस चलाते हुए लेखिकाओं से घिरे रहते हैं, कोढ़ में खाज कि हास-परिहास के तलबगीर हैं। भूल जाते हैं कि उनकी पत्नी विदुषी है और लेखिका हैं, पति के ऐसे कार्यकलापों को सस्ते और घटिया किस्म का मनोरंजन मानेंगी। बहरहाल राजेन्द्र जी दुखी थे, बहुत विचलित से...मैंने उनका ऐसा गमगीन चेहरा कभी नहीं देखा। मैं पसोपेश में, क्या करूँ, क्या न करूँ? कुछ ज्यादा भी कैसे पूछूँ, सदा आदर किया है। आदर में सीमाएँ ज्यादा से ज्यादा होती हैं। लग यह भी रहा था कि मुझे इन्होंने बुलाया क्यों है?

हिम्मत करके पूछ ही लिया—"मैं मन्नू दी से मिलूँ? कहूँ कि ये परनारियों वाले झंझट पति-पत्नी के जीवन में आ ही जाते हैं, जैसे परपुरुषों वाली अनैतिकताएँ सद्गृहस्थों को छेड़ती ही रहती हैं।"

"चाहती हो तो मिलो।"

"मुझसे वे बात करना चाहेंगी?"

"फोन करके देख लो।"

मैं मन्नू दी से मिली थी। वे बहुत दुखी थीं। जो राजेन्द्र जी नहीं बता पाए या नहीं बताना चाहते थे, वह सब मन्नू दी ने बताया। मैं स्तब्ध थी। राजेन्द्र जी का यह भी रूप है! विश्वास हो नहीं रहा था या विश्वास करना नहीं चाहती थी। अपनी ओर से जितनी हमदर्दी मन्नू दी को दे सकती थी, देती रही—इस किस्से को यहीं रोक

दीजिए मन्नू दी। सार्वजनिक होगा तो लोग चटखारे ले लेकर छापेंगे, क्योंकि आप दोनों ही प्रसिद्ध लेखक हो। आप पढ़ी-लिखी प्रबुद्ध हैं, गाँव की अनपढ़ स्त्रियाँ भी ऐसी बातों पर थोड़ा बहुत झगड़ा करके छोड़ देती हैं, पति की करनी पति के साथ। आदमी दूसरी औरत ले आता है, दोनों औरतें लड़-भिड़कर या शान्त होकर रहने लगती हैं, मर्द की दुष्टता सब जान जाते हैं। मुझे लगता है स्त्रियों का समाज समझौतों का देश है, क्योंकि भीषण युद्धों में विश्वास नहीं करता। यह भी माना जा सकता है कि पूरी मेहनत-मशक्कत के बाद औरत वहाँ पर पराधीन होती है। लेकिन पराधीन स्त्री भी अपनी त्रियाहठ के लिए मशहूर होती है, अपनी-अपनी रणनीति की बात है।

मेरी बातें, मुझ तक ही रह गईं। राजेन्द्र यादव के सामने फैसला आया कि उनको घर छोड़ना होगा। मुझे कभी आश्चर्य हो तो कभी स्त्री शक्ति पर अभिमान हो और अचल सम्पत्ति की स्वामिनी के अधिकार का अहसास हो। यह बदलाव शहर से गुजरकर गाँवों तक जाना चाहिए, जहाँ स्त्री को किसी भी लांछन के साथ परित्यक्ता बना दिया जाता है। मन्नू भंडारी जैसी सशक्त लेखिका ने दिखा दिया कि पुरुष प्रवर तुम अब परित्यक्त की जिन्दगी जिओ।

मैं उनके साहस से दहल गई। गँवई संस्कार आड़े आने लगे, जहाँ बड़ी से बड़ी भयानक बात को छोटी-सी नजरंदाजी दिखाकर टाल दिया जाता है। गाँव के लोग अकेलेपन को सबसे बड़ा दुख मानते हैं, बस इसी बात की अभ्यस्त मैं अपनी हालत में काँप गई। यहाँ तो स्थिति और भी भयंकर...वृद्धावस्था में अलग-अलग होना...मैंने राजेन्द्र जी से सविनय कहा भी था—आप दोनों खुद को जवान मतलब कि युवा माने हुए हैं, यह अच्छी बात है, लेकिन बाल काले कर करके उम्र को ठेला तो नहीं जा सकता। भरा-पूरा परिवार होता, नाती-पोते होने के बाद क्या आप एक दूसरे के चरित्र की इसी तरह निगरानी करते? आप दोनों में से एक कोई बीमार हो गया तो क्या होगा? सेवा शुश्रूषा न बन पाए न सही, शहर में नौकर बहुत हैं, मगर घर में अपने सिवा दूसरे की उपस्थिति ही कम आश्वस्तिदायक नहीं होती?

हुआ भी यही, मन्नू दी बीमार थीं, घर में अकेली, जब मैं और डॉक्टर साहब रात में बारह बजे या दो बजे पहुँचे। मैंने नहीं सोचा कि मन्नू दी को कैसा लगेगा, अपने दामाद डॉ. सुभाष से राजेन्द्र जी को फोन कराया—आपको पता है, मन्नू जी सी.सी.यू. में हैं, हमारे सुपरविजन में।

राजेन्द्र यादव अपने कपड़े-लत्ते लेकर आ गए, मैं निश्चिन्त हुई थी, लेकिन सबेरे मैंने फोन किया तो वे अपने मयूर विहार वाले निवास से बोल रहे थे। 'यह क्या?' मैंने पूछा तो उन्होंने कहा, 'चला आया। मन्नू मुझसे मिलना नहीं चाहती थी।'

मैं अपने को कठघरे में खड़ी कर रही थी, मैंने क्यों ऐसा किया जो मन्नू दी को पसन्द नहीं आया।

लेकिन हम भी क्या करें, जब बीमारी अपने कड़े से कड़े तेवर दिखाए। राजेन्द्र जी बीमार हुए, क्षमा और सुधीश बेटे-बेटी की तरह उनके घर थे। अरविन्द जैन पास में थे, किशन तो हर क्षण उनके साथ-साथ। लेकिन जब डॉक्टर साहब उन्हें मेडिकल इंस्टीट्यूट में भर्ती करा रहे थे, डॉ. नवल (छोटे दामाद) के अंडर में तो मैं हौजखास 103 की ओर गाड़ी से दौड़ रही थी। मन्नू दी और रचना को खबर होनी चाहिए। परिवार के लोगों का भरोसा मरीज को अलग ही होता है।

मन्नू दी आईं। रचना आई। मैं फिर निश्चिन्त हुई। और मन्नू दी के पति के लिए सद्भाव और हमदर्दी की साहित्य जगत में ऐसे धूम मच गई जैसे किसी पौराणिक सती ने अवतार लिया हो। रात में राजेन्द्र जी के पास किशन ही सोता था। अस्पताल से डिस्चार्ज होने के बाद मन्नू दी ने उन्हें हौजखास नहीं, रचना के यहाँ डी.एल.एफ. जाने दिया। रचना की मैं मन्नू दी से ज्यादा इज्जत करती हूँ, माँ और पिता के अलगाव को वह लड़की कितनी समझदारी और प्रेम से पाटने की कोशिश करती रही है। रचना का होना राजेन्द्र जी के लिए सबसे बड़ा भरोसा था। मेरे लिए मुश्किल यह थी कि डी.एल.एफ. अस्पताल से बहुत दूर था।

हाँ, राजेन्द्र यादव की बीमारी में उनके साथी लेखक परिवार की तरह ही चिन्तित होते हैं, साहित्य जगत की यह अपनी सबसे बड़ी खूबी है कि चिन्तित ही नहीं होते, आगे बढ़कर हाथ थाम लेते हैं।

मन्नू दी बम्बई जा चुकी थीं। राजेन्द्र यादव अपनी इज्जत ढक रहे थे, हम क्या कोई पहली बार जा रहे हैं? इससे पहले गिरिराज के यहाँ कानपुर चले गए थे। आई. आई.टी. गेस्टहाउस में छह महीने रहे थे।

मन्नू दी ने मुझे बताया था कि 'हंस' राजेन्द्र के लिए बहुत जरूरी है, इसमें व्यवधान नहीं पड़ना चाहिए, इसलिए ही वे उज्जैन चली गई थीं। मैंने सोचा बम्बई प्रवास भी कुछ ऐसा ही मकसद लिए होगा। एक-दूसरे की सदाशयता का यह गोरखधन्धा...मेरी समझ में भी कैसे आए? मेरे और डॉक्टर साहब के बीच सम्बन्धों में जितनी कड़ुआहट आती है, हम उतनी ही शिद्दत से एक-दूसरे को क्षमा करते चले जाते हैं। मगर साहित्य का संसार मामूली लोगों की दुनिया नहीं थी शायद...मन्नू दी बम्बई से लौटकर आएँ, तब तक हर हालत में राजेन्द्र जी को घर खाली कर देना होगा। मैं अवसन्न सी...होश में आती तो पति के विश्वासघात और पत्नी के कच्चे कानों पर गौर करती रहती। सोचती यह भी कि रचनाओं में अहंकार से बचने की सलाह देनेवाले क्या इतने अहंकारी होते हैं? नतीजा फिर फिर वही निकलता कि मान लेना चाहिए फरेब और कमजोरियाँ मिलकर जिन्दगी को तबाह कर देते हैं। इस मंजर को देखकर मेरी आँखों में दरारें पड़ने लगीं। दोनों की अपनी-अपनी पीड़ा, अपनी-अपनी उलझनें, अपनी-अपनी

मुसीबतें...इस उम्र में! दोनों ही तो मेरे लिए विश्वास और ऊर्जा के अकल्पनीय स्तम्भ थे।

विकट संकट!

किसे याद रहता है इन दुर्धर्ष घड़ियों में कि राजेन्द्र जी कितने दुष्ट और दुराचारी थे! जिन्दगी पर बन आए तो दोष ढूँढ़ने की मोहलत कहाँ होती है? काश, मैं उनके इतनी नजदीक रही होती कि दुश्चरित्रता देख पाती। वे मेरे लिए एक शिक्षक, गाइड और बड़े लेखक के अलावा कुछ नहीं हैं।

'घर? मेरे पास तो कोई घर नहीं।' मैंने उनसे कहा और पराधीन की तरह सिर झुका लिया। मगर अब क्या होगा? कहाँ रहेंगे? अँधेरा सा था हर ओर।

मैं नहीं पूछ पाई कि किताबें, कलम और बैसाखी कहाँ के लिए लाद चले? डॉक्टर साहब होते तो एक-एक बात पूछते। वे तो सरकारी दौरे पर...और मैं अकेली कंगाल, जो अब तबाही के कगार पर है।

ठीक साढ़े ग्यारह बजे हमारे घर की पिछली लेन (237 किदवई नगर वेस्ट) में राजेन्द्र जी की सफेद मारुति आकर खड़ी हो गई। हॉर्न सा बजा, मैंने बरामदे की जाली से झाँका। यह मारुति अक्सर ही यहाँ होकर गुजरती है। कभी मुझे अपनी लिखी कहानी देनी होती है तो कभी राजेन्द्र जी कोई किताब छोड़ जाते हैं, पढ़ने के लिए। कभी मैं अपना लेख या टिप्पणी देती हूँ तो कभी उपन्यास की पांडुलिपि। और फिर तैयार रहती हूँ कि राजेन्द्र यादव मीन-मेख निकालेंगे, मैं दोबारा लिखूँगी।

लेकिन, आज? किताब और कागजों के आदान-प्रदान की कोई बात फोन पर नहीं हुई। बिना सूचना के पहली बार...हर बार की तरह बाहर ही गाड़ी में बैठे हैं, मैंने सोचा।

देखा, अरे आज गोपाल ड्राइवर भी नहीं। किशन है (सोलह-सत्रह साल का नेपाली लड़का) जिसने कार चलानी अभी-अभी सीखी है। यह ड्राइवरी करेगा, वह भी दरियागंज जैसे इलाके में।

किशन घर की ओर आ रहा था और मैं बाहर निकल रही थी।

दोनों बीच में मिले। वह बहुत उदास-उदास लग रहा था। मैं पूछ रही थी "क्या बात है? राजेन्द्र जी की तबियत तो ठीक है? असल में डॉक्टर साहब घर नहीं हैं। आज ही लौट आएँगे लेकिन।"

मैं अपनी रौ में आगे कुछ बोलूँ, उससे पहले किशन धीमे से बोला—"बाउजी मयूर विहार जा रहे हैं।"

"मयूर विहार! क्यों मयूर विहार, किसी ने बुलाया है क्या?"

किशन दूसरी ओर देखने लगा। थोड़ा-सा थमकर बोला—"हौजखास से मयूर विहार, रहने जा रहे हैं।"

"र-ह-ने!"

ओह! तो मुझसे मिलने आए हैं। विदा...यहाँ से! आगे क्या सोचूँ? पाँव आगे जाएँ न पीछे लौटें। मेरे भीतर जमावट सी...जैसे बर्फ जमती जाती है धीरे-धीरे। झूठ नहीं बोलूँगी, मैं पत्थर सी हो गई। मयूर विहार जैसे बिहार का कोई शहर हो, दूर जमुना पार।

मैं अब कैसे मिलूँ? क्या कहूँ? क्या पूछूँ? और फिर क्या कर पाऊँगी? कहने-सुनने की बातें थीं मेरे लिए जो, सच के रूप में सामने आ रही हैं, सामना कैसे करूँ? फिर भी मैं साहसपूर्ण नजर से, नजर की गहराइयों से, राजेन्द्र जी को देख लेना चाहती थी। आगे बढ़ी और ऐसे देखा कि सामना न हो। मेरे संकरे और छोटे से बन्द संसार में जिसने झरोखे खोले, वही ओझल हो जाएगा। रास्ते में पड़नेवाले मेरे घर पर रचनात्मकता का चिह्न बनानेवाला यहाँ अब न नजर आएगा।

'कैसा आसान होता, राजेन्द्र जी आप मुझे विदा करते। मैं रोती-बिलखती, आप मुझे समझाते। कितना मुश्किल है किसी अपने बड़े को विदा करना। कालिदास ने यदि शकुन्तला द्वारा कण्व को विदा करते दिखाया होता, सारी उपमाएँ बदल जातीं। उपमाएँ मिलतीं भी या नहीं।'

मैं राजेन्द्र यादव के गमन की कथा कह रही थी और डॉ. साहब बिस्तर पर लेटे आँखें मूँदे सुन रहे थे, शकुन्तला प्रकरण पर उन्होंने आँखें खोल दीं। उठ बैठे और पूछने लगे—"कसम खाती हो, उनसे तुम्हारा यही रिश्ता है?"

"गंगाजली उठाऊँ, और कोई विश्वास भी करे, ऐसी मुझे दरकार नहीं," मैंने दो टूक जवाब दिया तो अबकी बार वे चादर ओढ़कर सोने लगे।

"सोने नहीं दूँगी, बात पूरी सुननी होगी।" मैंने चादर खींच डाली।

आगे।

"और हाँ, पिछले क्वार्टर में से लता आ गई। जैसे कि किसी मेहमान के आने पर चाय-नाश्ता देने आ जाती थी।"

मैं लता से क्या कहती? कहती कि आज चाय नहीं पी जा सकेगी, कंठ में बहुत कुछ घुमड़ रहा है। कंठ में घुमड़ रहा था कि मुझे साहित्यिक भँवरों में से निकलने का सहारा मिला था। अपने लेखन में कुछ जुटाने-जोड़ने के सलीके दिखे थे। अभी तो कितना कुछ सीखना था मुझे...भले ही गृहस्थी में तूफान आ रहे थे। तूफानों से गुजरकर कलम-कागज मेरी पहचान बना रहे थे—यह बात मैं पति के सामने कहूँ या न कहूँ? सोच में पड़ी थी कि डॉ. साहब बोले—"चुप क्यों हो? कहानी खत्म तो नहीं हुई मेरे ख्याल में।"

"तुम्हारे प्रवेश के बिना और मुकम्मल जगह बनाए बिना खत्म कैसे होगी?" कहने के बाद मैं सोचने की मुद्रा में थी। इस गली से 'डॉक्टरनी' शब्द में गूँजती आती आवाज मेरी रचनात्मकता के लिए जरूरी शंख घोष है।

"मैंने किशन से पूछा था, राजेन्द्र जी के लिए सामान...क्या-क्या जरूरत है? गृहस्थी तो अकेले आदमी को भी जमानी पड़ती है। होटल से दो-चार दिन का काम भले चल जाए।"

किशन बता रहा था—"केदारनाथ सिंह का फ्लैट है। वहाँ गैस तो है।" कहता हुआ वह किशोर बालक ऐसा लग रहा था, जैसे कोई नवयुवती घर के सामान की चिन्ता में हो। और मैं अब सवालों और चिन्ताओं से परे जरूरतों के रूप में अपने सामने ही बिखरती जाती, प्लेट प्याले, गिलास कटोरी, चम्मच, मग बाल्टी से लेकर डोंगा पतीला, यहाँ तक कि पर्दे...मैं देती जाती, किशन रखता जाता। भूल गई कि नया दे रही हूँ या पुराना? बोले जा रही थी, बाऊजी से कहना, रीडिंग टेबिल भेज दूँगी। और हो सका तो नम्रता वाला फ्रिज...कहती जाती नमकीन और बिस्किट बाँधती जाती। देखो, एकदम तो सारा कुछ नहीं जुट जाता। कोई कितना ही बड़ा लेखक हो, विचारक हो, गृहस्थ का अपना ढर्रा होता है, हर एक उसे चला भी तो नहीं पाता। झटके झेलने की अपनी-अपनी गुंजाइश होती है।

ईमानदारी से कहती हूँ, मुझे लग रहा था, राजेन्द्र यादव के साथ सारा घर बाँध दूँ। पत्नी और बेटी के साथ उनका कितना कुछ छूटा है, उसे तो वे ही दोनों पूरा कर सकती हैं। इस तरह जो लुट गया, उसकी भरपाई हम क्या कर पाएँगे?

मैं थी अपने घर में और मौन जम रहा था चारों कोने।

'बाउजी आपको बुला रहे हैं।" किशन कह रहा था।

"डॉक्टरनी!" राजेन्द्र जी ने पुकारा क्या? शायद। आवाज का जोश कहाँ गया? लगता है कम्पन और गीलेपन ने सारा जोर सोख लिया। मैं लपकते कदमों पहुँचना चाहती थी मगर गई धीरे-धीरे। कार की खिड़की से देखा। सामने आऊँगी न जाने क्या हो पड़े। कुछ नहीं हुआ, चश्मे के भीतर आँखें थीं, चेहरा उदासी में डूबा हुआ।

समय की कठोरता ने मेरे होठों पर साँकल जड़ दी। राजेन्द्र यादव जो कुछ बोले, उस मुद्रा से मेरा पहला परिचय था।

"डॉक्टरनी!"

"जी, राजेन्द्र जी।"

"चाहता हूँ, जिस मकान में जा रहा हूँ, उसमें स्त्री के रूप में सबसे पहले तुम्हारा प्रवेश हो।"

"मैं!"

"हाँ तुम। समझो कि फिर मैं भी डॉक्टर साहब के तरह धनधान्य वाला हो जाऊँगा।" कहकर वे हँसे, अपनी पुरानी छवि में। मगर हँसी कार के इंजन की घरघराहट में गुम हो गई। मुझे लगा, राजेन्द्र जी की हँसी को बट्टा लग गया।

मैंने वादा किया था, मैं आऊँगी, इसके सिवा उस करुण समय में कह भी क्या सकती थी?

''उन्होंने और क्या कहा, डार्लिंग?'' पति ने पूछा।

''कहा कि लिखती रहना। लिखना जरूरी है तुम्हारे लिए।''

''और मेरे लिए क्या जरूरी है, यह नहीं बताया, तुम्हारे गाइड ने?''

सुनो आगे, एक घंटे बाद ही मैं सोचने लगी थी कि अब सन्तोष से रहूँगी। पिछली लेन से अब मुझे कोई नहीं पुकारेगा। बिलकुल पहली तरह मेरी जिन्दगी का ढर्रा होगा। उसी तरह रहूँगी, बिना पढ़े-लिखे भाग्य पर छोड़ दूँगी सब कुछ। यह तहखाना नहीं, मेरा घर है। परिवार ही सुख का खजाना है। असन्तोष, कलह, दुख और सन्ताप के सिवा क्या मिला लेखन से?

किताबों ने भी यही बताया कि सन्तोष पराधीनता का दूसरा नाम है। एक ढर्रे पर खड़ी रहो, रेल की पटरियों सा ढर्रा, जिन पर चला नहीं जाता, सिर्फ लुढ़का जाता है, ऐसे इतिहास को तुम अस्वीकार करोगी। खुद को बदलोगी, तब दिखलाई पड़ेगा कि एक दिशा निकली है, जिधर आजादी है। स्वतन्त्रता तुम्हारा स्वागत करेगी।

नहीं, ये गृहस्थ जीवन के हित की बात नहीं।

डॉक्टर साहब ने अपना मत व्यक्त किया—''आजादी का दीवाना आजाद हो गया, अपने रास्ते गया। अब तुम मौज करो, डार्लिंग। मुझे तो चैन की साँस आई। तुम उसके लिए दुखी हो रही हो, हो लो, लेकिन उसकी जकड़ से तो छूटीं।''

उस दिन की रात हुई और तुम आए। मेरे घर के चन्द्रमा, मैंने कितनी खुशी से स्वागत किया था तुम्हारा। रात के मदिर मधुर वातावरण में मन की मुराद सी यह खबर तुम्हें सुनाई थी—

''राजेन्द्र यादव चले गए।''

''चले गए, कहाँ चले गए वे?''

यही सारा वृतान्त बताया था, सुनते ही पांसा पलट गया। तुमने दुख भरे आश्चर्य से कहा था—''कमाल है, वे चले गए! मुझे तो आ जाने दिया होता। एक दिन भी नहीं रोक सकीं तुम उन्हें?'

''तुम क्या करते तब?'' मैंने पूछा था।

''कुछ भी करते उनके लिए।''

''उनकी पत्नी को मना लेते?''

''अरे, मन्नू बहन जी इतनी सीधी-सादी, उनको मनाने की जरूरत ही नहीं पड़ती। कोई तुम जैसी होती तो बात और थी।''

''नहीं मानतीं वे। तुम जैसे तमाम आए वहाँ?''

"तो हम राजेन्द्र जी का अच्छा सा इन्तजाम कर देते। मयूर विहार, कौन रहता है? अपना स्वास्थ्य विहार वाला फ्लैट खाली पड़ा था और डार्लिंग, तुम्हारी तरह उन्हें तवा, चिमटा, थाली, लोटा देकर न भेजते, उनके संग-संग जाते। होटल में खिलाते दो-चार दिन, फिर सोचते मन्नू बहन जी कितनी मोहलत देती हैं, आने-जाने की।"

मैं देख रही थी कि तुम्हारी सूरत असली है या नकली?

तुम तो आगे ही आगे बढ़ते जाते थे—"अभी रात के दस ही तो बजे हैं। चलो उनके नए घर में तुम्हारे प्रवेश की व्यवस्था करें। जल्दी से जल्दी उनके संकट कटें।"

"मैं नहीं जाऊँगी।" मैंने कहा था।

"अरे! हद है तुम्हारी! कल तक तो बड़ी उस्ताद को माननेवाली बनती थीं। आदर में दोहरी हुई जाती थीं, पीठ फिरते ही आँखें बदल गईं। मयूर विहार ही तो गए हैं, आगे तो कहीं नहीं..."

"अपनी पत्नी के दुश्मन हो गए हैं। बहुत दुख दिया है मन्नू दी को।" मैंने दलील दी तो तुम अपना तर्क लेकर आ गए—"पति तो पत्नी को दुख ही देता है। कोई औरत यह कहते सुनी है कि उसका पति उसे सुख दे रहा है, भले बेचारा पति उसे सोने की लंका दे दे। तुम्हारा हस्बेंड होने के नाते मैं कहूँ कि तुम भी मुझे दुख देती हो, जोकि मैं कहता हूँ, यह एक नॉर्मल बात है। जानम, जब गोष्ठियों में जाती हो बाहर तो हमारा दुख इंतिहा पर होता है। शक-संदेह ऐसे उठते हैं, जैसे गैर मर्दों के साकार रूप हों और तुमसे अठखेलियाँ करते हों। बताओ कि इतना कष्ट पाकर मैं तुम्हें घर से निकाल देता हूँ?"

इतनी गम्भीर बात को तुम हँसी में उड़ा दोगे, मैं सोच नहीं सकती थी इसलिए मुझे तुम स्वार्थी भी लगे और गैरजिम्मेदार भी। लेकिन मैं यह कैसे बता सकती थी कि राजेन्द्र यादव किस गुनाह में सजायाफ्ता हुए? तुमने ही कहा था—मर्द पर कुछ ही थोड़े इलजाम लगते हैं—जुआ, शराब, औरतबाजी। मगर तुम औरत की तरह मुझसे ही रोज दसियों इलजाम पाती हो, तब क्या तुम मुझे छोड़ जाती हो? मैं तो इस नतीजे पर पहुँचा हूँ कि मैं गुनाह कर आऊँ या तुम बदचलन हो जाओ, लड़ाई-झगड़े की बात हो सकती है, रूठने-मनाने का मामला हो सकता है, लेकिन हम अपनी क्षमा भावना को नहीं छोड़ पाएँगे।

"क्या कहने!" मैंने व्यंग किया था।

तुम साहित्यिक अंदाज में, मुझे समझाना चाहते थे—"देखो जान, एक लेखक हुए हैं तुलसीदास, उनके एक पात्र रहे हैं रामचन्द्र जी, वे औरत के साथ ऐसी जल्लादी कर गए कि अब औरतें मर्दों को पानी पी-पीकर कोस रही हैं, बदले ले रही हैं, बनवास दे रही हैं। हम तो डार्लिंग इन दिनों रामायण से कोसों दूर रहते हैं। बस, हनुमान चालीसा का पाठ करते हैं। हनुमान जी से तो सीता जी बहुत खुश थीं।"

"तुम भी बहुत खुश हो, राजेन्द्र जी चले गए। क्या इसीलिए उनके पक्ष में दलीलें दिए चले जा रहे हो।" मैंने कहा था। मगर मैं गलत सोच रही थी, तुम मुझे राजेन्द्र जी के नए निवास पर ले गए थे। उनकी चिन्ता कर रहे थे। जितनी देर वहाँ बैठे, कागज-कलम लेकर जरूरत का सामान लिखते रहे। फ्रिज और रींडिग टेबिल भी नोट किया।

"क्या-क्या बता रही हो? मुझे तो कुछ याद नहीं। बस इतना याद है कि जो कुछ तुमने छिपाया वह मन्नू बहन जी ने बता दिया। मुझे राजेन्द्र यादव नाम के आदमी की दोस्ती पर शर्म आई और तुम्हारे छल-कपट पर कोई ताज्जुब नहीं हुआ, क्योंकि तुम सब कुछ बता देतीं तो फिर मेरे सामने राजेन्द्र यादव से किस मुँह से मिलने जातीं? लेकिन तुम यह भूल गईं कि मन्नू बहन जी भी मुझे सच-सच बता सकती हैं, इसलिए कि किसी तरह का दोष उन पर न आए। हम उन्हें गलत न समझें।

मैं इस बात पर क्या कहती? सारा राज खुल चुका था। राजेन्द्र यादव का डॉ. साहब क्या बिगाड़ सकते थे, कठघरे में मुझे खड़ी कर दिया।

मैंने बस इतना ही कहा—"जवाब माँग रहे हो, बोलने का मौका दे रहे हो तो बस इतना ही कहूँगी, लोग प्रशंसा देते हैं, प्यार करते हैं, धन-दौलत भी दे सकते हैं, मगर ऐसे विरले ही होते हैं कि जो सच्चा भरोसा देते हैं।"

अन्तर भीगी आत्मा

आदरणीय राजेन्द्र जी,

प्रणाम।

यह पत्र मैं आपको एक खास मकसद से लिख रही हूँ, वह है त्योहार और हमारे सम्बन्ध। यहाँ सन्दर्भ 'रक्षाबन्धन' का है। तो मैंने अनेक रक्षाबन्धन देखे हैं। मेरे बहुत से भाई भी हैं, जो एक सगा भाई न होने के कारण बने हैं। बचपन में जब अपनी हमउम्र लड़कियों को अपने भाइयों की कलाई में राखी बाँधते देखती तो लौटकर घर के किसी कोने में छिपकर खूब रोती कि मैं क्यों राखी नहीं बाँधती? मेरे घर में क्यों कोई भाई नहीं है? चमकीली राखी का मेरे जीवन से कोई सम्बन्ध नहीं...यही मेरी खीझ का कारण होता। माताजी भी मुझे रोते देखकर, इसे बच्चे की भावना से जोड़तीं।

'क्यों रोती है?' उन्होंने मुझसे लाड़ और हमदर्दी भरे व्यवहार के बीच पूछा। मैं और भी रोई। कारण बताया तो माताजी कड़ुआ सा मुस्कराईं। रक्षाबन्धन जैसे रस्मो-रिवाज में विश्वास नहीं करती थीं। खास भाई की धोखाधड़ी और लगभग लूट की प्रवृत्ति ने माँ को भाई-संस्कृति के लिए सख्त बना दिया था और पति की बेवफाई, गृहस्थ के प्रति गैरजिम्मेदारी के कारण वे विवाह संस्था से खिन्न थीं। आज मैं समझ सकती हूँ कि वे राखी के त्योहार को भोलीभाली लड़कियों को फुसलाने-भरमाने का उत्सव क्यों मानती थीं। राखी के धागे प्यार प्रीति के सूत्र जैसे हर मुसीबत में डोर की तरह भाई को खींच लाएँगे। इस आशा में सम्पत्ति का अधिकार त्याग देती हैं लड़कियाँ। यह कैसी रक्षा और कैसा बन्धन?

मुझे बहलाने के लिए माताजी अपनी उस सखी के यहाँ ले गईं, जिसके मुझसे दस दिन पहले लड़का पैदा हुआ था। वह मेरी हमउम्र था।

मौसी (माताजी की सखी) भावविह्वल हुईं। थाली में राखी और मिठाई रख लाईं। मुझसे बोलीं—"पुष्पा, शिवकुमार के हाथ में राखी बाँध दे।" माता जी की ओर मुँह करके कहने लगी—"कस्तूरी, आज से शिवकुमार पुष्पा का भाई हुआ। मैं इसे बता दूँगी, बहन को भूले नहीं।"

मैंने उस दिन शिवकुमार की कलाई में राखी बाँधी और सुभद्रा कुमारी चौहान द्वारा रचित कविता कागज पर उतारकर अपनी ओर से उसे दी।

भइया कृष्ण भेजती हूँ मैं, अपनी राखी तुमको आज
कई बार जिसको भेजा (रक्खा) है, सजा-सजाकर नूतन साज।
लो आओ, भुजदण्ड उठाओ, इस राखी में बँध जाओ।
भारतभुमि की रजपूती को एक बार फिर दिखलाओ।

इसके बाद मैं झाँसी चली गई। 'खिल्ली' नाम के गाँव में चिमनसिंह यादव ने लगभग मुझे मेरी माँ से माँग ही लिया। वह भी कुछ ऐसा ही मामला था कि चिमनसिंह और उनके चार भाई शामिल रहते थे। उनके दस-बारह लड़के थे, लड़की नहीं थी।

मेरे हिस्से में इतने सारे भाइयों की कलाइयाँ आ गईं। उस दिन सारे भाइयों को नहाने और अच्छे कपड़े पहनने के बाद कक्को (चिमनसिंह की पत्नी) उस कमरे पर भेजतीं, जिसे वे लोग कचहरी कहते थे और जिसके बड़े से पक्के रंगीन चबूतरे पर पंचायतें होतीं, कीर्तन होता था। 'इदन्नमम' में 'मन्दा' का निवास यही रहा। और मैं भी माता जी के साथ यहीं रहती थी।

रक्षाबन्धन मेरे आने से उस घर के लिए जश्न हो गया था। और माताजी के लिए नापसन्दगी का सामान...बहुत साल बर्दाश्त करने के बाद उन्होंने कहा था—अभी यहाँ है तू, बड़े भरोसे से राखी बाँध रही है। यहाँ से चली जाएगी, तब ये लोग आएँगे तेरे पास? कुछ रुपये तेरे हाथ पर रखकर ये तेरा आत्मविश्वास खरीद लेते हैं। तू अपने बूते कभी कुछ नहीं सोच पाएगी। मैं कहती हूँ, पराए बल पर कोई कब तक खड़ा रहेगा? दूसरा आदमी कब अपना सहयोग-समर्थन वापिस ले ले, तू क्या जानती है? तब तू मुँह के बल गिरेगी जैसे पराए घोड़े पर जीन कसकर सवारी करनेवाला सवार नीचे उतार दिया जाता है, ऐसे ही ये लोग अपनी नजर से ओझल होते ही तुझे भुला देंगे।

मैंने माताजी की एक न सुनी। भाई दूज भी शुरू कर दी। तब माताजी का क्रोध देखने लायक था। उन्होंने मेरी भावना पर तोहमत लगाना शुरू कर दिया और बता दिया कि इन्हें तू हजार बार भाई मान, दुनिया नहीं मानेगी।

मैंने पूछा—"शिवकुमार को राखी क्यों बँधवाई?"

"तुझे बहलाने के लिए, जैसे रोते हुए बच्चे को मिठाई दे दी जाती है। पर उसे हमेशा तो मेवा-मिठाई नहीं खिलाते। अब कहाँ है शिवकुमार?"

मैंने हठ पकड़ी—"न माने दुनिया, मैं तो मानूँगी भाई का रिश्ता।"

"तेरी जैसी लड़कियाँ ऐसी बेवकूफी करती हैं। बाद में अपनी फजिहत कराती हैं। ससुराल में बुला सकती है, इन भाइयों को?"

"मैं बुलाकर दिखा दूँगी माताजी, अगर मैंने शादी की तो। राखी भी बाँधूँगी, यह मेरा वादा रहा।"

राजेन्द्र जी, यह भाई-बहन का प्यार था या नहीं? कितना था, यह भी नहीं जानती। बस मेरी जिद थी, जिसे आज तक निभा रही हूँ, पैंतालीस वर्ष तक। लेकिन यह तो जानती हूँ कि यह कोई रिश्ता-नाता नहीं, प्रेम का ही रूप है, जहाँ न सम्पत्ति का साझा है न भाइयों पर भार बनने की मेरी इच्छा। यही कारण रहा होगा कि इस आत्मीयता में खटास नहीं आई। मैंने इसे रक्षाबन्धन के रूप में मनाना शुरू किया था, लेकिन यहाँ तक आते-आते यह रिश्ता परस्पर विश्वास और भरोसे का आकार लेता गया। पिछले हफ्ते ही झाँसी के एक डॉक्टर आए थे, नम्रता से कान्फ्रेंस में मिले। उन्होंने झाँसी आने का निमन्त्रण दिया। नम्रता ने खिल्ली (झाँसी) को अपनी ननिहाल बताया। उन डॉक्टर साहब ने सारे डॉक्टरों के सामने रहस्य खोला—ये लोग ब्राह्मण हैं और खिल्ली वाले यादव, मगर पूछिए मत नम्रता की माँ को कोई मच्छर भी परेशान करे वे रायफल, पिस्तौल लेकर सारे के सारे आ जाएँगे कि उनकी बहन को जिसने तंग किया उसे गोली से उड़ा दिया जाए। नम्रता, आपके पिता का क्या हाल है?

इस समय मुझे माताजी याद आई थीं और सकून मिला कि मैंने अपना वचन निभा दिया। मेरे भाई, भारत-भुमि की रजपूती दिखला रहे हैं।

राजेन्द्र जी,

ऐन रक्षाबन्धन के दिन आप हमारे घर आए अप्रत्याशित रूप से। ताज्जुब तो होना ही था, मुझे भी, डॉक्टर साहब को भी। आपके लिए हमारे यहाँ खाना तो होली, दिवाली पर बनता है, क्योंकि ब्रज के पकवान पूरी-कचौड़ी, आलू की सब्जी और सन्नाटे (पतला तेज मिर्च का रायता) के आप बड़े ही शौकीन हैं। आप आगरा के हैं तो डॉक्टर साहब अलीगढ़ के। आपसे कितने ही मतभेद रखें, बीवी को बरगलानेवाला मानें, औरतों को फसानेवाला कहें, चाहे आपकी तस्वीरों से लड़ें, लेकिन आपके लिए ऐसी ब्रजवासी दावत वे अपने हाथों बनाते हैं और खिलाकर खुश होते हैं।

मगर आज...रक्षाबन्धन के दिन, आप हमारे घर...

बैसाखी के सहारे चलकर ड्राइंगरूम में सोफे पर बैठ गए। और मैं चहककर बोलीं—"आप! बिन बुलाए? बिन न्यौते? फोन कर देते। खाना आपकी पसन्द का बना है, हम मयूर विहार ही पहुँचा देते।"

डॉक्टर बोले—"सर मैं सोच ही रहा था, खाना पहुँचा दूँ। सन्नाटा आपके मतलब का है।"

आप मुस्कराते हुए कभी मुझे देख रहे थे, कभी डॉक्टर साहब को।

दो क्षण रुककर बोले—"डॉक्टरनी, राखी ले आओ। हम राखी बँधवाने आए हैं, क्योंकि और कुछ तो तुम्हारे बस का नहीं।"

"राखी!" मैंने शब्द दोहरा दिया।

जहाँ तक मैं अपने पति को समझती हूँ, वे 'और कुछ' पर अटक गए। 'और कुछ' यानी क्या कुछ?

आपकी पवित्र भावना, शुभाकांक्षा इस 'और कुछ' के नीचे दबती चली गई।

मैं राखी की बात करती उससे पहले ही डॉक्टर साहब ने पाला छेंक लिया है, अच्छा आपने 'और कुछ' के लिए कोशिश की होगी, ऐसा उन्होंने कहा क्या? या मुझे ही लगा?

राजेन्द्र जी, आपके शहरों में राखी को लेकर जो चलन रहा है, उसे भी मैं जान गई हूँ। जिस लड़की के साथ मोहब्बत हुई या तन-मन के सम्बन्ध बने, मगर शादी नहीं हो सकी, उससे राखी बँधवा ली या वह खुद भी राखी बाँध देगी और इसी आड़ में 'और कुछ' होता रहेगा। क्योंकि राखी कोई ढाल, तलवार या बन्दूक और पिस्तौल नहीं, जो अपने चलन को गिरते देखकर तुरन्त वार करे। ऐसी राखियों में भरोसा नहीं, धोखा छिपा होता है।

मैं भी आपके पास ही सोफे पर बैठ गई, आप भी ज्यादा सहज सामान्य लग रहे थे डॉक्टर साहब को लेकर जैसे राखी की बात कहकर आपने उनके सारे भ्रम और आशंकाएँ काट दिए हों।

राजेन्द्र जी, यह फार्मूला बहुत पुराना हुआ, इसलिए रूढ़ हो गया। इसे मेरे पति कैसे स्वीकार करेंगे?

हाँ, मैंने ही साहस करके कह दिया था—"राखी की क्या जरूरत है? मेरा आपसे जो रिश्ता-नाता है, वह अब तो दोस्ती का है और फिर आप राखी बाँधने योग्य पात्र नहीं। भाई बनाने लायक पुरुष नहीं। पुरानी मान्यताओं के हिसाब से भी देखें तो आप मेरी रक्षा नहीं कर पाएँगे।"

राजेन्द्र जी, आप मुझसे 'और कुछ' चाहते थे, अगर मैं तैयार नहीं हुई तो सम्बन्ध तोड़ क्यों नहीं दिया? आप नहीं चाहते थे 'और कुछ'। यह तो लोगों ने, स्त्रियों ने क्रमशः बदनामी और स्वार्थ के लिए आपका ऐसा खाका प्रस्तुत कर डाला है और आप इसको अपनी मर्दानगी समझने लगे। क्या आप केवल मर्द बने रहना चाहते हैं या यह आपकी कुंठा है, जो इस तरह के खेल रचने के लिए उकसाती है?

मैं तो यह नहीं समझ पा रही कि कुंठा अगर है तो क्यों है? मुझे आपके नजदीकी लोग समझाते हैं कि इसलिए है कि एक पाँव से लाचार हैं। इसलिए है कि उन्होंने कभी कुछ कमाया नहीं। दूसरों पर, खासकर पत्नी की कमाई पर निर्भर रहना आदमी को फ्रस्टेट करता है। वह आत्म दया और अपराधबोध में जीने लगता है।

राजेन्द्र जी, जो मैंने आपके नजदीकियों से सुना, वह सदियों पुराना राग है। कमाल है, इक्कीसवीं सदी में अत्याधुनिक दुनिया के बाशिन्दे अभी भी शारीरिक

क्षतियों और स्त्री की सामर्थ्यों से ऐसे भयभीत हो जाते हैं कि दयनीयता के खड्ड में शरण लें और वहाँ मनमानी खुराफातें करके खुद को आत्मबल देना चाहें। आपके सम्पादकीयों से धार्मिक और राजनीतिक सरकारें दहल जाती हैं, आप किससे डर जाते हैं कि सिमिट-सिकुड़कर कुंठित होते जाएँ? आप तो यह देखिए कि आप में वह कौन-सी खासियत है, जो लोगों पर छाप छोड़ती है।

मेरे ईमान की बात तो यह है कि आपसे कुछ सीखकर 'आदमी की निगाह में औरत' से प्रेरणा पाने के बाद मनचाही किताबें लिखकर मुझे इतनी खुशी मिली कि आपके रूप-रंग, कद-काठी की ओर उस तरह ध्यान ही नहीं गया, जैसे लोगों ने आपको देखा है। क्या मेरी भावनाओं को आपने भी समझा है? नहीं समझा न? नहीं तो राखी बाँधने की बात आपके मन में कैसे आती?

मगर ऐसा भी नहीं कि मैंने आपको या आपने मुझे छुआ ही न हो। पहले-पहल जब आप हाथ मिलाने के लिए हाथ बढ़ाते थे, मैं सकुचाकर पीछे हट जाती थी। मेरा संस्कार स्पर्श की इजाजत नहीं देता था। यदि आपके साथ कार में बैठना पड़ता तो मैं आपके साथ पिछली सीट पर न बैठकर ड्राइवर के साथ वाली सीट पर आगे बैठती। मेरे पति की ऐसी ही हिदायतें थीं, जिन्हें पालन करते हुए ही मैं साहित्य की दुनिया में आना-जाना कर सकती थी।

...लेकिन धीरे-धीरे आपसे बात करके, अपना मत बताकर, असहमति जताकर आत्मविश्वास पाने लगी। साथ ही कहानी की विशिष्टता दिखाकर, रचनात्मक स्तर पर आप द्वारा शाबाशी मिलने लगी और फिर एक दिन ऐसा आया कि...याद है श्रीराम सेंटर में 'रास' कहानी का मंचन। जितने शो हुए 'रास' ने दर्शकों को मोह लिया। दूसरे या तीसरे शो में बहुत से साहित्यकार श्रीराम सेंटर गए थे। नाटक खत्म हुआ, सब अभिभूत थे। मुझे और आपको कुछ बोलने के लिए स्टेज पर बुलाया गया था। आपने रंगटोली के प्रदर्शन की प्रशंसा की थी और मैंने बताया था कि यदि 'रास' मंचन के लिए काबिल और उपयुक्त बनी तो इसमें नाटक के निर्देशक दिनेश खन्ना अभिनय करनेवाले कलाकारों से पहले हंस सम्पादक का योगदान है। उन्होंने इस कहानी को मुझे बार-बार लिखने के लिए विवश किया, याद करूँ तो लगभग बारह ड्राफ्ट मैंने इस कहानी के किए थे। फिर भी कहानी अनमने मन से स्त्रीःउत्तरकथा विशेषांक में ली गई। आज देखिए कि विशेषांक की निचली सीढ़ी पर रखी कहानी हंस सम्पादक को अपने ऊपर कसीदे पढ़ने के लिए बाध्य कर रही है।

मैंने जो भी कहा राजेन्द्र जी, लेकिन ऐसी गद्गद हुई कि आपकी खुशी देखकर खुद ही बाँहें फैलाकर आपसे लिपट गई। भूल गई कि मेरा सारा परिवार (पति, बेटियाँ और दामाद) खड़ा देख रहा है। नहीं, मैं कुछ भी नहीं भूली थी, लेकिन मेरा और

आपका निश्छल रिश्ता ही था, जिसे किसी पर्दे की जरूरत न थी। यह क्या रिश्ता था, राजेन्द्र जी?

चलिए, राखी बाँध देती मैं आपकी कलाई में, आप मुझे क्या देते? कोई भी दौलत देते, लेकिन मेरी रचनाओं जैसी कीमती वह कहाँ होती? सच कहती हूँ, मैं तो लेखक की आत्मा लेकर उस लूले-टोंटे व्यक्ति की तरह थी, जो अपनी रचनात्मकता को लिए भीतर ही भीतर तड़पता रहता है। कलम उठाने का हौसला बनाते ही खुद को अपाहिज सा पाता है।

आपके बारे में साहित्य-जगत लगभग एकमत होकर भर्त्सना की बारिश करता है। आपके कहे या लिखे शब्दों का तब तक अर्थ निकाला जाता है, जब तक कि उसमें से कोई मसालेदार चूरन-चटनी जैसे पदार्थ न बना लिया जाए। फिर उस चूर्ण-चटनी को चटखारेदार भाषा में पुड़िया बना-बनाकर करीब-करीब हर पत्रिका में भेजा जाता है, जहाँ सारे तत्त्वों की कैमीकल जाँच होकर छपाई होती है। यह न टूटनेवाला सिलसिला...मैं साहित्य संसार को गौर से देखती हूँ, आँखें दुखने लगती हैं। सोचती हूँ, विवाद बनाने के लिए इतनी कबायद करनेवाले ये कौन हैं? सचमुच ये साहित्यकार हैं, जो अपनी रचना को समाज के लिए अथक परिश्रम से सार्थक बनाते हैं? नहीं, इनको न अपना ख्याल न पत्रिका को कीचड़ में लपेटने से गुरेज। न शायद यह मालूम कि जिस पर अपना कीमती समय लगाया है, वह तत्कालीन उत्तेजना का विषय हो सकती है, चना जोर गरम के खोखे की तरह फेंक दी जाएगी। कबीर को बड़ा साहित्यकार मानते हैं और उनकी दुहाई देते हैं मगर थोथा रखकर सार सार उड़ा देने की आदत से लाचार, कबीर की टेक नहीं रख पाते। कई बार हँसी का विषय खुद ही बन जाते हैं। आप ही नहीं, कृष्णा सोबती तक को नहीं बख्शते। अजीबोगरीब सवाल उठते हैं, जैसे बिलबिला उठे हों कि 'इस औरत' का 'दबा ढका' उन्हें सार्वजनिक रूप से अब तक दिखा क्यों नहीं? सोलह साल की नौसिखिया लड़की हो या कृष्णा जी जैसी उम्रदराज प्रबुद्ध लेखिका, उनकी नजर में सब ऐसी औरतें हैं, जिनके बारे में मनमाने और फूहड़ सवाल करने का उन्हें जन्मसिद्ध अधिकार है।

यह अधिकार किसी को नहीं राजेन्द्र जी, आपको भी नहीं है यह हक कि मेरे और अपने रिश्ते को किसी सम्बन्धी की तरह अपनी गिरह में बाँधें और सबको दिखाएँ। मेरा लेखन सार्वजनिक हो सकता है, मैं नहीं। और यह बात मैंने अपने जीवन में, साहित्यिक जीवन में, एक-एक पग चलकर अनुभवों से गुजरते हुए तय पाई है।

शुरुआत में, मैं साहित्य की दुनिया में पुरुषों से इतना ही झिझकती (डरती) थी, जितनी कि 1960 में किशोरावस्था में कदम रखने के बाद सहशिक्षा और पुरुष शिक्षकों के चलते डी.बी. इंटर कॉलेज मोंठ (झाँसी) में डरा करती थी। वहाँ मैंने यह तजुर्बा किया कि साथ पढ़नेवाले लड़कों से कई-कई गुना खतरनाक शिक्षक और

प्रिंसीपल थे। मैंने मुठभेड़ें भी कीं, लेकिन हर समय की मुठभेड़...मैं स्कूल में कब तक रह पाती? अतः मैं ऐसे मौकों से बचती, जहाँ मर्द के साथ एक कमसिन लड़की अकेली पड़ जाए। ऐसा करते-करते यह बात मेरी आदत में शुमार हो गई।

आपको याद हो कि न याद हो...

2 अक्तूबर, 1993 की वह रात, जो कानपुर में पहली 'संगमन-गोष्ठी' के दौरान मेरे और आपके बीच गुजरी थी।

दिन बड़ा उजला था, राष्ट्रीय स्तर की गोष्ठी में कुछ बोलने का मेरा पहला मौका था। जब 'कथाक्रम' झाँसी में गई थी और मंच से मैंने कहानी पढ़ी थी, मेरे पाँव काँप रहे थे। लगता था शरीर का खून सूखता जा रहा है।

लेकिन कानपुर के समायोजन तक थोड़ा आत्मविश्वास अर्जित कर लिया था। आपने माइक मेरी ओर खिसकाने का संकेत किया था क्योंकि आप चाहते थे, मैं लिखने में ही नहीं, बोलने में भी सिद्धि हासिल करूँ।

'पाठकों की कमी' इस विषय पर चिन्ता जताई जा रही थी। मुझे आश्चर्य हुआ था, पाठक नहीं हैं तो किताबें क्यों छप रही हैं? यह भी नहीं कह सकती थी कि यह बात झूठ है। बस यही कह दिया—आपको पाठकों की कमी लग रही है, मेरे तो पाठक बहुत हैं। मैं अपने सारे डर, भय त्यागने की कोशिश कर रही थी राजेन्द्र जी। आत्मविश्वास अर्जित करने के लिए अतिरिक्त उत्साह से पेश आई। यह दीगर बात है कि साहित्यकारों से भरे हॉल में ठहाकेदार हँसी गूँजी। मैं हक्का-बक्का सी आपकी ओर देखती, मगर देख न सकी। शर्मिन्दा सी बैठी रही नजरें झुकाए हुए...ऐसे ही जैसे हारा हुआ नौसिखिया शिष्य अपने गुरु की ओर न देख पाए। गलती यह हुई कि मैं अब तक 'चिन्हार' कहानी संग्रह और 'बेतवा बहती रही' उपन्यास पर पाठकों के तमाम पत्रों को साहित्य का सकारात्मक आधार मान बैठी थी।

रात हुई।

रात्रि भोज का प्रबन्ध मेघदूत होटल में था। होटल से आते-आते लगभग ग्यारह बज गए थे। हमें आई.आई.टी. गैस्ट हाउस में ठहराया गया था, मुझे और आपको। हम दोनों के कमरे बराबर-बराबर थे। मेरे साथ जयाजादवानी को ठहरना था, जोकि नहीं ठहरी थीं। उन्होंने अपना इन्तजाम किसी होटल में किया है, मुझे यही बताया गया। मैं कमरे में अकेली...सोचकर कुछ अच्छा-सा नहीं लगा।

हमें गैस्ट हाउस तक गिरिराज जी ने अपनी कार से छोड़ा था। इसके बाद मैं और आप अकेले थे। रिशेप्सन से कमरों तक पहुँचने के लिए कॉरीडोर काफी लम्बा था। अँधेरा सा भी। अचानक मुझे डॉक्टर साहब की याद आने लगी। इसके दो कारण थे, एक तो मुझे गिरिराज किशोर (प्रसिद्ध लेखक) डॉक्टर साहब की तरह लगे, दूसरी बात कि इस धुँधलके भरे कॉरीडोर में मैं आपके साथ-साथ चल रही थी।

अचानक मैं आगे निकल आई थी और आप पीछे रह गए। मैंने पलटकर देखा था। देखा था इसलिए भी कि आपकी बैसाखी की 'खट-खट' आवाज अँधेरे सन्नाटे को तोड़ती, एक दहशत पैदा हो जाती। मुझे 'बीस साल बाद' फिल्म याद आने लगी और खौफ ज्यादा बढ़ता गया। यदि राजेन्द्र यादव ने अपनी मर्दानगी के चलते कोई छेड़छाड़ की तो? इस स्थिति से कैसे उबरूँ? डॉ. साहब ठीक ही विरोध करते हैं, कहते हैं, अकेली जाकर किसी मुसीबत में मत फँस जाना। सच तो यही है कि यह रावण (राजेन्द्र यादव) मुझे विमान से नहीं, रेलगाड़ी से उड़ा लाया है। एहतियात डॉक्टर साहब ने अपने मित्र की पत्नी को मेरे साथ रेलगाड़ी के सफर के लिए भेजा था, लेकिन यहाँ कौन आए? राजेन्द्र जी के लिए गॉडमदर, सह सम्पादक और अन्य लेखक लेखिकाएँ जो कुछ कहते रहे हैं, तब ऊल-जलूल लगता था। इस मौके पर लग रहा है, कोई न कोई लुच्चपन होगा जरूर। लगे कि हर ओर से आपकी मरदानी आक्रामक छवियाँ मुझ पर हमला करनेवाली हैं। और मैं रम्यकामिनी की तरह दबोचे जाने की कल्पना में थरथराती सी...। उफ् यही तो जीवन का सबसे कठिन अध्याय है, नहीं तो कला, नाटक, फिल्म और साहित्य, यहाँ तक कि राजनीति में क्या नहीं कर सकती स्त्री?

मैं तेज चलने लगी। तेज और तेज।

आप बहुत पीछे रह गए राजेन्द्र जी। डर ऐसा था कि आप नहीं, आपका पुतला भी होता, मैं भागने से बाज न आती।

'साबुत हाथ-पाँव लेकर बैसाखी वाले से डर रही है? किताब क्या खाक लिखेगी तू? ऐसी किताब हमें मत दिखाना।' यह किसी की आवाज आई? कि कलावती चाची मेरे भीतर प्रकट हुईं!

"डॉक्टरनी!"

"जी राजेन्द्र जी!" कहकर मैंने सोचा आपने क्यों पुकारा है मुझे? शायद किसी मरदाने प्रस्ताव के लिए!

"धीमे चलो। भाग क्यों रही हो?"

मैं यों तो थोड़ी धीमे चलने लगी, आगे रुक सी गई, लेकिन जो फासला था, वह खौफ से भरता गया कि मुझ पर फिर तेजी का दौरा पड़ा। इधर मैं अपनी हिम्मत बाँधूँ, उधर भयभीत मन रुकने न दे। द्वन्द्व ऐसा कि कभी आगे जाऊँ, कभी पीछे लौटूँ। मनोबल कहता साथ-साथ चलूँ। रुक जाना, खुद के लिए खतरे पैदा करता है। क्या अकेलेपन में औरत के लिए मर्द खतरे के अलावा कुछ नहीं होता? कुछ होता है, मगर मुझे ऐसी स्थितियाँ न के बराबर मिली हैं। फिर आज ही कैसे भरोसा कर लूँ?

"डॉक्टरनी, फिर भागने लगीं।" आपने मुझे टोका।

मैं चुपचाप धीमी हुई।

"डर लग रहा है, डॉक्टरनी?" पीछे से आपने पूछा था।

"हाँ राजेन्द्र जी, मुझे डर लग रहा है।" मैंने सहमी सी आवाज में कहा।

"किससे?"

"आप से।"

"अरे मार डाला!" कहकर ऐसे हँसे कि बिल्डिंग गूँज जाए।

आपकी हँसी ने मेरे भीतर भय का फूलता गुब्बारा यकायक फोड़ डाला। उसमें से जो रिसा, वह ग्लानि थी, दुख था...एक अनकही दुर्दान्त पीड़ा चीखने लगी मेरे आसपास। किससे डर रही हूँ मैं? उससे, जो न ठीक से चल सकता है, न बिना बैसाखी के सध सकता है। अगर बैसाखी इस समय टूट ही जाए, उसकी कोई कील निकल जाए, तब क्या मैं राजेन्द्र जी को गिर जाने दूँगी? न न न...यह मुझे कौन दहलाता है?

मैं आपके साथ-साथ चलकर आई।

अपने-अपने कमरे सामने थे, याद है आपको? मैं जल्दी-जल्दी अपने कमरे का ताला खोलने लगी। आप इतमीनान से खड़े थे। क्यों खड़े हैं आप, मैंने सोचा और ताला पकड़कर खड़ी हो गई। जरूर इस व्यक्ति ने मेरी ओर से समर्पण के सपने सँजो लिए हैं। एकान्त है, उन्माद के ऐसे ही तो क्षण होते हैं।

"मुझे चाबी दीजिए राजेन्द्र जी, मैं आपका कमरा खोल दूँ।"

"मैं चला जाऊँगा, पहले तुम अपने कमरे में जाओ।"

मैंने कमरे में जाने से पहले ही कहा—"मेरे सिर में दर्द हो रहा है। सोना चाहती हूँ जल्दी। आप भी आराम करें, थक गए होंगे।"

"सिर में दर्द! अरे! बुखार तो नहीं है?"

मैं अचानक पीछे हट गई, कहीं कलाई पकड़कर ही बुखार का ताप देखने लगे तो?

"मेरे पास सिरदर्द की दवा है।" मैंने आपको आश्वस्त करना चाहा।

"ठीक है, दवा है, लेकिन ज्यादा बुखार आ गया तो? अकेली पड़ी रहोगी। ऐसा करो कि मेरे कमरे में..."

आपका इतना कहना...मुझे काठ मार गया। मैं सन्निपात की सी अवस्था में एकदम कमरे में समा गई और किबाड़ें धाड़ से बन्द कर लीं।

आप हँसे थे और कह रहे थे—"डॉक्टरनी के डर का ठिकाना नहीं। अब मैं रात में दरवाजा खटखटाऊँगा। खोल देना। कहीं दर्द में ही पड़ी रहो।"

मैं कहीं बेहोश न हो जाऊँ यह सब सुनकर। भीतर से ही बोली—"मैं गिरिराज जी को फोन कर दूँगी, हाँ।"

और अब कमरे की बन्द किबाड़ों के पीछे अकेलापन ही जैसे मेरी कमाई हो। राहत की साँस ले रही थी, सिर का दर्द सिर चढ़कर बोलने लगा।

सहती रही, मगर कमरे से न निकली। लाइट जलाकर पर्स से दवा निकाल ली। घड़ी देखी, रात का एक बजा था। हाथ में दर्द निवारक गोली थी, मगर जग में एक बूँद भी पानी न था।

पछताई। आपने कितना कहा–'तबियत ज्यादा खराब हो गई तो?' मगर मैं अपने इरादों में अटल कि अकेली मर भी गई तो बदनामी का खतरा तो नहीं होगा।

कमरे में ठंडा अँधेरा और सारा सिर टीसों से भर गया। दर्द भरी लपटें उठने लगीं। कान सनसना रहे हैं। जरूर ब्लडप्रेशर बढ़ रहा है।

पानी! क्या करूँ? राजेन्द्र जी की किवाड़ों पर दस्तक...? कैसे स्वागत करेंगे? दर्द के बीच मुस्कराहट की डोंगी तिर आई। कैसा उल्टा होने जा रहा है–पानी लेने का बहाना या आपका अनकहा प्रस्ताव...मैं क्या करूँ, अब जो भी हो, पानी हर हालत में चाहिए।

बरामदे में निकली किबाड़ें खोलकर। आगे बढ़ी। आपके किबाड़ों पर आ गई मैं। दरवाजा छुआ ही था कि लगा यह दरवाजा नहीं, आपको छू लिया है मैंने। झटके से छिटककर एक ओर हो गई। शालीन, भद्र और पवित्र पतिव्रता स्त्री की तरह अपने कमरे में लौट गई।

अब बिस्तर था और मैं थी। सिर में भयानक पीड़ा के साथ मेरा शील-सतीत्व था। रात का हर लम्हा गिलास भर पानी के लिए तड़पाकर गुजर जाता था। बिस्तर पर लेटी थी, पत्थर सा तकिया सिर के नीचे नहीं, माथे के ऊपर रख लिया। पति परायणा मैं, परपुरुष की छाया से बचती हुई जौहर व्रत पर उतरी हूँ। कोई देखे कि यही मैत्रेयी पुष्पा स्त्री की आजादी की बात करती है।

यदि मुझे सच बोलने का मौका दिया जाए तो कहूँगी कि राजेन्द्र जी, मुझे आपसे डर नहीं लग रहा था। जो कुछ मैंने प्रदर्शित किया, वह लोगों का दिया हुआ डर था।

मैं सबेरा होने का इन्तजार कर रही थी। मगर रात भारी से भारी हो चली, उतरने का नाम नहीं...। मच्छर इतने कि कमरे में शोर मचा हुआ था। मेरा कंठ सूखा रेगिस्तान...

आपको याद होगा, मैं दिल्ली आते ही भयंकर रूप से बीमार हुई। ऑल इंडिया इंस्टीट्यूट के हृदय संस्थान में दाखिल कर दी गई। मैं 'सिंकिंग' की हालत में झटके झेल रही थी। ई.सी.जी. में बदलाव आने लगा। हैपरिन (खून पतला करने की दवा) हाथ में कैनूला के जरिए शरीर में जाने लगी। सी.सी.यू. में रह रही थी, क्योंकि एंजियोग्रॉफी होने की नौबत आ गई।

यह बीमारी डॉ. साहब (पति) के लिए काव्यात्मक न्याय की तरह आई, क्योंकि अब तक मैं 'ललमनियाँ' कहानी लिखने के कारण गृहस्थ से लापरवाह हो रही थी।

और आप राजेन्द्र जी, मेरे पास सी.सी.यू. में भी अपना सन्देश हमारे छोटे दामाद के हाथ भेजने में नहीं चूक रहे थे, 'डॉक्टरनी, तुम्हारी कहानी नवम्बर अंक में जानेवाली है। उसका अन्त दोबारा लिखना था, जल्दी लिख दो।''

''मम्मी तो बीमार हैं, सर।'' छोटे दामाद ने कहा आपसे।

''क्यों बीमार हैं?''

''बीमार कोई क्यों होता है?''

''कोई होता होगा, वह बीमार नहीं हो सकती। क्या घपला है, साफ-साफ बताओ डॉक्टर साहब।''

राजेन्द्र जी, आपने तमाम शंकाएँ पैदा कर ली थीं और मान लिया था कि मैत्रेयी के कानपुर जाने के कारण पति ने हंगामा किया होगा। मैत्रेयी ने आत्महत्या करने की कोशिश...कितना गलत सोचा आपने। मैं बीमार तो हो सकती हूँ, आत्महत्या करने की हिम्मत नहीं जुटा पाऊँगी। बहरहाल मैंने आपका कहानी विषयक सन्देश चुपचाप सीने में दबा लिया। ऐसा छिपाया कि एंजियोग्राफी में भी दिखाई न दे। पति को पता चल जाता तो गजब हो जाता। आप को तो वे अब भी कोस रहे हैं—ऐसा क्या हो गया कानपुर में कि इनकी यह हालत...

मैं फिर फिर सिंक होने लगी। नहीं बता पाई कि मुझे किसी मर्द से मिले सदमे ने नहीं, अपनी लौ-लगन ने ही मारा है।

मैं साहस करना चाहती थी अब क्योंकि कहानी की नायिका मेरे साथ थी। हिम्मत आ गई। दाएँ हाथ से कैनूला निकलवाकर बाएँ हाथ में लगवा लिया। मैं सी.सी.यू. में बैड नम्बर पाँच की मरीज़, कहानी पढ़ रही हूँ और उसका अन्त बदलने की कोशिश कर रही हूँ। कलम-कागज की दौलत छोटे दामाद ने चुपके से मुहैया करा दी। मेरे सामने हंस सम्पादक की माँग गूँजती है या कहानी की नायिका मौहरो की मुद्राएँ नाचती हैं। मेरी पुतलियों पर मुद्राएँ जम जाती हैं। कलम-कागज हाथ से छूट जाते हैं मगर कहानी का अन्त अनन्त...

यह कैसा रिश्ता था राजेन्द्र जी? मृत्युशैया पर कहानी के सेतु से आप तक चली आई। न किसी राखी के धागे से बँधी थी, न किसी टीके के सहारे।

'नो विजिटर्स' घर में मेरे कमरे के बाहर लगा दिया। लगाया करें। मैं जानती थी, नियम तोड़नेवाला राजेन्द्र यादव नाम का व्यक्ति यहाँ के कानूनों को क्या मानेगा?

मगर आप नहीं आए। ताज्जुब तो नहीं हुआ। अपनी अकिंचनता लगी। पता लगा कि आपको किसी ने कुछ बताया ही नहीं। आपको फोन पर यही कहा—अभी अस्पताल में हैं मम्मी।

''डॉक्टर साहब!'' आपका स्वर अपने तेवरों में दरवाजे के बाहर उठा। बाहर से वही आवाज भीतर तक चली आई।

"आइए, आइए सर।" विनम्र स्वर और विनत चेहरेवाले डॉक्टर साहब सदा की तरह आपकी अगवानी के लिए आगे बढ़े।

मेरे कमरे के द्वार में खड़े आप!

"अरे डॉक्टरनी! सचमुच ही बीमार हो गई!"

मैंने आँखें बन्द कर ली थीं राजेन्द्र जी। भीतर ही भीतर पुतलियाँ आँसुओं के ताल में डूबने लगीं।

"डॉक्टरनी, बहादुरी की कहानियाँ लिखते-लिखते, खुद कमजोर..."

और मैं अब फफक-फफक कर रोने लगी। हालत ऐसी थी कि जितना खुद को कसूँ, इतना ही ज्यादा रोती जाऊँ। आप पलंग के पास पड़ी कुर्सी पर बैठे थे और मैं रो रही थी। न जाने आँसू मेरी किस भावना के कारण बह रहे थे? बीमारी से मिली कमजोरी के कारण या आपकी आत्मीयता के कारण? जो भी था, आपके जाने के बाद मुझे अपना बचपन याद आया। आठ साल की बच्ची के रूप में मैं कन्यागुरु कुल सासनी में थी बीमार हो गई। घर खबर गई। बाबा देखने आए, बिलकुल ऐसे ही जैसे आप अपनी बैसाखी के सहारे आए। बाबा लाठी टेकते-टेकते गाँव से कोसों चलकर सासनी पहुँचे थे। पैदल और बस के द्वारा। वे पास आए, माथे पर हाथ ही रखा कि मैं ज़ार-ज़ार रो उठी। बहुत सोचूँ कि चुप हो जाऊँ, सिसकियाँ थमें ही नहीं। कितनी बातें करना चाहती थी बाबा से, कुछ बोल ही नहीं पाई। आप चले गए, लगा बाबा अब भी हैं। अपने सारे स्नेह और चिन्ता के साथ जिन्दा हैं। मेरी तरक्की के लिए मुझे हिम्मत देनेवाले बाबा खत्म नहीं हुए। रूप बदलकर आए तो क्या, यह रूप इस घर में और किसी का नहीं हो सकता। मैं ऐसा ही सोच रही थी, कि छोटे दामाद अपनी ड्यूटी से आ गए। आपको रास्ते में मिले होंगे। मैं थी कि आपके चश्मे के आसपास चेहरे की तरलता से भीगी हुई...

छोटे दामाद का चेहरा तमतमा रहा था। वे मेरे सामने खड़े होकर बोले—"क्यों आया था यह आदमी? देखने के लिए, जिन्दा है या मर गई मैत्रेयी पुष्पा? मैं इसके घर गया था, पता है कैसे विहेव किया? जनसत्ता अखबार में आपके बारे में कुछ छपा था, मैं उसे ही लेने गया था। मैं भीतर गया, इसने सोफे पर बैठे ही बैठे कह दिया—हमें नहीं मालूम क्या कहाँ छपा है उसके लिए—और बैठे-बैठे शराब पीता रहा। यह वही है, जब इसकी वाइफ बीमार होती है तो हमें आधी रात बुलाने में नहीं हिचकता। मैं हंड्रैड परसेंट श्योर हूँ, ये लोग आपसे डॉक्टर्स और हॉस्पिटल की सुविधा के कारण जुड़े हैं।

मैं झटके खाने लगी। दो विपरीत स्थितियों का यह आपसी जोड़...

यह तो तब की बातें हैं, जब मैं साहित्य की दुनिया में चौकन्नी निगाहों से दाएँ-बाएँ, आगे-पीछे देखती थी।

लेकिन आज, इस समय, जब यह पुस्तक लिख रही हूँ, साहित्य की दुनिया में सक्रिय रहते हुए लगभग सत्रह साल बीत रहे हैं और आपकी बातों को याद कर-करके दर्ज कर रही हूँ, इसके बीच आपकी छवि मेरे भीतर क्या वही रही, जो सन् 1992-93-94 में बनी थी?

सच मानिए, वह छवि कभी इधर-उधर से टूटी, कभी खंड-खंड हो गई। शायद मैं इस खंडित छवि से अपना मन और मकसद जोड़ नहीं पाई और मैंने अपनी तरह से बार-बार आपकी प्रतिमा में प्राण फूँके कि वह विवेकपूर्ण चिन्तन-सम्पन्न गाइड और सम्पादक के रूप में रहे। बनी रहे, जब तक मैं चाहूँ। मेरी चाहत में कई ऐसे व्यक्ति आए हैं, जिनको दुनियादार लोगों ने कुछ नहीं समझा। या जिनको बदनाम करके समाप्त करने की हद पर डाल दिया। ऐसे ही मेरे दोस्त हैं—मदन मानव।

मैं मदन मानव को अपनी शादी के बाद बच्ची गोद में लेकर झाँसी की गलियों और वहाँ के बाजारों में खोजती-फिरी थी कि मेरा बिछुड़ा दोस्त कहीं मिल जाए।

''मदन मानव! उसे पूछ रही हैं आप!'' बतानेवाला मुझे ऊपर से नीचे तक देख रहा था, जैसे मैं किसी अजूबे को खोज रही हूँ।

''कहीं मिल जाएँगे न?''

''मिल जाएँगे, अपने अड्डे पर। नामी गुंडा है, जानती हैं आप।''

''गुंडा!''

''आप उसका नाम तक न लीजिए, भली चाहें तो।''

''नाम! वह तो मेरा दोस्त है।''

सामने खड़े पुरुष ने मुझे हिकारत से देखा। गोद में बच्ची थी, नहीं तो वह मुझसे और कुछ भी कहता।''

उसने कहा—''आपके साथ भी कोई धोखा हुआ है क्या? यह बच्ची, आप उसकी गर्दन पकड़ लेना चाहती हैं? दोस्त ऐसे ही होते हैं...समझीं?''

मैं वहाँ से हट गई। मेरे सहपाठी, अभिन्न मित्र मानव, खोजने निकली थी, खोजकर मानी। बदनामियों के कारण मित्र नहीं छुट जाते।

तन छूटे मन कहाँ समाई

जिन्दगी जो थी तन और मन से घिरी हुई। मेरे लिए उसको दो भागों में बाँटकर देखना असम्भव था। असम्भव है। जब शरीर और मन को काटकर देखने की बात होती, मैं बहुत उदास और खिन्न हो जाती। इन दिनों साहित्य के संसार में इस 'विच्छेद' को ही तूल दिया जा रहा था और उसी के आधार पर मैं एक खारिज नाम...

लेकिन मैं भी अपने मत पर अड़ी हुई, कबीर की वाणी में—'तन छूटे मन कहाँ समाई'। इसी बिनह पर गाँव और गाँव के लोगों को मैं छोड़ नहीं पाई क्योंकि वहाँ लोगों की मान्यता कबीर जैसी ही है।

सन् 1992 में जब बाबरी मस्जिद का ध्वंस हुआ था, मुझे कबीर ही याद आए। जगह-जगह सभाएँ हो रही थीं, लोग अयोध्या का दौरा करके आ रहे थे, मैं नादान की तरह बचपन में पढ़े दोहे को गुनगुना रही थी—कांकर पाथर जोड़कर मसजिद लई बनाय/ता पर मुल्ला बाँग दे क्या बहरा हुआ खुदाय—साथ ही—पाथर पूजे हरि मिले तो मैं पूजूँ पहार/या घर की चाखी भली पीस खाय संसार। पत्थर का धर्म हथियारों में बदल गया, मनुष्यों को काट-पीट रहा है।

यहाँ वक्ता थूक छोड़-छोड़कर बोल रहे हैं। और सदेह-सप्राण उस मारकाट में जाने की हिम्मत नहीं...यही होता है देह और मन का अलग होना। क्या इन समाजकर्मियों, जनचेतना के पैरोकारों और अयोध्या के लिए जुलूस निकालनेवालों के मुकाबले हमारे दादा (चिमनसिंह यादव) ज्यादा हिम्मत वाले नहीं थे, जिन्होंने भड़के हुए हिन्दुओं (गाँव के लोगों) के सामने अनवर हुसैन की घरेलू मस्जिद के आगे अपना शरीर बिछा दिया था (इदन्नमम उपन्यास)।

मन था कि हाहाकार के उन दिनों में कुसुमा भाभी अनवार हुसैन की बेटी अन्नो को अपने पास सुलाकर सुरक्षा दे सकीं। मगर यहाँ शहर में सोच-विचार ही सर्वोपरि है। मदद सहायता नहीं, वाक्विद्वता चलती है। हवाई सुरक्षा के किले बनाकर लोग सोचते हैं, मोर्चा फतह कर लिया। यह तो वही हुआ न कि कोई किसान घर बैठा हल-बैल के बारे में बात करता रहे। ट्रैक्टर की कहानी सुनाए। कोई सिपाही तलवार की बातें करके योद्धा बने। हमारे गाँव के नम्बरदार इस मारकाट, जो अयोध्या के

ठीक बाद अलीगढ़ में हुई थी, अलीगढ़ गए थे। दंगे में घिर गए। संग में मुसलमान की बहू बतासो भी दंगाइयों ने घेरे में ले ली। नम्बरदार ने बतासो पर अपना शरीर औंधा दिया। जितनी चोटें पड़ीं, खुद झेलीं। 'छाँह' कहानी में क्या लिखती मैं, यही कि नम्बरदार का शुद्ध पवित्र मन चाहता रहा कि बतासो को ये बलात्कारी दरिन्दे छोड़ दें।

इसी तरह पंचायती राज...दिल्ली में सर्वेयर, गैरसरकारी संस्थाएँ और जनचेतना की पत्रिकाएँ न आँखों से कुछ देखें न जाकर महसूस करें, न असलियत को पहचानें, बस आरक्षण और आँकड़ों पर मिली सूचनाओं को हृदय में बसाए खुशी से कूदें।

मैं कहती, ग्रामपंचायत में औरत नहीं, औरत का बस नाम चलता है। बोट उसको नहीं, पति की श्रीमती को मिले हैं। प्रबुद्ध लोग बात का रुख मोड़ देते। पूछते—तुम्हें ग्रामसभा और ग्राम पंचायत का भेद मालूम है?

ओफ्फो! यहाँ तो निरे कागजी लोग...विचार-विमर्श को फाइल और आँकड़ों के सिवा न कुछ देखते म सोचते। मुझे मूर्ख समझते हैं। उल्टे-सीधे प्रश्न करके कुंठित करना चाहते हैं।

"बसुमती, हमारे ग्राम-प्रधान की पत्नी, पति के यत्न से प्रधान बनी (मानी गई), मगर सशरीर उसे कभी पंचायत तक नहीं आने दिया गया। उसने जो कुछ सोचा घूँघट या घर के भीतर रह गया। अपनी कहानी 'फैसला' में मैंने यही दिखाया है। और सवाल यही उठाया है कि बिना शरीर की स्त्री का मन कहाँ रहता है?

मगर मेरे विचारों का यह रूप साहित्य के संसार में हवाई निर्णयों से मेल नहीं खाता। यह तो ऐसा ही अन्तर है, जैसे डिब्बा बन्द भोजन और हाथ की बनाई रोटी में होता है। रेडीमेड चीजों की रेडीमेड इन्फॉर्मेशन्स शहरों में सिर चढ़कर बोल रही हैं।

मेरे अपने लोग या मेरे गाँव मेरे पास सूचनाओं की तरह नहीं, मेरे शरीर में बसी धड़कन में धड़कते हैं। सुख-दुख का अनुभव, सम्मान और अपमान की अनुभूति मेरी अपनी हैं। यही कारण है कि मेरी संवेदना में मिलकर कभी वे आग हो जाते हैं, कभी पानी। इस आग पानी को रग-रग में महसूस किया जा सकता है। ऐसे ही जैसे 'बाजार-बाजार' का हल्ला सिर से गुजरता जाता है और बाजार को हम हाथों में थामे खड़े रहते हैं। यदि विश्वग्राम बना है तो हमारी भौतिक सुख-सुविधाओं का ही हीला है। शरीर सुखी होता है, मन शान्ति पाता है।

हम तेज गति पर सवार...आखिर उड़ता कौन है? हमारा शरीर उड़ना चाहता है, आराम के लिए। हम उतावले हैं जल्दबाजी के लिए। क्या सचमुच में ही मोबाइल फोन किसी दुखी, पीड़ित या गरीब की खबर पाने का जरिया है? यह केवल उस सुविधा का साधन है, जिससे हमारा स्वार्थ सिद्ध होता है। स्वार्थ कोई इतनी बुरी बात

नहीं, जितनी कि हिंसा बुरी होती है, हवस बुरी होती है, मगर यह है तो मानसिक और भौतिक दौड़ ही। इस दौड़ में बैंक आगे आ गए। उन्होंने मनुष्य पकड़ लिया।

आश्चर्य फिर क्यों हो कि किसान आत्महत्या कर रहे हैं। उनके पास भी अपने दुख को, अपनी यातना को और अपने असन्तोष को दिखाने का माध्यम शरीर ही है। इसी के लिए मर रहे हैं, जिसके लिए जीना चाहा था। मनुष्य-हृदय के लिए अपने शरीर से ज्यादा बड़ी सम्पत्ति कुछ भी नहीं। वह उसी को पालता है, उसी को नष्ट करने का अधिकार मानता है। स्वतन्त्रता भी उसी की, गुलामी भी शरीर के जरिए ही मिलती है। मैंने जिन्दगी को जिन मौसमों, जिन स्थितियों, जिन रंगों, जिन हवाओं में पाया, मेरा तन-मन सदा मेरे साथ था। यही दुर्भाग्य रहा कि तन के चलते मन, मन के चलते तन के चरित्र में भेद नहीं कर पाई और निरर्थक बातें सुनने को मजबूर रही।

इन्हीं दिनों एक फोन आया। फोन पर लड़की बोल रही थी। नाम बताया मनीषा। और काम बताया—"आप हमारे अखबार के लिए कॉलम लिखेंगी।"

अरे अरे! यह कौन लड़की है? इतने अधिकार से कह रही है अपनी बात! अपनी इच्छा थोप रही है।

"क्यों लिखूँगी?"

"इसलिए कि मैंने आपकी पुस्तकें 'अल्मा कबूतरी' और 'झूला नट' पढ़ी हैं।"

"तो क्या हुआ? बहुतों ने पढ़ी होंगी।"

"बहुतों ने यह नहीं सोचा जो मैंने सोचा है। आप अपने विचार हमारे अखबार के जरिए उन मामूली लोगों तक पहुँचाएँगी, जो उपन्यास या कहानियाँ नहीं पढ़ते या जो महँगी किताबें नहीं खरीद सकते।"

"क्या नाम बताया?"

"मनीषा।"

"ओ मनीषा, मतलब कि बुद्धि, मुझमें कहानी, उपन्यास लिखने की कला तो है, स्तम्भ लिखने की बुद्धि नहीं। मैंने अपने पात्रों के सहज व्यवहार को विचारों के खाँचों में कभी नहीं कसा।"

"मान लिया, मगर आपने ही इशारा दिया है कि अनुभवों से विचारों का जन्म होता है। आपके पास अनुभवों का भंडार है, उस भंडार में विचार छिपे हैं, बाहर लाइए न।"

"उफ्! यह लड़की..." मैंने फुसफुसाकर कह डाला।

"हाँ, मैं उफ् लड़की! लिखना शुरू करें आप। नहीं तो मैं आपके पास आती हूँ।"

"चलो आ जाओ तुम। और मुझे कॉलम लिखना सिखाओ। मैंने बहुत कुछ लड़कियों से सीखा है।"

"ओ! आप कैसी बातें करती हैं! मैं क्या..."

"क्यों, तुमने ही तो मुझे चुना है, ट्रेनिंग भी दो।"

मुझे लड़कियाँ अच्छी लगती हैं, लेकिन वे ही, जो कुछ नया करती हैं।

मनीषा और मेरे सूत्र इसी बात को लेकर जुड़े कि तन-मन को अलग करके देखना आधा सच है। हमने अपनी बातों में यह नतीजा निकाला कि आज की आपाधापी में नोटों का आकर्षण जितना है, उतना उपयोग नहीं। नोट केवल विनिमय की चीज है। इसके बरअक्स जिसे आजकल नीची नजरों से देखा जा रहा है, वह खेती की भूमि और भूमि से जुड़ा किसान कुदरत का ही रूप है, जो अन्न, दालें, तिलहन उगाता है। अतः कागज, लोहा और कुदरत में फर्क होता है। हमें लिखते समय इस कुदरती सहजता का ध्यान रखना होगा।

मैं स्तम्भ लिखने लगी। अपने स्तम्भों में देवताओं के हवाई वजूद, सतियों के करिश्माई तेज और राक्षसियों के लिए स्वाभाविक व्यवहारों पर दंड विधानों पर ऐतराज जताने लगी। 'आदमी की निगाह में औरत' पुस्तक मेरी सहायक रही।

तभी देखा कि हंस सम्पादक राजेन्द्र यादव पर इसलिए मुकदमा दायर किया गया है कि उन्होंने पवनपुत्र हनुमान को 'लंका में आतंकवादी' लिख दिया।

यह अमूर्तन और हाड़मांस के आदमी को लेकर लड़ाई थी, गुस्सा था। हमारे यहाँ अन्धविश्वास जीते-जागते आदमी को मारकाट डालता है। अशरीरियों की रक्षा के लिए ही तो अयोध्या, गोधरा और अहमदाबाद के भीषण नरसंहार हुए। खून-खराबा देवताओं पर अर्घ्य चढ़ाने जैसा माना।

मैं न जाने किस धुन में थी शूर्पनखा का पक्ष ले बैठी, कैकेयी के साथ नाइंसाफी को रेखांकित करने लगी। ये ऐसे मिथक हैं, जो मनुष्य के गुण-दोषों के साथ चित्रित हैं, ये देवता नहीं। इसलिए ही इन्हें न्याय मिलना चाहिए कि ऐसी स्त्रियों को आज इंसाफ की निगाह से देखा जाए।

"सँभलकर लिखिए। देख तो रही हैं राजेन्द्र यादव को, वारंट निकल रहे हैं। क्रिमिनल केस है।"

अरे, हनुमान जी को कैसे कोई शारीरिक क्षति पहुँचा सकते थे राजेन्द्र यादव? फिर क्रिमिनल केस कैसे हुआ? हमने अपने गाँव में फौजदारियाँ देखी हैं।

बीसवीं सदी के अन्तिम दशक और इक्कीसवीं सदी में प्रवेश करते हुए देश में 'आजादी के खतरों' को रचनात्मक रूप मैं नहीं दे पाई और मुझे खासा अफसोस रहा।

इसी अवस्था में मैंने अपनी औपन्यासिक आत्मकथा 'कस्तूरी कुंडल बसै' पूरी कर ली, जिसे सन् 2002 के विश्व पुस्तक मेले में छपकर आना था। इस कृति को लिखने की बात मैंने कभी सोची नहीं थी, सपने में भी नहीं। जो यह लिखने का संयोग बना,

वह किसी की आत्मकथा देखकर या होड़ में या खुद को चमकाने के मकसद से नहीं बना। मैं यह भी जानती थी कि मेरा जीवन जब किताब के पन्नों पर आएगा तो मेरी घरेलू जिन्दगी से लेकर साहित्यिक जीवन में उठा पटक होगी और निश्चित ही मैं अपना कोई भी उजला पक्ष नहीं रख पाऊँगी।

शुरुआत डॉ. अर्चना वर्मा के सम्पादन में निकलने वाले 'स्त्री विमर्श' पर आधारित विशेषांक (हंस) से हुई।

अर्चना का पहला फोन आया और 'वंश परम्परा' स्तम्भ के लिए मेरा आत्मकथ्य माँगा, जिसमें मेरा, माता-पिता, बहन-भाइयों से व्यवहार वाला पक्ष हो। मैं सुनकर स्तब्ध सी रह गई थी। यकायक क्या कहूँ, अर्चना से?

जो कहा, आप भी सुनिए–

"मेरे पिता का स्वर्गवास तब हो गया, जब मैं डेढ़ साल की थी। मेरा भाई, बहन, चाचा, ताऊ कोई नहीं। सिर्फ माँ और बाबा (पितामह) थे। मेरी माँ से कभी बनी नहीं, विरोध ही रहा। तुम्हीं बताओ, ऐसा कुछ क्या लिख पाऊँगी, जो तुम्हारी पत्रिका के लिए उपयोगी हो और पाठकों के लिए प्रेरणादायक? या अपने तनमन की कहानी..."

"विरोध ही लिख दे, मैत्रेयी। माँ-बेटी के आपसी व्यवहार का यह रूप भी आना चाहिए।" डॉ. अर्चना वर्मा बोल रही थीं और बता रही थीं–"तेरा ही नहीं, मेरी राय (लेखिका अरुंधती राय की माँ) और नवनीता देवसेन के वक्तव्य आ गए हैं, मगर वे इंगलिश से हिन्दी में अनुवाद हुए हैं, मुझे हिन्दी लेखिका का हिन्दी में ही आत्मकथ्य चाहिए। एकदम तन-मन की बात।"

मैं टाल गई। मेरे मन की बात...नहीं नहीं...अपने तन को कैसे बचाऊँगी?

लेकिन जैसे ही अपनी टालमटोल न करनेवाले स्वभाव के विपरीत खुद को पाती, मैं विचलित होने लगती। मेरी जिन्दगी ही मेरी रुचि के अनुकूल न रह गई हो जैसे, थकान् और उलझन मुझे घेरने लगती।

लिखने की सोचूँ तो कहाँ से उठाऊँ? कहाँ विस्तार दूँ और कहाँ छोड़ूँ? मैं लिखकर न जाने क्या कीमत चुकाऊँगी, न लिखने की छटपटाहट मुझे तोड़े देती है। क्या मैं अपनी बेचैनी को स्थाई बनाने पर आमादा हूँ? जो कुछ उपन्यासों पर कहा सुना गया है, उससे ज्यादा क्या होगा?

"सोचो मैत्रेयी पुष्पा, तुम्हें देश के हालातों में गुजर रही दरिन्दगी पर अत्यन्त क्षोभ है। इस सवाल का उत्तर दो कि आजाद भारत में ऐसी स्थितियाँ हमें आजादी का अहसास कराती हैं या गुलामी का? अपने मन की बात बोलो।"

अंग्रेजों के जमाने से देश में कारें चलना शुरू हुईं, उनमें बढ़ोतरी हो रही है। उन्होंने अपना व्यापार ईस्ट इंडिया कम्पनी के जरिए शुरू किया, उसी का विकास

आज तक हो रहा है कि बाजार का आधुनिक रूप नजर आ रहा है। उन्होंने किसानों से लगान वसूलने के खौफनाक साधन ईजाद किए थे, आज बैंकिंग प्रणाली उन को आत्महत्या के रास्ते पर खदेड़ रही है। विदेशी या विदेशों की होड़ में जो यांत्रिकी बढ़ती चली जा रही है, उसने ही स्वदेशी का खात्मा किया है। उस जमाने में सिपाही अंग्रेजी फौज बनते थे, आज वे देश से पढ़कर विदेश में इंजीनियर, डॉक्टर और वैज्ञानिक बन रहे हैं। जिस तरह देशप्रेम पर सजाएँ बोली जाती थीं, उसी तरह अपनी बोली-बानी, मातृभूमि की बात करना निन्दनीय माना जाता है, यही दंडनीय भी है। स्वतन्त्रता छीजते जाने पर हम कभी स्वतन्त्रता दिवस मनाते हैं तो कभी हिन्दी दिवस। अपनी कमजोरियाँ महसूस करते हुए ताकतवालों की जय बोलते रहते हैं। जानते हैं कि अब बचने का रास्ता कोई नहीं। अंग्रेजों की अंग्रेजी ने हर शहर, कस्बे और गाँवों की शिक्षा पर कब्जा कर लिया है।—यह सब सोचते ही मैं बुरी तरह डर गई। सच, हम स्वतन्त्र देश के बाशिन्दे नहीं? मैं तो स्त्रियों की आजादी के सोपान बना रही थी। और आजादी की वर्तमान स्थिति का यथार्थ मुझे भयभीत कर रहा है।

मैं क्या-क्या सार्वजनिक करूँ, माँ और अपना रिश्ता या अपना और मातृभूति का सम्बन्ध? कहाँ तक क्या ठीक रहेगा?

माना कि माँ हमारे बीच नहीं है, मगर अंग्रेजी जमाने के वे लोग तो हैं, जिन्होंने मेरे पिता को बैलगाड़ी में पत्नी बिठाकर रातोंरात भागते देखा था। मैं ऐसे माता-पिता का वर्णन क्या इस तरह करूँगी, जैसे श्रद्धांजलि में फूलमाला चढ़ा रही हूँ, सन्तान के फर्ज से?

अर्चना जितनी बार फोन करती, मैं चोर की तरह छिप जाती। मैं क्या करती, मेरे अन्तर्मन में उन तमाम ग्रामीणों की छवियाँ थीं, जो अंग्रेजों की चाकरी में अपने लोगों को कोड़े मारते। जब मैं नाम सहित उनके चरित्र लिखूँगी तो क्या वे मुझ पर शाबाशियाँ बरसाएँगे? मेरा गाँव जाट बहुल गाँव है। जाटों को जुबान से बात करने का अभ्यास कम होता है, हाथों और लातों को चलाने का अच्छा अभ्यास है। वह अभ्यास वे इसलिए नहीं भूले कि अपनी ताकत और बहादुरी के लिए प्रसिद्ध वे, पहले जमींदारों, ताल्लुकेदारों के लठैत हुआ करते थे और अंग्रेजी खजानों में लगान का पैसा भरते थे, अब मुख्यमन्त्री से लेकर एम.एल.ए., पार्टी के जिलाध्यक्षों के इशारे पर लाभ के लिए लोगों को पीटते हैं। बेघर करते हैं। स्त्रियों की इज्जत लूटते हैं। मैं अपने गाँव की मीठी और भोली यादें किन मोहक प्रभावों में वर्णन करूँगी? निश्चित ही देश के कोने-कोने में घटित नजारे मुझे कड़ुआहट भरी स्मृतियों और दुखद-प्रसंगों की ओर धकेलेंगे। इसका परिणाम भी दहशतनाक होगा। मेरे ग्रामीण क्षेत्र में मुकदमों की सुनवाई लम्बे से लम्बा समय लेती हैं, इसलिए वहाँ आमने-सामने की मुठभेड़ों का कानून चलता है। वे मेरे शरीर के कलपुर्जे तोड़कर ही दम लेंगे।

दारुण अतीत का डरावना भविष्य काली-पीली तस्वीरों का अँधेरा क्षेत्र। क्या मैं अपने और अपनी माँ के जीवन के साथ धार्मिक, सामाजिक और राजनीतिक रूप से 'नागरिक स्वतन्त्रता' का खौफनाक रूप अपने पाठकों को सौंप दूँ? हो सकता है कि तिथियों महीनों को तथ्य रूप में देने पर गड़बड़ियाँ करूँ क्योंकि उस समय मेरा जन्म नहीं हुआ था और बाद की डायरी मेरे पास नहीं।

माँ की कहानी के साथ गुथी मातृभूमि की कथा...आत्मा की शल्यक्रिया करनी होगी मुझे। देखना होगा अपना ही रग-रग रेशा-रेशा क्योंकि इसके लिए न लिखित प्रमाणों (पत्रों) की जरूरत है न किसी तारीख की। अपने पक्ष और विरोध खुद ही तय करने होंगे। इतना सोचते ही मेरे सामने कुछ ऐसे दृश्य उभरे कि मैंने आँखें बन्द कर लीं।

''अर्चना, मुझे माफ कर दो। मेरी खामोशी खुलना, खतरनाक मंजर होगा।''

निश्चित ही किसी परिवर्तनकामी सम्पादक को मेरा यह वाक्य सबसे ज्यादा लाभदायक लगेगा, अब मैं समझ गई हूँ। और सचमुच ही इस वाक्य ने अर्चना को जिद पर उतार दिया, जबकि मेरा दिल भय और आशंकाओं के साथ अपनी भूल के बोझ से दबा जा रहा था। और उसी के बीच से चुप्पी कराह रही थी—मेरे दुर्भाग्यो, क्या तुमने मुझे इसलिए ही दबोचा था कि आगे चलकर अपना खुला प्रदर्शन करके इतराओ। विश्वासघातो और छल-कपटो, मेरे दिल में चीरा लगाते रहने के बाद भी अभी कुछ बचा है, बरबाद करने को?

उपन्यासों में जो ईमानदारी थी, अश्लीलता का चेहरा हो गई। स्त्री के तन-मन के बारे में कहकर उसको सम्पूर्णता में दर्ज करना चाहा था, 'देह विमर्श' बताकर स्थूल सेक्स में रिड्यूस कर दिया। क्या ये शहरी लेखक/समीक्षक गाँव की स्त्री की मानसिकता को जानते नहीं? उसके मनोविज्ञान को वे अपने रंग में डालकर क्यों देखते हैं? जहाँ औरत के लिए सुरक्षा के नाम पर सामन्ती व्यवस्था आज भी है, जहाँ पुरुष वर्चस्व के दायरे में रहती हुई वह खेत-खलिहान में जी-जान से मेहनत करती है, एकदम बैल की तरह। घर को पालती है गाय के स्वभाव से और किसी अँधेरे कोने में बलात्कृत होती है, चुप रहने के लिए। वहाँ गुहार-पुकार के लिए कोई झरोखा नहीं खुलता, क्योंकि कचहरी थाने, यहाँ तक कि मरहम-पट्टी के लिए प्राथमिक सुविधा नसीब नहीं होती। जिनको सुरक्षा के उपाय नहीं मिलते वे उद्यमी हो जाते हैं। गाँव की स्त्रियों के उद्यम देखकर शहरी आलोचक 'अविश्वसनीय, धोखा-'झूठ' जैसे शब्दों का इस्तेमाल करने लगते हैं।

मैं लेखक की तरह अँधेरों में दफन हो जाऊँ, मगर वह सत्य खोलना पड़ेगा कि मैंने 'चाक' और 'अल्मा कबूतरी', 'अगनपाखी' और 'इदन्नमम' जैसे उपन्यास क्यों लिखे? मुझे 'कही ईसुरी फाग' लिखने की जरूरत क्यों महसूस हुई? और मैं यह भी

बताने में संकोच नहीं कर रही कि अपनी और अपनी माँ की जिस जिन्दगी को खोलने के लिए बाध्य हो रही हूँ, वहीं बहुत कुछ छिपाना भी चाहती हूँ। न छिपा सकी तो बहुत सम्भव है, ऐसी भूमिका लिखूँ कि मेरे साथी पात्र तो कम-से-कम बच जाएँ, जिन्हें बदनामी का डर ईश्वर के डर की तरह दहशत में रखता है। मुझे यह भी ध्यान है कि मैं पतिसत्ता के किले में रहती हूँ, जहाँ गुप्तचर और पहरेदारों की चौकन्नी नजर है। निश्चित ही लिखते समय मैं अपने कागज-कलम बचाकर (छिपाकर) रखूँगी। रात और दिन के वे लम्हे चुराऊँगी, जिन्हें कोई चोर सबसे ज्यादा सुरक्षित समझता है, यानी कि खाली घर। मेरे मालिक देखेंगे सुनेंगे तो डर जाएँगे और समझाएँगे—अपने घर में सेंध तो चोर भी नहीं लगाता।

मैं कुछ नहीं कहूँगी, मगर मेरे हाव-भाव समझा देंगे, हर चोर पहली चोरी अपने घर ही करता है। लुटेरा सबसे पहले अपने नजदीकियों, अन्तरंगों को ही लूटता है। अपना परिवार ही उसकी प्रयोगशाला होता है। जो काम मुझे उपन्यास लिखने से पहले 'आत्मकथा' लिखने का करना था, उसे टालकर मैंने कितने इलजाम और लांछन सहे हैं, तिरस्कार पाया है, बहिष्कार के कगार पर खड़ी हूँ। मुझसे ज्यादा समझदार तो दलित लेखक निकले, जिन्होंने पहले आत्मकथाएँ लिखीं और दिखा दिया—हमारा जीवन ऐसा रहा है, आप हमें अपनी समीक्षा के शिष्ट, सभ्य, संस्कारवान और निजी जीवन मूल्यों की व्याख्या पर न घिसें। घिसेंगे तो हमारा वजूद वही (धूसर) रहेगा और आपका रंग उतर जाएगा।

हाँ, मैं भी इस सत्य को दुनिया के सामने लाना चाहती हूँ कि स्त्री के लिए शास्त्रों द्वारा दी गई नैतिक संस्कृति, बताए गए जीवन मूल्य और शुचिता का पाठ हमारी सक्रिय जिन्दगी के अनुरूप नहीं, क्योंकि पुरुष जाति ही इसे खंड-खंड तोड़ डालती है। मर्दानगी ही हमारी शुचिता को क्षत-विक्षत करती है। मेरे पास निश्चित ही वैसी स्मृतियाँ नहीं, जिनसे आकर्षक रंगोंवाले सुन्दर चित्र बनें और शाबाशियों की चाह में सबको दिखाए जाएँ। हो सकता है मेरा आत्मकथ्य आपको मेरे उपन्यासों से ज्यादा अभद्र, अश्लील लगे और साहित्य को शर्मशार करनेवाला माना जाए। लेकिन ऐसा सोचते हुए मन में जुगनू की सी रोशनी चमक जाती है—किसी लेखिका के बारे में जानने की इच्छा के तहत लड़की के जीवन का सत्य आपकी न्याय और प्रेम की भावना को कसौटी पर कसेगा और कसौटी पर हर व्यक्ति खरा उतरना चाहता है।

माँ, जिसको मैं हर मोर्चे पर मात देना चाहती थी, लिखते हुए मैंने पाया कि वह मेरी कलम के जरिए ही मुझे पछाड़ रही है। रचना का आग्रह मुझ पर हावी है। पात्रों के चरित्र दबाव डाल रहे हैं, और यही सब भाषा का रचाव पैदा कर रहा है। मैं कस्तूरी की बेटी, हर हाल में माँ से हारने लगी। मैंने खुद को इस आत्मकथ्य की नायिका

चुना था, रचनात्मक दायरों में आने के बाद 'कस्तूरी' इसकी नायिका हुई। आगे चलकर इस पुस्तक ने मेरा जीवन संसार ऐसे खोला, जैसे माँ ने मेरे लिए इस दुनिया की राहें खोली थीं।

पुस्तक का नाम हुआ 'कस्तूरी कुंडल बसै'। कस्तूरी की सुगन्ध मेरे भीतर कहाँ छिपी थी कि अब साहित्य के संसार में पाठकों की नजर को महकाने लगी। या कुछ हलकों में दुर्गन्ध...माँ की छीछालेदर करनेवाली बेटी मैत्रेयी! पति के निजी कक्ष खोलकर दिखानेवाली बेशर्म और गद्दार पत्नी मैत्रेयी! मेरे तन-मन के सम्बन्ध... बदनाम हुए, मगर मेरा कुँआरा शरीर जब नोंचा-खसोटा जा रहा था, उसका पता नजरंदाज क्यों किया?

मैं अपनी इच्छा के खिलाफ दहशत के दबाव में थी, मगर कलम हाथ में थी, कैसा साहस था! छपने के बाद प्रतिक्रियाएँ सुनीं, वजूद को कमजोरी ने घेर लिया। पति साथी-सहचर के रूप को छोड़कर पति रहे, कोई बात नहीं, मगर अब मालिकाना अंदाज में पूछ रहे हैं—किस अधिकार से मेरे घर को सार्वजनिक किया है? तीन बच्चों का पिता, मैं सेक्स में कमजोर क्यों चित्रित किया? यदि कमजोर था तो जवाब दो, बच्चे कहाँ से लाईं?

मुझे काटो तो खून नहीं। कहाँ से जान लिया इतना कुछ? साढ़े तीन सौ पृष्ठ की किताब लिखने के लिए मैंने हजारों पन्ने लिखे, मजाल है जो पति को झाँईं भी पड़ने दी हो। पूरा आख्यान किसने सुना दिया?

मैंने पूछा तो बोले—"वीरेन्द्र यादव की समीक्षा पढ़ने के बाद किताब पढ़ने की कम-से-कम मुझे जरूरत नहीं।"

ओह! मैंने लगभग आँखें बन्द कर लीं। न शब्द बचे हैं, न तर्क का माद्दा।

"तू अपनी माँ की सगी नहीं हुई, मेरी क्या होगी?" अब तक के प्रेम को निचोड़ डाला मेरे प्रियतम ने।

इसके बाद, न बाहर चैन, न घर में गुजारा। मैं रह-रहकर आत्मकथाकार स्त्रियों को याद करती—खानाबदोश लिखने के बाद अजीत कौर का यही हाल हुआ था क्या? मगर वे तो पति के साथ नहीं रहती थीं। रात-दिन की कलह से बच गई होंगी। 'नंगे पाँवों का सफर' की लेखिका, निश्चित ही पति से अलग थी। 'माय फ्यूडल लॉर्ड' तहमीना दुर्रानी ने तलाक के बाद लिखा। तस्लीमा नसरीन की आत्मकथा के चार खंड, उनके चार-पाँच पति आसपास भी नहीं थे रिश्ते के। दंड मिला, धार्मिक मान्यताओं पर सवाल उठाने पर मिला। यहाँ तक कि कौशल्या वैसंत्री का 'दोहरा अभिशाप' भी पति के साथ रहने की अवधि में नहीं लिखा गया। और फिर मन की बातों के साथ शारीरिक हलचलें...

मन्नू भंडारी का राजेन्द्र यादव से कोई लेना-देना नहीं, आत्मकथा आए तो भी क्या, न आए तो भी क्या? प्रभा खेतान आजीवन कुँआरी, जिससे प्रेम किया, वह भी इस दुनिया में नहीं, अन्या रहें या अनन्या। मगर मैं...

उफ्! मैंने यह क्या किया? खुद से कैसा बदला लिया! दुर्भाग्य के आखिर कितने रूप होते हैं? मेरी ईमानदारी का यह तोहफा—''अब हमें अलग हो जाना चाहिए'' श्रीमती मैत्रेयी पुष्पा। तुमने पुष्पा नाम की अहमियत छोड़कर मैत्रेयी का रूप धारण कर लिया, जिसे कम-से-कम मैं तो नहीं जानता-पहचानता। फिर क्यों उम्मीद करने लगा कि वह मुझे हस्बेंड मानेगी?''

''ओह! बबली...तू कहाँ है बेटा...यह मुझसे क्या हो पड़ा...अपने ही कोण से विवाहित जीवन का आकलन कर डाला, जिसमें तेरे पिता अपमानित महसूस कर रहे हैं। हाँ, जैसा मैंने लिखा है, वे तो उससे भी कहीं ज्यादा शर्मीले, डरपोक से, संकुचित विचारों के हैं, स्त्री-पुरुष के शारीरिक सम्बन्धों को लेकर। मुझे समझना चाहिए था, यही उनके ऊँचे चरित्र, पवित्र भावना और ब्रह्मचर्य के संयम का परिणाम है। आइन्दा मैं यही सम्मान उन्हें ताजिन्दगी देती रहूँगी।

''बबली...तू अब मेरे लिए अपने घर का एक कोना दे दे या कोई कोठरी ढूँढ़ दे कि मैं बसेरा बना लूँ, इस घर से मैं हाथ पकड़कर कभी भी निकाली जा सकती हूँ।''

नम्रता मेरी बात सुनकर लम्बा साँस खींचती है, फिर 'ओ गॉड' करके रह जाती है। क्या यह भी कुछ नहीं बोलेगी? जानती तो होगी कि सरकारी नौकरी (जो पति निभाते रहे हैं) और लेखन एक ही रास्ते नहीं गुजारे जा सकते। ये हर काम कायदों और मर्यादा में बाँधकर करना और करवाना चाहते हैं कि उम्रदार होते जा रहे हैं, संस्कार ओढ़ते जा रहे हैं। कौन कहेगा कि इन्होंने मुझसे घर का रिवाज तोड़कर शादी की थी कि जन्मपत्री की जगह जब माताजी ने मार्क्सशीट माँगी तो बिना सवाल किए चुपचाप दे दी।

इनको कैसे बताऊँ कि यह आत्मकथा उन मंजरों को खोलेगी, जिन पर मुझे शारीरिक रूप से बेइज्जत किया गया और मानसिक प्रताड़ना दी। यही साक्षी बनेगी कि मैंने स्त्री का जीवन सम्पूर्ण रूप से खोलकर क्यों किताब के पन्नों पर फैला दिया। बस, इसलिए कि पुरुषों ने मुझे जैसी जिन्दगी दी थी, उसके चलते लाज-शर्म के पर्दे फट गए। तन के साथ मन चिथड़ा-चिथड़ा...

नम्रता ठहरी हुई नजर से मुझे देखने लगी। फिर मेरा हाथ थाम लिया।

मैं सोच रही थी, क्या स्त्री जीवन इसी रूप में होता है? ऐसा नहीं है तो जबसे उपन्यास छपने शुरू हुए, 'कस्तूरी' छपा, मेरे पास ऐसे पत्र क्यों आने लगे कि मैत्रेयी जी, आप शादी कैसे निभा रही हैं? मैत्रेयी दीदी, आपके उपन्यास पढ़कर हमारा दिमाग

खराब हो जाता है, क्योंकि भयानक हकीकतें सामने आती हैं। मैत्रेयी दी, हमें ताने सुनाए जाते हैं कि तुम मैत्रेयी पुष्पा के उपन्यास पढ़कर बिगड़ रही हो। आदरणीय लेखिका जी, आपकी आत्मकथा आ गई, उपन्यासों से ज्यादा भयानक...अब हमारा घर में हाल क्या होगा? हमारे पति पढ़े बिना तो मानेंगे नहीं। हंस, बसुधा, पहल में समीक्षा और लेख पढ़े हैं, अन्यत्र भी टिप्पणियाँ प्रतिक्रियाएँ...यह सारा कुछ डराता है, मगर पढ़ने के लिए उकसाता है। मैत्रेयी जी, 'कस्तूरी कुंडल बसै' एक बार नहीं, दसियों बार पढ़ी है। उतनी ही बार सोचा है, ऐसा साहस हम भी करें, अपने शरीर की बात, जिसको कभी घर की दीवारों से, कभी मर्यादा से तो कभी नजरों से बाँधकर डाल दिया जाता है अँधेरों में कि हम गुमनाम रहें।

पौने दो साल गुजर गए, कितनों ने किताब पढ़ी, हमारे डॉक्टर साहब ने पुस्तक छूना हराम समझा। पत्रों के उत्तर में क्या लिखूँ? यही कि मिर्च कम, नमक कम ज्यादा या रोटी मोटी-पतली...तोहमत मेरी किताब पर–"तुम्हें मेरा ख्याल ही कहाँ है?" फ्रिज में सब्जी नहीं, 'कस्तूरी' पर तोहमत...

"मैत्रेयी जी, दो साल से मेरे दिल में हलचल थी। उपन्यास पढ़े, आत्मकथा पढ़ी। सोच लिया शोध करना है इन्हीं पुस्तकों पर...पी-एच.डी. करूँगा। मेरे प्रोफसर टी. मोहनसिंह समस्त छात्रों से कहते हैं–मैत्रेयी पुष्पा के किसी एक उपन्यास को अपने विषय क्षेत्र में रखो, क्योंकि वे बीसवीं सदी की सबसे प्रसिद्ध ग्राम्य-जीवन पर लिखनेवाली एकमात्र उपन्यासकार हैं। जो उनका उपन्यास नहीं पढ़ेगा, पी-एच.डी. की डिग्री लेकर क्या करेगा?" गोरखनाथ तिवारी ने यह पत्र मुझे हैदराबाद से लिखा।

बैंगलौर, मद्रास, कोल्हापुर, उदयपुर, जयपुर, सूरत, शिमला, रोहतक यानी कि देश के कोने-कोने से विद्यार्थियों के ही नहीं विद्वानों की ऐसी सकारात्मक टिप्पणियाँ समीक्षाएँ कि मुझे अपनी रचनाओं का गौरव लगे और देहली विश्वविद्यालय तथा जवाहरलाल नेहरू विश्वविद्यालय के हिन्दी विषय को पढ़नेवाले तमाम छात्र-छात्राएँ मुझे लगातार पाठकीय समर्थन दे रहे थे। बेशक मैं इन सबकी बहुत अधिक ऋणी हो गई, अहसान माना क्यों कि भरोसे जैसी दौलत मिली, मगर फिर भी मैं इन सभी को नजरंदाज कर जाती, जब पति सामने आ जाते। इसका कारण मेरा पत्नी भाव था, जो मेरी पतिव्रता की ऐसी छवि बना देता कि मैं हर ओर से आँखें मूँद लूँ। गांधारी की तरह नजर पर पट्टी बाँध लूँ। यह शारीरिक बन्धन...कि मन पिंजड़े में तोते सा फड़फड़ाए।

विद्वानों और विद्यार्थियों के लिए कृतज्ञता मेरे दिल में रहती, और जब उनमें से कुछ लोग मुझसे मिलने आते, तब मेरी आन्तरिक उथल-पुथल और बढ़ जाती। चाहती कि वे मुझसे 'कस्तूरी' के विषय में बातचीत न करें। झेंप जो बनती, उसका कारण डर और लज्जा रहता। डर और लज्जा इस घर की मर्यादा की नस-नाड़ियाँ हों जैसे।

अपना लेखिका होना मैं भूलना चाहती थी क्योंकि तोहमत लगाती या ऊँगली उठाती समीक्षाओं के घोषित अश्लील प्रसंगों पर चुपचाप सिर झुका लेना मेरी नियति जैसी थी। 'मैत्रेयी पुष्पा का सेक्स संसार' वाली पत्रिका को मैं कहाँ छिपाऊँ? क्या मैंने अपने जीवनसाथी का इतना ही विश्वास अर्जित किया कि अविश्वसनीय हो जाऊँ?

सेक्स संसार....पढ़ लिया गया पत्रिका में।

''यह हो तुम। इसलिए उस आत्मकथा की किताब को छिपाए फिरती हो। जैसे कोई अवैध बच्चे की असलियत छिपाए रहे। है हिम्मत उस किताब को मेरे सामने लाने की? मुझे पढ़वाने की?''

मेरे वजूद की चटनी बनती रही है अभी तक, लगता है कि अब उसका स्वाद जायकेदार नहीं, कड़ुवा हो गया। कब तक पत्नी की तरह विनम्र और झुकी रहे कोई? न जाने क्या कहना चाहती थी, मगर इतना कहकर उनके कमरे से चली आई, ''मुझमें नहीं है हिम्मत।''

लेकिन आधा घंटा भी नहीं बीता, 'कस्तूरी कुंडल बसै' बन्द अलमारी से बाहर निकाली, लेकर उनके बैडरूम में पहुँच गई। सीढ़ियाँ चढ़ते हुए न टाँगें काँपी न दिल दहला। मेरी भौतिक और मानसिक स्थिति पिछले दो सालों में ऐसी शान्त कभी नहीं रही। मेरे पास गँवाने के लिए अब न चैन है, न साहस, न खुशी। मेरा स्वाभिमान भी लगभग खाली हो चुका है। हाँ, मुझे अब यह नया ज्ञान हुआ कि जिसको बूँद-बूँद सम्मान बचाने के लिए अपने आपको रेशे-रेशे छिजाना पड़े, वह सम्मानित व्यक्ति के रूप में रह ही नहीं सकता।

किताब पति की ओर बढ़ा दी, सिर झुकाया नहीं और कह दिया—''मुझमें तो तुम्हें पुस्तक देने की पहले दिन से ही हिम्मत थी, लेकिन तुम्हारा रवैया देखकर रुक गई क्योंकि तुममें इसे पढ़ने का हौसला मुझे दिखाई नहीं दिया। इसलिए किताब तो क्या, मैंने 'हंस' पत्रिका की वह प्रति भी छिपा दी, जिसमें डॉ. मैनेजर पांडेय ने इस पुस्तक को उत्कृष्ट आत्मकथा लिखा है।

दो ढाई दिन बाद की बात है, डॉक्टर साहब ने पूरी पुस्तक पढ़ने के बाद कहा—''चलो, घर का कारागार टूट गया (जैसाकि तुमने लिखा है) अब अर्चना वर्मा को मेरी ओर से शुक्रिया कह दो कि माताजी की कहानी के साथ इसमें हम भी जुड़ते चले गए। और डार्लिंग, स्वीट किस फ्रॉम माय साइड।'' कहकर वे मेरे करीब से करीब आते गए स्पर्श के लाहक में...

हम न मरहिं मारहि संसारा

अब समापन की ओर बढ़ रही हूँ। इस किताब के बारे में क्या सोचूँ? क्या कहूँ? ऐसे ही जैसे कि मेरा जीवन क्या बनेगा, मैं कहाँ जानती थी? जिन्दगी से गुजरते हुए किन मुकामों तक पहुँचूँगी? या चलते हुए ठोकर खाकर कितनी बार गिरूँगी? गिरकर उठ पाऊँगी भी? बदन की धूल झाड़ने की हिम्मत मिले तो खुदा की नियामत।

मैंने इस किताब में अपनी समूची सामर्थ्य लगाकर सुन्दर कम और सत्य ज्यादा लिखा है, इस बात का विश्वास कैसे दिला सकती हूँ? कुम्हार की तरह अपने गढ़े पात्र को उँगलियों की गाँठों से टनाटन बजाकर दिखाऊँ, मगर कुम्हार का भी यकीन कौन करता है, जब तक कि अपने हाथों ग्राहक पात्र को जाँच नहीं लेता।

मैंने यह पुस्तक पूरे मन से लिखी है, लेकिन जब तक इसमें पाठकों का मन न रमे, मनोरम कैसे हो सकती है? बिलकुल ऐसे ही जैसे मेरी माँ ने मेरे जीवन का वृक्ष रोपा, विकसित किया। शिक्षा विद्या के फूल खिलाए। अब उस वृक्ष पर रचनाओं के फल लगे हैं, जो मुझे प्यारे से प्यारे लगते हैं, जैसे कि मैं माताजी को लगती थी, लेकिन मेरे गुण-दोषों का आकलन तो निष्पक्ष भाव से ही हो पाएगा, जो शिक्षक, साथी और पड़ोसी करेंगे। बस, ऐसे ही इस पुस्तक के गुण-दोषों का ब्यौरा पाठक देंगे। अब यह जीवन मेरा नहीं, मैं जितनी अपने लिए हूँ, उससे ज्यादा दूसरों के लिए। किताब भी कितनी ही स्वांतः सुखाय क्यों न हो, दूसरों के जीवन को प्रभावित न करे तो किस काम की?

मैं इस पांडुलिपि को उलटती-पलटती हूँ। अपनी लापरवाहियों को पकड़ना चाहती हूँ। कभी आलस्य तो कभी आत्ममुग्धता मुझे ही क्या, बड़े-से-बड़े रचनाकार को भरमाकर भटका देती है। मन की विचलित अवस्था और अनियन्त्रित आवेग भी लेखक को आलतू-फालतू लिखने के लिए उकसाते हैं। मैं ऐसे ही दोषों को खोजती हुई लगातार अपने श्रम और ध्यानावस्था के जुड़े तारों को जाँच रही हूँ कि कहीं सूत्र टूटे तो नहीं? शब्दों की बुनावट में कोई झोल ही रह गई हो...बहुत सम्भव है क्योंकि मैंने लेखकीय जीवन में झटके भी कम नहीं खाए।

अभी ज्यादा दिन नहीं बीते सन् 2003 की बात है, अगस्त का महीना था दलित लेखक संघ द्वारा आयोजित किया गया राजेन्द्र यादव का अमृत महोत्सव (75वाँ जन्मदिवस) मनाया जा रहा था। संघ की अध्यक्ष सुश्री विमल थोराट के आग्रह पर मैं उस आयोजन में मंच से बोलने के लिए राजी हुई। मैं मंच पर जिनके साथ थी, उनमें डॉ. नामवर सिंह और प्रसिद्ध कथाकार कमलेश्वर जी थे। आज साहित्य के साथ अपने आत्मीय साथ को सभागार में सुनाना था, संस्मरण बताने बोलने थे।

जैसी कि मेरी आदत है, अच्छी या बुरी, जब बोलती हूँ तो श्रोताओं के सामने मेरी जुबान मेरा दिल निकालकर रख देती है। और लिखती हूँ तो कलम हृदय से जुड़ जाती है।

क्या बोला था? यही कि राजेन्द्र यादव से मेरा परिचय कैसे हुआ (यह मैं इस पुस्तक में पहले ही लिख आई हूँ)। यह भी कहा कि जो इलजाम लेखिकाएँ या कवयित्रियाँ राजेन्द्र जी पर लगाती हैं, उनका मुझे पता न था। हुआ यह भी कि मेरा ऐसा कोई अनुभव नहीं कि राजेन्द्र जी ने मुझ पर डोरे डाले हों या छापने का लालच देकर अपनी पुरुष प्रवृत्ति के लिए लुभाया हो। यों तो मैं कोई फूहड़ वेश में नहीं गई थी। डॉक्टरों की दुनिया से आई थी, रहन-सहन का सलीका ही नहीं, सजने-सँवरने के नुस्खे भी जानती थी, जानना जरूरी क्यों हो गया था? क्योंकि हम स्त्रियों को सजावट के संस्कार में पारंगत किया जाता है, सिंगार-पटार के लिए उकसाया जाता है। कमोबेश मेरा संस्कार ऐसा ही था कि अपने अच्छे से अच्छे वेश में बाहर निकलो। मैं उसी तरह 'हंस' के ऑफिस गई थी और इसके लिए अतिरिक्त सजग भी नहीं थी।

पता नहीं लोग क्यों राजेन्द्र जी को स्त्रियों के लिए बदनाम करते हैं, मुझसे तो उन्होंने केवल इतना कहा, सिर उठाकर बात करिए मैत्रेयी पुष्पा, कहानी लिखती हो, हमसे कहानी पर बहस करनी होगी।

आगे ऐसी ही कुछ बातें...बस!

मगर कुछ दिनों बाद जोर का हंगामा मचा, मौखिक नहीं, लिखित तूफान उठे। मेरे घर कोरियर से एक पत्रिका आई 'प्रथम प्रवक्ता' जिसका इस बार विषय था–'आज की औरत : मुकम्मल जहाँ की तलाश'।

'साहित्य और स्त्री विमर्श' स्तम्भ में मेरी तस्वीर सबसे ऊपर कोने में छपी हुई थी। शीर्षक था–'सनसनी फैलाने का जोखिम'। और जिसने यह चर्चा आयोजित की थी, उसने अपने शब्दों में लिखा था–मैत्रेयी पुष्पा ने राजेन्द्र यादव के अभिनन्दन समारोह में अपने लेखकीय अनुभव को जिस तरह सम्पूर्ण स्त्री जाति से जोड़ा, वह न केवल निन्दनीय है, बल्कि लेखिकाओं की अस्मिता को कठघरे में खड़ा करता है।

आगे लिखा—जिस तरह हम औरतें सजधज कर सिंगार-पटार करके पुरुष सम्पादकों को रिझाती हैं, उसी तरह मैं भी पूरी तैयारी के साथ सजधज कर 'हंस' सम्पादक के कमरे में कहानी लेकर पहुँची। लेकिन यह देखकर मुझे हैरानी हुई कि मेरी देहयष्टि को देखने की बात तो दूर, इस विश्वामित्र ने मुझ जैसी मेनका की ओर नजर उठाकर देखा तक नहीं।

चर्चा आयोजित करनेवाली कोई साधना थी, जिसने अपनी ओर से यह भी कोष्ठक में दिया—(गलत, राजेन्द्र जी हिन्दी साहित्य में काले चश्मे के पीछे से स्त्री देह को भेदने के लिए ही बदनाम हैं)। यह भी लिखा कि हंस जैसी प्रतिष्ठित पत्रिका के सम्पादक राजेन्द्र यादव, जिन्होंने पहले सजी-धजी महिला की ओर नजर नहीं उठाई, उनकी रचना छपने पर खुद हंस का अंक लेकर उनके घर तक पहुँचाने गए। इससे जुड़ा छोटा-सा सवाल यह भी है कि क्या मन्नू जी (मन्नू भंडारी) ने मैत्रेयी को राजेन्द्र यादव के पास पहुँचाया?

चर्चा आयोजिका की इसी टिप्पणी पर लेखिकाओं ने अपने-अपने वक्तव्य दिए, जबकि सिर्फ डॉ. निर्मला जैन को छोड़कर उस सभागार में कोई भी लेखिका मौजूद नहीं थी।

मैं स्तब्ध, मैं हतप्रभ!

मन्नू भंडारी कहती हैं—मैत्रेयी पर मैं कोई टिप्पणी नहीं कर सकती। मैंने उससे कभी नहीं कहा कि तुम राजेन्द्र के पास जाओ। वैसे भी तब मैं उज्जैन में रहती थी।

प्रतिष्ठित आलोचक प्रो. निर्मला जैन—वे न केवल उत्तेजित ही हुईं, बल्कि मैत्रेयी पर बात करने के लिए तैयार ही नहीं हुईं। पर उन्होंने कहा, मैत्रेयी ईमानदार प्रतिक्रिया बर्दाश्त नहीं करती। 'इदन्नमम' और 'गोमा हँसती है' से उसने अच्छी शुरुआत की थी, लेकिन आज वह स्त्री-विमर्श 'खुली खिड़कियाँ' से जिस तरह की बातें करती है, उसका कोई मतलब नहीं। वह खराब स्तम्भ है। उसके बाद के लेखन में कोई दम नहीं। बल्कि कहना चाहिए कि 'कस्तूरी कुंडल बसै' और अभी-अभी प्रकाशित 'कही ईसुरी फाग' उपन्यास के नाम पर धोखा है। वैसे मेरा संवाद कृष्णा सोबती या मन्नू भंडारी से तो हो सकता है, लेकिन मेरी दृष्टि में मैत्रेयी ऐसी बड़ी लेखिका नहीं जिसके लेखन पर मैं टिप्पणी करूँ। उनकी रुचि सनसनी फैलाने और राजेन्द्र यादव की तरह विवाद में बने रहने की है।

मृदुला गर्ग—मैं इसे बिलकुल बचकाना मानती हूँ। मैत्रेयी पुष्पा को कौन अपना प्रतिनिधि लेखक समझता है? मुझे नहीं मालूम। मुझे तो कभी ऐसी परिस्थितियों से गुजरना नहीं पड़ा। हर किसी के अपने अलग अनुभव होते हैं।

चित्रा मुद्‌गल—आखिर देखने लायक चीज को ही तो कोई देखेगा। लेकिन वह तो कहीं से देखने लायक नहीं। मैत्रेयी की माया वही जाने। मैं इस तरह की बेहूदी और बचकानी बात पर टिप्पणी नहीं कर सकती। वह अपने को क्रान्तिकारी महिला समझती है। चर्चा में बने रहने का यह सस्ता हथकंडा हो सकता है। राजेन्द्र जी और मैत्रेयी दोनों महान हैं।

चन्द्रकान्ता—क्या मंच पर कोई पुरुष लेखक मौजूद नहीं था, जो उसके वक्तव्य पर विरोध करता। राजेन्द्र जी स्वयं स्त्री-विमर्श के पुरोधा बनते हैं, सबसे पहले उन्हें ही विरोध करना चाहिए था। यह उसका निजी अनुभव हो सकता है, लेकिन मेरे जानते कोई भी लेखिका पुरुष सम्पादकों को रिझाकर लेखिका नहीं बन सकती। मैं तो मैत्रेयी को एक औसत लेखिका समझती हूँ। लेकिन जिस तरह उसने सार्वजनिक मंच से लेखिकाओं का अपमान किया, वह शर्मनाक है। उसके खिलाफ निन्दा प्रस्ताव तो कम है, उसे सार्वजनिक रूप से अपने वक्तव्य के लिए माफी माँगनी चाहिए। खेद की बात तो यह है कि मैत्रेयी का स्त्री-विमर्श एकमात्र देह और सेक्स पर खड़ा है।

कमल कुमार—औरत को औरत पाठ नहीं करना चाहिए, साहित्यिक पाठ करना चाहिए। उसके झूठ की मैं दाद देती हूँ। सारी दुनिया कहती ही नहीं, जानती भी है कि राजेन्द्र यादव ने उन्हें लेखिका बनाया है और अब जब वे यह कहती हैं कि वे सजधज कर गईं और राजेन्द्र यादव ने देखा तक नहीं, कौन विश्वास करेगा? अगर आज वह इस स्थिति पर पहुँच गई है तो राजेन्द्र यादव को 'यूज' कर सकती है। तो यह अच्छी बात है। सीढ़ी के रूप में राजेन्द्र यादव का इस्तेमाल किया, और अब इस कटी पतंग की डोर राजेन्द्र यादव के हाथ में है, बस तरस खाया जा सकता है।

नासिरा शर्मा—मैत्रेयी के तजुर्बों से मैं इनकार नहीं करती। मेरा ख्याल है, मैत्रेयी के जेहन में उन्हीं लेखिकाओं का ध्यान आया होगा, जो उनके घेरे में आती हैं या फिर जिनको वे जानती हैं। हकीकत यह है कि उनके उपन्यासों के पात्रों में उनका खुद का ही अनुभव और चरित्र है। यह मैत्रेयी का अपना सच हो सकता है।

मेरा कलेजा मुँह को आने लगा। एक ही वाक्य बार-बार अन्दर से भाषा की तरह उठता—हज जानेवाली बिल्लियाँ!

कमलेश्वर जी मिले थे तभी, बोले—"मैत्रेयी, यह क्या हो रहा है? मेरे पास कोरियर द्वारा कुछ लेखिकाओं की टिप्पणियाँ आई हैं। कैसा अनर्गल बक रही हैं!"

"आप तो थे वहाँ। आपने भी तो सुना था मेरा वक्तव्य। क्या जो मेरे नाम पर छपा है, ऐसा फूहड़ कुछ कहा था मैंने?"

"अजीब हालत है इन औरतों की।"

अब कमलेश्वर जी से मैं फोन पर बात कर रही थी—"मुझे क्या करना चाहिए?"

"चुप रहना चाहिए। देखो, साहित्य की दुनिया में विवाद उठते हैं, यह कोई नई बात नहीं। लेकिन नुकसान की बात यह है कि विवाद लेखक को इस या उस गुट से जोड़ देते हैं। इससे रचनाशीलता बाधित होती है। ऊर्जा छीजने लगती है। मेरी बात ध्यान से सुनो मैत्रेयी, समझो कि जिस तरह हम गर्मी में खुद को राहत देने के लिए ठंडी जगह खोजते हैं, पंखा, कूलर का इस्तेमाल करते हैं, सर्दी में खुद को बचाने के लिए गर्म कपड़े पहनते हैं, उसी तरह रचनात्मकता को बचाने के लिए मन के मौसम को सन्तुलित रखना होगा।"

कमलेश्वर जी की सलाह पर मैं खुद को नियन्त्रित करके अमल कर रही थी, मगर सबसे ज्यादा आहत हुई थी मन्नू भंडारी के वक्तव्य पर।

नहीं माना मन, उनको फोन किया और पूछा—मन्नू दी, आप क्या कह रही हैं? ये लोग मुझे घेर रही हैं, आप समझ नहीं रहीं? आप याद कीजिए कि जब आपने मुझे राजेन्द्र जी के हंस कार्यालय का फोन नम्बर दिया था, कहानी देने का प्रस्ताव रखा था, आप उज्जैन में नहीं थीं, यहीं थीं दिल्ली में। मैं जब आपसे पहली बार मिली हूँ, और आपका फोन मेरे घर आया है, वह समय 1990 का नवम्बर महीना था। आप उज्जैन के 'प्रेमचन्द पीठ' पर तो 1992 में गई हैं। अपने कागज देख लीजिए। यह बात कहूँ तो अब बेमानी होगा क्योंकि अब तो आप अपनी आत्मकथा 'एक कहानी यह भी' में सही सन बता चुकी हैं, लिखित रूप में।

मन्नू दी ने उस समय कहा था, मेरे फोन के जवाब में—मैत्रेयी, हो सकता है, मैं भूल गई हूँ। बीमारी के कारण परेशान रहती हूँ।

मुझे बार-बार यह ख्याल आता है, आयोजिका स्त्री ने कृष्णा सोबती से क्यों नहीं टिप्पणी ली? अनामिका से क्यों नहीं पूछा कुछ? राजी सेठ भी इस चर्चा में शामिल नहीं हुईं या की नहीं गईं? क्षमा शर्मा को चटखारे लेने की अभ्यस्त आयोजिका क्यों नहीं हिला पाई? क्या इन लेखिकाओं की कोई अहमियत नहीं थी? या वे इतनी मजबूत हैं कि आयोजिका की हिम्मत पस्त हो गई? क्षमा ने मुझे क्यों पहले ही फोन किया? बाकियों ने क्यों मुझसे पूछने की जहमत नहीं उठाई? क्या ये सभी किसी ऐसे 'सुनहरे' मौके की तलाश में थीं कि अपने भीतर की कालिख निकाल सकें। क्या कुंठा इतनी जमा हो गई थी कि वमन करना जरूरी हो गया?

मेरे पास उस दिन के वक्तव्य का कैसेट है, मैं उनको सच बता सकती थी। मैंने साहित्य में आने से पहले साहित्यकारों की कैसी-कैसी महान मूर्तियाँ गढ़ ली थीं। लेखिकाएँ तो मेरे लिए और भी महत्त्वपूर्ण होती थीं, खासतौर पर मन्नू भंडारी जैसी

लेखिकाएँ। मगर क्या किया जाए, वे हमारी बातें भूल जाती हैं। अब भी भूल रही हैं कि सन् 1990 में मिलने के बाद उज्जैन जाने 1992 तक वे मुझसे मिली नहीं। कितनी ही बार वे हमारे घर आई हैं, बहुत-बहुत बार मैं उनके घर गई हूँ। मुझे यहाँ तक याद है कि मोहिता की शादी (1991) के चार-छह दिन बाद उनसे मेरा साड़ियों का आदान-प्रदान हुआ था और यह भी याद है कि अपनी आत्मकथा 'एक कहानी यह भी' लिखने के दौरान उन्होंने मुझसे पूछा था, तुम मेरी बीमारी में रात में आई थीं न? मैंने सही-सही बता दिया और अतिरिक्त उत्साह में आ गई। मन्नू दी ने ही मेरे आवेग पर विराम लगा दिया था—मैत्रेयी, तुम से मेरी दोस्ती डॉक्टरों के कारण थी। 'आं ऽऽ...' करके रह गई मैं फोन के दूसरी ओर।

यह सब मैं क्यों लिख रही हूँ? इसलिए कि समझ चुकी हूँ, लेखिकाएँ और लेखक कोई देवी-देवता नहीं होते, उनकी अपनी जरूरतों के हिसाब से उदारताएँ, सद्भावनाएँ, कुंठाएँ और टुच्ची हरकतें भी होती हैं।

समीक्षक : रामचन्द्र शुक्ल, रामविलास शर्मा, नामवर सिंह के नाम पर हम उन्हें ऐसे देखते हैं, जैसे उनका लिखा/बोला वेदवाक्य हो। सत्य और अमर-अजर। डॉ. निर्मला जैन से बड़ी कोई समीक्षक महिला नहीं, जो कह दें, पत्थर की लकीर...। मगर चुनौती देता हुआ नए से नया साहित्य?

पत्थर की लकीरें पानी के बुलबुलों में कब डूब जाएँ, वे भी नहीं जानते। स्थापित व उभरते आते समीक्षक अपने कद में डॉ. मैनेजर पांडेय हों, डॉ. विजय बहादुर सिंह, वीरेन्द्र यादव, मधुरेश के साथ रोहिणी अग्रवाल की प्रखरता अपने आप में कम तो नहीं। डॉ. परमानन्द श्रीवास्तव का ज्ञान क्षीण तो नहीं हुआ, भले पक्षपात का आरोप लगता रहे। ये लोग आज के साहित्य को ठीक तोल रहे हैं।

मैं अक्सर ही कुचक्रों में फँस जाती हूँ, मरीचिका की भँवरों के अपने तेवर होते हैं। ऐसे दमघोंटू माहौल में तालमेल कैसे बिठाऊँ? चलते आ रहे ढर्रे को महान परम्परा कहूँ तो मेरे लेखकीय स्वाभिमान का क्या होगा? हमारा साहित्य-समाज अपनी 'महान' छवि में इस तरह कैद है कि जड़ीभूत सा लगता है। मैं क्या करूँ, यह तो ऐसा मुद्दा है, जिसमें उठा-पटक होने की बहुत जरूरत है। गहराई तक खोदने और तोड़ने का कितना-कितना काम बाकी है। टूटन-फूटन हर हाल में जरूरी है, नया तभी बनने के आसार होंगे। इसी बात की सजा के रूप में मेरे बारे में गलत बयानी की जाती है। अफवाहें फैलाई जाती हैं। झूठ दर्ज किए जाते हैं। मुझे गुस्सा आता है, लड़ने के लिए तैयार हो जाती हूँ, ये लोग कौन होते हैं, जो किसी रचनाकार की अभिव्यक्ति की स्वतन्त्रता का हनन करें?

उफ! यह रवैया कब से जारी है...इस दमन का विरोध क्यों नहीं किया जाता? यह कौन-सी सभ्यता है?

राजेन्द्र यादव कहते हैं–"चुप रहो, कुछ भी कहने की जरूरत नहीं।" कमलेश्वर जी समझाते हैं–"कोई प्रतिक्रिया मत जताना, यही तुम्हारा जवाब होगा। आरोपों का उत्तर देना, समय गँवाना होता है।"

अरे! वे वक्तव्य...छोटी-छोटी पत्रिकाओं में अश्लीलता के दलदल में पछाड़ी जाती मैं...ऐसी अभद्र गालियाँ कि इन सभ्य औरतों से गाँव की स्त्रियाँ शरमा जाएँ। यही होता रहा तो मैं भी उन्हीं लेखकों की जमात में शामिल हो जाऊँगी जो असलियत को अपने शब्दों से ऐसा जटिल बना देते हैं कि उसका यथार्थ रूप ही गायब हो जाए। कला का नाम देकर जटिलतर 'बेहतर' का पर्याय माना जाए। मैं सोचती हूँ, जो कुछ मैंने लिखा या लिखना चाहती हूँ, वह इसी उलझन भरी बेरहम दुनिया के रेशमी पर्दे उघाड़कर/फाड़कर ही तो निकला या निकलना है। मैं सच कहती हूँ, जब कभी इस शील, सुन्दर, सौम्य और शिष्ट मानी जाने वाली तथाकथित दुनिया के बरअक्स अपने आवेग और आनन्द में, इच्छा और आकांक्षा में, सपनों और व्यवहार में दो पैराग्राफ लिख देती हूँ, लगता है सम्मान कमा लिया।

मैं शान्त रही।

कुछ दिनों से मैं जिस दौर से गुजर रही थी, उसे भूलने लगी। मैं उन लोगों में मगन थी, जो स्त्री को लेकर नए लेखकीय व्यवहार पर ध्यान केन्द्रित कर रहे थे। मेरा यह विचार दृढ़ हो रहा था कि मुझे स्त्री-जीवन की वह छवि पेश नहीं करनी है, जो मर्यादा, शील-शुचिता और इज्जत के नाम पर स्त्री की नकली तस्वीर है, दमन और दबाव के कारण आँखें झुकाए हुए...आवाज को घूँटे हुए...हाथ-पाँवों को सेवा में समर्पित किए हुए...मुझे ऐसी जिन्दगी देखकर ठेस लगती है। अपने भीतर मची उथल-पुथल का अंदाजा लगाती हूँ तो थर्राने लगती हूँ। मैं...उनमें से एक...सेवा श्रम और सेक्स के लिए समर्पित...बदलाव चाहिए ही चाहिए।

पन्द्रह दिन ही गुजरे होंगे कि एक दोपहर को डॉ. साहब घटिया कागज का चार पन्ने वाला अखबार लहराते हुए कमरे में मेरे पास आए। उसे खोलते हुए बोले–"देखा यह?" उनके चेहरे पर विजय भाव भरी हँसी खेल रही थी।

मुझे काटो तो खून नहीं। अब तक जिस जिन्दगी से बेजार थी, उसे बदलने का संकल्प ले रही थी...अचानक भीतर का साहस थराथरा उठा! सामने खड़े पुरुष को अखबार के साथ देखना ऐसा ही लगा जैसे कोई न्यायालय में अभियुक्त के झूठे बयानों पर सच्चे सबूत ले आए। मेरे सामने वे पंक्तियाँ प्रकट होने लगीं, जिनके बूते पर मुझे मुजरिम बनाया गया, लिखित रूप में मेरा बयान...इसी बयान को गढ़कर जलाई गई हमारे मुक्ति-संघर्ष की भावना। चली आ रही ऐसी परम्पराओं के लांछनों ने लिया है स्वाद स्त्री-विलाप का। क्या ऐसे ही क्रूर रवैयों में बँधी हमारी दादी-नानी नहीं चीख रहीं हजारों सालों से?

मैं अखबार हाथ में ले लेती हूँ, ऐसे देखती हूँ, जैसे फिर से आहत होने के लिए देखना जरूरी है। सच में कोई चीज तो है, जो मुझ में पुरुषों की ही नहीं स्त्रियों की भी दिलचस्पी जगा रही है। लोकप्रियता (?) दिनोंदिन बढ़ रही है। कहते हैं, ऐसे पर्चे सारे देश में कोरियर द्वारा भेजे गए हैं। मेरे यहाँ भी लेखिकाओं के वक्तव्यों भरे अखबार की यह तीसरी किस्त है। मुझे अलग, डॉक्टर साहब को अलग और 'तिरुपति आइ सेंटर' के नाम से अलग कि बेटी और दामाद भी देख लें...क्या भेजनेवालों को यह पता है कि बेटी इस अखबार को देखकर पुरुषों की तरह हिंस्र खुशी से पुलकित नहीं होगी, उसकी आँखों में स्त्री की आँखों जैसी उदासी उमड़ आएगी।

मैंने इतना ही सोचा कि आँखें खुद व खुद भर आईं। डॉक्टर साहब मुझे कुछ पढ़कर सुनानेवाले थे और उनकी वक्र मुस्कराहट जता रही थी कि अब हो जाओ लज्जित होने के लिए तैयार।

मैंने आँखें झुका लीं। आँसुओं से युद्ध करने लगी, लेकिन भीतर जमी साहस की शिलाएँ पिघलकर भीतर ही भीतर इस कदर बहने लगीं कि गला भर आया, पलकें भी आँसुओं का वजन लादे हुए...जुबान लाचार हो गई। दुख और गुस्से के लिए सारे शब्द रुदन में डूब गए। अब तक भारी ओढ़ने की तरह लादी दहशत मैंने कब की उतार फेंकी थी, लेकिन आज कहाँ से आकर लद गई? लावा जैसा उमड़ता ताप मुझसे भाषा में न बँधेगा, मैंने मान लिया।

"अरे! तुम रो रही हो!"

मैं रो रही थी।

"तुम क्या जानती हो कि इसमें क्या लिखा है?"

मैं चुप, आँसू पीती हुई...चुप्पी के हवाले ही मेरी सारी भूमिका, इसकी आड़ में सन्ताप अपना भंडार छिपाए हुए...यह हुनर मैंने कब सीखा, याद नहीं, आज काम आया तो जाना यह विद्या बहुत जरूरी थी। आज कह सकती हूँ कि अच्छी रचना दुख, यातना और अपमान की चुनौतियों से जन्म लिया करती हैं। हालत यह हुई कि खामोशी आँसुओं में डूबती चली गई।

उन्होंने मेरे सिर पर हाथ धर दिया। अब मैं रोते-रोते फफकते-फफकते ही यह कहना चाहती थी—यह तो मैंने कब का देख पढ़ लिया, तब गुस्सा आया था। लेकिन आज जब तुम लेकर आए तो ऐसा अपमान लगा कि रो दी...दिल ऐसा फटा कि खून पानी कि बस तरल ही तरल...

अब हम कमरे में खड़े आपस में सीने से लगे एक-दूसरे की धड़कन महसूस कर रहे थे। मैं शर्मिन्दा सी सोच रही थी, पति के समाने बेइज्जत होना, सबसे ज्यादा यन्त्रणा देनेवाला है।

ऐसा हाल क्यों बना? डॉ. साहब चुम्बन के बाद पूछ रहे हैं।

मैं निरीह बच्ची सी और भी रो रही हूँ। कहने को बहुत कुछ था मगर कह पाऊँ तब न। कहना चाहती हूँ, इस सबका कारण राजेन्द्र यादव ही हैं, उनके अमृत महोत्सव पर मेरा दिया गया वक्तव्य तो तोड़ा-मरोड़ा बहाना बनाया गया है। यह सब कुछ भी न होता अगर मैंने राजेन्द्र यादव पर एक किताब सम्पादन करनेवाले स्त्री और पुरुष को अपना निजी अनुभव लिखित रूप में दे दिया होता। साहित्य में दादागीरी न माननेवाली स्त्री की अच्छी फजिहत होती है।

हाँ, ऐसा कुछ भी न होता अगर राजेन्द्र यादव के अमृत महोत्सव के लिए मैं उनके चमचों को ढाई हजार रुपये चन्दा के रूप में दे देती। मैंने नहीं दिए, इस पर तो खुद राजेन्द्र जी नाखुश थे। उन्होंने ही कहा–तुम्हारे पास रुपये नहीं थे तो मुझसे लेकर दे देतीं।

मैं हक्का-बक्का रह गई थी और बोल पड़ी थी–फिर आपने ही क्यों नहीं दे दिए?

–मेरे देने से देना माना नहीं जाता।

–और मुझे आपके जन्मदिन पर चन्दा करना सुहाता नहीं, राजेन्द्र जी। जब तक आप जिन्दा हैं, जन्मदिन आपका निजी मामला है। जब आप नहीं रहेंगे, तब आपके पाठक मनाएँ या नहीं मनाएँ, आपका साहित्य तय करेगा। अभी से इतनी चिन्ता क्यों? चन्दा क्यों?

मैं यह संवाद पति से कैसे करती, मैं तो अपनी तौहीन पर राजेन्द्र यादव से मुखातिब थी। सोच रही थी, अपने भक्तों को राजेन्द्र जी ने ही तो नहीं मेरे पीछे छोड़ दिया, क्योंकि जो कुछ मेरे लिए लिखा है, उससे यही बू आती है–हमारी बिल्ली, हम से ही म्याऊँ।

गिरिराज किशोर जैसे जाने-माने रचनाकार ने राजेन्द्र जी से मेरे सामने ही नहीं, अरुण प्रकाश के सामने क्यों कहा था–कहीं साले तुम्हीं तो नहीं मचवा रहे यह बवंडर। खामख्वाह इनको परेशान कर रखा है।

सोचा बहुत कुछ, पति से कुछ नहीं कहा।

मैंने फोन उठा लिया। नम्बर डायल कर दिया।

"हलो।"

"राजेन्द्र जी, मुझे आपसे एक बात पूछनी है।"

"तुम तो अक्सर एक सौ या एक हजार बातें पूछने के मूड में रहती हो।"

"हँसी की बात नहीं है यह।" भरी हुई आवाज को मैंने यथासम्भव सामान्य किया।

"अफसोस की? कब जा रही हो संसार से?"

"यह पूछने के बाद कि आपके यहाँ मेरा रिकार्ड कैसा है? राजेन्द्र जी, आपके जीवन में बहुत-सी स्त्रियाँ आई हैं, मुझे मालूम है। क्या मेरा जैसा रिश्ता किसी से रहा?" कहते हुए मेरा स्वर भर आया फिर से।

"नहीं रहा, तुम मेरी मूर्ख मित्र हो।"

"यह मेरी बात का जवाब नहीं। आप देख रहे हैं, साहित्य की दुनिया में कैसे बवंडर उठ रहे हैं आपको लेकर मेरे लिए..."

"तुम कितनी तबाह हो गईं कि आवाज रोने का रूप लग रही है।"

जैसे उन्होंने गहरा साँस खींचा हो...क्षण भर चुप ही रहे वे।

"डॉक्टरनी, आज समझ लो और हमेशा के लिए गाँठ बाँध लो, जो ऊल-जलूल बक रहे हैं, वे तुम्हारे प्रतिद्वन्द्वी हैं। उन्हें न तुम्हारे रूप-रंग से कुछ लेना-देना है, न तुम्हारे और मेरे सम्बन्धों की पड़ताल से। उन्हें बस भय है तुम्हारे लेखन से। कहूँ कि एकदम नए और महत्त्वपूर्ण लेखन से। और धुँआधार अनवरत लेखन से...। मैत्रेयी, हम जिसको लाख कोशिशों के बाद भी अपने काबू में नहीं कर पाते, उसके बारे में झूठी-सच्ची कहानियाँ प्रचारित करते हैं। स्त्री हो तो उसको अश्लील और बदचलन कहना बड़ा आसान हो जाता है। तुम लिखने से बाज नहीं आओगी और नए बिन्दु तलाशती जाओगी, तुम्हारी 'सहेलियाँ', तुम्हें जिन्दा न छोड़ें तो ताज्जुब क्या है? सुन रही हो न?

"रही बात मेरे और तुम्हारे सम्बन्ध की, बहुत सोचा अपने रिश्ते को क्या नाम दूँ? क्या हम आपस में ऐसे ही नहीं, जैसे कृष्ण और द्रौपदी रहे होंगे? बहुत आत्मीयता, बहुत भरोसा और सेक्स का लेशमात्र नहीं...

"फिर हम तुम दोनों यादव।" कहकर वे हँस पड़े। जाति को ठहाके में उड़ाते से।

मेरे भीतर नीम रोशनी की छायाएँ स्वस्तिक और पद्मों की शक्ल में फैलने लगीं। मुझे लगा सृजन की मुरझाती आकांक्षा ने पुनर्जीवन पाया है। और यहीं से मुझे तथाकथित बौद्धिक-चेतना-सम्पन्न साहित्य के दरबार में नवरत्न सरीखी लेखिकाओं और एक साधारण शिक्षिका की क्रमशः साहित्यिक प्रतिबद्धता और प्रेम में अन्तर करना आ गया। कल्पना नाम की हिन्दी अध्यापिका मुझे देहली पब्लिक स्कूल के एक समारोह में मिली। जिसे मेरी बेटी की बेटी वासवदत्ता ने मेरा परिचय दिया—मेरी नानी मैत्रेयी पुष्पा।

कल्पना ने बड़ी-बड़ी आँखें करके आश्चर्य भरी खुशी से देखा और कहा—"क्या मैं सच मानूँ कि मैत्रेयी जी को देख रही हूँ? आपके उपन्यास पढ़े हैं, मैम। मिलना चाहती थी बहुत-बहुत। क्या पता था मेरी इच्छा इतनी गहन है कि लेखिका स्वयं मेरे सामने! वेलकम मैम स्वागत।"

मेरे हृदय से निकला—तुम साहित्य के प्रबुद्ध संसार की सदस्य नहीं, मगर हजारों विद्यार्थियों के उस भविष्य की मार्ग निर्देशक हो, जो हिन्दी की रचनात्मक प्रकृति से बनता है।

मैं इसी भेंट से प्रेरित फिर से नई किताब लिखने की बात सोच सकती हूँ।

क्या तारीफ मेरी कमजोरी है? मैं हर समय प्रशंसा पाना चाहती हूँ? नहीं तो निन्दाओं, अफवाहों और आलोचनाओं पर तिलमिला क्यों जाती हूँ? अगर कल्पना मेरी तारीफ न करती तो क्या मैं लिखना छोड़ देती? मुझे समझ लेना चाहिए कि जो आत्मविश्वास मैंने अपनी मेहनत, लगन और प्रतिभा से अर्जित किया है, वही मेरी स्वतन्त्रता का वाहक है। और जो मैं तारीफों के जरिए आश्वस्ति पा लेना चाहती हूँ, वह निश्चित ही साहित्यिक पराधीनता है। परमुखापेक्षी रहने की विवशता है।

यदि मैं खुद को दो पल्लेवाली तुला पर न तोलती और काँटा प्रशंसाओं की ओर झुका रहने देती तो निश्चित ही आराम से बैठती। आलस्य का जश्न मनाती। मनोरथों की दुनिया में कैद होकर उद्यम छोड़ देती। सोचकर देखती हूँ तो मुझे बचपन की वह चोरी भी सार्थक लगती है, जिसको बुन्दों के आकर्षण में सम्पन्न किया था। आकर्षण में उद्यम करना अनैतिक हो सकता है, अकर्मण्य नहीं माना जा सकता। अनुचित साहस ही सही, मैं किसी भी कायरता को उचित नहीं मान पाती।

इसलिए ही इस्मत चुगताई को सलाम करती हूँ, अनैतिक माने जाने वाले कोने-अन्तरों को रोशनी में लाकर समाज के सामने रख दिया। दकियानूस और कायरों ने 'लिहाफ' से बाहर आते सच को 'सजा का फरमान' दिया। मगर उस सत्य से कचहरियाँ हार गईं। आखिर होता यही है, उन लेखक लेखिकाओं के नाम गुम होते जाते हैं, जो नए समय की नब्ज नहीं बनते।

यह मेरी पुस्तक उस सवाल का भी कारण बनेगी, जो मुझसे अक्सर ही साक्षात्कारकर्ता पूछा करते हैं—बाधाओं, रुकावटों, निषेधाज्ञाओं से घिरी हुई आप परेशान होती हैं, मगर ऐसे घर से अलग क्यों नहीं होतीं? क्या आप स्त्री स्वतन्त्रता को इस रूप में नहीं देखतीं कि स्त्री का वजूद निष्कंटक हो।

फिर मैं क्या कहूँगी?

यही कि जब हद से गुजर जाने वाले अंकुश, हुक्मनामे और धमकियाँ जिन्दगी को असहनीय बना देते हैं तो मुझे अपना बचपन (कस्तूरी कुंडल बसै) याद आता है। उस समय मुझे अपने अनकिये की सजा मिलती रहती थी। मुझे लड़की का शरीर दिया कुदरत ने, उस शरीर को झपटने, नोंचे-बकोटे जाने और बेइज्जत होने का दंड मैं पाती। आज तो मैं अपने तन से मनचाहा करती हूँ (लिखूँ या घर से

बाहर निकलूँ) तभी सुनने-सहने को मिलता है। स्थिति बेहतर ही हुई है। मुझे बड़ी मुश्किल से सर पर छत नसीब हुई है, छोड़ दूँ तो मौसमों की मार में मेरा क्या होगा? भले यह घर मेरे लिए युद्धस्थल बन जाए, मगर मेरे पाँव तो इस जमीन पर जमे हैं। यहाँ खड़ी रहकर ही मैं बाड़ें तोड़ने की ताकत पाती हूँ। रास्ते निकालती हूँ। मेरे लिए रास्ते बनाना जितना मुश्किल होता है, उस रास्ते से लौटना उससे भी ज्यादा मुश्किल होता है, लगभग असम्भव। मैं नहीं जानती कि मेरी इस धुन का क्या होगा? इस जिद को कौन सा किनारा मिलेगा? यह दृढ़ता किसके हाथों टूटेगी? मैं तो इतना ही समझ पाई हूँ कि हमारे गाँव में आँधी आती थी, बड़े से बड़े वृक्ष गिर जाते थे, मगर कुछ अरसे बाद ही नई ललछौंही पत्तियों वाली शाखाएँ ठूँठ से फूट निकलती थीं। कारण कि वहाँ मिट्टी पानी के साथ कूड़े-कचरे और गोबर का खाद भी होता था। मैं अपने मुक्ति-वृक्ष को और कहीं जाकर क्यों रोपूँ? छाया, ताजगी और ऑक्सीजन की जरूरत सबसे पहले मेरे घर को है। हाँ, ऐसा ही वृक्ष हर घर में हो, जिसमें स्त्री रहती है।

यह वजह रही होगी कि ऐसी किताबों की चाह स्त्रियों को रहती है। प्रस्तुत प्रसंग में ऐसी ही झलक है। डॉ. ऋचा शर्मा ने पूना (अहमद नगर) से फोन किया। बताने लगीं, उन्होंने मुझे पत्र लिखे हैं। मैं याद नहीं कर पा रही थी। कहा कि वे मुझसे मिलने दिल्ली (नोएडा) आई थीं। मेरी स्मृति को जगाने के लिए बोलीं, मैं वही, जिसके पति आपकी किताबों से नफरत करते हैं, मगर पढ़े बिना भी रहते नहीं। मैं पढ़ती हूँ तो नाराज होते हैं। बहरहाल मैं आपको इस विश्वविद्यालय में बुलाना चाहती हूँ।

"मैं...नहीं, मैं इस समय..." इतना ही कह पाई थी कि उधर से ऋचा ने कहा—"आप हवाई जहाज से आएँगी कि समय नष्ट न हो और आपकी सेहत भी ठीक रहे। हमारी यूनिवर्सिटी ए.सी. सैकेंड क्लास का रेलवे किराया देती है, मैं आपके लिए अपनी माँग रखूँगी और मनवा लूँगी। इस विश्वविद्यालय की ही नहीं, दूसरी जगहों से अध्यापिकाएँ, शोध छात्राएँ, सामाजिक कार्यकर्ता और आपकी बहुत सी पाठिकाएँ आपको देखने और सुनने आएँगी क्योंकि वे आपकी पुस्तकें पढ़ती हैं। आपको आना है, बस।"

फोन बन्द हो गया। अब तक झेलीं कठिनाइयाँ, अवरोध, निन्दाएँ और लांछनों की कड़ुआहट फटने लगी। थक्के कणों में बदल गए और कण ऐसे ही तिरोहित होने लगे, जैसे पानी के बुलबुले फूट जाते हैं।

ऋचा जैसी स्त्रियों से मेरा क्या नाता है? छात्राओं से क्या सम्बन्ध है? त्रिवेन्द्रम और हैदराबाद जैसे शहरों को मैंने दूर से देखा है। मेरी पहचान केवल अपनी किताबों के जरिए बनी है। जुड़ाव मेरे लेखन के कारण हो रहा है। 'औरतों के खिलाफ जुल्म

का खुलासा' सच में ही क्या यह इतना बड़ा मसला है कि मुझ जैसी मामूली स्त्री से स्त्रियाँ जुड़ जाएँ। मेरे अनुभव क्या उन सबके अनुभवों के आसपास हैं? मेरी तरह वे भी आजादी का रास्ता ढूँढ़ रही हैं? नहीं तो कहाँ दिल्ली कहाँ पूना! कहाँ खिल्ली, सिकुर्रा, कहाँ अहमद नगर...हजारों मीलों की दूरी पर रहते हम लोग, मगर निडर एक तरह से ही होना चाहते हैं। शायद यह भी जानते हैं कि हमारा चलन स्वाभाविक नहीं माना जाएगा, हैरत से देखेंगे लोग।

यह दुनिया किताबों ने दिखाई है और हिम्मत इसे व्यवहारिक बनाएगी। मगर तभी बनाएगी, जब हम पढ़ेंगे और सोचेंगे। ऐसा नहीं हुआ तो सामान्य शरीर लेकर भी अपाहिजों की जिन्दगी जिएँगे।

इस अपाहिजपन से मुक्त होने के लिए ही मैं अनामिका के सामने और अनामिका (कवयित्री, गद्य लेखिका) मेरे सामने दिल खोल पाती है। हमारी मित्रता पीड़ा भरी दास्तानों में सामने आती है—नैतिकता के मानसिक कष्ट, ऊपर से थोपी हुई शर्मिन्दगी ढोते-ढोते मौत की इच्छा...हमने पढ़-लिखकर अपना वजूद मर्दों के आसरे डाल रखा है। हम अपने पुरुषों के विश्वास पर आत्मविश्वास खोते चले गए। मैं अहमद नगर में स्त्रियों को बताऊँगी, लेखिका हो या कवयित्री, आप जिसको देखने के लिए लालायित हुईं, सुनने के लिए यहाँ तक चली आईं, उसी दर्दमन्दी की उपज हैं, जो हमारे देश की करोड़ों-करोड़ों स्त्रियों की पीड़ा और यन्त्रणा से पैदा हुआ दुख है।

अब, जब मैं यह पुस्तक लिख रही हूँ तो याद आ रही हैं, वे लेखिकाएँ, जो मुझसे बड़ी और अनुभवशील हैं। क्या वे दुखों की राह चलकर यहाँ तक नहीं आईं? निश्चित आई होंगी तो फिर मुझसे उन्हें नफरत क्यों हुई? क्या वे नहीं जानतीं कि यह समय स्त्री का संघर्षकाल है, नफरत इसे कुन्द कर देगी। हम अपने अभियान में खुद ब खुद जाहिल हो जाएँगे। भूल जाएँगे कि हम कौन थे? आत्मा की सजगता खो जाएगी। हाँ, हम अच्छी स्त्री, सती नारी का रूप हो सकते हैं क्योंकि खानदान और समाज की इज्जत में चुप रहेंगे।

घृणा के मगरमच्छ के जबड़े में कसी लेखिकाएँ कराह-कराहकर मुझे कोस रही हैं। नुक्ताचीनी कर रही हैं। मुझे अज्ञान मानकर पुराने जमाने की माँ-दादियों की तरह बता रही हैं कि मुझे क्या करना था, क्या नहीं। मुझे उनकी सीख से इनकार नहीं करना चाहिए। नहीं तो देशभर में वे मुझे बदनाम कर देंगी।

मैं तड़प उठती हूँ, ऐसी बातों पर कि यही साहित्य की दुनिया की तहजीब है? मैंने इनमें से किस किससे अपनी भावनाएँ जोड़ी थीं...जिनके साथ मैं आत्मीयता और सम्मान के सूत्र में बँधी रही हूँ। वे जितनी मुझसे खफा हैं, मुझे उनकी उतनी ही याद आती है। उन्हें इतना गुस्सा कि आपे से बाहर होकर कुछ भी कहती जाएँ, इसलिए ही आता है क्योंकि वे मुझे प्यार करती थीं। और क्या पता वे अनर्गल बातें उन्होंने

इस रूप में कही ही न हों, जिस रूप में छपी हैं। मेरा वक्तव्य भी तो तोड़ा-मरोड़ा गया है। एक शब्द बदल जाए तो सारा अर्थ बदल जाता है। मन्नू दी को लेकर ही देख लिया जाए, मैंने कहा उन्होंने मुझे 'हंस' सम्पादक से कहानियों के लिए मिलने को कहा था। उस पत्रिका में लिखा गया—मन्नू भंडारी ने मुझे राजेन्द्र यादव के पास पहुँचाया—इस घटिया मिजाज के वाक्य पर मन्नू दी भड़कतीं न तो क्या करतीं? डॉ. निर्मला जैन, 'इदन्नमम' पर सारगर्भित आलेख लिख चुकी हैं।

मेरी पुस्तक, तुम सन्देश देना कि जिनका जिक्र मैंने अपनी लिखावट में किया है, उनसे कहीं न कहीं मैं जुड़ी हूँ। मेरी भावनाएँ अपने पूरे प्रवाह में अभिव्यक्त होने के लिए अकुलाती हैं। नफरत से छुटकारा पाने पर मुझे शान्ति मिलती है। लगता है जीवन प्रेम का सरोवर ही है। और जब इस सरोवर में काई शैवाल और जीव-जन्तु भी होते हैं तो भी यह मानव-हृदय के लिए अस्वाभाविक नहीं हो पाता। मनुष्य का सम्बन्ध तो जल से ही रहता है।

आप कल्पना कर सकते हैं कि दो विरोधी मत रखनेवाले साहित्य के दिग्गज मेरे लेखन को लेकर इस तरह सहमत हों कि आन्तरिक चेतना रिलमिल जाए—

"अगर मैं कहता हूँ कि स्वतन्त्रता के बाद रांगेय राघव और फणीश्वरनाथ रेणु के साथ मैत्रेयी तीसरा नाम है, जो कथा-साहित्य में धूमकेतु की तरह आया है। तो, न तो किसी पर अहसान कर रहा हूँ, न नए नक्षत्र की खोज का श्रेय लेना चाहता हूँ। सिर्फ उस लेखन से जुड़ना चाहता हूँ, जो हिन्दी के संकुचित फलक का विस्तार कर रहा है।"

—राजेन्द्र यादव (हंस)

'दिल्ली से झाँसी और उरई की यात्रा।'

"यात्रा के दौरान एक बात तो यह समझ में आई कि मैत्रेयी पुष्पा को बुन्देलखंड में अपने लेखक के रूप में व्यापक मान्यता मिली है। हमने उनका घर-गाँव आदि भी देखे और वे स्थान भी, जो उनके उपन्यासों में आए हैं।

—अशोक वाजपेयी (जनसत्ता)

बेशक मेरी यह पुस्तक इस बात की गवाह होगी कि मैंने यहीं से अपराधबोध जैसी ग्रन्थियों से छुटकारा पा लिया। समझ में यह आ गया कि किसी दल, गुट या बात-बात में 'राजेन्द्र यादव के गिरोह' की सदस्यता का ठप्पा साथी रचनाकार ही लगाते हैं। अब तक मैं पागल तो नहीं, लेकिन अज्ञान जरूर रही। 'हंस' कार्यालय जाने की जरूरत होती तो भी नहीं जाती, राजेन्द्र यादव के साथ होनेवाली यात्राओं से बचती। 'हंस' में लिखने के उनके प्रस्ताव को कभी नजरंदाज करके तो कभी ठुकराकर

आत्मतुष्टि प्राप्त करने की कोशिश करती। इस सबके बावजूद यह भी सोचे बिना नहीं रह पाती कि क्या मैं अपनी स्वाभाविकता से कटती नहीं जा रही? निश्चित ही मैं उस मुकाम तक पहुँचा दी गई हूँ, जहाँ कृतज्ञता को अपने हृदय से साफ करती जा रही हूँ, वरन् कृतज्ञता तो मेरी प्रकृति का अहं हिस्सा रही है।

'उफ्' करके रह जाती मैं, गहरा साँस खींचती। क्या मैं खुद को पहचान पा रही हूँ? मैं दूसरों की निगाह में अच्छी औरत बनने की प्रक्रिया में...और मेरी रचनात्मकता का रुख नेपथ्य की ओर...नहीं नहीं, मैं अब भी सहृदय स्त्री हूँ, यह सोचकर प्यार की बाढ़ पति की ओर छोड़ देती। लेकिन यह अब कैसा प्यार है? न तू तू, मैं मैं, न मान भरी शिकायतें...मीठे लम्हे कहाँ गुम हो गए? राजेन्द्र यादव से बचने के यत्न में मैं हर ओर से कठोर होती जा रही हूँ। निर्दयता ऐसी तारी हुई कि अपनी कारगुजारियों को कामयाबी मानने की हठ पकड़ बैठी।

लेकिन मेरा यह अभियान कभी कमलेश्वर जी ने तोड़ा, कभी कमला प्रसाद जी ने तो कभी काशीनाथ सिंह ने। राजेन्द्र जी को थोड़ी-सी भी हारी-बीमारी हो, मेरे फोन पर 'कॉल्स' की झड़ी लग जाए। मैं झटके खाती रहूँ कि क्या ये सब मुझे अब भी उनकी करीबी मान रहे हैं? इतनी दूरियाँ बनाने का मकसद फिर क्या हुआ? यह ठप्पा या लोगों का विश्वास टूटेगा नहीं तो मैंने अपने स्वभाव से मुठभेड़ क्यों की? गद्दारी पर उतर आई। दुष्टता का चोगा पहनकर जैसे सुरक्षित हो गई। मैंने अपनी आत्मा के साथ जुल्म किया। अपनी बेरुखी दिखाकर राजेन्द्र यादव के सामने अपनी कौन-सी छवि रखना चाहती थी? मैं 'हंस पत्रिका की लेखिका' के रूप में प्रचारित अपने लेखकीय चेहरे को उन लोगों के कहने से दागदार मान बैठी, जो खुद उस जनचेतना की पत्रिका में छपने के लिए लालायित रहते हैं। नहीं सोचा कि जब इन लोगों की कलम राजेन्द्र जी के लिए लिखने को लालायित रहती है तो मुझे रोकने के उपाय क्यों किए जा रहे हैं?

और मैं क्यों सोचने लगी कि वे स्त्रियाँ किस्मतवाली हैं, जिनके पुरुष अपनी पत्नियों, प्रेमिकाओं या बहन-भाभियों को राजेन्द्र जी की ग्रहण-छाया से दूर ले गए। किसी ने वे सन्त महात्माओं के यहाँ दीक्षा दिलवाकर पवित्र कीं तो किसी ने अपने कब्जे में लेकर कुँआरी का सत्त बचाया और किसी ने राजेन्द्र यादव को गालियाँ दिलवाकर चैन पाया। वे कंठी पहनें, मंगलसूत्र गले में बाँधें या हीरे-मोतियों के गहनों से सजें, हंस की दुनिया से निकलकर वे भारत देश की सती और सुखी स्त्रियाँ हैं।

समझ में नहीं आता कि मैं कैसे उस घाट लगूँ, जहाँ रोली, चन्दन, अक्षत और बैसान्दुर की पवित्रता में स्त्री का वास निवास है? ऐसा मेरे पति भी नहीं कर पाए कि मेरे लिए कोई रास्ता निकालें, उपाय सोचें।

राजेन्द्र यादव के भयानक विरोधी, मेरे चरित्र पर हमला करते हैं, मेरे कागज-कलम को दुश्मन की निगाह से देखते हैं। इससे क्या होगा? कागज-कलम से दूर रखने का पुराना मंत्र झूठा पड़ चुका। नया मंत्र खोजना होगा। इस खोज में कितना समय लगे, कौन जानता है। फिलहाल तो मेरे ऊपर से लेखन का भूत उतरता दिखता नहीं। मेरी आँखों में दृढ़ता भरी चुनौती-सी उतर आती है। मेरा रूप कठोरता धारण कर लेता है।

पति की निगाहें बार-बार उठती हैं, मुझे समझाती हैं—तुम मेरे कब्जे में रहोगी तभी पत्नी मानी जाओगी। मेरे घर में रची-बसी गृहलक्ष्मी सी।

कब्जे में कैसे रहूँ? तुम तो हमारी समकालीन लेखिकाओं के पतियों जैसे चतुर सुजान नहीं, सीने में मोम का दिल लिए फिरते हो। जिन्हें दुश्मन मानकर अपने बयान जारी करते हो, उनके सामने आते ही पिघलने लगते हो। क्या ख्याल है राजेन्द्र यादव के बारे में? कभी सोचती हूँ, मेरी तरह तुम्हें भी उनको देखकर कोई अपना याद आता है। आखिर वे उसी भूमि से आए हैं, जहाँ तुम्हारे पैतृक घर की खिड़कियाँ खुलती हैं, जहाँ तुम्हारी माँ ने दीपक जलाए थे। उन दीयों की रोशनी में तुमने अपने रास्ते देखे थे, उन दीपकों की लौ जलती है, अँधेरे कटते हैं और तुम हमवतनों को पहचानते हुए दो पल ठहर जाते हो।

और निश्चित ही तुम मेरी तरक्की पर न्यौछावर हो, नहीं तो वीरेन्द्र यादव तुम्हें क्यों अजीज हैं? विजय बहादुरसिंह तुम्हें क्यों मोहते हैं, मैनेजर पांडेय से क्यों घनिष्ठता लगती है? इसलिए कि वे प्रमाण देकर बताते हैं, तुम्हारी पत्नी आगे बढ़ रही है। यह बात तुम सुनते हो वात्सल्य प्रवण माता-पिता की तरह! आखिर तुम क्या हो मेरे? दोस्त या दुश्मन? सच मानो में कभी स्वाभाविकता की नजर से देखती हूँ तो कभी आश्चर्यजनक भूमिका में पाकर कौतूहल से भर जाती हूँ। क्या तुम्हारी चतुराइयाँ ऐसी हैं, जो मुझे दुखित और चकित करती हैं?

डॉक्टर साहब...

क्या अपने दिल की बात कहूँ? कुछ पूछूँ आमने-सामने पड़कर?

'अब तुम मेरी कहाँ...' जैसा कुछ तो नहीं कहोगे? समझते तो हो कि जब कोई युवक, कोई युवती वैवाहिक जीवन आरम्भ करते हैं तो गृहस्थ की बहुत सारी जिम्मेदारियाँ ले लेते हैं। मैंने और तुमने भी लीं, कहो कि नया जीवन प्रारम्भ किया था, लेकिन क्या मैंने कभी तुम से तुम्हारे घर-परिवार, तुम्हारी बोली-बानी, तुम्हारे रहन-सहन या तुम्हारे मीत सखा/सखियों को भूल जाने के लिए कहा? नहीं न! क्या मैंने तुम्हारे आगे बढ़नेवाले रास्तों पर संदेहों के जाल बिछाए? मैं तो यही सोचती हूँ कि हम दोनों ने एक-दूसरे के भाव, भाषा, आकांक्षाओं और सपनों में उतर जाने की कोशिश की।

मगर आज हकीकत यह है कि जब न तब आमने-सामने निखालिस पति (मालिक) पत्नी (दासी) की तरह...महान पारम्परिक संस्कृति ने हमें जागरूकता और चेतना सम्पन्नता के नए मिजाज से पीछे नहीं धकेल दिया?

मैं तो समझती थी, पहली बार कलम हाथ में ली, कागज पर कुछ शब्द उकेरे, शब्दों की ध्वनि बजी, तुम्हारे पास होती हुई दूर तक गई। दूर गाँव से दूर शहर से, देश से दूर तक...

तुमने क्या कुछ नहीं सुना? मैं कब से तुम्हें सुनाने को उत्सुक...तुम्हारे पास खुद ही चली आई थी।

मैं अब किसी भी डर भय के बिना एकटक उनको देख रही थी।

''आखिर तुम मेरे कौन हो?''

उन्होंने मुझे मेरी तरह ही देखा, मगर आँखों से लगा दिल में न जाने क्या-क्या कर डालने का जज्बा है।

और उन्होंने न जाने क्या कहना चाहा, जो एक बात मुझे याद रह गई है, शायद वही अकेली बात कही होगी।

''तुम आखिर क्या हो?''

''मैं तुम्हारी मोहब्बत जानम।''

''मोहब्बत! ऐसा कब से?'' अविश्वास सा करती हुई मैं...

उनकी स्वाभाविक धीमी आवाज—''तभी से मेरी जान, जब तुम्हें अपनी दुल्हन बनाकर बैलगाड़ी में विदा कराकर लाया था। 'अनोखी रात' फिल्म कितनी कितनी बार देखी। कैसेट खरीद लिया। अब सीडी है मेरे पास। मैं फिल्म का हीरो संजीव कुमार और तुम जाहिदा, माथे तक घुँघट खींचे, नाक में नथ पहने मुस्कराती हुई! मेरे मन में गीत बजता है—ओह रे ताल मिले नदी के जल में, नदी मिले सागर में, सागर मिले कौन से जल में, कोई जाने ना...

''जीवनगीत तुम्हारे गाँव सिकुर्रा से चला, कहानी अलीगढ़ तक आ गई। अलीगढ़ का काफिला पैसेंजर ट्रेन से दिल्ली तक आया। अपना किस्सा आगे चलता चला गया और जिन्दगी की दास्तान की डोर तुम्हारे हाथ में आ गई। अब क्या...सुना है तुम अगले हफ्ते हवाई जहाज से किसी यूनिवर्सिटी में व्याख्यान देने जा रही हो। क्या शानदार चेहरा निकला मोहब्बत का!''

डॉक्टर साहब...मेरे पति, नहीं साथी, स्मृतियों के कई झरोखे खुल गए। झरोखों में से किसी पर्दे की लहराने वाली छाया नहीं, सच की धूप, ईमानदारी की चमक अपनी रोशनी में मुझे कितने ही नजारों के आसपास ले गई।

वे जिन साहित्यकारों से अपनी नापसंदगी दिखाते हैं, क्या सच में ही वे उन्हें पसन्द नहीं? जवाब में मैं क्या कह सकती हूँ?

राजेन्द्र यादव बीमार हुए, डॉक्टर साहब उन्हें एम्स लेकर दौड़ रहे हैं। व्हीलचेयर खुद ही धकेलते हुए इस विभाग से उस विभाग तक।

सत्यप्रकाश जी के साथ ई.एन.टी. वार्ड में खड़े हैं। हर बृहस्पतिवार डॉ. आलोक ठक्कर को अभिवादन करते हुए।

चित्रा और मृदुला गर्ग के बेटी-बेटे...डॉ. साहब मॉर्चिरी के आगे...पोस्टमार्टम... माँ-बाप कैसे देखेंगे?

मार्कण्डेय जी बीमार हैं, जाना है। परिचय नहीं तो क्या हुआ? ऐसे ही न जाने कितनी-कितनी स्थितियाँ! विजयकिशोर मानव जानते हैं उनकी हमदर्दी।

अब इन दिनों।

एक फोन कॉल।

सवेरे के साढ़े पाँच बजे थे। मैंने ही फोन उठाया।

"हलो!"

"राजेन्द्र जी! क्या हुआ?"

"डॉक्टरनी!"

"हाँ, हाँ, राजेन्द्र जी।"

"डॉक्टरनी, ऑपरेशन होने जा रहा है। तुम्हें मालूम है। मैं तैयार कर दिया गया।"

"आप घबरा रहे हैं! नहीं न?"

"नहीं! लेकिन यहाँ ऑपरेशन के लिए अपनी कंसेंट (रजामंदी) देनेवाला कोई नहीं।"

"कोई नहीं? क्यों? मन्नू दी या रचना या दिनेश या और कोई रिश्तेदार? आपकी बहन...?"

"नहीं, कोई नहीं। इसलिए अब यह काम तुमको ही करना होगा, डॉक्टरनी।"

"मैं...मुझे?"

डॉ. साहब चौकन्ने हुए। कहूँ कि यह? डॉक्टर साहब जो मेरी मोहब्बत है, मेरे रग-रेशों के जानकार। मेरे मन का अल्ट्रासाउंड करने वाले।

"किस का फोन था?"

मैं चुप! सोच में डूबी सी--फोन का चोगा हाथ में लिए हुए।

"क्या बुड्ढा अस्पताल में भी तुम्हें बुला रहा है?" आवाज में आशंकाओं के तार खिंचे। होंठों पर भी कड़ुआहट सी।

ओ मेरी मोहब्बत! तभी तक जब तक मैं इनके लिए मरती-मिटती रहूँ। अपनी इच्छा से सरकना भी गुनाह...

न जाने इस संकटकाल में मैंने क्या सोचा, मुझे क्या हुआ, एकदम बात पलट दी।

"मुझे नहीं, तुम्हें बुला रहे हैं राजेन्द्र यादव।"

क्यों बोली मैं ऐसा? सच की जगह झूठ क्यों बोला? किसके साथ न्याय किया? किसे धोखा दिया? मैं तिकड़म कर गई?

जो भी हुआ, यही मेरी जिन्दगी का रूप है। यही सम्बल है। यही जीवन का आधार...'त्रिया चरित्र' कहो तो कह सकते हो। इस पौराणिक शब्द को मैंने गाली नहीं माना, इसे मैं 'सर्वाइविल ऑफ फिटेस्ट' मानती हूँ। जिन्दगी को बचाकर रखने का तरीका। ...मान लीजिए, यह हमारी खरगोश-वृत्ति, ताकतवरों से भिड़ जाने का या अपने ही जैसों को बचाने के नुस्खे...नहीं जानती कि क्या हैं, लेकिन जो है फिलहाल यही हमारा उद्देश्य...मेरे स्त्री-जीवन की यह तस्वीर अपनी मासूमियत, चालबाजियों और संवेदना के नुस्खों को लेकर हाजिर-नाजिर...हाँ, मेरा बेनकाब चेहरा आपके सामने है, क्योंकि जीवन में बन्धन बहुत हैं। हमदर्दी पर सौ-सौ पहरे...मन की यह भावना आगे बढ़ने के लिए शरीर का सहयोग माँगती है और मेरे शरीर पर पतिव्रत का कब्जा है। क्या मैंने खुद को इसलिए ही कभी पत्नी नहीं माना? क्या मैं जान गई थी कि संवेदना और प्यार बहुत सुन्दर भावनाएँ हैं, मगर इनको व्यावहारिक रूप से अपनाने के लिए स्त्री को पूरा का पूरा युग बदलना पड़ेगा। अभी तो हालत यह है कि यदि मालिक को चुनौती ही दे दी तो मरदाने अहंकार से टकराहट होनी निश्चित है। तलवार की धार पर चलने का हुक्म स्त्री के लिए पूर्वनियोजित है।

उफ्! मैं वृक्ष के सहारे खड़ी बेल...तभी तो मेरे भीतर पत्ता-पत्ता हिलता है। वजूद में डगमगाहट है। कौन काँप रहा है? मैं या मेरा अभिप्राय?

दृश्य में मेरी मोहब्बत!

डॉक्टर साहब गहन सहानुभूति और अनुराग से भरे हुए और मैं इन क्षणों में असम्पृक्त सी अपने ही रूप में रंग भरने लगी। विश्वास पैदा होता गया। अपने 'त्रिया चरित्र' का भरोसा कर लिया और मरदाने संस्कारों (अहंकार, स्वामित्व, बलिष्ठताबोध) को भावात्मक विवेक से समेट लिया। ऊष्मा थी कि कठोर से कठोर संस्कार पिघल गए। यह पिघलना और नए में ढालना और व्यक्ति को मनुष्य बनाना मेरे खयाल में स्त्री का नैसर्गिक गुण है। इस गुण को वह चली आ रही शारीरिक निर्बलता और सामाजिक असुरक्षा के गर्भ में तपाकर बाहर लाती है।

अब नई कथा लिखी जा रही थी।

जो अब तक संदेहों, आशंकाओं और अन्ततः लांछनों में घिरा पर-पुरुष था, वही 'प्रिय और भरोसेमंद' मित्र के रूप में सामने था।

जल्दी से जल्दी।

जितनी तेजी से चल सकें, हमें फॉर्टिस अस्पताल पहुँचना था, जहाँ राजेन्द्र यादव का ऑपरेशन...।

गाड़ी तेज रफ्तार से रास्ते पर रास्ता पार करती जा रही है। इस संकट की घड़ी में यह कम दिलासावाली बात नहीं। इससे भी बड़ी बात यह कि मैं अपनी जिम्मेदारी डॉ. साहब को सोंपकर खुद को काफी हलका महसूस कर रही हूँ। जानती हूँ, पहले कई बार ऐसा हो चुका है, बस लोगों का भरोसा बढ़ता गया। और मैं डॉ. साहब के दिल से जा मिली। स्त्री का भय अब कहाँ है? कहाँ है वह दहशत, जिसने मुझे कुशल राजनीतिकार बना दिया है।

ज्यों-ज्यों अस्पताल पास आ रहा है, हम दोनों को चिन्ता समान रूप से घेरती जा रही है। हम बारी बारी गहरी साँसें लेते हैं। एक-दूसरे को सूझबूझ भरी नजर से टटोलते हुए सांत्वना देते से...। यों तो सवेरा होता चला आ रहा है और धुँधलका छटने लगा। फिर भी 'ऑपरेशन' शब्द आँखों के आगे अँधेरों के गोले उड़ाता है। दिल धड़क जाता है। आशंकाएँ बुरी तरह भीतर ही भीतर खोंट रही हैं। 'जनरल एनस्थिसिया' राजेन्द्र जी को किस करवट...उनकी हाई शुगर और ब्लड प्रैशर...ओह, ये बीमारियाँ ऐन समय पर सुरसा मुँह फाड़े खड़ी हैं।

डॉक्टर साहब (मेरी मोहब्बत) इस समय उसी रूप में तैयार होकर आए हैं, जैसे मन्नू भंडारी आतीं, रचना आतीं, दिनेश आते...निश्चित ही मैंने पुरुष की परपुरुष के लिए संवेदना को जीता है, जो अपनी स्त्री के माध्यम से उस तक आया है। मैं आशा से भरी हुई, डॉक्टर साहब राजेन्द्र जी को हर खतरे से बचाएँगे।

और अब!

अस्पताल के एक गहन कक्ष में कंसेंट फॉर्म भरा जा रहा है—I hereby authorized 'Fortis Hospital' to perform surgery of left knee of the Patient. I hereby give my consent for the operation with the full knowledge of possible complications, which have been explained to me in my mother-tongue. I am fully aware that surgery is being performed in good faith and no guarantee has been given about the result.

—R.C. Sharma

ओह...मेरी ओर देखती हैं दो आँखें...कि दिल में उतरती चली जाती है गहन भावना, मन की पारदर्शी रंगत नजरों में और आत्मीयता का उन्मेष मेरी साँसों में। छलकती नजर ने भरोसे गहरे कर दिए। इन क्षणों को यों ही सह जाना किसके बस की बात है?

खड़ी, बुत की तरह बेहरकत, देखती रहती हूँ...राजेन्द्र जी को स्ट्रेचर पर ले जाते हुए वार्ड बॉय के साथ तेज कदमों से आगे बढ़ते जाते और बीच रास्ते उनका हाथ थामकर ऑपरेशन जोन में प्रवेश दिलाकर वापिस आते डॉक्टर साहब...

इस उषाकाल में मेरे निकट खड़े डॉक्टर साहब, एक हाथ में राजेन्द्र जी का सिगार-पाइप और दूसरे हाथ में उनकी बैसाखी सँभाले हुए हैं। जिन अँधेरों को आँखों में भरे हुए हम यहाँ तक आए थे, उनमें से ही रोशनी के छोटे-छोटे चँदोबे नजरों के आगे बिखरने लगते हैं। क्या मैं धरती के सितारों के बीच खड़ी हूँ?

हाँ, खड़ी हूँ। उन्हीं के प्रकाशमान लम्हों में चल रही हूँ।

मैं कहाँ से कहाँ तक पहुँच गई! इस जगह को क्या नाम दूँ? शीश झुकाए हुए एक प्रार्थना बस, क्योंकि कितनी-कितनी दुआएँ कबूल हुईं।

क्या पाया और हमारा क्या-क्या नष्ट हुआ, सब कुछ इस कहानी में है। अब हम वैसे कहाँ रहे, जैसे कि हुआ करते थे। सम्भवतः यही रचनात्मक जीवन-दृष्टि है और यही है साहित्य की शक्ति।

❑❑❑